utb 5818

Eine Arbeitsgemeinschaft der Verlage

Brill | Schöningh – Fink · Paderborn
Brill | Vandenhoeck & Ruprecht · Göttingen – Böhlau · Wien · Köln
Verlag Barbara Budrich · Opladen · Toronto
facultas · Wien
Haupt Verlag · Bern
Verlag Julius Klinkhardt · Bad Heilbrunn
Mohr Siebeck · Tübingen
Narr Francke Attempto Verlag – expert verlag · Tübingen
Psychiatrie Verlag · Köln
Ernst Reinhardt Verlag · München
transcript Verlag · Bielefeld
Verlag Eugen Ulmer · Stuttgart
UVK Verlag · München
Waxmann · Münster · New York
wbv Publikation · Bielefeld
Wochenschau Verlag · Frankfurt am Main

Wege zur Rechtsgeschichte

Ulrike Babusiaux
Hans-Peter Haferkamp
Sibylle Hofer
Peter Oestmann
Johannes Platschek
Tilman Repgen
Adrian Schmidt-Recla
Andreas Thier
Jan Thiessen

Hans-Peter Haferkamp

Das BGB

2., überarbeitete Auflage

BÖHLAU

Hans-Peter Haferkamp hat den Lehrstuhl für Bürgerliches Recht, Neuere Privatrechtsgeschichte und Deutsche Rechtsgeschichte an der Universität zu Köln inne.

Bibliografische Information der Deutschen Bibliothek:

Die Deutsche Nationalbibliothek verzeichnet diese Publikation in der Deutschen Nationalbibliografie; detaillierte bibliografische Daten sind im Internet über https://dnb.de abrufbar.

Online-Angebote oder elektronische Ausgaben sind erhältlich unter www.utb.de.

Umschlagabbildung:
Illustrirte Zeitung. 64 = Jan./Juni 1875, Signatur 2 Per. 26-64: Bayerische Staatsbibliothek München, 2 Per. 26-64, S. 412, urn:nbn:de:bvb:12-bsb11307652-1.

Korrektorat: Anja Borkam, Jena
Einbandgestaltung: siegel konzeption | gestaltung, Stuttgart
Satz: büro mn, Bielefeld
Druck und Bindung: Plump Druck & Medien GmbH, Rheinbreitbach
Printed in the EU

Vandenhoeck & Ruprecht Verlage | www.vandenhoeck-ruprecht-verlage.com

UTB-Band-Nr. 5818 | ISBN 978-3-8252-6119-1 | eISBN 978-3-8385-6119-6

Inhaltsverzeichnis

1 Einführung

Dieses Lehrbuch beschäftigt sich mit dem Wissen zum BGB, das selten gelehrt wird. In den dogmatischen Vorlesungen fehlen Grundlagenperspektiven nahezu immer. In den historischen Vorlesungen ist das BGB oft nur ein Nebenthema. Rechtstheorie, Rechtsphilosophie und Rechtssoziologie nehmen das BGB in Vorlesungen meist kaum wahr.

Dieses Buch möchte einerseits das Konzept eines Bürgerlichen Gesetzbuches erklären. Warum hat man ein solches Gesetzbuch verfasst? Und wie wollte man es verfassen, welche Sprache, welchen Aufbau, welche Themengebiete wählte man und warum? Andererseits möchte es der BGB-Dogmatik eine historische Dimension zurückgeben. Im Studium des „geltenden" Rechts wird Privatrecht überwiegend so behandelt, als wäre es sozusagen gestern in einer Sekunde entstanden. In den Fußnoten der Hausarbeiten werden manchmal Urteile zu Ketten verknüpft, die 100 Jahre Rechtsprechungsgeschichte historisch einebnen. Das stabilisiert juristische Konstruktionen, behindert aber ihr Verständnis. Man versteht die strenge Halterhaftung im Straßenverkehrsgesetz (StVG) besser, wenn man sich klarmacht, dass 1909, bei Inkrafttreten dieses Gesetzes, überwiegend Chauffeure am Steuer der Autos saßen.

Bei näherer Betrachtung verkapseln die Rechtsinstitute, dogmatischen Lösungen, richterlichen Leitentscheidungen, die Jurastudierende heute so lernen, als seien sie gestern plötzlich alle gleichzeitig da gewesen, Geschichte. Vieles, was wir heute dem BGB zuschreiben, hatte da nie drinstehen sollen, war nie geplant gewesen. Der Wandel des BGB und seiner Interpretation reagierte meist nicht einfach auf die ewige Welt juristischer Dogmatik, sondern auf einen Wandel des Kontexts: Neue ökonomische, soziale, technische Probleme, neue politische Ziele, wissenschaftstheoretische Neuausrichtungen, aber auch schlicht andere Juristen veränderten das BGB-Recht. Juristische Dogmatik ist in diesem Sinne immer geschichtlich. Und diese Geschichte zu verstehen ist notwendig, wenn wir die Probleme verstehen wollen, die irgendeine juristische Aussage lösen will. Das kann bedeuten, dass wir Dinge mitschleppen, die eigentlich gar kein Problem mehr finden, das sie lösen sollen. Das kann bedeuten, dass juristische Aussagen scheinbar konstant sind, in Wahrheit aber durch den Wandel der Probleme, die sie lösen, auch ihren Inhalt verändert haben. Das Buch lebt also vom

Glauben daran, dass man ein besserer Jurist ist, wenn man Gesetze, Dogmatik und richterliche Urteile auch als Ergebnis historischer Situationen versteht.

Für das BGB stellt sich daher hier nicht nur die Frage, was es wollte, sondern auch, was daraus geworden ist. Wer hat das BGB wie und warum verändert? Das BGB galt im Kaiserreich, in der Weimarer Republik, während des Nationalsozialismus, in der DDR bis 1976, und es gilt bis heute in der Bundesrepublik. Geht man davon aus, dass ein Gesetzbuch eine Gesellschaft steuert: Wie kann man ein solches Phänomen erklären? Das gleiche Gesetz regelt eine Monarchie, zwei Republiken, eine Diktatur „des Proletariats" und eine Diktatur Adolf Hitlers? Das BGB wurde geändert, es wurde uminterpretiert, es wurde durch Spezialgesetze an den Rand gedrängt. Und doch ist es nie ganz abgeschafft worden. Was blieb von den Konzepten der Verfasser? Was lernen wir über das Verhältnis des Juristen zu seinem Text? Was können Gesetze und was können sie nicht? Der nachfolgende Text stellt also „große" Fragen, ohne immer den Anspruch zu erheben, auch sichere Antworten zu liefern. Das Nachdenken darüber anregen, will er aber schon.

Die beschränkte Perspektive bitte ich mitzudenken. Das Buch ist, besonders in seinem Abschnitt zum 20. Jahrhundert, keine Privatrechtsgeschichte, sondern nur ein Teilausschnitt, der immer wieder nur danach fragt, welche Rolle das BGB in dieser Geschichte spielte. Neben dieser Leitfrage werden im Kapitel 3 drei präzisierende Perspektiven entwickelt. Es geht um „frei" und „sozial", „Wirklichkeit" und „Wert", Richterrecht und Gesetzesanwendung und zugleich um die drei hier akzentuierten Akteure: den Gesetzgeber, die Rechtswissenschaft und die Justiz. Das ist der gedankliche Rahmen, der meine Stoffauswahl bestimmt hat.

Das Buch ist für Studierende und Nachwuchsforscher geschrieben und will daran gemessen werden. Das umfasst Zuspitzungen, Verkürzungen und klare Schwerpunktsetzungen. Es ist undenkbar, den gesamten inhaltlichen, dogmatischen und methodischen Wandel, den das BGB erlebt hat, abzubilden. Jedem Spezialisten wird etwas fehlen, viele hätten andere Schwerpunkte gesetzt, einige werden kleine Mängel aus ihren Spezialgebieten aufspießen und sich ärgern, dass sie nicht zitiert werden. Auch eine zu starke Betonung der Entwicklung dogmatischer Einzelfragen hätte die Linienführung zerstört. Meine Schwerpunkte folgen dem, was mich interessiert, was ich für didaktisch wertvoll halte und was ich fachlich beherrsche. Solch ein Buch ist ein persönliches Buch und kann als solches nie den Anspruch haben, allen zu gefallen. Es wurde seit 2003 in Vorlesungen, die ich an der Universität zu Köln halte, vorbereitet: Die Vorlesung „Historische und methodische Grundlagen des BGB" für das Hauptstudium war der Ausgangspunkt meiner Überlegungen. Daneben halte ich eine Schwerpunktbereichsvorlesung zur „Privatrechtsgeschichte im 20. Jahrhundert". Für beide Vorlesungen habe ich nie ein taugliches Lehrbuch gefunden. Daher habe ich dieses geschrieben.

Didaktisch werde ich es folgendermaßen nutzen: Im Buch steht die große Linie, die Vorlesung vertieft, greift heraus, problematisiert. Sie wird daher ein Stück weit von der Stoffvermittlung entlastet und kann das sein, was eine Vorlesung im Idealfall ist: ein Ort zum gemeinsamen Denken und Verstehen. Für die besonders Interessierten kann dieses Buch so auch ein, im juristischen Studium leider sehr seltenes, Tor zur Wissenschaft sein. Literaturangaben laden daher zum Vertiefen ein. Hier wird bewusst kaum Ausbildungsliteratur verwendet, sondern anspruchsvolle Forschungsliteratur. Es soll auch ein Buch sein, das bis zu einer Promotion begleiten kann.

Ein Hinweis zur Literaturverwendung: Lehrbücher können nicht komplett auf eigener Forschung beruhen. Durchweg habe ich mich bemüht, den aktuellen Forschungsstand zu einem Gesamtbild zu verweben. Sehr viele hier vorgestellte Deutungen beruhen daher auf fremden Forschungen. Es entspricht eigentlich wissenschaftlicher Redlichkeit, diese Übernahmen fremder Ergebnisse immer konkret auszuweisen. Dies in einem Lehrbuch zu tun, hätte es mit einem umfangreichen Fußnotenapparat belastet, der die Lesbarkeit für Studierende zu stark beeinträchtigt und das Buch nochmals deutlich dicker gemacht hätte. Ich habe mich daher dazu entschieden, die von mir verwendete Literatur im Anschluss an den Text jeweils en bloc anzuhängen. In Fußnoten nachgewiesen werden nur Zitate oder unverzichtbare Fundstellen. Kein von mir verwendeter Text bleibt jedenfalls unerwähnt.

Literatur zum Einstieg: Wer sich mit der Geschichte des BGB beschäftigen will, sollte mit Überblicksartikeln beginnen. Ich empfehle auch wegen der unterschiedlichen Schwerpunktsetzung: Werner Schubert, Das Bürgerliche Gesetzbuch von 1896, in: Herbert Hofmeister (Hg.), Kodifikation als Mittel der Politik, Wien u. a. 1986, S. 11 ff.; Tilman Repgen, Art. Bürgerliches Gesetzbuch, in: Handwörterbuch der deutschen Rechtsgeschichte I, 2. Aufl. Berlin 2008, S. 752 ff.; Hans-Peter Haferkamp, Art. Bürgerliches Gesetzbuch, in: Handwörterbuch des Europäischen Privatrechts I, Tübingen 2009, S. 229 ff. Für die Geschichte einzelner Paragraphen und dogmatischer Konzepte helfen der Historisch-kritische Kommentar zum BGB (HKK), momentan sechs Bände (AT, SchR-AT, SchR-BT, FamR), Tübingen 2003–2019 sowie Helmut Coing, Europäisches Privatrecht, 2 Bde., München 1985, 1989. Daneben existiert eine Synopse, die es ermöglicht, die Veränderung des Textes des BGB im Untersuchungszeitraum auf einen Blick nachzuvollziehen: Tilman Repgen, Hans Schulte-Nölke u. Hans-Wolfgang Strätz (Hgg.), Staudinger. Kommentar zum BGB, BGB-Synopse 1896–2005, Berlin 2006. Eine moderne Privatrechtsgeschichte existiert momentan nicht. Für das Öffentliche Recht gab eine prägnante Zusammenfassung seines vierbändigen Hauptwerkes: Michael Stolleis, Öffentliches Recht in Deutschland. Eine Einführung in seine Geschichte 16.–21. Jahrhundert, München 2014. Viele Einzelfragen, insbesondere allgemeinhistorischer Art, klären sich über Lexika: Handwörterbuch zur deutschen Rechtsgeschichte (HRG), 2. Aufl. momentan 3 Bde., Berlin

2008 ff.; Enzyklopädie der Neuzeit, 16 Bde., Stuttgart 2005 ff. Ein Gebiet, das generell in diesem Buch mitschwingt, ist die juristische Methode. Hierzu empfehle ich als Arbeitsbuch: Joachim Rückert u. Ralf Seinecke, Methodik des Zivilrechts – von Savigny bis Teubner, 3. Aufl. Baden-Baden 2017; unverzichtbar daneben Jan Schröder, Recht als Wissenschaft. Geschichte der juristischen Methodenlehre in der Neuzeit (1500–1933), 2 Bde., München 2021; eine gute Darstellung der historischen Perspektive für den heutigen Rechtsanwender gibt Oliver Lepsius, Kontextualisierung als Aufgabe der Rechtswissenschaft, in: Juristenzeitung 2019, S. 793 ff.

Für die zweite Auflage wurde der Text komplett durchgesehen und einige Nachweise in den Fußnoten sowie Literaturangaben ergänzt. Neugefasst wurden die letzten Absätze von Kap. 2.1.3.

2 Das BGB als Privatrechtskodifikation

Das BGB ist eine Privatrechtskodifikation. Was heißt das? Zwei Fragen schließen sich an: Was ist eine Kodifikation? Was ist Privatrecht? Beginnen wir mit der zweiten Frage:

2.1 Privatrecht – Eine kleine Begriffsgeschichte

Im Studium lernt man die Dichotomie zwischen Privatrecht und Öffentlichem Recht als **logische** Abgrenzungsfrage kennen. Der gesamte Rechtsvorrat ist danach aufgeteilt, jede Norm ist grundsätzlich entweder dem Privatrecht oder dem Öffentlichen Recht zuzuordnen. Nach verschiedenen Theorien (Interessentheorie, Subordinationstheorie, strenge oder modifizierte Subjektstheorie, Subjektionstheorie etc.) werden die beiden Bereiche voneinander abgegrenzt. Die Abgrenzung hat u. a. praktische Relevanz in der Rechtswegzuweisung zu den ordentlichen Gerichten oder zum Verwaltungsgericht. Hinter dieser technischen Frage verbergen sich jedoch viel tiefergehende, **rechtspolitische** Fragen. Im Begriff des Privatrechts transportiert die Rechtssprache grundsätzliche Überlegungen zum Verhältnis des Einzelnen zur Gesamtheit, also zur Gesamtgesellschaft, zur Obrigkeit oder neuzeitlich zum Staat. Der schon sehr alte Begriff umfasste von Anfang an Kontexte, seine Definition und sein Verständnis waren von einem beständigen Wandel bestimmt, der bis heute anhält. Ein Blick in die verschlungene Begriffsgeschichte von „Privatrecht“ ist daher besonders gut geeignet, um die Welt des BGB kennenzulernen. Warum grenzte man diesen Rechtsbereich im Jahr 1896, als man das BGB im Reichstag beschloss, so explizit vom sonstigen Recht ab? Und schließlich: Wie denken wir heute darüber? Teilen wir noch den gleichen Privatrechtsbegriff mit den Verfassern des BGB oder zeigt schon ein Blick in die Gegenwart des Begriffs viel über die Geschichte des BGB im 20. Jahrhundert, die in diesem Lehrbuch erzählt werden soll?

2.1.1 Rom

Wer sich mit unserer Rechtssprache befasst, wird nicht überrascht sein: Auch „Privatrecht“ ist eine deutsche Übersetzung eines antiken lateinischen Begriffs: **ius privatum**. Den heutigen Studierenden ist noch die Interessentheorie Ulpians bekannt (D. 1, 1, 1, 2 = Inst. 1, 1, 4),[1] die dieser entwickelte, um zwei unterschiedliche Bezugsobjekte des Rechts zu erklären. Öffentliches Recht (ius publicum) ist das Recht, welches sich auf das römische Staatswesen bezieht, Privatrecht (ius privatum) betrifft die Interessen des Einzelnen.[2] Neben diese auf den Regelungszweck abzielende Bedeutung trat eine zweite, die die Regelungsentstehung und ihre Bindungswirkung thematisierte: Ius publicum war das vom Staat ausgehende und ius privatum das von Bürgern ausgehende Recht. Damit war der Bereich des zwingenden staatlichen Rechts angesprochen, denn „öffentliches Recht kann durch private Verträge nicht abgeändert werden“ (D. 2, 14, 38). Schon hier tauchte unser Thema also auf: Es ging um das Verhältnis des Einzelnen zu den Interessen des Staates. Auch in Rom entstand Recht durch Private, durch Verträge, Verfügungen des Eigentums, Testamente. Es war geprägt durch die Rechtsgelehrten, die Vertragsparteien berieten. Folglich war das Verhältnis dieses Rechts zu dem Recht zu bestimmen, das der Staat und seine Organe als dem Gesamtinteresse förderlich festsetzten. Zwingendes Recht des Staates ging dem Recht der Privatperson vor.

Klingt das für uns ganz vertraut, so zeigt ein genauerer Blick, dass die römische Rechtswelt sich einschneidend von dem unterschied, was wir heute als Privatrecht verstehen. Die römische Welt war von Ungleichheit geprägt. Die mit dem Privatrecht angesprochenen „Privatmänner“ waren im Kern der jeweils älteste Mann der Familie, der als pater familias einzig die volle Rechtsfähigkeit besaß, während regelmäßig seine Ehefrau und auch die volljährigen Kinder seiner Hausgewalt (patria potestas) unterstanden. Nicht nur die vielen Unfreien in Rom, die Sklaven, waren also ausgeschlossen, sondern auch weite Teile der frei geborenen Bewohner Roms. § 1 BGB, der

---

1 Zu Digesten und Institutionen unten S. 42 ff.

2 D. 1, 1, 1, 2: „[...] publicum ius est quod ad statum rei Romanae spectat, privatum quod ad singulorum utilitatem: sunt enim quaedam publice utilia, quaedam privatim“ („[...] öffentliches Recht ist das, was sich auf die Ordnung des römischen Staatswesens bezieht, Privatrecht das, was sich auf die Interessen der einzelnen bezieht. Denn die einen Regelungen dienen dem öffentlichen, die anderen dem privaten Interesse“, Übersetzung nach Okko Behrends, Rolf Knütel, Berthold Kupisch u. Hans Hermann Seiler, Corpus Iuris Civilis. Text und Übersetzung, Bd. 2, Heidelberg 1995).

alle Menschen für rechtsfähig erklärt, macht bereits deutlich, wie fundamental unser heutiges freiheits- und gleichheitsbasiertes Privatrecht sich von dem unterscheidet, was die Römer damit verbanden. Und das sollte sich auch sehr lange nicht ändern.

Literatur: Max Kaser, Ius publicum und ius privatum, in: ZRG RA 103, 1986, S. 1ff.; Nils Jansen, Staatliche Gesellschaftspolitik und juristische Argumentation im römischen Privatrecht, in: Holger Altmeppen u.a. (Hgg.), Festschrift für Rolf Knütel zum 70. Geburtstag, Tübingen 2009, S. 493ff.; Tilman Repgen, Art. Privatrecht, in: Staatslexikon, Bd. 4, 8. Aufl. Freiburg 2020, Sp. 1028ff.

2.1.2 Ius publicum und ius privatum im Alten Reich vor 1780

1756 definierte die Bayerische Zivilrechtskodifikation (Codex Maximilianeus Bavaricus Civilis):

> Gesetze, welche nicht so viel den Staat selbst und den Nexum Reipublicae als die Privathandlungen und die Gerechtsamen betreffen, machen das Bürgerliche Recht (Ius Privatum) eigentlich aus.[3]

Der Verfasser des Gesetzes, Wiguläus Xaver Aloys Freiherr von Kreittmayr, verstand Ulpians eben gezeigte Unterscheidung zwischen ius publicum und ius privatum für uns heute eigenartig. Alles, was nicht den Staatsaufbau im engeren Sinne betraf, sei Privatrecht. Vieles, was wir heute im Öffentlichen Recht verorten, unterfiel damit dem Privatrecht: Gebiete wie das Verwaltungsrecht, das Strafrecht, das Prozessrecht und das Zwangsvollstreckungsrecht waren Privatrecht. Dies hing zusammen mit den Lehren vom **Gesellschaftsvertrag**, die das Staatsdenken seit dem 17. Jahrhundert dominierten. Das ältere Vernunftrecht (z. B. Thomas Hobbes, Hugo Grotius, John Locke, Samuel Pufendorf) hatte den Staat stets als Folge eines Gesellschaftsvertrages gedacht. Dieser Vertrag machte aus dem Naturzustand die bürgerliche Gesellschaft. Bis etwa 1780 wurden daher die Begriffe „bürgerliche Gesellschaft" (societas civilis) und „Staat" (civitas, res publica) synonym verwendet. Da man nun aber den Gesellschaftsvertrag eng als Staatsgründungsvertrag verstand, der nur den Staatsaufbau und das Handeln des Staates gegenüber anderen Staaten umfasste, blieb der Mensch in vielen Bereichen weiterhin im Naturzustand. Dieser Bereich außerhalb des – wie wir heute sagen würden – Staatsorganisations- und Völkerrechts war so viel größer als der

3 Codex Maximilianeus Bavaricus Civilis, 1756, I 2 § 7.

Bereich des ius publicum, dass sich eine Trennung des Rechts in zwei Teile vor 1780 gar nicht durchsetzte. Beide Teile waren viel zu unterschiedlich groß, als dass eine solche Unterscheidung eine hinreichende Ordnungsfunktion für das Verständnis des Rechts entwickelt hätte.

Kann man daher auch begrifflich für die Zeit vor 1780 von einer Dominanz des Privatrechts sprechen, so war die **Rechtswirklichkeit** ganz gegenteilig von dem dominiert, was wir heute als Öffentliches Recht verstehen.

Was, wie ja auch in Rom, bereits fehlte, war die heute in § 1 BGB als Ausgangspunkt des Privatrechts statuierte allgemeine **Rechtsfähigkeit**. Bis weit in das 18. Jahrhundert bestimmte Ungleichheit den Aufbau der Gesellschaft. Rechtsfähigkeit richtete sich nach Geburt (frei, unfrei), Stand (Adel, Bauern und Bürger) und Familie (Frauen, Minderjährige, aber auch Alte waren rechtlich eingeschränkt). Bisweilen hing der Grad der rechtlichen Freiheit von einer Verleihung bestimmter Rechte (Privilegien) ab, etwa bei Juden. Am ehesten fand man das Konzept der allgemeinen Rechtsfähigkeit noch bei städtischen Bürgern mit Bürgerrecht. Auch diese konnten die Rechtsfähigkeit aber wieder verlieren, etwa durch ansteckende Krankheiten (z. B. Lepra), durch gerichtliche Rechtlosstellung (Acht) oder durch Ehrverlust (Infamie).

In Bereichen, in denen die Handelnden gleich rechtsfähig waren, insbesondere unter in ihrem Rechtsstatus nicht eingeschränkten Männern, war **Vertragsfreiheit** bereits im Mittelalter durchaus anerkannt. Auch wenn der Satz „pacta sunt servanda" als Prinzip der Klagbarkeit aller Verträge erst im 13. Jahrhundert durch das Kirchenrecht formuliert wurde, herrschte Einigkeit, dass insbesondere im Kauf-, Miet- und Dienstleistungsrecht Abschlussfreiheit und die Pflicht zum Worthalten bestanden. Lediglich die sittlichen Grenzen wurden im Vergleich zu heute enger gezogen. Auch das passt aber am besten für Städte. Auf dem Lande war vieles anders, schon weil die Ökonomie weitgehend über Grundherrschaft, also Unfreiheit, organisiert war. Auch die Besitzverhältnisse auf dem Land waren nicht privatautonom gedacht. Seit dem Mittelalter gaben Grundstücke primär Nutzungsbefugnisse, nicht Verfügungsrechte. Im Lehensrecht bekam der Vasall Land gegen Abgaben und das Versprechen der Unterstützung und Treue in Krisenzeiten. Sein Lehensherr wiederum konnte das Lehen nicht frei entziehen und bekam es oft nicht einmal im Fall des Todes des Vasallen zurück (sog. Heimfall), war also ebenfalls nicht frei in seiner Verfügungsmacht. In der Grundherrschaft erhielt der Hörige in manchen Regionen ein kleines Landstück zur Eigennutzung gegen dingliche oder persönliche Abgaben (Dienste). Auf dem Land waren die Grundbesitzverhältnisse daher oft statisch.

In der Neuzeit nahmen die rechtlichen Eingriffe in die freie Selbstorganisation der Individuen nochmals massiv zu. Hintergrund war eine Rationalisierung der Herrschaft in den Städten und in Territorien, die wie Preußen nach französischem Vorbild einen modernen Staat errichten wollten, in dem der Herrscher als Souverän seine Herrschaft organisierte. Der Aufbau einer modernen Verwaltung bot den Rahmen für die Vorstellung, man könne eine Stadt oder einen Staat wie eine Maschine steuern. Steuerungsmittel war das Recht, das nun in tausenden „Policeyordnungen" das Zusammenleben in der frühneuzeitlichen Gesellschaft regelte. Hierzu griffen die Herrscher in das private Leben der Rechtsunterworfenen ein, wann immer dies ihrer Vorstellung des Gemeinwohls entsprach. Man sprach von der **„guten Policey"**. Deren Regelungsfeld war denkbar breit:

> Gotteslästerung, Sonntagsheiligung, Aufwand und Luxus, gesellschaftliche Randgruppen und Unterschichten, Sexualität, Ehe und Familie, Vormundschafts- und Erbschaftswesen, Glücksspiel, Tanzen und Festkultur, öffentliche Sicherheit, Zensur, Gesundheits- und Erziehungswesen, Schule und Ausbildung, Armenwesen und Bettel, Landwirtschafts-, Forst- und Bodennutzung, Produktion und Arbeitsordnung, Handwerk und Gewerbe, Handel und Dienstleistungen, Geld- und Kreditwesen, öffentliche Einrichtungen und Bauwesen.[4]

Man hat das lange nur als „Sozialdisziplinierung" gedeutet, also als Herrschaftssicherung im Sinne des „Absolutismus". Heute weiß man, dass diese Fülle der Policeyordnungen auch dazu dienten, tradierte Formen des Zusammenlebens zu schützen. Untertanen waren daher bisweilen an der Entstehung dieser Normen beteiligt. Refugien individueller Privatheit konnte man gegenüber dem Steuerungsanspruch der „guten Policey" gleichwohl nicht beanspruchen. Die Religionspolicey verfolgte Gotteslästerung und Fluchen und wachte über regelmäßigen Kirchgang und die Sonntagsruhe. In den Wirtshäusern wurde Zuprosten verboten, um den Alkoholkonsum zu senken. Bei privaten Festen, etwa Hochzeiten, wurde vorgeschrieben, wie viele Gäste geladen und wie lange gefeiert werden durfte. Die auszuschenkende Biermenge wurde ebenso festgelegt wie die Zahl der Spielleute und der Preis der erlaubten Geschenke, um übermäßigem Luxus entgegenzuwirken. Zahlreiche Kleiderordnungen legten die standesgemäße Tracht fest. Noch 1794 schrieb das Preußische Allgemeine Landrecht der Mutter vor, wie lange sie ihr Kind zu stillen habe (ALR II 2 §§ 67–69).

Die Kernbereiche des heutigen Privatrechts wurden tief von diesen administrativen Eingriffen geprägt. Im Vertragsrecht wurde der Verkauf von Gütern durch Abschlusspflichten und -verbote sowie Preisfestlegungen reguliert. Darlehensverträge

4 Michael Stolleis u. Karl Härter, Repertorium der Policeyordnungen der frühen Neuzeit, Bd. 1: Deutsches Reich und geistliche Kurfürsten, Frankfurt a. M. 1996, S. 3.

waren für bestimmte Personengruppen (Soldaten, Studenten) untersagt, der Kauf von Luxusgütern eingeschränkt. Der Grundstückshandel wurde ökonomischen Gesamtnutzenerwägungen unterworfen, etwa indem der Verkauf an ungeeignete Landwirte verboten wurde. Die Familie wurde gegen Verfügungen über ihr Grundstück durch Vorkaufsrechte abgesichert, die Verfügung von Todes wegen entsprechend eingeschränkt. Im Eherecht wurden Heiratsverbote aufgestellt, wenn negative Folgen für die Allgemeinheit befürchtet wurden, etwa bei nicht hinreichender Berufsausbildung des Mannes. In der Rechtswirklichkeit des 18. Jahrhunderts fehlte es daher in weiten Bereichen an den privatautonomen Grundlagen, die wir heute dem Bürgerlichen Recht zuschreiben.

Während die Theorie vor 1780 die meisten Rechtsbereiche, wie gezeigt, als Privatrecht klassifizierte, könnte man mit Blick auf die Rechtspraxis und mit einem modernen Privatrechtsbegriff also eher von einer **Herrschaft des Öffentlichen Rechts** sprechen. Privatrecht wurde jedenfalls nicht als Freiheitsraum des Individuums auch gegen den Staat gedeutet. Die „individuelle Glückseligkeit" blieb in nichtabsolutistischen Staatszwecklehren Ziel des Herrschers, aber nicht ein Recht der Untertanen. Wenn dennoch die Theorie nicht von einer Herrschaft des Öffentlichen Rechts sprach, lag dies daran, dass der Begriff, wie gezeigt, auf den Staat, nicht auf sonstige Obrigkeiten bezogen war. Und der moderne Staat übernahm erst sehr langsam die Steuerungshoheit über die Gesellschaft. Die meisten Eingriffe in das, was wir heute Privatrecht nennen, gingen bis in das 18. Jahrhundert nicht von einem „**Staat**" mit Gewaltmonopol aus, sondern von sog. **intermediären Gewalten**, die neben dem Staat Recht setzten. Weder dem politisch schwachen Reich noch den politisch viel stärkeren Territorien (Preußen, Österreich, Bayern etc.) war es gelungen, die vielen rechtlichen Freiheiten ganz zu beseitigen, die seit dem Mittelalter das rechtliche Leben der Menschen prägten. Überall gab es lang gewachsene rechtliche Autonomie. Städte, Dörfer, kirchliche Gemeinden, Universitäten, Kaufmannsgilden, Zünfte der Handwerker gaben sich eigenes Recht. Das Gesinde gehörte zum Herrschaftsverband des Gutsbesitzers. Noch immer existierte vereinzelt die Privatvollstreckung durch Gewalt (Fehde). In Wirklichkeit waren bis in das 18. Jahrhundert weder der Kaiser noch die Herrscher in den Territorien Eigentümer ihres Landes, wie es das Märchenbild vom König, der die Hälfte seines Reiches an den Drachentöter schenkt, so gerne erzählt.

Literatur: Tilman Repgen, Die Sicherung der Mietzinsforderung des Wohnungsvermieters im mittelalterlichen Hamburgischen Stadtrecht, in: Pio Caroni, „Privatrecht": Eine sozialhistorische Einführung, Basel 1999, S. 101 ff.; Albrecht Cordes (Hg.), Hansisches und hansestädtisches Recht (Hansische Studien XVII), Trier 2008, S. 141 ff.; Jan Schröder, Privatrecht und öffentliches Recht. Zur

Entwicklung der modernen Rechtssystematik in der Naturrechtslehre des 18. Jahrhunderts, in: ders. (Hg.), Rechtswissenschaft in der Neuzeit: Geschichte, Theorie, Methode; ausgewählte Aufsätze 1976–2009, Tübingen 2010, S. 313 ff.; Andrea Iseli, Gute Policey. Öffentliche Ordnung in der Frühen Neuzeit, Stuttgart 2009; Hans-Peter Haferkamp, Art. Heiliges Römisches Reich, in: Handwörterbuch des Europäischen Privatrechts, Bd. 1, Tübingen 2009, S. 822 ff.; Arndt Kiehnle, Art. Privatautonomie, in: HRG, 2. Aufl. 28. Lieferung, Berlin 2021, Sp. 789 f.

2.1.3 Privatrecht als Ausdruck der Trennung von Staat und Gesellschaft

Die Trennung des Rechts in Privatrecht und Öffentliches Recht war ein Thema des beginnenden 19. Jahrhunderts. Die Jahre zwischen 1780 und 1810 waren die Aufbruchszeit in die uns heute vertraute Welt. Man spricht von der **Sattelzeit** (Reinhart Koselleck). Das philosophische und politische Denken und damit auch viele Begriffe änderten sich schnell, und das galt auch für die Begriffe des Privatrechts und des Öffentlichen Rechts. Die alten, vom Staat unabhängigen Rechtswelten verschwanden. Seit 1781 wurde im deutschen Sprachraum schrittweise die Leibeigenschaft abgeschafft und durch die Bauernbefreiungen seit 1789 brach die Grundherrschaft zusammen. Mit dem Ende des Heiligen Römischen Reichs Deutscher Nation im Jahr 1806 begann das langsame Absterben des Lehenswesens. Die sog. intermediären Gewalten wie Gilden, Zünfte, Universitäten, zuletzt auch freie Reichsstädte verloren im Verlauf des 19. Jahrhunderts weite Teile ihrer rechtlichen Autonomie. An ihre Stelle trat, in einem regional sehr unterschiedlichen Entwicklungsprozess, der Staat. Kant sprach 1797 als einer der Ersten dem Staat ein **Gewaltmonopol** zu.[5] Er definierte das Recht bekanntlich als „Inbegriff der Bedingungen, unter denen die Willkür des einen mit der Willkür des anderen nach einem allgemeinen Gesetze der Freiheit vereinigt werden kann".[6] Da ohne ein solches „allgemeines Gesetz der Freiheit" kein Schutz vor Gewalt bestand, rutschten alle staatlichen Zwangsrechte, also Strafrecht, Prozessrecht und Vollstreckungsrecht, vom Naturzustand (= Privatrecht) in den gesellschaftsvertraglich-rechtlichen Zustand, mithin ins staatliche Öffentliche Recht. Damit war der Bestand des Öffentlichen Rechts in wenigen Jahren gewaltig gewachsen und nun erst bürgerte es sich ein, die Rechtsordnung in zwei Massen zu

5 In der Sache war der Gedanke natürlich viel älter. Bereits mit dem „Ewigen Landfrieden" von 1495 hatte das Alte Reich den Anspruch erhoben, Konflikte hoheitlich zu entscheiden und nicht mehr den Parteien als sog. Fehde zu überlassen.

6 Immanuel Kant, Die Metaphysik der Sitten, 1. Teil: Metaphysische Anfangsgründe der Rechtslehre, Königsberg 1797, S. 24.

zerteilen: Öffentliches Recht als Staatsrecht, staatliche Zwangsrechte und den gesamten Rechtsschutz, und Privatrecht als die verbleibenden Rechte der Individuen unter sich. Da nun auch der gesamte Bereich der „guten Policey" dem Öffentlichen Recht unterfiel, war Privatrecht sozusagen nur der kümmerliche Rest, den der Staat den Individuen zur Selbstverwaltung zuwies. Der Philosoph Gottlieb Fichte resümierte 1812: „Außer dem Staate ist kein Recht".[7]

Man muss diese Vorbedingung kennen, um zu verstehen, worum noch die Verfasser des BGB kämpften: Einen bürgerlichen Freiheitsraum „ohne Staat". Ausgangspunkt war der Aufstieg des Bürgertums. Die Zentralisierung der rechtlichen Macht in den Händen des Herrschers schuf den „Bürger" als Bezeichnung für die Einwohner des Landes. „Bürger" war zunächst der Bewohner der Burg gewesen, dann der mittelalterlichen Stadt. Er wurde vom Stand der Bauern und des Adels abgegrenzt. Nun wurde aus dem Untertanen unter verschiedenen Obrigkeiten der Staatsbürger. Herrscher und Bürger bildeten das personale Gerüst des Staates. Es war eine Kernforderung der europäischen Aufklärung, dass der Bürger die „unveräußerlichen" Freiheitsrechte der Bürger vom Staat anerkannt werden müssten. Jean-Jacques Rousseau hatte dem Bürger eine doppelte Rolle zugesprochen: Er war Staatsbürger (**Citoyen**) und als solcher dem Staat unterworfen. Er war aber auch ein Teil der bürgerlichen Gesellschaft (**Bourgeois**) und als solcher zu gesellschaftlicher Selbstorganisation berufen. Diese Trennung zwischen Staat und Gesellschaft tauchte um etwa 1780 überall auch im deutschen Naturrechtsdiskurs auf. Einflussreich war hier erneut Immanuel Kant, indem er den Gesellschaftsvertrag nicht als Unterwerfungsvertrag unter den Herrscher deutete, sondern als Instrument für den Schutz der Freiheitsrechte der Bürger. Der Staat hatte damit die Aufgabe, die Freiheit seiner Bürger zu schützen und zu gewährleisten. Mit der **Trennung zwischen Staat und Gesellschaft** entstand um 1800 die heutige Terminologie: Öffentliches Recht als Verhältnis des Bürgers als Citoyen zum Staat, Privatrecht als Verhältnis des Bürgers als Bourgeois zum Bürger. Erstmals war damit die Idee präsent, dass es Bereiche für eine Selbstorganisation der Gesellschaft geben müsse. 1862 beschrieb Ferdinand Lassalle, ein sehr bürgerlich lebender Sozialist, dieses Konzept polemisch als „**Nachtwächterstaat**". Der Nachtwächter der frühneuzeitlichen Stadt hatte die Aufgabe, die Bürger vor Gefahr zu schützen, vor Kriminalität, Angriffen auf die Stadt oder vor, in den oft aus Holz gebauten Städten, besonders gefährlichem Feuer. Nach Lassalle beschränkte sich die Aufgabe des Staates in dieser von ihm kritisierten liberalen Perspektive solchermaßen darauf, die persönliche Freiheit

---

7 Johann Gottlieb Fichte, Rechtslehre, hg. von Hans Schulz, Leipzig 1920, S. 23.

des Einzelnen und dessen Eigentum zu schützen. Das Bild ist überspitzt. Der Staat hat im liberalen Modell nicht nur die Aufgabe, Freiheit freizusetzen, sondern auch, sie zu organisieren. Es geht um die Abgrenzung von Freiheitssphären, und das bedeutet, dass die Freiheit des einen in der Freiheit des anderen seine Grenze findet. Freiheit war also nie „individualistisch", also schrankenlos gedacht, sondern diente als Mittel zur effizienten und gerechten **Selbstorganisation einer Gesellschaft** in bestimmten, staatlich definierten Bereichen. Schutzziel war die möglichst weitgehende Freiheit aller, nicht einfach die Freiheit des Einzelnen.

Die Trennung der Sichtachsen in Öffentliches Recht und Privatrecht stand zugleich für einen Kompromiss, der Deutschland von anderen Nationen unterschied: Der Versuch, über Verfassungen mit Grundrechten auch politische Teilhabe zu erreichen, stockte. Auch wenn es langsam zu einem Prozess der Konstitutionalisierung kam und das Volk nach und nach Teilhaberechte und Parlamente bekam, setzten sich auch im Deutschen Reich nach 1871 die alten Herrschaftsstrukturen weiter fort. Bis 1918 wurden die wichtigsten Regierungsämter vom Militär und vom Adel besetzt. Der Kaiser und sein Reichskanzler behielten, trotz der Entscheidungsrechte des Reichstags, eine politische Schlüsselposition. Eine Verfassung mit Grundrechten kam nach dem Scheitern der Revolution 1849 im Deutschen Reich (anders als zuvor in einigen Territorien) nicht zustande. Als Citoyen blieb der Bürger bis zum Ende des Ersten Weltkrieges weitgehend Untertan.

Privatrecht war daher primär persönlicher und ökonomischer, nicht politischer Freiheitsraum. Hier herrschte das Individuum als Person und wirkte mit an der Gesellschaft der frei-gleichen Rechtssubjekte. Das war staatlich gewünscht, weil die Freisetzung der gesellschaftlichen Selbstorganisation als wirtschaftlich leistungsfähiger eingestuft wurde als eine Staatswirtschaft. Im Zentrum des Privatrechtsgedankens standen also das Schuld- und Sachenrecht, mithin der Markt. Privatrecht gerierte sich im jungen Kaiserreich konsequent als weitgehend unpolitische, innergesellschaftlich-ökonomische Sphäre. Offensichtlich politische Bereiche wie das Familienrecht waren schon im 19. Jahrhundert Randgebiete des Privatrechts. Die Politik mit ihren Eingriffs- und Verteilungsfragen wurde dem Öffentlichen Recht zugewiesen. Das BGB war tief von diesem Trennungsdenken geprägt, wie noch genauer zu zeigen sein wird.

1871 verschob sich die Perspektive dabei ganz entscheidend. Mit dem Nationalstaat trat erstmals ein echter Herrscher über das Recht auf den Plan. Im Deutschen Bund hatten nur wenige Territorien das Privatrecht wirklich durchgreifender Steuerung unterwerfen können. Die oft überterritoriale Vertragspraxis hatte gleichermaßen viel „privates Recht" verschafft, wie die Justiz, die seit der Jahrhundertmitte versuchte, ein eigenes nationales Privatrecht auf der Grundlage des „heutigen römischen Rechts“ in die territorialen Rechte hineinzuinterpretieren.[8] Mit dem Nationalstaat war es nun erstmals denkbar, das Privatrecht staatlich hinwegzuregulieren. Dies erklärt, warum die Gesetzesverfasser des BGB im folgenden so dezidiert für einen privatrechtlichen Freiheitsraum plädierten.

Wie scharf die Grenzen gezogen wurden, signalisierten 1896 Reichstagsdebatten um die Frage, ob – wie es gemeinrechtlicher und französischer Tradition entsprach – der spätere § 138 Abs. 1 BGB neben den guten Sitten auch die „öffentliche Ordnung“, den ordre public interne, als Schranke der Vertragsfreiheit enthalten solle. Dies wurde abgelehnt, weil nur so „die Möglichkeit eines Hereinziehens politischer und polizeilicher Erwägungen in privatrechtliche Entscheidungen vermieden“[9] werde. Eingriffe in das Privatrecht sollten nur auf dem vorhersehbar gesetzlichen Wege, also über Verbotsgesetze des § 134 BGB, erfolgen, aber nicht über unbestimmte Rechtsbegriffe und richterliche Interpretation. Stattdessen waren die „guten Sitten“ eine klassische innergesellschaftlich definierte Grenze der Handlungsmacht: Verhaltensstandards, die durch Übung und allgemeine Akzeptanz entstanden, nicht durch staatliche Festsetzung.

Entscheidende Hebel des Privatrechts waren der Vertrag und das Eigentum. Zu beiden legten die BGB-Verfasser und auch das spätere Gesetz Bekenntnisse ab. Franz von Kübel, Redaktor des Vorentwurfs zum Schuldrecht, formulierte 1882:[10]

> „Der die Rechtsordnung zur Anerkennung der rechtsgestaltenden Kraft der Willenserklärung bestimmende Grund beruht in der Erkenntnis der Notwendigkeit der Autonomie der Person im Privatrecht und der Vertragsfreiheit insbesondere im Verkehrsrecht und hat demgemäß die juristische Willenserklärung zu ihrem praktischen Zwecke, der Person die Möglichkeit zu gewähren, innerhalb gewisser Grenzen die von ihr gewollten Rechtsfolgen durch die Erklärung des Willens herbeizuführen, insbesondere also auch durch Vertrag sich beliebig zu verpflichten.“

In den „Motiven“ der Ersten Kommission für das BGB hieß es dann 1888:

---

8 Hierzu im Einzelnen S. 69 ff.

9 So klarstellend Erwin Riezler in: Staudinger/Riezler, 1. Aufl. Berlin 1903, § 138 Anm. 1.

10 Franz Philipp von Kübel, Entwurf eines bürgerlichen Gesetzbuches für das Deutsche Reich. Recht der Schuldverhältnisse (1882), in: Werner Schubert (Hg.), Die Vorlagen der Redaktoren für die erste Kommission zur Ausarbeitung des Entwurfs eines Bürgerlichen Gesetzbuches, Bd. II/1: Recht der Schuldverhältnisse, Berlin 1980, S. 136.

> „Vermöge des Prinzipes der Vertragsfreiheit, von welchem das Recht der Schuldverhältnisse beherrscht wird, können die Parteien ihre Rechts- und Verkehrsbeziehungen nach ihrem Ermessen mit obligatorischer Wirkung unter sich bestimmen, soweit nicht allgemeine oder bestimmte einzelne absolute Gesetzesvorschriften entgegenstehen, [...]“[11]

In den Grenzen des zwingenden Rechts waren Verträge frei. Ganz ähnlich formuliert § 903 BGB 1900 für das Eigentum:

> Der Eigentümer einer Sache kann, soweit nicht das Gesetz oder Rechte Dritter entgegenstehen, mit der Sache nach Belieben verfahren und andere von jeder Einwirkung ausschließen.

Das Recht des Eigentümers, mit der Sache „nach Belieben“ zu verfahren, findet hier eine doppelte Grenze: Die „Rechte Dritter“ benennen die Selbstverständlichkeit, dass Freiheiten immer mit den Freiheiten anderer koordiniert werden müssen; ein typisches Modell der gesellschaftlichen Selbstorganisation. Das „Gesetz“ als Grenze belässt dem Staat die Regelungshoheit, verlangt freilich, dass Eingriffe in die bürgerliche Freiheit nicht willkürlich durch die Exekutive oder Judikative erfolgen dürfen, sondern die Hürde eines formellen Gesetzes nehmen müssen, was dem Bürger Rechtssicherheit bieten soll. Privatrecht ist insofern ökonomisches Prinzip, es konstituiert einen Markt, an dem alle teilnehmen dürfen. Öffentliches Recht ist als Eingriffsrecht an die Hürde des ex ante geschaffenen, mithin vorhersehbaren Gesetzes gebunden. Der damit konstituierte Freiheitsraum war dem Individuum zur freien Verfügung überwiesen.

Auch dies darf nicht überspitzt verstanden werden, wie es das heutige Bild des „Neoliberalismus“ gerne tut. Freiheit war im 19. Jahrhundert als Freiraum gegenüber dem Staat, nicht als schrankenloser Egoismus gegenüber dem Mitmenschen gedacht (v. Kübel: „innerhalb gewisser Grenzen“). Rücksichtnahmepflichten waren damit, je nach Freiheitsmodell mehr oder weniger weitreichend, fast durchweg verbunden.

Im Zentrum stand vielmehr die Idee eines gesellschaftlichen Freiheitsraumes ohne Staat. Ausgangspunkt war, dass alle an diesem Projekt teilnehmen durften, es ging um gleiche Freiheit der Person. Die Kodifikatoren fanden diese Entscheidung so selbstverständlich, dass sie in § 1 BGB nur das Spezialproblem des Beginns der Rechtsfähigkeit regelten, ohne ausdrücklich anzuordnen, dass jeder Mensch rechtsfähig und damit berechtigt ist, am Privatrechtsverkehr teilzunehmen. Zentrale Hebel, um die

---

11 H. Jatzow (Hg.), Motive zu dem Entwurfe eines Bürgerlichen Gesetzbuches für das Deutsche Reich: Band 2, Recht der Schuldverhältnisse, Berlin 1896, S. 2. Zu den Motiven genauer unten S. 100.

das BGB von 1900 dann kreiste, waren die hieran anknüpfenden Kernelemente der Privatautonomie: Eigentumsfreiheit, Vertragsfreiheit, Vereinigungsfreiheit, Freiheit der Eheschließung und Testierfreiheit.

Wie voraussetzungsreich dieses Konzept war, zeigt zunächst ein Blick in die Gesellschaft des Kaiserreiches, für die das BGB gelten sollte. Die für alle geltende Privatautonomie traf auf sehr unterschiedliche gesellschaftliche Gruppen. Für den Adel war die Gewährung eines freien und gleichen Privatrechts mit dem Verlust von Privilegien verbunden. Mit der Gewerbefreiheit verlor das Handwerk das Recht, seine Märkte abzuschotten. Gleiche Freiheit produzierte also Verlierer bei all denen, die durch Sonderrechte privilegiert gewesen waren. Die in sozial prekären Verhältnissen lebende Arbeiterschaft zählte ebenfalls zu den Verlierern dieses Privatrechts. Mit der Vertragsfreiheit fielen staatliche Schutzvorschriften weg, und die überlegene Marktmacht der Arbeitgeber führte zu diktierten Arbeitsbedingungen und Ausbeutung. Wenn Kritiker später daher den Kodifikatoren vorwarfen, bewusst ein Gesetzbuch zugunsten des „Besitzbürgers" geschaffen zu haben, also der Personen, die nach Bildung und Wohlstand besonders von gleicher Freiheit profitierten, dann war das gleichwohl unrichtig. Ein Eintreten für eine Bevölkerungsgruppe war den BGB-Verfassern völlig fremd, was sich dann auswirken sollte, wenn man von ihnen verlangte, bestimmte Gruppen als Marktteilnehmer innerhalb des BGB zu schützen[12]. Die Probleme lagen eher darin begründet, dass die Gesellschaft, für die das Privatrecht kodifiziert wurde, um 1900 noch nicht existierte. Dies betraf zunächst die noch lange fortbestehende rechtliche Ungleichheit. Der Abbau ständischer Vorrechte, die rechtliche Gleichstellung von Mann und Frau, von ehelichem und unehelichem Kind, all dies beschäftigte das 20. Jahrhundert noch lange. Hinzu kam massive faktische Ungleichheit, die nur wenigen die Ausgangsbedingungen bot, um vom Marktversprechen des Privatrechts zu profitieren. Um 1900 lag die Zahl der Bildungs- oder Wirtschaftsbürger bei etwa 10 %. Erst für die 1970er Jahre geht die moderne Sozialgeschichte von einer auf einem breiten „Mittelstand" fußenden „Verbürgerlichung"[13] der Gesellschaft aus. Dem BGB fehlte um 1900 also noch die passende Gesellschaft.

Und heute? Hat die Vision einer Trennung zwischen Staat und Gesellschaft jetzt reüssiert? Nun scheint es umgekehrt. Der inzwischen von rechtlicher Ungleichheit weitgehend befreiten Gesellschaft ist das freiheitliche BGB abhandengekommen. Vergleicht

---

12 Hierzu näher unten S. 112 ff.

13 Hans Ulrich Wehler, Deutsche Gesellschaftsgeschichte, Dritter Band: Von der „Deutschen Doppelrevolution" bis zum Beginn des Ersten Weltkrieges, München 1995, S. 707, 713 mit verschiedenen Berechnungen.

man das BGB von 1900 mit dem heutigen BGB, so trifft man überall auf zwingendes Recht, das um 1900 fehlte. Im Dienstvertragsrecht, im Mietrecht, im Verbraucherrecht, im Reiserecht, beim Behandlungsvertrag, um nur einige prominente Beispiele aus dem BGB zu nennen, geht der Gesetzgeber davon aus, dass eine Vertragspartei generell schutzwürdig ist. Der Staat bestimmt daher den Inhalt der Verträge, und in weiten Teilen des BGB kann heute für die als stärker eingestufte Vertragspartei von Inhaltsfreiheit keine Rede mehr sein. Vertragsfreiheit heißt hier weitestgehend nur noch Abschlussfreiheit. Zudem dringen über die Grundrechte und EU-Einflüsse immer mehr Gemeinwohlinteressen in das Privatrecht ein. Beispiele sind der Umweltschutz oder Fragen der Inklusion. Der bürgerliche Freiheitsraum wird öffentlichen Interessen unterworfen. Ganz offenbar ist die Privatrechtsidee seit 1900 in die Krise geraten. Dies zu erzählen, wird Aufgabe der nachfolgenden Kapitel 3 und 4 sein.

Bereits hier kommen die dabei diskutierten Veränderungen aber erstmals in den Blick: Versteht man Privatrecht als die Anerkennung der gleichen Freiheit der Person und das davon abgeleitete Recht gesellschaftlicher Selbstorganisation, so kann man heute schwerlich vom BGB als Privatrechtskodifikation sprechen, weil darin kaum noch Privatrecht geregelt wird. Weite Teile des BGB werden als zwingendes Recht dann zu öffentlichem Recht. Und so wird es in weiten Teilen der Staatsrechtswissenschaft auch gedeutet. Michael Stolleis hat die Entwicklung im 20. Jahrhundert konsequent als „Siegeszug des öffentlichen Rechts" bezeichnet. Für Privatrecht bliebe danach heute kaum noch Raum: „Die Komplexität der Industriegesellschaft, die nach meiner Überzeugung heute weder soziologisch noch rechtlich ‚bürgerliche Gesellschaft' genannt werden kann, verlangt komplexe Steuerungsmittel, und diese sind gegenwärtig wohl im wesentlichen ‚öffentlichrechtliche' Mittel"[14]. Privatrecht wurde aus dieser Perspektive ein Sondergebiet staatlicher Regulierung, selbst die verbleibenden Freiräume sind staatliche Zuweisung und damit schon im Ausgangspunkt nicht „staatsfrei". Privatrecht wäre eine Freiheitsillusion, hinter der sich politische Verteilungsfragen verstecken.

In der Privatrechtswissenschaft fand das noch in den 1990er Jahren durchaus Widerstand[15]. Inzwischen wird hier die Abgrenzung zwischen Öffentlichem Recht und

14 Michael Stolleis, Auferstanden aus der Wende: Die bürgerliche Gesellschaft und ihr Recht?, in: RJ 11, 1992, S. 505.

15 Dezidiert privatrechtsliberale Positionen etwa bei Ernst-Joachim Mestmäcker, Organisationen in spontanen Ordnungen, Freiburg 1992; Wolfgang Zöllner, Die Privatrechtsgesellschaft im Gesetzes- und Richterstaat, Köln 1996; Eduard Picker, Die Privatrechtsgesellschaft und ihr Privatrecht. Zur wachsenden Freiheitsbedrohung im Recht und durch Recht, in: Karl

Privatrecht aber kaum noch diskutiert. Am ehesten finden sich solche Debatten, soweit ich den zersplitterten Privatrechtsdiskurs übersehe, in der Rechtstheorie. Hier dominieren soziologische Beobachterperspektiven, die den Aufstieg des Öffentlichen Rechts nicht in Zweifel ziehen.[16] Wenig Verteidiger findet ein freiheitsbasierter Privatrechtsbegriff auch bei denen, die sich an ökonomischer Theorien ausrichten. In der Ökonomie dominieren als Orientierungswerte einer Gesellschaft Effizienz und Gerechtigkeit und nicht individuelle Freiheit, was ebenfalls zu einer Sympathie für staatliche Verteilungsorganisation führt. In der überwiegenden, nicht grundlagenorientierten Privatrechtswissenschaft werden solche interdisziplinären Zugriffe freilich nur selten verarbeitet. Hier scheint die Debatte über den Privatrechtsbegriff fast eingeschlafen und auf die bekannten Theorien zur Rechtswegabgrenzung reduziert. Ein äußeres Zeichen ist, dass der Begriff des „subjektiven Rechts", mit dem diese Fragen seit dem 19. Jahrhundert adressiert wurden, aus der Literatur und auch aus den Lehrbüchern zum BGB weitgehend verschwunden ist. In einer Art Traditionsbegriff wird als Privatrecht meist nun das bezeichnet, was im BGB steht, und in traditionellen Gebieten des Sonderprivatrechts, wie sie sich in Lehrstuhlbezeichnungen an den Universitäten als zum Privatrecht gehörig finden. Privatrecht ist das, was man üblicherweise als privatrechtlich klassifiziert. Der konkrete Freiheitsbezug wird ausgeblendet und Abgrenzungen zum Öffentlichen Recht auf die bekannte Dichotomie „Bürger-Bürger" vs. „Bürger-Staat" reduziert.

Wie ließe sich die Gegenwart beschreiben, wenn man einen freiheitsbasierten Privatrechtsbegriff beibehalten will? Ein Konzept für einen freiheitlichen Privatrechtsbegriff, der versucht, staatliche Steuerung aus diesem Blickwinkel zu integrieren, hat – in Anlehnung an Überlegungen von Friedrich August v. Hayek – Joachim Rückert vorgelegt[17]. Er differenziert zwischen emanzipatorischen und bevormundenden, „staatssozialen" Eingriffen. Emanzipatorische Eingriffe gleichen dem Sprichwort „Gib mir nicht den Fisch, sondern lehre mich angeln" und wären damit Staatsintervention als Teil des Privatrechts. Die staatliche Gewährung von Wohngeld dient in diesem Sinne einer Ermöglichung der Teilnahme am Markt und wäre dem Privatrecht

Riesenhuber (Hg.), Privatrechtsgesellschaft. Entwicklung, Stand und Verfassung des Privatrechts, Tübingen 2007, S. 207 ff.

16 Vieldiskutiertes Beispiel ist Marietta Auer, Der privatrechtliche Diskurs der Moderne, Tübingen 2014, hierzu meine Auseinandersetzung mit diesem Buch in: Michael Grünberger u. Nils Jansen (Hgg.), Privatrechtstheorie heute – Perspektiven deutscher Privatrechtstheorie, Tübingen 2017, S. 45 ff.

17 Joachim Rückert, „Frei" und „sozial" als Rechtsprinzip, Baden-Baden 2006.

zuzurechnen. Die Zuweisung einer Wohnung ist dagegen staatliche Verteilung, ein Ersatz der Selbstorganisation durch den Staat, also öffentliches Recht. Das Beispiel zeigt, dass der Privatrechtsbegriff weiter in Bewegung ist. Das BGB von 1900 war Ausdruck eine Privatrechtskonzepts, dass heute so nicht mehr existiert. Wie stark dieser Privatrechtsgedanke war, zeigt nicht zuletzt die Tatsache, dass man ein Privatrechtsgesetzbuch verfasste und nicht, wie noch das preußische ALR von 1794 es war, ein Gesetzbuch, welches das gesamte Recht einer Nation regeln sollte. Die Privatrechtsidee prägte also auch die Form des BGB, der wir uns jetzt zuwenden. Das BGB ist eine Kodifikation. Was bedeutet das?

Literatur: Sten Gagnér, Über Voraussetzungen einer Verwendung der Sprachformel „Öffentliches Recht und Privatrecht“ im kanonistischen Bereich, 1966; Wiederabdruck in: Joachim Rückert, Michael Stolleis u. Maximiliane Kriechbaum (Hgg.), Sten Gagnér. Abhandlungen zur Europäischen Rechtsgeschichte, Goldbach 2004, S. 121 ff.; Diethelm Klippel, Politische Freiheit und Freiheitsrechte im deutschen Naturrecht des 18. Jahrhunderts, Paderborn 1976, S. 135 ff.; Dieter Grimm, Zur politischen Funktion der Trennung von öffentlichem und privatem Recht in Deutschland, in: ders. (Hg.), Recht und Staat der bürgerlichen Gesellschaft, Frankfurt a. M. 1987, S. 84 ff.; Konrad Hesse, Verfassungsrecht und Privatrecht, Karlsruhe 1988; Michael Stolleis, Die Entstehung des Interventionsstaates und das öffentliche Recht, in: Zeitschrift für Neuere Rechtsgeschichte 1989, S. 129 ff.; ders., Geschichte des öffentlichen Rechts in Deutschland, Bd. 2, 1800–1914, München 1992, S. 51 f.; ders., Auferstanden aus der Wende: Die bürgerliche Gesellschaft und ihr Recht?, in: RJ 1992, S. 502 ff.; ders., Öffentliches Recht und Privatrecht im Prozeß der Entstehung des modernen Staates, in: Wolfgang Hoffmann-Riem u. Eberhard Schmidt-Aßmann (Hgg.), Öffentliches Recht und Privatrecht als wechselseitige Auffangordnung, Baden-Baden 1996, S. 41 ff.; HKK/Joachim Rückert, Vor § 1, Bd. I, Tübingen 2003, Rn. 43 ff., 86 ff., 102 ff.; Hans Schulte Nölke, Die späte Aussöhnung mit dem Bürgerlichen Gesetzbuch. Wandlungen im Verhältnis der Deutschen zu ihrer Zivilrechtskodifikation, in: Jahrbuch Junger Zivilrechtswissenschaftler 1996: Das deutsche Zivilrecht 100 Jahre nach Verkündung des BGB. Erreichtes – Verfehltes – Übersehenes, Stuttgart u. a. 1996, S. 11 f.; Sibylle Hofer, Freiheit ohne Grenzen? Privatrechtstheoretische Diskussionen im 19. Jahrhundert, Tübingen 2001; Joachim Rückert, Art. Privatrecht, in: Evangelisches Staatslexikon, Neuausgabe, Stuttgart 2006, Sp. 1851 ff.; ders., „Frei und sozial“ als Rechtsprinzip, Baden-Baden 2006; Hans-Peter Haferkamp, Der ordre public interne in der Rechtsprechung zum Rheinischen Recht, in: Barbara Dölemeyer, Heinz Mohnhaupt u. Allessandro Somma (Hgg.), Richterliche Anwendung des Code civil in seinen europäischen Geltungsbereichen außerhalb Frankreichs, Frankfurt a. M. 2006, S. 105 ff.; ders., The Science of Private Law and the State in Nineteenth Century Germany, in: Nils Jansen u. Ralf Michaels (Hgg.), Beyond the State. Rethinking Private Law, Tübingen 2008, S. 245 ff.; Sibylle Hofer, Art. Privatrecht, in: Enzyklopädie der Neuzeit, Bd. 10, Stuttgart 2009, Sp. 375 ff.;

Christian Bumke u. Anne Röthel, Auf der Suche nach einem Recht des privaten Rechts, in: dies. (Hgg.), Privates Recht, Tübingen 2012, S. 1 ff.; Oliver Lepsius, Der Privatrechtsdiskurs der Moderne aus Sicht des öffentlichen Rechts, in: Michael Grünberger u. Nils Jansen (Hgg.), Privatrechtstheorie heute, Tübingen 2017, S. 82 ff.; Gerhard Wagner, Zivilrechtswissenschaft heute – zwischen Orakeldeutung und Maschinenraum, in: Horst Dreier (Hg.), Rechtswissenschaft als Beruf, Tübingen 2018, S. 67 ff.; Tilman Repgen, Art. Privatrecht, in: Staatslexikon, Bd. 4, 8. Aufl. Freiburg 2020, Sp. 1027 ff.; Johanna Croon-Gestefeld, Gemeininteressen im Privatrecht, Tübingen 2022 mit Rez. von Marietta Auer in: JZ 5, 2023, S. 200 ff.

2.2 Kodifikation

Das BGB ist eine Kodifikation. Was bedeutet das?

Das Wort Kodifikation (codification) stammt von einem berühmten Engländer: Jeremy Bentham, Philosoph und engagierter Vorkämpfer für Reformen des Rechts. Bentham arbeitete seit 1782 in einer Reihe von Schriften seine Idee einer Kodifikation als „**a complete body of law**" aus.[18] In Kodifikationen solle das gesamte Recht einer Nation einheitlich und lückenlos in Gesetzesform gegossen werden. Die Richter seien streng an dieses Gesetz zu binden. Sie dürften sich weder auf vermeintliches Gewohnheitsrecht noch auf frühere richterliche Entscheidungen, ja nicht einmal auf wissenschaftliche Kommentare zu dem Gesetz, in ihren Entscheidungen stützen. Um dies zu ermöglichen, solle das Gesetz auf klaren Prinzipien beruhen und widerspruchsfrei sowie präzise formuliert sein. Bleibe dem Richter ein Zweifel über den Willen des Gesetzgebers, so müsse er den Gesetzgeber um Aufklärung ersuchen.

Bentham formulierte eine Idee, die sich, wenn auch meist weniger radikal, bei vielen zeitgenössischen Autoren findet. Seit dem 16. Jahrhundert war immer wieder die Vorstellung aufgetaucht, man müsse ein einheitliches Gesetzbuch an die Stelle der vielen bisherigen, oft unklar konkurrierenden Rechtsquellen setzen, die das Leben der Menschen sehr uneinheitlich regelten.

Seit der Mitte des 18. Jahrhunderts arbeitete man in einigen Teilen Europas an solchen Gesetzbüchern. 1751 waren in Bayern bereits eine Kodifikation des Strafrechts, 1753 des Prozessrechts und, mit dem bis 1900 geltenden Codex Maximilianeus Bavaricus

18 Jeremy Bentham, A General View of a Complete Code of Laws, 1802, hier zitiert nach dem Nachdruck der Ausgabe Edinburgh 1838, in: John Bowring (Hg.), The Works of Jeremy Bentham, Bd. III, New York 1962, S. 506.

Civilis, 1756 eine erste Kodifikation des Zivilrechts erschienen. Seit Ende des 18. Jahrhunderts liefen in den nun in vielen Ländern erarbeiteten Privatrechtskodifikationen zwei große Entwicklungen ineinander. Einerseits waren diese Kodifikationen Ausdruck des staatlichen Rechtsetzungsmonopols. Der Souverän steuerte die Grenzen der bürgerlichen Freiheit durch zwingendes Recht. Dieser letztlich absolutistischen Vorstellung, den Staat als Eigentum des Monarchen zu verstehen („l'etat c'est moi"), trat zunehmend die aufklärerische Idee entgegen, dass genau diese Gesetzeszentrierung nicht nur Freiheit, sondern auch Bindung des Monarchen sei. Eine Kodifikation schreibe fest, was gelte, und biete dem Bürger so Rechtssicherheit und Vorhersehbarkeit für sein Handeln. Mit dem in der zeitgenössischen Philosophie herausgearbeiteten Unterschied zwischen Recht und Moral konnte der Staat von seinen Bürgern nur die „äußere" Legalität ihres Handelns erzwingen, nicht weitergehend eine „innere" moralische Überzeugung oder Einstellung. Das Individuum als Teil der Gesellschaft sollte sich auch ethisch frei entwickeln können. Alles, was das Gesetz nicht verbot, wurde nun zum Freiheitsraum des Bürgers erklärt, im Zweifel für die Freiheit (in dubio pro libertate). Andererseits gewährten Privatrechtskodifikationen Privatautonomie, also Freiheit zur rechtlichen Selbstorganisation. Die Bindung des Richters an das Gesetz hatte also eine speziell privatrechtliche Pointe: Der Freiheitsraum des Bürgers wird gesetzlich festgesetzt, und der Richter schützt diesen Freiheitsraum, indem er das Gesetz anwendet. Kodifikationen wurden so gleichermaßen zum Machtinstrument des Staates wie der Bürger. Sie waren Teil des bereits dargestellten Privatrechtskonzepts.

In dieser Geschichte war das BGB von 1900 eine im europäischen Vergleich eher späte Zivilrechtskodifikation. Nach den bayerischen Kodifikationen waren 1794 das Allgemeine Landrecht für die Preußischen Staaten, 1804 in Frankreich der Code civil, 1811 in Österreich das Allgemeine Bürgerliche Gesetzbuch und 1865 das Bürgerliche Gesetzbuch für das Königreich Sachsen bereits Kodifikationen entstanden. Hinzu kam eine Vielzahl von Entwürfen in anderen Ländern und Territorien, die nicht umgesetzt wurden.

Als man seit einem entsprechenden Votum des Deutschen Juristentages 1860 begann, konkreter über ein einheitliches Bürgerliches Gesetzbuch zu diskutieren, befand man sich also schon in einer seit langem laufenden Debatte über die Funktion, den Inhalt, den Aufbau und die sprachliche Technik einer Kodifikation. Nun stand zunächst die Frage der **Gesetzgebungskompetenz** im Zentrum, weil insbesondere die kleineren Staaten fürchteten, den Interessen Preußens unterworfen zu werden. Die Frage der nationalen Kodifikation war für Zeitgenossen mit dieser Angst kleinerer Staaten, ihre Eigenständigkeit aufzugeben, verknüpft. Von Anfang an war die Idee der Kodifikation damit von der Frage der Rechtseinheit her gedacht worden. Sie wurde nur von wenigen auch mit einem sozialpolitischen Reformprojekt verknüpft. Dieser Linie folgte auch der

Auftrag an die Kodifikatoren des BGB. 1873 setzte man eine sog. Vorkommission ein, die „über Plan und Methode“ der Ausarbeitung eines Entwurfs für das BGB beriet. Sie setzte den Gesetzesverfassern mit Übereinstimmung des Bundesrates zwei Aufgaben:

Die BGB-Kommission sollte unter Berücksichtigung aller in Deutschland geltenden Zivilrechtsordnungen und eines gewissen Vorrangs des ius commune[19] das Recht vereinheitlichen. Sie sollte dabei „auf richtige Formgebung und Anordnung die höchstmögliche Sorgfalt“[20] verwenden.

Die Erste Kommission zur Ausarbeitung eines Bürgerlichen Gesetzbuches bekam kein politisches Reformprogramm diktiert. Es ging nicht um die Vision eines politisch neuen Privatrechts der Zukunft, sondern um die Vereinheitlichung des Status quo. Der politische Auftrag lautete: **Rechtsvereinheitlichung, nicht Reform.**

Literatur: Werner Schubert (Hg.), Materialien zur Entstehungsgeschichte des BGB – Einführung, Biographien, Materialien, Berlin u. a. 1978, S. 27 ff.; Rainer Schröder, Abschaffung oder Reform des Erbrechts. Die Begründung einer Entscheidung des BGB-Gesetzgebers im Kontext sozialer, ökonomischer und philosophischer Zeitströmungen, Ebelsbach 1981; Michael John, Politics and the Law in Late Ninetheenth-Century Germany. The Origins oft the Civil Code, Oxford 1989; Pio Caroni, Gesetz und Gesetzbuch, Basel 2003; Bernd Mertens, Gesetzgebungskunst im Zeitalter der Kodifikation, Tübingen 2004; Pio Caroni, Art. Kodifikation, in: Enzyklopädie der Neuzeit, Bd. 6, Stuttgart 2007, S. 855 ff.; Stephan Meder, Gottlieb Planck und die Kunst der Gesetzgebung, Baden-Baden 2010; Tilman Repgen, Das Gutachten der Vorkommission für ein Bürgerliches Gesetzbuch für das Deutsche Reich vom 15. April 1874, in: Thorsten Keiser, Peter Oestmann u. Thomas Pierson (Hgg.), Wege zur Rechtsgeschichte: Die rechtshistorische Exegese, Köln 2022, S. 432 ff.

2.2.1 Rechtseinheit

Rechtseinheit war kein kleines Ziel für das BGB. Ein „Deutsches Zivilrecht“ hatte es auch im Heiligen Römischen Reich Deutscher Nation nie gegeben. Das damals geltende Recht in den heute als „Zivilrecht“ bezeichneten Rechtsteilen war, oberflächlich betrachtet, ein **Flickenteppich** städtischer oder territorialer Gesetze und Verordnungen, bestimmter Gewohnheiten des Handels, daneben aber auch regionaler Gewohnheiten der Bevölkerung und lang eingespielter Rechtsprechung der Gerichte

19 Hierzu genauer sogleich S. 32, 34 f.

20 Gutachten der Vorkommission vom 15. 4. 1874, abgedruckt in: Werner Schubert (Hg.), Materialien zur Entstehungsgeschichte des BGB – Einführung, Biographien, Materialien –, Berlin u. a. 1978, S. 191.

(sog. usus fori). Sogar Texte von Professoren hatten gesetzesgleiches Ansehen gehabt, besonders wenn man von einer herrschenden Meinung sprechen zu können glaubte (sog. communis opinio doctorum). Was weitgehend gefehlt hatte, waren Gesetze des Reiches, die das Leben der Untertanen nennenswert prägten. Die deutschen Kaiser in der Neuzeit hatten nie eine ähnlich starke Zentralmacht etablieren können wie die Könige von England, Spanien oder Frankreich. Die meisten Gesetze waren also von einzelnen Territorien, häufiger noch von kleineren Einheiten, insbesondere den Städten mit oft unterschiedlichem Privatrecht, ausgegangen.

Obwohl zwei Jahre zuvor die Gründung des Deutsches Reiches erreicht worden war, war 1873 die Rechtseinheit noch immer nicht geglückt. Nachdem 1806 das Heilige Römische Reich Deutscher Nation untergegangen war, hatte es bis 1871 gar keinen nationalen Zivilgesetzgeber mehr gegeben. Im Deutschen Bund (1815–1866) existierten 39 Territorien, die alle über ihr Zivilrecht entscheiden konnten. Noch 1896, also kurz vor dem Inkrafttreten des BGB am 1. Januar 1900, gab es daher große unterschiedliche Rechtsgebiete. So lebten etwa 21.000.000 Menschen nach preußischem Recht, etwa 14.000.000 nach „Gemeinem“, also römisch-kanonischem Recht,[21] etwa 8.000.000 nach französischem Recht, etwa 5.000.000 nach sächsischem Recht. Daneben existierten Kleinstgebiete, so galt für etwa 50.000 Menschen dänisches bzw. jütländisches Recht und für 9000 friesisches Recht. Auch dies bedeutete jedoch keineswegs, dass in einem Territorium ein einheitliches Zivilrecht anwendbar war. Im Alten Recht hatte gegolten: Stadtrecht bricht Landrecht bricht (All-)Gemeines Recht. Der kleinste Rechtskreis ging allen größeren vor. Nur in einzelnen Gebieten verdrängten auch später Kodifikationen die älteren Rechte ganz. Es ergab sich für den Richter häufig die schwierige Vorfrage, welches Recht überhaupt einschlägig war. So galt es etwa in Mainz, in schwierigen Zuständigkeitsabgrenzungen festzustellen, ob der französische Code civil oder doch Mainzer Landrecht, Solmser Landrecht, Pfälzer Landrecht oder das österreichische ABGB anwendbar waren. Wie schwierig es sein konnte, überhaupt das maßgebliche Recht zu ermitteln, zeigt eine Aufstellung für das Amtsgericht Erlangen.[22] Dort war zusammengetragen, welche Häuser in bestimmten Dörfern um Erlangen herum nach welchem Recht zu behandeln waren. Dabei galten für die nahe Erlangen liegende kleine Ortschaft Hüttendorf (1810 etwa 250 Einwohner), die nicht nach Straßen, sondern nur nach Hausnummern organisiert war: Hausnummer 13,

21 Hierzu genauer sogleich S. 32 ff.

22 Otto v. Völderndorff und Waradein, Civilgesetzstatistik des Königreichs Bayern, 2. nach der Organisation der Gerichte von 1879 bearbeitete Aufl. Nördlingen 1880, S. 226 f.; ich danke Susanne Paas für diese Quelle.

14, 15: Ansbacher, subsidiär preußisches Recht; Hausnummer 18–22, 30, 35, 36, 42: Nürnberger Recht als Gewohnheitsrecht, besonders in Erbfällen; alle anderen Hausnummern: Bayreuther, subsidiär Preußisches Recht. Nachbarn lebten also Haus an Haus nach unterschiedlichem Recht.

In einigen Bereichen, insbesondere im Familien- und Erbrecht, führte die **Rechtszersplitterung** zu äußerst unterschiedlichen Lebensbedingungen. So schätzte man um 1900 etwa 200 unterschiedliche Güterrechtsordnungen. Die vermögensrechtliche Position der Ehegatten konnte daher von Dorf zu Dorf, ja sogar innerhalb eines Dorfes variieren. Nähert man sich dem nun anstehenden Verfahren der Rechtsvereinheitlichung aus dieser Perspektive, so scheint die Aufgabe kaum zu bewältigen gewesen zu sein: Wie sollte man so viele unterschiedliche Regelungen zu einer zusammenführen?

Familienrecht war, neben Teilen des Erbrechts, jedoch ein Extrem. In den meisten Bereichen existierten derart große Unterschiede nicht. Die vielen territorialen Rechte hatten sich oft gegenseitig beeinflusst, und sie waren ihrerseits von rechtlichen Vorstellungen durchzogen, die sich seit dem Mittelalter in ganz Europa ausgebreitet hatten. Mit dem sog. **Gemeinen Recht** (Ius Commune) existierte ein wissenschaftlich, von den Universitäten geprägtes gemeinsames Rechtsgespräch über das vom kirchlichen (kanonischen) Recht beeinflusste rezipierte Römische Recht, das jedoch, wie gezeigt, nur galt, wenn keine andere Regelung des territorial oder örtlichen Rechts existierte. Gleichwohl breiteten sich die dort entwickelten Lehren an den Gerichten, in der Vertragspraxis und in territorialer Gesetzgebung aus. Auch hier blieben aber deutsche Besonderheiten der Gegenwart stets im Blick. Gemeines Recht arbeitete nicht an einer Wiederkehr der Antike. Insbesondere in der Gerichtspraxis wurden nur solche antiken Sätze übernommen, die der Gegenwart angemessene Lösungen boten. Oft genug bedeutete das auch, dass man einen solchen Satz zwar übernahm, aber ganz anders verstand als die antiken Römer. Zwischen diesem Gemeinen Recht und den territorialen und regionalen Rechten fand zudem ein beständiger Austausch statt. Es existierten **Literaturgattungen**, die das Gemeine Recht mit den sonstigen Rechten verglichen und auch gemeinsam verarbeiteten. Seit dem 17. Jahrhundert erklärte die Differentienliteratur den Juristen die unterschiedlichen Lösungswege. Im 18. Jahrhundert traten ihr die sog. Institutionenlehrbücher an die Seite, die ebenfalls „deutsches" und „römisches" Recht zusammendachten. Im 19. Jahrhundert näherten sich die Lehr- und Handbücher zum „Deutschen Privatrecht" dem nichtrömischen und die Lehrbücher des „heutigen römischen Rechts" dem römischen Anteil des praktizierten Privatrechts. Immer wurde versucht, übergreifende Lösungen herauszuarbeiten. Rechtspluralismus war also ein **ständiges Rechtsgespräch**, kein getrenntes Dasein. Vieles war bereits einheitlicher, als es äußerlich schien. Die Rechtseinheit durch Gesetzgebung hatte demzufolge eine Vorgeschichte. Als die Arbeiten zum BGB begannen, lief bereits lange ein Prozess der Rechtsvereinheitlichung, der zunächst durch eine einheitliche Rechtswissenschaft, später immer stärker durch eine einheitliche Rechtsprechung vorangetrieben wurde. Hier bildete sich eine Rechtskultur aus, die Deutschland bis heute prägt. Es lohnt also ein genauerer Blick.

Literatur: Klaus Luig, Institutionenlehrbücher des nationalen Rechts im 17. und 18. Jahrhundert, in: Ius Commune III, 1970, S. 69 ff.; Diethelm Klippel (Hg.), Deutsche Rechts- und Gerichtskarte, Goldbach 1996; Claudia Schöler, Deutsche Rechtseinheit, Köln 2004; Gero Dolezalek, Differentienliteratur, in: HRG Bd. I, 2. Aufl. Berlin 2008, Sp. 1059 f.; Peter Oestmann, Rechtsvielfalt, in: Nils Jansen u. Peter Oestmann (Hgg.), Gewohnheit. Gebot. Gesetz, Tübingen 2011, S. 99 ff.

2.2.1.1 Rechtsvereinheitlichung durch Rechtswissenschaft

2.2.1.1.1 Rechtsreform durch Ausbildungsreform: Savignys Reformmodell von 1808

Deutschlands wohl überhaupt berühmtester Jurist, Friedrich Carl von Savigny, hatte 1808 darüber nachgedacht, wie man ein nationales Recht ohne Staat begründen könne, nachdem das Heilige Römische Reich Deutscher Nation 1806 untergegangen war. Konnte es Deutsches Recht ohne Deutschen Staat geben? Er fand die Lösung in der Vorstellung, dass die Deutschen, durch eine gemeinsame Sprache und Kultur verbunden, auch ohne Staat ein Volk, eine Nation seien. Und als ein solches Volk hätten sie ein gemeinsames Bewusstsein vom Recht. Die Idee war bestechend. Wenn solch ein **gemeinsames Rechtsbewusstsein** existierte – dem Savignys Anhänger Georg Friedrich Puchta 1826 den Namen „**Volksgeist**" gab –, dann verstieß ein Territorialstaat, der anders entschied, gegen das eben doch nationale Rechtsgefühl seiner Bürger. Dieses Rechtsgefühl schuf eine nationale Einheit, die eines Staates gar nicht bedurfte, um ein gemeinsames Zivilrecht zu haben. Wie konnte man sich das konkret vorstellen?

Idealerweise konnte man sich eine Identität zwischen dem Rechtsbewusstsein und dem Recht denken. Dann besaß eine Nation ihr eigenes Recht. Für Deutschland sei, so Savigny, nun kennzeichnend, dass es ein solches eigenes Recht, das seinem Rechtsbewusstsein entspreche, nicht besitze. Es gab also eine Kluft zwischen dem einheitlichen Rechtsbewusstsein und dem tatsächlich geltenden Recht. Deutschland habe nur fremdes Recht. Es bestehe im Wesentlichen aus der Kombination zweier „ursprünglicher oder nationaler", also „unmittelbar in einem Volke" entstandener Rechte, des **Römischen** und des **Germanischen**, „dessen Ursprung im Mittelalter zu suchen ist". Da das Germanische „nicht blos in Deutschland, sondern in allen germanischen

Staaten sich entwickelt und ausgebildet hat", galt, dass wir „kein eigenes, ursprüngliches Recht besitzen".[23] Die beiden Rechte, die Savigny so umschrieb, waren sehr unterschiedlich. Das Germanische Recht, von dem er sprach, war auch in den nordischen Ländern, aber auch in England und Teilen Frankreichs entwickelt worden. Es war stark von Gewohnheiten geprägt, durch unstudierte Schöffen in Laiengerichten ausgesprochen und erst spät verschriftlicht worden. Es hatte in Deutschland Einzug gehalten vor allem über das Gewohnheitsrecht der ländlichen Bevölkerung und das Recht der Städte. Demgegenüber stand das Römische Recht, dessen Kenner Savigny war. Es war maßgeblich durch eine Schicht von Rechtsspezialisten in der Antike gebildet und seit dem Mittelalter neu interpretiert worden. Das Römische Recht war in seiner Wirkung auf Deutschland untrennbar verbunden mit dem Aufstieg einer europäischen Universitätsausbildung, die – von Oberitalien ausgehend – **Juristen** produziert hatte, die seit dem 15. Jahrhundert zunehmend in der Rechtspraxis Fuß fassten. Sie entwickelten als Notare Vertragsformulare, die es erlaubten, früher oft nur mündlich getroffene Vereinbarungen sicher und beweisbar zu speichern. Sie berieten Klienten, denen sie durchdachte Lösungen aus dem großen römischen Rechtsvorrat anboten, die den vorher üblichen oft überlegen waren. Sie fungierten als Rechtsberater (Syndici) der Städte und verschriftlichten die dortigen Rechtsgewohnheiten, was sie oft dazu nutzten, römische Regelungen einfließen zu lassen.

Mit dem Reichskammergericht stand seit 1495 erstmals ein höchstes Gericht des Reiches bereit, das von Juristen geprägt wurde und Römisches Recht berücksichtigte. Die gemeinsame Juristenausbildung schuf einen Juristenstand, der in ganz Europa ähnliches Recht verbreitete: Schriftlich, rational und inhaltlich Römisches Recht, wie man es zeitgenössisch verstand, durchsetzt von Regeln des Kirchenrechts (sog. Kanonischen Rechts), die im christlich grundierten Reich nicht durch antike Regeln verdrängt werden durften. Langsam bildete sich die Meinung, dass es sozusagen als gemeinsamer Boden aller so unterschiedlichen Privatrechte im Alten Reich ein sog. Gemeines Recht (**Ius Commune**) gebe. Es gelang diesem Ius Commune zu keinem Zeitpunkt, die vielen territorialen Rechte zu verdrängen. Es war, wie bereits angedeutet,[24] stets „subsidiär", also nur dann anzuwenden, wenn das Problem in anderen Rechten nicht geregelt war. Man nannte diesen komplexen Prozess bereits seit Hermann Conring 1643 „**Rezeption des Römischen Rechts**": Ein Recht einer fremden Nation hatte, vermittelt durch die

---

23 Friedrich Carl von Savigny, Institutionen 1808/09, bei Aldo Mazzacane (Hg.), Friedrich Carl von Savigny: Vorlesungen über juristische Methodologie 1802–1842, Frankfurt a. M. 2. Aufl. 2004, S. 212.

24 Vgl. oben S. 31.

Juristen, in komplexen Prozessen langsam in der Rechtspraxis Fuß gefasst. In beiden Fällen hatten in Deutschland Rechte Einfluss gewonnen, die nicht unmittelbar aus dem deutschen Rechtsbewusstsein entstanden waren, sondern in den gemeinsam „germanisch" geprägten Völkern einerseits und in Rom andererseits.

Aus diesem Befund Savignys, dass Deutschland kein Recht habe, das aus dem deutschen Rechtsbewusstsein entwickelt worden sei, resultierten nun die Aufgaben für eine Rechtswissenschaft, die sich dem Rechtsbewusstsein der deutschen Nation verpflichtet sah.

Ausgangspunkt war, dass alle territorialen Kodifikationen unklare Mischungen fremder Rechte waren und nicht beanspruchen konnten, dem deutschen Rechtsbewusstsein zu entsprechen. Das in Preußen seit 1794 geltende Allgemeine Landrecht, der im westlichen Deutschland verbreitete französische Code civil, das Allgemeine Bürgerliche Gesetzbuch Österreichs: Alles bloße Mischungen fremder Rechte, geschaffen in einem „sehr schlechten Zustand unsrer Wissenschaft". Der schlichte Blick in das, was in Deutschland als „positives", also anzuwendendes Recht galt, stand damit unter dem Generalverdacht, Recht zu behaupten, das dem nationalen Rechtsbewusstsein widersprach. Hieraus resultierte Savignys Reformprogramm. Eine „Nation, die ein fremdes Recht hat, [kann] diesen Zustand nicht aufheben, aber sie kann ihn unschädlich machen durch glückliche Bearbeitung der gelehrten Jurisprudenz, und diese ist um so nöthiger, wenn durch eigene Gesetzbücher die Täuschung veranlaßt wird, als habe man ein eigenes Recht".[25]

Wenn ein Recht aus zwei fremden Wurzeln entstanden war, die sehr unterschiedlich waren, dann musste sich die Rechtswissenschaft aufteilen in Spezialisten für jedes dieser Ursprungsrechte. Man sprach von „**Germanisten**" und „**Romanisten**":

> Alle Jurisprudenz, insofern sie eigenes, selbstständiges Daseyn haben soll, ist demnach entweder römisch oder germanisch.

Nun musste es zunächst darum gehen, die Ursprungsrechte zu verstehen. Deshalb meinte Savigny so entschieden, „gründliche Kenntniß des ursprünglichen Rechts, und namentlich des römischen, kann allein lehrreich seyn, jede andere ist so gut als keine".[26] Erst wenn man das Ursprungsrecht in seinem jeweiligen Bezug zum

25 Friedrich Carl von Savigny, Institutionen 1808/09, bei Aldo Mazzacane (Hg.), Friedrich Carl v. Savigny, Vorlesungen über juristische Methodologie 1802–1842, Frankfurt a. M. 2004, S. 213.

26 Friedrich Carl von Savigny, Institutionen Winter 1808, bei Aldo Mazzacane (Hg.), Friedrich Carl v. Savigny, Vorlesungen über juristische Methodologie 1802–1842, Frankfurt a. M. 2004, S. 213.

Ursprungsvolk und dessen Rechtsbewusstsein verstanden hatte, dann war es möglich, in einem zweiten Schritt das geltende Recht von dem zu „reinigen“, was fremdem, aber nicht mehr aktuell deutschem Rechtsbewusstsein entsprach, also „abgestorben“ war. Um dies zu können, mussten Juristen, so Savigny, an den Universitäten in einer dreifachen Methode ausgebildet werden: **Exegese**, **Geschichte**, **System**. Von Savigny und seinen Schülern, der sog. Historischen Rechtsschule ausgehend, verbreitete sich im 19. Jahrhundert dieses Methodenprogramm an fast allen deutschsprachigen Universitäten und schuf einen gemeinsamen deutschen Juristenstand, der gelernt hatte, in einer ganz bestimmten Art mit dem positiven Recht umzugehen. Hier wurden die Grundlagen für eine Art der Jurisprudenz gelegt, die bis heute Deutschland und teilweise den deutschsprachigen Raum von fast allen anderen europäischen und außereuropäischen Arten der Rechtsbehandlung unterscheidet: Der „German Approach“,[27] der bis heute – im positiven wie im negativen – den Blick des Auslandes auf die deutsche Rechtswissenschaft prägt. Diese Ausbildungseinheit schuf weniger ein deutsches Rechtsbewusstsein als ein deutsches Juristenbewusstsein, das im 19. und besonders auch im 20. Jahrhundert das deutsche Recht vereinheitlichte und prägte.

Literatur: Manlio Bellomo, Europäische Rechtseinheit Grundlagen und System des Ius Commune, München 2005, insb. S. 117 ff.; Tilman Repgen, Ius Comune, in: Hans-Peter Haferkamp u. Tilman Repgen (Hgg.), Usus modernus pandectarum, Köln 2007, S. 157 ff.; Nils Jansen, Art. Ius commune (Gemeines Recht) in: Handwörterbuch des Europäischen Privatrechts I, Tübingen 2009, S. 917 ff.; Christoph Schönberger, Der „German Approach“, Tübingen 2015; Hans-Peter Haferkamp, Die Historische Rechtsschule, Frankfurt a. M. 2018.

2.2.1.1.2 Wege zum Volksgeist zwischen Rationalität und Intuition

Um das Vertrauen der Pandektenwissenschaft, wie man die von Savigny ausgehende Wissenschaft des römischen Rechts auch nannte, in die Richtigkeit ihres nachfolgend geschilderten Verfahrens zu verstehen, bedarf es zunächst eines Blicks auf den von ihr beschriebenen Erkenntnisgegenstand: das Recht als Produkt des **Volksgeistes**.

In der Vorstellung, dass das Recht im Bewusstsein des Volkes seinen Ursprung habe, lagen einige Prämissen versteckt. Der Volksgeist entwickelte sich in seinem historischen Gang nicht zufällig. Der Stoff des Rechts sei, so Savigny 1815, „hervorgebracht von der höheren Natur des Volkes als eines stets werdenden, sich entwickelnden Ganzen“. Recht entstehe daher „nicht durch Willkühr, so daß er [sc. der Stoff] zufällig dieser

27 Christoph Schönberger, Der „German Approach“, Tübingen 2015.

oder ein anderer seyn könnte, sondern aus dem innersten Wesen der Nation selbst und ihrer Geschichte".[28] Der Volksgeist war also nicht einfach Gewöhnung an bestimmte eingeübte Verhaltensweisen der Bevölkerung oder der Juristen etwa in einem Gerichtsgebrauch. Er produzierte Recht weder durch bewusste Gesetzgebung noch durch ein Gespräch der Menschen darüber, wie sie leben wollten. Der Volksgeist wurde nicht vom Volk bewusst gemacht, es ging nicht um Diskussionsprozesse, Abstimmungen, demokratische Verfahren. Der Volksgeist war vielmehr immer schon irgendwie da, wurde den Menschen aber erst langsam bewusst, er kam in ihren Handlungen „zum Bewußtseyn", er verschaffte sich Raum, wurde sichtbar. Er war Ausdruck der „höheren Natur" des Volkes. 1814 hatte Savigny vom „Schicksal" eines Volkes gesprochen.

Im Volksgeist steckte die gesamte Frage nach der Gerechtigkeit eines positiven Rechts, und die Antwort lautete: Recht ist für ein bestimmtes Volk gerecht, wenn es seinem Geist entspricht. Eine Rechtswissenschaft konnte daher nur dann über eine bloße Beschreibung des Status quo hinauskommen und der Gegenwart das „richtige" Recht erklären, wenn sie in der Lage war, diesen Volksgeist zu entschlüsseln. Nahe gelegen hätte es aus unserer heutigen Perspektive, wenn man sich diesem Volksgeist nun analytisch näherte, indem man erklären könnte, wie das Volk ein Rechtsbewusstsein ausbildet, wie ein Satz von ihm als mit seinem Rechtsgefühl übereinstimmend empfunden wird, dann hätte man richtiges Recht an seinem Verfahren der Entstehung dingfest machen können. Kennzeichnend für den Ausgangspunkt aller Probleme war nun, dass man dies für unmöglich hielt. Wie der Volksgeist funktionierte, wurde als letztlich nicht beantwortbar aus der Wissenschaft ausgeschlossen.

> Die Entstehung des Rechts aus dem Volksgeist ist eine unsichtbare. […]. Was uns sichtbar ist, das ist nur das Entstandene selbst, das Recht also, nachdem es aus der **dunklen Werkstätte,**[29] in der es bereitet wurde, hervorgetreten und wirklich geworden ist.[30]

Warum man sich dieser Frage verweigerte, wird deutlich mit Blick auf die dezidiert christliche Perspektive, die dieser Vorstellung eines schaffenden Volksgeistes bei Savigny und seinen Schülern zugrunde lag. Der Volksgeist war das Bindeglied des Menschen zu Gott. In intensiven rechtsphilosophischen Diskussionen einigte man sich in den

---

28 Friedrich Carl von Savigny, Über den Zweck dieser Zeitschrift, 1815, bei Hans Hattenhauer, Thibaut und Savigny. Ihre programmatischen Schriften, 2. Aufl. München 2002, S. 202, 203.

29 Diese und folgende Hervorhebungen in Zitaten wurden nachträglich von dem Verfasser eingefügt.

30 Georg Friedrich Puchta, Cursus der Institutionen, Bd. 1, Leipzig 1841, S.29 f.

1830er Jahren auf einige Prämissen des Volksgeistkonzepts. Der Mensch war seit dem Sündenfall seinem Gott entfremdet, was sich darin verdeutlichte, dass er in der Lage war, sich gegen Gott zu entscheiden, das „Böse" zu wählen. Positives Recht entstand also durch die Menschen, durch Gerichte, durch Gesetzgeber, durch wiederkehrende gleichförmige Handlungen der Menschen als Gewohnheitsrecht. Da der Volksgeist aber nicht einfach das war, was Menschen als Recht setzten und anwendeten, sondern der Versuch Gottes, über das Rechtsgefühl und ihr Gewissen den Menschen zu zeigen, was sie tun sollten, ergaben sich einige uns heute fremde Überlegungen für eine Methode der Rechtswissenschaft, die es sich zur Aufgabe machen musste, im Wirklichen des positiven Rechts das wahre, gerechte Recht zu finden, das mit der durch Gott dem Menschen gestellten Aufgabe übereinstimmte.

Zunächst war klar, dass all das, was in der Wirklichkeit an Recht entstand, niemals deshalb richtig sein konnte, weil es in einem bestimmten Verfahren gesetzt worden war oder weil es viele gut fanden. Der Mensch konnte irren; nicht er, nur Gott entschied, was gerecht war. Es gab also viel ungerechtes Recht, was angewendet wurde. Daraus ergab sich, dass alle früheren Geltungsgründe für Recht, seine Setzung durch Obrigkeiten (Gesetz), der Gerichtsgebrauch (Präjudiz) oder die gemeinschaftliche Übung (Gewohnheitsrecht), zwar unverzichtbare erste Untersuchungspunkte jeder Rechtswissenschaft sein mussten, aber nie die Richtigkeit eines Rechtssatzes nachweisen konnten. Sie blieben bloßes Geltungsindiz:

> Die Sache ist diese: es entsteht eine Vermuthung für die Wahrheit einer Ansicht, wenn sie von den bewährtesten Rechtsgelehrten übereinstimmend vorgetragen wird (communis opinio), und wenn sie sich auch in der Anwendung constant geltend gemacht hat (usus fori), und ein gewissenhafter Richter wird im Zweifel dabei stehen bleiben. Aber diese Vermutung muss der Wahrheit weichen; sowie ein Richter sich von ihrer Unrichtigkeit fest überzeugt hat, würde er pflichtwidrig handeln, wollte er sie noch ferner anwenden, und hätte man sie Jahrhunderte lang für wahr gehalten, und seit Menschengedenken in den Gerichten befolgt.[31]

Die Wahrheit eines Rechtssatzes offenbarte sich also nie in dem, was der Mensch sah, also in der empirischen Wirklichkeit des positiven Rechts, die immer nur **Indizien** brachte. Die wahre Wirklichkeit, nach der Savigny und seine Schüler suchten, war der Volksgeist, also der in der Wirklichkeit verborgene Geist, den Gott im Volk wachsen ließ. Diesen Geist konnte man nicht zählen, messen oder betrachten. Es gab nur das,

31 Georg Friedrich Puchta, Vorlesungen über das heutige römische Recht, Bd. 1 (1847), hier nach 6. Aufl. Leipzig 1878, S. 44.

was Georg Friedrich Puchta die „feste Überzeugung" nannte. Diese **Überzeugung** war mehr als das individuelle Rechtsgefühl des Rechtswissenschaftlers und auch mehr als sein logisches Denken. Savignys Schüler Friedrich Bluhme erläuterte, man könne nicht trennen zwischen dem „Sitz des einfachen Gewohnheitsrechts im Rechtsgefühl und de[m] des Juristenrechts im Verstand[,] […] da **weder Gefühl noch Verstand für sich allein** ein Recht zu bilden vermag: das Entscheidende bleibt immer erst die gemeinsame Ueberzeugung von dem Dasein einer rechtlichen Nothwendigkeit".[32] Der Jurist musste am Volk und dessen Geist teilhaben, zugleich aber irgendwie Kontakt zu Gottes Willen aufnehmen, um sich eine sichere Überzeugung bilden zu können. Weder Verstand noch Gefühl boten Sicherheit, denn, so Moritz August von Bethmann-Hollweg:

> Es muß etwas Höheres und Umfassenderes hinzukommen, eine Ueberzeugung, die nicht blos aus der Auffassung und Combination der einzelnen äußeren Erscheinungen und aus unbestimmten, wenn gleich noch so reellen, nicht leicht zu ertödtenden Gefühlseindrücken entsteht, und eine solche tiefere und festere Ueberzeugung suchen die Weisen dieser Welt in sich selbst, in ihren philosophischen, naturrechtlichen, politischen Theorien und Systemen, die findet aber der Christ – der in Wahrheit in Christo seine Weisheit, wie seine Gerechtigkeit und Erlösung und Heiligung sucht und ergreift – vollständig und ausschließend in der Welt- und Lebensabsicht, welche das Wort Gottes darbietet und fordert.[33]

Bethmann-Hollweg schwärmte für die Suche des Juristen nach Gerechtigkeit vom

> Weg des Glaubens, auf dem ein höheres Licht ihm entgegenstrahlt, und, indem es sein ganzes Wesen ergreift, verjüngt und belebt, jeder Kraft in ihm einen neuen Schwung verleiht. Was er dort sehnsüchtig zu schauen trachtet, empfängt er hier zu eigen, das ewige Recht, das göttliche Gesetz, nicht bloß als dunkles Gefühl, sondern als erleuchteten innersten Trieb seiner Seele.[34]

Savigny forderte in diesem Sinne Demut und Selbstverleugnung, denn vor Unwahrheit schütze in der Wissenschaft wie im Glauben „ein stilles demüthiges Herz, treue

---

32 Friedrich Bluhme, Übersicht der in Deutschland geltenden Rechtsquellen, 3. Aufl. Bonn 1863, S. 44.

33 Karl Wilhelm von Deleuze de Lancizolle, Geschichte der Bildung des preußischen Staats, Erster Theil, erste Abteilung, Berlin 1828, S. 20 f.

34 Moritz August von Bethmann-Hollweg, Grundriß zu Vorlesungen über den über den gemeinen Civilprozeß, 3. Aufl. Bonn 1832, S. XIV.

Liebe zur Wahrheit und herzliches Gebet[,] […] denn hier und dort ist es doch am Ende der einfältige Kindersinn, dem allein die Wahrheit offenbart wird".[35] Diese Hinwendung zu Christus als sozusagen intuitiv-gläubiger Erkenntnisweg machte zugleich deutlich, warum diese Rechtswissenschaft so stark für eine historisch-systematische Dogmatik eintrat. Wäre man an diesem Punkt stehen geblieben, wäre die Rechtswissenschaft in der Theologie aufgegangen. Die Hinwendung zu Christus konnte jedoch nur die eine Seite des Weges zum Volksgeist sein. Die andere Seite musste versuchen, das Recht auch zu „begreifen", sich zu erklären, wie dieses Recht zusammenhing. Alle nun gewählten Erkenntniswege – Exegese, Geschichte, System – mussten stets durch das Rechtsgefühl abgesichert werden. Savignys Anhänger Ludwig Carl Heinrich Freiherr von der Pfordten verdeutlichte 1837, man betrachte „die menschliche Vernunft nicht als die *Quelle* der Erkenntniß, sondern nur als *Mittel* hiezu, zur Erforschung des Gegebenen, Vorhandenen, Offenbarten".[36] Rationalität diente daher dazu, einen entstandenen Gegenstand zu verstehen, der sich in seiner Entwicklung selbst rationaler Durchdringung entzog. Rechtswissenschaft bewegte sich zwischen Verstehen und Erfühlen. Wissenschaftliche Arbeit sei, so Savigny bereits 1803, „**historisch = intuitiver und wissenschaftlich logischer Sinn in gegenseitiger Durchdringung**".[37]

Literatur: Hans-Peter Haferkamp, Die historische Rechtsschule, Frankfurt a. M. 2018, S. 197 ff.

2.2.1.1.3 Exegese

Ausgangspunkt war die Erkenntnis, dass die antiken und mittelalterlichen Ursprungsrechte für uns nicht mehr unmittelbar erlebbar waren, sondern nur in Form schriftlicher Überlieferung existierten. Da um 1800 auch das meiste andere Recht bereits schriftlich vorlag, war die Arbeit des Juristen durchweg Textinterpretation, wofür sich, aus der Theologie kommend, das Wort „Exegese" eingeprägt hatte. Für die exegetische Tätigkeit des Juristen hatten sich seit langem bestimmte Regeln eingebürgert, die sog. hermeneutica iuris. Kennzeichnend für die Reform, die in dieser Frage um 1800 stattfand, war nun, dass sich von der Göttinger Theologie ausgehend und vermittelt durch den Juristen Gustav Hugo, bei Savigny und seinen Schülern die Ansicht durchsetzte,

35 Adolf Stoll, Friedrich Karl von Savigny. Ein Bild seines Lebens mit einer Sammlung seiner Briefe, Bd. 2, Berlin 1929, Nr. 338, S. 239.

36 Ludwig Carl Heinrich Freiherr von der Pfordten, Rez. Puchta, Gewohnheitsrecht, in: Jenaische Allgemeine Literatur-Zeitung 1838, Ergänzungsblätter Band 3 Nr. 122 f., Sp. 11.

37 Friedrich Carl von Savigny, Methodik 1803/04, in: Aldo Mazzacane (Hg.), Friedrich Carl von Savigny, Vorlesungen über juristische Methodologie 1802–1842, Frankfurt a. M. 2004, S. 204.

dass man Textinterpretation nur durch Interpretieren, nicht durch eine Theorie der Interpretation lernen könne. Hatte man noch im 18. Jahrhundert dem Studenten einerseits die Regeln der Interpretation als Theorie und andererseits fertige Ergebnisse der Interpretation als Stoff gelehrt, so wurde nun der Student selbst zum Interpreten. Als Savigny 1819 erstmals Einblick in eine auch für ihn neue Quelle des Römischen Rechts erhielt, Teile eines von dem befreundeten Historiker Barthold Georg Niebuhr 1816 in Verona entdeckten Lehrbuchs des Juristen Gaius aus dem 2. Jahrhundert n. Chr., kündigte er sofort eine Vorlesung dazu an, in der er mit den Studenten den neuen Text in 90 Stunden gemeinsam interpretierte. Interpretieren lernte man durch Interpretieren. Wenn man dies gemeinsam tat, ergab sich wie von selbst eine Einheit von Wissenschaft und Lehre. Wenn Savigny selbst 1840 in seinem „System des heutigen Römischen Rechts“ eine heute oft falsch verstandene Auslegungslehre vorlegte, war gerade für ihn Interpretation „freye Geistesthätigkeit“,[38] und die darin liegende „Kunst, das bedeutende und eigenthümliche in jedem [Gesetz] schnell aufzufinden“,[39] lasse sich „eben so wenig, als irgend eine andere, durch Regeln mittheilen oder erwerben“,[40] sondern sei „blos durch Übung zu erwerben“.[41] Drastischer formulierte diese Grundüberzeugung sein Schüler Puchta in seinen Vorlesungen:

> Nicht zu weit zu gehen, davor muß der gesunde juristische Tact und Verstand bewahren, solche äußerlichen Regeln würden nur den Schwachköpfen dienen, um sie des eigenen Denkens zu überheben, diese sollen aber besser gar nicht interpretiren.[42]

Hier begann die deutsche Tradition, dass fast alle heutigen Juristen niemals eine Vorlesung zur juristischen Methodenlehre gehört haben und gleichwohl eine ziemlich einheitliche Methode anwenden. Die besondere Bedeutung dieses Verfahrens wird erst klar, wenn man bedenkt, was für Texte in diesen Vorlesungen interpretiert wurden. Worum es ging, zeigt ein Beispiel:

---

38 Friedrich Carl von Savigny, System des heutigen römischen Rechts, Bd. 1, Berlin 1840, S. 207.

39 Methodologie 1809, bei: Aldo Mazzacane (Hg.), Friedrich Carl von Savigny, Vorlesungen über juristische Methodologie 1802–1842, Frankfurt a. M. 2004, S. 218.

40 Friedrich Carl von Savigny, System des heutigen römischen Rechts, Bd. 1, Berlin 1840, S. 211.

41 Methodologie 1809, bei: Aldo Mazzacane (Hg.), Friedrich Carl von Savigny, Vorlesungen über juristische Methodologie 1802–1842, Frankfurt a. M. 2004, S. 218.

42 Georg Friedrich Puchta, Vorlesungen über das heutige Römische Recht, hg. von Adolf August Friedrich Rudorff, Bd. 1, (1847), hier nach 6. Aufl. Leipzig 1878, S. 41.

2.2.1.1.4 Vertiefung: D. 12, 1, 18, pr. und 41.1.36 und der dingliche Vertrag in § 929 S. 1 BGB

In den Digesten, in denen uns Texte antiker Juristen überliefert wurden, wird eine heute berühmte Kontroverse zwischen zwei römischen Juristen geschildert, an der sich typische Herausforderungen einer Exegese als Ermittlung des römischen Rechts zeigen lassen.

Ausgangspunkt war ein im 6. Jahrhundert in die Digesten (41.1.36) aufgenommener Text von Julian (Salvius Julianus), der um 150 n. Chr. entstanden war:

> Wenn wir uns über den Gegenstand einigen, der übergeben wird, bezüglich des Erwerbsgrundes jedoch verschiedener Meinung sind, sehe ich nicht ein, warum die Übergabe unwirksam sein sollte. Etwa wenn ich glaube, ich sei dir aufgrund eines Testaments verpflichtet, ein Grundstück zu übergeben, du jedoch meinst, es wäre dir aus einer Stipulation geschuldet. Denn auch wenn ich dir abgezähltes Geld in Schenkungsabsicht übergebe, du es aber gleichsam als Darlehen annimmst, steht fest, dass das Eigentum übergeht und kein Hindernis darin besteht, dass wir uns über den Grund des Gebens und Empfangens nicht geeinigt haben.[43]

Der gleiche Fall wird an anderer Stelle nochmals angesprochen (D. 12.1.18 pr.), nun in einem Fragment von Ulpian, das um 200 n. Chr. entstand und auf die Ansicht Julians einging.

> Wenn ich dir Geld in der Absicht gebe, es dir zu schenken, du es aber als Darlehen annimmst, liegt, wie Julian schreibt, eine Schenkung nicht vor; doch man müsse in Betracht ziehen, ob ein Darlehen vorliegt. Und ich meine, daß auch kein Darlehen gegeben ist und mehr dafür spricht, daß die Münzen nicht Eigentum des Empfängers werden, da dieser beim Empfang eine andere Vorstellung (als der Geber) hatte. Hat er also die Münzen verbraucht, kann er,

---

43 D. 41.1.36: „Cum in corpore quidem quod traditor consentiamus, in causus vero dissentimus, non animadverto, cur inefficax sit traditio, vel si ego credam me ex testamento tibi obligatum esse, ut fundum tradam, tu existimes ex stipulate tibi eum deberi. nam et si pecuniam numeratam tibi tradam donandi causam, tu eam quasi creditam accipias, constat proprietatem ad te transire nec impedimento esse, quod circa causam dandi atque accipiendi dissenserimus." Die Übersetzung folgt Franz-Stefan Meissel, Julian und die Entdeckung des dinglichen Vertrages, in: Ulrich Falk, Michele Luminati u. Mathias Schmoeckel (Hgg.), Fälle aus der Rechtsgeschichte, München 2008, S. 65.

obwohl er mit der Kondiktion haftet, dennoch die Einrede der Arglist geltend machen, da die Münzen dem Willen des Gebers entsprechend verbraucht worden sind.[44]

Bedenkt man, dass dieser Text in einer Rechtssammlung des spätrömischen Kaisers Iustinian (482–565 n. Chr.), dem (später sog.) Corpus Iuris Civilis, deren zweiter Teil die Digesten waren, überliefert ist, die mit dem Anspruch auftrat, Recht festzusetzen, so ist man überrascht: Erzählt wird ein Rechtsfall. Noch dazu gibt es gar keine eindeutige Lösung, sondern zwei Meinungen, die von Julian und die von Ulpian. Die beiden berühmten Juristen kannten einander nicht persönlich, Julian stand um 150 n. Chr. im Zenit seiner Wirksamkeit, Ulpian kurz nach 200 n. Chr. Aber beide waren Teil einer **Schriftkultur**, die eine **Diskussion** solcher Fälle über Jahrhunderte ermöglichte. Natürlich kannten auch die Römer schlichte Festsetzungen von Recht durch Gesetze, Beschlüsse, Entscheidungen der hierfür zuständigen Organe, früh etwa des Senats oder des Prätors als Gerichtsmagistrat, später des Kaisers. Für die europäische Rechtsentwicklung wichtiger waren jedoch die Teile des Corpus Iuris Civilis, in denen Juristen wie Julian oder Ulpian Fälle zur Diskussion stellten, die ihnen als Gutachter und Berater oder vielleicht einfach nur ausgedacht begegneten. Indem diese Fälle über lange Zeit von Juristen diskutiert wurden, gerieten immer mehr Denkmöglichkeiten für die Lösung in den Blick. Das hohe Niveau der Debatte war es vor allem, das seit dem Mittelalter Juristen begeisterte. Zugleich verschob sich jedoch das Problem. Hatten Julian und Ulpian einfach zwei unterschiedliche denkbare Lösungen präsentiert, die auch unter Justinian noch nebeneinander stehen blieben, ohne entschieden zu werden, so sahen die mittelalterlichen Juristen im überlieferten römischen Recht eine ratio scripta, geschriebene Vernunft. Nun ging es darum, mittels einer Textinterpretation Widersprüche aufzulösen und eine „richtige" Lösung aus den Digesten herauszuinterpretieren. Aus einer antiken Diskussionskultur wurde seit dem Mittelalter „Rechtsanwendung". Dass diese Quellen für ein solches Verfahren viel mehr Probleme boten als etwa heutige Gesetze, zeigt gerade die Diskussionsgeschichte dieser Stellen seit dem Mittelalter.

---

44 D. 12.1.18. pr.: „Si ego pecuniam tibi quasi donaturus dedero, tu quasi mutuam accipias, Iulianus scribit donationem non esse, sed an mutua sit, videndum. et puto nec mutuam esse magisque nummos accipientis non fieri, cum alia opinione acceperit. quare si eos consumpserit, licet condictione teneatur, tamen doli exceptione uti poterit, quia secundum voluntatem dantis nummi sunt consumpti." Die Übersetzung folgt Frank Peters in: Corpus Iuris Civilis. Text und Übersetzung: Okko Behrends, Rolf Knütel, Berthold Kupisch u. Hans Hermann Seiler (Hgg.), Bd. 3: Digesten 11–20, Heidelberg 1999, S. 58.

Typisch war zunächst, dass Julian und Ulpian ihre Ergebnisse kaum begründeten. Sie erklärten das römische Recht nicht, sondern setzten es voraus und dachten es nur für einzelne Probleme weiter. Selten finden sich in den Digesten abstrakt-generelle Rechtssätze oder eine einfache Einführung in das Rechtsproblem. Das römische Recht war sozusagen in diesen Texten versteckt.

Vieles konnte man im Mittelalter schnell klären. Zwar waren die Schenkung (donatio) und das Darlehen (mutuum) sog. Realverträge, die durch Hingabe der Sache zustande kamen. Gleichwohl musste beiden Verträgen von den Vertragsparteien aber zugestimmt werden. Da ein solches Einvernehmen über den Grund der Leistung zwischen den Vertragsparteien nicht erfolgt war, war der Vertrag unwirksam. Da nach römischem Recht der derivative Eigentumsübergang neben der Übergabe einen anerkannten Rechtsgrund (iusta causa) verlangte, war ein solcher Rechtsgrund eigentlich nicht gegeben; auf den ersten Blick ein einfacher Fall also.

Während Ulpians Ansicht genau auf dieser Linie zu sein schien, verursachte die Ansicht von Julian, der als einer der scharfsinnigsten römischen Juristen galt, große Auslegungsschwierigkeiten. Mittelalterliche Juristen versuchten daher einerseits, die Widersprüche hinwegzuinterpretieren. Sie taten dies, indem sie auf verschiedenen Wegen nachzuweisen versuchten, dass sich die von Julian erzählte Konstellation vom Fall Ulpians eben doch unterschied. Noch im 20. Jahrhundert versuchte man, den Gegensatz zwischen Julian und Ulpian dadurch aufzulösen, dass man zwischen den Originaltexten Julians und Ulpians und den in die Digesten übernommenen Fragmenten unterschied. Betont wurde nun, dass es unter Justinian Eingriffe in die Texte gegeben hatte, sog. Interpolationen. Da die Originaltexte Julians und Ulpians verschollen waren, hatte die nun einsetzende „Interpolationenjagd“ (Otto Lenel) prinzipiell keine Grenzen im Text. Bei Gerhard Beseler, dem wohl radikalsten Vertreter der Interpolationistik, blieb von Julians Text nicht viel:

> Wenn ich dir ein Grundstück schenkungshalber manzipiere (statt: zur Erfüllung einer testamentarischen Verbindlichkeit tradierte), du es gleichsam zum Zweck der Treuhand (statt: als Erfüllung einer Stipulationsverbindlichkeit) entgegennimmst, so liegt keine Schenkung vor (statt: geht Eigentum über). Denn auch wenn ich dir abgezähltes Geld schenkungshalber übergebe, du es gleichsam als Darlehen entgegennimmst, liegt keine Schenkung vor (statt: erwirbst Du Eigentum, auch wenn wir über die causa uneinig sind).[45]

45 Franz-Stefan Meissel, Julian und die Entdeckung des dinglichen Vertrages, in: Ulrich Falk, Michele Luminati u. Mathias Schmoeckel (Hgg.), Fälle aus der Rechtsgeschichte, München 2008, S. 73.

Beließ man es beim ursprünglichen Text und auch bei dem darin ausgedrückten Widerspruch, so blieb nur die andere Möglichkeit, in die römische Dogmatik ein neues Argument zu integrieren. Man erweiterte die Lehre von der iusta causa auf einen nur vorgestellten Erwerbsgrund (causa putativa) bzw. einen irrtümlich falsch angenommenen Erwerbsgrund (causa erronea).

Savigny gehörte weder zur ersten noch zur zweiten Gruppe. In seinem Textverständnis neigte er dazu, über den engen Wortlaut hinaus relativ frei systematisch-dogmatische und historische Argumente zusammenzulesen, die manche Quellen in den Vordergrund heben konnten, andere herabstuften. Auch konnte er sich jederzeit vom römischen Recht lösen, wenn er dies mit dem Wandel von Antike zur Gegenwart begründen konnte. Vorliegend sah Savigny natürlich die Streitfrage zwischen Julian und Ulpian. In diesem Fall löste er sich jedoch von historischen Erwägungen und schlug sich mit einem eigenen dogmatischen Argument auf die Seite Julians, um damit gleichzeitig eine neue dogmatische Lösung zu entwickeln, die er jedenfalls als dem römischen Denken entsprechend ansah. Savigny argumentierte mit der Handschenkung, also der in § 516 BGB noch rudimentär vorhandenen Schenkung durch bloße Sachübergabe. Er fragte am Beispiel des Bettlers, wie denn dieser hier Eigentümer am Almosen werden könne, da eine vorherige schuldrechtliche Verpflichtung, also eine iusta causa, offenbar nicht vorliege? Daher musste auch ein Eigentumsübergang ohne vorangegangenen Rechtsgrund möglich sein – was genau Julians Ansicht entsprach. Savigny dachte das dann entstehende Problem freilich eine Stufe weiter:

> Wird zum Beyspiel ein Haus verkauft, so denkt man gewöhnlich an den obligatorischen Kauf, und ganz richtig; aber man vergißt darüber, daß die nachfolgende Tradition auch ein Vertrag ist, und ein von jedem Kauf ganz verschiedener, nur durch ihn nothwendig gewordener. Die Verwechslung wird recht anschaulich durch die seltneren Fälle der Tradition ohne vorhergehende Obligation, wie bey dem Geschenk an einen Bettler, das einen wahren Vertrag enthält ohne alle Obligation, bloßes Geben und Nehmen in übereinstimmender Absicht […]. Man könnte, zur schärferen Unterscheidung alle diese Fälle als dingliche Verträge bezeichnen.[46]

„Wenn wir uns über den Gegenstand einigen, der übergeben wird, bezüglich des Erwerbsgrundes jedoch verschiedener Meinung sind, sehe ich nicht ein, warum die Übergabe unwirksam sein sollte“, hatte Julian vertreten. Savigny machte deutlich,

---

46 Friedrich Carl von Savigny, System des heutigen Römischen Rechts, Bd. III, Berlin 1840, S. 313.

warum: Es liegt ja eine Einigung vor, nämlich ein dinglicher Vertrag, wie er heute in § 929 S. 1 BGB als deutsche Besonderheit in Europa kodifiziert ist. Ob Julian das gemeint hatte, ist ziemlich zweifelhaft. Es passt jedoch zu Savignys einfühlender Hermeneutik, wenn er gleichwohl betonte: „Unsre Theorie ist nun auch ganz den Quellen gemäß".[47] Savigny sah sich dem römischen Denken eng verwandt, er dachte kongenial. Spätere Pandektenwissenschaftler waren hier ehrlicher: „Dieser Grundsatz ist allerdings nirgends ausdrücklich im römischen Recht formuliert.[48]

Die Pandektenwissenschaft zeigte sich daher von äußerst schwer zu interpretierenden Quellen geprägt. In ihrem Versuch, eine untergegangene Welt zu rekonstruieren und zugleich für die Gegenwart nutzbar zu machen, nahm sie sich viel interpretatorische Freiheit. Ziel war eine Interpretation, die von fester „Überzeugung" des Interpreten getragen war und zugleich möglichst viele Rechtswissenschaftler überzeugte. Dann sah man sich der Wahrheit nah.

Zugleich war die Pandektenwissenschaft tief vom antiken Fallrechtsdenken geprägt. Bei Savigny wurde deutlich, wie Dogmatik von Fällen her gedacht entstand. Mit der von Savigny vorangetriebenen Studienreform entwickelte sich die noch heute in Deutschland prägende Fallorientierung der Ausbildung. In den großen **Pandektenvorlesungen** blieb wegen der Stofffülle oft zu wenig Zeit für eindringende Exegese. Daher entstanden im Umfeld Savignys exegetische Übungen, die sich langsam über die antiken Texte hinaus auf **Schulfälle** konzentrierten, die bald jeder Student kannte. Berühmt wurden später die von Rudolf von Jhering unter Rückgriff auf ältere Fälle seines Lehrers Puchta herausgegebenen „Rechtsfälle des täglichen Lebens", die von Generationen von Juristen durchgearbeitet wurden und etwa im berühmten „Speisekartenfall"[49] jedem Juristen vor Augen standen. Durchaus anders als heute wurden diese Fälle nicht nach einer „Anspruchsmethode" mit „Gutachtenstil" gelöst. Ganz im Stil der Römer nahm man vielmehr sofort das juristische Kernproblem in den Blick und diskutierte mögliche Lösungen. Dabei stellten Studenten ihre Lösungen zur

---

47 Friedrich Carl von Savigny, Vorlesungen des Wintersemesters 1815/16, bei Wilhelm Felgentraeger, Friedrich Carl von Savigny Einfluß auf die Übereignungslehre, Leipzig 1927, S. 34.

48 Heinrich Dernburg, Beitrag zur Lehre von der justa causa bei der Tradition, in: AcP 40, 1857, S. 2.

49 Rudolf v. Jhering, Zivilrechtsfälle ohne Entscheidungen, 2. Aufl. Leipzig 1870, Fall LXXVI: Ein Gastwirt bietet auf einer Kreidetafel Forellen für 48 Kreuzer an. Ein nicht zu ermittelnder Passant radiert die 4 aus. Dies wissen weder der Wirt noch die Gäste. Sehr viele Gäste bestellen Forellen in dem Glauben, diese für 8 Kreuzer zu bekommen. Kann der Wirt 48 Kreuzer pro Forelle verlangen?

Diskussion. Da die Fälle ohne autoritative, „richtige" Lösungen veröffentlicht wurden, ging es nicht darum, Wissen zu erwerben, sondern erworbenes Wissen so anzuwenden, dass andere Juristen im Rechtsgespräch überzeugt wurden. Die hier gelernte Dogmatik war freies rationales Argumentieren auf Basis bestehender Rechtsquellen.

Literatur: Wilhelm Felgentraeger, Friedrich Carl von Savignys Einfluß auf die Übereignungslehre, Leipzig 1927; Filippo Ranieri, Die Lehre von der abstrakten Übereignung in der deutschen Zivilrechtswissenschaft des 19. Jahrhunderts, in: Helmut Coing u. Walter Wilhelm (Hgg.), Wissenschaft und Kodifikation im 19. Jahrhundert, Bd. 2, Frankfurt a. M. 1977, S. 90 ff., 96 ff.; Franz Josef Hölzl, Friedrich Carl von Savignys Lehre von der Stellvertretung. Ein Blick in seine juristische Werkstatt, Göttingen 2002; Franz-Stefan Meissel, Julian und die Entdeckung des dinglichen Vertrages, in: Ulrich Falk, Michele Luminati u. Mathias Schmoeckel (Hgg.), Fälle aus der Rechtsgeschichte, München 2008, S. 62 ff.; Joachim Rückert, Methode und Zivilrecht beim Klassiker Savigny (1779–1861), in: ders. u. Ralf Seinecke (Hgg.), Methodik des Zivltrechts – Von Savigny bis Teubner, 3. Aufl. Baden-Baden 2017, S. 59 ff.; Hans-Peter Haferkamp, Die historische Rechtsschule, Frankfurt a. M. 2018, S. 41 ff.; Jan Schröder, Recht als Wissenschaft, Bd. 1: 1500–1933, 3. Aufl. 2020, S. 216 ff.; Hans-Peter Haferkamp, Rechtsfälle in der juristischen Ausbildung der Pandektenwissenschaft, in: ZRG GA 138, 2021, S. 283 ff.

2.2.1.1.5 Geschichte

In der Textarbeit argumentierten die meisten Pandektenwissenschaftler, wie Savignys Beispiel zeigte, keineswegs sklavisch an den Text gebunden. Man dachte die antiken Texte weiter, diskutierte sozusagen mit ihnen auf Augenhöhe, je nach Autor durchaus frei und selbstbewusst. Dies folgte auch daraus, dass man sich darüber im Klaren war, dass das antike Recht für eine ganz andere Gesellschaft entwickelt worden war. Die antiken Quellen konnten daher nicht wie ein Gesetz verstanden werden. Sie galten nur, wenn und insofern sie mit der Gegenwart in Einklang standen. Zwei weitere Argumentationswege dienten dazu, die Lösungen vom reinen Wortlautverständnis zu lösen. Erstens wurde jeder Text als ein Stück Vergangenheit verstanden, sodass ohne eine Rekonstruktion seiner Geschichte der Interpret blind blieb. Zweitens ging man davon aus, dass alle rechtlichen Sätze miteinander verbunden waren, sodass der Gesamtzusammenhang der Sätze im System Erklärungshilfe war.

Um 1800 veränderte sich das Verhältnis zwischen Text und Interpret, indem nun Texte immer als Produkte eines uns nicht unmittelbar zugänglichen Denkens vergangener Menschen erschienen. Hatte man im 18. Jahrhundert Interpretation nur dann für notwendig gehalten, wenn der Text „dunkel", also nicht unmittelbar verständlich war, so war nun jeder Text nur zu verstehen, wenn man den Autor und seine Ziele „**rekonstruierte**". Jeder Text war „dunkel", gerade auch dann, wenn man meinte, ihn sofort zu verstehen. Auch hierfür war das Römische Recht besonders kennzeichnend, denn diese Texte waren weit über 1000 Jahre alt. In dreifacher Hinsicht wurde nun Geschichte zum Thema des Juristen.

(1) Zunächst konnte man römische Texte nicht verstehen, ohne das antike Recht, gereinigt von allen späteren Zutaten, zu kennen. Im Umfeld Savignys wandte man sich nun intensiv einer historischen **Erforschung der Antike** zu. Es ging darum, die antiken Texte neu zu verstehen, indem man das antike und das bis in die Gegenwart existierende römische Recht trennte und dabei viele spätere Interpretationsirrtümer aufdeckte. Nur wenn man die Antike in ihrer Eigenart kannte, konnte man verstehen, was mit diesem Recht passiert war, als es in Deutschland übernommen („rezipiert") wurde. Der gleiche Rechtssatz konnte in Rom etwas ganz anderes bedeuten, ein ganz anderes Problem gelöst haben als im Ius Commune der Gegenwart.

(2) In einem zweiten Schritt musste nun untersucht werden, wie es zur Rezeption eines antiken Satzes seit dem Mittelalter gekommen war, welche Bedeutung dieser Satz im Laufe der Zeit hatte und welches Problem er lösen sollte. Zugrunde lag die Annahme, dass jeder Rechtssatz nur dann praktisch wirksam wird, wenn er ein **zeitgenössisches „Bedürfnis"** befriedigt, also ein juristisches, ökonomisches, moralisches oder soziales Problem löst. Damit lag die Folgerung auf der Hand: Wenn jeder Rechtssatz ein zeitgenössisches Problem befriedigend löste, dann stimmte er mit dem Rechtsbewusstsein überein, war also „richtig"; war dies nicht der Fall, war er „falsch". Wichtiger noch war der Fall, in dem ein Satz ursprünglich ein „Bedürfnis" befriedigt hatte, dieses „Bedürfnis" aber mit der Zeit verschwand. Dann hätte ein solcher Rechtssatz seine Aufgabe verloren, das Rechtsbewusstsein würde mit ihm nicht mehr übereinstimmen, er wäre „abgestorben", totes Recht. Die Geschichte half also dabei, das aktuell geltende Recht danach zu unterscheiden, was dem deutschen Rechtsbewusstsein noch entsprach und was nur weitergeschleppt wurde und den Bezug zum Rechtsbewusstsein eigentlich verloren hatte.

(3) Auch dies darf man freilich nicht in modernen Betrachtungen, etwa in einer kontextualen Dogmengeschichte, aufgehen lassen. Auch hier musste einfühlend Anteil am tätigen Volksgeist gesucht werden. Der Volksgeist hatte eine eigene Geschichte, seit er im Sündenfall freigesetzt worden war. Hier war **Gott** still lenkend immer noch tätig, man betonte, dass „jede Zeit von Gott ist": „In der Geschichte ist die Offenbarung enthalten". Savigny sprach vom „heiligen Amt" der Geschichte.[50] Die Geschichte eines Rechtssatzes war ein Fingerzeig Gottes.

50 Friedrich Carl von Savigny, Vom Beruf unserer Zeit für Gesetzgebung und Rechtswissenschaft, Heidelberg 1814, S. 117.

Literatur: Joachim Rückert, Idealismus, Jurisprudenz und Politik bei Friedrich Carl von Savigny, Ebelsbach 1984, S. 335 ff.; Hans Kiefner, Ideal wird, was Natur war, in: ders. (Hg.), Ideal wird, was Natur war: Abhandlungen zur Privatrechtsgeschichte des späten 18. und 19. Jahrhunderts, Goldbach 1997, S. 137 ff.; Hans-Peter Haferkamp, Die Historische Rechtsschule, Frankfurt a. M. 2018, S. 173 ff., 184 ff., 218 ff.; Jan Schröder, Recht als Wissenschaft. Geschichte der juristischen Methodenlehre in der Neuzeit, Bd. 1: 1500–1933, 3. Aufl. 2020 München, S. 216 ff.

2.2.1.1.6 System

Damit blieb ein letztes Hilfsmittel des Juristen: System. **System** war Ausdruck des Anspruchs, eine **Vielfalt** von einzelnen Erscheinungen **unter eine Idee** bündeln zu können. Die einzelnen Rechtssätze erschienen so als Folge von Prinzipien des Rechts, die wiederum eine oberste Idee umsetzen, im Privatrecht etwa die der Privatautonomie zugrunde liegende Macht, seinen Willen durch Recht zu realisieren. Haltepunkte im System waren Begriffe. Ein **Begriff** beschrieb die Grundeigenschaften, ein **Prinzip** formulierte die damit verbundenen gemeinsamen Regeln.[51] Das, was Juristen heute Dogmatik nennen, hängt also eng mit dieser Systemvorstellung zusammen. Der Anspruch, Recht, oder jedenfalls ein Teilgebiet des Rechts, als ein Gesamtsystem zu begreifen und darzustellen, hat eine lange Vorgeschichte. Vorliegend ist wichtig, dass man sich um 1800 zunehmend von der Vorstellung verabschiedete, man könne ein ideales Recht aus der Vernunft ableiten, wie es von Hugo Grotius (1583–1645) über Thomas Hobbes (1588–1679), Samuel Pufendorf (1632–1694), John Locke (1632–1704) bis zu Christian Wolff (1679–1754) immer wieder versucht worden war. Auch wenn deduktive Naturrechtskonzepte im 19. Jahrhundert weiter existierten, wandte sich die im Privatrecht dominierende Pandektenwissenschaft von einem „Vernunftrecht" ab. Ziel war es vielmehr, das **positive**, wirklich existierende Recht als Systemzusammenhang zu verstehen, also zu rationalisieren und damit zu begreifen. Vorbild war dabei Immanuel Kant. Kant hatte radikal zwischen den Gegenständen selbst und unserer Erkenntnis dieser Gegenstände unterschieden. In seiner „Kritik der reinen Vernunft" hatte er 1781 untersucht, wie unser Denken die Welt begreift. Dabei hatte er unser kausales Denken, das „Warum" der die Dinge ordnenden Vernunft, als unentrinnbare menschliche Denkweise herausgestellt. Der Mensch nimmt Geschehnisse, anders als viele Tiere, nicht einfach hin und richtet sein Handeln daran aus, sondern er sucht nach Ursachen. Dass alles eine Ursache hat, ist, nach Kant, kein Prinzip der Welt außer

---

51 Ein Beispiel aus dem 19. Jahrhundert ist die Grunddienstbarkeit: Begriff: „Rechte an fremden Sachen auf Benutzung derselben für ein individuell bestimmtes Subjekt". Daraus folgt als Prinzip etwa: Eine Grunddienstbarkeit kann nicht an einer eigenen Sache bestellt werden.

mir, sondern ein Prinzip unseres Denkens, der menschlichen Vernunft. Hieraus folgte ein neuer Begriff: Wissenschaft. Wissenschaft bedeutet nicht mehr im alten Sinne erworbene Kenntnis, etwa fachliches „Wissen", sondern ein Wissen, das nach den Regeln der menschlichen Vernunft geordnet und damit optimal den menschlichen Denkstrukturen angepasst ist.

> Eine jede Lehre, wenn sie ein System, d. i. ein nach Principien geordnetes Ganze der Erkenntnis sein soll, heißt Wissenschaft, [...][52]

Für die Rechtswissenschaft folgte daraus die Anforderung, das **positive**, also geltende **Recht** auf Prinzipien zurückzuführen. Man spricht von unvollständiger Induktion; unvollständig, weil andere denkbare und künftige Rechtssätze nie erfasst sind, sodass die Induktionsgrundlage und damit das Ergebnis nie abschließend ist. Kant hatte diese allgemeine Anforderung an alle Wissenschaften gerade mit Blick auf das Recht formuliert:

> Es ist ein alter Wunsch, der, wer weiß wie spät, vielleicht einmal in Erfüllung gehen wird: daß man doch einmal, statt der endlosen Mannigfaltigkeit bürgerlicher Gesetze, ihre Prinzipien aufsuchen möge; denn darin kann allein das Geheimnis bestehen, die Gesetzgebung, wie man sagt, zu simplifizieren.[53]

Diese Überlegungen prägten bereits um 1800 und dann im gesamten 19. Jahrhundert, das Denken der Juristen. Kennzeichnend war, dass sie sich zwischen 1780 und 1810 ein neues Selbstverständnis gaben: Sie beschrieben ihre Tätigkeit nicht mehr als Rechtsklugheit (**Jurisprudentia**), unter der man seit der Antike einerseits die Kenntnis des Rechts und andererseits die Fähigkeit verstanden hatte, das Recht „klug", also auch sachgemäß und gerecht, anzuwenden. Nun sprach man von **Rechtswissenschaft** (Jurisscientia) und machte damit deutlich, dass das Fach danach strebte, Systeme des positiven Rechts zu entwickeln.

Ausgangspunkt aller Bemühungen nach einem wissenschaftlichen System war zunächst die Frage nach der Eigenstruktur des Erkenntnisgegenstandes, also des Rechts. Hier existierten im 19. Jahrhundert zwei unterschiedliche Auffassungen.

---

52 Immanuel Kant, Metaphysische Anfangsgründe der Naturwissenschaft, Riga 1786, Vorrede, A IV f.

53 Immanuel Kant, Kritik der reinen Vernunft, Riga 1781, A S. 301, B S. 358.

Für die eine Auffassung war das Recht „a posteriori, empirisch, nach Zeit und Ort verschieden, zufällig, durch eigene und fremde Erfahrung von Thatsachen zu erlernen, geschichtlich".[54] Recht war, so betonte hier der berühmte Göttinger Professor des Römischen Rechts Gustav Hugo (1764–1844), in seiner Entstehung **zufällig**, es folgte dabei nicht festen Regeln, galt, weil es gesetzt oder man daran **gewöhnt** war, es war zudem zeitlich und örtlich unterschiedlich. Recht war kein System, sondern eine Summe zufällig entstandener Rechtssätze. Sah man es so, dann war die Aufgabe des Wissenschaftlers, diesen Gegenstand als ein System den Regeln der menschlichen Vernunft zu unterwerfen. Rechtswissenschaft war Systembau. Da nun ein solches System immer bestimmte Aspekte herausheben, andere unberücksichtigt lassen musste und zudem nie alle Normen erfassen konnte, war der Systembau eine Entscheidung des Baumeisters. Damit gab es nicht ein System, sondern viele Systeme, die immer dann richtig waren, wenn sie den formalen Regeln des Systembaus folgten, also die einzelnen Rechtssätze oder Rechte auf Prinzipien zurückführten und unter einer Idee bündelten. Gustav Hugo selbst änderte sein Privatrechtssystem daher auch immer wieder.[55] Und es war aus seiner Sicht auch nicht problematisch, dass andere Privatrechtssysteme ganz anders aufgebaut waren. Man sprach bereits im 19. Jahrhundert von einem „**äußeren System**".

Die Gegenansicht vertrat Savigny. Für ihn war Recht in seiner Entstehung und in seinem Zusammenhang, wie gezeigt, gerade kein Zufall. Recht war eine Summe menschlicher Entscheidungen, die gleichwohl zusammen etwas schufen, was eine von niemandem ausgedachte Gesamtstruktur hatte. Recht war keine ausgedachte „Maschine", sondern, ähnlich einer Pflanze, ein „**Organismus**", der selbständig wächst, gedeiht und zerstört werden kann. Das nannte man ein „**inneres System**". Eine eigenartige Vorstellung, die plausibler wird, wenn man Savignys Sprachvergleich betrachtet. Sprache entsteht frei im gesprochenen Wort. Sie wird nicht, etwa durch eine Sprachkommission, planend gemacht. Sie wächst „organisch", nicht „künstlich". Gleichwohl hat **Sprache** einen sinnvollen Zusammenhang, den wir durch die Grammatik der Sprache entschlüsseln. Grammatik ist sozusagen das System der Sprache, wie es durch Beobachtung der Sprache entschlüsselt wird. Und genauso das Recht: Recht wird durch Gesetzgeber beschlossen, durch Gewohnheiten begründet oder durch Gerichte als Gerichtsgebrauch eingeführt. Obwohl diese Tätigkeiten nicht abgesprochen sind, nicht als Vollzug eines Gesamtplans erfolgen, sondern sich Entscheidung an Entscheidung reiht, sind die einzelnen Rechtssätze doch kein Zufall. Jede Entscheidung reagiert auf ein juristisches Problem,

---

54 Gustav Hugo, Lehrbuch der juristischen Encyclopädie, 6. Aufl. Berlin 1820, S. 31.

55 Zu Hugos Pandektensystem unten S. 63 ff.

also auf andere bereits getroffene Entscheidungen. Jedenfalls sehr häufig erfüllte ein neuer Rechtssatz eine Funktion, die die bisherigen Rechtssätze nicht erfüllt hatten. Fehlt für einen Rechtssatz das von ihm zu lösende Problem, entsteht totes Recht. Tritt ein Rechtssatz in Konflikt mit anderen Rechtssätzen und wird diese Normkollision nicht gelöst, entsteht Recht, welches in der Praxis nicht funktioniert: Entscheidungen widersprechen sich, Richter bekommen keine Entscheidungssicherheit, Rechtsunterworfene keine Rechtssicherheit. Ein „Organismus" ist also ein System, bei dem alles mit allem zusammenhängt. Man kann es sich vorstellen wie ein riesiges Spinnennetz, bei dem „ein Schritt tausend Fäden regt" (Friedrich Wilhelm Joseph Schelling), jede kleine Veränderung also Bewegungen im Gesamtsystem verursacht. Wenn man die allgemeinen Verzugsregeln verändert, hat dies Folgen für alle denkbaren Forderungen. Die Einführung der Voraussetzung „Pflichtverletzung" in § 280 Abs. 1 BGB 2002 durch die Schuldrechtsreform im Jahr 2001 hatte gleichermaßen Auswirkungen bis ins Erbrecht – auch dann, wenn der Gesetzgeber dies im Einzelfall nicht vorhergesehen hatte.

Savignys Sicht des Rechts als eines sich selbst sinnvoll organisierenden Organismus ist mit dem Sprachvergleich also durchaus plausibel. Aber ist das Recht wirklich wie die Sprache? Das wäre nur der Fall, wenn Recht irgendwie genauso selbstverständlich entstünde wie eben ein neues Wort. Recht wird aber oft bewusst gemacht. Gesetze werden verabschiedet, die sich in Widerspruch setzen zu Gesetzen, die dabei vielleicht gar nicht bedacht wurden. Zudem entstehen Gesetze durch Kompromisse der Entscheidungsträger, nicht einfach „urwüchsig" aus einem „Volksgeist". Savignys Vorstellung war also **idealistisch**, er glaubte daran, dass alle Träger der Rechtsentwicklung – Gesetzgeber, Juristen, Vertragsschließende etc. – im Wesentlichen am gleichen Rechtsteppich mitwebten. Und dies trug den Organismus.

Wenn das Volk eine geistige Einheit war, dann war es auch das Recht. Ganz so einfach war es aber nicht. „Da es nun zur Natur des menschlichen Geistes gehört, einheitlich zu denken und zu schaffen, auch der Geist eines Volkes wie der des einzelnen Menschen eine lebendige Einheit ist",[56] sei auch das Recht eine „objective Einheit und der Geist der Menschen ist genöthigt in dieser Einheit das Recht zu produciren, und hieraus entsteht ein Rechtssystem".[57] Recht war aber auch nicht bloßer Zufall, sondern wurde im Rahmen der menschlichen Denkgesetze produziert, war also in seinem Zusammenhang

56 Moritz August von Bethmann-Hollweg, Erinnerungen an Friedrich Carl von Savigny als Rechtslehrer, Staatsmann und Christ, in: Zeitschrift für Rechtsgeschichte 6 (1867), S. 14.

57 Moritz August von Bethmann-Hollweg, Juristische Encyclopaedie, NS Sachsen-Coburg, O. J. Royal Archive RA VIC/Add A10/81/16, Prince Alberts Schoolroom and University Notes, Vol. 16, Fol. 81 f.

aufeinander bezogen, auch rational-vernünftig. Der „menschliche Geist, welcher sich der Vernunft entschlägt, ist Wahnsinn“.[58] Recht ging freilich nicht im System auf. Dann wäre die menschliche Vernunft und nicht der göttlich durchwirkte Volksgeist Ursprung des Rechts gewesen. Man wäre in ein Vernunftrecht geschliddert. Bethmann-Hollweg sprach daher von einem „mehr oder weniger“[59] einheitlichen Charakter des Rechts:

> Wie in der ganzen Geschichte der Völker, so auch in der Entwicklung ihres Rechts wirkt eine unbekannte Größe, ein x mit. Kein Volk ist der Einheit seines Rechts sich vollständig bewußt, es trägt sie mehr oder weniger nur im Gefühle. Eben deshalb produciert es auch sein Recht nicht in absoluter Einheit oder Konsequenz, sondern durch die Mannigfaltigkeit des Lebens und das practische Bedürfnis gedrängt bildet es mit Ueberspringung der Mittelglieder Einzelheiten, die nun den Character der Anomalie, der Ausnahme haben.[60]

Es könnten daher „**auch Zufälligkeiten** in (den Organismus) eindringen“.[61] Puchta sprach davon, dass auch der „Geist eines Volks störenden Anwandlungen, wie einer Krankheit, ausgesetzt ist“.[62] Dies folge bereits aus „der Unvollkommenheit menschlicher Dinge überhaupt, welche die vollständige Erreichung jener Idee des reinen Rechts, also die innere Vollendung des Rechts ausschließt“.[63]

Puchtas Beispiel machte die Probleme deutlich.

> Wenn z. B. der Gesetzgeber das Eigenthum als unmittelbare Herrschaft über eine Sache anerkennt, so anerkennt er damit nothwendig auch die vernünftigen Consequenzen aus dieser seiner Natur, wonach es z. B. in seiner Wirkung eine ganz andere Beschaffenheit hat, als die Obligatio, wiewohl freilich unter Umständen das Bedürfnis zu einer Abweichung von diesen Consequenzen führen kann.[64]

---

58 Georg Friedrich Puchta, Cursus der Institutionen, Bd. 1, Leipzig 1841, S. 6.

59 Moritz August von Bethmann-Hollweg, Erinnerungen an Friedrich Carl von Savigny als Rechtslehrer, Staatsmann und Christ, in: Zeitschrift für Rechtsgeschichte 6 (1867), S.14.

60 Moritz August von Bethmann-Hollweg, Rez. Savigny, System, 1840, in: Göttingische Gelehrte Anzeigen 1840, Bd. III, S. 1580.

61 Moritz August von Bethmann-Hollweg, Juristische Encyclopaedie, NS Sachsen-Coburg, O.J. Royal Archive RA VIC/Add A10/81/16, Prince Alberts Schoolroom and University Notes, Vol. 16, Fol. 82.

62 Georg Friedrich Puchta, Cursus der Institutionen, Bd. 1, Leipzig 1841, S. 35.

63 Georg Friedrich Puchta, Cursus der Institutionen, Bd. 1, Leipzig 1841, S. 93f.

64 Georg Friedrich Puchta, Vorlesungen über das heutige Römische Recht, hg. von Adolf August Friedrich Rudorff, Bd. 1, (1847), hier nach 6. Aufl. Leipzig 1878, S. 25.

Die Prämisse des Organismus machte systematisch-dogmatisches Arbeiten daher zur legitimen Erkenntnistechnik auch dann, wenn alle sich einig waren, dass das Recht zugleich mehr war als vernünftig, sodass immer auch der Volksgeist begleitend befragt werden musste. Der Rechtswissenschaftler war einem Gegenstand unterworfen, den er **rationalisieren** musste, um ihn auch mittels der denkenden Vernunft zu verstehen, der aber gleichwohl **nicht einfach rational war**, also auch einen intuitiven, glaubenden Zugriff verlangte, um ihn vollständig zu erfassen.

Damit unterschied sich die Aufgabe des Systematikers auf den ersten Blick bei Savigny klar von der ersten, oben dargestellten Systemansicht Hugos. Während dieser Systeme aus einem chaotisch zufälligen Gegenstand konstruierte, also künstlich schuf, lud die Organismusvorstellung dazu ein, die Wirklichkeit des Systems abzubilden, also nicht künstlich zu schaffen. Erneut macht der Sprachvergleich jedoch deutlich, dass eine solche Gegenüberstellung zu kurz greift. Grammatik ist nicht die Eigengesetzlichkeit der Sprache, die ohne diese Regeln entsteht und sich fortbildet, einfach durch Sprechen. Grammatik ist vielmehr ein Versuch, einen Gegenstand zu betrachten und durch konstruierte Regeln zu verstehen, der selbst anders funktioniert. Auch bei einem angenommenen Organismus blieb es also die Aufgabe des Rechtswissenschaftlers, den von ihm beobachteten Gegenstand den Regeln der Vernunft zu unterwerfen, ihn zu „begreifen“. Systeme waren also nach beiden Ansichten Konstruktionen, also künstliche Versuche, einen Gegenstand zu verstehen. In der Umsetzung der Systemkonzepte kam man sich also wieder nah.

Eine Schlüsselfrage war dabei, wie man sich die Zusammenhänge zwischen Rechtssatz, Begriff und Prinzip in diesen nun entwickelten Rechtssystemen vorstellen musste. Immer wieder wird heutzutage angenommen, es sei um „formale Logik“ gegangen, also um die Darstellung des Rechts nach den seit Aristoteles entwickelten Regeln für die logische Form von Aussagen und die Regeln erlaubter Schlüsse.[65] Dies entspricht dem Siegeszug der formalen Logik seit dem Ende des 19. Jahrhunderts (Gottlob Frege, Bertrand Russel, Alfred Tarski). Vergessen wird dabei, dass eine formale Logik schon bei Kant als nicht geeignet angesehen wurde, die Wirklichkeit des Rechts zu beschreiben – und das beanspruchten ja Systeme des positiven Rechts. Im Umfeld Savignys dominierte daher auch eine andere, materiale Form der Logik, die versuchte, der „innere[n] Wahrheit“, also dem Sinnzusammenhang im positiven Recht, zu folgen, nicht „äußerer Wahrheit“ nach Gesetzen der Ableitungslogik. Der Lieblingsschüler Savignys, Moritz August von Bethmann-Hollweg, verdeutlichte:

---

65 Klassisch der Syllogismus: Alle Menschen sind sterblich. Sokrates ist ein Mensch. Also ist Sokrates sterblich.

> Dieser systematische Zusammenhang ist kein mathematischer, noch ein logischer, sondern ein in der Menschheit durch das Leben in geschichtlicher Entwicklung hervorgegangener, ein organischer Zusammenhang.[66]

Daraus folgte für den Rechtswissenschaftler durchaus die Forderung, ein System von einem obersten Begriff, dem des (Privat-)Rechts zu denken. Die Folgerungen aus diesem Begriff waren aber ganz anders als in der Mathematik,

> „die Ableitung selbst aber ist keine bloße Analyse, d. h. Nachweis dessen, was schon in dem höhern und höchsten Begriffe enthalten ist, sondern gesetzmäßiger Fortschritt von Einem Begriffe zu einem zweyten, der in jenem seine Wurzel findet ohne selbst schon darin eingewickelt zu sein, also eine Erzeugung, deren Gesetze zu bestimmen uns hier zu weit führen würde. So ist in die Begriffe der Persönlichkeit und des freien Willens der des Eigentums nicht eingeschlossen und doch nur unter Voraussetzung jenes zu denken [...]. Überall scheint bey Erzeugung dieser Rechtsbegriffe ein Drittes hinzu genommen zu werden, nämlich das durch die allgemeine Natur des Menschen gegebene irdische Verhältniß, und man könnte hiernach sagen, die Aufgabe des Rechts sey, die mannigfaltigen Beziehungen des freyen Willens durch die natürlichen Verhältnisse des Menschen hindurch zu verfolgen."[67]

Bethmann-Hollwegs „Logik" beanspruchte also, die Wirklichkeit mitzudenken. Sein Beispiel zeigte, was er damit meinte. Wenn Privatrecht die Aufgabe hatte, dem Einzelnen einen rechtlich geschützten Freiheitsraum zu gewähren (= Rechtsbegriff), so musste es ein Recht geben, das diesen Freiheitsraum nur begrenzt durch die Freiheit anderer in größtmöglicher Vollständigkeit gewährte (= Folgebegriff). Das Eigentum, als Befugnis, mit der Sache nach Belieben zu verfahren, war Ausdruck dieses Freiheitskonzepts. Formallogisch betrachtet, folgte aus „Willensfreiheit" jedoch nicht „Eigentum", sondern nur dann, wenn man dem Sinn der Willensmacht als Privatrechtsidee folgte und in der Wirklichkeit ein Recht annahm, das die Ausübung dieser Freiheit ermöglichte. Genau in diesem Sinne hieß es bei Puchta, mit dem Satz, „daß der Eigenthümer eine unmittelbare Herrschaft über die Sache hat [...]", hänge „nothwendig zusammen, [...] daß der Eigenthümer von jedem, der sie ihm vorenthält, die Sache

66 Moritz August von Bethmann-Hollweg, Juristische Encyclopaedie, Vorlesungsnachschrift Sachsen-Coburg, O. J. Royal Archive RA VIC/Add A10/81/16, Prince Alberts Schoolroom and University Notes, Vol. 16, Fol. 81 f.

67 Moritz August von Bethmann-Hollweg, Rez. Savigny, System, 1840, in: Göttingische Gelehrte Anzeigen 1840, S. 1578. Bethmann-Hollweg bejahte dies.

vindiciren (sc. herausverlangen) kann".[68] Hier ging es um Sinn- und Wirkungszusammenhänge, nicht um formale Ableitungslogik.

Literatur: Jan Schröder, Wissenschaftstheorie und Lehre der „praktischen Jurisprudenz" auf deutschen Universitäten an der Wende zum 19. Jahrhundert, Frankfurt a.M. 1979, S. 82ff.; Monika Frommel, Die Rezeption der Hermeneutik bei Karl Larenz und Josef Esser, Ebelsbach 1981, S. 27ff.; Joachim Rückert, Idealismus, Jurisprudenz und Politik bei Friedrich Carl von Savigny, Ebelsbach 1984, S. 303ff.; Joachim Rückert, Heidelberg um 1804, oder: die erfolgreiche Modernisierung der Jurisprudenz durch Thibaut, Savigny, Heise, Martin, Zachariae u.a., 1987, Wiederabdruck in ders. (Hg.), Savigny-Studien, Frankfurt a.M. 2011, S. 235ff.; Klaus Luig (Hg.), Samuel von Pufendorf. Über die Pflicht des Menschen und des Bürgers nach dem Gesetz der Natur, Frankfurt a.M. u.a. 1994; Joachim Rückert, Art. Savigny, in: Michael Stolleis (Hg.), Juristen, München 1995, S. 540ff.; Diethelm Klippel, Das „natürliche" Privatrecht im 19. Jahrhundert, in: ders. (Hg.), Naturrecht und Rechtsphilosophie im 19. Jahrhundert, Goldbach 1999, S. 230ff.; Joachim Rückert, Methode und Zivilrecht beim Klassiker Savigny (1779–1861), in: ders. u. Ralf Seinecke (Hgg.), Methodik des Zivilrechts – von Savigny bis Teubner, 3. Aufl. Baden-Baden 2017, S. 53ff.; Christian Bumke, Rechtsdogmatik, Tübingen 2017, S. 161ff.; Hans-Peter Haferkamp, Art. Pandektenwissenschaft, in: HRG Bd. 2, 2. Aufl. Berlin 2017, Sp. 323ff.; ders., Die Historische Rechtsschule, Frankfurt a.M. 2018, S. 197ff., 228ff.; Jan Schröder, Recht als Wissenschaft, 3. Aufl. München 2020, Bd. 1, S. 216ff., 220ff., 230ff., 251ff.

2.2.1.1.7 Vertiefung: Puchtas Klassifikation der Servituten

Da diese Fragen im Privatrechtsdenken des 20. Jahrhunderts immer wieder zu folgenreichen Missverständnissen führten („Begriffsjurisprudenz"), sollen sie noch an einem Anwendungsfall vertieft werden. Ein solches im 19. und auch 20. Jahrhundert viel diskutiertes Beispiel für ein wissenschaftliches Privatrechtssystem stammt von Georg Friedrich Puchta. Puchtas System ist typisch für eine sog. Klassifikation, wie sie im 19. Jahrhundert und im Umfeld Savignys auch von andern versucht wurde.

Für Puchta war ein System mit Schelling ein „Ganzes von gegenseitig sich bedingenden und voraussetzenden Gliedern". Auch er ging also davon aus, dass das Recht ein sich selbst entwickelnder Organismus sei. Dieser sei, so wie er existiere, also allseitig verknüpft, nicht als Klassifikation darstellbar. Puchta verglich dies mit einer Statue, die auf einem Blatt Papier auch nicht räumlich abgebildet werden könne, sondern immer nur aus einer bestimmten Blickrichtung (von vorne, von einer Seite etc.).

68 Georg Friedrich Puchta, Cursus der Institutionen, Bd. 1, Leipzig 1841, § 15, S. 36.

Eine Anordnung des Rechts müsse sich daher eine bestimmte Perspektive, einen „Plan der Darstellung" suchen und diesen dann möglichst konsequent umsetzen.[69] Puchtas „Plan" war sein Rechtsbegriff, der Privatrecht verstand als „die Anerkennung der rechtlichen Freiheit, die sich in den Personen und ihrem Willen, ihrer Einwirkung auf die Gegenstände äußert".[70] Puchtas Rechtssystem war damit nicht nach Rechtssätzen, sondern nach subjektiven Rechten, insbesondere nach Ansprüchen gegliedert. Im Rahmen des rechtlich Erlaubten konnte sich der menschliche Wille Gegenstände unterwerfen: „[D]er Berechtigte bezieht einen Gegenstand auf sich, und diese Beziehung ist den Rechtsvorschriften gemäß".[71]

Das entsprach im Ausgangspunkt einer durchaus neuen Eigentumsvorstellung: Eigentum als vollständige Unterwerfung einer Sache unter den Willen des Subjekts. Hiervon ausgehend entwarf er eine sog. Klassifikation des Privatrechts, die an den Gegenständen orientiert war, die der Wille unterwerfen konnte:

> 1) Sachen 2) Handlungen 3) Personen, und zwar a) Personen ausser uns, b) Personen, welche ausser uns existirt haben, aber in uns übergegangen sind, c) unsre eigene Person.[72]

Damit entstand ein Ordnungssystem, dessen Verwandtschaft mit unserem BGB-System, zeitgenössisch also dem Pandektensystem,[73] nicht zu verkennen war: (1) Sachenrecht, (2) Schuldrecht, (3a) Familienrecht, (3b) Erbrecht und (3c) die allgemeine Rechtsfähigkeit als Recht an sich als Person. Der Unterschied war, dass Puchta nun ein Prinzip benannte, das all dem zugrunde lag: Der rechtlich erlaubte Wille unterwirft sich Gegenstände. Er glaubte, damit ein Ordnungsschema gefunden zu haben, welches es ermöglichte, das Privatrecht als Gesamtzusammenhang, als System darzustellen. Damit behauptete er nicht, dass der Rechtsorganismus wirklich so organisiert war. Sein Ziel war es vielmehr, den Privatrechtsorganismus nach diesem Ordnungsschema so darzustellen, dass man einen Zusammenhang zwischen dem Rechtsbegriff und jedem einzelnen subjektiven Recht eines Privatrechtssubjekts über Mittelglieder

---

69 Dies erläuterte er 1831 brieflich gegenüber Savigny, abgedruckt bei Joachim Bohnert, Vierzehn Briefe Puchtas an Savigny, Göttingen 1979, S. 20, 21.

70 Georg Friedrich Puchta, Cursus der Institutionen Bd. 1, Leipzig 1841, S. 11.

71 Georg Friedrich Puchta, Cursus der Institutionen Bd. 2, Leipzig 1842, S. 367.

72 Georg Friedrich Puchta, Zu welcher Classe von Rechten gehört der Besitz?, 1829, abgedruckt in: Adolf August Friedrich Rudorff (Hg.), Georg Friedrich Puchta's kleine civilistische Schriften, Leipzig 1851, S. 249 f.

73 Hierzu näher sogleich unter S. 63 ff.

wie Begriffe und Prinzipien sah. Damit wurde dem menschlichen Geist eine Ordnung bereitgestellt, die das Recht als einen vernünftigen Zusammenhang verständlich machte. Sonst stand man verständnislos vor Massen von Rechtssätzen. Da diese gewählte Anordnung der Eigenstruktur des Privatrechts aber nie ganz entsprechen konnte, immer nur Perspektive sein konnte, war klar, dass es unmöglich sein musste, das gesamte Privatrecht bruchlos als einen Zusammenhang zwischen Rechtsbegriff und den einzelnen Rechten darzustellen. Manchmal entsprach eine solche Darstellung den in den Rechtssätzen und im Gewohnheitsrecht statuierten Rechten, manchmal auch nicht. Es ergab sich ein schwieriges Zusammenspiel zwischen Induktion vom einzelnen Recht zum obersten Rechtsbegriff und Deduktion vom obersten Rechtsbegriff zum einzelnen Recht. Was sich in einen solchen Zusammenhang nicht integrieren ließ, musste dem System als Ausnahme oder als anderen Prinzipien als dem Rechtsbegriff unterworfenes Teilsystem angegliedert werden. Puchta erläuterte das angestrebte Zusammenspiel zwischen Induktion und Deduktion am Beispiel eines durch eine Grunddienstbarkeit (§§ 2018 ff. BGB), lateinisch Servitut, eingeräumten Wegerechts. Dieses Beispiel wird im Folgenden genauer beleuchtet:

> Der nun besitzt diese systematische Erkenntniß, welcher des Zusammenhangs der Rechtssätze sich bemächtigt, ihre Verwandtschaft unter einander erforscht hat, so daß er die Abstammung eines jeden Begriffs durch alle Mittelglieder, die an seiner Bildung Antheil haben, auf und abwärts verfolgen vermag. Wenn wir z. B. das einzelne Recht, über ein Grundstück zu gehen, welches der Eigenthümer dieses Grundstücks dem Eigenthümer eines benachbarten bestellt hat, betrachten, so muß dem Juristen […] seine Stellung im System der […] Rechte, also seine Herkunft bis zu dem Begriff des Rechts hinauf zum Bewußtseyn kommen, und er muß ebenso von diesem herab zu jenem einzelnen Rechte gelangen können, dessen Natur erst dadurch vollkommen bestimmt wird. Es ist ein Recht, also eine Macht über einen Gegenstand; ein Recht an einer Sache, also der besonderen Natur dieser Rechte teilhaftig; ein Recht an einer fremden Sache, also eine partielle Unterwerfung derselben; die Seite, von welcher die Sache unterworfen ist, ist die der Benutzung, es gehört zu dem Geschlecht der Rechte an Sachen auf Benutzung; die Benutzung ist für ein gewisses Subject bestimmt, über das sie nicht hinausgeht, also ist das Recht eine Servitut; für ein Grundstück, also Prädialservitut; für dieses Bedürfniß eines Grundstücks, Wegservitut. Ich nenne dieß eine Genealogie der Begriffe, […].[74]

74 Georg Friedrich Puchta, Cursus der Institutionen Bd. 1, Leipzig 1841, S. 101.

Dieses Zitat ist berüchtigt. Es klingt nach einer bloßen Begriffsmathematik, einem logischen Spiel ohne Rücksicht auf die wirtschaftliche, soziale und politische Dimension des Rechts. Schon sprachlich arbeitete Puchta aber hier nicht mit mathematischen Begriffen, sondern mit „Verwandtschaft unter einander", „Geschlecht der Rechte auf Sachen auf Benutzung", „Genealogie". Puchta klassifizierte, schuf eine vom Allgemeinen zum Besonderen und zurückblickende begriffliche Einteilung, in die er sein Wegerecht einordnen konnte: Wegeservitut – Prädialservitut – Servitut – Recht an Sachen auf Benutzung – Recht an einer fremden Sache – Recht an einer Sache – Macht über einen Gegenstand. Damit erreichte er, die Wegeservitut von anderen Rechten abzugrenzen. Ein perfektes, fehlerfreies System wäre dies gewesen, wenn es ihm gelungen wäre, alle Rechte des Privatrechts als einen solchen Zusammenhang bis zum Rechtsbegriff darzustellen. Daran war freilich auch im Servitutenrecht gar nicht zu denken. Dies zeigte auf engstem Raum seine Darstellung der Servitutenlehre in seinem Pandektenlehrbuch. Es begann mit einem Begriff der Servitut, der ganz in die eben erörterte Klassifikation passt:

> Servituten sind Rechte an fremden Sachen auf Benutzung derselben für ein individuell bestimmtes Subjekt: ein persönliches, Servituten für Personen, servitutes personarum, oder ein Sachindividuum, Servituten für Grundstücke, servitutes rerum s. praediorum.

Schon im nächsten Satz machte er deutlich, dass seine Verknüpfung mit dem Rechtsbegriff nur einen Bruchteil der Regeln des Servitutenrechts erklären konnte:

> Die Grundprincipien derselben fließen theils aus ihrer Eigenschaft als jura in re, theils aus dem eigenthümlichen Charakter der Servituten selbst.

Ein Teil der Prinzipien des Servitutenrechts ließ sich vom Rechtsbegriff und den daraus abgeleiteten jura in re, also Rechten an Sachen erklären. Dienstbarkeiten sind Rechte an Sachen. Daraus folgte:

1) Jede Dienstbarkeit braucht einen Inhaber, keine Gegenstandsunterwerfung ohne Willen;
2) es gibt keine Dienstbarkeiten an Dienstbarkeiten, da jede Dienstbarkeit direkt auf eine Sache, nicht auf ein Recht bezogen sein muss;
3) es gibt keine Dienstbarkeit des Eigentümers, da sein Eigentum als Vollrecht ja Nießbrauchsrechte sowieso mitumfasst.

Diese drei Rechtsprinzipien hingen also direkt mit Puchtas Rechtsbegriff, der Unterwerfung von Gegenständen unter den menschlichen Willen, zusammen.

Daneben gab es jedoch eine Reihe von Prinzipien des Servitutenrechts, die nicht vom Rechtsbegriff her erklärt werden konnten, sondern aus der Aufgabe von Servituten im Recht folgten:

> Der eigenthümliche Charakter der Servituten besteht in der Gewährung des usus d.h. der Benutzung für ein bestimmtes Individuum, welchem unmittelbar durch die nutzbaren Eigenschaften der dienenden Sache ein Vortheil gewährt werden soll. Daraus folgt 1) die Unübertragbarkeit des Rechts auf ein anderes Subjekt, bei Personalservituten auf eine andere Person, bei Realservituten auf ein anderes Grundstück; 2) Die Unübertragberkeit sogar der Ausübung; 3) die Untheilbarkeit der Servituten, vermöge deren sie auch theilweise erworben oder verloren werden können.[75]

Puchta organisierte das Servitutenrecht also unter sechs Prinzipien. Drei folgten aus der Eigenschaft als jura in re, drei aus der „eigentümlichen Natur der Servituten".

Ausgangspunkt seiner Darstellungen waren dabei nicht abstrakte Überlegungen, sondern das positive Recht. Alle sechs Prinzipien wurden in den Fußnoten mit römischen Quellen begründet. Sie folgten nicht einfach aus dem Rechtsbegriff oder aus einer Bestimmung der „Natur der Servituten". Die Prinzipien und ihre Haltepunkte Rechtsbegriff und Rechtsnatur der Servituten sollten etwas erklären und damit verstehbar machen, was durch das heutige römische Recht, also durch die antiken Quellen und ihre heutige Anwendung vorgegeben war. Zugleich gelang es nicht, alle Rechtssätze der Servituten auf solche Prinzipien zurückzuführen. Es gab neben diesen aus Prinzipien erklärten Rechtssätzen demnach auch freie Rechtssätze, die Puchta als Ausnahme von der prinzipiengeleiteten Regel einfach nannte. Puchtas Servitutenlehre zeigte also eine dreifache Struktur:

Alle subjektiven Rechte waren eine Beziehung zwischen einem menschlichen Willen und den Gegenständen, die er sich unterwarf. Durch diese „logische Einheit, auf die wir die große Mannigfaltigkeit der Rechte zurückzuführen haben", erhielt Puchta die „obersten Rechtsbegriffe, von denen aus der ganze Rechtskörper zu fassen, zu handhaben und zu regieren ist. Jedes Recht erhält seinen Begriff durch seinen Gegenstand; die erste Frage bei jedem Recht muß auf den Gegenstand gerichtet sein, seine Feststellung giebt die ersten Principien, nach denen das einzelne Recht zu beurtheilen

---

75 Georg Friedrich Puchta, Lehrbuch der Pandekten, Leipzig 1838, S. 149.

ist".[76] Jenseits der Prämisse, dass jedes Recht auf einen dieser fünf Gegenstände – vgl. oben: 1) Sachen, 2) Handlungen, 3) Personen, und zwar a) Personen außer uns, b) Personen, welche außer uns existiert haben, aber in uns übergegangen sind, c) unsere eigene Person – bezogen sein müsse, folgte aus dieser Einteilung nichts.

Daneben ergaben sich für jedes Rechtsinstitut aus den vorhandenen Rechtssätzen eigene Prinzipien, also Aufgaben, denen diese Rechtssätze dienten. Sie strukturierten diese Teilbereiche, konnten aber nicht aus der Gesamtstruktur und dem Rechtsbegriff abgeleitet werden.

Zuletzt: Nicht alle Rechtssätze passten in dieses Schema. Es gab auch Ausnahmen, die trotzdem galten.

Literatur: Hans-Peter Haferkamp, Georg Friedrich Puchta und die „Begriffsjurisprudenz", Frankfurt a.M. 2004, S. 257 ff.

2.2.1.1.8 Die Pandektenvorlesungen als Symbol der nationalen Einheit

Inwiefern bewirkten diese rechtstheoretischen Überlegungen Savignys und seiner Schüler nun eine Vereinheitlichung des Rechts durch Rechtswissenschaft? Ein erster Punkt liegt auf der Hand: Wenn alle Juristen an der Universität das gleiche methodische Denken lernten und mit dieser Methode sich dem jeweils in ihrem Berufsfeld geltenden positiven Recht näherten, dann bewirkte bereits dies eine Vereinheitlichung des Rechts. Das Phänomen ist aus dem europäischen Privatrecht der Gegenwart gegenteilig bekannt, indem immer wieder bemerkt wird, dass die in allen Mitgliedstaaten geltende gleiche Norm nicht einheitliches Recht nach sich zieht, weil verschiedene juristische Methodentraditionen auch verschiedene Anwendungsergebnisse bewirken. Was die Idee einer europäischen Methodenlehre daher anstrebt, versuchte Savigny durch die Anpassung der Juristenausbildung an ein **einheitliches Methodenprogramm**.

Doch die universitäre Leistung bei der Rechtsvereinheitlichung ging gerade mit Blick auf das spätere BGB weiter. Nach Savignys Ausgangsüberlegungen hätte es auf den ersten Blick nahegelegen, an einem **System des deutschen Privatrechts** zu arbeiten, indem alle im Deutschen Bund geltenden positiven Rechte zu einem Gesamtsystem verknüpft wären. Denkbar wäre ein solches Unternehmen gewesen, indem man etwa all das, was in verschiedenen Formulierungen in allen Territorien galt, als gemeinsames Recht heraushob. Das wurde durchaus von Zeitgenossen versucht. Kennzeichnend

76 Georg Friedrich Puchta, Vorlesungen über das heutige Römische Recht, hg. von Adolf August Friedrich Rudorff, Bd. 1, (1847), hier nach 6. Aufl. Leipzig 1873, S. 104.

für das 19. Jahrhundert ist aber, dass diese Versuche nie größeren Einfluss bekamen und es an den Universitäten nie gelang, eine Vorlesung zum gesamten in Deutschland geltenden Privatrecht als zentrale Veranstaltung zu etablieren. Dazu trug auch bei, dass sich Savigny selbst und seine Schüler an solchen Versuchen nicht beteiligten. Savigny hatte, wie gezeigt, behauptet, man könne das heute geltende positive Recht nur von den Ursprungsrechten her verstehen, also dem Germanischen und dem Römischen. Man arbeitete also nicht an einem gemeinsamen System des deutschen Rechts. Die „Romanisten" arbeiteten an einem System des **„heutigen römischen Rechts"**, was die Teile des antiken Rechts betraf, die seinerzeit noch, wenn auch oft verändert, angewendet wurden. Die „Germanisten" arbeiteten an einem „System des **deutschen Privatrechts**", womit hier gemeint war, ein System des damals in Deutschland geltenden **nichtrömischen** Privatrechts. Dies umfasste etwa Stadtrechte, territoriale Rechte, Teile des Handelsrechts, aber auch moderne Materien, die nicht römischem Einfluss unterliegen konnten, wie etwa das Telegrafenrecht. Problem war, dass viele dieser Rechte nur in Teilen des Deutschen Bundes, also in einzelnen Territorien galten. Es fehlte daher das im römischen Recht prägende Bild, des allem zugrundeliegenden (All) Gemeinen Rechts. Den Germanisten, die an diesen letzteren Versuchen arbeiteten, allen voran Karl Joseph Anton Mittermaier, Georg Beseler und dann Karl Friedrich Wilhelm Gerber, gelang es daher nicht, ein eigenständiges und überzeugendes System des deutschen Privatrechts als **Zentralvorlesung** an den Universitäten durchzusetzen. Mittermaier klagte 1846:

> Wann wird die Zeit kommen, in welcher unsere jungen Männer nicht mehr den größten Theil ihrer Studienzeit auf rö[misches] Recht verwenden, um am Schwanze noch ein Kollegium über deutsches Recht zu hören, welches sie mit Vorliebe für rö[misches] Recht eigentlich ungern besuchen; wann wird man in einer Vorlesung das gesamte Civilrecht wie aus römischem (eigentlich deutsch gewordenem) und wie deutschem Recht besteht, vortragen?[77]

Mit Savignys gefeierten Vorlesungen in Berlin begann der **Siegeszug der Pandektenvorlesung** als Kernstück der Juristenausbildung im 19. Jahrhundert. Ihm folgten mit Karl Adolph von Vangerow in Heidelberg, Bernhard Windscheid in Leipzig und Rudolf von Jhering in Göttingen die berühmtesten Rechtslehrer des 19. Jahrhunderts nach, allesamt Spezialisten des Römischen Rechts, sog. Pandektenwissenschaftler. Über Vangerow, der seine Vorlesungen in einem meist völlig überfüllten, baulich erweiterten

77 Brief Mittermaiers an Gerber vom 1. 5. 1846, bei Lieselotte Jelowik, Briefe deutscher und Schweizer Germanisten an Karl Josef Anton Mittermaier, Frankfurt a. M. 2001, S. 263 f.

speziellen Pandektenhörsaal an fünf, manchmal sechs Tagen die Woche hielt, berichtete der sichtlich neidische Kollege Robert von Mohl: „Heidelberg war nicht nur wesentlich eine Juristenfakultät, sondern insbesondere eine Pandektenuniversität. Vangerow zu hören war für sehr viele der Zweck ihres Aufenthalts". Vangerow sei „Haupt und [...] Fürst der Universität"[78] gewesen. In diesen Vorlesungen wurde – unter starker Einbeziehung der Antike – das in Deutschland entweder subsidiär oder in Teilgebieten unmittelbar geltende „Heutige Römische Recht" gelehrt, also das, was zeitgenössische Gerichte und die Rechtswissenschaft als vom Römischen Recht noch anwendbar erachteten. Die Pandektenvorlesung war damit der Ort, den alle Studierenden zu durchlaufen hatten. Hier wurde ihr Kopf gemeinsam geprägt. Die Pandektenlehrbücher, die die zuvor schwunghaft gehandelten Vorlesungsnachschriften seit den 1830er Jahren zu ersetzen begannen, waren die zentralen Lehrbücher der Jurisprudenz.

Die Pandektenvorlesung war der Ort, wo sich Privatrecht als juristische Dogmatik präsentierte. In den Pandektenvorlesungen wurde das Ius Commune auf eine zeitgemäße Anwendung hin modernisiert und dieses „heutige Römische Recht" nahmen die Studierenden mit in die Praxis. Es war üblich, seine Vorlesungsnachschriften zu binden und als Buch in der praktischen Tätigkeit weiter zu benutzen. So „beherrschten" die verehrten universitären Lehrer ihre ehemaligen Hörer selbst dann noch lange, wenn sie kein eigenes Lehrbuch veröffentlichten. Die Verfasser des BGB waren daher auch in den Einzelfragen tief geprägt von dem zuvor ungekannten Niveau des innerjuristisch-dogmatischen Fachgesprächs, das die Pandektenwissenschaft ihnen vorgeführt hatte. In vielen Einzelfragen schlug das auf das Gesetz durch. Beispiele sind Abstraktionsprinzip, Besitzschutz, Willenserklärung, Irrtumslehre, Stellvertretung, Verschuldensgrade, Unmöglichkeitslehre, Gesamtschuld, Vertrag zugunsten Dritter, Pfandrecht, Nießbrauch – alles Konzepte, die in dieser Zeit ihre moderne Ausbildung erlangten. Damit vermittelte die Pandektenvorlesung eigentlich gegen die ganz andere Rechtswirklichkeit den Eindruck, Deutschland besitze bereits ein gemeinsames Privatrecht.

Literatur: Hans-Peter Haferkamp, Die Historische Rechtsschule, Frankfurt a. M. 2018, S. 92 ff.

2.2.1.1.9 Einfluss der Pandektenvorlesungen auf das BGB

Zur Bedeutung der Pandektenwissenschaft trug maßgeblich bei, dass es ihr gelang, ein weitgehend konsentiertes System des Privatrechts zu entwickeln. Systeme waren didaktisch betrachtet ein ganz entscheidendes Hilfsmittel für Studenten, um einen

78 Dietrich Kerler (Hg.), Lebens-Erinnerungen von Robert von Mohl, Bd. I, Stuttgart 1902, S. 222 f.

großen und komplexen Stoff zu verstehen. Gerade das Römische Recht hatte schon lange mit den Problemen der Unübersichtlichkeit und Stofffülle gekämpft.

Das **Corpus Iuris Civilis**, mit dem die Studenten im Römischen Recht bis 1900 arbeiteten, war für seine längst unverständlich gewordene Ordnung berüchtigt. Die Studenten hatten große Probleme, sich darin zurechtzufinden. Im 17. Jahrhundert verbreiteten sich große Kupferstiche und sogar Wandkacheln wurden entwickelt, auf denen die Ordnung des Corpus Iuris durch Bilder dargestellt wurde, die man sich besser merken konnte.[79] Die Bilder erläuterten teilweise die Reihenfolge der 50 Bücher der Digesten, indem nach dem Alphabet geordnete Gegenstände bildlich an deren Stelle gesetzt wurden: Arca (Kiste), Ballena (Walfisch), Cadus (Krug) etc. Daneben wurde versucht, die in den Büchern abgehandelten Themen durch Schlagwörter und Bilder anzudeuten, um auch insoweit Merkhilfe zu sein.

Seit dem 17. Jahrhundert erlaubte es der immer günstiger werdende Buchdruck, jedem Studenten Lehrbücher zukommen zu lassen. Zuvor war es nicht zuletzt die Aufgabe der **Vorlesung** gewesen, dem Studenten eine eigenhändige Abschrift des sukzessiv jedenfalls in weiten Teilen vorgelesenen Corpus Iuris Civilis zu verschaffen. Mit dem Verkauf von Lehrbüchern entstand für die Professoren, die ganz weitgehend von Hörergeldern, also Zahlungen ihrer Studenten für die Vorlesungen, lebten, eine lukrative Einnahmequelle. Es entwickelte sich ein Markt für Lehrbücher, der noch dadurch besonders interessant wurde, dass es üblich wurde, nach berühmten Lehrbüchern zu lesen, um Studenten zusätzlich zu locken. Man las die Pandekten etwa „nach Heineccius“. Als erste erfolgreiche Alternativanordnung wählte man die **Institutionenanordnung**. Dabei handelte sich um den Abschnitt des Corpus Iuris Civilis, in dem Iustinian ein umgearbeitetes Anfängerlehrbuch aus dem 2. Jahrhundert n. Chr. übernommen hatte. Es gab also bereits eine römische Lehranordnung. Es bildete sich folgende Gliederung heraus:

- I. Buch
  1. Recht überhaupt
  2. Personenrecht (personae)
  3. Familienrecht
- II. Buch
  4. Sachenrecht (res)
  5. Testamentsrecht

---

79 Bilder solcher Lernhilfen bei Michael Stolleis, Corpus Juris par coer, in: Hans-Peter Haferkamp u. Tilman Repgen (Hgg.), Usus modernus Pandectarum. Festschrift für Klaus Luig zum 70. Geburtstag, Köln 2007, S. 245 ff.

III. Buch
  6. Erbrecht
  7. Schuldrecht
IV. Buch
  8. Strafrecht
  9. Prozessrecht (actiones).

Die Institutionen waren in Rom dazu gedacht gewesen, die Studenten im ersten Jahr einzuführen. Im Abschnitt „Recht überhaupt“, aber auch in den weiteren Abschnitten, fanden sich zumeist allgemeine Überblicke vorangestellt, etwa über die Arten von Recht (1.1 und 1.2), über die Einteilung der Menschen im Recht (1.3–1.5), über die Einteilung der Sachen im Recht (2.1) etc. Schon die Idee eines Allgemeinen Teils, der die Grundbegriffe klärt, war hier angedacht. Vor allem aber fand sich eine Einteilung, die noch im BGB Spuren hinterließ. Erst im 19. Jahrhundert wurde zwischen der prozessualen Klage (actio) und dem materiell-rechtlichen Anspruch getrennt. Damit entstand aus dem antiken personae – res – actiones das Ordnungssystem des Allgemeinen Teils, wie es sich bis heute im BGB zeigt: Personen (§§ 1–89), Sachen (§§ 90–103) und Ansprüche und deren Ausübung mit dem Anspruchsbegriff in § 194 (§§ 104–240).

Als Gesamtsystem setzte sich jedoch bald ein anderes System durch, das **Pandektensystem**. Die Benennung irritiert. Das System war gerade nicht die unübersichtliche Ordnung der Pandekten, griechisch für Digesten, sondern das System, das im 19. Jahrhundert den meisten Pandektenlehrbüchern zugrunde gelegt wurde. Es geht, nach Vorläufern, auf den Göttinger Rechtslehrer Gustav Hugo zurück, der es 1789 in seinem Institutionenlehrbuch anwendete:

1. Einleitung
2. Realrechte (Sachenrecht)
3. Persönliche Obligationen
4. Familienrechte
5. Verlassenschaften (Erbrecht)
6. Prozess.

Diese Anordnung übernahm 1807 Georg Arnold Heise in seinen berühmten „Grundriß eines Systems des gemeinen Civilrechts zum Behuf von Pandektenvorlesungen“, von dem es Savigny in seine Vorlesungen leicht abgewandelt übertrug. Trennt man den Prozess ab, landet man beim **Fünf-Bücher-System des BGB**. Auffallend ist lediglich, dass **Sachenrecht** und **Schuldrecht** heute vertauscht sind. Dies geschah erst im Laufe der BGB-Debatten, nachdem die Erste Kommission zunächst noch Sachenrecht vorgezogen hatte. Eine Begründung gab sie nicht. Hintergrund war wohl eine Umorientierung der privatrechtlichen Prioritäten. Zu Beginn des 19. Jahrhunderts war

Eigentum der Schlüsselbegriff des Privatrechts. Weite Teile insbesondere des Grundeigentums waren dem freien Markt weiterhin entzogen. Einerseits durften nicht alle Menschen frei Eigentum erwerben. Noch immer existierte auf dem Land die Leibeigenschaft. Andererseits durften viele Grundstücke nicht veräußert werden, sei es als Teil des noch immer existierenden Lehenswesens, sei es, weil man es zuließ, dass die Veräußerung von Grundstücken etwa durch bestimmte Erbverträge (sog. Fideikommis) dauerhaft ausgeschlossen wurden. Wenn § 137 S. 1 BGB festlegt, dass die „Befugnis zur Verfügung über ein veräußerliches Recht [...] nicht durch Rechtsgeschäft ausgeschlossen werden kann", ist das wie ein Nachklang dieser Problematik aus dem Beginn des 19. Jahrhunderts, die um 1900 weitgehend überwunden war. Als das BGB verfasst wurde, war die Eigentumsfreiheit fast selbstverständlich geworden, und daher rückte die Vertragsfreiheit ins Zentrum des Blicks. Seitdem und bis heute ist die Vertragsfreiheit der Mittelpunkt des privatrechtlichen Denkens, und daran lag es wohl, dass die BGB-Verfasser das Schuldrecht als Zentralmaterie vor das Sachenrecht stellten.

Freilich ist ein Unterschied zum Pandektensystem der Vorlesungen des 19. Jahrhunderts im BGB nicht zu übersehen. Diese Systeme für den Hörsaal waren **didaktische Systeme**, nicht wissenschaftliche Systeme. Dies bestimmte ihren Aufbau. Wie wichtig die Entscheidung war, für wen man ein System konzipierte, machte 1845 der Göttinger Professor und Lehrer des Deutschen Privatrechts Wilhelm Theodor Kraut (1800–1873) deutlich:

> Den Ausdruck System gebrauche ich hier übrigens in dem Sinne, in welchem man bei einem Buche, das zu akademischen Vorlesungen bestimmt ist, überhaupt nur von einem solchen reden sollte, nämlich für eine solche Anordnung der einzelnen Materien, wobei diese mit einander dergestalt in Zusammenhang gesetzt werden, daß, wo möglich, jede, die man kennen muß, um eine andere gehörig zu verstehen, vor dieser abgehandelt wird. Bei einem eigentlich wissenschaftlichen System muß der Stoff schon in der Hauptsache als bekannt vorausgesetzt werden, und ein solches paßt nicht für Anfänger, [...].[80]

Ein didaktisches System ordnet das Privatrecht so an, dass es sukzessiv verstanden werden kann. Ein wissenschaftliches System ordnet das Privatrecht so an, dass es auf seine Prinzipien zurückgeführt und durch diese gesteuert wird. Ein vieldiskutiertes Beispiel aus dem 19. Jahrhundert verdeutlicht den Unterschied: Wenn man in einen

80 Wilhelm Theodor Kraut, Grundriß zu Vorlesungen über das Deutsche Privatrecht mit Einschluß des Lehn- und Handelsrechts nebst beigefügten Quellen, 3. Aufl. Göttingen 1845, Vorrede zu der dritten Ausgabe, S. XI.

Allgemeinen Teil die Schenkung aufnimmt, dann hätte dies in einem didaktischen System die Aufgabe, den Begriff der Schenkung zu erklären, damit man im Besonderen Teil das Schenkungsrecht leichter versteht. In einem wissenschaftlichen System würde aus der Schenkung im Allgemeinen Teil folgen, dass alle Vertragstypen als Schenkung oder entgeltlich gedacht werden können. Die Schenkung wäre ein leitendes Prinzip des Privatrechts.

Blickt man in das BGB, so wird sofort deutlich, dass es sich zwar äußerlich an das Pandektensystem anlehnte, konkret aber dessen didaktische Funktion nicht übernahm. Besonders deutlich wird dies beim Allgemeinen Teil. Dieser begann im Pandektensystem mit einem Abschnitt über die Rechtsquellen (Gesetz, Gewohnheitsrecht, Gerichtsgebrauch), dann ging es allgemein um Erwerb, Ausübung, prozessuale Geltendmachung und Verlust von Ansprüchen. Wenn er nun Personen, Sachen und Handlungen (personae, res und den materiell-rechtlichen Ersatz für die actiones) behandelte, dann deshalb, weil dies die Grundbegriffe des Rechts waren, mit denen man die weiteren Bücher leichter verstehen konnte.

Blickt man in den Allgemeinen Teil des BGB, so wird sofort deutlich, dass das BGB keinen didaktischen Aufbau hat. Das Pandektensystem wird nur äußerlich befolgt, die konkrete Anordnung innerhalb der Bücher hat andere Gründe. Es fehlen Ausführungen zu den Rechtsquellen, es fehlen weitgehend allgemeine Definitionen der Grundbegriffe. Der Allgemeine Teil erklärt nicht, sondern dient der Entlastung der Besonderen Teile. Die hier geregelten Materien finden sich überwiegend als Problem auch in den Besonderen Teilen, etwa die Geschäftsfähigkeit (§§ 104 ff. BGB). Indem das BGB den Minderjährigenschutz im Allgemeinen Teil regelt, vermeidet es Wiederholungen durch das Prinzip des „Vor-die-Klammer-Ziehens“. Dies ist kein didaktisches, sondern ein gesetzgebungstechnisches und, durch die damit erreichte Betonung gemeinsamer Probleme, auch wissenschaftliches Ziel.

Das BGB versteht sich nicht als Lehrbuch, sondern als Gesetzbuch für Juristen, welche die Grundstrukturen des Rechts bereits beherrschen. Gleichwohl kann man den Gedanken einer didaktischen Herkunft des Pandektensystems als Merkhilfe nutzen, indem man das BGB als Ablauf des menschlichen Lebens „von der Wiege bis zur Bahre“ deutet:

Mit der Geburt (§ 1) ist der Mensch rechtsfähig und damit Subjekt des Privatrechts. Er wird volljährig (§ 2) und damit geschäftsfähig (§ 107). Nun beginnt für ihn die Welt der Rechtsgeschäfte (§§ 104 ff.) und vor allem Verträge (§§ 311 ff.). Er erwirbt Güter und wird zum Eigentümer (§§ 903 ff.). Nun – ökonomisch stabilisiert – darf er sich, dem Denken des Kaiserreichs nach, verloben (§§ 1297 ff.), er heiratet (§§ 1303 ff.) und bekommt Kinder (1616 ff.). Er stirbt, und nun beginnt sein erbrechtliches Nachleben

(§§1922 ff.). Das BGB verlässt ihn, wenn sein Vermögen an andere Menschen übergegangen ist.

Als 1888 der Erste Entwurf eines Bürgerlichen Gesetzbuches erschien, fand der bekannte Richter Otto Bähr daher auch in Inhalt und Stil überall das Erbe dieser – wie er es nannte – gemeinrechtlichen Wissenschaft. Sein Bezug auf Bernhard Windscheid wurde schnell fast sprichwörtlich:

> Hier ist nun der Entwurf bemüht gewesen, die Lehren dem heutigen Stande der Wissenschaft entsprechend zu gestalten. Und da seit Anfang dieses Jahrhunderts die wissenschaftlichen Fortschritte fast ausschließlich auf gemeinrechtlichem Gebiete gelegen haben, so hat auf diesen Theil des Entwurfs die gemeinrechtliche Wissenschaft den größten Einfluß geübt. In diesen seinen Bestandtheilen nimmt sich daher der Entwurf gewissermaßen wie ein „**kleiner Windscheid**“ aus, […].[81]

Der „große“ Windscheid, von dem er als Vorbild des BGB sprach, war zu diesem Zeitpunkt das bekannteste Lehrbuch zum „heutigen Römischen Recht“ – drei Bände, zuletzt in der 9. Auflage von 1906 911 Seiten mit tausenden von Fußnoten. Gerade Windscheid zeigte in seinem Lehrbuch freilich auch die Grenzen dieses Verfahrens der Rechtsvereinheitlichung durch Rechtswissenschaft auf. Auch wenn sich mit dem Pandektensystem eine gemeinsame Grundstruktur durchsetzte, lag es in der Natur der hier konkurrierenden Rechtswissenschaft, dass ansonsten bis in zentrale Fragen kaum Einigkeit erreicht wurde. Die teilweise seitenlangen Fußnoten in seinem Lehrbuch machten deutlich, dass zwar eine extrem hohe Diskussionskultur erreicht worden war, aber **wenig Einigkeit**. Als sich der bekannte Pandektenwissenschaftler Julius Baron (1834–1898) 1874 einer 700-seitigen Abhandlung gegenübersah, die nochmals das Bürgschaftsrecht ganz anders konstruieren wollte, nannte er die Forderung nach einem Bürgerlichen Gesetzbuch, welches diese ganzen Meinungsstreitigkeiten endlich klären sollte, den „Angstschrei des bedrängten juristischen Gewissens“.[82] Barons Hoffnung auf „das kräftige Wort des Gesetzgebers“ musste jedoch noch bis zum 1. Januar 1900 warten. Bereits früher war jedoch ein anderer Akteur beim Streben nach Rechtsvereinheitlichung auf den Plan getreten, der – anders als die Rechtswissenschaft – Entscheidungen herbeiführen konnte: die Justiz.

---

81 Otto Bähr, Besprechung der Ersten Entwurf eines Bürgerlichen Gesetzbuches für das Deutsche Reich, in: KritVj 30, 1888, S. 326 f.

82 Julius Baron, Rez. Hasenbalg, Die Bürgschaft des gemeinen Rechts. Eine civilistische Studie von H. Hasenbalg, in: KritVj 16 (1874), S. 32.

Literatur: Lars Björne, Deutsche Rechtssysteme im 18. und 19. Jahrhundert, Ebelsbach 1984; Jan Schröder, Zum Einfluß Savignys auf den Allgemeinen Teil des deutschen bürgerlichen Rechts, in: Quaderni Forentini 14, 1985, S. 619 ff.; Ulrich Falk, Ein Gelehrter wie Windscheid: Erkundungen auf den Feldern der sogenannten Begriffsjurisprudenz, 2. Aufl. Frankfurt a. M. 1999; Hans-Peter Haferkamp, Georg Friedrich Puchta und die „Begriffsjurisprudenz", Frankfurt a. M. 2004, S. 257 ff.; HKK/Ralf Michaels, Vor § 241, Bd. 2, Tübingen 2007, Rn. 19; Michael Stolleis, Corpus Iuris Civilis par coeur, in: Hans-Peter Haferkamp u. Tilman Repgen (Hgg.), Usus modernus pandectarum, Köln 2007, S. 245 ff.; Hans-Peter Haferkamp, The Science of Private Law and the State, in: Nils Jansen u. Ralf Michaels (Hgg.), Beyond the State. Rethinking Private Law, Tübingen 2008, S. 245 ff.; Joachim Rückert, Savignys Dogmatik im System, 2007, Wiederabdruck in ders., Savigny Studien, Frankfurt a. M. 2011, S. 153 ff.; Joachim Rückert, Savignys Einfluß auf die Jurisprudenz in Deutschland nach 1900, 1991, Wiederabdruck in ders., Savigny Studien, Frankfurt a. M. 2011, S. 523 ff.; Christian Bumke, Rechtsdogmatik. Eine Disziplin und ihre Arbeitsweise. Zugleich eine Studie über das rechtsdogmatische Arbeiten Friedrich Carl von Savignys, Tübingen 2017, S. 161 ff.; Ralf Seinecke, Die deutschsprachige Rechtswissenschaft seit 1800 und der Rechtspluralismus, in: ZRG GA 137, 2020, S. 272 ff.

2.2.1.2 Rechtsvereinheitlichung durch Rechtsprechung

Das Ziel einer gemeinsamen Juristenausbildung musste es sein, die so geprägten Studenten in Positionen zu bringen, die das Recht gestalten. Da dies in nationaler Perspektive vor 1871 nicht die Legislative, also die eben nur territorial organisierten Parlamente bzw. deren Monarch und seine Ministerien, sein konnte, kamen primär die Gerichte als Träger eines nationalen Rechts in Frage. Genau diese Zielgruppe war es, die Savigny in den Blick nahm. Es blieb lebenslang Savignys „Lieblingsüberzeugung […], daß aller Erfolg davon abhängt, den Richterstand in eine Lage zu bringen, in welcher er mit lebendigem Denken und nicht auf mechanische Weise sein Geschäft vollbringe, also ihn zu erziehen. Hätten wir das erreicht, so wäre Alles gewonnen."[83]

Savigny wollte den „**Gelehrten auf dem Richterstuhl**".[84] Das „lebendige Denken" beschrieb die Fähigkeiten, die Savigny und seine Anhänger den Studenten beibringen wollten. Keineswegs wollte er Juristen, die einfach nur vorgegebene Gesetzeswortlaute anwenden. Das war „mechanisches Denken". Er erzog die Studenten vor allem an römischen Rechtstexten, die hohe Anforderungen an die Interpretation stellten, weil

83 Friedrich Carl v. Savigny an Wilhelm v. Gerlach am 1. 3. 1834, in: Hans Liermann u. Hans-Joachim Schoeps (Hgg.), Materialien zur preußischen Eherechtsreform im Vormärz, Göttingen 1961, S. 490.

84 Friedrich Carl v. Savigny, System des heutigen römischen Rechts, Bd. 1, Berlin 1840, S. 89.

sie aus einer fremden Zeit und einer uns fremden Rechtsordnung stammten. Zudem waren, wie gezeigt, die dogmatischen Strukturen dieses Rechts hinter Falldiskussionen verborgen, müssten also erst erarbeitet werden. Die Techniken wurden bereits gezeigt:

Exegese, also umfassende Interpretation,
Geschichte, also historische Herleitung des Satzes, und
System, also Verständnis des Satzes als Teil des Gesamtzusammenhanges des Rechts.

Auch moderne Gesetze sollten so umfassend analysiert und im Wissen um ihren Sinn und ihre Aufgabe angewendet werden, wie Savigny selbst dies in seinen Berliner Vorlesungen zum Preußischen Allgemeinen Landrecht vorgeführt hatte. Savigny bemühte sich früh, Anhänger seines Denkens in leitende Richterpositionen zu bringen. Im Jahr 1820 war er an der Gründung des **Oberappellationsgerichts der vier freien Städte** (Lübeck, Bremen, Hamburg und Frankfurt a. M.) beteiligt, das bis zur Eröffnung des Reichsgerichts im Jahr 1879 maßgeblich an einer Rechtsvereinheitlichung durch Rechtsprechung arbeitete. Es gelang Savigny, mit Georg Arnold Heise einen seiner engsten Freunde zu überreden, der erste Präsident dieses Gerichts zu werden. Heise zog mit Friedrich Bluhme und Ernst Adolf Theodor Laspeyres weitere engste Schüler Savignys als Richter an das Gericht. Ihm folgten mit Carl Georg von Wächter und Johann Friedrich Kierulff berühmte Rechtswissenschaftler auf dem Präsidentenstuhl nach. Wie von Savigny erhofft, entwickelte das Gericht eine auf den ganzen Deutschen Bund ausstrahlende Vorbildwirkung. Rechtsvereinheitlichend wirkte das nicht mittels einer Letztzuständigkeit im Sinne eines modernen Höchstgerichts. Das OAG der vier freien Städte blieb in seiner Zuständigkeit im Wesentlichen auf seine Gründungsstädte beschränkt. Prägend für andere Gerichte wirkte jedoch zunächst die Judikatur des OAG im Handelsrecht, das bis 1861 nicht kodifiziert und damit relativ frei der Rechtsprechung übergeben war. Das OAG schaffte Grundlagen, auf denen dann später das Bundesoberhandelsgericht aufbaute. Mindestens genauso wichtig in seiner Vorbildwirkung war jedoch die feine wissenschaftliche Begründungskultur im Zivilrecht überhaupt, die Heise zunächst zusammen mit Friedrich Cropp in den „Juristischen Abhandlungen mit Entscheidungen des Oberappellationsgerichts der vier freien Städte Deutschlands“ (Band 1 1827, Band 2 1830) den Richtern anderer Gerichte vorführte. Hier wurde das Ausbildungsziel Savignys in konkreten Urteilsbegründungen vorexerziert. Das war auch deshalb so wirksam, weil immer mehr Professoren, die Savignys Ausbildungskonzept durchlaufen hatten, nun haupt- oder nebenamtlich Richter wurden. Dass Professoren Urteile schrieben, war gemeinhin für die meisten Tagesgeschäft, weil die sog. Aktenversendung seit langem gepflegt wurde. Gerichte sandten die Urteilsakten an ein Spruchkollegium einer Fakultät, in der die meist bekannten Professoren den Fall berieten und einen Urteilsvorschlag formulierten, der unter Umständen bereits das endgültige Urteil war. Waren Professoren insoweit sowieso stärker mit der Gerichtspraxis unmittelbar in Kontakt, als dies heute der Fall ist, so teilten auch viele Savignys Ansicht, dass dies nicht genüge. Eine Vielzahl der bekanntesten Professoren des 19. Jahrhunderts war daher im Nebenamt, bisweilen zeitweise auch hauptamtlich als Richter an ordentlichen Gerichten tätig, allen voran Savigny selbst, der seit 1819 als Richter am **Rheinischen Revisions- und Kassationsgerichtshof** in Berlin, also dem Höchstgericht für die Preußischen Rheinprovinzen, tätig war – und dort nach französischem Recht judizierte.

Damit fehlte zur erhofften Verwissenschaftlichung der Praxis noch ein letzter Schritt: Ein wissenschaftliches Gespräch zwischen Universität und Gericht. Ein Problem war lange, dass Urteile mit bloßem Tenor und ohne Begründung ergingen, sodass es kaum möglich war, ein Urteil wissenschaftlich zu kritisieren. In den Landesgesetzen war erst seit dem späten 18. Jahrhundert die Pflicht eingeführt worden, die Urteilsgründe zu veröffentlichen. Zuvor war dies etwa beim Reichskammergericht wohl auch deshalb abgelehnt worden, weil man fürchtete, mit den Urteilsbegründungen der weiteren Prozessierlust der Parteien die notwendigen Argumente zu liefern. Die Folge war nicht primär eine Nichtbeachtung der Praxis durch die Literatur, sondern eine häufig nicht nachprüfbare Behauptung eines Gerichtsgebrauchs, also einer bestehenden Praxis. 1846 klagte Savigny über häufig widersprüchliche „Behauptungen über den Stand neuerer Praxis der Gerichte".[85] Savigny selbst war für Informationen über die Rechtspraxis bisweilen auf briefliche Nachfragen bei befreundeten Richtern angewiesen. Wie langsam dieser Missstand verschwand, zeigt die Tatsache, dass noch 1862 Bernhard Windscheid von „dieser so viel genannten, und doch wie oft unauffindbaren Praxis"[86] sprach. Seit den 1820er Jahren begann langsam die autorisierte Veröffentlichung von begründeten Urteilen einzelner Gerichte. Erst seit 1847 stand mit **„Seufferts Archiv"**[87] eine systematische Sammlung territorialer Rechtsprechung bereit, die künftig Grundlage der rechtswissenschaftlichen Auseinandersetzung der Universitäten mit der Gerichtspraxis wurde. Savigny selbst ging voran, indem er im achten Band seines Systems des heutigen Römischen Rechts 1849 die in „Seufferts Archiv"

85 Dieter Strauch, Friedrich Carl von Savigny. Briefwechsel mit Friedrich Bluhme 1820–1860, Bonn 1962, S. 311 (Brief vom 5.9.1846).

86 Bernhard Windscheid, Lehrbuch des Pandektenrechts, Bd. I, Vorrede zur 1. Aufl. Düsseldorf 1862, S. VII.

87 Johann Adam Seuffert (Hg.), Archiv für Entscheidungen der obersten Gerichte in den deutschen Staaten, 1847–1943.

nun vorgefundenen Entscheidungen diskutierte. In der Rechtswissenschaft zog man seit 1850 nach. Eine ganze Gruppe von jungen Rechtswissenschaftlern, zu denen Rudolf von Jhering, Bernhard Windscheid, Alois von Brinz, Johannes Emil Kuntze und Ernst Immanuel Bekker gehörten, war nun angetreten, um „durch das römische Recht über das römische Recht hinaus“[88] ein praxistaugliches nationales Zivilrecht zu konstruieren. In praxisorientierten Pandektenlehrbüchern wie denen von Bernhard Windscheid, Julius Baron oder Ernst Immanuel Bekker und in einer Judikatur, die vice versa die Ergebnisse der Pandektenwissenschaft verarbeitete, wuchsen Literatur und Rechtsprechung zu einem gemeinsamen Gespräch zusammen.

Die Justiz nahm an diesem Gespräch durchaus selbstbewusst teil. Johann Adam Seuffert, Appellationsgerichtsrat in Ansbach, erhoffte sich durch die Veröffentlichung von Urteilen in seinem Archiv 1847 „Bereicherung, Erfrischung und Veranschaulichung der Theorie durch umfassende Beachtung der Ergebnisse der Rechtsanwendung“.[89] Schärfer hatte der sächsische Oberappellationsrat Paul Ludolph Kritz Savignys Anspruch, die Justiz zu „erziehen“, 1843 entgegengehalten: „Nicht bei der Theorie soll und muss die Praxis in die Schule gehen, sondern die Theorie bei der Praxis.“[90] Insgesamt prägte aber nicht diese Sorge vor Bevormundung das Verhältnis zwischen Rechtswissenschaft und Justiz vor 1871, sondern ein weitgehender Gleichklang der Interessen: Beide waren daran interessiert, das Zivilrecht fernab staatlicher Einflussnahme frei zu entwickeln. Praxis und Theorie waren Teil eines gesamtdeutschen Falldiskurses. Diese Konzepte der professoralen „**Urteilsanmerkung**“ und die daran anschließende intensive Auseinandersetzung, jedenfalls der Höchstgerichte mit der Rechtswissenschaft an den Universitäten, sind bis heute ein typisches Merkmal, welches die deutsche Rechtskultur von vielen anderen Ländern unterscheidet.

Den letzten Schritt zur Rechtseinheit durch Richterrecht ging man wenig später, indem nationale Höchstgerichte geschaffen wurden. 1870 wurde das Bundesoberhandelsgericht, das sich ab 1871 **Reichsoberhandelsgericht** nannte, in Leipzig eröffnet. Präsident des Oberhandelsgerichts war Heinrich Eduard Pape, der ab 1874

88 Rudolf von Jhering, Unsere Aufgabe, in: Jherings Jahrbücher für die Dogmatik des heutigen römischen und deutschen Privatrechts, Bd. I, 1857, S. 52.

89 Johann Adam Seuffert, Vorwort zum ersten Heft des ersten Bandes, Seufferts Archiv 1, München 1847.

90 Sammlung von Rechtsfällen und Entscheidungen derselben. Herausgegeben und mit wissenschaftlichen Excursen versehen von Dr. Paul Ludolph Kritz, Vierter Band: Ueber Gerichtsgebrauch und über Literatur des römischen Privatrechts in Beziehung auf neuere Behauptungen der sogenannten historischen Schule, Leipzig 1843, S. 155, 156.

zugleich Vorsitzender der Ersten BGB-Kommission wurde. Pape machte bereits in seiner Ansprache zur Eröffnung des Oberhandelsgerichts 1870 deutlich, dass er die im Vorfeld stets geäußerte Hoffnung – über eine Justizeinheit könne die Rechtseinheit betrieben werden – selbstbewusst als Ziel der kommenden Judikatur übernahm.[91] Garant dafür, dass dieses Gericht selbstbewusst die deutsche Handelsrechtsentwicklung vorantreiben würde, war auch Levin Goldschmidt, der als wohl einflussreichster Handelsrechtler dieser Zeit und ehemaliger Professor im liberal-badischen Heidelberg ab 1870 am Oberhandelsgericht judizierte. 1879 ging das Reichsoberhandelsgericht mitsamt der meisten seiner Richter im nachfolgenden Reichsgericht auf. Zeitgleich wurde das Aktenversendungsverfahren endgültig abgeschafft und die juristischen Fakultäten damit entmachtet. Nun war das Reichsgericht alleiniger Entscheider im Privatrecht.

Nachdem jenseits pauschaler Vorurteile lange kaum genauere Untersuchungen über die **Methoden** existierten, die die Rechtsanwendung durch das Reichsoberhandelsgericht und das Reichsgericht prägten, sind in den letzten Jahren eine Reihe von Studien hierzu vorgelegt worden, die das Bild einer selbstbewusst und eigenverantwortlich agierenden Justiz stärken. Deutlich wurde dies zunächst in den multiplen Argumenten, mit denen das ROHG und das RG eine rechtliche Einheit konstruierten, die de lege lata eigentlich noch gar nicht existierte. Bemerkenswert eigenständig erwies sich bereits das ROHG. Art. 1 des ADHGB statuierte: „In Handelssachen kommen, insoweit dieses Gesetzbuch keine Bestimmungen enthält, die Handelsbräuche und in deren Ermangelung das bürgerliche Recht zur Anwendung". Das Reichsoberhandelsgericht neigte in seiner Rechtsprechung dazu, die „**Handelsbräuche**" zu betonen und die eigentlich vorrangige gesetzliche Regelung restriktiv zu interpretieren. Man stützte dies auf eine Auslegung von Art. 279 ADHGB, dem zufolge bei der Interpretation von Handlungen und Unterlassungen der Parteien „auf die im Handelsverkehr geltenden Gewohnheiten und Gebräuche Rücksicht zu nehmen" sei. Der Handelsbrauch wurde dabei nicht nur zum Bändiger des Gesetzes, sondern auch zum Kontrollmaßstab, den man einem im Einzelfall nicht für akzeptabel gehaltenen Parteiwillen, also dem Vorrang der Privatautonomie, entgegenhielt. Flankiert wurde dies in der zeitgenössischen Rechtsquellenlehre durch die auch gegenüber dem Gesetz relativ starke Bedeutung, die dem Gewohnheitsrecht beigemessen wurde. Versagte auch diese richterliche Eingriffstechnik, indem sich „Unsitte" über die Addition von Individualvereinbarungen zum Handelsbrauch aufschwang, wie dies etwa in der Judikatur zu Versicherungsbedingungen deutlich wurde, ging das Gericht einen Schritt weiter und unterwarf

91 Heinrich Eduard Pape, Eröffnungsansprache, abgedruckt in ROHGE 1, hier nach 2. Aufl. 1873, S. 8.

die Privatautonomie einem Vorrang der altrömischen **bona fides**, forderte also „Treue und Redlichkeit der Betheiligten".[92] Bereits vor 1900 entwickelte sich so die bona fides, besonders auch in der vom Richter frei nutzbaren exceptio doli generalis, der Arglisteinrede, zu einem Anknüpfungspunkt für die Herausbildung von eigenständigen Rechtsprechungstraditionen.

Für das Reichsgericht hat Klaus Luig übergreifend gezeigt, dass es dazu neigte, seine Zuständigkeit weit zu fassen und territoriale Besonderheiten hinwegzuinterpretieren. Wie schon das Reichsoberhandelsgericht, stand das Reichsgericht vor besonderen Problemen, wenn territoriale Normen eine vereinheitlichende Wirkung der Judikatur eigentlich ausschlossen. Dies konnten im Handelsrecht, aber auch im allgemeinen Zivilrecht, insbesondere im Familien- und Erbrecht, territoriale Gewohnheiten sein. Im allgemeinen Zivilrecht kamen aber vor allem territoriale Gesetze als Hindernis in Betracht. Das Reichsoberhandelsgericht umging die Probleme bisweilen, indem es sich auf gesetzliche Normen nicht einließ und von einer „auf allgemeiner Erfahrung beruhende[n] Regel" sprach.[93] Für das Reichsgericht stellte sich die Frage besonders grundsätzlich. Nach § 511 CPO (Civilprozeßordnung) war es als Revisionsgericht nur zuständig, wenn das streitige Gesetz oder Gewohnheitsrecht in mindestens zwei Oberlandesgerichtsbezirken galt. Dies betraf territorial nur Gebiete, in denen das Gemeine Recht vorrangig galt sowie Preußen, in dem das ALR bzw. im Rheinland der Code civil galt sowie Baden, in dem eine leicht veränderte deutsche Fassung des Code galt (Badisches Landrecht). Um auf die Fälle zugreifen zu können, musste das Reichsgericht daher vermeiden, eine nur territoriale Geltung eines Rechtssatzes anzunehmen. Um dies zu erreichen, neigte das Gericht dazu, eine Bestimmung des territorialen Rechts als Gemeines Recht zu behandeln, wenn sie inhaltlich mit dem **Gemeinen Recht** übereinstimmte. Ob dies der Fall war, ergab sich jedoch erst, wenn man die territoriale Bestimmung, aber auch das Gemeine Recht, durch Auslegung bestimmt hatte. Da insbesondere das Gemeine Recht eine Fülle von Streitfragen bot, war hinreichend Spielraum, um eine inhaltliche Deckung zwischen territorialem und Gemeinem Recht zu konstruieren. Hilfreich war dabei auch das Argument, der Fall sei im territorialen Recht gar nicht geregelt, sodass für die **Lückenfüllung** die subsidiäre Geltung des Gemeinen Rechts eingreife. Gelang dies nicht, entwickelte das Reichsgericht eine zweite Argumentationstechnik, um den Satz in seinen Zuständigkeitsbereich einzubinden. In Bereichen, die nicht dem Gemeinen Recht unterfielen, etwa dem Ehegüterrecht, Teilen des Erb- und Bodenrechts und bei nicht kodifizierten

92 ROHGE 4, 63 (S. 64) vom 25.11.1871.

93 ROHGE 1, 30 (S. 33) vom 24.9.1870.

Handelsbräuchen, konstruierte das Gericht die Existenz eines Reichsgewohnheitsrechts. Hierzu baute es die Übereinstimmung mehrerer territorialer Regelungen zu einem Satz des sog. Deutschen Privatrechts aus, dem es abweichende territoriale Regelungen dann wiederum unterwarf.

Indem so die neuen Höchstgerichte ihre umfassende Zuständigkeit herbeiargumentierten, konnten sie auch inhaltlich das Privatrecht vereinheitlichen und durch neue Lösungen prägen. Auch hier zeigen neue Untersuchungen, dass die alten Bilder in der Rechtshistoriografie nicht stimmen. Lange war die rechtshistorische Forschung der Ansicht, die Tatsache, dass diese Richter von der Pandektenwissenschaft an den Universitäten ausgebildet wurden, habe den **Pandektenlehrbüchern** eine fast gesetzesgleiche Wirkung in der Praxis verschafft. Neuere Untersuchungen ziehen dieses Bild jedoch in Zweifel. Es wäre geradezu ein Widerspruch mit Savignys Ausbildungsideal des „lebendigen Denkens" gewesen, wenn die so Erzogenen nun autoritätsgläubige Anwender professoraler Ansichten geworden wären. Genauere Analysen dieser Judikatur bestätigen das alte Bild lediglich insofern, als Windscheid offenbar der meistzitierte Autor des Reichsgerichts war. Dies bedeutete jedoch nicht, dass Windscheid auch inhaltlich eine besondere Bindungskraft auf die Richter ausübte. So widersprach etwa der 1. Senat 1886 Windscheid ohne inhaltliche Auseinandersetzung mit dem pauschalen Hinweis, dass die Meinung Windscheids „eben für richtig nicht gehalten werden" könne.[94] Und keineswegs wollte man sich in der Praxis Debatten aufzwingen lassen. Für die Judikatur des 3., des gemeinrechtlichen Senats des Reichsgerichts fand J. Michael Rainer „besondere Zurückhaltung, in die **wissenschaftlichen Kontroversen** einzusteigen":[95] „Das RG entscheidet sich ex auctoritate propria für die eine oder andere Lösung".[96] Dies entsprach durchaus innerjustiziellen Traditionen, die auch durch die Verwissenschaftlichung der richterlichen Argumentation, die von Savignys Ausbildungsmodell an den Universitäten forciert wurde, nie in Frage stand. Richter mussten praktische Fälle entscheiden. Ihre Ergebnisse mussten daher praktikabel und lebensnah bleiben. Rechtswissenschaftlichen Diskussionen um den Fortbestand antiker Regelungen verweigerte man sich, wenn die Ergebnisse nicht den Anforderungen der an die Gerichte herangetragenen Fälle genügten. Gerichte gewährten problemlos auch den Ersatz reiner Vermögensschäden, obwohl die Literatur intensiv darüber

94 RGZ 16, S. 120 vom 18.1.1886.

95 J. Michael Rainer, Zur Rechtsprechung des Reichsgerichts bis zum Inkrafttreten des BGB: Ein Modellfall für den Europäischen Gerichtshof?, in: ZEuP 1997, S. 757.

96 J. Michael Rainer, Zur Rechtsprechung des Reichsgerichts bis zum Inkrafttreten des BGB: Ein Modellfall für den Europäischen Gerichtshof?, in: ZEuP 1997, S. 759.

diskutierte, ob die Quellen zur antiken Lex Aquilia, also der römischen Quelle des Deliktsrechts, dies erlaubten.[97] Auch die intensive akademische Debatte darum, ob die römischen Quellen die Anerkennung einer Stellvertretung zuließen, stellte die gerichtliche Wirksamkeit einer solchen nie in Frage. Was faktisch stattdessen stärker band als die rechtswissenschaftliche Literatur, waren **Präjudizien**. Dies war besonders für den zweiten, den „Rheinischen" Senat des Reichsgerichts relevant, der für Altfälle auch nach 1900 nach dem französischen Recht in den Rheinlanden entschied. Im Ergebnis folgte das Reichsgericht hier stark der französischen Rechtsprechungstradition und nutzte Pandektenzitate überwiegend nicht zur Korrektur, sondern zur Absicherung der so gefundenen Ergebnisse. Der Cour de cassation in Paris kam damit für weite Teile Europas rechtsvereinheitlichende Wirkung zu. Schon für das ältere Rheinische Recht zeigte sich in einer ersten Untersuchung unveröffentlichter Urteilsreihen, dass sich die Vorstellung, dass das Ius Commune das hier geltende französische Recht beherrscht habe, nicht bestätigen lässt.[98] Auch für das Preußische Recht zeigen neuere Untersuchungen, dass von einer „Pandektisierung" des ALR im 19. Jahrhundert kaum die Rede sein kann. Überwiegend suchten die Richter in Auseinandersetzung mit dem Gesetz und dem Fall eigene Lösungen und bildeten dann eigene Rechtsprechungstraditionen.

Man muss daher die Judikatur als entscheidenden **Modernisierungs- und Vereinheitlichungsfaktor** schon im Deutschen Bund und sicher dann im Kaiserreich vor 1900 wahrnehmen. Das ROHG und das RG entwickelten sehr selbstbewusst und durchaus auch gegen die bestehenden Rechtsquellen neue Rechtsinstitute. Eine eigenständige Linie verfolgte die Rechtsprechung beispielsweise im **Haftungsrecht**. Die von der Pandektenwissenschaft als fortgeltend behandelten Privatstrafen lehnte sie ab. Unter dem Deckmantel der Lex Aquilia entwickelte die Rechtsprechung früh und eigenständig eine Judikatur zu Verkehrssicherungspflichten des Eigentümers. Anhand der in § 367 Nr. 12 StGB normierten Pflicht, an öffentlich zugänglichen Orten gegen bauliche Gefährdungen zu schützen, entwickelte das Reichsgericht eine Haftung der Hauseigentümer auch gegenüber nichtmietenden Nutzern ihrer Mietshäuser. Dabei wurde ein Verschulden des Vermieters bei mangelnder Kontrolle unterstellt.[99] Das

---

97 Etwa bei Aufhebung eines für vorläufig vollstreckbar erklärten Urteils (RGZ 8, S. 16 ff. vom 3.10.1882) oder bei Vermögensschäden aus ungerechtfertigtem Arrest (RGZ 26, S. 208 vom 17.10.1890 sprach sogar von einer langjährig feststehenden Praxis).

98 Hans Schulte-Nölke, Rheinische Judikatur im frühen 19. Jahrhundert – Justizforschung mit Hilfe einer Datenbank, in: ZNR 1998, S. 108 f.

99 RG in: Die Praxis des Reichsgerichts in Civilsachen 9, Nr. 75 vom 27.2.1890; 12 Nr. 122 vom 29.4.1891; Gruchot 38, S. 942 vom 23.4.1894; RGZ 38, S. 220 vom 26.2.1897.

spätere Problem des Vertrags mit Schutzwirkung zugunsten Dritter wurde so umgangen. Besonderer Druck, das Verschuldensprinzip als ehernen Grundsatz des Deliktsrechts aufzuweichen, ging von der Diskussion um Arbeitsunfälle aus, die sich seit den 1860er Jahren vor allem an schweren Bergwerksunfällen entzündet hatte. Das Reichsgericht trat hier für eine Erweiterung der gesetzlichen Reaktion ein, indem es in einer weiten Interpretation des § 1 Reichshaftpflichtgesetzes[100] auch eine im Bergbau genutzte Lore als Eisenbahn im Sinne dieses Gesetzes behandelte[101] und damit die für Eisenbahnunternehmen gedachte verschuldensunabhängige Haftung auch auf den Bergbau ausdehnte. Zudem war das Gericht bestrebt, die Anwendung des Unfallversicherungsgesetzes von 1884 zu erleichtern.

Für die Regelung von Konflikten um zunehmende industrielle Emissionen umging das Reichsgericht das Verschuldensprinzip auf andere Weise, indem es den Ausbau der actio negatoria zu einem verschuldensunabhängigen Instrument zur Abwägung nachbarlicher Interessen fortsetzte.

Besondere Probleme ergaben sich im **Wirtschaftsrecht**. Anhand von Streiks und Kartellen beschäftigte sich das Reichsgericht mit den Auswirkungen der zunehmenden marktwirtschaftlichen Kämpfe. Seit den 1890er Jahren waren die Gerichte mit dem Phänomen der Kartelle konfrontiert, für das es unter der seit 1869 überall geltenden Gewerbefreiheit keine Antworten gab. Zunächst über § 1 Gewerbeordnung (GewO), dann über die guten Sitten (boni mores) begann die Rechtsprechung eine eigene wirtschaftspolitische Position zu erarbeiten, die dann nach 1900 prägend wurde.

Auch im **Kreditsicherungsrecht** bezog das Reichsgericht eine eigenständige Position. Den Kreditbedarf kleinerer Unternehmer förderte das Reichsgericht, indem es gegen das in der Gesetzgebung dominierende Faustpfandprinzip und gegen Widerstände in der Literatur mit der Sicherungsübereignung die Möglichkeit eines besitzlosen Pfandrechts zuließ. Gegen übermäßige Zinsen hielt das Reichsgericht in der Sache an der laesio enormis fest und begrenzte deren Zulässigkeit auf das Doppelte des marktüblichen Zinses, ohne jedoch dieses von der zeitgenössischen Literatur scharf abgelehnte, dem mittelalterlichen Kirchenrecht entstammende Rechtsinstitut ausdrücklich heranzuziehen. Stattdessen wurde mit Wucher und Sittenwidrigkeit argumentiert.

100 „Wenn bei dem Betriebe einer Eisenbahn ein Mensch getötet oder körperlich verletzt wird, so haftet der Betriebsunternehmer für den dadurch entstandenen Schaden, sofern er nicht beweist, dass der Unfall durch höhere Gewalt oder durch eigenes Verschulden des Getöteten oder Verletzten verursacht ist."

101 RGZ 1, S. 251 ff. vom 17.3.1879.

Durch die Massenverträge etwa im Miet- und Versicherungsrecht nahm die Schutzbedürftigkeit der den **Allgemeinen Geschäftsbedingungen** der Verwender unterworfenen Vertragspartner zu. Das Reichsgericht schuf anhand der bona fides, also Treu und Glauben, eine frühe Inhaltskontrolle der Klauseln. Generell verschärfte es zudem die Kontrolle von Vertragsbedingungen und erklärte überzogene Konkurrenzklauseln oder existenzvernichtende Vertragsstrafen für unwirksam.

Einen bemerkenswerten Sonderweg des Rheinischen Rechts beschritt der hierfür zuständige zweite Senat des Reichsgerichts. In Fortsetzung der rheinischen Gerichtstradition folgerte er aus Art. 1384 Code civil eine zivilrechtliche **Haftung des Staates** für Schädigungen durch seine Beamten. Damit ging das Gericht gleichermaßen über die Anwendung des Code civil in Frankreich wie über das Recht im übrigen Preußen hinaus.

Literatur: Wolfgang Hromadka, Die Entwicklung des Faustpfandprinzips im 18. und 19. Jahrhundert, Köln 1971; Heinz Mohnhaupt, Richter und Rechtsprechung im Werk Savignys, in: Walter Wilhelm (Hg.), Studien zur europäischen Rechtsgeschichte, Frankfurt a.M. 1972, S. 242 ff., 252 ff.; Hans-Georg Mertens, Untersuchungen zur zivilrechtlichen Judikatur des Reichsgerichts vor dem Inkrafttreten des BGB, in: AcP 174 (1974), S. 338 ff.; ders., Heinrich Eduard Pape, in: Robert Stupperich (Hg.), Westfälische Lebensbilder, Bd. 11, Münster 1975, S. 153 ff.; Regina Ogorek, Actio negatoria und industrielle Beeinträchtigung des Grundeigentums, in: Helmut Coing u. Walter Wilhelm (Hgg.), Wissenschaft und Kodifikation des Privatrechts im 19. Jahrhundert, Bd. IV, Frankfurt a.M. 1979; Klaus Luig, Vertragsfreiheit und Äquivalenzprinzip im gemeinen Recht und im BGB. Bemerkungen zur Vorgeschichte des § 138 II BGB, in: Aspekte europäischer Rechtsgeschichte, Festgabe für Helmut Coing zum 70. Geburtstag, Frankfurt a.M. 1982, S. 186 f.; Werner Schubert, Das Reichshaftpflichtgesetz im Bundesrat (1868–1871), in: ZRG GA 100, 1983, S. 238 ff.; Rainer Schröder, Die Entwicklung des Kartellrechts und des kollektiven Arbeitsrechts durch die Rechtsprechung des Reichsgerichts vor 1914, Ebelsbach 1988; Joachim Rückert, Autonomie des Rechts in rechtshistorischer Perspektive, Hannover 1988, S. 43 ff.; Regina Ogorek, Privatautonomie unter Justizkontrolle. Zur Rechtsprechung des Reichsoberhandelsgerichts (1870–1879), in: ZHR 100, 1989, S. 89 ff.; Heinz Mohnhaupt, Rechtseinheit durch Rechtsprechung? Zu Theorie und Praxis gerichtlicher Regelbildung im 19. Jahrhundert in Deutschland, in: Claes Petersen (Hg.), Juristische Theoriebildung und rechtliche Einheit, Beiträge zu einem rechtshistorischen Seminar in Stockholm im September 1992, Stockholm 1993, S. 117 ff.; ders., Sammlung und Veröffentlichung von Rechtsprechung im späten 18. und 19. Jahrhundert in Deutschland. Zu Funktion und Zweck ihrer Publizität, in: Friedrich Battenberg u. Filippo Ranieri (Hgg.), Geschichte der Zentraljustiz in Europa. Festschrift für Bernhard Diestelkamp zum 65. Geburtstag, Frankfurt a.M. 1994, S. 403 ff.; Reiner Schulze, Preußisches Allgemeines Landrecht und rheinisch-französisches Recht, in: Barbara Dölemeyer u. Heinz Mohnhaupt (Hgg.), 200 Jahre Allgemeines Landrecht für die Preußischen Staaten, Frankfurt a.M. 1995, S. 405; Klaus Luig,

Rechtsvereinheitlichung durch Rechtsprechung in den Urteilen des Reichsgerichts von 1879 bis 1900 auf dem Gebiete des Deutschen Privatrechts, in: ZEuP 1997, S. 762 ff.; J. Michael Rainer, Zur Rechtsprechung des Reichsgerichts bis zum Inkrafttreten des BGB: Ein Modellfall für den Europäischen Gerichtshof?, in: ZEuP 1997, S. 715 ff.; Thomas Henne, Richterliche Rechtsharmonisierung – Startbedingungen, Methoden und Erfolge in Zeiten beginnender staatlicher Zentralisierung. Analysiert am Beispiel des Oberhandelsgerichts, in: Andreas Thier et al. (Hgg.), Kontinuitäten und Zäsuren in der Europäischen Rechtsgeschichte, Frankfurt a. M. 1999, S. 335 ff.; Hans-Peter Haferkamp, Die exceptio doli generalis in der Rechtsprechung des Reichsgerichts vor 1914, in: Ulrich Falk u. Heinz Mohnhaupt (Hgg.), Das bürgerliche Gesetzbuch und seine Richter, Frankfurt a. M. 2000, S. 1 ff.; Kristina Möller, Die Rechtsprechung des Reichsgerichts in Zivilsachen, Paderborn 2001; Stephan Hocks, Gerichtsgeheimnis und Begründungszwang. Zur Publizität der Entscheidungsgründe im Ancien Régime und im frühen 19. Jahrhundert, Frankfurt a. M. 2002; Nils Jansen, Die Struktur des Haftungsrechts: Geschichte, Theorie und Dogmatik außervertraglicher Ansprüche auf Schadensersatz, Tübingen 2003, § 6; Tilman J. Röder, Rechtsbildung im wirtschaftlichen „Weltverkehr". Das Erdbeben von San Francisco und die internationale Standardisierung von Vertragsbedingungen (1871–1914), Frankfurt a. M. 2006; Jan Schröder, Zur Theorie des Gewohnheitsrechts zwischen 1850 und 1930, in: Hans-Peter Haferkamp u. Tilman Repgen (Hgg.), Usus modernus pandectarum, Köln 2007, S. 221 ff.; Hans-Peter Haferkamp, The Science of Private Law and the State in Nineteenth Century Germany, in: Nils Jansen u. Ralf Michaels (Hgg.), Beyond the State. Rethinking Private Law, Tübingen 2008, S. 245–267; Stefan Geyer, Den Code civil „richtiger" auslegen. Der zweite Zivilsenat des Reichsgerichts und das französische Zivilrecht, Frankfurt a. M. 2009; Hans-Peter Haferkamp, Dogmatisierungsprozesse im „heutigen Römischen Recht" des 19. Jahrhunderts, in: Georg Essen u. Nils Jansen (Hgg.), Dogmatisierungsprozesse in Recht und Religion, Tübingen 2010, S. 259 ff.; Martin Löhnig, Rechtsvereinheitlichung trotz Rechtsbindung, Tübingen 2012; Michael Stolleis, „Innere Reichsgründung" durch Reichsvereinheitlichung 1866–1880, in: Stefan Ruppert u. Miloš Vec (Hgg.), Michael Stolleis. Ausgewählte Aufsätze und Beiträge, Bd. 1, Frankfurt a. M. 2011, S. 405 ff.; Sylvia Krings, Die Vorgeschichte des Vertrags mit Schutzwirkung zugunsten Dritter im Mietrecht, Tübingen 2012; Peter Oestmann, Wege zur Rechtsgeschichte: Gerichtsbarkeit und Verfahren, Köln 2015, Kap. 2.8 und 2.9.

2.2.1.3 Rechtsvereinheitlichung durch Gesetzgebung

2.2.1.3.1 Rechtseinheit und Reform

Methodisch und inhaltlich war der Boden für eine Rechtsvereinheitlichung also durchaus bereitet. Gleichwohl blieb der Übergang zur nationalen Kodifikation ein radikaler Wandel. Die ganze Machttektonik im Zivilrecht verschob sich. Die Grundidee der Rechtsvereinigung durch Rechtswissenschaft, die Herrschaft der Rechtswissenschaft über das Zivilrecht, war zu Ende. Die politischen Entscheidungsträger nahmen das nationale Zivilrecht wieder in die Hand. Damit wurde die Rechtswissenschaft zurechtgestutzt. Sie blieb Träger der Juristenausbildung und konnte versuchen, die Legislative und die Judikative von ihren Konzepten zu überzeugen. Dies war nun aber nur noch dienende Zuarbeit. Aber auch die Justiz wurde vom Staat wieder stärker an die Hand genommen. Sie verlor die oft unklaren und dadurch besonders formbaren Texte des Ius Commune und die ebenfalls mit der Präzision der neuen Reichsgesetze meist nicht vergleichbaren territorialen Rechte als Rechtsquelle. Die Dogmatik, die etwa Windscheid in seinem Lehrbuch zusammentrug, hatte in der ihr typischen Uneinigkeit und Meinungsvielfalt oft mehr Deutungsangebote als Bindungen bereitgestellt und damit die richterliche Freiheit kaum gefährdet. Das BGB erzeugte für die Justiz damit eine ganz ungewohnt strenge Gesetzesbindung. Mit dem BGB übernahm der **Nationalstaat** die Herrschaft über das Zivilrecht.

Warum war nun gesetzliche Rechtseinheit dem Reich so wichtig? Der Schweizer Rechtshistoriker Pio Caroni formuliert die ökonomisch-sozialen Auswirkungen prägnant:

> Die Zersplitterung passt eher zur vorindustriellen, naturalwirtschaftlichen Gesellschaft, die Einheit eher zur industrialisierten, geldwirtschaftlichen Gesellschaft.[102]

Ökonomisch zielte die Rechtseinheit auf die **Beseitigung von Handelshemmnissen**. Gleiches Recht schafft Vertrautheit in die auch zuhause gewohnten Regeln und fördert den Handel. Leistungen sind leichter vergleichbar. Rechtliche Risiken sind vertraut. Territoriale Handelshemmnisse wie Zölle entfallen. Man kann dies als Chance deuten oder, wie Caroni, als Risiko, je nachdem, welche Lebensform man idealisiert: regional oder global. Zentral für dieses Ziel war das klare Bekenntnis der Gesetzesverfasser für die allgemeine Rechtsfähigkeit. Schon im Vorentwurf zum Allgemeinen Teil des BGB formulierte Albert Gebhard 1881 in § 41:

> Die Rechtsfähigkeit des Menschen beginnt mit seiner Geburt und endigt mit seinem Tode.

Jeder lebende Mensch war fähig, Träger von Rechten zu sein. Bei aller verbleibenden Ungleichheit zwischen Mann und Frau, Jung und Alt, ehelichem und nichtehelichem Kind: Im Grundsatz stand der Markt allen offen. Dieser Bereich der Rechtsvereinheitlichung betraf vor allem das Vermögensrecht, also insbesondere das Schuld- und Sachenrecht. Aus diesem Grund war zunächst darüber nachgedacht worden, nur das

---

102 Pio Caroni, „Privatrecht“: Eine sozialhistorische Einführung, Basel 1988, S. 31.

Vermögensrecht zu vereinheitlichen, also nicht das Personenrecht, was weite Teile des Familien- und Erbrechts umfasste. In der Reichsverfassung hatte man im Zivilrecht in Art. 4 Ziff. 13 dem Reich nur die Gesetzgebungskompetenz für das Obligationenrecht (Schuldrecht), das Handelsrecht und den Zivilprozess eingeräumt. Schuldrecht und Handelsrecht waren traditionell die Bereiche des Zivilrechts, die für den Aufbau eines gemeinsamen Marktes vordringlich vereinheitlicht werden mussten. Nicht zufällig hatte man sich bereits 1861, vor der Reichsgründung, auf ein **Allgemeines Deutsches Handelsgesetzbuch** geeinigt und 1866 fast eine Rechtsvereinheitlichung im Schuldrecht zustande gebracht (**Dresdner Entwurf eines Obligationenrechts**, 1866). Viele der drängenden Ordnungsprobleme des Privatrechts um 1871 waren so in Teilen zu erreichen: das oft uneinheitliche Vertragsrecht, das Recht der privatrechtlichen Organisationen, Monopol und Kartellfragen, das Wettbewerbsrecht, das Kapitalmarktrecht, das sich formierende Arbeitsrecht. Gerade ökonomisch war es aber kaum vorstellbar, das Sachenrecht weiter den Territorien zu belassen. Das Eigentumsrecht musste vereinheitlicht werden, etwa in der Frage des gutgläubigen Erwerbs. Die Grundpfandrechte waren zersplittert. Nur in Preußen existierte ein umfassendes Grundbuch. Genügte das? Im Reichstag nahm man eine Debatte wieder auf, die schon im Norddeutschen Bund begonnen hatte. Man stritt darum, ob die Zuständigkeit des Reiches auf das Sachenrecht und dann auch auf das Familien- und Erbrecht übertragen werden sollte. Als auf Antrag der Reichstagsabgeordneten Johannes von Miquel und Eduard Lasker am 4. Dezember 1873 das Reich die Gesetzgebungskompetenz für das gesamte Zivilrecht zugesprochen bekam (sog. **Lex Miquel/Lasker**), rückten also Felder in den Blick der Rechtseinheit, deren Vereinheitlichung nicht lediglich ökonomisch erklärt werden konnte: das Familien- und Erbrecht. In diesem Bereich war die Rechtszersplitterung besonders stark und zugleich der Zwang zur Vereinheitlichung oft gering. Wenn auch hier Rechtseinheit gefordert wurde, dann ging es nicht nur um **Einheit des Rechts**, sondern um **Einheit durch Recht**. Das Deutsche Reich sollte auch dadurch als kulturelle Einheit gefestigt werden, dass die Lebensverhältnisse im Reich vereinheitlicht wurden. Die Idee war alt: 1814 hatte der Heidelberger Professor Anton Friedrich Justus Thibaut für eine nationale Kodifikation gekämpft und dabei ein soziales, nicht ein ökonomisches Argument in den Vordergrund gestellt:

> Gleiche Gesetze erzeugen aber gleiche Sitten und Gewohnheiten, und diese Gleichheit hat immer zauberischen Einfluß auf Völkerliebe und Völkertreue gehabt.[103]

---

103 Anton Friedrich Justus Thibaut, Ueber die Nothwendigkeit eines allgemeinen bürgerlichen Rechts für Deutschland, Heidelberg 1814, S. 33.

Indem das BGB die Privatrechtseinheit umfassend in Angriff nahm, war es Teil der „inneren Reichsgründung". Es stand neben Bereichen wie dem Strafrecht (StGB 1871), dem Prozess und der Gerichtsverfassung (ZPO und GVG von 1877) und Gesetzen über die Grundfunktion des Staates: einheitliche Staatsymbolik (Reichsadler, Flagge, Feiertage), Währung, Maße und Gewichte, Zölle und Steuern, Eisenbahn, Post und Telegraf, Aufbau einer Reichsverwaltung, Eisenbahnwesen, Militär und Außenpolitik. Schon damit war klar, dass Rechtseinheit ein politisches Projekt mit ökonomischen und sozialen Zielen war. Der eingangs herausgestellte Unterschied zwischen Rechtseinheit oder Reform erweist sich schnell als ein vordergründiger Gegensatz: **Rechtseinheit war Reform, freilich eine Reform ohne vorgegebenes politisches Ziel.**

2.2.1.3.2 Rechtsvereinheitlichung in der Kommissionsarbeit

Die **Erste BGB-Kommission** trug die Hauptlast dieser Reform durch Rechtsvereinheitlichung. Sie legte im Dezember 1888 den Ersten Entwurf vor. Dieser blieb die Basis des BGB, wurde aber nach kritischer Diskussion in der Öffentlichkeit von der Zweiten Kommission (1890–1895), vom Reichsjustizamt und vom Reichstag stark überarbeitet, bevor er 1896 vom Reichstag verabschiedet wurde. Während die späteren Teilnehmer am Gesetzgebungsprozess politische Einzelentscheidungen der Ersten Kommission korrigierten, musste diese aus vielen Einzelrechten überhaupt erst ein Gesetz konstruieren. Hier musste Rechtseinheit legislatorisch umgesetzt werden. Ausgangspunkt der Beratungen waren **Vorentwürfe**, die einzelne Kommissionsmitglieder seit 1873 ausarbeiteten. Sie waren auch nach landsmannschaftlicher Herkunft ausgewählt worden und sollten so die wichtigsten deutschen Territorien vertreten. Zunächst waren es also einzelne, mit der Gesetzgebungstechnik vertraute Richter und Ministerialbeamte, die versuchten, das Recht zu vereinheitlichen. Als die Erste Kommission begann, zunächst an drei Tagen pro Woche Vorschrift für Vorschrift den späteren Ersten Entwurf zu diskutieren, lagen ihnen die Vorentwürfe zum Allgemeinen Teil (Albert Gebhard, Baden), zum Sachenrecht (Reinhold Johow, Preußen), zum Familienrecht (Gottlieb Planck, Preußen) und zum Erbrecht (Gottfried von Schmitt, Bayern) vor. Der Redaktor des Schuldrechts, Franz von Kübel, Württemberg, starb vor Beginn der Beratungen zum Schuldrecht und konnte keinen vollständigen Entwurf vorlegen. Für die von ihm nicht mehr ausgearbeiteten Teilbereiche griff die Kommission auf den von Kübel mit ausgearbeiteten sächsischen Entwurf eines Obligationenrechts von 1866 zurück.

Der Vorsitzende der Ersten Kommission und Präsident des Reichsgerichts, Eduard von Pape, beschrieb 1879 die **Aufgabe**, die man diesen Vorentwürfen stellte:

> Es galt, das innerhalb des Deutschen Reichs bestehende, in mancher Hinsicht sehr abweichende Recht mit Zuverlässigkeit zu ermitteln, eine nicht geringe Zahl von Rechtsinstitutionen in ihren verschiedenen Gestaltungen sowie die thatsächlichen Verhältnisse, welche die abweichenden Entwicklungen und Ausgestaltungen hervorgerufen haben, zu ergründen, sorgfältig zu prüfen und zu erwägen, inwiefern hinsichtlich des einen oder anderen Rechtsinstituts ohne wesentliche und empfindliche Nachtheile und ohne schädliche Einwirkung auf die Landesverfassung und das öffentliche Recht für dieses oder jenes Gebiet ein einheitliches Recht sich begründen lasse, bei fast allen Materien auf die in Deutschland herrschenden, in weitem Umfange verschiedenartigen großen Rechtssysteme einzugehen behufs Vorbereitung der Entscheidung, welchem Systeme zu folgen sei, für eine große Zahl von rein juristischen Fragen über den gegenwärtigen Stand der Rechtswissenschaft vollständigen Aufschluß zu gewinnen, bei der Benutzung der neueren wissenschaftlichen Forschungen mit weiser Vorsicht zu verfahren und vor gefährlichen Neuerungen sich zu hüten, und wegen der unmeßbaren Vortheile, welche, wie in der neueren Zeit zur Genüge erkannt ist, für den Gesetzgeber aus der vergleichenden Rechtswissenschaft entspringen, auch das ausländische Recht in größtem Umfange zu erforschen.[104]

Die Entscheidungsgrundlage war für jeden Mitarbeiter damit extrem groß. Ein irgendwie formales Verfahren der Vereinheitlichung gab es nicht. Rechtseinheit bedeutet also stets die **Entscheidung** zwischen mehreren Möglichkeiten. Den Druck, den das auf die Kommissionsmitarbeiter ausübte, verdeutlichte Viktor von Liebe, Hilfsarbeiter Johows bei der Erstellung des Vorentwurfs für das Sachenrecht:

> Die neueren Gesetzgebungen sowie auch die Doktrin [lies: Rechtswissenschaft] gehen so auseinander, daß es rein unmöglich ist, sich darauf zu beschränken, daß man eine mittlere Proportionale des gegenwärtig geltenden Rechts zieht. Man wird gedrängt, seinen eigenen Weg zu gehen: nur bleibt die ewige Grundlage das römische Recht. [...] Bei alledem lastet auf den Redaktoren und auch den unter ihnen stets mit ziemlichem Spielraum arbeitenden Hilfsarbeitern eine Last und Verantwortung, mit welcher die Verantwortlichkeit für eine einzelne Entscheidung in der Praxis nicht zu vergleichen ist.[105]

---

104 Eduard Pape in der Redaktionskonferenz 1879, abgedruckt in: Werner Schubert (Hg.), Materialien zur Entstehungsgeschichte des BGB – Einführung, Biographien, Materialien, Berlin 1978, S. 42.

105 Viktor von Liebe 1878, in: Werner Schubert (Hg.), Materialien zur Entstehungsgeschichte des BGB – Einführung, Biographien, Materialien, Berlin 1978, S. 42, 43.

Von Anfang an standen die BGB-Verfasser daher vor dem Problem, dass die ihnen gestellte Aufgabe, die Rechtseinheit **ohne** andere **politische Zielvorgaben** zu verwirklichen, dazu zwang, eigenständig ein solches politisches Programm zu verfolgen. Ohne politische Kriterien der Auswahl ging es nicht. Irgendwelche Vorwegabsprachen über ein politisches Gesamtziel gab es in der Kommission nicht. Die politischen Präferenzen der einzelnen Kommissionsmitglieder waren durchaus verschieden. In der Tendenz standen sich eher wirtschaftsliberal geprägte preußisch-norddeutsche Kommissionsmitglieder und etwas konservativere Mitglieder der süddeutschen Staaten gegenüber. Bei vielen Einzelfragen halfen diese allgemeinen Einstellungen wenig. Woran orientierten sich die Mitglieder?

Im Gutachten der Vorkommission waren für den häufigen Fall, dass im Reich widersprüchliche Regelungen existierten, zwei Orientierungen gegeben worden: Die Entscheidung müsse dann „in erster Linie nach Rücksicht des Bedürfnisses und der Zweckmäßigkeit, in zweiter Linie nach juristisch-logischer Folgerichtigkeit getroffen" werden.[106] Mit „**Bedürfnis**" wurde ein Terminus genutzt, den bereits Savigny 1814 als Hauptquelle der Rechtsentstehung formuliert hatte.[107] Für Kommissionsmitglieder wie Gottlieb Planck waren die „Bedürfnisse des Lebens" daher auch selbstverständliche Richtschnur des Gesetzesverfassers. Was diese „Bedürfnisse" des Lebens, der Praxis etc. waren, blieb stets vor allem deswegen dunkel, weil erst mit der aufkommenden Rechtssoziologie in den 1890er Jahren von Juristen begonnen wurde, die Wirklichkeit auszuzählen, zu messen und zu beobachten, nicht einfach nur zu behaupten. Attestierte „Bedürfnisse" waren daher weiterhin Versuche, der Wirklichkeit irgendwie intuitiv ihren Sinn zu entnehmen. Damit waren auch die Kommissionsmitglieder auf ihr Verständnis ökonomischer und sozialer Zusammenhänge angewiesen. Dies bedeutete zumeist eine **Wirklichkeitsprobe am Schreibtisch**.

Für den Redaktor des Erbrechts, Gottfried von Schmitt, ist untersucht, zu welchen Schwierigkeiten dies führte. Während er die Gesetzgebung und rechtswissenschaftliche Literatur durchweg breit zitierte und diskutierte, zwangen ihn grundsätzliche politische Angriffe auf das Privaterbrecht überhaupt, also die Forderung, Erbrecht abzuschaffen, auf rechtspolitisches Terrain, auf dem er sich nicht zuhause fühlte. Er nahm die ökonomischen Debatten unter französischen St. Simonisten, deutschen und schweizerischen Sozialisten und der zeitgenössischen Nationalökonomie zur Kenntnis.

---

106 Gutachten der Vorkommission vom 15.4.1874, abgedruckt in: Werner Schubert (Hg.), Materialien zur Entstehungsgeschichte des BGB – Einführung, Biographien, Materialien, Berlin 1978, S. 170.

107 Vgl. oben S. 47f.

Eine inhaltliche Auseinandersetzung damit vermied er jedoch in seinem Vorentwurf. Stattdessen formulierte er eine eigene Ansicht, für die er sich von einigen Rechtsphilosophen passende Zitate herausgriff, die oft wenig mit dem zu tun hatten, was diese Philosophen vertraten. Die Mitglieder der Ersten Kommission wurden zu politischen Entscheidungen gezwungen, denen sie nach Ausbildung und Herkommen nicht immer gewachsen waren und bei denen sie sich bisweilen sichtlich unwohl fühlten. Rechtsvereinheitlichung bedeutete für die Erste BGB-Kommission also eine schwierige Mischung zwischen dem, was in Gesetzgebung, Lehre und Rechtsprechung einhellig anerkannt wurde, und der eigenen Entscheidung von Streitfällen danach, was sie selbst für lebensnah, praktikabel und ökonomisch und sozial sinnvoll hielten. Erst im späteren Verlauf der BGB-Debatten wurden diese **Zweckmäßigkeitsbehauptungen** mit den sich hier oft versteckenden Konflikten zwischen verschiedenen Interessengruppen konfrontiert. Nun schalteten sich **Lobbyverbände** in die Debatte ein. Beispiele sind das Königlich Preußische-Landes-Ökonomie-Kollegium, in dem Agrarier ihre Interessen einbrachten, aber natürlich auch die politischen Parteien, die sich seit 1889 intensiv mit dem Ersten Entwurf auseinandersetzten. Für die Erste Kommission blieb es dagegen zunächst bei der Einschätzung der Lebenswirklichkeit durch die Kommissionsmitglieder. Auch ein zweites Entscheidungskriterium war ihnen jedoch vorgegeben worden: Die Entscheidung von Konfliktfällen sollte, wenn auch in zweiter Linie, nach juristisch-logischer Folgerichtigkeit getroffen werden. Dies verweist auf das zweite Kriterium von Benthams Kodifikationsbegriff: die Vollständigkeit. In dieser Frage waren die Kommissionsmitglieder und besonders die Verfasser der Vorentwürfe unter ihnen Spezialisten: Es ging um Gesetzestechnik.

Literatur: Rainer Schröder, Abschaffung oder Reform des Erbrechts. Die Begründung einer Entscheidung des BGB-Gesetzgebers im Kontext sozialer, ökonomischer und philosophischer Zeitströmungen, Ebelsbach 1981; Hans Schulte-Nölke, Das Reichsjustizamt und die Entstehung des Bürgerlichen Gesetzbuchs, Frankfurt a. M. 1995; Thomas Vormbaum, Die Sozialdemokratie und die Entstehung des Bürgerlichen Gesetzbuches, 2. Aufl. Baden-Baden 1997; Michael Damnitz, Bürgerliches Recht zwischen Staat und Kirche. Mitwirkung der Zentrumspartei am Bürgerlichen Gesetzbuch, Baden-Baden 2001; Michael Wolters, Die Zentrumspartei und die Entstehung des BGB, Baden-Baden 2001; Rüdiger Hansel, Jurisprudenz und Nationalökonomie. Die Beratungen des BGB im Königlich Preußischen-Landes-Ökonomie-Kollegium 1889, Köln 2006; Petra Zrenner, Die konservativen Parteien und die Entstehung des Bürgerlichen Gesetzbuches, Münster 2008; Dorothea Steffen, Bürgerliche Rechtseinheit und Politischer Katholizismus, Paderborn 2008.

2.2.2 Vollständigkeit

2.2.2.1 Vollständige Regelung des Privatrechts?

Benthams zweite Forderung nach Vollständigkeit („complete“) umfasste zunächst die Ersetzung des bisherigen Rechts durch die Kodifikation. Dies betraf einerseits die Verdrängung aller anderen Gesetze durch eine Kodifikation und andererseits den Ausschluss konkurrierender Rechtsquellen, also insbesondere ein Verbot von Gewohnheitsrecht und Richterrecht. In keinem dieser Punkte setzte das BGB Benthams Forderungen um. Auch für den Teilbereich des Bürgerlichen Rechts hatte das BGB nie die Aufgabe, das ältere Gesetzesrecht vollständig zu verdrängen. 1873 galt im Deutschen Reich bereits eine ganze Reihe von Gesetzen im Zivilrecht, deren Fortgeltung durch das BGB nicht in Frage gestellt werden sollte und bis 1900 kamen viele weitere hinzu. Schon vor 1871 hatte man im Handelsrecht gemeinsame Gesetze erlassen: 1848 trat die Allgemeine Deutsche Wechselordnung in Kraft, 1861 hatte man sich auf ein Allgemeines Deutsches Handelsgesetzbuch geeinigt. In vielen Bereichen hatten **Einzelgesetze** auch Grundstrukturen des Bürgerlichen Rechts gelegt, in die das BGB sich einpassen musste. Beispiele sind die Gewerbeordnung (1869), der Markenschutz, das Urheberrecht (seit 1870), das Gesetz gegen Wucher (1880), das Genossenschaftsgesetz (1889), das GmbH-Gesetz (1892), das Abzahlungsgesetz (1894), das Gesetz gegen unlauteren Wettbewerb (1896). Hinzu kam, dass man im späteren Einführungsgesetz den **Ländern** in vielen Bereichen Kompetenzen beließ (Art. 55–152 EGBGB).

Strenger war man zunächst beim **Gewohnheitsrecht**. Die Erste BGB-Kommission verneinte ausdrücklich, dass neben dem BGB noch Gewohnheitsrecht bestehen könne (§ 2 des Ersten Entwurfs von 1888). Demgegenüber setzte sich in der weiteren Beratung die Ansicht durch, dass jedenfalls ein reichsweit gebildetes Gewohnheitsrecht nicht ausgeschlossen werden dürfe. Ansonsten blieb die Frage gesetzgeberisch unentschieden und überließ der Rechtswissenschaft die Option, ob sich künftig noch neues (gemeines, nicht partikulares) Gewohnheitsrecht bilden könne.[108] Da schon im 19. Jahrhundert Gewohnheitsrecht vor allem in Form eines Gerichtsgebrauchs (usus fori) aufgetreten war, war damit zugleich zur Frage des Richterrechts Stellung genommen. § 1 des Gerichtsverfassungsgesetz (GVG) von 1877 stellte klar:

---

108 Horst Heinrich Jakobs u. Werner Schubert (Hgg.), Die Beratung des Bürgerlichen Gesetzbuches in systematischer Zusammenstellung der unveröffentlichten Quellen, Allgemeiner Teil 2, Berlin 1981, S. 1199.

> Die richterliche Gewalt wird durch unabhängige, nur dem Gesetz unterworfene Gerichte ausgeübt.

Damit war einer **Präjudizienbindung**, also der Bindung an die Entscheidung anderer Gerichte, eine Absage erteilt. Die richterliche Entscheidung galt immer nur für den konkreten Fall. Angesichts des nicht expliziten Ausschlusses des Gewohnheitsrechts blieb für Richterrecht jedoch die Chance, durch einen gleichbleibenden Gerichtsgebrauch Gewohnheitsrecht zu bilden. Aus § 1 GVG folgte freilich, dass dies nicht contra legem geschehen durfte. Entscheidend für das Verhältnis von Gesetzes- zu Richterrecht war demnach, welche Spielräume das Gesetz dem Richter bot. Und dabei zeigte sich schnell, dass das BGB von Anfang an auf einen **rechtswissenschaftlichen Richter als Partner**, nicht als Diener setzte. Dies folgte zunächst daraus, dass dem Richter und der Rechtswissenschaft eine Vielzahl einzelner Fragen zur eigenständigen Beantwortung überlassen wurde. Schon die Erste Kommission hatte die Aufgabe bekommen, „zu scheiden, was dem Gesetzgeber und was der Wissenschaft zukommt".[109] Sie folgte Jherings Diktum „Der Gesetzgeber soll nicht construieren",[110] und verzichtete weitgehend auf **Definitionen** und **Begriffsbestimmungen**, auf die Normierung selbstverständlicher Konsequenzen aus allgemeinen Sätzen, auf Lehrsätze und dogmatische Begründungen der gefundenen Lösungen. Selbst Schlüsselbegriffe wie der des Schuldverhältnisses zu definieren, musste „der Wissenschaft überlassen werden".[111] Im späteren Verlauf der Gesetzgebungsarbeiten war es vor allem das Reichsjustizamt, das nochmals viele, lediglich belehrende Sätze ohne direkten Regelungsgehalt strich, etwa die Konstruktion der Forderungsübertragung in § 294 I E I: „Die Uebertragung kann auf einem Vertrag zwischen dem bisherigen und dem neuen Gläubiger (Abtretung) oder auf gerichtlicher Anordnung oder unmittelbar auf dem Gesetz beruhen".[112] Auch ob die Leihe ein Konsensual- oder Realvertrag war, wurde nun bewusst offengelassen.[113]

---

109 Bericht des Justizausschusses für Justizwesen vom 9. Juni 1874, in: Schubert, Materialien, S. 195.

110 Rudolf von Jhering, Geist des römischen Rechts auf den verschiedenen Stufen seiner Entwicklung, 2. Theil, 2. Abtheilung, 1. Aufl. Leipzig 1858, S. 399 Fn. 515.

111 Motive zu dem Entwurfe eines Bürgerlichen Gesetzbuches für das Deutsche Reich, Bd. II: Recht der Schuldverhältnisse, Berlin 1888, S. 8.

112 Horst Heinrich Jakobs u. Werner Schubert (Hgg.), Die Beratung des Bürgerlichen Gesetzbuches in systematischer Zusammenstellung der unveröffentlichten Quellen, Recht der Schuldverhältnisse. Teil 1: Allgemeiner Teil, Berlin 1980, S. 766.

113 Horst Heinrich Jakobs u. Werner Schubert (Hgg.), Die Beratung des Bürgerlichen Gesetzbuches in systematischer Zusammenstellung der unveröffentlichten Quellen, Recht der Schuldverhältnisse. Teil 2: Besonderer Teil, Berlin 1980, S. 696.

Dass schon in einem solchen Verzicht erhebliche **Spielräume** für Wissenschaft und Justiz lagen, machte Planck deutlich:

> Noch mehr gilt dies da, wo es sich um die juristische Konstruktion des Rechtssatzes oder um Konsequenzen eines solchen handelt, die im Gesetzbuche nicht ausdrücklich festgestellt sind. In dieser Beziehung muß der Wissenschaft völlig freier Spielraum gelassen werden und können die Ansichten derjenigen, welche an dem Gesetzbuche mitgearbeitet haben, keine größere Beachtung in Anspruch nehmen, wie die Ansichten anderer Juristen.[114]

Hinzu kam, dass der Gesetzgeber viele Einzelfragen auch inhaltlich der Entscheidung von Wissenschaft und Praxis übergab. Die Voraussetzungen der Konkretisierung der Gattungsschuld sei „der Wissenschaft und Praxis zu überlassen“,[115] für die Vorteilsausgleichung gelte: „Die Praxis wird, uneingeengt durch eine gesetzliche Vorschrift, auch fernerhin im Einzelfalle sich zurechtfinden“.[116] Beim Zubehör hieß es: „Der Entw. beschränkt sich daher auf einige zweifellose Beispiele und läßt im Übrigen der Wissenschaft und Praxis das Feld frei“.[117] Beim Mitverschulden hieß es: „Ein Blick auf die Praxis lehrt, daß die Fälle im Leben zu verschiedenartig liegen, als daß durch eine Vorschrift eine für alle Fälle passende Regel gegeben werden könnte. [...] Es ist daher am rathsamsten, dem Richter möglichste Freiheit in der Beurteilung des konkreten Falles zu lassen.“[118] Für die Frage der Konnexität beim Zurückbehaltungsrecht stellte die Kommission klar: „Der Entwurf hütet sich jedoch, dieses Erforderniß durch spezielle Beschreibung oder Aufstellung von Kategorieen näher zu präzisiren. Der Richter soll unbehindert sein, im Einzelfalle durch Prüfung aufgrund des erwähnten Prinzips zu entscheiden.“[119] Diese Entscheidungen folgten keinem durchgängigen Konzept, sondern reagierten pragmatisch darauf, dass man diese Fragen als noch ungeklärt einstufte und daher einer künftigen

114 Gottlieb Planck, Kommentar, 2. Aufl., Berlin 1898, S. 29.

115 Motive zu dem Entwurfe eines Bürgerlichen Gesetzbuches für das Deutsche Reich, Bd. II: Recht der Schuldverhältnisse, Berlin 1888, S. 11.

116 Motive zu dem Entwurfe eines Bürgerlichen Gesetzbuches für das Deutsche Reich, Bd. II: Recht der Schuldverhältnisse, Berlin 1888, S. 19.

117 Reinhold Johow, Vorentwurf Sachenrecht, 1880, in: Werner Schubert (Hg.), Die Vorlagen der Redaktoren für die erste Kommission zur Ausarbeitung des Entwurfs eines Bürgerlichen Gesetzbuches, Sachenrecht. Teil 1, Berlin 1982, S. 202.

118 Motive zu dem Entwurfe eines Bürgerlichen Gesetzbuches für das Deutsche Reich, Bd. II: Recht der Schuldverhältnisse, Berlin 1888, S. 23 f.

119 Motive zu dem Entwurfe eines Bürgerlichen Gesetzbuches für das Deutsche Reich, Bd. II: Recht der Schuldverhältnisse, 2. Aufl., Berlin 1896, S. 41.

Meinungsbildung in der Rechtswissenschaft Raum ließ. Hintergrund konnte aber auch sein, wie beim Aspekt des Mitverschuldens, dass man eine Aufzählung einzelner Fälle für nicht zielführend hielt. Bisweilen konnte man sich auch auf keine Formulierung einigen, so etwa bei der Frage der Drittschadensliquidation.[120] Es ergaben sich jedenfalls oftmals **bewusste Gesetzeslücken**, die dem Richter die Entscheidung übergaben.

Noch weiter ging der Gesetzgeber in den **Generalklauseln**, also insbesondere in den §§ 138, 157, 226, 242, 826 BGB. Hier folgte die Freiheit des Richters zunächst zwanglos daraus, dass dies gemeinrechtlichem Herkommen entsprach. Die guten Sitten (boni mores) als Grenze der Wirksamkeit eines Rechtsgeschäfts waren unzweifelhafter Kernbestand des Gemeinen Rechts, aber auch des liberalen Vertragsdenkens. Dies nun in einem gegenüber dem Gemeinen Recht viel präziseren Gesetz zu kodifizieren, ließ in der Ersten Kommission gleichwohl kurzzeitig Zweifel aufkommen, ob man damit die erhoffte Bindung des Richters nicht über Gebühr auflöse. Zum späteren § 138 Abs. 1 BGB verdeutlichten die Motive: „Die Vorschrift stellt sich als ein bedeutsamer gesetzgeberischer Schritt dar, der vielleicht nicht ohne Bedenken ist. Dem richterlichen Ermessen wird ein Spielraum gewährt, wie ein solcher großen Rechtsgebieten bisher unbekannt ist. Fehlgriffe sind nicht ausgeschlossen. Bei der Gewissenhaftigkeit des deutschen Richterstandes darf indessen unbedenklich darauf vertraut werden, daß die Vorschrift im Ganzen und Großen nur in dem Sinne angewendet werden wird, in dem sie gegeben ist."[121] Gleichwohl stand § 138 BGB nie in ernsthaftem Zweifel.

Die bona fides, also Treu und Glauben, hatte bereits im heutigen Römischen Recht und über das antike Vorbild hinaus, dem Richter die Möglichkeit geboten, „sein Ermessen"[122] bei der Auslegung der vertraglichen Einigung umfassend zu berücksichtigen. Auch strengrechtliche Klagen, wie etwa die Klage aus einem Wechsel, waren nicht dagegen geschützt, im Einzelfall mittels einer exceptio doli generalis, einer **Arglisteinrede**, vom Richter unter Berufung auf die bona fides verwehrt zu werden. Während der Gesetzesdebatten stellte die Übernahme einer exceptio doli generalis in das BGB lange die Außengrenze dessen dar, was man dem Richter zuzubilligen gewillt war. Noch das Reichsjustizamt und die Zweite Kommission lehnten die Aufnahme einer solchen ausdrücklich ab, weil eine solche Bestimmung die Gefahr in sich schließe, dass der Richter, „statt sich von klaren scharfen Entscheidungsgründen leiten zu lassen, einem dunklen,

---

120 Hierzu Hans Schulte-Nölke, Das Reichsjustizamt und die Entstehung des Bürgerlichen Gesetzbuches, Frankfurt a. M. 1995, S. 297.

121 Motive zu dem Entwurfe eines Bürgerlichen Gesetzbuches für das Deutsche Reich, Bd. I: Allgemeiner Theil, Berlin 1888, S. 211 f.

122 Bernhard Windscheid, Lehrbuch der Pandekten, Bd. 1, 1. Aufl. Düsseldorf 1862, S. 100.

rein subjektiven Rechtsgefühl folge".[123] Demgegenüber war die Berücksichtigung der bona fides im Vertragsrecht von Anfang an unstrittig[124] und wurde dann vom Reichsjustizamt im späteren § 242 BGB auf jede schuldrechtliche Leistungspflicht erweitert[125] und auch für die Auslegung noch gesondert geregelt (§ 157 BGB).[126] In beiden Fällen stellte man der richterlichen Einschätzung freilich stets die „Verkehrssitte" an die Seite, die ihm dabei helfen sollte, seine Wertungen im gesellschaftlichen Konsens abzusichern.

Die bei Treu und Glauben deutlich werdende Tendenz, die richterliche Freiheit auszuweiten, zeigte sich im Verlauf der Gesetzgebungsdebatten auch an anderer Stelle. Ein **Schikaneverbot** wurde zunächst nur für das Eigentum als Absatz zwei zum späteren § 903 BGB 1900 beschlossen und dann, nach hitziger Debatte im Reichstag, durch § 226 BGB als allgemeine Rechtsausübungsschranke normiert.[127] In diesem Kontext wurde auch der heutige § 826 BGB entscheidend erweitert. Zunächst war man davon ausgegangen, dass die Ausübung eines subjektiven Rechts nie eine sittenwidrige Schädigung sein könne, und hatte deshalb in § 705 E I nur von einer „kraft der allgemeinen Freiheit an sich erlaubten Handlung" gesprochen. Im Reichstag fiel diese Begrenzung parallel zur Ausweitung des Schikaneverbotes, sodass mit § 826 BGB dem Richter eine allgemeine Grenze der Rechtsausübung zugewiesen wurde, die der alten exceptio doli generalis nahekam. Schon Zeitgenossen sahen klar, dass mit solchen Entscheidungen das BGB dem Richter viel Spielraum gewährte. Mit Blick auf die Nennung von Treu und Glauben in § 157 BGB fand Rudolph Sohm 1895 bereits ein „feurige[s] Schwert" im Gesetz, mit dem die deutsche Praxis „durch alle anderen Paragraphen des Vertragsrechtes hindurchzuschlagen im Stande" sei.[128]

---

123 Horst Heinrich Jakobs u. Werner Schubert (Hgg.), Die Beratung des Bürgerlichen Gesetzbuchs in systematischer Zusammenstellung der unveröffentlichten Quellen, Allgemeiner Theil II, Berlin 1985, S. 1171.

124 § 359 E I: „Der Vertrag verpflichtet den Vertragsschließenden zu demjenigen, was ich aus den Bestimmungen und der Natur des Vertrages nach Gesetz Verkehrssitte sowie mit Rücksicht auf Treu und Glauben als Inhalt seiner Verbindlichkeit ergibt".

125 Horst Heinrich Jakobs u. Werner Schubert (Hgg.), Die Beratung des Bürgerlichen Gesetzbuchs in systematischer Zusammenstellung der unveröffentlichten Quellen, Allgemeiner Theil I, Berlin 1985, S. 48.

126 Horst Heinrich Jakobs u. Werner Schubert (Hgg.), Die Beratung des Bürgerlichen Gesetzbuchs in systematischer Zusammenstellung der unveröffentlichten Quellen, Allgemeiner Teil, Teil 1, Berlin 1981, S. 49.

127 Dazu noch genauer unten S. 117 ff.

128 Rudolf Sohm, Ueber den Entwurf eines bürgerlichen Gesetzbuchs für das deutsche Reich in zweiter Lesung, Berlin, 1895, S. 21.

Freilich sollte der Rückblick von heute aus nicht dazu verleiten, die gerade in Generalklauseln bereitgestellten Spielräume zu einer generellen Herrschaftszuweisung an die Justiz hochzustilisieren. Es ging um Einzelfragen und bei den Generalklauseln um die gesetzgeberische Einsicht, dass man bisweilen genötigt sei, „die Gesichtspunkte, nach welchen die rechtliche Folge sich bestimmt, noch allgemeiner zu fassen und innerhalb gewisser Grenzen lediglich auf das billige oder, wie in solchem Falle gewöhnlich gesagt zu werden pflegt, auf das richterliche Ermessen zu verweisen".[129] Die vom Gesetzgeber bewusst eingebauten Überdruckventile änderten nichts daran, dass es zum unverzichtbaren Ziel einer Kodifikation gehörte, wenigstens die ihm zugewiesenen Bereiche **möglichst vollständig** regeln zu können. Dies war zunächst eine Frage der Gesetzestechnik.

Literatur: Horst Heinrich Jakobs, Wissenschaft und Gesetzgebung im bürgerlichen Recht nach der Rechtsquellenlehre des 19. Jahrhunderts, Paderborn 1983, S. 152 ff.; Jan Schröder, Das Verhältnis von Rechtsdogmatik und Gesetzgebung in der neuzeitlichen Rechtsgeschichte (am Beispiel des Privatrechts), in: Okko Behrends u. Wolfram Henckel (Hgg.), Gesetzgebung und Dogmatik, Göttingen 1988, S. 54 f.; Hans Schulte-Nölke, Das Reichsjustizamt und die Entstehung des Bürgerlichen Gesetzbuches, Frankfurt a. M. 1995, S. 287 ff., 337 ff.; HKK/Haferkamp, § 138, Tübingen 2003, Rn. 4 f.; HKK/Haferkamp, §§ 226–231, Tübingen 2003, Rn. 12 ff.; Hans-Peter Glöckner, Positive Vertragsverletzung, Frankfurt a. M. 2006, S. 258 ff.; Nadia Al-Shamari, Die Verkehrssitte im § 242 BGB: Konzeption und Anwendung seit 1900, Tübingen 2006; HKK/Haferkamp, § 242, Tübingen 2007, Rn. 41 ff.

2.2.2.2 Lückenlosigkeit?

Wie wollte das BGB eine möglichst umfassende Regelung erreichen? Ging man gar von Lückenlosigkeit aus?

Üblicherweise wird hier das Preußische Allgemeine Landrecht von 1794 als ein gescheiterter Versuch einer solchen lückenlosen Durchregelung interpretiert. In dem Bestreben, möglichst viele Fälle zu erfassen, hatte man dort zu einer heute berüchtigten Kasuistik gegriffen. Ein Beispiel bietet die Frage, welche Sachen als Zubehör vom Erwerb der Hauptsache miterfasst sind. Das ALR führte insgesamt 54 Einzelfälle an. So hieß es für das Zubehör einer Bibliothek (I 2):

---

129 Gottlieb Planck, Zur Kritik des Entwurfes eines bürgerlichen Gesetzbuches für das deutsche Reich, in: AcP 75, 1889, S. 423.

> § 96. Zu einer Bibliothek werden auch die Repositorien und Schränke gerechnet, in welcher die Bücher sich befinden.
> § 98. Bildsäulen und andere Sachen, die außer den Behältnissen, bloß zur Auszierung des Zimmers bestimmt waren, sind keine Pertinenzstücke der Bibliothek [...].
> § 99. Dagegen werden Erd- und Himmelskugeln, Landkarten, Zeichnungen und Kupferstiche, sie mögen gebunden oder ungebunden seyn, zur Bibliothek gerechnet.
> § 100. Kupferstiche hingegen, die im Rahmen gefaßt sind, gehören nicht zur Bibliothek.

Es liegt auf der Hand, dass die scheinbare Präzision solcher Bestimmungen in Wahrheit mehr Lücken als geregelte Fälle produziert. Jede unübliche Bibliotheksausschmückung war nicht geregelt. Schon im 19. Jahrhundert machte man sich daher über diese Art Vollständigkeit lustig. Oft übersehen wurde dabei, dass ALR I 2 flankierend noch eine zweite Regelungstechnik nutzte: die abstrakte Regel.

> § 42. Eine Sache, welche zwar für sich selbst bestehen kann, die aber mit einer andern Sache in eine fortwährende Verbindung gesezt worden, wird ein Zubehör oder Pertinenzstück derselben genannt.
> § 43. Unbewegliche Sachen, die mit einer anderen unbeweglichen Sache durch die Natur verbunden worden, machen mit ihr nur Eine Substanz aus.
> § 44. Dagegen sind sowohl bewegliche als unbewegliche Sachen, die einem andern Ganzen durch die Handlungen oder Bestimmung eines Menschen zugeschlagen werden, für ein Zubehör derselben anzusehn.

Damit standen allgemeine Regeln bereit, die der Richter nutzen konnte, wenn die Einzelfälle den zu entscheidenden Fall nicht betrafen. Sie waren abstrakt formuliert, verwendeten Oberbegriffe wie „Sache", „Handlung", „Mensch". Es gab also durchaus Vorgaben für ungeregelte Fälle. Der Nachteil einer solchen Regelungstechnik lag darin, dass solche Begriffe unanschaulich, juristisch, der Bevölkerung unverständlich blieben. Das ALR strebte also einen Kompromiss an. Für viele Fälle bot es Lösungen an, die so untechnisch und konkret formuliert waren, dass der Nichtjurist sie leicht verstehen konnte. Für die verbliebenen Fälle griff das Gesetz auf abstrakte Formulierungen zurück, die für den Fachjuristen konzipiert waren. Damit lag das ALR ganz auf einer Linie mit der fast einhelligen Gesetzgebungstheorie des 18. Jahrhunderts. Gerade wenn man den Richter an das Gesetz binden wollte, dann ging dies nicht über kasuistische Einzelfallregelungen, die zwangsweise Lücken produzierten. Man brauchte „allgemeine Grundsätze", die das, was der Gesetzgeber wollte, abstrakt formulierten. Nach der Ansicht der Verfasser des

ALR lag der Vorteil begleitender Kasuistik darin, unproblematische Fälle sicher zu regeln und zugleich die abstrakte Regel durch Beispiele zu erläutern. Das Zusammenspiel zwischen Grundregel und Einzelfällen galt als größtmögliche Sicherheit der Bindung des Richters.

Im Verlauf des 19. Jahrhunderts geriet diese Regelungstechnik immer stärker in Verruf. Der Ersten BGB-Kommission war die kasuistische Regelungstechnik ausdrücklich vom Justizausschuss des Bundesrates untersagt worden. Lediglich abgeschwächt fanden sich noch Reste dieser Technik, indem versucht wurde, die abstrakte Regel durch Beispiele zu verdeutlichen. Im Vorentwurf Johows betraf dies erneut die Frage des Zubehörs:

> § 16. Das eine Sache oder eine selbstständige Berechtigung [...] betreffende Rechtsgeschäft erstreckt sich im Zweifel auch auf diejenigen beweglichen Sachen, welche, ohne Bestandtheile der Hauptsache zu sein, ihr bleibend zu dienen bestimmt, in ein dieser Bestimmung entsprechendes äußeres Verhältnis zu derselben gebracht sind und nach der Verkehrsauffassung als in der Hauptsache begriffen gelten (Zubehör).
> § 18. Unter den in den §§ 16 und 17 bestimmten Voraussetzungen gehören beispielsweise: Zu dem Zubehör eines einzelnen Grundstücks die demselben ohne Rücksicht auf dessen wirtschaftlichen Zusammenhang mit anderen Grundstücken gewidmeten Sachen, wie bewegliche Zäune (Rick- oder Heckenstangen), Rebpfähle, Gartenstecken u dgl.

Die anerkannten Hauptanwendungsfälle wurden aufgezählt, um dadurch die vorangestellte abstrakte Regel zu verdeutlichen. Das BGB nutzte diese Gesetzestechnik des erläuternden Beispiels an einigen Stellen,[130] bekannt ist etwa § 935 Abs. 1 S. 1 BGB: „gestohlen worden, verloren gegangen oder sonst abhanden gekommen".

2.2.2.3 *Lückenfüllung durch Prinzipien*

Lückenlosigkeit wurde damit aber gerade nicht erstrebt, sondern lediglich eine Verdeutlichung des gesetzgeberischen Willens. Die Verfasser des BGB glaubten insgesamt nicht daran, dass es möglich sei, ein Gesetzbuch so zu formulieren, dass alle denkbaren Fälle aus ihm entschieden werden könnten. Albert Gebhard, Verfasser des Vorentwurfes für den Allgemeinen Teil, formulierte 1881:

130 Vgl. etwa §§ 98, 99, 196, 425, 935, 952, 1366, 1650 BGB.

> Kein Gesetz kann in dem Sinne vollständig sein, daß es für jedes denkbare, in den Rahmen des von ihm behandelten Rechtsstoffes fallende Verhältniß eine unmittelbar anwendbare Norm an die Hand giebt. Der Versuch, eine Vollständigkeit dieser Art zu erstreben, wäre verkehrtes Beginnen. Das bürgerliche Gesetzbuch muß im Bedürfnißfalle aus sich selbst, aus dem in ihm enthaltene Rechtsysteme ergänzt werden. [...]. Das kodifizierte Recht ist nicht eine todte Masse neben einander gestellter Rechtssätze, sondern ein organisches Gefüge innerlich zusammenhängender Normen. Die ihnen zu Grunde liegenden Prinzipien tragen den Keim weiteren Ausbaues in sich. Dieser Ausbau vollzieht sich im Wege der Analogie.[131]

Kodifikationen haben demnach zwangsweise Gesetzeslücken. Gleichwohl glaubte Gebhard, dass dies nicht zu freier richterlicher Lückenfüllung führen müsse. Das Gesetzbuch könne „aus sich selbst" heraus ergänzt werden, da es auf Prinzipien fuße, die „den Keim des weiteren Ausbaus in sich" trügen. Er nannte dieses Verfahren „Analogie". Das ist heute schon deshalb kaum verständlich, weil dies nach modernen Definitionen eine „planwidrige Regelungslücke" voraussetzt, während Gebhard genau diesen Plan, das zugrunde liegende System, zur Lückenfüllung verwenden wollte. Um diese Konzeption zu verstehen, muss man erneut ins 19. Jahrhundert blicken. Gebhard machte an dieser Stelle deutlich, wie stark er und auch die anderen Gesetzesverfasser von der Pandektenwissenschaft des 19. Jahrhunderts geprägt waren. Savigny hatte, wie viele, 1814 die Vorstellung kritisiert, man könne mit Kasuistik Vollständigkeit erreichen, und ein anderes Gesetzgebungsideal formuliert.

> Allein es giebt allerdings eine solche Vollständigkeit in anderer Art, wie sich durch einen Kunstausdruck der Geometrie klar machen läßt. In jedem Dreyeck nämlich giebt es gewisse Bestimmungen, aus deren Verbindung zugleich alle übrige mit Nothwendigkeit folgen: durch diese, z. B. durch zwey Seiten und den zwischenliegenden Winkel, ist das Dreyeck gegeben. Auf ähnliche Weise hat jeder Theil unsres Rechts solche Stücke, wodurch die übrigen gegeben sind: wir können sie die leitenden Grundsätze nennen. Diese heraus zu fühlen, und von ihnen ausgehend den innern Zusammenhang und die Art der Verwandtschaft aller juristischen Begriffe und Sätze zu erkennen, gehört eben zu den schwersten Aufgaben unsrer Wissenschaft, ja es ist eigentlich dasjenige, was unsrer Arbeit den wissenschaftlichen Charakter giebt. Entsteht nun das Gesetzbuch in einer Zeit, welche dieser Kunst nicht mächtig ist, so sind folgende Uebel ganz unvermeidlich. Die Rechtspflege wird scheinbar durch das

131 Albert Gebhardt, in: Werner Schubert (Hg.), Vorlagen der Redaktoren. Allgemeiner Teil, Teil 1, Berlin 1981, S. 101.

Gesetzbuch, in der That aber durch etwas anderes, was außer dem Gesetzbuch liegt, als der wahrhaft regierenden Rechtsquelle, beherrscht werden.[132]

Savigny sprach 1814 seiner Zeit damit die Fähigkeit zu einer Kodifikation ab, da es bisher keine hinreichende wissenschaftliche Durchdringung des Rechts gebe. Genau dies hatten Savignys Schüler, allen voran Puchta, versucht, indem sie das bestehende römische Recht auf seine Grundsätze und Prinzipien befragten und so an einem kohärenten Systemzusammenhang arbeiteten. Dahinter stand die Idee, dass es dann möglich sein musste, das Gesetzbuch aus seinen leitenden Grundsätzen heraus zu ergänzen, wenn ungeregelte Fälle auftraten. Die entscheidende Technik hierfür war die Analogie, bei der aus einem Rechtssatz auf das ihn bestimmende Prinzip zurückgegangen wurde, um dann aus diesem Prinzip eine Regel für den nicht geregelten Fall zu entwickeln.

Diese Idee prägte das Denken der Verfasser des BGB stark. Vollständigkeit sollte über einen Zusammenhang leitender Prinzipien erreicht werden, der es ermöglichen sollte, fehlende konkrete Regelungen aus diesen Prinzipien im Geiste der Kodifikation zu entscheiden. Damit so etwas funktionierte, kam es darauf an, das Gesetz als Sinnzusammenhang zu konstruieren. Gottlieb Planck, der als Mitglied der Ersten und der Zweiten Kommission und Vorsitzender der Redaktionskommission maßgeblichen Einfluss auf das endgültige BGB hatte, machte die Schwierigkeit deutlich. Es sei „für die sichere Handhabung des Gesetzes von der größten Bedeutung, daß die juristische Construction der für die verschiedenen Zwecke angewandten Mittel eine einheitliche harmonisch ineinandergreifende ist. Wenn die verschiedenen Theile einer Maschine nicht zu einander passen, wenn sie nicht durch einen einheitlichen Gedanken zusammengehalten, durch denselben zu einer einheitlichen Construction zusammengeschlossen werden, so versagt die Maschine ihren Dienst oder arbeitet doch nur unsicher und mangelhaft. Ebenso steht es mit dem juristischen System eines Gesetzes. Fehlt es an der einheitlichen Construktion, so entstehen Lücken und Zweifel der manigfachsten Art und die Anwendung in der Praxis wird nothwendig unsicher."[133]

Es lag auf der Hand, dass ein solches Einheitskonzept durch die Verteilung der Materien auf Verfasser von Vorentwürfen und die späteren Zwänge zum Kompromiss

132 Friedrich Carl von Savigny, Vom Beruf unsrer Zeit für Gesetzgebung und Rechtswissenschaft, Heidelberg 1814, S. 22 f.

133 Gottlieb Planck, Der Entwurf des bürgerlichen Gesetzbuches, unveröffentlichtes Manuskript, abgedruckt bei Stephan Meder, Gottlieb Planck und die Kunst der Gesetzgebung, Göttingen 2010, S. 117.

in der Kommissionsarbeit nicht erleichtert wurde. Für die Rechtsanwender, also insbesondere die späteren Richter unter dem BGB, folgte aus diesem Konzept, dass man nicht einfach mit dem Wortlaut des BGB arbeiten konnte, sondern es bis in seine Grundstrukturen und leitenden Prinzipienentscheidungen verstanden haben musste. Das BGB war ein Buch für den juristischen Fachmann. Planck, der das BGB in seinem Kommentar nach 1900 bis zu seinem Tod im Jahr 1910 weiter begleitete, erläuterte wie das BGB versuchte, diese Prinzipien dem Rechtsanwender an die Hand zu geben.[134] Einerseits dürfe sich ein Gesetz „nicht darauf beschränken, die leitenden Rechtsgedanken auszusprechen", sondern es müsse „diejenigen Rechtssätze [zu] finden, welche am besten geeignet sind, den leitenden Rechtsgedanken zu verwirklichen".[135] Andererseits müssten die „großen, die einzelnen Rechtsinstitute beherrschenden Prinzipien natürlich aus dem Gesetzbuche klar hervortreten". Planck benannte selbst § 125 S. 1 BGB als ein solches Prinzip, also die Nichtigkeit formwidriger Verträge. Als Beispiel für eine Norm, die nur Anwendung dieses Prinzips, also bloße Folge ist, nannte er § 154 Abs. 2 BGB: „Ist eine Beurkundung des beabsichtigten Vertrags verabredet, so ist im Zweifel der Vertrag nicht geschlossen, bis die Beurkundung erfolgt ist". Besonders die großen Leitprinzipien des BGB fanden ausdrückliche Erwähnung und wurden durch die Möglichkeit der Einschränkung gleich als Regel und Ausnahmeverhältnis formuliert: § 305 BGB 1900: „Zur Begründung eines Schuldverhältnisses durch Rechtsgeschäft sowie zur Änderung des Inhalts eines Schuldverhältnisses ist ein Vertrag zwischen den Beteiligten erforderlich, soweit nicht das Gesetz ein anderes vorschreibt."

§ 903 BGB 1900: „Der Eigentümer einer Sache kann, soweit nicht das Gesetz oder Rechte Dritter entgegenstehen, mit der Sache nach Belieben verfahren und Andere von jeder Einwirkung ausschließen."

Welche Bedeutung diesem Denken von Prinzipien her beigemessen wurde, zeigten die Auslegungsregeln, die Gebhard in seinem Vorentwurf zum Allgemeinen Teil formulierte:

> § 1. Gesetze sind so auszulegen, dass derjenige Sinn zur Geltung kommt, welcher nach den Sprachregeln mit der gewählten Ausdrucksweise verträglich und nach der Absicht des Gesetzgebers mit derselben verbunden ist.

134 Gottlieb Planck, Bürgerliches Gesetzbuch nebst Einführungsgesetz, erläutert von Gottlieb Planck, Bd. 1, Berlin 1897, S. 20 f.

135 Gottlieb Planck, Bürgerliches Gesetzbuch nebst Einführungsgesetz, erläutert von Gottlieb Planck, Bd. 1, Berlin 1897, S. 20.

§ 2. Erhellt, dass der einem Rechtssatze zu Grunde liegende eigentlich Gedanke des Gesetzgebers in demselben einen nicht völlig entsprechenden Ausdruck gefunden hat, so ist der eigentliche Gedanke des Gesetzgebers zu Geltung zu bringen.
§ 3. Auf Rechtsfälle, für welche die Gesetze keine Vorschriften halten, finden die für rechtsähnliche Verhältnisse gegebenen, eine Ausdehnung empfänglichen Vorschriften entsprechende Anwendung. In Ermangelung solcher Vorschriften ist nach den aus dem Geiste der Rechtsordnung sich ergebenden Grundsätzen zu entscheiden.

Gebhard bewegte sich hier ganz auf der Ebene der Auslegungslehre, wie sie in der Pandektenwissenschaft des 19. Jahrhunderts herrschend war. Der Gesetzesanwender sollte Gesetze so verstehen, wie es dem Willen des Gesetzgebers entsprach (§ 1), also auch den Wortlaut anhand des Gesetzgeberwillens notfalls korrigieren (§ 2). Man konstituierte eine „grammatisch-logische" Interpretation, wobei „logisch" nicht „formallogisch" die Regeln des Denkens meinte, sondern die Ermittlung des Sinnes des Gesetzes mit anderen Mitteln als der Grammatik. Ergab sich daraus eine Lücke, dann sollte diese nach den Regeln der Gesetzesanalogie gefüllt werden, indem man gegebene Vorschriften mit ähnlichem Regelungsproblem analog anwandte, wenn der geregelte Fall Ausdruck eines gesetzgeberischen Prinzips war, das den ungeregelten Fall umfasste (§ 3 S. 1). War dem „Geist des BGB" ein solches Prinzip nicht zu entnehmen, sollten die Grundsätze der Rechtsanalogie eingesetzt werden. Nun musste der Rechtsanwender, ohne sich auf Prinzipien des BGB berufen zu können, im Geiste der gesamten Rechtsordnung eine neue Norm bilden (§ 3 S. 2). Das Verfahren war als Reihenfolge formuliert: grammatisch – logisch – Gesetzesanalogie – Rechtsanalogie.

Mit dem Rückgriff auf den Geist der gesamten Rechtsordnung war die Außengrenze des Interpreten fixiert. Man übergab dem Anwender Normen und Prinzipien und verwies ihn bei Lücken und Widersprüchen notfalls an den „Geist der Rechtsordnung". Wie Windscheid klarstellte, musste für die Feststellung desselben „von den in dem Rechtsganzen wirklich ausgesprochenen Rechtssätzen ausgegangen, und die in diesen sich darstellende spezifische Art und Weise der Rechtsauffassung auf das einer rechtlichen Normierung bedürftige Verhältnis übertragen werden".[136] Zu beachten waren also weitergeltende Landesgesetze und Sondergesetze, aber auch das Ius Commune sowie Gewohnheitsrecht und Gerichtsgebrauch. Hieraus galt es, „den eigentlichen

136 Bernhard Windscheid, Lehrbuch des Pandektenrechts, bearbeitet von Theodor Kipp, Bd. 1, Frankfurt a. M. 1906, S. 107.

Gedanken des Rechtsganzen zu erkennen".[137] Das war offenbar ein Verfahren, welches viel Spielraum bot, etwa wenn man bedenkt, dass schon die normale Auslegung für Windscheid erforderte, „hinter dem von dem Gesetzgeber wirklich gedachten Gedanken denjenigen hervor[zu]ziehen, den er eigentlich hat denken wollen".[138] Planck betonte gleichermaßen, dass man von einer Ermittlung des Gesetzgeberwillens nicht zu viel erwarten durfte:

> Entscheidend für die Auslegung des Gesetzbuches kann aber nur dieses selbst sein. Die Auffassung derjenigen, welche das Gesetzbuch verfaßt haben, ist unzweifelhaft ein wichtiges Auslegungsmittel; entscheidend ist sie nicht. Hat die Auffassung der Verfasser einen entsprechenden Ausdruck im Gesetzbuch selbst nicht gefunden, ergibt vielmehr der Wortlaut des Gesetzbuchs und der Zusammenhang seiner Vorschriften einen anderen Sinn, so ist dieser maßgebend.[139]

Das BGB sah sich selbst also keineswegs als lückenlos an. Es überwies der Rechtswissenschaft und der Rechtspraxis die Füllung von Lücken und gab hierfür mit einer weiten Auslegungslehre, mit der Analogie und der juristischen Konstruktion entsprechende Hilfsmittel an die Hand. Grenze war der „Geist der Rechtsordnung", also die Pflicht, dem Willen des Gesetzgebers möglichst zu folgen. Zwei Überschreitungen dieser Unterwerfung des Rechtsanwenders unter die Rechtsordnung hob Windscheid hervor:

1) Unzulässig war es, das bestehende Recht „aus dem sog. Naturrechte zu ergänzen, d.h. einem durch apriorische Konstruktion gefundenen Rechte, dessen Inhalt in jedem gegebenen Falle doch nur dasjenige bildet, was der Konstruierende für wahr hält".[140]
2) Unzulässig war zudem eine Rechtsfindung aus der „subjektiven Vernunft"[141] des Richters, also aus seinem Rechtsempfinden.

Beide Grenzen sollten im 20. Jahrhundert noch oft thematisiert werden.

---

137 Bernhard Windscheid, Lehrbuch des Pandektenrechts, bearbeitet von Theodor Kipp, Bd. 1, Frankfurt a. M. 1906, S. 107.

138 Bernhard Windscheid, Die Aufgaben der Rechtswissenschaft, in: Paul Oertmann (Hg.), Bernhard Windscheid. Gesammelte Reden und Abhandlungen, Leipzig 1904, S. 111.

139 Bürgerliches Gesetzbuch nebst Einführungsgesetz erläutert von Gottlieb Planck, Erster Band: Einleitung und Allgemeiner Teil, Berlin 1897, S. 26.

140 Bernhard Windscheid, Lehrbuch des Pandektenrechts, bearbeitet von Theodor Kipp, Bd. 1, Frankfurt a. M. 1906, S. 107.

141 Bernhard Windscheid, Lehrbuch des Pandektenrechts, bearbeitet von Theodor Kipp, Bd. 1, Frankfurt a. M. 1906, S. 107 Fn. 1a.

Literatur: Jan Schröder, Das Verhältnis von Rechtsdogmatik und Gesetzgebung in der neuzeitlichen Rechtsgeschichte (am Beispiel des Privatrechts), in: Okko Behrends u. Wolfram Henckel (Hgg.), Gesetzgebung und Dogmatik, Göttingen 1989, S. 54f.; Hans Schulte-Nölke, Das Reichsjustizamt und die Entstehung des Bürgerlichen Gesetzbuches, Frankfurt a.M. 1995, S. 287ff., 337ff.; HKK/Joachim Rückert, Vor § 1: Das BGB und seine Prinzipien: Aufgabe, Lösung, Erfolg, Tübingen 2003, Rn. 16ff.; Bernd Mertens, Gesetzgebungskunst im Zeitalter der Kodifikationen. Theorie und Praxis der Gesetzgebungstechnik aus historisch-vergleichender Sicht, Tübingen 2004, S. 325ff., 334ff.; Stephan Meder, Gottlieb Planck und die Kunst der Gesetzgebung, Göttingen 2010; Jan Schröder, Art. Lücke im Gesetz, Lücke im Recht, in: HRG, Bd. 3, 2. Aufl. Berlin 2016, Sp. 1080ff.

2.2.2.4 Vertiefung: Die Materialien zum BGB

„Können Sie mir den Unterschied zwischen Motiven und Protokollen erklären?" Diese mir als damaligem Assistenten von einem Zivilrechtsprofessor gestellte Frage mag als Hinweis dafür genügen, dass auch in berufenem Munde oft nicht bekannt ist, wie man das BGB mittels seiner Materialien korrekt historisch auslegt. Dies ist zunächst einmal zwanglose Folge des weitgehenden Konsenses in der deutschen Methodenlehre, dass historische, „subjektive" Auslegung des Gesetzes anhand der Materialien zu seiner Entstehungsgeschichte keine den Anwender bindenden Einsichten produziert. Das ist auf der einen Seite deswegen richtig, weil nur der Gesetzeswortlaut, nicht die Materialien vom Gesetzgeber verabschiedet wurden. Auf der anderen Seite ist völlig klar, dass es ohne einen Blick in den Kontext der Gesetzesfindung und damit auch in die Materialien oft nicht möglich ist zu verstehen, was der Gesetzgeber mit dem Erlass der Norm beabsichtigte. Die heutige Ausblendung der historischen Auslegung führt daher in jedem Fall zu einem Rationalitätsdefizit: Nur indem man einen Gesetzgeberwillen möglichst genau rekonstruiert, ist es möglich, von diesem abweichende und möglicherweise – gerade bei einem so alten Gesetz wie dem BGB – auch überaus einleuchtende neue Lösungen als solche zu kennzeichnen und zur Diskussion zu stellen. Dies gilt besonders auch deswegen, weil heute niemand mehr daran glaubt, dass es einen Gesetzeswortlaut geben kann, der sicher Aufschluss über den Willen des Gesetzgebers geben kann. Kein Begriff entzieht sich der Auslegung. Der alte Grundsatz „in claris non fit interpretatio" hat heute nahezu keine Anhänger mehr. Ohne umfassende Rekonstruktion eines Gesetzgeberwillens gibt es also keine fassbare Unterscheidung zwischen Rechtsanwendung und Rechtsfortbildung, da im Prinzip jeder in den Gesetzeswortlaut das hineinlesen kann, was er als Lösung eines Problems vertritt. Insofern muss man kein Vertreter einer bei einem Gesetz aus dem Jahr 1900 heute abwegigen Bindung an den damaligen Gesetzgeberwillen sein, um dennoch historische

Gesetzesauslegung für notwendig zu halten; daher nachfolgend ein Überblick über die Tücken der historischen Gesetzesauslegung des BGB von 1900.

Die Schwierigkeit dabei resultiert nicht nur daraus, dass die vor 1900 veröffentlichten Materialien nirgendwo gebündelt vorliegen. Auch die von Benno Mugdan 1899 herausgegebenen „gesammten Materialien zum Bürgerlichen Gesetzbuch für das Deutsche Reich" sind nicht vollständig. Es fehlen etwa die gedruckt existierenden Vorentwürfe und die „Zusammenstellung der gutachtlichen Äußerungen". Hinzu kommt, dass seit Mitte der 1970er Jahre eine zweite, weitgehend in den Archiven lagernde Quellengruppe sukzessiv veröffentlicht wurde. Da dabei auf einen nochmaligen Abdruck der bereits veröffentlichten Materialien verzichtet wurde, ergibt sich ein schwieriges Zusammenspiel zweier Quellengruppen, das man verstehen muss, wenn man damit arbeitet.

In vielen Fällen wurde das Problem inzwischen dadurch entschärft, dass mit dem Historisch-kritischen Kommentar zum BGB, momentan sechs Bände, ein Hilfsmittel vorliegt, in dem ausgebildete Rechtshistoriker auch eine historische Auslegung des BGB betreiben. Für viele Fragen kommt man gleichwohl nicht um eine historische Auslegung herum; hierfür also ein Überblick über die wichtigsten vorhandenen Auslegungshilfen zum BGB von 1900.

Es lohnt dabei, die Materialien nach ihrer Entstehungszeit zu ordnen, da historische Auslegung auch die Ermittlung der Genese eines gesetzgeberischen Gedankens bedeutet.

1) Es beginnt mit dem **Gutachten der Vorkommission** zu „Plan und Methode" vom 15. April 1874, abgedruckt in: Horst Heinrich Jakobs u. Werner Schubert (Hgg.), Die Beratung des Bürgerlichen Gesetzbuches in systematischer Zusammenstellung der unveröffentlichten Quellen. Einführung, Biographien und Materialien, Berlin 1978, S. 170 ff.
2) Am 17. September 1874 nahm die Erste Kommission ihre Tätigkeit auf und beauftragte zunächst fünf Kommissionsmitglieder mit der Erstellung von **Teilentwürfen**. Diese Teilentwürfe sind nicht nur wichtig, weil sie die Grundlage der Kommissionsberatungen wurden. Sie sind darüber hinaus eine unschätzbare Quelle für den Einblick in das bis 1879 auf dem Gebiet des Deutschen Reiches geltende Privatrecht. Gemäß dem Arbeitsauftrag erstellten die Autoren der Teilentwürfe nicht nur ausformulierte Gesetzesvorschläge, sondern begründeten diese mit umfangreichen Erwägungen zum aktuellen Rechtszustand und zu den Vor- und Nachteilen der zeitgenössisch geltenden Regelungen. Da die Autoren Spezialisten ihres Gebietes waren, findet man bis heute kaum vergleichbar konzise Überblicke über das gesamte Privatrecht des 19. Jahrhunderts. Die Vorentwürfe von Albert Gebhard (Allgemeiner Teil), Reinhold Johow (Sachenrecht), Gottlieb Planck (Familienrecht),

Gottfried von Schmitt (Erbrecht) und die Arbeitsmaterialien sowie die Vorlagen zu einzelnen Fragen von Franz von Kübel, der vor Fertigstellung seines Teilentwurfs zum Schuldrecht starb, wurden, obwohl für den internen Gerbrauch der Kommission bereits damals gedruckt, erst in den 1980er Jahren veröffentlicht in: Werner Schubert (Hg.), Die Vorlagen der Redaktoren für die erste Kommission zur Ausarbeitung des Entwurfs eines Bürgerlichen Gesetzbuches, 14 Bände, Berlin 1980 ff.

3) Am 4. Oktober 1881 begann die Erste Kommission mit den **Plenarbehandlungen** der einzelnen Vorentwürfe. Um diese Debatten nachzuvollziehen, konkurrieren zwei Quellen: Als der Kommissionsvorsitzende Eduard von Pape den Ersten Entwurf am 27. Dezember 1887 dem Reichskanzler und dieser ihn wenig später dem Bundesrat zuleitete, war eine Veröffentlichung von Materialen zum Gang der Kommissionsdebatten nicht vorgesehen. Es existierten **Protokolle** (der Ersten Kommission, nicht zu verwechseln mit dem amtlich herausgegeben Protokollen, die nur die Zweite Kommission betreffen), die u. a. Auskunft gaben über die Anwesenden, die gestellten Anträge und das Abstimmungsergebnis. Was fehlte, waren jedoch Aufzeichnungen des Verlaufs der Debatten und die Namen der Antragsteller, die gesondert vermerkt waren. Da dies als unzureichend empfunden wurde, entschied der Bundesratsausschuss für Justizwesen auf Vorschlag Papes, 1888 parallel die „**Motive** zu dem Entwurfe eines Bürgerlichen Gesetzbuches für das Deutsche Reich“ zu veröffentlichen. Dabei handelte es sich um Texte, die von den Hilfsarbeitern eigenständig nach den Sitzungen verfasst worden waren. Sie enthalten eine nicht im Einzelnen gekennzeichnete Mischung von Auszügen aus den Vorentwürfen, den Protokollen und eigenen Ausführungen der Hilfsarbeiter. Dabei ist nicht nur problematisch, dass sich einige dieser Ausführungen der Hilfsarbeiter auch in den unveröffentlichten Materialien nicht nachweisen lassen. Aus Zeitdruck unterblieb auch eine Überprüfung durch die Kommissionsmitglieder selbst, sodass deswegen die Motive nie von der Kommission offiziell genehmigt wurden. Dies war ein Hauptgrund, warum Werner Schubert und Horst Heinrich Jakobs seit 1978 die unveröffentlichten Materialien sukzessiv herausgaben. Für die Beratungen der Ersten Kommission wurden nun vor allem die Protokolle und die Anträge ausgewertet, die Motive aber nicht nochmals veröffentlicht. Um den Verlauf der Kommissionsdebatten zu verstehen, muss man also neben den amtlichen Motiven immer auch auswerten: Horst Heinrich Jakobs u. Werner Schubert, Die Beratung des Bürgerlichen Gesetzbuchs in systematischer Zusammenstellung der unveröffentlichten Quellen, 12 Bände und Ergänzungen, Berlin 1978 ff.

4) Nachdem der vom Bundesrat genehmigte Erste Entwurf 1888 veröffentlicht worden war, begann eine umfangreiche Diskussion in der Öffentlichkeit. Einen guten

Zugang zu diesen Debatten bietet die vom Reichsjustizamt gefertigte „**Zusammenstellung der gutachtlichen Äußerungen** zu dem Entwurf eines Bürgerlichen Gesetzbuchs", 5 Bände, Berlin 1890. Hier werden die einzelnen Kritikpunkte nach der Ordnung des Ersten Entwurfs zusammengefasst und die Kritiker nachgewiesen. In dieser Phase ändert sich auch das Leitbild der Gesetzesdebatten. Hatte man die Erste Kommission noch als ein Kollegium von Fachleuten mit dem Ziel der Rechtsvereinheitlichung konzipiert, so entdeckte nun die Politik, die bisher weitgehend ausgeschlossen gewesen war, das Gesetzesprojekt als Hebel für Veränderungen. Die „soziale Frage" bestimmte die Diskussion um eine zweite Zivilrechtskommission. Die Dimension dieser Frage erschließt sich am besten über Sekundärliteratur: Tilman Repgen, Die soziale Aufgabe des Privatrechts, Tübingen 2001, zeigt auf breiter Quellengrundlage die Einflüsse dieses Themas auf die BGB-Debatten. Ergänzend lohnt es sich, Abhandlungen über politische Gruppierungen und Lobbyverbände in den Blick zu nehmen, die versuchten, Einfluss auf das BGB zu bekommen. Beispielhaft seien genannt: Thomas Vormbaum, Die Sozialdemokratie und die Entstehung des Bürgerlichen Gesetzbuches, 2. Aufl. Baden-Baden 1997; Michael Damnitz, Bürgerliches Recht zwischen Staat und Kirche. Mitwirkung der Zentrumspartei am Bürgerlichen Gesetzbuch, Baden-Baden 2001; Michael Wolters, Die Zentrumspartei und die Entstehung des BGB, Baden-Baden 2001; Rüdiger Hansel, Jurisprudenz und Nationalökonomie. Die Beratungen des BGB im Königlich Preußischen-Landes-Ökonomie-Kollegium 1889, Köln 2006; Petra Zrenner, Die konservativen Parteien und die Entstehung des Bürgerlichen Gesetzbuches, Münster 2008; Dorothea Steffen, Bürgerliche Rechtseinheit und Politischer Katholizismus, Paderborn 2008.

5) Zwischen 1890 und 1893, also parallel zur Zweiten Kommission, war die **Vorkommission des Reichsjustizamtes** mit dem Ersten Entwurf beschäftigt. Der Einfluss des RJA ist lange unterschätzt worden. Zwischen dem an Macht verlierenden Bundesrat und dem an Einfluss gewinnenden Reichstag gelang es ihm, nach Bismarcks Ausscheiden eine entscheidende Mitspracheposition zu besetzen. Das RJA war maßgeblich an der Besetzung der Zweiten Kommission beteiligt. Die dortige Vorkommission bereitete die Kommissionsarbeit jeweils vor und legte 1890 einen revidierten Ersten Entwurf vor. Sie nahm damit ganz maßgeblich Einfluss auf die Beratungen. Bis in die Endfassung des BGB griff das RJA in den Gesetzestext ein. Dies betraf weitgehend sprachliche Fragen, aber auch einzelne wirtschafts- und sozialpolitische Änderungen und vor allem eine Ausweitung der Generalklauseln, die das RJA als Mittel zur Bewältigung des wirtschaftlich-sozialen Wandels ansah. Über diesen Prozess informiert Hans Schulte-Nölke, Das Reichsjustizamt und die

Entstehung des Bürgerlichen Gesetzbuchs, Frankfurt a. M. 1995. Einzelheiten lassen sich über Jakobs u. Schubert, Die Beratung etc. ermitteln.

6) Zwischen dem 1. April 1891 und dem 8. Februar 1896 beriet die **Zweite Kommission** in insgesamt 456 Sitzungen über das BGB. Auch hier wurden Protokolle erstellt, die im Wissen um die diesmal geplante Veröffentlichung ausführlicher gefasst wurden. Diese **Protokolle** wurden erneut nicht von der Gesamtkommission genehmigt. Sie wurden vom Reichsjustizamt 1897 veröffentlicht und sind auch in der Zusammenstellung von Mugdan enthalten. Darin fehlen jedoch die Namen der Redner, Antragsteller und Abstimmenden. Diese wurden dann von Jakobs u. Schubert, Die Beratung etc. durch Rückgriff auf die unveröffentlichte Zusammenstellung der Anträge erstmals offengelegt. Erneut bedarf es also einer Doppellektüre.
7) Zwischen dem 22. Oktober 1895 und dem 16. Januar 1896 wurde das BGB im **Justizausschuss des Bundesrats** debattiert. Die Quellen hierzu wurden weitestgehend nicht publiziert. Protokolle wurden nicht geführt. Die in verschiedenen Archiven verstreuten Hinweise auf die Debatten wurden von Jakobs u. Schubert, Die Beratung etc. ausgewertet.
8) Am 16. Januar 1896 erschien die **Denkschrift des RJA**, abgedruckt bei Mugdan sowie in Jakobs u. Schubert, Die Beratung etc.
9) Zwischen dem 3. Februar 1896 und dem 30. Juli 1896 wurde das BGB im **Reichstag** debattiert. Die Debatten lassen sich aus den stenografischen Berichten und den Reichstagsdrucksachen rekonstruieren. Eine genaue Zusammenstellung der verschiedenen Sitzungen findet sich bei Georg Maas, Bibliographie der amtlichen Materialien zum Bürgerlichen Gesetzbuche für das Deutsche Reich und zu seinen Einführungsgesetzen, Berlin 1897, S. 27 ff. Die Reichstagsdebatten sind auch in Mugdan ausgewertet worden.
10) **Nach Verkündung** des BGB durch den Kaiser am 18. August 1896 (RGBl. 1896, S. 195) begann eine kaum noch überschaubare Publikationsflut **bis zum am 1. Januar 1900** in Kraft tretenden neuen Gesetz. Einen guten Überblick vermittelt Georg Maas, Bibliographie des Bürgerlichen Rechts: Verzeichnis von Einzelschriften und Aufsätzen über das im Bürgerlichen Gesetzbuch für das Deutsche Reich vereinigte Recht, Berlin 1907, der diese Sammlung jährlich im Archiv für Bürgerliches Recht von Bd. 18 bis zu Bd. 26 ergänzte.

Literatur: Horst Heinrich Jakobs u. Werner Schubert, Die Beratung des Bürgerlichen Gesetzbuchs in systematischer Zusammenstellung der unveröffentlichten Quellen. Materialien zur Entstehungsgeschichte des BGB – Einführung, Biographien, Materialien –, Berlin 1978, insb. S. 17 ff., 40 ff., 57 ff. und passim (dort S. 69 ff. Kurzbiografien der wichtigsten Mitarbeiter am BGB); Jan Thiessen, Die

Wertlosigkeit der Gesetzesmaterialien für die Rechtsfindung – ein methodengeschichtlicher Streifzug, in: Holger Fleischer (Hg.), Mysterium „Gesetzesmaterialien“, Tübingen 2013, S. 45 ff.

2.3 Ergebnis: Das BGB als Kodifikation des Privatrechts

Das BGB als Kodifikation bekommt damit Konturen: Sein Ziel war Rechtseinheit. Dies lag bereits im Anspruch begründet, Gesetze zu formulieren, die für alle Bürger des Deutschen Reiches verbindlich waren. Der Einheitsanspruch ging jedoch weiter. Zwar hatte das BGB niemals die Aufgabe, das Zivilrecht vollständig zu kodifizieren. Sondergesetze und auch Landesrecht blieben unberührt. Auch Lückenlosigkeit wurde weder angestrebt noch behauptet. In vielen Fällen wurden sogar bewusst Lücken gelassen, die man der Rechtswissenschaft und der Justiz zur Auffüllung überwies. Mit den Generalklauseln wurden der **bona fides** und den **boni mores** wie im Gemeinen Recht Platz verschafft, um richterliche Einzelfallgerechtigkeit hinreichend zu gewährleisten. Den Steuerungsanspruch der Kodifikation gab man so gleichwohl keineswegs auf. Was man anstrebte, war, die im BGB geregelten Bereiche über eine Klarstellung der leitenden Prinzipien auch für solche Fälle weitgehend zu regeln, die das Gesetz nicht direkt ansprach. Notfalls sollte der „Geist der Rechtsordnung“ helfen. Dieser Geist der Rechtsordnung fußte auf den Rechtsquellen, also Gesetzen und Gewohnheitsrecht, was für das BGB besonders den Gerichtsgebrauch, der sich entsprechend verfestigt hatte, und allgemein anerkannte Rechtssätze der Rechtswissenschaft umfasste. Diese positiven Rechte sollten durch eine vom BGB stets ermutigte Dogmatik als System verdichtet und stabilisiert werden. Damit glaubte man, dem Privatrecht hinreichend Halt zu geben und zugleich die notwendige Weiterentwicklung zu ermöglichen. Die Grenzen des Erlaubten wurden klar formuliert: Der Rechtsanwender dürfe keine eigenen Wertungen gegen das Gesetz ausspielen, sei es als behauptetes Naturrecht, sei es als subjektive Ansicht.

Daneben stand das BGB bereits während seiner Entstehung vor einem weiteren Problem. Die Idee der Rechtseinheit statt Reform konnte nur dann politisch im Reichstag durchgesetzt werden, wenn bezüglich der politischen Ausrichtung des geltenden, also nun zu vereinheitlichenden Privatrechts weitgehende Akzeptanz bestand. Dies war jedoch schon bald nach 1873 nicht mehr der Fall. Das BGB entstand in einer Zeit extremer politischer, ökonomischer und sozialer Dynamik, was die Ausgangsentscheidung für den Status quo immer deutlicher zum politischen Risiko werden ließ.

3 Eine Kodifikation in Zeiten des Übergangs (1870–1914)

3.1 Politik: Von frei zu sozial

3.1.1 Zwischen zwei Epochen: Gründerjahre und Gründerkrach

Im Jahr 1874, zu Beginn der Arbeiten der Ersten Kommission zum BGB, befand sich das Deutsche Reich am Ende eines Prozesses, den die wirtschaftshistorische Forschung als sog. **Gründerzeit** bezeichnet hat. Diese wurde von Zeitgenossen als eine Epoche der extremen gesellschaftlichen Dynamik und des wirtschaftlichen Aufschwungs empfunden.

In Deutschland begann der Eisenbahnbau ab 1840, den wirtschaftlichen Schwerpunkt von der Landwirtschaft zur Schwerindustrie zu verschieben. Nun belebte die industrielle Massenproduktion von Gütern den Markt. Ab 1850 entstanden die großen Industriezweige in der Kohle- und Stahlproduktion, der chemischen Industrie und der Elektroindustrie. Der Kapitalbedarf der Unternehmen war sprunghaft gewachsen. Zeitgleich wuchs daher ein Kapitalmarkt, der die Finanzierung der Industrialisierung ermöglichte. Diese industrielle Welt griff massiv in das Leben der Zeitgenossen ein: eine neue Arbeitswelt, neue Kommunikationswege, der langsame Abstieg des Adels, der Aufstieg des Bürgertums, neue gesellschaftliche Gruppen, die Arbeiter, die Angestellten, die Beamten. Ökonomisch waren die Jahre zwischen 1850 und 1875 eine Zeit beispiellosen Aufschwungs. Das Nettosozialprodukt, ein wichtiger Indikator für individuellen Wohlstand, das zwischen 1780 und 1850 nur von 240 zu 260 Mark je Einwohner gestiegen war, steigerte sich zwischen 1850 und 1875 auf 427 Mark. Auch wenn der individuelle Gewinn extrem unterschiedlich war, blieb das Zeitgefühl, in einer Ära wachsenden Wohlstandes zu leben. Der Liberalismus erschien als Erfolgsmodell.

Diese Entfesselung einer ökonomisch-sozialen Dynamik war nicht einfach das Ergebnis eines plötzlich liberalen Marktes. Nur langsam und stockend entstand die um 1800 ausgerufene bürgerliche Gesellschaft der freien und gleichen Privatrechtssubjekte. 1874 waren viele Sonderrechte des Adels weiter intakt. Gutsherren hatten noch immer Polizeigewalt, Gesinde und Knechte kannten weiterhin kein freies Arbeitsrecht. Es gab kein freies und gleiches Wahlrecht, viele Karrierewege waren weiterhin dem Adel vorbehalten, die Judenemanzipation ging nur langsam voran, Frauen blieben rechtlich herabgestuft. Nur zögerlich zog sich auch der Staat aus dem Privatrecht zurück. So blieben Transportwege und Post in staatlicher Hand.

Gleichwohl zeigten sich um 1870 an vielen Stellen starke Tendenzen zur Liberalisierung der Gesellschaft. Anders als die Philosophen um 1800 vorhergesehen hatten, begann sich die bürgerliche Gesellschaft jedoch nicht als Ganzes, sondern in Interessenverbänden zu organisieren. Das blühende Vereinswesen wurde ein Ausgangspunkt politischer Parteien. Seit 1848 organisierten sich die Arbeiter, denen wiederum Unternehmerverbände entgegentraten. Gemeinden nutzten die neue Idee der gemeindlichen Selbstverwaltung, Genossenschaften organisierten kollektiv ökonomische Projekte. Die Gesellschaft nahm ihr Leben in die eigene Hand. Die Güter hierfür standen zur Verfügung. Die Industrie produzierte Massengüter unabhängig von individueller Vorabbestellung. Im Kernprivatrecht war besonders die Bodenmobilisierung inzwischen weit vorangeschritten. Seit dem Zollverein 1834 waren Binnenzölle zwischen den Territorien langsam beseitigt worden. Handel und Gewerbe wurden von Zunftzwängen befreit, seit 1869 gab es endlich auch im Norddeutschen Bund die Gewerbefreiheit, seit 1871 dann im Reich. Nach 1867 waren die alten Wuchergesetze außer Kraft gesetzt und damit der Kreditmarkt liberalisiert worden. Zeitgleich hatte die Rechtsprechung die alte **laesio enormis** verabschiedet, also den im Kern kirchenrechtlichen Grundsatz, dass ein Gewinn auf das Doppelte des Marktpreises begrenzt werden müsse. Damit war die Austauschgerechtigkeit den Parteien überlassen. Vor allem im für Handel und Gewerbe so wichtigen Vertragsrecht begannen die liberalen Forderungen zu greifen. Lediglich die Rechtszersplitterung stand in diesen Bereichen weiteren Reformen im Weg. Man konnte 1873 den Kodifikationsauftrag der Rechtsvereinheitlichung angesichts der jüngsten Rechtsentwicklungen, aber auch mit Blick auf das Einheitsziel überhaupt, durchaus in liberalem Sinne deuten.

Nicht zu verkennen war andererseits, dass bereits 1873 diese Entwicklung in eine fundamentale Krise geraten war, die den Glauben an die Kraft des liberalen Credos in Deutschland nachhaltig erschütterte. Mit dem Wiener Börsenzusammenbruch begann im Oktober 1873 der sog. **Gründerkrach**. Die deutschen Aktiengesellschaften verloren in kürzester Zeit fast 50 Prozent ihres Aktienwertes. Die darauf einsetzende „große Depression" schuf bis 1894 eine ökonomisch schwierige Situation im Reich. Dies hinterließ vor allem mental viel länger wirkende tiefe Spuren in Deutschland. Seit dieser Zeit gilt der Wirtschaftsliberalismus in Deutschland als diskreditiert. Das ist gemeint, wenn heute „neoliberale" Entwicklungen gegeißelt werden. Unter dem Schlagwort der „sozialen Frage", das bereits um 1850 aufgekommen war, wurden nun die infolge der Krise explodierende Arbeitslosigkeit, die Wohnungsnot in den Städten und die ausbeuterischen Arbeitsbedingungen in den Fabriken diskutiert. Die von der Krise besonders betroffenen Arbeiter reagierten mit politischem Engagement. Als die Sozialdemokratie 1877 bei der Reichstagswahl 500.000 Stimmen bekam, war sie für Bismarck zum ernsthaften politischen Gegner geworden. Er reagierte mit „Zuckerbrot und Peitsche". Die „Peitsche" war das Sozialistengesetz, das 1878 zwar nicht die SPD als Partei, aber ihre Parteiorganisationen, Vereine und Gewerkschaften verbot und sozialistische Schriften der Zensur unterwarf. „Zuckerbrot" waren die europaweit richtungsweisenden Sozialgesetze Bismarcks: die staatliche Krankenversicherung von 1883, die Unfallversicherung von 1884 und die Alters- und Invalidenversicherung von 1889. Bismarck riss das Ruder seit 1878 herum und setzte auf staatliche Intervention, also öffentlich-rechtliche Eingriffe in den Markt. Mit Bismarcks Reaktion wurde auch im zuvor lange politisch stillen Privatrecht ganz deutlich, dass die Industrialisierung und der mit ihr einhergehende soziale Wandel nicht als bloße Selbstorganisation der Gesellschaft denkbar waren. Es ging nicht nur um den Schutz der schwächeren Marktteilnehmer. Das Leben der Menschen musste neu organisiert werden. Dies konnte nur der Staat, der die hierfür notwendige internationale Einbindung, Steuerungsexpertise und die zur Umsetzung erforderliche Verwaltung bereitstellen konnte. Michael Stolleis hat den enormen Umfang der Eingriffe umrissen:

> Rechtliche Ordnung der technischen Neuerungen, der neuen Energieträger und Transportmittel, rechtliche Bewältigung der Bevölkerungsvermehrung und der Wanderung in die industriellen und städtischen Zentren, Bewältigung der Sozialen Frage mit Hilfe einer neuen Großbürokratie, Bewältigung des über herkömmliche Wirtschafts- und Unternehmensformen hinauswachsenden Industriekapitalismus, und dies alles durch neues Öffentliches Recht.[1]

Otto Mayer (1846–1924) begründete mit seinem 1895/1896 erschienenen dreibändigen „Deutschen Verwaltungsrecht" ein neues Universitätsfach, mit dem man versuchte, die neuen Entwicklungen, die man als Rückwendung zum alten Obrigkeitsstaat oder als neue Richtung staatlicher Marktsteuerung interpretieren konnte, wissenschaftlich zu bewältigen. Klar war damit jedenfalls, dass die bloße Vereinheitlichung eines Status quo in Konflikt treten musste mit einer umfassenden Normierung weiter Teile der Privatrechtswelt durch Sondergesetze, Verordnungen, Einzelmaßnahmen oder die staatliche Einbindung Privater in die Wirtschaftssteuerung. Damit erschien nicht nur die alte Idee der Kodifikation als Ort des Privatrechts fragwürdig. Zu klären

1 Michael Stolleis, Die Entstehung des Interventionsstaates und das öffentliche Recht, in: Zeitschrift für Neuere Rechtsgeschichte 1989, S. 138.

war vor allem, wie das BGB mit den Änderungen in seinen liberalen Kernbereichen umgehen sollte. Die Liberalisierungen der 1850er bis 1870er Jahre wurden langsam zurückgenommen. 1880 wurde Wucher wieder verboten und damit insbesondere der Kreditmarkt erneut kontrolliert. Seit 1894 wurden mit dem Abzahlungsgesetz erstmals Schuldner von Ratenzahlungsvereinbarungen geschützt und „unlauterer Wettbewerb" verfolgt. Das BGB schlitterte mitten in eine enorme Dynamik, bei der Privatautonomie nicht mehr als „**Chance**", sondern als „**Risiko**" verstanden wurde. Die Vorstellung, dass Verträge in einer sozusagen idealen Gesprächssituation zwischen Individuen ausgehandelt werden und so das für beide Seiten gleichermaßen besterreichbare Ergebnis sind, erschien in den 1880er Jahren als die Freiheit des „freien Fuchses im freien Hühnerstall".[2] In diesem Kontext trat die Erste Kommission, die, bisher in der Öffentlichkeit wenig bemerkt, seit 1874 am BGB gearbeitet hatte, mit dem Ersten Entwurf an die Öffentlichkeit.

Literatur: Michael Stolleis, Die Entstehung des Interventionsstaates und das öffentliche Recht, in: Zeitschrift für Neuere Rechtsgeschichte 1989, S. 129 ff.; Hans-Ulrich Wehler, Deutsche Gesellschaftsgeschichte, München 1995, insb. S. 547 ff.; Friedrich Wilhelm Henning, Handbuch der Wirtschafts- und Sozialgeschichte Deutschlands, Bd. 2, Paderborn 1996; Miloš Vec, Recht und Normierung in der Industriellen Revolution. Neue Strukturen der Normsetzung in Völkerrecht, staatlicher Gesetzgebung und gesellschaftlicher Selbstnormierung, Frankfurt a. M. 2006, S. 165 ff., 379 ff.; Margrit Seckelmann, Industrialisierung, Internationalisierung und Patentrecht im Deutschen Reich 1871–1914, Frankfurt a. M. 2006, S. 399 ff.; Peter Collin et al., Regulierte Selbstregulierung im frühen Interventions- und Sozialstaat, Frankfurt a. M. 2012; Matthias Maetschke et al., Das Recht der Industriellen Revolution, Tübingen 2013; Mathias Schmoeckel, „Gründerkrise" und „Grosse Depression". Zur notwendigen Revision einer Geschichtsdeutung, in: ZRG GA 132, 2015, S. 251 ff.

3.1.2 Das „unsoziale BGB"?

Als 1888 der **Erste Entwurf** des BGB der Öffentlichkeit zur Diskussion übergeben wurde, war das Echo groß. Bis 1890 erschienen fast 700 kritische Auseinandersetzungen mit dem Entwurf. Beteiligt war keineswegs nur die juristische Fachöffentlichkeit. Nach dem Ende der Auseinandersetzungen Bismarcks mit den Sozialdemokraten („Sozialistengesetze") und mit der katholischen Kirche („Kulturkampf") zeigte sich das Kaiserreich umfassend durchpolitisiert. Im Familienrecht begann eine intensive

2 Das oft verwendete Bild wird dem französischen kommunistischen Politiker und Sozialphilosophen, später dann antizionistischen Holocaustleugner Roger Garaudy zugeschrieben.

Debatte um die rechtliche Stellung der Frau, an der einerseits der über die Zentrumspartei organisierte, politische Katholizismus sowie die Deutsch- und Freikonservativen, andererseits die erstarkende Frauenbewegung aufeinanderprallten. Gut organisiert zeigte sich der preußische Landadel, der über das Königlich Preußische-Landes-Ökonomie-Kollegium seine Ansichten zu Grund- und Rentenschuld, zu Viehmängeln und zum Jagdrecht in die Debatte einspeiste. Die Sozialdemokraten, die infolge der Einschränkung ihrer öffentlichen Betätigung bis 1890 keinerlei Einfluss in der Ersten Kommission gehabt hatten, setzten sich im vielgelesenen „Vorwärts" nun intensiv mit dem Entwurf auseinander und überschütteten den Reichstag mit Änderungsanträgen. Sie kämpften für ein reichseinheitliches Gesinderecht, für eine Verbesserung der Stellung der Arbeitnehmer, für eine Liberalisierung des Ehe- und Ehescheidungsrechts und vor allem des Vereinsrechts, das mit dem sog. Konzessionensystem darauf hinauszulaufen drohte, dass nur eingetragene, mithin politisch genehme Vereine, Parteien und Gewerkschaften rechtsfähig wären.

Im Zentrum der Kritik stand der Vorwurf, das BGB sei „unsozial". Da mit dem schillernden Terminus „unsozial" sehr unterschiedliche Missstände erfasst werden konnten, nahmen unterschiedlichste Interessengruppen diesen Vorwurf auf. Der berühmteste Kritiker des Entwurfs war **Otto Gierke**, Professor in Berlin. Gierke war Mitglied des Vereins für Socialpolitik, der die „soziale Frage" seit Jahren in der Öffentlichkeit thematisierte, und zudem als „Germanist" Anhänger einer wissenschaftlichen Richtung, die das Ideal des in Familien und Sippen lebenden, genossenschaftlich organisierten Germanen dem Feindbild des kaufmännisch denkenden, römischen Geschäftsmannes entgegenhielt. In historisch sehr zweifelhaften Bildern scharten sich die „Germanisten" um „**sozial**" als Leitbegriff des Privatrechts und die – hier freilich viel weniger wirklich politisch präsenten – „Romanisten" um den Leitbegriff „**frei**". Der hochgewachsene, gewaltige Redner Gierke hämmerte das Bild des unsozialen BGB in die Köpfe seiner Zeitgenossen. In bald berühmten Worten meinte er 1889:

> Wir brauchen […] ein Privatrecht, in welchem trotz aller Heilighaltung der unantastbaren Sphäre des Individuums der Gedanke der Gemeinschaft lebt und webt. Schroff ausgedrückt: […] unser Privatrecht muß ein Tropfen sozialistischen Oeles durchsickern![3]

3 Otto Gierke, Die soziale Aufgabe des Privatrechts. Vortrag gehalten am 4. April 1889 in der Juristischen Gesellschaft zu Wien, Wien 1889, S. 13.

Gierke war kein Sozialist. Für ihn bedeutete ein soziales Privatrecht die Umsetzung eines gesamtgesellschaftlichen Ideals eines generell gemeinschaftsgebundenen Individuums. Die gesamte Trennung zwischen Privatrecht und Öffentlichem Recht blieb ihm fremd. Jede Privatrechtsposition trug in sich die Schranke seiner gemeinschaftskonformen Ausübung: kein Recht ohne Pflicht. Es ging ganz allgemein um die Verrechtlichung von sozialen und ökonomischen Rücksichtnahmepflichten.

Eine andere Konnotation bekam die Forderung nach einem sozialen Privatrecht bei denen, die für bestimmte Bevölkerungsgruppen den Schutz des Schwächeren einforderten. Hier dominierten Forderungen nach einem stärkeren Schutz von **Arbeitern, Mietern und Frauen** die Debatte. Einflussreich war dabei die Schrift des Wiener Professors und überzeugten Sozialisten **Anton Menger** „Das bürgerliche Recht und die besitzlosen Volksklassen", in dem er 1890 mit dem Ersten Entwurf abrechnete. Menger kritisierte vor allem die Vertrags- und Eigentumsfreiheit. Hauptargument war, dass die notwendigen Voraussetzungen für einen solchen eigenverantwortlichen Marktteilnehmer bei weiten Teilen der Bevölkerung nicht vorhanden waren. Dies lag nicht nur an Defiziten der allgemeinen Bildung, die viele Menschen dem geschäftlich Erfahrenen hoffnungslos unterlegen sein ließen. Es lag auch daran, dass die faktischen Voraussetzungen für eine solche Marktteilnahme, nämlich Kapital und Eigentum, gerade in der sich ökonomisch verschärfenden Lage des jungen Kaiserreichs bei sehr vielen Bürgern nicht vorlagen. Bei Lohnarbeitern, Lohnhandwerkern, den Dienstboten und dem Gesinde, die zusammen deutlich mehr als 50 Prozent der Bevölkerung ausmachten, mussten Vertrags- und Eigentumsfreiheit wie Hohn klingen. Sie wurden durch vermeintliche Vertragsfreiheit einer ihnen vorgegebenen Welt unterworfen, in der sie meist Verlierer waren. Anton Menger warf schon dem Ersten Entwurf vor, den Standpunkt von „vier Fünfteile[n] der gesamten Nation", den der „besitzlosen Volksklassen", völlig übergangen zu haben.[4] Man hat dies später zum Vorwurf verdichtet, das BGB habe sich als Gesetzbuch des Bürgertums verstanden. Eine solche Bevorzugung einer Klasse fand sich in den Arbeiten zum BGB aber nirgends. Das Pathos der gleichen Freiheit aller zielte auf eine Privatrechtsgesellschaft, die niemanden ausschloss. Es bleibt der bereits oben[5] getroffenen Feststellung, dass dem BGB um 1900 noch die Gesellschaft fehlte, die es als Ziel verfolgte.

Nicht zu verkennen war andererseits, dass die BGB-Verfasser in ihrem Versuch, das BGB dem politischen Kampf möglichst zu entziehen, sozialpolitischen Entscheidungen

---

4 Anton Menger, Das Bürgerliche Recht und die besitzlosen Volksklassen, 4. Aufl. Tübingen 1908, S. 2.

5 Siehe hierzu S. 24 f.

aus dem Weg gingen. Dies zeigt die Problematik des **Gesindes**. Mit diesem letztlich mittelalterlichen Begriff wurden noch immer die in den Haushalt des Dienstgebers aufgenommenen Dienstboten und Handwerker zusammengefasst, die dessen Willkür oft in besonderem Maße ausgesetzt waren. Hier bestimmten territorial höchst verschiedene Gesindeordnungen das rechtliche Feld, die dem Gesinde oft eine Rechtsstellung zuwiesen, die wirtschaftlich der alten Leibeigenschaft nahekam. Nachdem schon die Erste Kommission in Tradition zum Dresdner Entwurf eines Obligationenrechts[6] das Gesinderecht beim Landesgesetzgeber hatte belassen wollen, verweigerten sich auch das Reichjustizamt und die Zweite Kommission dem Druck der SPD und lehnten eine Aufnahme dieser Frage ins BGB mit dem Argument ab, dass diese Dienstverhältnisse regional sehr unterschiedlich seien und sich daher einer einheitlichen Regelung entzögen. Die erbitterten Debatten im Reichstag brachten strafrechtlich immerhin die Abschaffung des Züchtigungsrechts und sozialrechtlich eine Krankenversicherungspflicht durch den Dienstherrn. Nur wenige Vorschriften des BGB wurden als für das Gesinderecht zwingend erklärt, immerhin auch die Vorschriften über die Geschäftsfähigkeit (§§ 104–115 BGB 1900), die Haftung für Erfüllungsgehilfen (§ 278 BGB) und die Schutzvorschriften der §§ 617 und 618 BGB. Eine allgemeine Unterwerfung des Gesindevertrags unter den Dienstvertrag des BGB wurde in § 95 Abs. 2 EGBGB 1900 jedoch abgelehnt und mit den benannten Ausnahmen das BGB für nur subsidiär anwendbar erklärt. In der Folge unterlag auch nach 1900 das Gesinde Arbeitsbedingungen, die mit dem Ideal des freien, gleichen Bürgers nicht vereinbar waren. So konnten in Bayern Dienstboten bereits fristlos gekündigt werden, wenn diese „der Verwarnung ungeachtet mit Feuer und Licht unvorsichtig" umgegangen waren, die „Behausung zur Nachtzeit heimlich" verlassen hatten oder wenn sich ein „unverheirateter weiblicher Dienstbote [...] im Zustand der Schwangerschaft befand".[7]

Lässt sich dies zu einem Gesamtbild verallgemeinern? Hatte der Gesetzgeber die soziale Dimension seiner Grundentscheidung für Privatautonomie völlig ausgeblendet?

---

6 Art. 632 DE hatte weitergehend den Ländern auch die Regelung der Vertragsverhältnisse zwischen Meistern und Gesellen, Fabrikherren und Fabrikarbeitern überlassen.

7 Art. 24 Nr. 5, Nr. 9 und Nr. 13 Bayerisches Ausführungsgesetz zum BGB, bei Fritz Ostler, Bayerische Justizgesetze, München 1952, S. 46 ff.; Beispiele nach Hans Schlosser, Zivilrecht für 100 Jahre. Das janusköpfige Bürgerliche Gesetzbuch, in: ders. (Hg.), Bürgerliches Gesetzbuch 1896–1996. Ringvorlesung aus Anlaß des hundertjährigen Jubiläums der Verkündung des Gesetzes sowie des fünfundzwanzigjährigen Bestehens der Juristischen Fakultät der Universität Augsburg, Karlsruhe 1997, S. 22.

Literatur: Michael John, Politics and the Law in Late Ninetheenth-Century Germany. The Origins of the Civil Code, Oxford 1989; Hans Schulte-Nölke, Das Reichsjustizamt und die Entstehung des Bürgerlichen Gesetzbuches, Frankfurt a. M. 1995, S. 318 ff.; Hans Schlosser, Zivilrecht für 100 Jahre. Das janusköpfige Bürgerliche Gesetzbuch, in: ders. (Hg.), Bürgerliches Gesetzbuch 1896–1996. Ringvorlesung aus Anlaß des hundertjährigen Jubiläums der Verkündung des Gesetzes sowie des fünfundzwanzigjährigen Bestehens der Juristischen Fakultät der Universität Augsburg, Karlsruhe 1997, S. 5 ff.; Thomas Vormbaum, Die Sozialdemokratie und die Entstehung des Bürgerlichen Gesetzbuches, 2. Aufl. Baden-Baden 1997; Dieter Schwab, Das BGB und seine Kritiker, in: ZNR 2000, S. 334 ff.; Tilman Repgen, Was war und wo blieb das soziale Öl?, in: ZNR 22, 2000, S. 406 ff.; ders., Die soziale Aufgabe des Privatrechts, Tübingen 2001; Michael Damnitz, Bürgerliches Recht zwischen Staat und Kirche. Mitwirkung der Zentrumspartei am Bürgerlichen Gesetzbuch, Baden-Baden 2001; Michael Wolters, Die Zentrumspartei und die Entstehung des BGB, Baden-Baden 2001; Rüdiger Hansel, Jurisprudenz und Nationalökonomie. Die Beratungen des BGB im Königlich Preußischen-Landes-Ökonomie-Kollegium 1889, Köln 2006; Tanja-Carina Riedel, Gleiches Recht für Frau und Mann. Die bürgerliche Frauenbewegung und die Entstehung des BGB, Köln 2008; Petra Zrenner, Die konservativen Parteien und die Entstehung des Bürgerlichen Gesetzbuches, Münster 2008; Dorothea Steffen, Bürgerliche Rechtseinheit und Politischer Katholizismus, Paderborn 2008; Sabine Stiersdorfer, Das erste einheitliche deutsche Güterrecht. Der Entwurf der Verwaltungsgemeinschaft für das BGB 1900 und seine Diskussion in der Rechtswissenschaft, Berlin 2010; Peter Schröder (Hg.), Der Staat als Genossenschaft. Zum rechtshistorischen und politischen Werk Otto von Gierkes, Baden-Baden 2021.

3.1.3 Kodifikation und Sondergesetze

Für die Gesetzgebungskommission erwiderte Gottlieb Planck 1889 auf die Vorwürfe Gierkes.[8] Er beharrte auf der Aufgabe einer Kodifikation, Bestehendes zu vereinheitlichen, nicht neues Recht zu schaffen. Er sah durchaus, dass man nicht nur „die im Volke bereits lebenden Rechtsgedanken" berücksichtigen müsse, sondern auch das „werdende Recht".[9] Hierbei sei aber größte Vorsicht geboten, besonders mit Blick auf den von Gierke geforderten Schutz des Schwächeren:

> Als einen allgemeinen Mangel des Entwurfes bezeichnet es Gierke, daß der Entwurf den Schwachen nicht gegen die wirthschaftliche Uebermacht des Stärkeren schütze. […] die Frage,

8 Gottlieb Planck, Zur Kritik des Entwurfes eines Bürgerlichen Gesetzbuches für das Deutsche Reich, in: AcP 75, 1889, S. 327 ff.

9 Gottlieb Planck, Zur Kritik des Entwurfes eines Bürgerlichen Gesetzbuches für das Deutsche Reich, in: AcP 75, 1889, S. 331.

> wer der Schwächere und wer der Stärkere ist, läßt sich nicht nach allgemeinen Kategorien entscheiden. Die wichtigsten Factoren wirthschaftlicher Macht und Schwäche, Reichthum und Armuth, lassen sich im Privatrechte überhaupt nicht als Voraussetzungen von Rechtssätzen verwenden. Ebensowenig läßt sich allgemein behaupten, daß der Schuldner gegenüber dem Gläubiger der Schwächere sei.[10]

Ein Argument, das uns heute eigenartig erscheint. In den klassischen Schutzgebieten, dem Miet- und dem Arbeitsrecht, gelten generell Mieter und Arbeitnehmer als schutzwürdig. Ganz so einfach war es aber gerade um 1900 nicht. Dies zeigt ein zeitgenössisches Beispiel aus dem Mietrecht. In einem Berliner Mietvertragsformular fand sich 1870 die Bestimmung:

> Die verabsäumte oder nicht vollständige Bezahlung der Miethe und der häuslichen Nebenabgaben am festgesetzten Tage hebt diesen Kontrakt vollständig auf, so dass der Miether auf Verlangen des Vermieters die Wohnung ohne vorausgegangene Kündigung, bei Vermeidung der Exmission, sofort räumen muss.[11]

Die naheliegende Reaktion auf solch eine Bestimmung ist der Schutzreflex zugunsten des Mieters. Hier scheint ein Mieter rücksichtslos benachteiligt worden zu sein. Um nun Stärke und Schwäche zulasten des Vermieters nachzuweisen, bedarf es jedoch eines Blicks in dessen Position. Die Vermieter waren zumeist Hauseigentümer, die das neu errichtete Haus, in der Hoffnung von den Mieteinnahmen leben zu können, von den Bauunternehmern ohne großes Eigenkapital gekauft hatten. Sie mussten daher hohe Hypothekenkredite aufnehmen. Da diese sehr kurze Verfallzeiten hatten (üblich waren acht Tage Zahlungsverzug), waren sie ihrerseits darauf angewiesen, die Mieteinnahmen pünktlich für die Rückzahlung ihrer Kreditraten zu nutzen.Gelang dies nicht, wurde der Kreditvertrag gekündigt und sie mussten mit der Zwangsversteigerung des Hauses rechnen. Sie gaben also einen Zahlungsdruck an die Mieter weiter, dem sie selbst ausgesetzt waren. In solchen Konstellationen war es nicht leicht, die Schutzbedürftigkeit klar zu bestimmen. Generell galt: Neben individuellen Faktoren,

---

10 Gottlieb Planck, Zur Kritik des Entwurfes eines Bürgerlichen Gesetzbuches für das Deutsche Reich, in: AcP 75, 1889, S. 408 f.

11 Ich übernehme das Beispiel aus Tilman Repgen, Rechtsprechung und Wohnungsfrage im 19. Jahrhundert. Beispiele zum Recht der außerordentlichen Kündigung, in: Michele Luminati, Ulrich Falk u. Mathias Schmoeckel (Hgg.), Mit den Augen der Rechtsgeschichte: Rechtsfälle – selbstkritisch kommentiert, Münster 2008, S. 235 ff.

wie Verhandlungsgeschick oder rechtlichen Kenntnissen, war es der Markt, der über die Ausgangsposition des Vertrages entschied. Der Mieter war nur dann generell schützenswert, wenn es weniger Wohnraum gab als Bedarf. Änderte sich dies, dann war möglicherweise der Vermieter schützenswert. In Berlin betrug der Wohnungsleerstand 1890 3 Prozent, 1895 6 Prozent, 1900 nur 0,6 Prozent. Der Mietmarkt war also keineswegs immer durch zu wenig Wohnraum geprägt, nicht automatisch war daher der Mieter in der schwächeren Position. Schutzgesetze waren somit stetig den ökonomischen Rahmenlagen anzupassen.

Planck folgerte aus diesen Schwierigkeiten nun nicht, dass man auf einen Schutz des Schwächeren verzichten müsse. Er meinte nur, es sei vorzuziehen, „dies der **Specialgesetzgebung** zu überlassen, die ja mittelbar durch die feste Grundlage, welche sie in der Codification des bestehenden Rechtes findet, außerordentlich erleichtert und gefördert wird“. Damit verschiebt sich das Bild nicht unerheblich. Das BGB sollte die „feste Grundlage“ sein, und Sondergesetze sollten die Aufgabe übernehmen, Schutzkonzepte dynamisch an die sich wandelnde Wirklichkeit anzupassen. Keineswegs wollte Planck ein schrankenlos liberales, gar unsoziales Privatrecht, er wollte die Korrekturen der Privatautonomie nur durch flexible Sondergesetze handhaben, um damit den Text der Kodifikation zu stabilisieren. Und so gab sich um 1900 auch das BGB.

Die Bedeutsamkeit dieses Unterschiedes leuchtet heute wenig ein. Teilweise erfolgt der Schutz des Schwächeren durch Sondergesetze, wie etwa weitestgehend im aus dem BGB ausgelagerten Arbeitsrecht. Teilweise befindet sich der Schutz des Schwächeren im BGB, beispielsweise beim Verbraucherschutz bei Fernabsatzgeschäften. Ob der eine oder der andere Weg gewählt wird, folgt historischen Zufällen – so wurde der Verbraucherschutz 2001 mit einer großen Reform des BGB verbunden – und pragmatischen Gründen: Die Sondergesetze des Arbeitsrechts würden das Gesetzbuch in ihrem Umfang sprengen. Warum betonte Planck gerade diesen uns heute eher unbedeutenden Unterschied?

Die Unterscheidung bedeutete zunächst ein System von **Statik** und **Dynamik**. Das Reichsjustizamt und die Zweite Kommission fügten ab 1892 eine ganze Reihe von sozialen Schutznormen in das BGB ein, bei denen sie davon ausgingen, hier bereits auf sicherem Boden zu stehen. Genannt seien Missbrauchsklauseln wie §§ 226, 826, 2353 Abs. 2 BGB, 2354 BGB 1900, das außerordentliche Kündigungsrecht bei einem Zinssatz über 6 Prozent (§ 247 BGB 1900), die erweiterten Formvorschriften bei Grundstücksverträgen (§ 313 BGB 1900), die richterliche Ermäßigung einer Vertragsstrafe (§ 343 BGB), das Kündigungsrecht des Mieters wegen Gesundheitsgefährdung (§ 544 1900), der Grundsatz „Kauf bricht nicht Miete“ (§ 571 1900), die Schutzvorschriften der §§ 617–619 BGB zugunsten der Arbeitnehmer oder auch die

Pflicht zur Ausstellung eines Zeugnisses (§ 630 Abs. 1 BGB). In diesen Bereichen befand sich das BGB ganz auf der sozialpolitischen Höhe seiner Zeit und wird zu Recht als „erste moderne sozialpolitisch beeinflußte Zivilrechtskodifikation" bezeichnet.[12] Daneben setzte man auf die fortlaufende Sozialgesetzgebung des Reiches, überließ die weitere Modernisierung also dem Gesetzgeber durch Sondergesetze, für die man beispielhaft die Gewerbeordnung, das HGB oder das Binnenschifffahrtsgesetz nannte. Wenn Planck dafür plädierte, Schutzgesetze als Sondergesetze zu erlassen, war das auch eine Entscheidung dafür, die Interventionsdynamik aus dem BGB herauszuhalten. Das BGB stand damit für eine stabile Kodifikation, die durch Sondergesetze schutztechnisch dynamisiert wurde. Sondergesetze waren aus der Sicht Plancks also keine Korrekturen gesetzgeberischer Fehler des BGB, sondern ein stets anzupassendes sozialpolitisches Feinsteuerungsinstrument. Zugleich sollten Experimente hier stattfinden und die Kodifikation nur das aufnehmen, was gereift und sicher erschien. Die Überlegung, Spezialgesetze zu nutzen, um sozialpolitische Reformen erst einmal zu testen, hatte Eduard Lasker, einer derer, die im Reichstag das BGB erkämpft hatten, schon am 31. Mai 1872 ausgesprochen:

> Wenn die Spezialgesetzgebung tüchtig vorarbeitet, wenn in ihr der deutsche Geist sich entfaltet, und wenn wir in gemeinsamer Arbeit gelernt haben, auch unsere Zivilgesetze in Wort und Geist nach deutscher Art zu gestalten, dann ist der rechte Zeitpunkt gekommen, an die Kodifikation zu gehen.[13]

Dahinter stand aber auch ein System von **Regel** und **Ausnahme**. Der Grundcharakter des BGB blieb liberal.

Viele alte Schranken der Vertragsfreiheit wurden nicht ins BGB übernommen. Dies gilt beispielsweise für die alte Vorstellung einer Vertragsunwirksamkeit für den Fall, dass eine Partei übermäßigen Gewinn macht (**laesio enormis**).[14] § 138 Abs. 2 BGB 1900 ist für ein „auffälliges Mißverhältnis" nur ein blasser Schatten dieser alten Regelung, weil er den praktisch kaum zu führenden Nachweis erfordert, dass die Übervorteilung auf einer „Ausbeutung der Zwangslage, der Unerfahrenheit, des Mangels an Urteilsvermögen oder der erheblichen Willensschwäche eines anderen" beruht. Die alte Regel des Gemeinen Rechts, dass Verträge die stillschweigende Bedingung gleichbleibender

12 Werner Schubert, Das Bürgerliche Gesetzbuch von 1896, in: Herbert Hofmeister (Hg.), Kodifikation als Mittel der Politik, Wien u. a. 1986, S. 28.

13 Stenographische Berichte des Reichstags, 32. Sitzung am 31. Mai 1872, Bd. 25, S. 623.

14 Vgl. hierzu bereits oben S. 77, 106.

Umstände enthielten (**clausula rebus sic stantibus**), war bewusst vermieden worden, sodass Verträge nicht an dramatische Kontextveränderungen angepasst werden konnten. Das BGB betonte also die Freiheit und überließ Korrekturen den Sondergesetzen. Freiheit war die Regel und Sondergesetze als Intervention die Ausnahme. Dahinter stand ein uns heute fremdes Problem: die politische Funktion einer Privatrechtskodifikation. Oben wurde darauf hingewiesen, dass die zentrale juristische Folgefrage der Idee eines Privatrechts war, wie dieser Freiheitsraum juristisch gegen den Staat abgesichert werden sollte.[15] Der uns heute vertraute Ort dafür sind Verfassungen. Dabei ist jedoch zu bedenken, dass eine allgemeine Handlungsfreiheit, also Art. 2 Abs. 1 GG, in der wir heute insbesondere die Vertragsfreiheit absichern, erst mit dem Grundgesetz von 1949 ein Verfassungsgrundsatz wurde. In den etwa 80 Verfassungen auf deutschem Boden im 19. Jahrhundert fand sich der Grundsatz der Vertragsfreiheit nirgends geschützt. Besser stand es um die Eigentumsfreiheit, die seit dem Preußischen Edikt von 1807 in vielen deutschen Verfassungstexten enthalten war. Für die Rechtslage um 1900 ist aber zu bedenken, dass die Reichsverfassung von 1871 keinen Grundrechtsteil besaß. Im Deutschen Reich gab es also nur landesrechtliche Verfassungsverbürgungen der Eigentumsfreiheit. Vertragsfreiheit wurde auch in Landesverfassungen nicht explizit geschützt. Indem das BGB die Privatautonomie betonte und die Schranken in weiten Teilen den Sondergesetzen überwies, dokumentierte es den **Verfassungsersatz**, den Privatrechtskodifikationen im 19. Jahrhundert übernommen hatten. Auch wenn es nur in Sachsen 1865 gelungen war, eine neue territoriale Zivilrechtskodifikation in Kraft zu setzen, hatte es doch in weiten Teilen des Reiches Versuche gegeben, eine solche Kodifikation durchzusetzen. Das BGB war in dieser Perspektive ein wichtiges **Symbol** staatlicher Freiheitsverbürgung.

Schon Zeitgenossen blieben diese Überlegungen freilich weitgehend verborgen. Die rechtshistorische Forschung hat sie erst seit den 1980er Jahren genauer herausgearbeitet. Dass das BGB trotz der zeitgenössisch anhaltenden Kritik überhaupt zustande kam, lag zunächst daran, dass es dem Reichsjustizamt gelungen war, die Zweite Kommission so inhomogen zu besetzen, dass die Verwaltung das Projekt maßgeblich in ihrer Hand behielt und vorantreiben konnte. Erst im Reichstag brachen die politischen Konflikte dann 1895/1896 offen aus. Hier gelang es den Gegnern der Kodifikation jedoch nicht, sich zu einer Einheit zu verbinden. Die Parteien beharrten auf ihren Sonderinteressen und egalisierten ihre Kritik so gegenseitig. Dass das BGB angenommen wurde und nur die Sozialdemokraten geschlossen dagegen stimmten, war letztlich auch der

15 Vgl. oben S. 19 ff.

Einsicht zu verdanken, dass auch eine schlechte Kodifikation immerhin ein Symbol der nationalen Einheit war.

Bis heute findet sich also immer wieder ein Missverständnis: Die Verfasser des BGB waren keineswegs sozialpolitisch naiv. Vor dem Hintergrund der politischen Kämpfe um die Frage, welche politische Aufgabe eine Privatrechtskodifikation haben sollte, stand ihnen jedoch vor Augen, dass im Reichstag an eine Einigung über ein sozialpolitisches Konzept nicht zu denken war. Sie versuchten daher, das BGB von diesen Kämpfen freizuhalten, und setzten weitgehend auf Spezialgesetze, die besser geeignet schienen, die soziale Dynamik des Kaiserreichs aufzufangen. Mit einem Glauben an die segensreiche Wirkung eines völlig unregulierten Marktes, an schrankenlose Privatautonomie, hatte dieses Konzept nichts zu tun.

Literatur: Thomas Vormbaum, Politik und Gesinderecht, Berlin 1980, S. 270 ff.; Michael Stolleis, Die Entstehung des Interventionsstaates und das öffentliche Recht, in: Zeitschrift für Neuere Rechtsgeschichte 1989, S. 129 ff.; Michael John, Politics and the Law in Late Ninetheenth-Century Germany. The Origins of the Civil Code, Oxford 1989; Hans Schulte-Nölke, Das Reichsjustizamt und die Entstehung des Bürgerlichen Gesetzbuches, Frankfurt a. M. 1995, S. 318 ff.; Hans Schlosser, Zivilrecht für 100 Jahre. Das janusköpfige Bürgerliche Gesetzbuch, in: ders. (Hg.), Bürgerliches Gesetzbuch 1896–1996. Ringvorlesung aus Anlaß des hundertjährigen Jubiläums der Verkündung des Gesetzes sowie des fünfundzwanzigjährigen Bestehens der Juristischen Fakultät der Universität Augsburg, Karlsruhe 1997, S. 5 ff.; Joachim Rückert, Verfassungen und Vertragsfreiheit, in: Jean-François Kervégan u. Heinz Mohnhaupt, Gesellschaftliche Freiheit und vertragliche Bindung in Rechtsgeschichte und Philosophie, Frankfurt a. M. 1999, S. 165 ff.; Dieter Schwab, Das BGB und seine Kritiker, in: ZNR 22, 2000, S. 334 ff.; Tilman Repgen, Die soziale Aufgabe des Privatrechts, Tübingen 2001; Sibylle Hofer, Freiheit ohne Grenzen? Privatrechtstheoretische Diskussionen im 19. Jahrhundert, Tübingen 2001, S. 1 ff.; Dieter Grimm, Verfassung und Privatrecht im 19. Jahrhundert, Tübingen 2017; Joachim Rückert, Art. Gottlieb Planck in: ders. u. Jürgen Vortmann (Hgg.), 600 Jahre Niedersächsische Juristen. Ein biografisches Lexikon, 2. Aufl. Halle-Wittenberg 2022, S. 273 ff.

3.1.4 Vertiefung: „Rechtsmissbrauch“

Eine ganz unscheinbare, heute fast vergessene Vorschrift im BGB ist geeignet, den Wandel der Anschauungen, denen das BGB in seiner Entstehungszeit und dann im 20. Jahrhundert ausgesetzt war, zu verdeutlichen: § 226 BGB:

> Die Ausübung eines Rechts ist unzulässig, wenn sie nur den Zweck haben kann, einem anderen Schaden zuzufügen.

Worum geht es? Subjektive Rechte und insbesondere die daraus folgenden Ansprüche (§ 194 Abs. 1 BGB) gewähren dem Privatrechtssubjekt einen Freiheitsraum bei ihrer Ausübung. Der Eigentümer kann, wenn das Gesetz es nicht verbietet, entscheiden, ob er dem armen Mieter kündigt oder darauf verzichtet. Der Arbeitgeber kann entscheiden, ob er dem kranken Arbeitnehmer kündigt, wenn Vertrag und Gesetz dies zulassen. Die Frage, ob es Bereiche gibt, in denen nur ethisches, nicht rechtlich erzwungenes Handeln darüber bestimmt, ob man Rücksicht auf die Situation des Anspruchsgegners nimmt, ist für die hier diskutierte Problematik entscheidend. Wenn man die Ausübung eines vom Staat mittels Gesetz oder Privatautonomie gewährten Rechts in das Belieben des Anspruchsinhabers stellt, dann liegt genau hier ein Raum für die Selbstorganisation einer Gesellschaft. Unter dem Stichwort der Trennung des **Rechts** von der **Moral** wurde diese Frage im 19. Jahrhundert als Schlüsselfrage des Privatrechts verstanden. Die Privatrechtsvorkämpfer des 19. Jahrhunderts hoben gerade die Möglichkeit „zum Bösen" hervor, die eine solche freie Rechtsmacht bot. Im Umfeld Savignys wurden diese Fragen intensiv und aus einer uns heute fremden christlichen Perspektive diskutiert. Savigny betonte 1840:

> Daher kann der Reiche den Armen untergehen lassen durch versagte Unterstützung oder harte Ausübung des Schuldrechts, und die Hülfe, die dagegen Statt findet, entspringt nicht auf dem Boden des Privatrechts, sondern auf dem des öffentlichen Rechts; sie liegt in den Armenanstalten, wozu allerdings der Reiche beyzutragen gezwungen werden kann, [...].[16]

Ganz bewusst erlaubte Savigny die Ausübung eines Anspruchs mit der Folge der Existenzvernichtung des Anspruchsgegners. Der Staat musste dafür aufkommen, modern gesprochen durch die steuerfinanzierte, also auch vom Gläubiger mitgetragene Sozialhilfe. Ein auf den ersten Blick hartes, mitleidloses Konzept. Freilich bedeutete die Möglichkeit der unethischen Rechtsausübung nicht, dass Savigny eine solche Rechtsausübung erstrebenswert fand. Savigny hob hervor: „Das Recht dient der Sittlichkeit, aber nicht indem es ihr Gebot vollzieht, sondern indem es die freye Entfaltung ihrer, jedem einzelnen Wesen innewohnenden, Kraft sichert." Sein Schüler Moritz August von Bethmann-Hollweg verdeutlichte: Wenn der Staat „Unsittliches gebietet oder sittlich Nothwendiges verbietet", so werde das „Sittliche, das seiner Natur nach frei ist[,] [...] in seinem innersten Wesen vernichtet". Folge eines Zwangs zum Guten sei, „daß der Wille, der stets in zwingenden Schranken gelaufen, auch zum Guten

16 Friedrich Carl v. Savigny, System des heutigen römischen Rechts, Bd. 1, Berlin 1840, S. 371.

nie erstarkt, und daß das Bewußtsein sittlicher Würde, die Bedingung alles Guten, nur in der reinen Luft der Freiheit gedeiht; daß also der Staat mit seinen zwingenden Verboten sich innerhalb gewisser Grenzen halten muß, wenn er nicht zerstören will, was er bauen soll".[17] Das galt gerade für das Eigentum: „Seine letzte ethische Bestimmung erfüllt das Eigenthum [...] erst in der Ausgleichung von Reich und Arm durch Wohlthätigkeit, die aber nur als freier Liebesbeweis sittlichen Werth hat, nie Gegenstand des zwingenden Rechts werden darf", sondern lediglich eine „Vergeltung im Jenseits" nach sich ziehe.[18]

Wenn das Privatrecht der Raum war, in dem eine Gesellschaft sich zum Besseren hin entwickelte, dann bedeutete dies ein Vertrauen in die Fähigkeit des Menschen, **das Gute frei zu wählen**. Ein Mensch, der sein Recht unethisch gebrauchte, musste dies vor Gott und seinen Mitmenschen rechtfertigen. Christlich bedeutete das, dass nur Menschen, die frei das Gute wählen, indem sie sich der nur im Glauben zu findenden Ethik öffnen, hoffen konnten, den seit dem Sündenfall versperrten, aber durch Christus wieder geöffneten Weg zu Gott wieder zu finden. Erzwungene Sittlichkeit verschloss diesen Weg. Politisch betrachtet, lief das gleiche Projekt darauf hinaus, dass man das Zusammenwirken der Menschen untereinander in ethischen Fragen brauchte, um die Gesellschaft voranzubringen. Dies klang bei Rudolf von Jhering an, der weniger in christlicher, als in innergesellschaftlicher Perspektive Bethmann-Hollwegs Forderung teilte: Den Menschen zum „Guten, Vernünftigen u. s. w. zwingen, ist [...] darum eine Versündigung gegen seine Bestimmung [...], weil ihm damit die Möglichkeit, das Gute aus eigenem Antriebe zu thun, entzogen wird."[19] Der unethische Gläubiger sollte durch soziale Interaktion, notfalls durch die Kritik seiner Mitmenschen, davon überzeugt werden, dass Mitmenschlichkeit der bessere Weg war. Erzwang man staatlich Mitmenschlichkeit, resultierte sie aus Angst vor Strafe, nicht jedoch aus sittlicher Einsicht.

Als Jhering dies 1854 schrieb, hatte jedoch bereits die Krise dieses liberalen Privatrechtsdenkens begonnen. Ausgangspunkt waren Debatten in der Nationalökonomie. Hier reagierte man auf die zunehmend lauter erhobenen Forderungen des Sozialismus (Marx, Engels) und versuchte, dem durch eine stärkere Sozialbindung im Recht

---

17 Moritz August v. Bethmann-Hollweg, Zur Geschichte der Freiheit, in: Protestantische Monatsblätter für innere Zeitgeschichte 9 (1857), S. 31.

18 Moritz August v. Bethmann-Hollweg, Der Civilprozeß des Gemeinen Rechts in geschichtlicher Entwicklung, Bd. I, Bonn 1863, S. 10, 6.

19 Rudolf v. Jhering, Der Geist des Römischen Rechts auf den Stufen seiner Entwicklung, Bd. II 1, Leipzig 1854, S. 130.

Rechnung zu tragen. Einflussreich und auch von Juristen gelesen, waren die Schriften der Nationalökonomen Adolph Wagner und Gustav Schmoller. Schmoller band die Freiheit an das **Sittengesetz** und zog daraus, im Ergebnis ähnlich wie Wagner, die Forderungen an den Staat, eine gerechtere Verteilung zu gewährleisten und wirtschaftliche Ungleichgewichtslage zu korrigieren. Früh hatte auch Jhering diese geänderte Gesprächslage in den Blick genommen. Seit 1877 untersuchte er, wie „die Gesellschaft und der Staat das Individuum zur Mitwirkung" an der Verwirklichung von Gemeinschaftszwecken heranziehe.[20] In den 1880er Jahren war die Zahl der Rechtswissenschaftler, die die Privatautonomie nicht als Chance, sondern als Risiko betrachteten, als Reaktion auf die drängende soziale Frage erheblich gewachsen. Als Schranken der Rechtsausübung wurden nun etwa die Interessen der Rechtsordnung, der Gemeinschaft, der Schutz des Vertrauens oder der Verkehrsinteressen diskutiert. Dabei blieb der Markt und dessen Auswüchse zentrales Argument. Zumeist ging es um den Schutz des Schwächeren, also den innergesellschaftlichen sozialen Ausgleich. Nur wenige, wie etwa Josef Kohler, gingen so weit, den Privatrechtsgedanken übergesellschaftlichen Interessen wie dem „Kulturfortschritt" zu opfern. Der Glaube daran, dass man die Ausübung eines gesetzlich gewährten Rechtes dem Rechtsinhaber frei überlassen müsse, geriet damit als Auswirkung der im Gründerkrach anlaufenden sozialpolitischen Debatten in die Krise. Als die Erste Kommission den heutigen § 226 BGB zunächst nur als heutigen § 903 Abs. 2 BGB, also als Rechtsausübungsschranke des Eigentums, konzipierte, war dies vielen Autoren daher zu defensiv. In Zusammenfassung dieser Diskussion meinte der bekannte Zivil- und Handelsrechtler Friedrich Endemann im Jahr 1896, es entspreche „einer höhern sittlichen Auffassung der Rechtsgemeinschaft, in jedem Recht zugleich eine Pflicht gegen die Gesamtheit hervortreten zu lassen, jede Rechtsausübung an die **Gerechtigkeit** des verfolgten Zwecks zu binden".[21] Auf den Druck dieser Debatte hin, wanderte § 226 BGB in den Allgemeinen Teil, gilt also bis heute für alle subjektiven Rechte des BGB. Die Formulierung macht freilich deutlich, dass man noch immer nicht daran dachte, einen allgemeinen Zwang zur ethischen Rechtsausübung zu formulieren. Eine Anspruchsausübung, die „nur den Zweck haben kann, einem anderen Schaden zuzufügen", ist schwer feststellbar. Die Fälle, in denen § 226 BGB der Rechtsausübung vor den Gerichten Grenzen setzte, muss man daher bis heute „mit der Lupe suchen".[22]

---

20 Rudolf v. Jhering, Der Zweck im Recht, Bd. 1, Leipzig 1877, S. 65.

21 Friedrich Endemann, Einführung in das Studium des Bürgerlichen Gesetzbuchs für das Deutsche Reich. Ein kurzgefaßtes Lehrbuch. Erster Theil, Berlin 1896, S. 421.

22 MüKo/Börries v. Feldmann, 3. Aufl. 1993, § 226, Rn. 1.

Warum die BGB-Verfasser so zurückhaltend blieben, wird deutlich mit Blick auf die Zuständigkeitsebene. Die Rechtsausübung konnte nur dann zu einem ethischen Problem werden, wenn durch den **Gesetzgeber** Freiheitsräume für den Rechtsinhaber entstanden waren, die nun unethisch genutzt wurden. Diese Freiheitsräume waren aber gerade der Bereich, um den die liberale Gesellschaft gekämpft hatte. Indem etwas gesetzlich ex ante festgelegt war, waren die Spielräume des Bürgers für ein erlaubtes Agieren am Markt vorhersehbar und sicher. In dieser Logik musste der Gesetzgeber unethische Ausübungsmöglichkeiten durch eine Begrenzung des subjektiven Rechts beschränken. Wenn man dagegen mit offen formulierten Rechtsausübungsschranken arbeitete, wie Endemanns Vorschlag einer Orientierung an die „Gerechtigkeit", dann wurde das ganze Projekt der Absicherung des Freiheitsraumes gegen den Staat **freiem richterlichem Zugriff** geöffnet. Ob man einen gesetzlich gewährten Freiheitsraum nutzen konnte, wusste man dann erst ex post, im Prozess. Dies dann noch in einem prinzipiellen Rechtssatz mit einer vagen Generalklausel auszudrücken, hätte die ganze Idee der Kodifikation in Frage gestellt. Daher beließ man es bei § 226 BGB.

Unter dem Druck der großen Richterrechtsdebatten um 1900, auf die noch einzugehen ist,[23] wurde diese gesetzgeberische Konzeption schon früh aufgeweicht. Die Judikatur umging das Problem, indem sie die gemeinrechtliche Arglisteinrede weiter verwendete, obwohl der Gesetzgeber sich dagegen ausgesprochen hatte.[24] Damit gelang es lange Zeit, eine Prinzipiendebatte um den Rechtsmissbrauch zu vermeiden und so blieb § 226 BGB praktisch wirkungslose Ausübungsschranke des BGB und die Arglisteinrede die flexible Einzelfallkorrektur.

Blickt man auf die heutige Rechtslage, so zeigt sich, dass wir diese Konzeption inzwischen verlassen haben. Im verbreiteten „**Grüneberg**" heißt es heute:

> Treu u Glauben bilden eine allen Rechten, RLagen und RNormen immanente Inhaltsbegrenzg („Innentheorie") […]. Die gg § 242 verstoßde „Rechtsausübg" oder Ausnutzg einer „Rechtslage" ist als RÜberschreitg missbräuchl u unzuläss. […] Eine gg § 242 verstoßde RAusübung kann bei Änderg der maßg Umst wieder zuläss werden […]; umgekehrt kann eine Änderg der Verh dazu führen, dass die zunächst zuläss RAusübung missbräuchl wird. § 242 ruft daher eine Relativität des RInhalts hervor.[25]

---

23 Vgl. unten S. 143 ff.

24 Genauer unten S. 151 ff.

25 Grüneberg, 81. Aufl. München 2022, § 242, Rn. 38.

§ 242 BGB, mit seinem Hinweis auf Treu und Glauben, bietet heute den Standort des Problems. Hier residiert die „**Rechtsmissbrauchslehre**“, der gegenüber § 226 BGB keine eigenständige Bedeutung hat, sozusagen totes Recht, das man nicht mehr braucht, weil man viel weitergehende Möglichkeiten hat. § 242 BGB wird heute nicht als eine Norm mit einem bestimmten Regelungsinhalt verstanden, sondern als „**Delegationsnorm**“, die dem Richter erlaubt, in bestimmten Fällen Recht frei zu sprechen. Wenn alle Rechte „in sich“ Treu und Glauben tragen, dann bedeutet dies, dass der Richter den Rechtsinhalt an frei von ihm zu wählenden ethischen Maßstäben messen kann. Jedes Recht kann in seiner Ausübung eingeschränkt werden, formal findet diese Formulierung keinen Raum mehr für eine gegen den Staat abgesicherte Rechtsausübung. Es ist kein Zufall, dass diese fast uferlose Ausweitung der richterlichen Möglichkeit, die Rechtsausübung zu versagen, auf Diskussionen im **Nationalsozialismus** zurückgeht. Die dortige Maxime „Gemeinnutz geht vor Eigennutz“ war das Gegenmodell zum Privatrecht schlechthin. Freiheit auch gegen den Staat widersprach nationalsozialistischem Denken fundamental. Und so opferte man die in § 226 BGB ausgedrückte Idee einer weitgehend freien Ausübung des gesetzlich zugesicherten Freiheitsbereichs beliebigen staatlichen Zugriff. Unter Berufung auf § 242 BGB bewirkte die von Wolfgang Siebert 1934/35 entwickelte Lehre vom Rechtsmissbrauch „gewissermaßen automatisch […] sobald […] das Privatrechtsverhältnis nach seinem Inhalt, nach seinen Wirkungen oder nach der Person der Beteiligten irgendwie unmittelbar das Gemeinwohl berührt, ergibt sich […] die Notwendigkeit, bei der Interessenabwägung die Anforderungen des Gemeinschaftsgedankens entscheidend zur Geltung zu bringen“.[26] „Treu und Glauben“ diente dabei als „Einbruchstelle“ für nationalsozialistisches Rechtsdenken, sodass der Richter nun privatrechtliche Freiheitsräume beliebig staatlichen Interessen öffnen konnte und infolge der Berufung auf § 242 BGB formal das Gesetz gleichwohl anwendete. Man zerstörte die vom BGB gewährten subjektiven Rechte durch die „Anwendung“ des BGB. Die NS-Justiz nutzte dies beispielsweise, um vertragliche Pensionszusagen von Unternehmen an ihre ehemaligen jüdischen Mitarbeiter zu beschneiden. Auf diese Entwicklungen wird zurückzukommen sein.[27] Nach 1945 behielt man die von Siebert entwickelte Rechtsmissbrauchslehre bei und strich nur stillschweigend die NS-Bezüge. Das benannte Zitat aus dem Grüneberg lässt sich insofern bis in den konkreten Wortlaut zu den NS-Auflagen des damals noch Palandt genannten Kommentars zurückverfolgen.[28] In der darin ausgedrückten uferlosen Weite

26 Wolfgang Siebert, Verwirkung und Unzulässigkeit der Rechtsausübung, Marburg 1934, S. 120.
27 Vgl. unten S. 211 ff., 238 ff.
28 Vgl. unten S. 304 f.

verkennt es jedoch, dass zentrale subjektive Rechte des Privatrechts verfassungsrechtlich geschützt sind. Wollte der Richter die im Grüneberg gewährte Richtermacht so unbeschränkt wie dort benannt nutzen, würde er mit den Sicherungen des Privatrechts in Konflikt treten, die seit 1949 dem BGB vorgehen. Unter Berufung etwa auf Art. 2 oder 14 GG könnte sich der Bürger gegen willkürliche Beschneidungen seiner Rechte mittels der Justiz zur Wehr setzen. Damit zeigt die Rechtsmissbrauchsthematik eine doppelte Verschiebung der Privatrechtsfrage: Der Schutz subjektiver Rechte ist vom BGB in die Verfassung gewandert. Und er ist angesichts der Spielräume der Verfassungsdogmatik weitgehend den Richtern des BVerfG anvertraut, nicht mehr nur dem präzise gefassten Gesetz. Da zugleich auf dem kurvenreichen Weg zum modernen Sozialstaat immer mehr Gebiete des Privatrechts durch zwingendes Recht staatlich gesteuert wurden, kann man den Übergang vom Schikaneverbot des § 226 BGB zur heutigen Rechtsmissbrauchslehre so als Ausdruck der Abkehr vom liberalen Privatrechtsmodell im 20. Jahrhundert lesen.

Literatur: Hans-Peter Haferkamp, Die heutige Rechtsmißbrauchslehre – Ergebnis nationalsozialistischen Rechtsdenkens?, Berlin 1994; Sibylle Hofer, Freiheit ohne Grenzen? Privatrechtstheoretische Diskussionen im 19. Jahrhundert, Tübingen 2001; HKK/Hans-Peter Haferkamp, § 242 BGB, Tübingen 2003, Rn. 43 ff., 47 ff., 74 ff.; Philipp Eichenhofer, Rechtsmissbrauch. Zu Geschichte und Theorie einer Figur des Europäischen Privatrechts, Tübingen 2019, S. 99 ff; Hans-Peter Haferkamp, Art. Rechtsmissbrauch, in: Staatslexikon, 8. Aufl. 2020, Sp. 1196 ff.; Hans-Peter Haferkamp, Kohlers Privatrechtskonzept, in: Eva Inés Obergfell u. Louis Pahlow (Hgg.) Rechtswissenschaft zwischen Industrialisierung und Republik, Josef Kohler (1849–1919), Tübingen 2021, S. 71 ff.

3.1.5 Die Krise der Form als „Zwillingsschwester der Freiheit"

In den 1880er Jahren geriet die Rechtswissenschaft in eine fast existenzielle Krise. Diese Krise, deren Ursachen und Wirkungen erst im folgenden Abschnitt umfassend beleuchtet werden sollen, hing auch mit der soeben dargestellten sozialen Frage zusammen. Insofern bedarf es hier eines ersten Blicks.

Das Selbstverständnis der das BGB so prägenden Pandektenwissenschaft wurde oben bereits dargestellt. Sie sah ihre wissenschaftliche Aufgabe darin, das positive Recht als zusammenhängendes Ganzes zu begreifen. Oft verkannt, steckte darin gerade im Privatrecht auch ein politisches Projekt, das mit der sozialpolitischen Krise des Privatrechts[29]

29 Vgl. oben S. 108 ff.

für Zeitgenossen seine rechtspolitische Überzeugungskraft einbüßte. Die soziale Frage führte zur Krise des „bürgerlichen Denkstils".[30]

Wie soeben gezeigt, machte die ältere Pandektenwissenschaft die menschliche Freiheit zum „Guten" oder zum „Bösen" in verschiedenen Spielarten zum „Keim des Rechts" (Puchta). Mit diesem Rechtsbegriff hatte sie sich nun dem positiven Recht genähert. Dies war die Perspektive, aus der das „heutige römische Recht" als positiv in Deutschland geltendes Recht von ihr interpretiert wurde. Wenn es die Aufgabe der Rechtswissenschaft war, das positive Recht als zusammenhängendes Ganzes zu erkennen, dann ergab sich ein schwieriges Spannungsverhältnis: Die Entstehung des Rechts musste als frei gedacht werden, seine Struktur als notwendig. Für das Privatrecht bedeutete das, dass die Konstruktion des positiven Rechts als Privatrechtssystem die Privatautonomie als ihr Kernelement umgab und stabilisierte. Und darin versteckte sich ein politisches Projekt, das vor 1848, in Zeiten von Zensur und politischer Überwachung, nicht offen als solches auftrat, sondern als Philosophie. Gleichwohl war den Beteiligten durchaus klar, dass die Verbindung von Freiheit und System Politik transportierte. Besonders radikal ging diesen privatrechtsliberalen Weg Georg Friedrich Puchta, von dessen System oben bereits genauer die Rede war.[31] Privatrecht war für ihn die Anerkennung der menschlichen Freiheit, sich Gegenstände zu unterwerfen. Diese Gegenstände klassifizierten das Privatrecht: Sachen (Sachenrecht), Handlungen (Obligationenrecht), Personen (Ehe, Familien, Erbe). Von hier ausgehend verdichtete er das positive Recht zu einem Geflecht aufeinander bezogener rationaler Argumente. Dies wurde oben am Beispiel seiner Servitutenlehre gezeigt.[32] Wer im Privatrecht rechtlich argumentieren wollte, wurde in diese Welt gezwungen. Verstieß man gegen diese rationale Struktur, so entstand ein „Widerspruch", den man auflösen musste, indem man den neuen Satz (notfalls als Ausnahme) in das System integrierte oder andere Rechtssätze modifizierte. Privatrecht wurde zu einem rationalen Gespräch von Spezialisten. Und genau darin lag ein politisches Projekt: die Immunisierung des Privatrechts durch „System" gegen staatliche „Willkür":

> Unter dieser kalt anzufühlenden Decke regt und bewegt sich das warme Leben in aller seiner Mannigfaltigkeit, nicht gehindert oder unterdrückt, sondern gefördert und geschirmt. Das was dem überschwänglichen Gefühl als ein Raub an dem Reichthum des mannigfaltigsten

30 Karl Mannheim, Das Problem einer Soziologie des Wissens, in: Archiv für Sozialwissenschaft und Sozialpolitik 53, 1925, S. 584 f.

31 Vgl. oben S. 56 ff.

32 Siehe oben S. 55 ff.

> Daseyns erscheint, ist gerade das Element, welches den Untergang der Individualitäten verhindert.[33]

Die scheinbar so ganz weltfremde Logifizierung des juristischen Argumentationsapparates machte nach Puchtas Überzeugung die Rechtswissenschaft und in der Praxis dann die Justiz und nicht etwa Verfassungen, an deren Kraft er nicht glaubte, zum Schutzherrn der Gesellschaft gegenüber dem Staat. Brieflich hielt er einem Politiker entgegen:

> Der Staatsmann hat nicht das Bedürfnis, das Recht von den übrigen Elementen und Seiten des geistigen Lebens zu unterscheiden [...]. Der Jurist dagegen hat das Interesse, nur von vorneherein den Begriff des Rechts streng und rein zu fassen, und seine Übergänge in andere Gebiete als Modifikationen jenes Begriffs zu behandeln, und damit zugleich in ihre erforderlichen Schranken einzuschließen. Dieses Interesse ist ein theoretisches – von Ihrem Standpunkt ist ein Rechtssystem unmöglichs – es ist aber auch ein praktisches, das Recht sicherzustellen, gegen die Staatskünstler, mögen sie in der Jakobinermütze oder in der Tiara auftreten.[34]

Privatrecht als liberales Konzept und der Versuch, das Recht als System zu begreifen, waren damit eng verknüpft. Der Jurist verteidigte den Freiheitsraum der Gesellschaft gegen die „Staatskünstler", indem er auch diese in das juristische Fachgespräch zwang. Die Voraussetzungen für ein solches Projekt brachen mit den sozialpolitischen Krisenjahren des Privatrechts im Kaiserreich zusammen. Mit der Freiheit geriet auch die Form als ihr Schutzkonzept in die Kritik. Man sprach nun von „Begriffsjurisprudenz". Diesen Übergang verkörpert geradezu Rudolf von Jhering. 1854 hatte er noch ein glühendes Bekenntnis zum liberalen Staat, zum „System der Freiheit" abgelegt. Hier beschränke „die Gesetzgebung sich im wesentlichen darauf, die Voraussetzungen für die Verfolgung" aller Zwecke und Aufgaben der Gemeinschaft „herzustellen und zu erhalten und höchstens eine indirekte Beihülfe zu gewähren, die eigentliche Arbeit aber der freien Thätigkeit des Volks (der Einzelnen, Corporationen, Gemeinden u. s. w.) zu überlassen, so daß also diese Thätigkeit als die eigentliche vis agens des ganzen Systems erscheint".[35]

---

33 Puchta, Cursus der Institutionen I, 1841, S. 19.

34 Hans Liermann u. Hans-Joachim Schoeps, Materialien zur preußischen Ehescheidungsreform im Vormärz, Göttingen 1961, S. 501. Jakobiner waren in der Französischen Revolution die Vorkämpfer der Republik und Gegner der Monarchie. Die Tiara ist die Papstkrone.

35 Rudolf v. Jhering, Der Geist des römsichen Rechts auf den Stufen seiner Entwicklung, Bd. II 1 Leipzig 1854, S. 124.

Er setzte, wie oben gezeigt,[36] auf die sittliche Selbstvervollkommnung des Individuums und der Gesellschaft. Verknüpft damit war formales Denken, also juristische Dogmatik. Der juristische „Formalismus“ war ihm daher ein „Palladium“ der Freiheit eines Volkes. Solchermaßen verknüpfte Rechtssätze seien „eine Schutzmauer gegen äußere Angriffe, – sie lassen sich **nur brechen, nicht biegen**“.[37] In berühmten Worten wurde die **Form** „geschworene Feindin der Willkühr“ und „**Zwillingsschwester der Freiheit**“.[38]

In den ökonomischen und politischen Krisen der 1870er Jahre verlor Jhering den Glauben an die sittliche Kraft der freien Gesellschaft. 1883 hieß es nüchtern: Das „sociale Leistungsvermögen des Egoismus“ habe seine „Unzulänglichkeit“ erwiesen.[39] Bereits 1877 hatte sich Jhering daher dem Staat in die Arme geworfen: „Der Staat ist der, der alle Zwecke der Gesellschaft verschlingt; wenn der Schluss von der Vergangenheit auf die Zukunft ein berechtigter ist, so wird er am Ende der Dinge die ganze Gesellschaft in sich aufgenommen haben“.[40] Konkret bedeutete dies eine Zustimmung zum Interventionsstaat. „Zu lange schon hat unsere Gesetzgebung müssig mit zugesehen, wie Unzuverlässigkeit, Unehrlichkeit, Betrug in Vertragsverhältnissen immer frecher ihr Haupt erhoben und einen Zustand [...] herbeigeführt haben, der einem ehrlichen Menschen schier das Leben verleiden kann“.[41] Verbunden war dies mit einer persönlichen Begeisterung für Bismarck, demgegenüber Dogmatik keinerlei Schutzauftrag mehr hatte:

> Gegenüber der öden Verherrlichung von Prinzipien und toten Formeln hoffe ich den Segen einer gewaltigen Persönlichkeit, der meines Erachtens für Mit- und Nachwelt mehr lebendige Kraft entströmt als allen moralischen und politischen Destillationsprodukten, in das richtige Licht setzen zu können.[42]

Die Schutzfunktion der Dogmatik wurde aufgegeben und das Privatrecht der Macht des staatlichen Gesetzgebers übergeben. Dem Staat als „alleinige Quelle des Rechts“[43]

---

36 Vgl. oben S. 117 ff.

37 Rudolf v. Jhering, Der Geist des römsichen Rechts auf den Stufen seiner Entwicklung, Bd. II 2, Leipzig 1858, S. 497.

38 Rudolf v. Jhering, Der Geist des römsichen Rechts auf den Stufen seiner Entwicklung, Bd. II 2, Leipzig 1858, S. 497.

39 Rudolf v. Jhering, Der Zweck im Recht, Bd. 2, Leipzig 1883, S. 3.

40 Rudolf v. Jhering, Der Zweck im Recht, Bd. 1, Leipzig 1877, S. 304 f.

41 Rudolf v. Jhering, Der Zweck im Recht, Bd. 1, Leipzig 1877, S. 479.

42 Brief an Bismarck vom 15. 9. 1888, abgedruckt in: Helene Ehrenberg, Rudolf von Jhering in Briefen an seine Freunde, Leipzig 1913, S. 443 f.

43 Rudolf v. Jhering, Der Zweck im Recht, Bd. 1, Leipzig 1877, S. 319.

oblag nun „die Sicherung der Lebensbedingungen der Gesellschaft in Form des Zwanges".[44] Rechtssicherheit bot nur das Gesetz, demgegenüber die nun von ihm öffentlichkeitswirksam bekämpfte „Begriffsjurisprudenz" keinerlei Richtigkeitswert mehr hatte. „Doktrinäre Formulierungen und Abstraktionen, welche [...] zu einem Widerspruch mit dem erklärten Willen des Gesetzes führen, sprechen sich damit selber ihr Urtheil".[45] Dogmatik hatte ihre politische Funktion verloren. Doch nicht nur das: Die nun überall sichtbaren Interventionsgesetze nahmen der Rechtswissenschaft das Recht als eigene Gestaltungsmasse aus der Hand. Nun galten Rechtsquellen, deren Bindungskraft gegenüber den antiken Quellen, dem Gerichtsgebrauch und den Ansichten der Rechtswissenschaft ungleich stärker war. Die Rechtswissenschaft, die so lange über ein nationales Recht ohne Staat geherrscht hatte, wurde dem Nationalstaat unterworfen. In den 1880er Jahren wurde aber auch aus innerwissenschaftlichen Gründen immer deutlicher, dass damit die alte Pandektenwissenschaft am Ende war. Es kam zu einer umfassenden Neuorientierung auch der Privatrechtswissenschaft, die mitten in die Entstehungsphase des BGB fiel.

Literatur: Joachim Rückert, Autonomie des Rechts in rechtshistorischer Perspektive, Hannover 1988, S. 79 ff.; Ulrich Falk, Von Dienern des Staates und von anderen Richtern. Zum Selbstverständnis der deutschen Richterschaft im 19. Jahrhundert, in: André Gouron et al. (Hgg.), Europäische und amerikanische Richterbilder, Frankfurt a. M. 1996, S. 251 ff.; Hans-Peter Haferkamp, Georg Friedrich Puchta und die „Begriffsjurisprudenz", Frankfurt a. M. 2004, S. 434 ff.; Peter Oestmann, Die Zwillingsschwester der Freiheit. Die Form des Rechts als Problem der Rechtsgeschichte, in: ders. (Hg.), Zwischen Formstrenge und Billigkeit. Forschungen zum vormodernen Zivilprozeß, Köln 2009, S. 1 ff.; Hans-Peter Haferkamp, Jhering, Kohler und das Erbe der Pandektenlehrbücher, in: P. S. Bakker et al., Rudolf von Jhering (1818–1892). Jhering heute, Groningen 2018, S. 15 ff.; Johannes Liebrecht, Die junge Rechtsgeschichte. Kategorienwandel in der rechtshistorischen Germanistik der Zwischenkriegszeit, Tübingen 2018, S. 378 ff.; Hans-Peter Haferkamp, Jherings Brief an Bismarck vom 15. September 1888, in: Thorsten Keiser, Peter Oestmann u. Thomas Pierson (Hgg.), Wege zur Rechtsgeschichte: Die rechtshistorische Exegese, Köln 2022, S. 446 ff.

44 Rudolf v. Jhering, Der Zweck im Recht, Bd. 1, Leipzig 1877, S. 434.

45 Rudolf v. Jhering, Scherz und Ernst in der Jurisprudenz, Leipzig 1884, S. 346.

3.2 Rechtswissenschaft: Von den Pandekten zum Gesetz

3.2.1 Der Sturz vom Thron

Als 1873 die Arbeiten am BGB begannen, stand die deutsche Privatrechtswissenschaft auf dem Gipfel ihres Ruhms. Vor 1871 hatte ihr die Aufgabe oblegen, ein nationales Privatrecht zu konstruieren, für das es keinen Staat gab. Sie hatte die Universitäten und die Justiz genutzt und das „heutige Römische Recht" aus antiken Quellen und späteren Interpretamenten entwickelt. Die Pandektenwissenschaft vertrat insofern das deutsche Zivilrecht. Savigny, der dies maßgeblich geprägt hatte und 1861 gestorben war, galt als einer der größten Juristen aller Zeiten. Berühmte Pandektenlehrer wie Bernhard Windscheid, Karl Adolph von Vangerow (er starb 1870) oder Rudolf von Jhering zogen Studenten aus der ganzen Welt in ihren Hörsaal. Bezogen war dieser Ruhm vor allem auf die Wissenschaftlichkeit, die man mit dem von diesen Juristen gepflegten Verfahren verband, die klare Begrifflichkeit, die systematischen Zusammenhänge, das Arbeiten mit Prinzipien. Die deutsche Privatrechtsdogmatik galt international als State of the Art.

Zeitgenossen war freilich klar, dass mit dem Heraufziehen der Kodifikation diese Zeit zu Ende ging.

> Diese Rechtsschule (sc. des gemeinen Rechts) wird, sobald Deutschland ein allgemeines Gesetzbuch erhält, für immer geschlossen sein. Die Wirkung davon wird weit tiefer greifen, als die bisherigen Beschränkungen [...]. Es wird sich damit ähnlich verhalten wie bei einer Sonnenfinsternis, bei der die tiefen Veränderungen in der Natur erst in dem Augenblicke eintreten, wo die Sonne ganz den Blicken verschwindet. Alle übrigen juristischen Disziplinen sind bereits kodifiziert. Wird nun auch das gesamte Zivilrecht unter den Bann der Kodifikation gebracht, so hat das freie juristische Denken keine Stätte mehr. Die Frage, ob etwas gerecht, ob es verständig sei, tritt fortan für den Juristen ganz in den Hintergrund gegen die Fragen: Was steht geschrieben? Was mögen diejenigen, die es geschrieben, wohl dabei gedacht haben?[46]

Mit Erscheinen des Ersten Entwurfs machte Otto Bähr, der Verfasser dieses Textes, klar, was der Rechtswissenschaft drohte: Der Gesetzgeber nahm das deutsche Zivilrecht wieder in die Hand und die Rechtswissenschaft wurde vom Normsetzer zum

46 Otto Bähr, Das bürgerliche Gesetzbuch und die Zukunft der deutschen Rechtsprechung. Sonderabdruck aus dem Grenzboten, Leipzig 1888, S. 17.

Normanwender herabgestuft. An die Stelle einer höchst kreativen Rechtswissenschaft, die aus schwer verständlichen, oft widersprüchlichen antiken Texten, einer Fülle wissenschaftlicher Literatur aus späteren Jahrhunderten und dem selten einheitlichen Gerichtsgebrauch das Privatrecht herausdestillierte, drohte ein Diener des Gesetzes zu werden. Ernst Zitelmann warnte 1896, als das BGB den Reichstag bereits fast passiert hatte, nochmals eindringlich vor den „Gefahren des bürgerlichen Gesetzbuches für die Rechtswissenschaft". Die sog. Eisenacher Konferenz der Rechtslehrer hatte im gleichen Jahr das BGB zum Zentrum der Rechtsausbildung gemacht und verbannte das alte Pandektenrecht in die Rechtsgeschichtsvorlesungen. Äußeres Zeichen des damit verbundenen Machtverlustes der Professoren war, dass nicht mehr das Lehrbuch, sondern der vor allem von Praktikern geprägte Gesetzeskommentar zur entscheidenden Literaturgattung aufstieg. Die Zukunft sah für Zitelmann düster aus:

> Arm und nüchtern erscheint gegenüber diesen reichen, alle Künste der Dialektik und der Kombination, alle Kenntnisse der Geschichte und der Sprache erfordernden Bestrebungen (sc. zur Zeit der Pandektenwissenschaft) die Tätigkeit des Auslegers eines modernen Gesetzestextes.

Überall sah Zitelmann nur noch „Wort- und Paragraphen-Jurisprudenz".[47] Doch die Probleme der Pandektenwissenschaft reichten viel tiefer. Wenn 1885, inmitten der Arbeiten zum BGB, Ernst Immanuel Bekker trauernd festgestellt hatte: „Keine Wissenschaft ist so wenig populär wie die unsre",[48] dann verwies er auf tiefergehende Kritik an der Pandektenwissenschaft, die nach 1871 schnell um sich gegriffen hatten. Vor dem Hintergrund des Renommees der Pandektenwissenschaft hätte es nahegelegen, das BGB doch immerhin als gesetzgeberische Umsetzung höchster Wissenschaft zu preisen. Das geschah aber bestenfalls im Ausland. In Deutschland wurde der Erste Entwurf gerade in seinem wissenschaftlichen Anspruch kritisiert. Man sprach vom „Geist einer abgestandenen Pandektenjurisprudenz"[49] und vom lebensfernen „Doctrinarismus".[50] Bekkers Analyse beklagte daher weniger den Machtverlust

47 Ernst Zitelmann, Gefahren des bürgerlichen Gesetzbuches für die Rechtswissenschaft, Bonn 1896, S. 9, 14.

48 Ernst Immanuel Bekker, Aus den Grenzmarken der geschichtlichen Rechtswissenschaft, Greifswald 1885, S. 84.

49 Otto Gierke, Der Entwurf eines Bürgerlichen Gesetzbuches und das deutsche Recht, Leipzig 1889, S. 23.

50 Otto Bähr, Zur Beurtheilung des Entwurfs eines bürgerlichen Gesetzbuches für das Deutsche Reich, München 1888, S. 84.

als grundlegende wissenschaftstheoretische Zweifel am Verfahren der Rechtswissenschaft. Das BGB wurde von einer Rechtswissenschaft (mit-)verfasst und vorgeprägt, die schon während der BGB-Entstehung als wissenschaftlich veraltet kritisiert wurde. Ein Teil der Hintergründe wurde bereits geschildert.[51] Mit der Hinwendung zum Interventionsstaat verlor das Systemdenken der Privatrechtswissenschaft, das bürgerliche Formalprogramm, seine politische Abwehrfunktion. Für die Krise der Dogmatik gab es aber auch einen zweiten Grund, nämlich einen fundamentalen Wandel in der Wissenschaftstheorie überhaupt. Die Pandektenwissenschaft geriet in den Sog des sich im Kaiserreich schnell wandelnden Wissenschaftsverständnisses. Bekker machte dies deutlich, wenn er die Methode der Jurisprudenz mit Nachbarwissenschaften wie Philologie, Geschichte und Naturwissenschaften verglich und feststellte: „Die Jurisprudenz ist zurückgeblieben".[52]

Literatur: Thomas Honsell, Historische Argumente im Zivilrecht. Ihr Gebrauch und ihre Wertschätzung im Wandel unseres Jahrhunderts, Ebelsbach 1982, S. 27 ff.; Dieter Schwab, Das BGB und seine Kritiker, in: ZNR 22, 2000, S. 334 ff.; Hans-Peter Haferkamp, Georg Friedrich Puchta und die „Begriffsjurisprudenz", Frankfurt a. M. 2004, S. 57 ff.; David Kästle-Lamparter, Welt der Kommentare. Struktur, Funktion und Stellenwert juristischer Kommentare in Geschichte und Gegenwart, Tübingen 2016, S. 69 ff., 230 ff.

3.2.2 Abschied vom Volksgeist

1876, drei Jahre nach Beginn der Arbeiten am BGB, hatte der zu diesem Zeitpunkt erst 24-jährige Zitelmann das Krisenempfinden in der Rechtswissenschaft bereits formuliert.

> Wir leben in einer Zeit lebendigster wissenschaftlicher Bewegung, wie sie die Welt wohl selten erlebt haben mag. Freilich ist es eine Zeit der Gährung und des Umsturzes. Die idealistische Kathederphilosophie hat ihre Herrschaft verloren, andere Philosophien haben statt ihrer den erledigten Thron einzunehmen nicht vermocht, und so lärmt nun der anarchische Materialismus auf Gassen und Plätzen.[53]

51 Vgl. oben S. 123 ff.

52 Ernst Immanuel Bekker, Aus den Grenzmarken der geschichtlichen Rechtswissenschaft, 1885, S. 84 Fn. 95.

53 Ernst Zitelmann, Der Materialismus in der Geschichtsschreibung, in: Preußische Jahrbücher 37, 1876, S. 12.

Als Bethmann-Hollweg im Jahr 1867 als letzter noch lebender enger Schüler seines 1861 verstorbenen Lehrers Savigny gedachte, betonte er vor allem, dass Savigny eine **christliche** Rechtswissenschaft vertreten habe: „Zur Freude der Einen, zur Beschämung der Anderen sei es bezeugt, daß von den Männern, welche in jener großen Zeit vor fünfzig Jahren für die geistige Wiedererhebung unseres Volkes gewirkt [...] auch Savigny Licht und Kraft aus dieser Quelle geschöpft hat.“[54] Seine Worte machten deutlich, wie fremd Zeitgenossen inzwischen die Vorstellung geworden war, dass ein christlich durchwirkter Volksgeist die Basis ihrer Wissenschaft gewesen war. Alles war anders als noch wenige Jahre zuvor. Die Rechtswissenschaft hatte sich nicht nur vom Christentum, sondern auch von der idealistischen Philosophie als Leitwissenschaft, die zwischen 1780 und 1850 das Denken der Juristen geprägt hatte, zunehmend verabschiedet und sich den aufstrebenden Naturwissenschaften zugewandt. Zitelmanns Weg als Student war typisch. Zunächst hatte er, wie die Generationen vor ihm, Kant und Hegel gelesen. Nun entdeckte er die „Vergleichende Völkerpsychologie“ von Lazarus und Steinthal, die „Elemente der Psychophysik“ von Theodor Fechner und den „Mikrokosmos“ von Hermann Lotze. Er schilderte die Wirkung, die diese Texte auf ihn hatten. Ihm war „plötzlich zumute, als ob man ein verhängtes Fenster öffne und mich in eine weite unbekannte bunte Wirklichkeit hineinsehen lasse“.[55] Bis 1871 schleppte man den Volksgeist in Lehrbüchern weiter mit, die aus ihm gezogenen Folgerungen waren der Rechtswissenschaft seit 1848 jedoch immer stärker fremd geworden.

Mit der Anbindung des Volksgeistes an eine religiöse Heilsgeschichte der Menschheit ging die Metaphysik verloren, die diesem Konzept seine Kraft gegeben hatte. Damit veränderte sich die ganze Perspektive. Die Rechtswissenschaft um Savigny hatte nach dem „Geist“ des positiven Rechts gefahndet. Daran, dass es einen solchen gäbe, glaubten nach 1850 immer weniger. Damit fielen alle Folgerungen, die Savigny aus dem Volksgeist gezogen hatte. Wenn man davon ausging, dass weder die Geschichte eine sinnvolle Richtung hatte, noch das Recht ein inneres System war, noch, dass ein gemeinsames Rechtsgefühl eines Volkes existierte, dann trat Recht als ein politisches Produkt konkreter sozialer, ökonomischer und politischer Rahmenbedingungen in den Fokus. Ein solches Produkt konnte man beobachten und/oder analysieren, aber es fehlte ein Maßstab, an dem man die Richtigkeit („Wahrheit“) eines solchen Satzes

54 Moritz August v. Bethmann-Hollweg, Erinnerungen an Savigny als Rechtslehrer, Staatsmann und Christ, in: Zeitschrift für Rechtsgeschichte 6, 1867, S. 77.

55 Ernst Zitelmann, Selbstdarstellung, in: Hans Planitz (Hg.), Die Rechtswissenschaft der Gegenwart in Selbstdarstellungen I, Leipzig 1924, S. 4f.

feststellen konnte. Mit Zitelmanns eingangs zitierten Worten: Mit dem Sturz der „idealistischen Kathederphilosophie“ (Kant, Schelling, Hegel) verlor die Rechtswissenschaft ihren Anspruch, das „wahre“ Recht im positiven Recht finden zu können. Mit dem Verlust des idealen Maßstabes wurde Recht ein empirisches Phänomen ohne übergreifendes Gerechtigkeitskonzept. Dieser „Materialismus“ öffnete einerseits den Blick auf die bunte Wirklichkeit des Rechts, die zuvor im Volksgeist versteckt gewesen war. Es drohte aber auch „Anarchie“, weil der Maßstab fehlte, um Recht als ungerecht kritisieren zu können. Die „Wirklichkeit“ des positiven Rechts und sein „Wert“ wurden streng getrennte (neukantianische) Leitbegriffe, um die das Denken der Rechtswissenschaft zwischen 1870 und 1914 kreiste.

In einem ersten Schritt hatte man also die Fenster aufgerissen und überall erschien das bunte Leben. Der Volksgeist verbarg in dieser Perspektive sehr konkrete Interessengegensätze einer dann im Kaiserreich sich rasant verändernden Gesellschaft. Wilhelm Arnold meinte 1865: „Wir müssen es aufgeben, mit den Schlagwörtern Volksgeist und Organismus noch etwas ausrichten zu wollen. Es sind leere Worte, mit denen wir die Probleme statt sie zu lösen bei Seite schieben.“[56] Arnold ging daran,[57] den Volksgeist in seine realen Faktoren aufzuspalten, als die er nannte: Sprache, Kunst, Wissenschaft, Sitte, Wirtschaft, Recht und Staat. 1877 fand mit Jherings „Zweck im Recht“ eine Geburtsstunde der Rechtssoziologie statt. In immer größeren Schleifen suchte er nach der „sozialen Mechanik“ des Zusammenlebens der Menschen und der Bedeutung des Rechts darin: Egoismus, Selbstverleugnung, Altruismus, Lohn, Zwang, Staatsgewalt, Sittlichkeit und Sitte, Umgangsformen, Anstand und Höflichkeit führten ihn weit weg von Normen als Träger des Rechts, zeigten aber zugleich, wie facettenreich die Triebkräfte des Rechts waren, die man zuvor im Volksgeist versteckt hatte.[58] 1888 machte Eugen Ehrlich zudem deutlich,[59] wie viele blinde Flecken der auf Rechtsnormen konzentrierte Blick der Rechtswissenschaft hatte. Oft widersetzten sich lokale Bräuche und Sitten dem gesetzten Recht, Recht wurde nicht angewandt, es wurde über Verträge abgeändert, oder man klagte einfach nicht, sondern löste Konflikte unter sich, nach eigenen Gebräuchen. Mit der regional geprägten Familienordnung

56 Wilhelm Christoph Friedrich Arnold, Cultur und Rechtsleben, Berlin 1865, S. 9.

57 Wilhelm Christoph Friedrich Arnold, Cultur und Rechtsleben, Berlin 1865, später dann: ders., Cultur und Recht der Römer, Berlin 1868.

58 Rudolf v. Jhering, Der Zweck im Recht, 2 Bde. Leipzig 1877 und 1883.

59 Eugen Ehrlich, Über Lücken im Rechte, 1888, Wiederabdruck in: Manfred Rehbinder (Hg.), Recht und Leben. Gesammelte Schriften zur Rechtstatsachenforschung und zur Freirechtslehre von Eugen Ehrlich, Berlin 1967, S. 80ff.

und dem Erbgang, der Selbstregulierung privater und öffentlicher Verbände, den Verkehrssitten und Handelsgebräuchen und der Verwaltungspraxis trat Recht in den Blick, das sich dem Denken der Juristen bisher weitgehend entzogen hatte. Man ging daran, die Einheit des Volksgeistes zu zerschlagen.

Gleichzeitig brach auch die Vorstellung zusammen, Träger all dieser Entwicklungen sei ein gemeinsames Rechtsgefühl. Berufungen auf dieses gemeinsame Rechtsgefühl gerieten immer stärker in den Geruch der Unwissenschaftlichkeit. Reinhold Schmid schuf 1848 seine Rechtstheorie, um nicht „ganz an ein unbestimmtes Rechtsgefühl gewiesen“[60] zu sein. Jhering begründete 1858 seine naturhistorische Methode um „der Herrschaft des Rechtsgefühls ein Ende zu machen“.[61]

Dann zerbrach auch die Hoffnung, aus der Geschichte als Fortschrittsgeschichte lernen zu können. 1858 beharrte Jhering noch darauf, Geschichte sei kein „von Gott verlassenes Spiel der Willkühr“, da „trotz aller menschlichen Willkühr [...] die lenkende Hand Gottes [ist] in ihr“ sei.[62] Kurz nach der Geschichtswissenschaft begann dann in der Rechtswissenschaft die Historismuskontroverse, als 1888 Rudolf Stammlers Schrift „Über die Methode der geschichtlichen Rechtstheorie“,[63] von der Carl Bergbohm behauptete, dass sie „jeder [sie] gelesen hat“,[64] eine ausgreifende Abrechnung mit der historischen Methode der Rechtswissenschaft Savignys unternahm. In einem Diskussionsprozess, der bis 1914 dauerte, verlor die Rechtsgeschichte ihre Erkenntnisfunktion für das geltende Recht. Geschichte war nicht mehr Fortschritt, ja hatte überhaupt keine bestimmte Richtung mehr. Damit nutzte es nichts, die Geschichte eines Rechtssatzes historisch herzuleiten, weil man damit nicht mehr erkennen konnte, ob die Gegenwart „richtiges“ Recht setzte. Rechtsgeschichte wurde vom Weg, das Recht in seiner Richtigkeit zu erkennen, zu einer Hilfswissenschaft, die Vergangenheit rekonstruieren konnte, ohne damit der Gegenwart Handlungsanweisungen geben zu können.

60 Reinhold Schmid, Theorie und Methodik des bürgerlichen Rechts, Jena 1848, S. 251.

61 Rudolf v. Jhering, Der Geist des römischen Rechts auf den verschiedenen Stufen seiner Entwicklung, Bd. II 2, Leipzig 1858, S. 377; später dann freilich: Rudolf v. Jhering, Über die Entstehung des Rechtsgefühls. Vortrag vor der Wiener Juristischen Gesellschaft vom 12. 3. 1884, hg. von Okko Behrends, Neapel 1986.

62 Rudolf v. Jhering, Der Geist des römischen Rechts auf den verschiedenen Stufen seiner Entwicklung, Bd I, Leipzig 1852, S. 54 f.

63 Rudolf Stammler, Über die Methode der geschichtlichen Rechtstheorie, Marburg 1888.

64 Karl Magnus Bergbohm, Jurisprudenz und Rechtsphilosophie Bd. 1, Leipzig 1892, S. 141 Anm. 15.

Zuletzt fiel der Glaube daran, dass das Recht ein Organismus sei, den man nur als System verstehen könne. Wenn das Recht keine sich selbst entwickelnde geistige Einheit war, sondern ein politischer Prozess voller Kompromisse und Widersprüche, dann traf die Darstellung des Rechts als Zusammenhang von Begriffen und Prinzipien die Wirklichkeit des Rechts nicht mehr. Dogmatik geriet in den Geruch der Weltfremdheit und des verdeckten Wertens.[65] Jhering, der sich, wie gezeigt,[66] in den 1880er Jahren auch rechtspolitisch gegen eine Überschätzung von Dogmatik wandte, schuf 1884 den Ausdruck „Begriffsjurisprudenz",[67] der nun wie ein Lauffeuer um sich griff. In seinem „Scherz und Ernst in der Jurisprudenz" persiflierte Jhering den einsamen Stubengelehrten, der bei Kerzenschein seine Dogmatik konstruierte, nur der Logik verpflichtet, ohne Gespür für die Anforderungen, die das Leben an das Recht stellte. Unter namentlicher Nennung schickte er eine ganze Reihe von Kollegen, darunter zuvorderst den bereits 1846 verstorbenen Puchta, in den „Begriffshimmel". Dies war das „Reich der abstraktesten Gedanken und Begriffe, die unabhängig von der realen Welt […] sich aus sich selber heraus gebildet haben, und die darum jede Berührung mit der irdischen Welt scheuen".[68] Hier standen mit der „Haarspaltemaschine", der „Kletterstange der schwierigsten juristischen Probleme", dem „Konstruktionsapparat", der „Interpretationspresse" oder dem „Eliminationsapparat" die Geräte bereit, die bestens geeignet waren, das alte dogmatische Verfahren lächerlich zu machen. Wie wirksam diese eigentlich ja alte Kritik in den 1880er Jahren war, zeigte die Tatsache, dass man nun auch innerhalb der Pandektenwissenschaft begann, einander „Begriffsjurisprudenz" vorzuwerfen.[69] In wenigen Jahren geriet das Verfahren der Pandektenwissenschaft immer mehr zum absurden Zerrbild. Sie habe geglaubt, quasimathematisch Recht produzieren zu können. Sie habe, gleich einer Begriffspyramide, erwartet, das gesamte positive Recht durch formallogische Schlüsse aus einem obersten Begriff ableiten zu können. Ihr habe jeder Blick für die rechtliche Wirklichkeit gefehlt, sie sei weltfremd und praktisch kaum verwertbar. Sie sei von der Lückenlosigkeit ihres Rechtssystems ausgegangen und habe damit die innere Folgerichtigkeit des Rechts massiv überschätzt.

65 Gustav Rümelin, Juristische Begriffsbildung, Leipzig 1878, Wiederabdruck in: Werner Krawietz, Theorie und Technik der Begriffsjurisprudenz, Darmstadt 1976, S. 96.

66 Vgl. S. 123 ff.

67 Rudolf v. Jhering, Scherz und Ernst in der Jurisprudenz, hier nach 9. Aufl. 1904, S. 330.

68 Rudolf v. Jhering, Scherz und Ernst in der Jurisprudenz, hier nach 9. Aufl. 1904, S. 253.

69 Beispiele bei Haferkamp, Georg Friedrich Puchta und die „Begriffsjurisprudenz", 2004, S. 58 ff.

Die meisten dieser Bilder sind in ihrer historischen Anklage falsch, ungerecht oder zumindest stark überspitzt. Die Absurdität und Widersprüchlichkeit der Bilder haben ihre Wirkung freilich (bis heute) eher verstärkt.

Im ganz auf den industriellen Wandel konzentrierten Kaiserreich erschien eine begrifflich auf Basis des römischen Rechts arbeitende Rechtswissenschaft nicht in der Lage, die Veränderungen zu verarbeiten. Ein Beispiel für die nun überall einsetzende Kritik waren Ingenieure, die öffentlich Juristen als weltfremd verspotteten.

> Für das Zeitalter der Naturwissenschaften, der wissenschaftlichen Technik, für das Deutschland, welches durch die kapitalistische Entwicklung des 19. Jahrhunderts zu einem Industriestaat geworden ist, genügt das römisch-dogmatische Recht in keiner Weise; hier ist eine Jurisprudenz auf Grund der nationalökonomischen und soziologische Wissenschaften und eine Rechtsprechung auf psychologischen und soziologischen Grundlagen nötig.[70]

Um 1890 war danach allen klar, dass die Deutsche Rechtswissenschaft, die sich seit 1800 um den Leitbegriff System gruppiert hatte, an ihr Ende gekommen war. In den wenigen Jahren bis 1914 formierte sich die Rechtwissenschaft neu. Diese Formierungsphase der modernen Rechtswissenschaft prägte die Juristen, die dann im 20. Jahrhundert daran gingen, das BGB zu verändern.

Literatur: Annette Wittkau, Historismus. Zur Geschichte des Begriffs und des Problems, 2. Aufl. Göttingen 1994, S. 80 ff.; Herbert Schnädelbach, Philosophie in Deutschland 1831–1933, 5. Aufl. Frankfurt a. M. 1994, S. 51 ff.; Hans-Peter Haferkamp, Georg Friedrich Puchta und die „Begriffsjurisprudenz“, Frankfurt a. M. 2004, S. 46 ff.; Miloš Vec, Recht und Normierung in der industriellen Revolution. Neue Strukturen der Normsetzung in Völkerrecht, staatlicher Gesetzgebung und gesellschaftlicher Selbstnormierung, Frankfurt a. M. 2006; Hans-Peter Haferkamp, Neukantianismus und Rechtsnaturalismus, in: Rechtswissenschaft als Kulturwissenschaft?, ARSP Beiheft 115, Baden-Baden 2007, S. 105 ff.; Oliver Lepsius, Wandlungen in der juristischen Wirklichkeitswahrnehmung 1880–1932, in: Otto Gerhard Oexle (Hg.), Krise des Historismus – Krise der Wirklichkeit. Wissenschaft, Kunst und Literatur Göttingen 2007, S. 313 ff.; Hans-Peter Haferkamp, Psychologismus bei Ernst Zitelmann, in: Mathias Schmoeckel (Hg.), Psychologie als Argument der juristischen Literatur des Kaiserreichs, Baden-Baden 2009, S. 215 ff.; ders., Die Historische Rechtsschule, Frankfurt a. M. 2018, S. 197 ff., 313 ff.; Johannes Liebrecht, Die junge Rechtsgeschichte. Kategorienwandel in der rechtshistorischen Germanistik der Zwischenkriegszeit, Tübingen 2018, S. 372 ff.

70 O. Schleicher, Die Elektrizität, Gesetzgebungskunst und römisches Recht, in: Zeitschrift des Verbandes Deutscher Diplomingenieure 1, 1910, S. 107.

3.2.3 Neue Wege

1879 zog Zitelmann die Konsequenzen aus dem von ihm besonders früh attestierten Wandel. Er unterzog den juristischen Begriff des Irrtums einer umfassenden Kritik und griff hierzu auf die boomenden **Naturwissenschaften** zurück.[71] Er nutzte Erkenntnisse der zeitgenössischen Psychologie, um die Kausalzusammenhänge zwischen Vorstellungen, Wille, Irrtum und Handlung zu verstehen. Sein Interesse fanden die Versuche, die den Handlungen und Entscheidungen zugrunde liegenden Nerven- und Muskelbewegungen reflexphysiologisch deuteten. So zog er H. H. Maudsleys physiologische Schriften ebenso heran wie Theodor Fechners Elemente der Psychophysik, in denen dieser Nervenreaktionszeiten experimentell gemessen hatte. Der vielgelesene Friedrich Albert Lange hatte 1873 auf den Punkt gebracht, worum es ging: „Das Zusammenwirken sehr vieler und einzeln genommen außerordentlich schwacher Nervenimpulse muß uns den Schlüssel geben zum Physiologischen Verständnis des Denkens".[72] Mit diesem Werk begann im Zivilrecht eine Grundsatzdebatte über den Unterschied zwischen juristischer und naturwissenschaftlicher („naturalistischer") Arbeitsweise. Man war sich schnell einig, das rechtliche Irrtumsproblem könne „von den Psychologen nicht gelöst werden".[73] Wichtig für die Klärung dieser Zusammenhänge war die Dissertation des Heidelberger Philosophen Heinrich Rickert, die sich mit juristischer Begriffsbildung beschäftigte.[74] Rickert, bald der wichtigste Vordenker des im Recht sehr einflussreichen südwestdeutschen Neukantianismus, entwickelte hier die Grundlagen seiner Unterscheidung zwischen natur- und kulturwissenschaftlicher Begriffsbildung, und zwar gerade auch mit Blick auf die juristische Begriffsbildung. Um einen juristischen Begriff bilden zu können, bedürfe es der Berücksichtigung des Zweckes, den der Gesetzgeber mit der Normsetzung verfolgt habe. Juristische Begriffe dienten also der Vermittlung eines zwecksetzenden Willens[75] mit der hierdurch zu steuernden Wirklichkeit. Demgegenüber fehle es bei der naturwissenschaftlichen Begriffsbildung an diesem Bedürfnis, einen

71 Ernst Zitelmann, Irrtum und Rechtsgeschäft. Eine psychologisch-juristische Untersuchung, Leipzig 1879.

72 Friedrich Albert Lange, Geschichte des Materialismus und Kritik seiner Bedeutung in der Gegenwart, Bd. 2, Leipzig 1873, hier zitiert nach 2. Aufl. Leipzig 1905, S. 467.

73 Julius Binder, Wille und Willenserklärung im Tatbestand des Rechtsgeschäfts, ARWPh 5, 1912, S. 288.

74 Heinrich Rickert, Zur Lehre von der Definition, Freiburg i. Br. 1888.

75 Heinrich Rickert, Zur Lehre von der Definition, Freiburg i. Br. 1888, S. 30.

zwecksetzenden Willen umzusetzen.[76] In seinen „Grenzen der naturwissenschaftlichen Begriffsbildung" stellte Rickert seit 1899 dann deutlicher der sinnvollen Kultur die sinnfreie Natur entgegen. Kulturwissenschaften wie die Rechtswissenschaft verfuhren daher wertbeziehend, Naturwissenschaften wertindifferent.[77] Rickert nahm an einem berühmten Gespräch teil, welches die Rechtswissenschaft von den Naturwissenschaften abgrenzte, sei es mit Wilhelm Dilthey als „**Geisteswissenschaft**", mit Wilhelm Windelband als „**Kulturwissenschaft**" oder mit Rudolf Stammler als „**Sozialwissenschaft**". Die neue Unterscheidung setzte sich schnell durch. In seinem etwas anderen Ansatz unterschied auch Stammler in „Wirtschaft und Recht" 1895 zwischen einer „kausalen" Erkenntnisweise der Naturwissenschaften und einer „teleologischen" Erkenntnisweise als eines Ordnens nach „Zwecken" bei den Sozialwissenschaften.[78] Emil Lask, Schüler Rickerts, sprach davon, dass das Recht die von ihm geregelten Gegenstände mit einem „teleologischen Gespinst" überziehe.[79] Spätestens mit dem Rechtsphilosophen Gustav Radbruch, der sich stark an Lask und Rickert anlehnte, fassten diese Gedanken kurz nach 1900 in der Rechtswissenschaft Fuß. Radbruch brachte als instruktives Beispiel den Begriff Hund: „[E]ine Kreuzung von Hund und Wolf könnte als Hund im Sinne des Hundesteuergesetzes aufgefaßt werden ohne Rücksicht darauf, ob ihn der Zoologe noch als Exemplar von canis familiaris betrachten würde".[80] Der Jhering entlehnte „**Zweck**" wurde der Schlüsselbegriff für eine Rechtswissenschaft, die sich gegenüber dem Gesetz als neuem Erkenntnisgegenstand neu positionierte.

All das hatte Auswirkungen auf das BGB.

Für die Frage, wie viel Spielraum der Rechtswissenschaft gegenüber dem BGB blieb, wurde nun der Zweck des Gesetzes wichtigste Richtschnur. Man sprach von **teleologischer Auslegung**. Woher sollte der Interpret den Zweck nehmen? Kennzeichnend war, dass sich nahezu niemand darauf einlassen wollte, den Zweck, den der historische Gesetzgeber mit einer Norm verfolgt hatte, genau herauszuarbeiten. So warnte auch Zitelmann vor einer historischen Auslegung, die den Interpreten an

---

76 Heinrich Rickert, Zur Lehre von der Definition, Freiburg i. Br. 1888, S. 35.

77 Prägnanter Überblick bei Herbert Schnädelbach, Philosophie in Deutschland 1831–1933, 5. Aufl. Frankfurt a. M. 1994, 219 ff.

78 Rudolf Stammler, Wirtschaft und Recht, hier nach 5. Aufl. Berlin 1924, 339 ff.

79 Emil Lask, Rechtsphilosophie, 1905, hier nach Neudruck in: Eugen Herrigel (Hg.), Emil Lask, Gesammelte Schriften, Erster Band, Tübingen 1922, S. 316.

80 Gustav Radbruch, Rechtsphilosophie 1914, nach Abdruck in Arthur Kaufmann (Hg.), Gustav Radbruch Gesamtausgabe. Rechtsphilosophie II, Heidelberg 1993, S. 192.

diejenigen klammere, die das Gesetz verfasst hatten: „[W]ären doch alle Vorarbeiten rechtzeitig vernichtet worden und trüge der Entwurf an seiner Stirn die Bestimmung: dieses Gesetzbuch ist aus sich selbst auszulegen".[81] Auch der Wortlaut könne nicht das entscheidende Kriterium sein: „Je unjuristischer und geistloser ein Jurist ist, desto mehr klammert er sich an die Wortauslegung".[82] Wenn Zitelmann nun betonte, dass „zwischen dem Gesetzeswort und dem Sinn des Gesetzes immer noch ein nur durch lebendige geistige Tat auszufüllender Zwischenraum"[83] sei, dann war klar, dass die Rechtswissenschaft dabei war, sich die alte Interpretationsfreiheit wieder zu erarbeiten. Otto Lenel rief 1903 aus, dass wir nicht Sklaven des BGB seien, „sondern es als Meister beherrschen lernen".[84] Hinter dem Zweck des Gesetzes, nach dem alle nun suchten, konnte sich so schnell das ganze Spektrum der alternativen Werteordnungen zum Gesetz verbergen. Um den Zweck einer Norm zu verstehen, sollte sich der Ausleger in die „Seele des Gesetzgebers"[85] hineinversetzen, die „Bedürfnisse des Lebens"[86] berücksichtigen oder den Kulturfortschritt irgendwie befragen.[87] Der Zweck einer Norm blieb freies Spielfeld des Interpreten. Er konnte dem neuen Gesetz mit Wirklichkeits- und Wertbehauptungen zu Leibe rücken.

Begleitet wurden diese Versuche, sich Freiraum gegenüber dem BGB zu sichern, von einem gesetzgebungspolitischen Engagement der Rechtswissenschaft. Seit 1888, ausgehend von Rudolf Stammler, hatte sich eine Lehre der „**Gesetzgebungskunst**" entwickelt, in der die Rechtswissenschaft die Frage nach dem „guten Gesetz" diskutierte. Trat hier die Rechtswissenschaft als Partner des Gesetzgebers auf, so boten die dabei entwickelten Methoden doch auch erneut Argumente gegen das bestehende Gesetzesrecht. Zusätzlich dominierte hier zunächst die Frage, wie man gute Ziele bzw. Zwecke für künftige Gesetzgebung ermitteln könne. Es ergab sich ein breites Spektrum unterschiedlicher Methoden. Einige blieben alten geschichtsphilosophischen Zugängen verhaftet und leiteten wie der Neuhegelianer Josef Kohler aus der von ihm gedeuteten Rechtsent-

81 Ernst Zitelmann, Die Gefahren des bürgerlichen Gesetzbuches für die Rechtswissenschaft, Bonn 1896, S. 13.
82 Ernst Zitelmann, Die Gefahren des bürgerlichen Gesetzbuches für die Rechtswissenschaft, Bonn 1896, S. 14.
83 Ernst Zitelmann, Die Gefahren des bürgerlichen Gesetzbuches für die Rechtswissenschaft, Bonn 1896, S. 15.
84 Otto Lenel, Nachruf auf Theodor Mommsen, DJZ 1903, S. 515.
85 Lorenz Brütt, Die Kunst der Rechtsanwendung, Berlin 1907, S. 49.
86 Maximilian Saxl, Materialien und Gesetz, Berlin 1905, S. 30.
87 Hans Wüstendörfer, Die deutsche Rechtsprechung am Wendepunkt, in: AcP 110, 1913, S. 250.

wicklung die richtigen Regelungsziele ab. Andere wie Anton Menger griffen auf eine Analyse der sozialen Wirklichkeit zurück. Eine dritte, neukantianische Gruppe um Hermann Kantorowicz, Max Weber und Gustav Radbruch kritisierte dies als Verstoß gegen den von ihnen betonten Werterelativismus. Sie forderten lediglich die Übereinstimmung einer Rechtsordnung mit den von ihr gesetzten Zielen.

Neben diese rechtswissenschaftliche Gesetzgebungspolitik trat die Forderung nach einer Folgenabschätzung, die jedem Gesetz vorausgehen müsse. Um besser einschätzen zu können, welche Folgen ein Gesetz in der Anwendung nach sich ziehen würde, wurden statistische Methoden, aber auch ökonomische, psychologische, rechthistorische oder rechtsvergleichende Analysen vorgeschlagen. Auch die Idee einer experimentellen Gesetzgebung wurde diskutiert.

Deutlich wurde in diesen neuen Zugängen, dass die alte Methodeneinheit der Rechtswissenschaft (Exegese, Geschichte, System) einer neuen **Methodenvielfalt** wich. Es waren erneut die Neukantianer um Heinrich Rickert, die versuchten, die entdeckte Vielfalt wissenschaftstheoretisch einzufangen. Rechtsphilosophen konnten das Recht logisch, nach den Regeln der Vernunft als reine Sollensordnung behandeln. Rechtstheoretiker konnten das positive Recht auf eine logische Struktur zurückführen und als „Allgemeine Rechtslehre" präsentieren. Rechtssoziologen konnten das Recht empirisch als reines Seinsphänomen beobachten und so, in den Worten Max Webers, dem Menschen sagen, was er „kann" und was er „will", aber nicht, was er „soll". Sie konnten auch eine „Sozialtheorie des Rechts"[88] entwickeln. Rechtshistoriker konnten das Recht kausal als geschichtlich Gewordenes betrachten („Woher?"). Rechtsdogmatiker konnten das Gesetz an den Zwecken der Rechtsordnung ausrichten („Wozu?"), „Normbedeutungen"[89] ermitteln und teleologische Systeme bauen. Da keine dieser Perspektiven einen Zugang zur „Wahrheit", „Richtigkeit", gar „Gerechtigkeit" des Rechts behaupten konnte, ergaben sich notwendig ergänzende Herangehensweisen. Für Autoren wie Emil Lask, Gustav Radbruch oder Hermann Kantorowicz war die Rechtswissenschaft intra- und interdisziplinär.

Ein ganzes Arsenal möglicher Perspektiven und Methoden stand so 1914 bereit, um das BGB in den kommenden dramatischen Veränderungen der Wirklichkeit durch Rechtswissenschaft umzuinterpretieren, anzupassen oder auf neue Wertungen zu stellen. Das Zivilrecht nahm vereinzelt an diesen Debatten teil (Bekker, Zitelmann,

---

88 Emil Lask, Rechtsphilosophie, 1905, hier nach Neudruck in: Herrigel (Hg.), Emil Lask, Gesammelte Schriften, 1923, S. 135.

89 Emil Lask, Rechtsphilosophie, erstmals 1905, hier nach Neudruck in: Herrigel (Hg.), Emil Lask, Gesammelte Schriften, 1923, S. 316.

Stammler), dominiert wurde die Debatte aber vom Strafrecht (Radbruch, Kantorowicz, Lask war Philosoph) und bald vor allem vom Staatsrecht (Jellinek, Kelsen). Viele Zivilrechtler hatten Schwierigkeiten, sich von ihrem alten dogmatischen Zugang zu lösen, und waren zunächst tief in die Exegese des neuen BGB verstrickt. Rudolph Sohm betonte 1908, die Zivilrechtswissenschaft sei noch immer damit beschäftigt, sich „das Verständnis der einzelnen Paragraphen zu erschließen": „Noch versinken wir zu oft in den Wellentälern, die sich zwischen den Paragraphen auftun. Noch fahren wir nicht mit stolzen Masten über den Ozean".[90] Immerhin standen aber Wege bereit, die auch der Zivilrechtswissenschaft eine im Verlaufe des Jahrhunderts immer stärkere eigene Position gegenüber dem BGB sichern sollten. Dies war nötig, denn es war klar, dass die Rechtswissenschaft nur noch untergeordnet auf das BGB einwirken konnte. Die letzten Reste der alten Aktenversendung waren in den Reichsjustizgesetzen beseitigt worden. Die Universität war nicht mehr an der richterlichen Fallentscheidung beteiligt. In der Rechtswirklichkeit war es die Justiz, die das Recht des BGB dynamisierte. Es überrascht daher nicht, dass die Rechtswissenschaft nun intensiv begann, die Tätigkeit des Richters in den Blick zu nehmen.

Literatur: Thomas Honsell, Historische Argumente im Zivilrecht. Ihr Gebrauch und ihre Wertschätzung im Wandel unseres Jahrhunderts, Ebelsbach 1982, S. 27 ff.; Annette Brockmöller, Die Entstehung der Rechtstheorie im 19. Jahrhundert in Deutschland, Baden-Baden 1997; Andreas Funke, Allgemeine Rechtslehre als juristische Strukturtheorie. Entwicklung und gegenwärtige Bedeutung der Rechtstheorie um 1900, Tübingen 2004; Hans-Peter Haferkamp, Georg Friedrich Puchta und die „Begriffsjurisprudenz", Frankfurt a. M. 2004, S. 46 ff.; Sigrid Emmenegger, Gesetzgebungskunst. Gute Gesetzgebung als Gegenstand einer legislativen Methodenbewegung in der Rechtswissenschaft um 1900 – Zur Geschichte der Gesetzgebungslehre, Tübingen 2006; Hans-Peter Haferkamp, Neukantianismus und Rechtsnaturalismus, in: Marcel Senn u. Dániel Puskás, Rechtswissenschaft als Kulturwissenschaft, ARSP Beiheft 115, Stuttgart 2007, S. 105 ff.; ders., Psychologismus bei Ernst Zitelmann, in: Mathias Schmoeckel (Hg.), Psychologie als Argument in der juristischen Literatur des Kaiserreiches, Baden-Baden 2009, S. 215 ff.; ders., Art. Begriffsjurisprudenz, in: Enzyklopädie für Rechtsphilosophie, Erstpublikation am 6. 4. 2011 (http://www.enzyklopaedie-rechtsphilosophie.net); Jan Schröder, Recht als Wissenschaft, Bd. 1, 3. Aufl. 2021, S. 287 ff., 333 ff., 418 ff.; Jannis Lennartz, Dogmatik als Methode, Tübingen 2017, S. 41 ff.; Ino Augsberg, Hermann Kantorowicz und die Freiheit des Rechts, in: ders. (Hg.), 350 Jahre Rechtswissenschaftliche Fakultät der Christian-Albrechts-Universität zu Kiel, Tübingen 2018, S. 208 ff.; Stanley L. Paulson, Die

90 Rudolph Sohm, Das Studium des römischen Rechts, in: DJZ 1908, S. 39.

spätere Allgemeine Rechtslehre von Hermann Kantorowicz, in: JZ 2018, S. 1061 ff.; Marietta Auer, Zum Erkenntnisziel der Rechtstheorie, Philosophische Grundlagen multidisziplinärer Rechtswissenschaft, Baden-Baden 2018, S. 20 ff.; Ino Augsberg, Saskia Lettmaier u. Rudolf Meyer-Pritzl (Hgg.), Hermann Kantorowicz' Begriff des Rechts und der Rechtswissenschaft, Tübingen 2020; Hans-Peter Haferkamp, Hermann Kantorowicz' Vortrag auf dem ersten Soziologentag 1910, in: Zeitschrift für Rechtssoziologie 2021, S. 1 ff.

3.3 Justiz: Richterkönig oder Subsumtionsautomat?

3.3.1 Das BGB als Gefängnis des Richters?

Wie gezeigt, hatte das BGB dem Richter durchaus bewusst an vielen Stellen Spielraum gewährt.[91] Gleichwohl war aus richterlicher Sicht nicht zu verkennen, dass die Justiz im Kaiserreich empfindliche Machtverluste zu verzeichnen hatte. Bereits mit § 1 GVG von 1877 war sie in ihrem Wirkungskreis beschränkt worden: „Die richterliche Gewalt wird durch unabhängige, nur dem Gesetz unterworfene Gerichte ausgeübt". Damit hatte der Staat, wie bereits gezeigt,[92] der in vielen Territorien diskutierten Präjudizienbindung eine Absage erteilt. Gerichte waren nicht an Gerichte gebunden. Auch der alte Gerichtsgebrauch, der jahrhundertelang eine feste Rechtsquelle des Ius Commune gewesen war, galt nun nicht mehr. Ob überhaupt Gewohnheitsrecht anerkannt war, war unsicher.[93] Gerichte hatten formal also keinen Anteil am Rechtsbildungsprozess mehr. Wenn diese **Entmachtung alternativer Rechtsproduzenten** mit einer ungemein präzisen Kodifikation kombiniert wurde, dann drohte eine bis dato unvorstellbare Festschreibung der Rechtswirklichkeit durch das BGB. Nimmt man die dargestellten, seit 1889 verbreiteten Zweifel daran, dass es sich beim BGB um eine gelungene und sozial gerechte Kodifikation handelte, hinzu, wird die große Angst vor einer Allmacht des Gesetzes verständlich, die sich seit 1900 in einer Fülle von juristischen Texten entlud.

Bereits 1902 fasste der Berliner Pandektenwissenschaftler Heinrich Dernburg diese Stimmung zusammen: „Die heutige Zeit denkt weniger hoch von der Fähigkeit der Gesetzgebung zu einer zugleich festbestimmten und angemessenen Regelung der Lebensverhältnisse, und sie hat größeres **Vertrauen zu den Richtern** als

91 Vgl. oben S. 91 ff.
92 Vgl. oben S. 86 f.
93 Vgl. S. 86 ff.

in der friederizianischen Zeit."[94] Da diesem Vertrauen durch den Gesetzgeber aber kaum Raum eingeräumt wurde, mehrten sich die Stimmen, die vor den „Gefängniszellen des Bürgerlichen Gesetzbuchs"[95] warnten und den Richter gegen das Gesetz mobilisieren wollten. Ein radikales Beispiel für einen solchen Aufruf an die Justiz, sich vom BGB in ihrer Gestaltungsaufgabe nicht behindern zu lassen, stammte von Josef Kohler. Kohler rechnete 1914 mit dem BGB radikal ab: Schon für die Erste Kommission sei es nicht gelungen, „die richtigen Leute zu finden [...]. Hätte man doch nur einen schöpferischen Kopf gehabt".[96] In der Folge sei die „Aufgabe, gerade die modernen Ideen zu erfassen und ihnen ein gewandtes gesetzgeberisches Kleid zu geben, [...] vollständig verkannt worden". Der Zweite Entwurf habe nur wenig nachgebessert, und so rückte für Kohler konsequent der Richter wieder in den Vordergrund: „Immerhin, wir müssen uns damit abfinden, und es kann etwas Bedeutendes entstehen, wenn die Rechtspflege den formalistischen Landrechtsgeist aufgibt und in freier Rechtsbehandlung die Aufgabe der Gegenwart erfaßt. Sobald der letzte Jurist der alten Methode zu judizieren aufhört, wird für unser Recht eine bessere Stunde schlagen".[97] Sein Ruf nach einem Richter, dessen Rechtsgefühl die „unbewusste Vernünftigkeit in der Kulturgeschichte"[98] herausfühlte und zur Anwendung brachte, war ein radikales Zeichen dafür, dass die Rechtswissenschaft bereits vor dem Ersten Weltkrieg begann, Distanz für den Richter gegenüber dem BGB herbeizuargumentieren.

Auffallend an dieser Debatte war, dass nahezu niemand darauf setzte, das BGB zu reformieren oder überhaupt die Legislative durch politisches Engagement zu beeinflussen. Der 1871 kurz aufgeflammte Glaube an die Leistungsfähigkeit des BGB-Gesetzgebers kehrte nie zurück. Kennzeichnend war vielmehr, dass Juristen versuchten, das Problem unter sich zu lösen und die Politik zu umgehen. Der Richter sollte im Einklang mit der Rechtswissenschaft die notwendigen Modernisierungen bewirken.

94 Heinrich Dernburg. Das Bürgerliche Recht des Deutschen Reiches und Preußens, Bd. 1, 2. Aufl. Halle 1902, S. 52.

95 Hans Wüstendorfer, Die deutsche Rechtsprechung am Wendepunkt, AcP 110, 1913, S. 224.

96 Josef Kohler, Bürgerliches Recht, in: Enzyklopädie der Rechtswissenschaft, Bd. 2, 7. Aufl. Berlin 1914, S. 6.

97 Josef Kohler, Bürgerliches Recht, in: Enzyklopädie der Rechtswissenschaft, Bd. 2, 7. Aufl. Berlin 1914, S. 7.

98 Josef Kohler, Rechtsgeschichte und Weltentwicklung, in: Zeitschrift für vergleichende Rechtswissenschaft 5, 1884, S. 329.

Damit verschob sich die Perspektive fundamental. Hatte man vor 1871 angesichts eines als unsicher empfundenen, in unklaren Texten und oft schwer auffindbaren Urteilen existierenden Rechts durch Dogmatik versucht, den Richter stärker zu binden, um das Recht vorhersehbar zu machen, so wollte man nun genau diesen Halt abschütteln. Vor 1900 suchte man **Rechtssicherheit**, nach 1900 suchte man **Flexibilität**. Ausgangspunkt der Diskussion waren die Justizdebatten im Kaiserreich.

Literatur: Thomas Honsell, Historische Argumente im Zivilrecht. Ihr Gebrauch und ihre Wertschätzung im Wandel unseres Jahrhunderts, Ebelsbach 1982, S. 22 ff.; Hans Schulte-Nölke, Die späte Aussöhnung mit dem Bürgerlichen Gesetzbuch. Wandlungen im Verhältnis der Deutschen zu ihrer Zivilrechtskodifikation, seit 1896 in: Das deutsche Zivilrecht 100 Jahre nach Verkündung des BGB. Erreichtes Verfehltes Übersehenes Jahrbuch Junger Zivilrechtswissenschaftler 1996, Stuttgart 1996, S. 11 f.; Dieter Schwab, Das BGB und seine Kritiker, in: ZNR 22, 2000, S. 334 ff.; Reinhard Zimmermann, Schuldrechtsmodernisierung? In: JZ 2001, S. 172 f.; Jean-Louis Halpérin, Histoire de l'état des juristes, Paris 2015, S. 237 ff.; Hans-Peter Haferkamp, Kohlers Privatrechtskonzept, in: Eva Inés Obergfell u. Louis Pahlow (Hgg.) Rechtswissenschaft zwischen Industrialisierung und Republik. Josef Kohler (1849–1919), Tübingen 2021, S. 71 ff.

3.3.2 „Richterrecht“

Um 1890 begann eine Kontroverse, die bis 1914 das juristische Fachgespräch prägte und auch das Inkrafttreten des BGB am 1. Januar 1900 überdeckte. In zwei Schüben, 1895 bis 1897 und 1909 bis 1913, stritt man auf breiter Front über die Risiken und Chancen von Richterrecht. Man hat über 800 Schriften zu dieser Frage gezählt. In diesem Kontext wurde ein im 19. Jahrhundert kaum beachtetes Feld zum Lieblingsthema der Deutschen, gerade im internationalen Vergleich: die juristische **Methodenlehre**. Dabei ging es nicht um rechtswissenschaftliche Methoden, die zuvor prägend gewesen waren, also Fragen der System-, der Begriffs- oder der Prinzipienbildung. Die Methodenschriften des 20. Jahrhunderts kreisten vielmehr nahezu ausschließlich um die Frage, wie dem Richter ausreichend Freiraum gegenüber den gesetzlichen Vorgaben verschafft werden könne, ohne die Gesetzesbindung unzulässig zu verletzen. Methode kreiste um Gesetzesanwendung. Gerade mit Blick auf das ungeliebte BGB versuchte niemand, eine Methode zu entwickeln, die möglichst exakt das Gesetz anwenden lehrte. Umgekehrt waren alle Methoden im Kern emanzipativ darauf ausgelegt, dem Richter Freiraum zu verschaffen, ohne ihn ganz sich selbst zu überlassen.

Zwei Wege wurden diskutiert: Rechtsfortbildung durch das Gesetz hindurch (**Auslegung**) und Rechtsfortbildung ohne das Gesetz (**Lücke**).

Am Anfang standen Versuche, den **Auslegungsspielraum** des Richters möglichst weit zu fassen. Den radikalen Beginn der Debatte setzte 1880 die Theorie der „**objektiven Auslegung**". Sie erlaubte dem Richter, das Gesetz auch gegen den Willen seiner Verfasser zu modernisieren. Ein Vorreiter war erneut der ehemalige Richter Josef Kohler. In Fällen, „in welchen die gesetzlichen Bestimmungen in ihrer richtigen Interpretation dem Rechtsbewusstsein nicht mehr entsprechen und das Gesetzesrecht in Reibung tritt mit den Culturinteressen", müsse der Richter den Gesetzeswortlaut „so restrictiv [...] erklären, dass sich die ganze Bestimmung zuletzt in ein Nichts auflöst und juristisch eliminiert wird". Seine Ansicht, dass „hier nicht mehr Auslegung im wahren Sinne vorliegt, dass hier unter der Form der Auslegung sich in der That eine Rechtsneubildung, ein Rechtsfortschritt verbirgt, dass auf diese Weise der gewohnheitsrechtliche Gang der Rechtsfortbildung seinen langsamen stetigen Fortgang nimmt", machte deutlich, dass Kohler noch im alten Geist dachte.[99] Als Neuhegelianer war er davon überzeugt, dass im Richter der Geist der Rechtsordnung zum Durchbruch komme. Das war eigentlich ganz traditionell. Schnell stand der alte Volksgeist wieder im Raum. Karl Binding, ein weiterer Vordenker der objektiven Auslegung, meinte 1885: „Das Gesetz denkt und will, was der vernünftig denkende Volksgeist aus ihm entnimmt".[100] Das sollte nicht nach dem individuellen subjektiven Rechtsempfinden des Richters klingen, sondern nach einer irgendwie außergesetzlichen Substanz, die dem Richter zur Verfügung stand.

Scharfe Kritik fand die objektive Auslegung einerseits in der zeitgleich aufkommenden „Freirechtsbewegung", andererseits in der „Interessenjurisprudenz" Philipp Hecks. Beide forderten, ein Gesetz wie ein Naturerzeugnis zu beobachten und zu verstehen. Jede Einbeziehung des „Geistes" einer Zeit wurde als unwissenschaftlich verworfen. Damit durfte man aus einer Norm nie mehr herauslesen als das, was offensichtlich darinstand. Eugen Ehrlich als „Vater" der Freirechtsschule kritisierte: „Wie kommt es also, daß die Jurisprudenz in einem solchen Umfange, ohne die Voraussetzungen einer Induktion, aus engeren Rechtssätzen viel allgemeiner Entscheidungsnormen erschließen will? Zweifellos liegt hier ein logischer Denkfehler vor."[101] Kantorowicz betonte, man könne nicht aus einem Knochen ein ganzes Tier konstruieren.[102]

99 Josef Kohler, Über die Interpretation von Gesetzen, in: (Grünhuts) Zeitschrift für das Privat- und Öffentliche Recht der Gegenwart 13, 1886, S. 59.

100 Karl Binding, Handbuch des Strafrechts, Bd. 1, Leipzig 1885, S. 457f.

101 Eugen Ehrlich, Die Juristische Logik, 1918, 2. Aufl. Tübingen 1925, S. 269f.

102 Hermann Kantorowicz alias Gnaeus Flavius, Der Kampf um die Rechtswissenschaft, 1906, in: ders., Rechtswissenschaft und Soziologie, Ausgewählte Schriften zur Wissenschaftslehre, hg. von Thomas Würtemberger, Karlsruhe 1962, S. 27.

Kantorowicz und andere Anhänger neukantianischer Positionen brachten dagegen die um 1900 aufkommende **teleologische Auslegung** ins Spiel. Ihre Besonderheit wurde bereits dargestellt.[103] Juristische Tätigkeit war demnach wertend und an den Zwecken einer Regelung orientiert. Hauptproblem war hier, dass keine Einigkeit darüber erzielt werden konnte, wie dieser Zweck festzustellen war. Der Schritt zu objektiven Auslegungslehren war klein, wenn etwa Hans Wüstendorfer 1913 betonte,[104] „nicht der historische Gesetzeszweck, sondern ein brauchbarer Gegenwartszweck" sei entscheidend, oder Hans Reichel 1915 forderte, nach „sozialer Angemessenheit" auszulegen, also so, dass die gesetzgeberische Anordnung „das im gegenwärtigen Zeitpunkt förderlichste Mittel zur Herbeiführung eines gerechten und gesunden sozialen Zustandes" darstelle.[105]

Die Alternative war eine enge Orientierung an dem, was der Gesetzgeber gewollt hatte. Je enger man eine Norm verstand, desto deutlicher wurde entweder, dass ein bestimmter Fall davon gar nicht erfasst war, also eine **Lücke** vorlag, oder, dass die damalige gesetzgeberische Wertung überholt war, also eine Gesetzeskorrektur angeraten war. Hier hatte 1888 Eugen Ehrlich sein Öffnungsprojekt angesetzt. In seiner Untersuchung über „Lücken im Rechte"[106] betonte er, der dogmatisch lückenschließende Richter arbeite nicht einfach im geltenden Recht weiter, sondern schaffe einen neuen Rechtssatz. Die ganze Idee der Lücke wurde als Ausdruck einer eigentümlichen Metaphysik enttarnt. Wenn ein Gesetz nach allgemeinem Konsens oft Lücken hatte und der Richter diese Fälle nun mit einer „Rechtsanalogie" aus dem „Geiste" der Rechtsordnung schließen sollte, dann musste ein solcher einigender Geist in der Rechtsordnung existieren. Das erschien nun aber als unbeweisbare Spekulation – die bereits dargestellte Metaphysik des Volksgeistes. Damit forderte Ehrlich zur freien Lückenschließung auf. Dies war die Position vieler Vertreter der Freirechtsschule. Um nicht richterlicher Willkür das Wort zu reden, versuchte man den Richter irgendwie ans Gemeinwohl zu binden. Der Richter müsse eben „quasigesetzgeberisch" vorgehen.[107] Oft wurde in diesem Sinne Art. 1 des Schweizer Zivilgesetzbuch Vorbild mit der Formel, der Richter möge, wenn „dem Gesetz keine

---

103 Vgl. oben S. 137 ff.

104 Hans Wüstendorfer, Die deutsche Rechtsprechung am Wendepunkt. Versuch einer positiven Methode soziologischer Rechtsfindung, in: AcP 110, 1913, S. 264.

105 Hans Reichel, Gesetz und Richterspruch, Zürich 1915, S. 78.

106 Eugen Ehrlich, Über Lücken im Rechte, 1888, in: ders., Recht und Leben, hg. von Manfred Rehbinder, Berlin 1967, S. 80 ff.

107 Ernst Immanuel Bekker, Ernst und Scherz über unsere Wissenschaft, Leipzig 1892, S. 150.

Vorschrift entnommen werden kann[,] [...] nach der Regel entscheiden, die er als Gesetzgeber aufstellen wird".[108]

Bei Philipp Heck, der mit seiner Interessenjurisprudenz wohl die wissenschaftstheoretisch fundierteste und durchdachteste zivilrechtliche Methodenlehre des 20. Jahrhunderts vorlegte, folgte aus einer ähnlich radikalen Kritik der Metaphysik einer objektiven Auslegung sein Konzept eines **„denkenden Gehorsams"**. Hierbei war das genaue Verständnis, wie der historische Gesetzgeber bestimmte Interessenkonflikte entscheiden wollte, die tragende Basis für die Entscheidungstätigkeit des Richters. Auch Heck verneinte aber nicht, dass es viele Fälle gesetzlich nicht geregelter Interessenkonflikte, also Lücken, gebe, in denen der Richter gleichwohl entscheiden müsse. Die vom Richter geforderte „wertende Gebotsbildung [...] vollzieht sich [...] dadurch, daß der Richter diejenigen Interessen ins Auge fasst, die von der Entscheidung berührt werden, daß er sie miteinander vergleicht, und nach einem Werturteile, das er aus dem Gesetz entnimmt oder sonst gewinnt, gegeneinander abwägt. Zu Gunsten der durch diesen Maßstab bevorzugten Interessen muss dann die Entscheidung ausfallen."[109] Auch bei Heck, dessen Plädoyer für eine subjektive Auslegung möglichste Treue zum Gesetzgeber zu erreichen suchte, war unstreitig, dass jedes richterliche Urteil ein schöpferischer Akt war. Gustav Rümelins bereits 1891 erfolgte Feststellung, dass es sich bei der juristischen Tätigkeit „nicht um rein logische Operationen, sondern um [...] Werturteile handelt",[110] war bald nach 1900 Konsens.

Früh rückten andere Hoffnungsträger in den Blick, seit 1900 die **„Generalklauseln"**. Schon 1910 hatte Justus Wilhelm Hedemann, der im 20. Jahrhundert zum Chronisten von Treu und Glauben werden sollte, betont, es seien die §§ 157, 242 BGB, „um die sich die moderne Entwicklung gruppiert hat".[111] Die „Generalregeln", wie er sie zu diesem Zeitpunkt noch nannte, seien Symbol eines Abschieds von einer „Gedankenwelt, die jedes juristische Urteil auf eine Formel der reinen Logik zurückführt". 1913 nannte er dann § 242 BGB eine „königliche Regel" – die später vielzitierten „königlichen Paragrafen" – und sah „Bewegungsfreiheit" als Signum des Zeitgeistes. Er schwärmte

108 Hermann Kantorowicz alias Gnaeus Flavius, Der Kampf um die Rechtswissenschaft, 1906, in: ders., Rechtswissenschaft und Soziologie, Ausgewählte Schriften zur Wissenschaftslehre, hg. von Thomas Würtemberger, Karlsruhe 1962, S. 34.

109 Philipp Heck, Gesetzesauslegung und Interessenjurisprudenz, Tübingen 1914, S. 255.

110 Gustav Rümelin, Werturteile und Willensentscheidungen im Civilrecht, Freiburg i. Br. 1891, S. 5.

111 Justus Wilhelm Hedemann, Die Fortschritte des Zivilrechts im XIX Jahrhundert, Erster Teil: Die Neuordnung des Verkehrslebens, Frankfurt a. M. 1910, S. 119.

auch von § 826 BGB als einem Paragrafen, der „im Laufe eines einzigen Jahrzehnts zu einer riesigen Macht emporgestiegen [ist] [...]. Er hat sich zu einem Korrektiv für alle Partien des Bürgerlichen Gesetzbuchs, ja über das Bürgerliche Gesetzbuch hinaus entwickelt".[112] Die Fülle der Beispiele, die er nun aufzählte, machte deutlich, dass besonders die Rechtsprechung längst begonnen hatte, mittels des BGB neue Lösungen zu entwickeln. Die bereits vor 1914 einsetzende Begeisterung für Generalklauseln war ein weiteres Zeichen dafür, dass man dabei war, sich die alte Freiheit gegenüber dem Gesetz wieder zu erkämpfen. Das als zu eng bindend empfundene BGB befeuerte den Ruf nach dem Richter als Sozialingenieur.

Hinter alldem lauerte freilich zunehmend die Wertungsfrage. Wonach entschied der Richter, wenn nicht einfach nach Gesetz und systematischem Gesamtzusammenhang? Entweder behauptete man, dass alle Richter auch ohne Gesetz eine Wertungsgrundlage teilten, die sie band. Alternativ blieb nur die Möglichkeit sich einzugestehen, dass Richter nach ihren persönlichen individuellen Wertungen urteilten. In beiden Fällen stellte sich die Frage, wie dies mit dem staatlichen Rechtsetzungsmonopol vereinbar war.

Was bot sich dem Richter auf der Suche nach einer aussergesetzlichen Entscheidungshilfe an? Man konnte an Werte **„von oben"**, also etwa ein Naturrecht, denken oder an Werte **„von unten"**, also „Bedürfnisse" des Lebens, des Rechtsverkehrs, der sozialen Praxis etc.

Eher hilflos angesichts des weitgehenden zeitgenössischen Konsenses darüber, dass man „naturrechtliche" Kriterien hierfür rechtsphilosophisch nicht finden könne, klangen die Appelle, der Richter müsse sich an die **„Gerechtigkeit"** halten.[113] Verbreiteter war ein bereits von Savigny und seinen Anhängern hofiertes Argument, das nicht objektiv-inhaltlich feststehende, aber doch intersubjektiv geteilte Rechtsgefühl. Hinter vielen derartigen Appellen schienen hier die alten elitären Konzepte durch, wenn etwa behauptet wurde, Träger der entscheidenden Werte sei die „führende Kulturschicht"[114] oder die „verständigen Sprachgenossen".[115] Die vom Reichsgericht 1901 eingeführte Formel für die Sittenwidrigkeit als „Anstandsgefühl aller billig und gerecht Denkenden"[116] transportiert bis heute dieses Problem. Auffallend war jedenfalls der Konsens

112 Justus Wilhelm Hedemann, Werden und Wachsen im Bürgerlichen Recht, Berlin 1913, S. 10 f.

113 Eugen Ehrlich, Freie Rechtsfindung und freie Rechtswissenschaft, Leipzig 1903, S. 193.

114 Hans Wüstendorfer, Die deutsche Rechtsprechung am Wendepunkt. Versuch einer positiven Methode soziologischer Rechtsfindung, in: AcP 110, 1913, S. 323.

115 Erich Danz, Richterrecht, in: Schriften des Vereins Recht und Wirtschaft, Bd. 1, Heft 4, Berlin 1912, S. 189.

116 RGZ 48, S. 124 f. vom 11. 4. 1901.

aller Freunde des Rechtsgefühls, dass Wertungen des allgemeinen Rechtsbewusstseins nicht irgendwie empirisch, also etwa durch Umfragen, festgestellt werden könnten. Rückblickend bemerkte Max Rümelin denn auch, dass sich unter den „Gefühlsjuristen" fast nur Autoren fänden, die Rechtsgefühl selbst als individuelles Richtergefühl einstuften.[117] Hinter dem Rechtsgefühl lauerte freies Richterrecht.

Blieb die Wertelösung damit versperrt, so gewann eine andere Perspektive langsam an Boden: der Versuch, in der „**Wirklichkeit**" nach Werten zu suchen. Die aufkommende Rechtssoziologie versuchte erstmals, die Rechtswirklichkeit empirisch zu beobachten. Man sprach seit Arthur Nußbaum von Rechtstatsachenforschung. Das Interesse am lebenden, wirklichen Recht nahm vor 1914 sprunghaft zu. In den Blick gerieten Handelsbräuche, regionale Vertragsüblichkeiten, das Vertragsrecht der Wirtschaft und neue Rechtsphänomene wie Monopole und Kartelle. Nußbaum wies 1914 auf diese Perspektivverschiebung hin:[118]

> Es ist nun etwa schon ein Jahrzehnt her, daß sich in der Jurisprudenz ein „neuer Geist" bemerkbar macht [...]. Man ist der leeren Dogmatik überdrüssig geworden, alles drängt zu der lebendigen Natur, der die Quellen des Rechts entströmen.

Wichtiger Vordenker war hier Eugen Ehrlich, der ein Jahr zuvor seine Rechtssoziologie in den Satz zusammengefasst hatte: „der Schwerpunkt der Rechtsentwicklung liege auch in unserer Zeit, wie zu allen Zeiten, weder in der Gesetzgebung noch in der Jurisprudenz oder in der Rechtsprechung, sondern in der Gesellschaft selbst".[119]

Die Wirklichkeit schuf Recht, und die Frage war, inwiefern man hier den Sprung von der Wirklichkeit zum Wert wagen konnte. Oft – und jedem Juristen bis heute geläufig – verschwand das Problem hinter forschen Behauptungen von Bedürfnissen des Lebens, der Praxis, des Verkehrs etc. Methodisch sensible Neukantianer sahen stets die hier lauernde Schwierigkeit. Was wirklich war, musste nicht richtig sein: Dass viele Menschen die Steuer hinterziehen, heißt nicht, dass dies ein Rechtssatz sein sollte. Emil Lask entlarvte die Vorstellung als naiv, als könne „empirische Forschung durch bloße Steigerung und Generalisierung des Systematisierens plötzlich in ‚Philosophie' umschlagen".[120] Eine „Sozialtheorie des Rechts" öffnete die Augen, half wirklichkeits-

117 Max Rümelin, Rechtsgefühl und Rechtsbewußtsein, Tübingen 1925, S. 47.

118 Arthur Nussbaum, Rechtstatsachenforschung, Berlin 1914, S. 1 f. oder ff.

119 Eugen Ehrlich, Grundlegung der Soziologie des Rechts, München und Leipzig 1913, Vorrede.

120 Emil Lask, Rechtsphilosophie, 1905, hier nach Neudruck in: Herriegel (Hg.), Emil Lask, Gesammelte Schriften, Erster Band, 1922, S. 307.

fremde Lösungen zu vermeiden. Eine Antwort auf die Frage, woher der Richter die Werte nehmen sollte, mit denen er Gesetzeslücken füllen könne, gab sie nicht. Hermann Kantorowicz bestimmte auf dem 1. Deutschen Soziologentag in Frankfurt 1910 die Chancen und Grenzen des soziologischen Blicks (unter Rückgriff auf den neukantianischen Unterschied zwischen kausaler und teleologischer Betrachtung[121]) ganz klar:

> [Die] Parteien, die sich über [...] Wert oder Unwert streiten, haben ein Interesse daran, daß da jemand da ist, der sagt: ich sage dir nicht, du hast recht oder du hast unrecht, das kann ich dir mit den Mitteln der empirischen Wissenschaft nicht sagen, sondern ich kann dir nur sagen: das sind die Tatsachen – vielleicht kennt er sie gar nicht –, das sind die Bedingungen, das sind die Folgen davon, daß es so ist, also: wenn das geschähe, was du willst, dann würden die und die Mittel und die und die Nebenfolgen mit in den Kauf genommen werden müssen. Das sind die Fragen, die nach dem Schema: auf X folgt Y entschieden werden können. Alle anderen Fragen aber, die nach diesem Schema nicht entschieden werden können, liegen nicht auf unserem Gebiet.[122]

Soziologie bot lediglich das empirische Material, das lebensferne Wertungen des Juristen zu verhindern half und eine Folgenabschätzung erleichterte. Soziologie war für den Gesetzesanwender damit „die vornehmste Hilfswissenschaft der dogmatischen Jurisprudenz"[123] – mehr aber nicht.

Bereits vor 1914 wurde immer deutlicher, dass sich hinter dem höflich-unpolitisch argumentierenden richterlichen Rechtsfachmann ein juristisch und individuell durch seine Herkunft geprägtes Subjekt verbarg. Man konnte sich damit beruhigen, dass jede Entscheidung nur inter partes wirkte und ein Präjudiziensystem in Deutschland nicht galt. Richter entschieden den Fall, sie setzten nicht Recht. Auch konnte man auf andere Willkürschranken verweisen: das Kollegialsystem bei höheren Gerichten, das Rechtsmittelsystem und den Richtereid. Gleichwohl änderte der nun entzauberte, politische Richter dramatisch die Diskussionslage. Schon im Kaiserreich versuchten Interessenvertreter immer stärker, die Richter auf ihr Programm einzuschwören. Von „links" kritisierte man „Klassenjustiz", von „rechts" „schlappe Justiz", von liberaler Seite „Weltfremdheit

---

121 Vgl. oben S. 137ff.

122 Hermann Kantorowicz, Diskussionsbeitrag in: Verhandlungen des Ersten deutschen Soziologentages vom 19.–22. Oktober 1910 in Frankfurt a. M., Tübingen 1911, S. 329.

123 Hermann Kantorowicz, Rechtswissenschaft und Soziologie, 1911, in: ders., Rechtswissenschaft und Soziologie. Ausgewählte Schriften zur Wissenschaftslehre, hg. von Thomas Würtemberger, Karlsruhe 1962, S. 126.

der Richter".[124] Die Folge war ein enormer Ansehensverlust der Justiz. Die richterliche Sozialisation geriet immer deutlicher in den Blick. In Preußen etwa sorgte ein fünfjähriges unbezahltes Referendariat dafür, dass Kandidaten aus der Arbeiterschaft schon aus finanziellen Gründen der Zugang faktisch nahezu verwehrt wurde. Keineswegs bildete die Justiz nach Herkommen und politischer Diversität die Gesellschaft des Reiches ab. Karl Liebknechts Vorwurf der „Klassenjustiz" war kaum von der Hand zu weisen. Max Weber warnte in diesem Sinne die Arbeiter 1902 vor zu viel Vertrauen in die Richterschaft und empfahl, als einer der ganz wenigen, nochmals die haltgebende Funktion juristischer Dogmatik.

> Die juristische Wissenschaft kann dagegen dem Ziele einer zeitgemäßen legislatorischen und jurisdiktionellen Behandlung der Interessen der Arbeiterklasse dadurch und nur dadurch den Weg ebnen, daß sie […] die einmal bestehenden Rechtsnormen nach ihrer formalen Methode logisch bearbeitet und dadurch ihre Anwendung der Willkür entzieht, welche sich in das Gewand sozialethischer Erwägungen kleidet. Mögen solche in einem einzelnen Fall einmal den Interessen der Arbeiterklasse zu Gute kommen, so ist […] nichts sicherer, als daß sie bei dem sozialen Millieu, welches den Berufsjuristen umgibt und mit dem für absehbare Zeit zu rechnen ist, auf die Dauer ganz anderen Interessen dienstbar werden.[125]

Glaubte man daran nicht, dann stand die Frage drängend im Raum, ob die Justiz in der Lage sein werde, den Interessen aller Bevölkerungsgruppen hinreichend Raum zu verschaffen.

Literatur: Dieter Simon, Die Unabhängigkeit des Richters, Frankfurt a. M. 1975; Rainer Schröder, Die Richterschaft am Ende des zweiten Kaiserreichs unter dem Druck polarer sozialer und politischer Anforderungen, in: Arno Buschmann u. a. (Hgg.), Festschrift für Rudolf Gmür, Bielefeld 1983, S. 201 ff.; Jan Schröder, Gesetzesauslegung und Gesetzesumgehung. Das Umgehungsgeschäft in der rechtswissenschaftlichen Doktrin von der Spätaufklärung bis zum Nationalsozialismusm, Paderborn 1985, S. 49 ff., 93 ff.; Rainer Schröder, Die deutsche Methodendiskussion um die Jahrhundertwende: wissenschaftstheoretische Präzisierungsversuche oder Antworten auf den Funktionswandel von Recht und Justiz, in: Rechtstheorie 19, 1988, S. 323 ff.; Jens Wanner, Die Sittenwidrigkeit der Rechtsgeschäfte

124 Nachweise bei Rainer Schröder, Die Richterschaft am Ende des zweiten Kaiserreichs unter dem Druck polarer sozialer und politischer Anforderungen, in: Festschrift für Rudolf Gmür, hg. von Arno Buschmann, Bielefeld 1983, 201 ff.

125 Max Weber, Rez. Philipp Lotmar, Der Arbeitsvertrag, in: Archiv für soziale Gesetzgebung und Statistik 17, 1902, S. 730.

im totalitären Staat. Eine rechtshistorische Untersuchung zur Auslegung und Anwendung des § 138 Abs. 1 BGB im Nationalsozialismus und in der DDR, Ebelsbach 1996, S. 44 ff.; Hans-Peter Haferkamp, Neukantianismus und Rechtsnaturalismus, in: Marcel Senn u. Dániel Puskás, Rechtswissenschaft als Kulturwissenschaft?, ARSP Beiheft 115, Stuttgart 2007, S. 105 ff.; Jan Schröder, Rechtsbegriff und Auslegungsgrundsätze im frühen 20. Jahrhundert. Anmerkungen zum Streit zwischen „objektiver" und „subjektiver" Interpretationstheorie, in: Ulrich Wackerbarth, Thomas Vormbaum u. Hans-Peter Maruschke, (Hgg.), Festschrift für Eisenhardt zum 70. Geburtstag, München 2007, Wiederabdruck bei Jan Schröder u. Thomas Finkenauer (Hgg.), Rechtswissenschaft in der Neuzeit, Tübingen 2010, S. 585 ff.; Uwe Wilhelm, Das deutsche Kaiserreich und seine Justiz. Justizkritik – politische Strafrechtsprechung – Justizpolitik, Berlin 2010; Rainer Schröder, Art. Klassenjustiz, in: HRG II, 2. Aufl. 2012, Sp. 1870 ff.; Hubert Treiber, Max Webers Rechtssoziologie – eine Einladung zur Lektüre, Wiesbaden 2017, S. 161 ff; Hans-Peter Haferkamp, Hermann Kantorowicz' Vortrag auf dem ersten Soziologentag 1910, in: Zeitschrift für Rechtssoziologie Band 41 Heft 2, 2021, S. 215–232.

3.3.3 Richterlicher Umgang mit dem BGB vor 1914

Wie nun gingen die Richter in diesem für sie zunehmend schwierigen rechtspolitischen Umfeld mit dem BGB um? Auffallend ist zunächst, dass sich nur wenige Richter an den intensiven Debatten um die ihnen zustehende Methode der Gesetzesanwendung überhaupt beteiligten. Wie heute hatten auch damals die wenigsten Richter im Studium über Methodenfragen nachgedacht. Methodenlehre blieb ein Professorendiskurs. Lediglich von der Freirechtsschule grenzten sich viele Richter ab. Der Aufruf nach einem „freien Recht" zu urteilen, klang vielen nach einer Gehorsamsverweigerung gegenüber der Legislative, was für sie beruflich gefährlich war und wohl auch ihrem Selbstverständnis widersprach. Die ältere rechtshistorische Forschung hat daraus gefolgert, insbesondere das Reichsgericht habe vor 1914 einen sklavischen Gesetzesgehorsam betrieben („Gesetzespositivismus der Reichsgerichtspraxis"[126]). Übersehen wurde dabei, dass auch vor 1900 das Reichsgericht immer rechtsfortbildend tätig gewesen war, ohne jemals den Gesetzesgehorsam aufzukündigen. Neuere Untersuchungen zeigen, dass das Reichsgericht durch das BGB keineswegs daran gehindert wurde, eine Rechtsprechung weiterzuentwickeln, die es als den Zeitumständen angemessen empfand. Dies bedeutet nicht zuletzt, dass es dem Reichsgericht ohne offene Konflikte mit dem Gesetzgeber gelang, eine Reihe von Rechtsinstituten weiter zu verwenden oder dem neuen Gesetz unterzuschieben, die das BGB teilweise explizit abschaffen wollte.

126 So etwa noch Hans Schlosser, Grundzüge der Neueren Privatrechtsgeschichte. Rechtsentwicklungen im europäischen Kontext, 9. Aufl. Heidelberg 2001, S. 194.

Ein besonders auffallendes Beispiel ist die Fortführung der Judikatur zur **exceptio doli generalis** oder, wie es schon im 19. Jahrhundert eingedeutscht hieß, zur Einrede der Arglist. Diese an antike Quellen angelehnte und im Ius Commune fraglos anerkannte Einrede hatte seit dem Aufstieg des Reichsgesetzgebers eine geradezu symbolische Bedeutung erlangt. In ihrem weiten Anwendungsfeld, das letztlich jede moralisch vorwerfbare Rechtsausübung erfassen konnte, hatten besonders Fälle Aufsehen erregt, in denen sich Parteien auf Formvorschriften beriefen, um sich von einer Vereinbarung zu lösen, für die sie selbst zuvor Formvorschriften für entbehrlich erklärt hatten. Damit stand die Frage im Raum, ob der Richter mittels dieser von ihm frei konstruierten Einrede das Recht hatte, gesetzgeberische Entscheidungen anhand moralischer Kriterien zu korrigieren. Gegner hatten betont, die Zulässigkeit einer Arglisteinrede könne „nicht entschieden genug zurückgewiesen werden, denn [...] [sc. sie] stellt den Richter über das Gesetz und giebt dem Richter die Befugnis, das Gesetz zu korrigieren“.[127] In beiden BGB-Kommissionen wurde daher wiederholt die Aufnahme der exceptio doli generalis in das BGB abgelehnt.[128] Hierdurch werde „in höchst bedenklicher Weise anstelle der festen Rechtsnorm das subjektive Gefühl des Richters gesetzt und die Grenze zwischen Recht und Moral verwischt“.[129] Mit der aufkommenden Kritik an den BGB-Entwürfen sah man genau diese Befugnis als weniger problematisch an und betonte den Gerechtigkeitswert der Einzelfallkorrektur in solchen Konstellationen. Es ergab sich bis in die Reichstagsdebatten ein zähes Ringen zwischen Gegnern und Befürwortern einer Aufnahme in das BGB. 1896 war man sich aber weitgehend einig, dass das BGB eine exceptio doli generalis wohl abgelehnt, jedenfalls nicht explizit aufgenommen hatte. Dies hinderte das RG nicht daran, sich weiterhin dieses flexiblen Einzelfallkorrektivs zu bedienen. 1898 stellte der 5. Zivilsenat lapidar fest: „Die sogenannte exceptio doli generalis dient zum Schutze gegen ein Klagbegehren, welches an sich in den Gesetzen begründet sein, dessen Erfüllung aber eine offenbare Unbilligkeit in sich schließen würde.“[130] Als das BGB 1900 in Kraft trat, hätte man erwartet, dass das RG in Erklärungsnot geriete. Dem war jedoch nicht so. Nachdem das RG zunächst ohne nähere Begründung von einer Fortgeltung der

127 Robert Römer, Die exceptio doli generalis, insbesondere im Wechselrecht, in: ZHR 20, 1875, S. 53 f.

128 Vgl. oben S. 89 ff.

129 Horst Heinrich Jakobs u. Werner Schubert (Hgg.), Die Beratung des Bürgerlichen Gesetzbuches in systematischer Zusammenstellung der unveröffentlichten Quellen, Allgemeiner Teil, Teil 2, Berlin 1978, S. 1171.

130 RG, in: JW 1898, S. 425 vom 25. 5. 1898.

Arglisteinrede unter dem BGB ausgegangen war, fand sich bei Instanzgerichten Kritik, und nun erklärte das höchste deutsche Gericht umstandslos:[131]

> Das BGB enthält [...] freilich keine allgemeine Bestimmung über die Einrede der Arglist, wodurch dieser eine Geltung im gleichen Umfange wie nach dem früheren gemeinen Rechte ausdrücklich gesichert würde. Es kann dahingestellt bleiben, wie weit § 138 oder § 242 BGB zu dem gleichen Ergebnis führen würden. Jedenfalls ergibt sich aber dasselbe in einem Falle von der Art des vorliegenden aus § 826 iVm. § 249 BGB.

Diese verblüffende Anbindung einer Einrede an einen Schadensersatzanspruch wurde im gleichen Jahr vom 5. Senat durch ein „allgemeines Prinzip" als Grundlage ersetzt, welches zur Fundierung der exceptio doli generalis insgesamt acht Normen des BGB heranzog.[132]

Eine engere Bindung an den Gesetzeswortlaut war durch diese Zugeständnisse an den Druck des Umfelds wohl nicht beabsichtigt. 1909 bemerkte der 2. Senat erleichtert:[133] „Nur" über die dogmatische Fundierung der Einrede seien die Ansichten noch geteilt. Ohne weitere Klärung genügte 1911 dem 2. Senat[134] dann, dass die exceptio doli generalis „in der Wissenschaft und auch in der Rechtsprechung des Gerichts anerkannt" sei. 1914 machte der Hinweis auf die „vielfache Übung"[135] der exceptio doli generalis deutlich, dass das RG seine Ansicht nicht mehr mit dem Gesetz abgleichen zu müssen glaubte.

Nicht nur bei diesem Rechtsinstitut ließ das RG keinen Zweifel daran, dass es sich von den BGB-Debatten und vom neuen Gesetz in seiner festen Überzeugung kaum beirren ließ. Ein Beispiel ist die **Sicherungsübereignung**. Sie hatte in den preußischen Gebieten stets Widerstand gefunden, war im Gemeinen Recht aber anerkannt gewesen. In den Diskussionen um die Konkursordnung war sie abgelehnt worden, in den Diskussionen zum BGB hatte man die Frage der Wissenschaft überlassen. Das Reichsgericht ging nun einen eigenen Weg, indem es die Sicherungsübereignung in einzelnen Fällen langsam zuließ, aber Ausweitungen etwa auf die Sicherungsübereignung ganzer Warenlager ablehnte. Ähnlich eigenständig und selbstbewusst weitete man langsam die vorvertragliche Haftung aus, indem man die explizit abgelehnte

131 RGZ 57, S. 357 vom 29.2.1904.

132 RGZ 58, S. 428 vom 17.9.1904: §§ 133, 157, 162, 242, 320, 815, 817, 826 BGB als Ausdruck der Grundsätze von Treu und Glauben und der guten Sitten.

133 RGZ 71, S. 435 vom 8.10.1909.

134 RGZ 75, S. 342 vom 17.2.1911.

135 RGZ 84, S. 131 ff. vom 6.2.1914.

culpa in contrahendo seit 1902 zunächst über fingierte Vertragshaftungen umging, dann aber langsam zuließ. Auch sonst ließ man sich durch die Schwächen des Deliktsrechts nicht beirren. Schon bevor das Reichsgericht 1917 Nichtvertragspartner über § 328 BGB in den Schutzbereich eines Mietvertrages einbezog, hatte es ganz selbstverständlich Mitbewohnern des Mieters vertragliche Ansprüche zuerkannt, wenn § 831 Abs. 1 S. 2 BGB ansonsten eine Exkulpation des Vermieters zugelassen hätte.

Ein Feld völlig freier Rechtsgestaltung schuf das Reichsgericht im bereits vor 1900 diskutierten **Kollektivarbeitsrecht** und beim Problem der Kartelle und Monopole. Hier griff man bruchlos unter dem Label der „guten Sitten" (§§ 138 Abs. 1, 826 BGB) auf die älteren Überlegungen zurück und schuf praktisch höchst bedeutsame wirtschaftspolitische Weichenstellungen.[136] Mangels eines hinreichend ausgebildeten Problembewusstseins in der juristischen Literatur suchte das Reichsgericht Entscheidungshilfen bei der Nationalökonomie. Es stützte etwa seine Legalisierung der Kartelle auf eine breite Zustimmung, die von „Manchestermännern" bis zum Verein für Sozialpolitik und zur Sozialdemokratie reichte. Übergreifend lag der Legalisierung der Kartelle ein Modell des gewerblichen Kampfes zugrunde, bei dem die Zulassung der Kartelle als Spiegelbild der gesetzlich durch § 152 GewO zugelassenen Arbeitnehmerorganisationen legitimiert wurde. In Anlehnung hieran entwickelte das Reichsgericht bereits vor 1914 ein ausdifferenziertes System von Missbrauchsschranken, mit dem die ansonsten legalen Kartelle beschränkt, gleichzeitig Ringe und Trusts für nichtig erklärt wurden. Als Teil dieses Konzepts eines reglementierten Kampfes erklärten die Zivilsenate Streiks für ein zulässiges Kampfmittel – während die Strafsenate Streiks weiterhin als Landfriedensbruch verfolgten.

Von Anfang an zeigte sich das RG als selbstbewusster Akteur, nicht als Sklave des neuen Gesetzes. Dabei betrieb es seine Arbeit gleichwohl weiterhin im höflich-unpolitischen Gewand der juristischen Dogmatik und verstieg sich nur selten auf das Gebiet offener Rechtspolitik.

Literatur: Rainer Schröder, Die Entwicklung des Kartellrechts und des kollektiven Arbeitsrechts durch die Rechtsprechung des Reichsgerichts vor 1914, Ebelsbach 1988; Markus Klemmer, Gesetzesbindung und Richterfreiheit. Die Entscheidungen des Reichsgerichts in Zivilsachen während der Weimarer Republik und im späten Kaiserreich, Baden-Baden 1996; Ulrich Falk u. Heinz Mohnhaupt (Hgg.), Das BGB und seine Richter, Frankfurt a. M. 2000; Jörg Benedict, Culpa in Contrahendo. Transformationen des Zivilrechts, Bd. 1 Historisch-kritischer Teil: Entdeckungen – oder zur Geschichte der Vertrauenshaftung, Tübingen 2018, S. 283 ff.

136 Im Zentrum stand der sächsische Holzstoffkartellfall, RGZ 38, S. 155 ff. vom 4. 2. 1897.

3.3.4 Vertiefung: Die „Entdeckung“ der positiven Vertragsverletzung

1902 hielt der bekannte Berliner Rechtsanwalt Hermann Staub auf dem Deutschen Juristentag einen bald vieldiskutierten Vortrag. Staub legte, so auch die Sicht seiner späteren Interpreten, eine geradezu unglaubliche Regelungslücke im neuen BGB offen: Das BGB regele mit dem Verzug und der Unmöglichkeit nur die Folgen einer „negativen“ Vertragsverletzung durch Nichtleistung.

> Dagegen enthält das B.G.B. eine gleiche Vorschrift (sc. wie § 286 BGB für Verzug) nicht für die zahlreichen Fälle, in denen jemand eine Verbindlichkeit durch positives Tun verletzt, in denen jemand tut, was er unterlassen soll, oder die Leistung, die er zu bewirken hat, zwar bewirkt, aber fehlerhaft.[137]

In einer Reihe von Beispielen zeigte Staub, dass jenseits der Schlechtleistung einer Hauptleistungspflicht eine Fülle von Schäden entstehen könne, die Folge der Leistung (also nicht wie Verzug und Unmöglichkeit Folge einer Nichtleistung) seien und für die es weder eine Schadensersatznorm noch ein Rücktrittsrecht gebe. Damit wurde er im Urteil von Hans Dölle 1957 zu einem der großen juristischen „**Entdecker**“,[138] nämlich einer riesigen Lücke im BGB, die man bis 2001 durch die Lehre von der positiven Vertrags- bzw. – in Erweiterung auf gesetzliche Schuldverhältnisse – der positiven Forderungsverletzung füllte. Erst durch die Schuldrechtsmodernisierung beendete der Gesetzgeber durch die Einfügung von § 280 BGB 2002 die Diskussion.

Die rechtshistorische Forschung hat diesen Mythos vom naiven BGB längst entzaubert. Einerseits hatte das BGB diese Problematik natürlich gesehen und auch eine Lösung dafür bereit. Andererseits war auch Staub keineswegs naiv gegenüber diesem Konzept des BGB. Auch ihm war bewusst, dass er diese **Lücke** konstruierte, und dafür hatte er gute Gründe.

Staub war preußischer Jurist. Vor 1900 hatte das Allgemeine Preußische Landrecht für jede Pflichtverletzung durch eine mindestens fahrlässig verursachte mangelhafte Leistung Schadensersatz gewährt.[139] Eine ähnlich klare Lösung hatte das BGB unstreitig nach seinem Wortlaut nicht. Die BGB-Verfasser hatten freilich ganz anders gedacht

137 Hermann Staub, Die positiven Vertragsverletzungen, Berlin 1904, S. 5.

138 Hans Dölle, Juristische Entdeckungen, in: Verhandlungen des 42. DJT 1957, Tübingen 1958, S. 1–22.

139 ALR I 5 §§ 277 ff., 285 ff., 320.

als Staub. Dies war im Ersten Entwurf noch deutlich gewesen. § 224 Abs. 1 E I hatte auf Vorschlag Windscheids bestimmt:

> Der Schuldner ist verpflichtet, die nach dem Schuldverhältnisse ihm obliegende Leistung vollständig zu bewirken. Er haftet nicht bloß wegen vorsätzlicher sondern auch wegen fahrlässiger Nichterfüllung seiner Verbindlichkeit.

In den Motiven war klargestellt, eine solche Vorschrift „könnte als selbstverständlich erscheinen. Es ist jedoch eine ausdrückliche Hinweisung darauf, daß die Verpflichtung ihrem ganzen Umfange nach, insbesondere auch in Ansehung aller Nebenpunkte, zu erfüllen sei, nicht unnöthig".[140] Mit „Nebenpunkte" waren nach dem Verständnis der Kommissionsmitglieder nicht nur ausdrücklich vereinbarte Nebenpflichten gemeint, sondern auch, „was sich aus den Bestimmungen und der Natur des Vertrages nach Gesetz und Verkehrssitte sowie mit Rücksicht auf Treu und Glauben als Inhalt seiner Verbindlichkeit ergiebt".[141] Neben diese Lösung vieler von Staub benannter Fälle trat ein weiterer Begriff der Unmöglichkeit als der des preußischen Rechts. Dieser bezog sich nicht nur auf die Leistung selbst, sondern auch auf die Zeit, den Ort und die Umstände der Leistung. Wenn also eine Leistung zu spät erfolgte, lag eine „theilweise Unmöglichkeit der Erfüllung der ihm obliegenden Leistung, nämlich der Erfüllung in Ansehung der Zeit, zu welcher sie zu bewirken ist"[142] vor. Auch Schlechtleistungen wurden von diesem Unmöglichkeitsbegriff erfasst als „(quantitativ bezw. qualitativ) theilweise unmöglich".[143] Schon dieses Nebeneinander zweier möglicher Lösungen des Staub'schen Problems zeigte freilich, dass der erste Entwurf ein Kompromissprodukt war, indem in § 224 E I Reste der alten Culpahaftung mit der auf Friedrich Mommsen zurückgehenden weiten Unmöglichkeitslehre kombiniert wurden. Diese Spannungen im Gesamtkonzept wurden im weiteren Verlauf der BGB-Debatten noch dadurch verschärft, dass § 224 E I gestrichen wurde und in zwei Vorschriften aufging, die den entscheidenden Haftungsgedanken nicht mehr ausdrückten:

---

140 Motive zu dem Entwurfe eines Bürgerlichen Gesetzbuches für das Deutsche Reich, Bd. II: Recht der Schuldverhältnisse, Berlin und Leipzig 1888, S. 26.

141 § 359 E I.

142 Motive zu dem Entwurfe eines Bürgerlichen Gesetzbuches für das Deutsche Reich, Bd. II: Recht der Schuldverhältnisse, Berlin und Leipzig 1888, S. 56.

143 Motive zu dem Entwurfe eines Bürgerlichen Gesetzbuches für das Deutsche Reich, Bd. II: Recht der Schuldverhältnisse, Berlin und Leipzig 1888, S. 49.

Der Schuldner ist verpflichtet, die Leistung so zu bewirken, wie Treu und Glauben mit Rücksicht auf die Verkehrssitte es erfordern (§ 206 E II, heute § 242 BGB).
Der Schuldner hat, sofern nicht ein Anderes bestimmt ist, Vorsatz und die Außerachtlassung der im Verkehre erforderlichen Sorgfalt (Fahrlässigkeit) zu vertreten (§ 233 E II, vgl. heute § 276 Abs. 1 und 2 BGB).

Staub sah eine allgemeine Haftung gem. § 276 BGB 1900 und eine Haftung über Unmöglichkeit gem. § 280 BGB 1900[144] durchaus als denkbare Alternativen zu seiner positiven Vertragsverletzung. Zeittypisch war jedoch, dass er keineswegs durch eine historische Auslegung versuchte, den historischen Gesetzgeberwillen genau herauszuarbeiten. Seit 1896 wurde das BGB von einer Flut an exegetischer Literatur überschwemmt,[145] welche die Konzeption des historischen Gesetzgebers hinter einer Fülle von Wortlautargumenten verschwinden ließ. Auch Staub nahm den Gesetzeswortlaut ins Zentrum und konstruierte so eine Lücke, die es bei historischer Auslegung nie gegeben hätte. In seiner Perspektive war die Lücke durchaus konsequent. § 276 BGB 1900 regelte seinem Wortlaut nach nicht einen Haftungsgrund, sondern einen Haftungsmaßstab. Als Anspruchsgrundlage kam der Wortlaut nicht in Betracht. Und auch das weite Verständnis der Unmöglichkeit war dem BGB nicht zu entnehmen, was auch daran lag, dass die Gesetzesverfasser diesbezüglich keine einheitliche Meinung erreichen konnten. Für eine Wortlautwissenschaft im Staub'schen Sinne war also das Lückenargument nicht von der Hand zu weisen, besonders wenn man, wie er, aus der preußischen Tradition kommend, den weiten Unmöglichkeitsbegriff als „geschraubt und gewunden"[146] empfand.

---

144 § 280 BGB 1900:
(1) Soweit die Leistung in Folge eines von dem Schuldner zu vertretenden Umstandes unmöglich wird, hat der Schuldner dem Gläubiger den durch die Nichterfüllung entstehenden Schaden zu ersetzen.
(2) [1] Im Falle theilweiser Unmöglichkeit kann der Gläubiger unter Ablehnung des noch möglichen Theiles der Leistung Schadensersatz wegen Nichterfüllung der ganzen Verbindlichkeit verlangen, wenn die theilweise Erfüllung für ihn kein Interesse hat. [2] Die für das vertragsmäßige Rücktrittsrecht geltenden Vorschriften der §§ 346 bis 356 finden entsprechende Anwendung.

145 Diese Literatur wurde von Georg Maas gesammelt, der bis 1899 (ArchBürgR 16, 1899, S. 1–324) bereits über 4000 Titel zum neue BGB anführte und diese Zählung dann bis 1909 jährlich im Archiv für Bürgerliches Recht fortsetzte.

146 Hermann Staub, Die positiven Vertragsverletzungen, Berlin 1904, S. 38.

Wie gingen nun die Richter am Reichsgericht mit diesem Problem um? Federführend war hier der 2. Zivilsenat, der vor 1900 für das rheinische, mithin französische Recht zuständig gewesen war und dies für Altfälle auch nach 1900 blieb. Hier hatte man Art. 1184 Code civil schon lange als selbstverständlich den Grundsatz entnommen:

> Jede schuldhafte Vertragsverletzung macht schadensersatzpflichtig.[147]

Von Anfang an las das Gericht diesen Grundsatz in § 276 BGB 1900 hinein. Staubs Lehre spielte in der Rechtsprechung des Reichsgerichts und auch noch des Obersten Gerichtshofes für die Britische Zone[148] daher keine Rolle. Geprägt vom vorkodifikatorischen Recht, hatten die Richter offenbar keine Probleme, § 276 BGB 1900 über den Wortlaut hinaus als Anspruchsgrundlage zu lesen, genau wie es die BGB-Verfasser auch beabsichtigt hatten. Es war daher erst der Bundesgerichtshof, der sich 1953 gegen diese Lösung aussprach und § 276 eng als Haftungsmaßstab verstand.[149] Das nun kommende Bekenntnis zur positiven Vertragsverletzung erfolgte jedoch ohne nähere Auseinandersetzung mit der Lehre Staubs, der als Jude schon im Nationalsozialismus zunehmend aus dem Diskurs verdrängt worden war. Der BGH wählte daher auch eine andere Begründung als Staub, der mit Analogien zu §§ 286, 325 BGB 1900 gearbeitet hatte. Nun wurde § 242 BGB zum Ankerpunkt der neuen Lehre. Dies passte in die frühen Nachkriegsjahre, in denen der BGH die im Nationalsozialismus betriebene Ausweitung von § 242 BGB als Generalnorm für die Absicherung von korrigierendem Richterrecht fortschrieb.[150] Es war aber auch ein Zeichen für die endgültige Abkehr von der Konzeption des BGB. § 242 BGB trug nun eine immer mehr auswuchernde richterrechtliche Schutzpflichtdogmatik, für die § 242 BGB eine bessere Ausgangsposition bot als Analogien zum Leistungsstörungsrecht des BGB. Der BGH vollzog auch insofern Veränderungen nach, die den nationalsozialistischen Diskussionen entstammten.[151] Die nun allgegenwärtige Rede von der Positiven Vertragsverletzung und bald auch wieder von Staubs „Entdeckung“ verdeckten, dass sich die Schuldrechtsdogmatik inzwischen weit weg von dem entwickelt hatte, was Staub 1902 noch vor Augen gestanden hatte.

---

147 So zusammenfassend Glöckner, Positive Vertragsverletzung, Frankfurt a. M. 2006, S. 362.

148 OGHZ 1, S. 379 vom 31. 3. 1949; zu diesem Gericht genauer unten S. 297 f.

149 BGHZ 11, S. 83 f. vom 13. 11. 1953.

150 Vgl. unten S. 300 ff, S. 313 ff.

151 Vgl. unten S. 218 ff.

Literatur: Hans Peter Glöckner, Die positive Vertragsverletzung, in: Ulrich Falk u. Heinz Mohnhaupt (Hgg.), Das BGB und seine Richter, Zur Reaktion der Rechtsprechung auf die Kodifikation des deutschen Privatrechts (1896–1914), Frankfurt a. M. 2000, S. 155 ff.; Joachim Rückert, Leistungsstörungen und Juristenideologien heute und gestern – ein problemgeschichtlicher Beitrag zum Privatrecht in Europa, in: Jürgen Taeger u. Andreas Wiebe (Hgg.), Informatik – Wirtschaft – Recht. Regulierung in der Wissensgesellschaft. Festschrift für Wolfgang Kilian zum 65. Geburtstag, Baden-Baden 2004, S. 705 ff.; Hans Peter Glöckner, Positive Vertragsverletzung, Frankfurt a. M. 2006; Hans-Georg Hermann, Mehr Lotse als Entdecker. Ein zivilistischer Rückblick auf Hermann Staub nach 100 Jahren, in: Thomas Henne, Rainer Schröder u. Jan Thiessen (Hgg.), Anwalt – Kommentator – ‚Entdecker'. Festschrift für Hermann Staub zum 150. Geburtstag am 21. März 2006, Berlin 2006, S. 25 ff.; HKK/Schermaier, vor § 275 Rn. 48 f., 63 f., 84 ff.; §§ 280–285 Rn. 18 ff., Tübingen 2007.

3.4 Leitperspektiven auf das weitere 20. Jahrhundert

Im Kaiserreich wurden damit Grundlagen herausgearbeitet, die im Folgenden meine Perspektive auf das BGB im 20. Jahrhundert prägen werden:

1) Ausgangspunkt war, dass das BGB die großen Hoffnungen von Anfang an enttäuschte. Es galt als zu dogmatisch-technisch, volksfremd, zu stark am römischen Recht orientiert und nicht zuletzt unsozial, die politischen Forderungen der Zeit verfehlend. Diese Vorwürfe hielten sich im 20. Jahrhundert konstant. Das BGB blieb eine ungeliebte Kodifikation. Dieses negative Bild des „unsozialen" und „weltfremden" BGB war so dominant, dass es bis in die 1980er Jahre dauerte, bis man überhaupt genauer danach fragte, was der BGB-Gesetzgeber eigentlich selbst gewollt hatte, was konkret sein Konzept gewesen war. Das Vertrauen in den **Gesetzgeber**, mit dem man 1873 gestartet war, kehrte also im 20. Jahrhundert nie zurück. Man traute der Legislative nach 1900 nicht zu, die seit dem Ende des 19. Jahrhunderts so stark empfundene soziale und ökonomische Dynamik meistern zu können.
2) Bereits während der Debatten um das BGB rückte die **Justiz** in den Blick. Gedrängt durch eine Methodenlehre, die Freiheit gegenüber dem Gesetz wissenschaftlich absicherte, behielten die Richter ihre selbstbewusste Stellung gegenüber dem Gesetz bei, ganz wie sie sich vor 1871 stets als eigenständige Rechtsproduzenten verstanden hatten. Die Privatrechtsgeschichte des 20. Jahrhunderts ist ganz maßgeblich die Geschichte von Richterrecht, das eine dicht gewebte Schicht von Präjudizien über das BGB legte.
3) Die **Rechtswissenschaft** erwies sich ebenfalls nur vordergründig als entmachtet. Sie behielt nicht nur das Ausbildungsmonopol an den Universitäten. Über die stete

Betonung der unvermeidlichen Freiheiten des Interpreten gegenüber dem Gesetz schuf sie sich Raum, um andere Werte wissenschaftlich zu verwalten. Neben oder über das Gesetz traten im 20. Jahrhundert von „oben“ dirigierende überpositive Rechtsordnungen (z. B. Naturrecht, „Gewissen“, „gesundes Volksempfinden“, „Werteordnung des Grundgesetzes“) und von „unten“ dirigierende „Wirklichkeiten“ (z. B. „Natur der Sache“ („sachlogisch“), „praktisches Bedürfnis“, „Lebensnähe“, „konkrete Ordnung“). Neben der stets weiter gepflegten juristischen Dogmatik behielt auch die Rechtswissenschaft den früher im „Volksgeist“ verankerten Anspruch bei, jenseits des Gesetzes selbst Recht finden zu können. Auch dies prägte das Privatrecht unter dem BGB im 20. Jahrhundert.

Bereits um 1900 waren damit entscheidende Linien des 20. Jahrhunderts angelegt. Hieran lehnen sich drei Leitperspektiven an, die im Folgenden meinen Blick auf die Epochen des 20. Jahrhunderts lenken werden:

1) Das Privatrecht verschob sich, nicht linear und mit Brüchen, von „frei“ (Privatautonomie) als Leitbegriff zu „sozial“ (Schutz des Schwächeren, Gemeininteressen) als Leitkategorie. Wie viel Freiheit des Individuums wollte man noch zugestehen?
2) Die Rechtswissenschaft hielt an Dogmatik als Alltagstechnik der Rechtswissenschaft fest. Der Glaube an die Wissenschaftlichkeit dieses Verfahren kehrte aber nie zurück. Es begann die Suche nach anderen Richtigkeitskriterien im Spannungsfeld zwischen Wirklichkeit und Wert.
3) Die Stellung des Richters gegenüber dem Gesetz blieb ein Schlüsseldiskurs des Privatrechts. Ihm oblag ganz maßgeblich die Modernisierung und Flexibilisierung des BGB. Er war auch weiterhin der Umsetzer der alternativen Rechtssubstanzen, die von der Rechtswissenschaft gegenüber dem Gesetz in Stellung gebracht wurden. Richterrecht bewegte sich zwischen freier richterlicher Entscheidung („Billigkeit“) und Umsetzung außergesetzlicher Vorgaben, sei es der „Wirklichkeit“, sei es bestimmter „Werte“.

4 Epochen des BGB im 20. Jahrhundert

4.1 Erster Weltkrieg (1914–1918)

4.1.1 Krieg als Labor der Intervention

Im Ersten Weltkrieg verschwand die Welt, für die das BGB gedacht gewesen war. Kriege sind privatrechtsfeindliche Sonderlagen. Dies gilt besonders für die Massenkriege des 20. Jahrhunderts, die nicht nur Kriege von Soldaten, sondern ganzer Volkswirtschaften waren. Schlachten wurden weniger vom Mut der Soldaten entschieden als von der Fähigkeit, mehr Sprengwirkung zu erzielen als der Gegner. Die **Kriegswirtschaft** unterwarf das Privatrecht im Kriegsverlauf immer stärker dem Ziel, einerseits der militärischen Führung Ressourcen bereitzustellen, andererseits die „Heimatfront" zu stabilisieren. Dem wachsenden Bedarf an Rüstungsgütern und Nahrungsmitteln standen immer weniger Ressourcen gegenüber. Importe aus dem feindlichen Ausland fielen weg. Lieferungen aus befreundeten Importländern kamen seit Ende 1915 nicht mehr durch die feindliche Blockade der deutschen Häfen hindurch. Besonders bei Nahrungsmitteln war das Deutsche Reich nicht mehr in der Lage, den Bedarf der Bevölkerung durch Eigenproduktion zu decken. Durch Walther Rathenau und Wichard von Möllendorff wurde nun das Konzept der **Gemeinwirtschaft** entwickelt. Demnach entschied man sich für ein Mischsystem aus öffentlich-rechtlichen und privatrechtlichen Lösungen. Die private Wirtschaft sollte grundsätzlich beibehalten werden. An die Stelle des individuellen Gewinnstrebens sollte jedoch eine Orientierung der Vertragsparteien am Gemeinwohl treten. Erst wenn dies nicht funktionierte, sollten staatliche Eingriffe erfolgen, die von Eingriffen in die Vertragsfreiheit, etwa durch Preisfestsetzungen, bis zu Enteignungen und Verstaatlichungen gehen konnten. Schon kurz nach seinem Inkrafttreten wurden damit weite Teile des Privatrechts dem BGB entzogen. Es kam zu einer Explosion staatlicher Normsetzung im Feld des Privatrechts. Schon Zeitgenossen sprachen von einer „juristische[n] Mobilmachung".[1]

1 So die Einleitung vor einer Zusammenstellung kriegswichtiger Gesetze, in: JW 1914, S. 786.

Mit über 800 Verordnungen organisierte das Reich die Kriegswirtschaft. Dies betraf im Privatrecht individuelle Interessen, etwa den Schutz der kämpfenden Soldaten vor privatrechtlichen Nachteilen. Forderungen wurden gestundet, die Verjährung verlängert, Zivilprozesse unterbrochen, die Zwangsvollstreckung und der Konkurs erschwert. Die Güterversorgung wurde organisiert durch Verwaltungsbehörden, die teilweise mit der privat geführten Rüstungswirtschaft zu öffentlich-privaten Organisationseinheiten verbunden wurden. Die Ernährung wurde zunächst durch die Festsetzung von Höchstpreisen organisiert, nach den großen Ernährungskrisen 1916 dann durch staatliche Verteilung. Die Warenverkehrswirtschaft, der das Vermögensrecht des BGB gewidmet war, unterlag immer stärker der Intervention. Dies betraf die Vertragsabschlussfreiheit. Kriegsnotwendige Güter mussten an den Staat zu festgelegten Konditionen verkauft werden, ohne dass formal enteignet wurde. Höchstpreisfestsetzungen griffen in die Gestaltungsfreiheit der Vertragsparteien ein. Mit einem ganzen Bündel von Maßnahmen versuchte das Reich, die Kriegswirtschaft am Laufen zu halten: Ablieferungspflichten, Beschlagnahmungen, Massenenteignungen, Eingriffe in Unternehmergewinne und Arbeitslöhne, staatliche Arbeitsverwaltung, Zwangskartelle, Verstaatlichung und die Gründung und Schließung kriegswichtiger Unternehmen. Das Feld, in dem der Staat regulierend eingriff, war groß: Rüstungsproduktion, Energiewirtschaft, Finanzwirtschaft, Arbeitskräftebewirtschaftung, Güterproduktion und Ernährungswirtschaft.

4.1.2 Zweifel am Gesetzgeber

In der Rechtswissenschaft wurden diese vielfach in das Privatrecht eingreifenden Normen aufmerksam registriert. Schon Ende 1914 waren fast drei Viertel der Beiträge in der „Juristischen Wochenschrift“ mit Kriegsfragen befasst. Die Unterwerfung des Privatrechts unter Kriegszwecke des Staates wurde als „**Kriegssozialismus**“[2] wahrgenommen. Das dabei anfangs noch bestehende Vertrauen in die Leistungsfähigkeit des Gesetzgebers, damit auch die gewollten Ergebnisse zu erzielen, schwand schnell. Es verbreitete sich der Eindruck, dass der Gesetzgeber hektisch und aktionistisch in das Recht eingriff, ohne sich über die Wirkungen immer genau im Klaren zu sein. Spätestens 1916 stellte sich daher unter Juristen zunehmend eine Krise des Gesetzesglaubens ein. Man versuchte, darauf zu reagieren, indem man die Richter zu einem freieren, am wirtschaftlichen und sozialen Zweck und weniger am Wortlaut der Norm orientierten Vorgehen aufrief. Mit Hilfe „juristischer Konstruktionen lassen sich [...] Antworten auf die zahlreichen

2 Theodor Heuss, Kriegssozialismus, Berlin 1915.

Fragen, die der Gesetzeswortlaut offenlässt, nicht finden". Der Richter müsse „sich von den gründlich veralteten Hilfsmitteln der orthodoxen Rechtsfindungsmethode" abwenden und, unter Berücksichtigung der „wirtschaftlichen Bedürfnisse" und der „Ausgleichung der widerstreitenden Interessen", die „zweckmäßige Ausgestaltung des Instituts im einzelnen" anstreben.[3]

Immer deutlicher wurde im Kriegsverlauf, dass die Fülle der neuen Rechtsnormen nicht in der Lage war, die ökonomischen Probleme zu lösen. Die Kriegswirtschaft blieb hinter den Erwartungen zurück, und Ernährungskrisen, die nur über Schwarzmärkte überhaupt noch den Lebensmittelerwerb ermöglichten, machten auch der Bevölkerung deutlich, dass die Normsetzung nicht funktionierte. Setzte man regional Höchstpreise fest, verschoben sich die Märkte in andere Regionen. Die gesamtstaatliche Festsetzung von Höchstpreisen andererseits führte dazu, dass man mindere Ware zum Höchstpreis verkaufte und gute Ware zurückhielt, um sie auf dem Schwarzmarkt viel teurer zu verkaufen. Hinzu kam, dass die immer schneller produzierten Gesetze es auch Juristen nicht mehr ermöglichten, den Sinn dieser ganzen Eingriffe noch zu verstehen: „[K]ein Bürger, kein Richter, kein Staatsanwalt kennt sich mehr aus in den Wogen der hundert Verordnungen".[4] Otto von Gierke warnte 1916 vor einer „Fülle sich jagender und oft einander widersprechender Verordnungen", die dem „sich auflehnenden Gerechtigkeitsgefühl" und dem „Rechtsbewußtsein des Volkes" widersprächen und eine „Erschütterung des Ansehens der staatlichen Rechtsordnung" nach sich ziehen würden.[5] Noch drastischer sah Max Weber 1918 einen wilden „Tanz um das goldene Kalb, ein hasardierendes Haschen nach jenen Zufallschancen, welche durch alle Poren dieses bureaukratischen Systems quellen, ein Verlust jedes Maßstabes für irgendwelche wie immer gearteten geschäftsethischen Unterscheidungen und Hemmungen und – ein eherner Zwang für jeden, auch den gewissenhaftesten Geschäftsmann, bei Strafe des ökonomischen Untergangs mit den Hyänen dieser beispiellosen Schädelstätte aller Wirtschaftsethik mitzuheulen und mitzutun".[6] Die für liberale Privatrechtsdenker so zentrale Selbststeuerung der Gesellschaft durch moralische Standards, die eine Verrechtlichung unnötig erscheinen ließen, schien sich aufzulösen, wenn keiner mehr wusste, was eigentlich warum erlaubt oder verboten war. Standen die meisten Juristen schon vor 1914 dem Gesetzgeber eher skeptisch gegenüber, so ergab sich nun nochmals ein zusätzlicher Vertrauensverlust, der in Weimar Spuren hinterlassen sollte.

3 James Breit, Der Umfang des Aufsichtsmoratoriums, in: JW 1915, S. 162.
4 Justus Wilhelm Hedemann, Das Bürgerliche Recht und die neue Zeit, Jena 1919, S. 11.
5 Otto v. Gierke, Recht und Sittlichkeit, in: Logos VI, 1916/17, S. 257.
6 Max Weber, Wahlrecht und Demokratie in Deutschland, in: Fortschritt 1918, S. 10.

4.1.3 Neue dogmatische Lösungen

In diesem Kontext übernahm immer deutlicher die **Rechtsprechung** die Aufgabe, die veränderten Rahmenbedingungen im Privatrecht zu berücksichtigen.

Das Reichsgericht folgte den Forderungen aus der Literatur und begann, für die Auslegung der Gesetze eigene wirtschaftliche Zweckerwägungen anzustellen. Das Reichsgericht ließ daher die eigentlich über **§ 134 BGB** sanktionierte Überschreitung gesetzlicher Höchstpreise dann zu, wenn nur so die Güterverteilung sichergestellt werden konnte, denn die Höchstpreisvorschriften seien „zwar Rechtsnormen und deswegen Gesetze im Sinne des Bürgerlichen Gesetzbuchs; sie unterscheiden sich aber von den meisten Gesetzen dadurch, daß sie nicht auf die Verwirklichung eines Rechtsgedankens, sondern ganz unmittelbar auf einen wirtschaftlichen Zweck abzielen. Deswegen muß bei ihrem Verständnis und bei ihrer Anwendung vor allem der wirtschaftliche Zweck berücksichtigt werden".[7] Eine weitere, altbekannte Technik für eine krisenbedingte Anpassung des Rechts war die **Sittenwidrigkeit (§ 138 Abs. 1 BGB)**. Wer die unvorhersehbaren Preissteigerungen nutzte, um große Gewinne zu machen, unterlag als „Kriegsgewinnler" dem Sittenwidrigkeitsverdikt:[8] „Das Streben nach übermäßigem Gewinn in der Zeit der Kriegsnot, sei es auf Kosten des einzelnen oder der Gesamtheit, ist besonders da, wo es sich um Gegenstände des Kriegsbedarfs handelt, als gegen die guten Sitten verstoßend zu brandmarken."

Besondere kriegsbedingte Probleme für den Schuldner boten **Lieferschwierigkeiten** infolge eines Boykotts, einer Beschlagnahme oder der Nichtbeschaffbarkeit wegen kriegerischer Einwirkungen. Das Recht der Leistungsstörungen des BGB beinhaltete mit der Unmöglichkeit einerseits und dem Verzug andererseits keine passenden Lösungen. § 275 BGB 1900[9] und § 279 BGB 1900[10] stellten auf die objektive oder subjektive Möglichkeit der Leistung ab. Zeitliche Grenzen waren, jenseits der Verjährung, ebenso wenig vorgesehen wie Regelungen für unvorhersehbare Leistungserschwerungen. Fast durchweg ergaben sich seit Kriegsbeginn nur befristete Leistungshindernisse, da mit

7 RGZ 88, S. 251 vom 19.5.1916.

8 RGZ 90, S. 402 vom 11.7.1917.

9 § 275 Abs. 1 BGB 1900: Der Schuldner wird von der Verpflichtung zur Leistung frei, soweit die Leistung in Folge eines nach der Entstehung des Schuldverhältnisses eintretenden Umstandes, den er nicht zu vertreten hat, unmöglich wird.

10 § 279 BGB 1900: Ist der geschuldete Gegenstand nur der Gattung nach bestimmt, so hat der Schuldner, solange die Leistung aus der Gattung möglich ist, sein Unvermögen zur Leistung auch dann zu vertreten, wenn ihm ein Verschulden nicht zur Last fällt.

Kriegsende wieder mit einer Normalisierung der Märkte gerechnet wurde. Damit blieb der Schuldner zur Leistung verpflichtet und musste mit Verzugsfolgen rechnen. Hatte man anfangs mit einem sehr kurzen Krieg gerechnet, so stellte man sich ab spätestens 1916 auf einen längeren Krieg ein. Zunehmend setzte sich die Ansicht durch, dass ein Festhalten des Schuldners an der Leistungspflicht nicht mehr hinzunehmen sei. Einen Ausweg boten zunächst Beschlagnahmen und Ausfuhrverbote. Hier führten die Verbotsgesetze gem. § 134 BGB 1900 oder sonst jedenfalls die anfängliche Unmöglichkeit gem. § 306 BGB 1900[11] zur Nichtigkeit des Vertrages. Anfangs gewährten bei Vorkriegsverträgen vereinbarte Vorbehalts- und Freizeichnungsklauseln dem Schuldner Schutz, da die Rechtsprechung darunter kriegsbedingte Störungen umstandslos subsumierte. Auch Klauseln, die eine Haftung für höhere Gewalt ausschlossen, wurden auf den Krieg hin ausgelegt. Unter Berufung auf Lösungen, die bereits vor Kriegsbeginn in der Literatur vertreten worden waren, ging das Reichsgericht bald dazu über, durch eine ergänzende Vertragsauslegung die Leistungsvereinbarung so zu präzisieren, dass kriegsbedingte Verzögerungen nicht mehr dem Versprochenen entsprachen. Auch Gattungsschulden, bei denen das Gesetz nur auf die Möglichkeit der Beschaffung abgestellt hatte, wurden nun eingeschränkt, indem die Beschaffbarkeit, bestehende Handelsverbindungen, Transportmöglichkeiten und Ähnliches in den Vertrag hineingelesen wurden. Ähnlich wie bei einer Vorratsschuld wurde so die Leistungspflicht vom objektiv Möglichen auf das subjektiv Gewollte verlagert. Kriegsbedingte Leistungsverzögerungen wurden auf diesem Weg auch bei der Stückschuld als Unmöglichkeit uminterpretiert. 1916 formulierte das Reichsgericht:[12]

> Diese Ware konnte die Klägerin zu der dem Vertrag entsprechenden Zeit, nämlich im Herbste 1914, nicht liefern, und kann sie auch jetzt noch nicht liefern, weil der Transport nach Hamburg wegen des Krieges unmöglich ist. Wann das Hindernis behoben wird, ist nicht abzusehen. Danach ist aber die vertragliche Leistung endgültig unmöglich geworden; denn die notwendig gewordene zeitliche Verschiebung verändert die wirtschaftliche Bedeutung der Lieferung in dem Maße, daß sie, wenn sie in Zukunft einmal beschafft würde, etwas wesentlich anderes sein würde als die im Vertrage bedungene Leistung. […] Die Leistung würde sich also infolge der durch den Krieg verursachten Verzögerung für die Klägerin zu einer ganz anderen Last gestalten, als sie ohne diesen Zwischenfall war.

11 § 306 BGB 1900: Ein auf eine unmögliche Leistung gerichteter Vertrag ist nichtig.

12 RGZ 88, S. 72 ff. vom 4. 2. 1916.

Bis Kriegsende wurde die auf den Vertragswillen gestützte Einschränkung der Leistungspflicht langsam ausgeweitet. Unmöglichkeit lag demnach vor, wenn die Leistung wirtschaftlich abwegig, Gesellschaftsinteressen grob widersprechend oder auch individuell angesichts des zu erbringenden Aufwandes unzumutbar war. Ausgespart wurde jedoch der Blick auf die **Äquivalenz** zwischen Leistung und Gegenleistung. Das Reichsgericht beharrte darauf, dass die vom Markt gebildeten Werte der Leistung zum Vertragsprogramm gehörten und sich richterlichen Eingriffen entzogen. Im letzten Kriegsjahr deuteten sich erstmals Lockerungen dieses Grundsatzes an, als bei der Unzumutbarkeit der Leistungserbringungen für den Schuldner auch das Verhältnis von Erfüllungskosten zur Gegenleistung als Argument auftauchte.[13] Bis Kriegsende blieb es jedoch ein Leistungsstörungs-, kein Vertragsstörungsrecht. Auch ein Rücktritt[14] oder eine Kündigung aus wichtigem Grund wurden nicht gewährt.[15] Trotz zunehmender Kritik seitens der Literatur hielt das Reichsgericht an seinem Prinzip der Irrelevanz gestiegener Leistungskosten fest. Dies sollte sich direkt nach Kriegsende ändern.

Literatur: HKK/Meyer-Pritzl, §§ 313–314,Tübingen 2007, Rn. 9 ff.; Bernd Rüthers, Die Unbegrenzte Auslegung. Zum Wandel der Privatrechtsordnung im Nationalsozialismus, Tübingen 1968 ff., §§ 2–6; Ernst Rudolf Huber, Deutsche Verfassungsgeschichte seit 1789, Bd. 5: Weltkrieg, Revolution und Reichserneuerung 1914–1919, Stuttgart 1978; Heinrich Dörner, Erster Weltkrieg und Privatrecht, in: Rechtstheorie 1986, S. 386 ff.; Sven-R. Eiffler, Die „Feuertaufe" des BGB: Das Vertragsrecht des Bürgerlichen Gesetzbuchs und das Kriegswirtschaftsrecht des 1. Weltkriegs, in: ZNR 20, 1998, S. 238 ff.; Jochen Emmert, Auf der Suche nach den Grenzen vertraglicher Leistungspflichten, Tübingen 2001; Hans-Peter Haferkamp, Private Law, Judge-Made Law and Heimatfront, in: Comparative Legal History 2/2, 2014, S. 264 ff.

13 RGZ 94, S. 45 ff. vom 15.10.1918; 98, S. 18 ff. vom 2.12.1919.

14 RGZ 86, S. 397 vom 4.5.1915.

15 RG in Warneyer 1916, S. 62 vom 11.1.1916.

4.2 Weimarer Republik (1918–1933)

4.2.1 Verfassungsprivatrecht?

Am 11. August 1919 trat die Weimarer Reichsverfassung (WRV) in Kraft. Erstmals hatte, nach dem gescheiterten Experiment der Paulskirche, eine Reichsverfassung **Grundrechte**. In diesem stark sozial- und wirtschaftspolitisch formulierten Grundrechtsabschnitt fand sich eine Fülle von Vorschriften, die direkten oder indirekten Bezug zum Privatrecht hatten. Damit hatte sich die Rechtslage mit Blick auf das BGB entscheidend verschoben. Die Konzeption Gottlieb Plancks, das BGB als liberalen Kern des Privatrechts zu betonen und nur durch Sondergesetze Eingriffe zuzulassen,[16] hatte ihren Symbolcharakter als Verfassungsersatz verloren, nachdem die WRV mit der Vertragsfreiheit (Art. 152 WRV), dem Eigentum (Art. 153 WRV) und dem Erbrecht (Art. 154 WRV) den Kern der Privatautonomie als den Reichsgesetzgeber bindende Institutsgarantien normiert hatte. Mit dem weitreichenden Gesetzesvorbehalt, der es dem Reich gestattete, diese Institute durch einfaches Gesetz auszugestalten, war man freilich nicht über die Eingriffsmöglichkeiten, die auch das BGB etwa in § 903 BGB 1900 („soweit nicht das Gesetz") vorgesehen hatte, hinausgegangen. Wirkte eine Verfassung gleichwohl wie ein neuer Schutzwall des Privatrechts, so war andererseits nicht zu verkennen, dass ein stark **antiindividualistischer Grundton** die Verfassung durchzog. Der programmatische Art. 151 WRV machte dabei bereits deutlich, wie fundamental anders die Verfassung im Vergleich mit dem BGB über Privatrecht dachte:

> Die Ordnung des Wirtschaftslebens muß den Grundsätzen der Gerechtigkeit mit dem Ziele der Gewährleistung eines menschenwürdigen Daseins für alle entsprechen. In diesen Grenzen ist die wirtschaftliche Freiheit des Einzelnen zu sichern.

Damit war die Privatautonomie dem Gemeinnutzen unterworfen. Dies wiederholte sich an verschiedenen Stellen in ähnlichen Formulierungen: So habe jeder „die sittliche Pflicht, seine geistigen und körperlichen Kräfte so zu betätigen, wie es das Wohl der Gesamtheit erfordert" (Art. 163 WRV), und beim privatrechtlich zentralen Eigentum hieß es nun erstmals: „Eigentum verpflichtet. Sein Gebrauch soll zugleich Dienst sein für das gemeine Beste" (Art. 153 Abs. 3 WRV). Liest man diese Normen im Lichte der

16 Vgl. oben unter S. 112 ff.

Rechtsprechung des BVerfG, so scheint die Weimarer Reichsverfassung das Privatrecht geradezu umgekrempelt zu haben. Doch so weit ging die Bedeutung der WRV für das BGB aber nicht. Zwar griff der Gesetzgeber, wie gleich zu zeigen sein wird, in einer Fülle von Feldern die sozialisierenden Tendenzen der WRV auf und intervenierte mit Einzelgesetzen in Kernregelungsmaterien des BGB. In vielen Bereichen nutzte er die verfassungsrechtlichen Möglichkeiten hingegen nicht, was auch daran lag, dass die sozialistische Ausgangsstimmung des Jahres 1919, mit Spartakusaufstand und starkem Einfluss der USPD, bald moderateren Tönen wich. Die 1958 dann mit der Lüth-Rechtsprechung[17] entstehende Lehre von einer sich in den Einzelnormen der Verfassung nur ausdrückenden Werteordnung, die zu einem Verschweißen der einzelnen Artikel zu einem sozialpolitischen Gesamtkonzept geführt hätte, fand sich in der Rechtsprechung Weimars zudem nicht. Der Grundrechtsabschnitt blieb disparat und wurde vom Einzelartikel her gedacht.

Fraglich und umstritten war dabei die Rolle der Judikatur. Die Verfassung wäre dazu geeignet gewesen, dem Richter die Kontrolle von Gesetzen anhand der Verfassung zu ermöglichen. Auch der Richter kam daher als Motor einer verfassungsorientierten Sozialisierung des Privatrechts in Betracht. Ein solches richterliches Prüfungsrecht von Gesetzen auf ihre Verfassungsgemäßheit wurde seit dem 19. Jahrhundert diskutiert. Damals befanden sich die Versuche der Monarchen im Zentrum der Kritik, die verfassungsgemäße Beteiligung der Stände am Gesetzgebungsverfahren dadurch zu umgehen, dass Verordnungen erlassen wurden. Auch eine richterliche Prüfung der Verfassungsmäßigkeit von Gesetzen stand aber seit langem im Raum.

Die richterlich vermittelte Wirkung der WRV auf das BGB blieb im Ergebnis gleichwohl in heutiger Perspektive erstaunlich gering. Der 1921 gegründete Staatsgerichtshof hatte zwar formal das Recht der abstrakten **Normenkontrolle**, war jedoch vor allem für Streitigkeiten zwischen den Ländern konzipiert. Einen Individualschutz über eine Verfassungsbeschwerde kannte er nicht. Zudem wurde die Frage eines richterlichen Prüfungsrechts auch hier kontrovers diskutiert, sodass der Staatsgerichtshof für das Bürgerliche Recht ohne große Auswirkung blieb. Damit war auch zweifelhaft, ob stattdessen die ordentliche Gerichtsbarkeit dazu berufen sei, im Rahmen einer richterlichen Normenkontrolle das Privatrecht der Verfassung zu unterwerfen. In der Privatrechtswissenschaft war es vor allem Hans Carl Nipperdey, der jedenfalls in Ansätzen bereits in Weimar die Vorstellung entwickelte, die Verfassung als Spitze der das Zivilrecht steuernden Werteordnung auszubauen. Das Reichsgericht bejahte

---

17 Vgl. unten S. 328 ff.

zwar nach anfänglicher Zurückhaltung 1925 ein solches richterliches Prüfungsrecht mit dem Argument, die Reichsverfassung habe ein solches nicht verneint.[18] In der Sache waren es aber nur wenige Artikel der Verfassung, an denen die Senate Gesetze prüften, insbesondere an dem das Eigentum garantierenden Art. 153 WRV. Dabei gelangte man nie zu einer klaren Theorie der Wirkung der Verfassung auf das Privatrecht. Es blieb nahezu ausschließlich der Vortrag der Parteien, der die Senate dazu nötigte, die Verfassung zu berücksichtigen. Auch im Ergebnis blieb man eher zurückhaltend. Fast durchweg akzeptierte man die Weite des Gesetzgebungsvorbehalts in den fraglichen Verfassungsartikeln. Selbst die existenzgefährdenden Eingriffe durch die Mietergesetzgebung in die Vertragsfreiheit des Art. 152 WRV – mit Kontrahierungszwang, Miethöhenfestsetzung und massivem Kündigungsschutz – fielen für das Gericht 1921 noch in den Rahmen des dort statuierten Gesetzesvorbehalts.[19] Lediglich im Verlauf der noch darzustellenden Aufwertungsrechtsprechung[20] betonte das Reichsgericht offensiver ein Recht zur Normenkontrolle anhand der Verfassung. Dies diente freilich der Abwehr viel weiterreichender Forderungen innerhalb des Gerichts, die Generalklauseln des BGB, insbesondere § 242 BGB mit Treu und Glauben, zu einer allgemeinen Kontrollnorm jenseits der Verfassung auszubauen. Die praktischen Folgen waren dann ebenso gering wie die 1930 vorweggenommene Theorie der mittelbaren Drittwirkung der Grundrechte unter Bezug auf § 138 Abs. 1 BGB, die auf diesen Einzelfall[21] beschränkt blieb. Zu einer umfassenden Steuerung des Privatrechts mittels der Verfassung durch die höchstrichterliche Judikatur gelangte Weimar nur in Ansätzen. Der Wandel des Privatrechts durch eine Gesetzgebung, welche die WRV umsetzte, war dagegen weit größer.

Literatur: Knut Wolfgang Nörr, Zwischen den Mühlsteinen. Eine Privatrechtsgeschichte der Weimarer Republik, Tübingen 1988, S. 1 ff.; Regina Ogorek, Richterliche Normenkontrolle im 19. Jahrhundert. Zur Rekonstruktion einer Streitfrage, in: ZNR 11, 1989, S. 12 ff.; Knut Wolfgang Nörr, Der Richter zwischen Gesetz und Wirklichkeit, Heidelberg 1996; Ingo J. Hueck, Der Staatsgerichtshof zum Schutze der Republik, Tübingen 1996; Thorsten Hollstein, Die Verfassung als „Allgemeiner Teil“: Privatrechtsmethode und Privatrechtskonzeption bei Hans Carl Nipperdey (1895–1968), Tübingen 2007; Horst Dreier, Verfassungsgerichtsbarkeit in der Weimarer Republik, in: Thomas Simon u. Johannes Kalwoda (Hgg.), Schutz der Verfassung: Normen, Institutionen, Höchst- und Verfassungs-

18 RGZ 111, S. 320 vom 4. 11. 1925.

19 RGZ 103, S. 310 vom 19. 12. 1921.

20 Vgl. unten S. 195 ff.

21 RGZ 128, S. 95 vom 24. 3. 1930.

gerichte, Berlin 2014, S. 317 ff.; Nils Jansen, Rechtswissenschaft und Rechtssystem. Sieben Thesen zur Positivierung des Rechts und zur Differenzierung von Recht und Rechtswissenschaft, Baden-Baden 2018, S. 33 ff.; Horst Dreier, Grundrechtsrepublik Weimar, in: ders. u. Christian Waldhoff (Hgg.), Das Wagnis der Demokratie, München 2018, S. 175 ff.

4.2.2 Das BGB und der soziale Wandel in Ehe und Familie

Vor allem im Familienrecht hatte die Weimarer Reichsverfassung dem Gesetzgeber große Aufgaben gestellt. Dies begünstigte eine lebhafte Debatte über die familienrechtliche **Stellung der Frau**. Ausgangspunkt war Art. 119 Abs. 2 S. 2 WRV, der bestimmte, dass die Ehe auf der „Gleichberechtigung der beiden Geschlechter" beruhe. Diese Bestimmung wurde nicht als unmittelbar geltendes Recht aufgefasst, jedoch als Auftrag an den Gesetzgeber. Die um 1900 erstarkende Frauenbewegung hatte die Lösungen des BGB bereits während der Entstehungszeit scharf kritisiert. Nun bot der Gesetzgebungsauftrag der WRV den Raum, die Debatte neu zu beleben. Ein wichtiges Vorbild waren dabei die nordischen Länder. Nach Schweden (1915) hatten Norwegen (1918) und Dänemark (1922) Ehegesetze verabschiedet, denen sich in der Folgezeit weitere Gesetzgebungen anschlossen, welche die Scheidung deutlich erleichterten, Mann und Frau als güterrechtlich gleichberechtigt behandelten und die Stellung nichtehelicher Kinder und unverheirateter Mütter verbesserten. Auf diesen Gebieten fand auch in Deutschland die Lösung des BGB nun breite Kritik. Die lebendige Debatte in der Literatur führte dazu, dass sich zwei Juristentage mit diesen Fragen befassten. Es entstand eine Reihe von Gesetzgebungsentwürfen, die jedoch ganz überwiegend nicht umgesetzt werden konnten. Obwohl das Familienrecht des BGB in Weimar im Ergebnis kaum Änderungen erfuhr, bildeten die dortigen Reformdebatten den Grundstein für die umfangreichen Veränderungen, die das Familienrecht dann in der Bundesrepublik erlebte. Während der Versuch, das Verschuldensprinzip für die Scheidung durch ein **Zerrüttungsprinzip** zu ersetzen oder zu flankieren, nicht hinreichend Rückhalt fand, sah es lange so aus, als würde eine Reform des **Güterrechts** gelingen. Das BGB hatte die Nutznießung und Verwaltung des in die Ehe eingebrachten Vermögens der Frau durch den Ehemann zum gesetzlichen Güterstand bestimmt. Im Gegenzug oblagen ihm die finanziellen Belastungen der Ehe und er hatte seiner Frau ehelichen Unterhalt zu gewähren (§§ 1354 Abs. 1 HS. 1, 1360 Abs. 1, 1363 Abs. 1, 1389, 1601, 1606 Abs. 2 BGB 1900). Die darin liegende Bevormundung traf seit langem auf Kritik. Als gegen den Verfassungsauftrag von Art. 119 Abs. 1 WRV verstoßend, wurde es aber insbesondere empfunden, dass nur der Mann an der Vermögensmehrung während der Ehe im Fall der Scheidung profitierte, also kein Zugewinnausgleich existierte. Auf dem

33. Juristentag 1924 war zum ersten Mal eine Frau unter den drei Berichterstattern zu dieser Problematik. Marie Munk forderte im Hauptreferat, die Gleichwertigkeit der Hausarbeit der Ehefrau mit der beruflichen Tätigkeit des Ehemannes anzuerkennen. Die Idee, dass die Vermögensmehrung der Familie gleichbedeutend auf die Mitarbeit beider Ehegatten am Familienmodell zurückzuführen sei, führte zur Forderung nach einem Güterstand der Gütertrennung mit einem hälftigen Zugewinnausgleich im Scheidungsfall. Auch wenn der Juristentag diesem Vorschlag zustimmte, blieben die Reformbemühungen stecken. Die Verabschiedung eines Gesetzes kam auch dann nicht zustande, als auf dem 36. Deutschen Juristentag in Lübeck nochmals die gleichen Forderungen erhoben wurden. Trotz weitreichenden Konsenses gelang es in Weimar nicht mehr, eine Güterrechtsreform zu verabschieden.

Gleiches gilt für eine weit vorangetriebene Reform der Stellung **nichtehelicher Kinder**. Das BGB hatte nichteheliche Kinder massiv benachteiligt. Sie galten als mit ihrem Vater nicht verwandt (§ 1589 Abs. 2 BGB 1900). Ihr einziger Anspruch war ein Unterhaltsanspruch bis zum 16. Lebensjahr, den in der Praxis der Vater jedoch oft umgehen konnte, indem er die „Mehrverkehrseinrede" erhob, also behauptete, dass während der Empfängniszeit auch ein anderer Mann Verkehr mit der Mutter gehabt habe (§ 1717 BGB 1900). Gegenüber der Mutter war die Stellung des nichtehelichen Kindes ebenfalls schlecht. Die Mutter war zwar mit ihm verwandt (§ 1705 BGB 1900), hatte jedoch keine „väterliche", also elterliche Gewalt (§ 1707 BGB 1900) und war nicht zur gesetzlichen Vertretung des Kindes befugt, das stattdessen unter Vormundschaft stand (§ 1773 BGB 1900). Dieser Rechtslage gegenüber hatte Art. 121 WRV 1919 bestimmt, den „unehelichen Kindern [...] durch die Gesetzgebung die gleichen Bedingungen für ihre leibliche, seelische und gesellschaftliche Entwicklung zu schaffen wie den ehelichen Kindern". Was daraus folgte, blieb jedoch umstritten. Konservative Verfassungsrechtler folgerten aus dem Schutz der Ehe in Art. 119 WRV, dass eine absolute Gleichstellung ehelicher und nichtehelicher Kinder verfassungswidrig sei. Dennoch startete das Reichsjustizministerium eine Reform. Inhalt waren die Abschaffung der Mehrverkehrseinrede und der Unterscheidung zwischen leiblichem Vater und Zahlvater sowie eine weitgehende Gleichstellung ehelicher und nichtehelicher Kinder. Dies stieß auf Widerstand u. a. in kirchlichen Kreisen, die darin eine Legitimation des Konkubinats sahen. Auch dieses Projekt blieb stecken. Reformen gelangen daher nur wenige. Zu nennen sind das Gesetz über die religiöse Kindererziehung[22] mit seiner Vorziehung der Religionsmündigkeit auf das 14. Lebensjahr und das

22 Vom 15. Juli 1921, RGBl., S. 939.

Reichsjugendwohlfahrtsgesetz[23] mit seinen Verbesserungen der Jugendfürsorge. Im Übrigen blieb Weimar Ort des Vordenkens von Reformen, die dann in der Bundesrepublik wiederaufgenommen wurden.

Literatur: Werner Schubert, Die Projekte der Weimarer Republik zur Reform des Nichtehelichen-, des Adoptions- und des Ehescheidungsrechts, Paderborn 1986; Dirk Blasius, Ehescheidung in Deutschland im 19. und 20. Jahrhundert, Frankfurt a. M. 1992, S. 164 ff.; Arne Duncker, Gleichheit und Ungleichheit in der Ehe. Persönliche Stellung von Frau und Mann im Recht der ehelichen Lebensgemeinschaft 1700–1914, Köln 2003, S. 180 ff., 535 ff., 879 ff.; Mark-Alexander Grimme, Die Entwicklung der Emanzipation der Frau in der Familiengeschichte bis zum Gleichberechtigungsgesetz 1957. Unter besonderer Berücksichtigung der Entstehungsgeschichte des Bürgerlichen Gesetzbuches, Frankfurt a. M. 2003, S. 115 ff.; Mareike Preisner, Weimarer Familienrechtswissenschaft, in: Martin Löhnig u. dies. (Hgg.), Weimarer Zivilrechtswissenschaft, Tübingen 2014, S. 109 ff.; Oda Cordes, Marie Munk (1885–1978). Leben und Werk, Köln 2015; Cordula Scholz Löhnig, Eherecht und Eherechtsreform in der Weimarer Republik, in: Martin Löhnig (Hg.), Kulturkampf um die Ehe. Reform des europäischen Eherechts nach dem Großen Krieg, Tübingen 2021, S. 371 ff.

4.2.3 „Sozialisierung"

> Die vielfach gehegte Hoffnung, daß man nach Kriegsende in der Privatrechtsordnung sobald als möglich zu den verlassenen individualistischen Prinzipien zurückkehren werde, wird sich nach menschlichem Ermessen nicht erfüllen.[24]

1920 machte Hans Carl Nipperdey deutlich, dass er nicht daran glaubte, dass das Kriegsrecht spurlos auf den Vorkriegszustand zurückgeführt werde. Mit seinem Lehrer Justus Wilhelm Hedemann gehörte Nipperdey zu einer Gruppe von Rechtswissenschaftlern, die versuchten, die Neuentwicklungen rechtswissenschaftlich zu verarbeiten. Hier neigte man nicht dazu, den Krieg als Sonderlage zu betonen. Vielmehr sah man im Krieg die Zuspitzung von Tendenzen, die bereits um die Jahrhundertwende eingesetzt hatten. 1919 zog Hedemann eine große Linie der Entwicklung, in welcher der Erste Weltkrieg wie ein Katalysator erschien.[25] Leitbegriff war die „**Sozialisierung**".[26] Es gehe um Verteilung und Vergemeinschaftung. Als Motoren dieser Entwicklung sah

23 Vom 9. Juli 1922, RGBl., S. 633.
24 Hans Carl Nipperdey, Kontrahierungszwang und diktierter Vertrag, Jena 1920, S. 1.
25 Justus Wilhelm Hedemann, Das bürgerliche Recht und die neue Zeit, Jena 1919, S. 12 ff.
26 Justus Wilhelm Hedemann, Das bürgerliche Recht und die neue Zeit, Jena 1919, S. 15.

er im Blick zurück auf den Krieg „[e]in Übermaß von Zutrauen zur Kraft gesetzlicher Regulierung“ und die „Anlehnung an den Richterkommissar, den Richterkönig“.[27] Mit beidem sollte Hedemann auch für die Zukunft Recht behalten.

1919 wirkte es zunächst so, als würden die Folgeprobleme des verlorenen Krieges, die Demobilisierung der Armee, die Wohnungsnot und die schwierige Wirtschaftslage, ein Fortbestehen der im Krieg von Rathenau und von Moellendorff entwickelten Konzeption einer „**Gemeinwirtschaft**“ bewirken. Im März 1919 war das Sozialisierungsgesetz in Kraft getreten. In § 1 hieß es:

> Jeder Deutsche hat unbeschadet seiner persönlichen Freiheit die sittliche Pflicht, seine geistigen und körperlichen Kräfte so zu betätigen, wie es das Wohl der Gesamtheit erfordert.[28]

Doch der Gemeinwirtschaft war nur noch ein kurzes Leben beschieden. Schon 1919 wurde Rudolf Wissel, einer ihrer Vordenker, als Reichswirtschaftsminister wieder abgelöst. Nur im Bereich der Kohle- und Kaliwirtschaft blieb die Gemeinwirtschaft weiterhin präsent.

Gleichwohl stimmte Nipperdeys Analyse. Eine Rückkehr zum BGB als Träger der Privatrechtsidee fand in Weimar nicht statt. Der Staat gab die Steuerungsverantwortung nicht mehr ab, und das liberale Leitbild des BGB, welches auf die Selbstorganisation der Gesellschaft setzte, wurde durch ein Mischsystem ersetzt. Einerseits intervenierte der Staat durch Sondergesetze direkt in den Markt. Andererseits übertrug oder beließ er gesellschaftlichen Organisationen, etwa Verbänden, Genossenschaften, Gewerkschaften oder Parteien, die Regelungsmacht, band sie zugleich aber etwa über Genehmigungsvorbehalte, Aufsichtsrechte, finanzielle Förderungen oder personelle Mitspracherechte an Gemeinwohlinteressen. Die jüngere Forschung thematisiert dies als ein Zusammenspiel zwischen **Regulierung** und **regulierter Selbstregulierung**.

Das Kaiserreich hatte den Krieg geführt. Die neue Reichsverfassung wies damit auch einen Gutteil der sozialen Folgen, die in der Vergangenheit in der Zuständigkeit der Länder gelegen hatten, dem Reich zu. Dies betraf die Armenfürsorge, die Wohnungsfrage, die Versorgung der Kriegsheimkehrer und Hinterbliebenen. Damit übernahm das Reich weite Teile des anwachsenden Sozialrechts. Der damit einhergehende staatliche Interventionsschub hatte weitreichende Folgen für das BGB, dem immer mehr Regelungsbereiche als Sondermaterien entzogen wurden.

---

27 Justus Wilhelm Hedemann, Das bürgerliche Recht und die neue Zeit, Jena 1919, S. 18.

28 RGBl. 1919 I, S. 341.

Eines der drängendsten Nachkriegsprobleme war die **Wohnungsnot**. Art. 155 der Reichsverfassung hatte 1919 das gesetzgeberische Ziel ausgegeben, „jedem Deutschen eine gesunde Wohnung und allen deutschen Familien, besonders den kinderreichen, eine ihren Bedürfnissen entsprechende Wohn- und Wirtschaftsheimstätte zu sichern“. In einer Reihe von Gesetzen ging das Reich nun daran, die Bodenordnung neu zu organisieren, um Wohnbedürfnisse zu befriedigen und die Versorgung der Bevölkerung durch eine leistungsfähige Landwirtschaft sicherzustellen. Der Staat arbeitete hier einerseits mit Zwang, indem er Gemeinden verpflichtete Bauland auszuweisen.[29] Andererseits förderte er den Wohnungsbau durch Subventionen und Reichsbürgschaften.[30] Mit dem Reichsheimstättengesetz vom 10. Mai 1920 schuf der Staat das Recht, „Heimstätten“ für Bedürftige durch Grundstückseigentümer auszugeben, denen man die Weitergabebedingungen diktierte und den Staat durch ein dingliches Vorkaufs- und Rückfallrecht absicherte. Direkten Einfluss auf das BGB nahm die VO über das Erbbaurecht vom 15. Januar 1919. Ohne den Wortlaut des BGB, das ein Erbbaurecht bereits vorgesehen hatte, zu ändern, griff man nun auf dem Verordnungswege ältere Forderungen aus der Bodenreformdebatte auf und baute das Erbbaurecht u. a. durch bessere Beleihbarkeit zu einem kommunalen Steuerungsinstrument aus. Die Gemeinden als Grundstückseigentümer konnten nun den gemeinnützigen Bauträgern den Bau von Kleinwohnungen, die Art der Belegung und die Miethöhe vorschreiben. Der Wertzuwachs der Grundstücke verblieb bei den Gemeinden, da sie ihr Eigentum nicht aufgaben.

Ähnliche Entwicklungen zeigten sich im ländlichen Raum. Hier reagierte man auf den Rückgang der industriellen Produktion mit einem Ausbau der **Landwirtschaft**. Siedlungsland, das eine „selbstständige Ackernahrung“ ermöglichte, wurde an einkommensschwache Familien und – getreu eines Versprechens von Hindenburg[31], jedem Kriegsheimkehrer ein Bauerngut anzubieten – an Kriegsheimkehrer zu günstigen Bedingungen ausgegeben. Das notwendige Land wurde durch privatrechtlichen Erwerb oder auch Enteignung beschafft. Durch das Reichsheimstättengesetz vom 10. Mai 1920 wurde die „Wirtschaftsheimstätte“ eingeführt, welche die Ausgabe von Agrarland an Bedürftige ermöglichte.

---

29 Preußisches WohnungsG vom 28.3.1918, Preußisches GBl., S. 23.

30 VO zur Behebung der dringendsten Wohnungsnot vom 15.1.1919, RGBl. I, S. 69 ff.

31 Paul von Hindenburg war zu diesem Zeitpunkt Reichspräsident und zugleich als Generalfeldmarschall ehemaliger Teil der Obersten Heeresleitung, die zwischen 1916 und 1918 maßgeblich für die Kriegsführung verantwortlich war.

Diesen Eingriffen in die Eigentumskonzeption des BGB traten massive Eingriffe in die Vertragsfreiheit an die Seite. Ein zentrales Beispiel war das **Mietrecht**. In drei Gesetzen (1918, 1920, 1923) wurde die Wohnraumbewirtschaftung eingeführt. Zwar wurde das Modell des Mietvertrages beibehalten, dies erfolgte jedoch unter staatlichem Abschlusszwang, wofür Nipperdey 1920 den, in der Sache bereits älteren, etwa von Josef Kohler schon vor 1900 gebrauchten Begriff des Kontrahierungszwangs populär machte. Die Miethöhe setzten die Gemeinden oder Länder fest („gesetzliche Miete"). Der Mieter wurde weitgehend gegen Kündigungen geschützt. Für Streitigkeiten baute man die bereits im Ersten Weltkrieg eingeführten **Mieteinigungsämter** aus. Sie waren paritätisch besetzt mit einem „unabhängigen" Vorsitzenden mit Eignung zum „Richteramt oder höheren Verwaltungsdienst" (es konnte also auch ein Gymnasiallehrer oder wissenschaftlicher Bibliothekar sein, meist waren es aber wohl Juristen) und ehrenamtlichen Vertretern der Grundbesitzer und der Mieter. Sie entschieden unanfechtbar und nach „billigem Ermessen". So konnten sie Mietpreiserhöhungen oder Kündigungen unter Ausschluss des ordentlichen Rechtsweges kassieren und agierten im Ergebnis deutlich mieterfreundlich. Erst ab 1923 war es dem Vermieter möglich, vor dem Amtsgericht eine Aufhebungsklage zu erheben.

Einschneidende Eingriffe bewirkte auch das weite Feld staatlicher **Preisfestsetzung**. Knappe und lebenswichtige Güter blieben unter staatlicher Aufsicht. Dies betraf etwa Getreide, Kartoffeln und vor allem den stets politischen, weil für die Ernährung der Bevölkerung zentralen Brotpreis, der auch nach dem Krieg festgesetzt blieb.

Literatur: Dieter Schiwek, Das Erbbaurecht. Ein Beitrag zur Dogmengeschichte, Kiel 1969; Knut Wolfgang Nörr, Zwischen den Mühlsteinen. Eine Privatrechtsgeschichte der Weimarer Republik, Tübingen 1988, S. 77ff., 83ff.; Werner Schubert, Die Diskussion über die Schaffung eines sozialen Dauermietrechts am Ende der Weimarer Republik, in: ZRG GA 106, 1989, S. 143ff.; ders., Zur Entwicklung und Reform des Landpachtrechts vom ausgehenden 19. Jahrhundert bis zum Ende der Weimarer Zeit, in: ZRG GA 108, 1991, S. 237ff.; Jens-Uwe Petersen, Die Vorgeschichte und die Entstehung des Mieterschutzgesetzes von 1923 nebst der Anordnung für das Verfahren vor dem Mieteinigungsamt und der Beschwerdestelle, Frankfurt a.M. 1991; André Steiner, Der Brotpreis – ein politischer Preis unter den Bedingungen des NS-Regimes, in: Johannes Bähr u. Ralf Banken (Hgg.), Wirtschaftssteuerung durch Recht im Nationalsozialismus. Studien zur Entwicklung des Wirtschaftsrechts im Interventionsstaat des »Dritten Reichs«, Frankfurt a.M. 2006, S. 365ff.; Peter Collin, »Gesellschaftliche Selbstregulierung« und »Regulierte Selbstregulierung« – ertragreiche Analysekategorien für eine (rechts-)historische Perspektive?, in: ders., Gerd Bender, Stefan Ruppert, Margrit Seckelmann u. Michael Stolleis (Hgg.), Selbstregulierung im 19. Jahrhundert – zwischen Autonomie und staatlichen Steuerungsansprüchen, Frankfurt a.M. 2011, S. 3ff.; Karl Christian Führer, Parität und

»billiges Ermessen«. Die regulierte Selbstregulierung als Mittel der Wohnungs- und Mietenpolitik im späten Kaiserreich und in der jungen Weimarer Republik (1917–1923), in: Peter Collin, Gerd Bender, Stefan Ruppert, Margrit Seckelmann u. Michael Stolleis (Hgg.), Regulierte Selbstregulierung im frühen Interventions- und Sozialstaat, Frankfurt a. M. 2012, S. 199 ff.; Saskia Pitzer, Die Mieteinigungsämter zwischen 1914 und 1918, Dissertation Köln, Hamburg 2018; Michael Stolleis, Die soziale Programmatik der Weimarer Reichsverfassung, in: Horst Dreier u. Christian Waldhoff (Hgg.), Das Wagnis der Demokratie. Eine Anatomie der Weimarer Reichsverfassung, München 2018, S. 204 ff.; Svend-Bjarne Beil, Historische Entwicklungslinien des Wohnraummietrechts. Eine Untersuchung der Wechselwirkungen zwischen Wohnungsmarkt, politischem Wandel und mietrechtlicher Gesetzgebung in der ersten Hälfte des 20. Jahrhunderts, Tübingen 2021, S. 167 ff.

4.2.4 Vertragsfreiheit?

4.2.4.1 Die organisierte Wirtschaft

Die Privatautonomie und insbesondere die Vertragsfreiheit wurden aber nicht nur durch staatliche Intervention zurückgedrängt. Auch in der Vertragswirklichkeit verschob sich das klassische Modell der Vertragsfreiheit, als freiem Kontrahieren zweier Individuen. Hedemann hatte 1919 hellsichtig darauf hingewiesen, dass das Vertragsrecht zunehmend ausgehöhlt werde – und zwar ohne staatliche Gesetzgebung. Sei das BGB noch zugeschnitten auf „den Bürgersmann“, also die natürliche Person, die den Individualvertrag aushandelt, sah er nun den „Großkaufmann“, den „Großbankier“ und den „Großkapitalisten“[32] als Vertragsschließende. Das Bild stimmt. Hatten bis 1873, also bis zum Beginn der Arbeiten am BGB, individuelle Teilnehmer am Wirtschaftsverkehr das Geschehen dominiert, also Unternehmer, Arbeiter, Konsumenten, begann die Wirtschaft sich seit der Jahrhundertwende zunehmend zu Großorganisationen zusammenzuschließen: zu Konzernen, Großbanken, Kartellen, Genossenschaften, Gewerkschaften, Verbänden, Großunternehmen. An die Stelle des Einzelkaufmanns mit dem von ihm geleiteten Handelsgeschäft (§§ 1ff. HGB) trat ein neuer Leitbegriff: das **Unternehmen.** Dahinter verbarg sich mehr als nur ein begrifflicher Wandel. Das Unternehmen war nicht mehr die bloße Organisationsform der ökonomischen Interessen seines Inhabers. Zunehmend wurden die Interessen des Unternehmens von den Interessen des Inhabers und auch der Anteilseigner gedanklich getrennt. In der im Aktien- und Konzernrecht intensiv geführten Debatte um das „**Unternehmen an**

32 Justus Wilhelm Hedemann, Das bürgerliche Recht und die neue Zeit, Jena 1919, S. 8.

sich" bekamen Unternehmen makroökonomische Bedeutungen als Träger politischer Konzepte. Damit beschrieb Hedemann ein Phänomen, das in der neuen Forschung als „organisierter Kapitalismus", „Monopolkapitalismus" oder „organisierte Wirtschaft" benannt worden ist.

Die Ursprünge dieser Entwicklungen lagen im Kaiserreich. Dabei ging es nicht nur um neue und größere Unternehmensformen. Einzelunternehmen begannen sich vielmehr zu Unternehmenszusammenhängen zu verbinden, woraus später **Konzerne** wurden. Ein Ausgangspunkt waren Syndikate. So waren die meisten großen Kohlezechenbesitzer seit 1893 im Rheinisch-Westfälischen-Kohlensyndikat zusammengeschlossen. Dieses Kartell wurde als Aktiengesellschaft verrechtlicht und umfasste um die Jahrhundertwende knapp 90 Prozent der gesamten Kohleförderung im Ruhrgebiet. Weite Teile des deutschen Kohlenhandels mussten mit dem Syndikat abgewickelt werden, das damit über Lieferbedingungen, Absatzmengen und Preise weitgehend frei entschied. Der Staat ging im Kaiserreich ein Bündnis mit den Großbanken und Verbänden ein, was deren Schlüsselposition nochmals verstärkte. Er definierte seine Rolle im so von ihm geduldeten Wettbewerb der Organisationen als die eines Schiedsrichters. In Übereinstimmung mit der zeitgenössischen Nationalökonomie wurden **Kartelle** als Hebel, um auf ökonomische Krisen zu reagieren („Kinder der Not", Friedrich Kleinwächter 1883), auch von der Rechtsprechung seit dem „sächsischen Holzstoffkartell-Fall" 1897[33] als wirksam erachtet. Ihre Konflikte mit Kartellaußenseitern wurden gleichermaßen wie die Konflikte zwischen Gewerkschaften und Arbeitgebern als legitimer „gewerblicher Kampf"[34] eingestuft, bei dem der Staat lediglich Waffengleichheit gewährleisten musste. Das BGB spielte in all diesen Entwicklungen fast keine Rolle mehr. Heinrich Lehmann hatte bereits 1913 im „Industrierecht" eine „Verlustliste" (Knut Wolfgang Nörr) des Bürgerlichen Gesetzbuches zusammengetragen:[35] Arbeitsrecht, Gewerblicher Rechtsschutz, Kartelle.

Im Ersten Weltkrieg hatte der Staat seine Rolle des Schiedsrichters verlassen. Er organisierte eine leistungsfähige Kriegswirtschaft. In seinem oben erwähnten[36] Versuch, nur selten zu verstaatlichen und die weiterhin privatrechtlich organisierte Wirtschaft

---

33 RGZ 38, S. 155 ff. vom 4. 2. 1897.

34 Rainer Schröder, Der gewerbliche Kampf, in: Ulrich Falk u. Heinz Mohnhaupt (Hgg.), Das Bürgerliche Gesetzbuch und seine Richter. Zur Reaktion der Rechtsprechung auf die Kodifikation des deutschen Privatrechts (1896–1914), Frankfurt a. M. 2000, S. 533 ff.

35 Heinrich Lehmann, Grundlinien des deutschen Industrierechts, Festschrift für Ernst Zitelmann, München 1913, S. 1 ff.

36 Vgl. oben S. 161 ff.

für eine Kriegswirtschaft zu mobilisieren, kam es zu einer zunehmenden Bildung von Großorganisationen der Wirtschaft. Immer stärker gaben dabei die beteiligten Individuen die Entscheidungskompetenz an die Organisation ab. Die Weimarer Diskussionen um eine „Unternehmensverfassung" waren der Versuch, diese Entwicklungen wissenschaftlich einzuordnen. Sie waren Kernthemen des neuen Faches „**Wirtschaftsrecht**". Hier begann man die alten Leitbegriffe und die liberalen Prinzipien des Privatrechts zu verlassen und eigene Deutungen des Wirtschaftsverkehrs zu entwickeln.

Dies konnte bedeuten, neue Gedanken in das BGB hineinzulesen. Indem man das Unternehmen von seinem Inhaber gedanklich trennte und als eine geistige Einheit verstand, bekam es eigene schutzwürdige Rechtspositionen: Sein guter Ruf, seine Handlungsfähigkeit, seine Geschäftsgeheimnisse, seine innere Organisation, sein Kundenstamm und sein Bild in der Öffentlichkeit. Das Reichsgericht trieb die Debatte voran, indem es schon länger **Eingriffe in den Geschäftsbetrieb** (später Gewerbebetrieb) deliktisch als **sonstiges Recht i. S. d. § 823 Abs. 1 BGB** schützte.[37] Man stritt nun darum, ob ein somit unter § 823 Abs. 1 BGB fallendes „Recht am Unternehmen" ein Persönlichkeitsrecht sei oder ein Immaterialgüterrecht. Hans Carl Nipperdey betonte, dass alles, was unter den Begriff des Unternehmens fällt, nicht Gegenstand des Persönlichkeitsrechts sein könne, da es ein „Eigendasein außerhalb der Person" führe und mit der Übertragung an andere Inhaber diese Rechtsposition nicht untergehe.[38] Mit diesen Entwicklungen hin zu einem Rechtsobjekt mit gleichwohl eigener subjektiver Rechtsposition versuchte man, das BGB in die Gedankenwelt des Wettbewerbsrechts, das mit der Generalklausel des § 1 UWG schon seit 1909 ähnlich dachte, einzufügen. Man schützte das Unternehmen, nicht den Unternehmer.

Damit öffnete man das Unternehmensrecht zugleich für makroökonomische Ziele, die über einen Schutz der Privatautonomie des Unternehmers hinauswiesen. Walther Rathenau ging 1917 von einer „Entpersönlichung des Eigentums" aus, wonach Wirtschaft „nicht Privatsache, sondern Gemeinschaftssache[,] [...] nicht Anspruch, sondern Verantwortung" werde. Hinter der These, dass „das Unternehmen ein eigenes Leben gewinnt", standen bei Rathenau gemeinwirtschaftliche Forderungen: Zurückdrängung der kapitalistischen Interessen zugunsten einer **Gemeinwohlorientierung**.[39] Hier agierte der Staat in privatwirtschaftlichem Gewand. Unternehmen wurden für Rathenau zu objektiven Personen, in deren Recht sich Gedanken des Privatgeschäfts

37 Erstmals RGZ 1904, 24 vom 27.2.1904.

38 Hans Carl Nipperdey, Die Frage des Schutzes des Unternehmens nach § 823 Abs. 1 BGB, in: Friedrich Klausing et al. (Hgg.), Beiträge zum Wirtschaftsrecht II, Marburg 1931, S. 462 f.

39 Dazu bereits oben S. 161 ff., 167 f.

mit solchen der Staatsverwaltung vereinten.[40] Mit solchen Überlegungen, die auf eine Unterwerfung der Privatunternehmen unter Staatsinteressen ohne Verstaatlichung hinausliefen, besetzte Rathenau eine Extremposition, die mit der Gemeinwirtschaft in Weimar bald verdrängt wurde. Was blieb, war jedoch eine zunehmende Trennung des Unternehmens als Organisationseinheit mit eigenen Bedürfnissen und Aufgaben von den Interessen des Inhabers bzw. der Anteilseigner. Das Unternehmen blieb, wie Hedemann 1919 vorhersah, der dominierende Begriff beim „Neubau der Privatrechtsordnung",[41] ein „Modernisierungsbegriff".[42]

Die Welt der Großunternehmen prägte dabei das rechtswissenschaftliche Denken im Vertragsrecht. In dieser Welt wurden Verträge geschlossen, die nur (bei faktischen Monopolen begrenzte) Abschluss-, aber keine Inhaltsfreiheit gewährten. Die Welt der hier herrschenden „Kollektivverträge", „diktierten Verträge" und „**Massengeschäfte**" veränderte das Denken über den bürgerlich-rechtlichen Vertrag nachhaltig.

Dies betraf zunächst die Problematik der **Kartelle**. Deutschland blieb, anders als etwa die USA, ein Land der Kartelle. Im Jahr 1922 bestanden in Deutschland etwa 1000 Kartelle. Weite Teile der Güterproduktion fanden außerhalb des freien Marktes statt. Zunehmend gab es negative Auswirkungen: hohe Verkaufspreise und insbesondere die Überwälzung des besonders relevanten Inflationsrisikos auf die Abnehmer über einheitliche Zahlungsbedingungen. 1923 reagierte das Reich mit der Kartellverordnung. Kartelle wurden darin nicht verboten, jedoch einer Missbrauchskontrolle unterworfen. Die Initiative dafür lag freilich beim Reichswirtschaftsministerium, das mangels eines entsprechenden Apparates gar nicht in der Lage war, eine hinreichende Missbrauchsaufsicht durchzuführen. Weite Teile der Produktion wurden damit von Konzernabsprachen dominiert.

Ein zweites Problemfeld mit Blick auf den Vertragspartner der Großunternehmen waren **Allgemeine Geschäftsbedingungen**. Das Thema war alt. Seit dem Mittelalter hatten über die von römischen Vorbildern beeinflusste notarielle Praxis vorformulierte Vertragsformulare Verbreitung gefunden. Die Industrialisierung hatte das Thema zu einem übergreifenden Problem gemacht. Vertragsmuster wurden nun genutzt, um den Massenverkehr zu organisieren. Dies betraf Transport (Eisenbahnen, Reedereien),

40 Walther Rathenau, Gesammelte Schriften in fünf Bänden. Von kommenden Dingen, Bd. 3, Berlin 1918, S. 102, 152–155.

41 Justus Wilhelm Hedemann, Das bürgerliche Recht und die neue Zeit, Jena 1919, S. 17.

42 Louis Pahlow, Objektivierung und Entpersönlichung. Zum Unternehmensbegriff in der Privatrechtswissenschaft der Weimarer Republik, in: Martin Löhnig u. Mareike Preisner (Hgg.), Weimarer Zivilrechtswissenschaft, Tübingen 2014, S. 103.

Banken, Versicherungen und Einkaufs- und Lieferbedingungen des Handels. Bereits vor 1914 waren auch die Arbeitsbedingungen in sog. Arbeits- oder Fabrikordnungen und die Mietverträge in Großstädten zunehmend aneinander angepasst worden. Anfangs hatte man diesen Entwicklungen positiv gegenübergestanden, weil sich hier ein Gewohnheitsrecht, eine Verkehrssitte, eine Usance durchsetzte, also die Gesellschaft sich selbst Recht jenseits des Gesetzes schuf. Um die Jahrhundertwende wurde jedoch immer deutlicher, dass hier gerade nicht ein normales Marktphänomen vorlag, sondern Absprachen der großen Anbieter begannen, den Markt zu zerstören. Besonders heikel war, dass die Bedingungen oft gar nicht klar in den Vertrag einbezogen wurden. Man arbeitete mit stillschweigenden Verträgen, fingierten Zustimmungen und allseits bekannten Handelsbräuchen als Argument. Der Unterschied zwischen einem Vertrag und einer De-facto-Norm schien kaum noch vorhanden. Schon 1881 stellte Wilhelm Endemann am Beispiel des „Betriebsreglements“ der Eisenbahnen fest, dass alle Kunden diese Geschäftsbedingungen wie ein Gesetz aufnähmen, „weil sie das Eine wissen, daß die Eisenbahnen [...] anders auf Geschäfte sich nicht einlassen. Thatsächlich ist es Norm, der sich gefügt wird [...]. Die Unterscheidung von Gesetz [...] [und] Vertragsbedingung [...] zu begreifen, wer mag sich dazu die Mühe geben?“[43]

In Weimar nahm dieses Problem nochmals sprunghaft zu. Die Industrie und der Handel waren durch die Kriegswirtschaft zugunsten großer Anbieter viel stärker vermachtet als vor Kriegsbeginn. Hedemann warnte 1919 davor, dass die Welt des BGB auch hier untergehe. Die Dominanz einer sich selbst organisierenden „Wirtschaft“ bewirke die „Niederdrückung des Individuums unter die Regel, unter das Schema, unter einen unabänderlichen Gemeinschaftswillen“.[44] Die Fabrik und die Großstadt sah er im „Banne des Massenhaften“. Verträge würden durch Organisationen genormt durch „Bedingungen“, Mietvertragsformulare, vorformulierte Hausordnungen, Versicherungsbedingungen, Geschäftsbedingungen der Banken, Konditionen der Kartelle. Hedemann warnte: „Das Individuum zieht sich sichtbar zurück gegenüber diesem eisernen Druck des Normativen“.[45] Aufsehen erregten 1927 die Allgemeinen Deutschen Spediteurbedingungen und 1926 die Verdingungsordnung für Bauleistungen.

43 Wilhelm Endemann, Die Rechtsgrundlagen des Eisenbahntransportgeschäfts, Buschs Archiv für Theorie und Praxis des Allgemeinen Deutschen Handels- und Wechselrechts 42 (1882), S. 245f.

44 Justus Wilhelm Hedemann, Das bürgerliche Recht und die neue Zeit, Jena 1919, S. 12.

45 Justus Wilhelm Hedemann, Das bürgerliche Recht und die neue Zeit, Jena 1919, S. 13.

Es war zunächst die Rechtsprechung, die darauf reagierte, dass die faktisch-normative Wirkung solcher Geschäftsbedingungen die Freiheit der anderen Vertragspartei abschaffte. Das Reichsgericht nutzte seit 1888 die **guten Sitten** als Prüfungsmaßstab. Hintergrund war die marktschützende Rechtsprechung zum Monopolmissbrauch: „Wo der einzelne ein ihm tatsächlich zustehendes Monopol [...] dazu mißbraucht, dem allgemeinen Verkehr unbillige, unverhältnismäßige Opfer aufzuerlegen, unbillige und unverhältnismäßige Bedingungen vorzuschreiben, da können dieselben rechtliche Anerkennung nicht finden".[46] Seit 1920 begann das Reichsgericht dann mit einer systematischen Kontrolle der Allgemeinen Geschäftsbedingungen gem. § 138 Abs. 1 BGB. Verlangt wurde einerseits eine marktbeherrschende Stellung, das Monopol, und andererseits die eben benannten „unbilligen" Opfer für den Rechtsverkehr. Im Blick waren dabei etwa Haftungsbeschränkungen von Reedereien und Speditionen für leitende Angestellte im Rahmen von § 276 Abs. 2 BGB 1900 (heute Abs. 3) und § 278 S. 2 BGB, weil damit das gesetzlich gewollte Haftungsmodell ins Gegenteil verkehrt werde. Die Rechtswissenschaft reagierte nur zeitversetzt auf das neue Phänomen. Man registrierte erst langsam, dass diese **„Rechtsschöpfung durch die Wirtschaft"**[47] eine „Sabotierung der Vertragsfreiheit" bewirke.[48] Erst 1935 setzte sich mit der Habilitation von Ludwig Raiser der bereits ältere Terminus Allgemeine Geschäftsbedingungen durch.[49]

Sehr viel klarer gesehen wurden die Veränderungen dagegen im **Arbeitsrecht**, das in Weimar zu einem eigenen Teilgebiet des Bürgerlichen Rechts heranwuchs. Hier traten zunehmend Kollektivvereinbarungen an die Stelle des Individualvertrages. Den ersten Tarifvertrag hatte es bereits 1873 bei den Buchdruckern gegeben. Unterbrochen durch das Verbot der Gewerkschaften durch das Sozialistengesetz, nahmen diese 1890 ihre Rolle wieder ein. Nun entstanden vermehrt Tarifverträge, mit denen ganze Branchen sich selbst ein eigenes Recht gaben, was ab 1900 von der Rechtswissenschaft als neues Phänomen aufgegriffen wurde.[50] Die Weimarer Reichsverfassung hatte die **Tarifautonomie** dann erstmals verfassungsrechtlich abgesichert:

46 RGZ 62, S. 266 vom 8.1.1906.

47 Helmut Rühl, Rechtsschöpfung durch die Wirtschaft, Mannheim u.a. 1931.

48 Hans Carl Nipperdey, JW 1922, S. 575.

49 Ludwig Raiser, Das Recht der Allgemeinen Geschäftsbedingungen, Berlin 1935.

50 Philipp Lotmar, Die Tarifverträge zwischen Arbeitgebern und Arbeitnehmern, in: Arch. f. soz. Gesetzg. u. Statistik 15, 1900, S. 1 ff.; Hugo Sinzheimer, Der korporative Arbeitsnormenvertrag, Bd. 1, Bd. 2, Leipzig, 1907, 1908.

Art. 159 WRV:
Die Vereinigungsfreiheit zur Wahrung und Förderung der Arbeits- und Wirtschaftsbedingungen ist für jedermann und für alle Berufe gewährleistet. Alle Abreden und Maßnahmen, welche diese Freiheit einzuschränken oder zu behindern suchen, sind rechtswidrig.

Art. 165 Abs. II WRV:
Die Arbeiter und Angestellten sind dazu berufen, gleichberechtigt in Gemeinschaft mit den Unternehmern an der Regelung der Lohn- und Arbeitsbedingungen sowie an der gesamten wirtschaftlichen Entwicklung der produktiven Kräfte mitzuwirken. Die beiderseitigen Organisationen und ihre Vereinbarungen werden anerkannt.

Bereits der Rat der Volksbeauftragten hatte drei Tage nach Beginn der Revolution, am 12. November 1918, das Koalitions- und Arbeitskampfrecht gewährleistet. Am 15. November 1918 vereinbarten Carl Legien für die Arbeitnehmer und der Großindustrielle Hugo Stinnes für die Arbeitgeber das sog. Stinnes-Legien-Abkommen. Darin wurde in Nr. 6 beschlossen:

Die Arbeitsbedingungen für alle Arbeiter und Arbeiterinnen sind entsprechend den Verhältnissen des entsprechenden Gewerbes durch Kollektivvereinbarungen mit den Berufsvereinigungen der Arbeitnehmer festzusetzen.

Die Tatsache, dass das Abkommen wenig später im „Reichsanzeiger" veröffentlicht wurde, machte die offizielle Bedeutung des Dokuments deutlich. Mit der Tarifvertragsordnung vom 23. Dezember 1918 wurden für allgemeinverbindlich erklärte Tarifverträge, mit Wirkung auch für die nichtorganisierten Arbeitnehmer, endgültig zur zentralen Rechtsquelle. Damit war es nicht mehr möglich, individualvertraglich vom Tarifvertrag abzuweichen. An die Stelle des Individualvertrages trat der Kollektivvertrag. Das Dienstvertragsrecht des BGB war nur noch ein kleines Nebengebiet des sich entwickelnden Arbeitsrechts. Für Fragen der Lohnfortzahlung formulierte das Reichsgericht 1923 unmissverständlich: „Man darf aber, um zu einer befriedigenden Lösung des Streites zu gelangen, überhaupt nicht von den Vorschriften des Bürgerlichen Gesetzbuchs ausgehen".[51] Auch im Arbeitsrecht traten neue Rechtsgebiete neben das oder an die Stelle des BGB.

---

51 RGZ 106, S. 275 vom 6.2.1923.

Die Rechtswissenschaft analysierte diesen Prozess und trieb ihn voran. In Weimar nahmen in sozialistischen wie auch in konservativen, ja sogar in liberalen Kreisen die Ansichten sprunghaft zu, die Privatrecht an einem kollektivistischen Menschenbild ausrichteten, bei dem Klassen und soziale Gruppen an die Stelle des Individuums traten. Man sprach in sozialistischer Perspektive vom „Kollektivmenschen“ (Gustav Radbruch) oder vom „Verbandsmensch“ (Hermann Heller), während konservative Autoren wie Julius Binder die Freiheit des Einzelnen nur noch darin sehen wollten, dass der Staat das Individuum als „freie Persönlichkeit und als Glied im Ganzen in den staatlichen Organismus eingliedert“.[52] Vermehrt dachte man Vertragsfreiheit nicht mehr als Ausgangspunkt des Privatrechts, sondern abgeleitet von einer Zuweisung durch den Staat, bei der stets die Gemeinwohlinteressen vorrangig zu berücksichtigen seien. Gustav Radbruch sprach von einer „Durchwachsung des privaten mit dem öffentlichen Rechte“.[53] Ob Art. 152 Abs. 1 WRV, der die Vertragsfreiheit „nach Maßgabe der Gesetze“ sicherte, überhaupt noch als Garantie der Vertragsfreiheit angesehen werden konnte, wurde bezweifelt.[54] Damit wurde Privatrecht zunehmend von seinen Prämissen her in Frage gestellt.

Literatur: Justus Wilhelm Hedemann, Reichsgericht und Wirtschaftsrecht, Jena 1929, S. 38ff., 53ff., 84ff.; Gert Brüggemeier, Entwicklung des Rechts im organisierten Kapitalismus. Von der Gründerzeit bis zur Weimarer Republik, Bd. 1, Frankfurt a.M. 1977, S. 84ff.; Robert Pohlhausen, Zum Recht der allgemeinen Geschäftsbedingungen im 19. Jahrhundert, Ebelsbach 1978; Rainer Schröder, Die Entwicklung des Kartellrechts und des kollektiven Arbeitsrechts durch die Rechtsprechung des Reichsgerichts vor 1914, Ebelsbach 1988; Knut Wolfgang Nörr, Zwischen den Mühlsteinen. Eine Privatrechtsgeschichte der Weimarer Republik, Tübingen 1988, S. 166ff., 177ff.; Spiros Simitis, Stolpersteine der Privatrechtsgeschichte. Über Knut Wolfgang Nörrs „Zwischen den Mühlensteinen“, in: RJ 8, 1989, S. 3ff.; Arndt Riechers, Das ‚Unternehmen an sich‘. Die Entwicklung eines Begriffs in der Aktienrechtsdiskussion des 20. Jahrhunderts, Tübingen 1996; Rainer Schröder, Der gewerbliche Kampf, in: Ulrich Falk u. Heinz Mohnhaupt (Hgg.), Das Bürgerliche Gesetzbuch und seine Richter, Frankfurt a.M. 2000, S. 533ff.; Tilman Röder, Rechtsbildung im wirtschaftlichen »Weltverkehr«. Das Erdbeben von San Francisco und die internationale Standardisierung von Vertragsbedingungen (1871–1914), Frankfurt a.M. 2006; HKK/Hofer, §§ 305–310 (I), Tübingen 2007; HKK/Hellwege, §§ 305–310 (II), Tübingen 2007; Rolf Sack, Das Recht am Gewerbebetrieb. Geschichte und Dogmatik, Tübingen 2007 mit Rez. Hans-Peter

52 Julius Binder, Philosophie des Rechts, Berlin 1925, S. 545.

53 Gustav Radbruch, Vom individualistischen zum sozialen Recht, 1930, in ders., Der Mensch im Recht, Göttingen 1957, S. 40.

54 So Heinrich Stoll, Artikel 152. Vertragsfreiheit, in Hans Carl Nipperdey (Hg.), Die Grundrechte und Grundpflichten in der Reichsverfassung, Bd. 3, Berlin 1930, S. 184f.

Haferkamp, Abschied vom Recht am Gewerbebetrieb?, in: Rg 15, 2009, S. 216 f.; Phillip Hellwege, Allgemeine Geschäftsbedingungen, einseitig gestellte Vertragsbedingungen und die allgemeine Rechtsgeschäftslehre, Tübingen 2010; Jan Schröder, Kollektivistische Theorien und Privatrecht in der Weimarer Republik am Beispiel der Vertragsfreiheit, 1993, Wiederabdruck hrsg. v. Thomas Finkenauer/Claes Peterson/Michael Stolleis, Rechtswissenschaft in der Neuzeit. Geschichte, Theorie, Methode. Ausgewählte Aufsätze 1976–2009, Tübingen 2010, S. 599 ff.; HKK/Rückert, § 611, Tübingen 2013, Rn. 262 ff.; Louis Pahlow, Objektivierung und Entpersönlichung. Zum Unternehmensbegriff in der Privatrechtswissenschaft der Weimarer Republik, in: Martin Löhnig u. Mareike Preisner (Hgg.), Weimarer Zivilrechtswissenschaft, Tübingen 2014, S. 87 ff.; Mathias Schmoeckel u. Matthias Maetschke, Rechtsgeschichte der Wirtschaft, 2. Aufl. Tübingen 2016, S. 279 ff., 355 ff.

4.2.4.2 Vertiefung: Abkehr vom Willensbezug in der Dogmatik

Die Tendenz einer Abkehr von der im 19. Jahrhundert so hoffnungsvoll begrüßten Privatautonomie zeigt sich auch in der scheinbar ganz logischen Welt der zivilrechtlichen Dogmatik. Der Wille des Privatrechtssubjekts als Ausgangspunkt der **Vertragsdogmatik** bekam zunehmend Konkurrenz. Bereits im 19. Jahrhundert hatte der lebendige Streit um Willens- oder Erklärungstheorie das Dogma einer Vertragshaftung: „Du selbst hast es so gewollt“[55] bezweifelt. Die Erklärungstheorie hatte gefordert, „daß Gültigkeit und Wirkung von Verträgen und vertragsähnlichen Geschäften beurtheilt werden, nicht sowol nach der Absicht der Erklärungsgeber, als nach den billigen Erwartungen der Erklärungsnehmer“.[56] Der BGB-Gesetzgeber hatte diese Entwicklungen bereits verarbeitet, als er mit der verschuldensunabhängigen Schadensersatzpflicht des § 122 Abs. 1 BGB den Erklärungsempfänger stärker begünstigte als in der älteren Lehre, die zumindest einen verschuldeten Irrtum verlangt hatte. Die Tendenzen, Verträge auch dann anzunehmen, wenn dies nicht dem Willen des Erklärenden entsprach, war also lange bekannt. Gleichwohl war bis 1918 die Willenserklärung der entscheidende Referenzpunkt für die Lösung von Haftungsproblemen geblieben, für die das Deliktsrecht keine befriedigende Lösung bot. 1911 hatte das Reichsgericht den bald berühmten „Linoleumrollenfall“ zu entscheiden.[57] Ein Kind

55 So die Prämisse von Ernst Zitelmann, Irrtum und Rechtsgeschäft. Eine psychologisch-juristische Untersuchung, Leipzig 1879.

56 Ernst Immanuel Bekker, Rez. Zitelmann, Irrthum und Rechtsgeschäft, in: KritVj 22, 1880, S. 55.

57 RGZ 78, S. 239 ff. vom 7. 12. 1911, zum Folgenden die konzise Analyse der vorherigen Diskussion des VI. Senats bei Jan Thiessen, Von der (Linoleum-)Rolle. Die heimliche Anerkennung der

war durch eine umstürzende Linoleumrolle verletzt worden, und seine Mutter hatte einen Schockschaden erlitten, weil ein Verkäufer des Beklagten fahrlässig gehandelt hatte. Den Richtern war der Weg zu einer deliktischen Lösung verwehrt. Obwohl der 17. und der 18. Deutsche Juristentag 1884 bzw. 1886 sich dafür ausgesprochen hatten, dem Arbeitgeber nach französischem Vorbild (Art. 1384 CC) eine generelle Haftung für das Verschulden seiner Angestellten aufzubürden, hatte das BGB mit der Exkulpationsmöglichkeit des § 831 Abs. 1 S. 2 BGB die deliktische Haftung für Dritte faktisch fast ausgeschlossen. Auch in diesem Fall erschien es der Mehrzahl der Richter nicht möglich, zu einer Haftung gem. § 831 BGB zu gelangen. Damit blieb nur eine vertragliche Haftung, jedenfalls dann, wenn man die Entscheidung des BGB, die im preußischen Recht anerkannte culpa in contrahendo nicht zu übernehmen, nicht offen konterkarieren wollte. Der 6. Zivilsenat entschied sich letztlich für eine ganz traditionelle Lösung des Problems, indem er einen stillschweigenden „Warenvorzeigevertrag" konstruierte, also den Parteien unterstellte, sich bei der Vorführung von Waren im Geschäft des Verkäufers zu einem Schutzpflichtvertrag binden zu wollen. Man sah durchaus das Problem, „daß auf diese Weise die culpa in contrahendo als vertragsmäßige Haftung schlechterdings wieder in das BGB hineininterpretiert und mit ihr zugleich eine ausgedehnte Haftung für fahrlässige Vermögensbeschädigung geschaffen wird".[58] Gleichwohl blieb man im zweispurigen Haftungsmodell des BGB: Delikt oder Vertrag. Dieser Weg einer Ausweitung der Vertragshaftung, um die anerkannten Mängel des Deliktsrechts aufzufangen, war charakteristisch für die Rechtsprechung bis in die 1920er Jahren. Man wertete Schweigen als Willenserklärung, legte die Willenserklärung „objektiv" aus, unterstellte eine „stillschweigende" Willenserklärung bzw. fingierte eine Willenserklärung. Scheiterte die richtige Übermittlung einer Willenserklärung, ging man von einem „stillschweigenden Garantievertrag" aus. Wer ein Ladenlokal eröffnete, schloss stillschweigend einen Erhaltungsvertrag mit dem potenziellen Kunden. Wer „duldet, daß ein anderer ständig nach außenhin als sein Vertreter auftritt, oder wer einen anderen in eine Stellung bringt, mit der gewöhnlich eine Vertretungsmacht verbunden zu sein pflegt",[59] dem wurde eine stillschweigende Bevollmächtigung unterstellt. Wer ein Recht vorwerfbar längere Zeit

---

culpa in contrahendo im Streit der Reichsgerichtsräte, in: Marietta Auer et al. (Hgg.), Privatrechtsdogmatik im 21. Jahrhundert. Festschrift für Claus-Wilhelm Canaris zum 80. Geburtstag, Berlin u. Boston 2017, S. 51 ff.

58 So das Senatsmitglied Bernhard Schaffeld bei Jan Thiessen, a. a. O., S. 73.

59 So die Zusammenfassung der älteren Rechtsprechung des ROHG durch Hermann Krause, Schweigen im Rechtsverkehr, Marburg 1933, S. 23.

nicht ausübte, „verzichtete" auf sein Recht. Dogmatische Weiterentwicklungen, die der Krieg vorantrieb, dachten zunächst noch in diesen Bahnen. Die Erstreckung vertraglicher Haftung auf Angehörige des Mieters, die heute unter dem Namen Vertrag mit Schutzwirkung zugunsten Dritter diskutiert wird, wurde 1917 vom Reichsgericht als stillschweigender Abschluss eines echten Vertrages zugunsten Dritter eingestuft. Auch Oertmanns Definition der Geschäftsgrundlage[60] machte 1921 einen hypothetischen Parteiwillen zum entscheidenden Kriterium.

Klar war in all diesen Fällen, dass die Willenserklärungen nicht gewollt, sondern unterstellt bzw. fingiert waren. Gegen die vielfache Kritik schon im 19. Jahrhundert, **Fiktionen** entsprächen nicht der Wirklichkeit, hatte Oskar Bülow bereits 1879 klargestellt, Fiktionen gäben „aufs handgreiflichste zu erkennen, dass das, was der Richter sich vorstellen soll, nicht wahr sei".[61] Die Fiktion war die Schwester der Analogie auf Tatsachenebene. Die Analogie löste einen ungeregelten Fall durch eine Norm, die einen ähnlichen Fall regelte. Die Fiktion erreichte die gleiche Wirkung dadurch, dass sie nicht die Norm, sondern die Wirklichkeit durch einen Ähnlichkeitsschluss überbrückte. Die passende Norm wurde dadurch anwendbar gemacht, dass man ihren Tatbestand fingierte. Dies erklärt auch, warum die Dogmatiker des 19. Jahrhunderts die im antiken römischen Recht bereits gebräuchliche Fiktion so hochschätzten. Wirkungsreich war 1814 vor allem Savigny für die Fiktion eingetreten. Er rühmte die allmähliche, völlig organische Entwicklung, die das antike römische Recht hierdurch genommen habe: „Entsteht eine neue Rechtsform, so wird dieselbe unmittelbar an eine alte, bestehende angeknüpft, und ihr so die Bestimmtheit und Ausbildung derselben zugewendet."[62] Die Fiktion habe den Römern die vollendete Herrschaft über ihren Stoff ermöglicht, die man heute so an ihnen bewundere. Savigny ging es also um den Erhalt und die kontrollierte Fortentwicklung begrifflich-systematischer Zusammenhänge. Eine „juristische" Person unterlag den Regelungen einer natürlichen Person, ein völlig neues Rechtssubjekt wäre dagegen bloßer unverbundener Fremdkörper im System gewesen. Indem man stets an die Willenserklärung anknüpfte, blieben der Denkhorizont des Vertragsrechts und auch die hieran orientierte Kodifikation regelnd. Die Rechtsfolgen waren vorhersehbar: So war die Minderjährigkeit auch bei fingierten Willenserklärungen stets zu berücksichtigen, die Sittenwidrigkeit stand immer entgegen, arglistige Täuschungen waren relevant. Bei Dreipersonenverhältnissen war klar, dass die

---

60 Vgl. genauer unten S. 194 f.

61 Oskar Bülow, Civilproessualistische Fiktionen und Wahrheiten, in: AcP 62, 1879, S. 1, 8.

62 Friedrich Carl von Savigny, Vom Beruf unsrer Zeit für Gesetzgebung und Rechtswissenschaft, Heidelberg 1814, S. 32.

Stellung des Dritten nicht besser sein durfte als die des eigentlichen Vertragspartners. Bei einem echten Vertrag zugunsten Dritter folgte das eben schlicht aus § 334 BGB.

In Weimar nahm der Widerstand gegen solche Lösungen zu. 1918 hatte Alfred Manigk zu einem „Kampf gegen die in der Gruppe der stillschweigenden We. [sc. Willenserklärung] sich leicht einstellende Fiktion des Willens“[63] aufgerufen. Immer dann, wenn kein wirklicher Wille vorliege, handele es sich nicht um Willenserklärungen, sondern um „**typisierte Erklärungsakte mit normierter Wirkung**“.[64] Grund dieser rechtlichen Wirkung sei nicht ein Wille, sondern im Regelfall die Verkehrssitte. Damit verließ Manigk die Rechtsgeschäftslehre und erklärte konsequent die Regeln über die Geschäftsfähigkeit, eine Stellvertretung oder die Berücksichtigung von Willensmängeln für unbeachtlich.[65] Manigk betrat einen vom BGB weitgehend ungeregelten Raum zwischen Vertrag und Delikt. Das war nicht untypisch. In Weimar ging man zunehmend auf Distanz zum Modell der Willenserklärung. Dies war auch eine Reaktion auf die Vertragswirklichkeit, in der immer häufiger Verträge geschlossen wurden, bei denen eine Partei bestenfalls Abschluss-, aber keine Inhaltsfreiheit mehr hatte. Die Selbstorganisation der Gesellschaft schien nicht zu funktionieren, und man hielt nach anderen Anspruchsbegründungsmodellen Ausschau. Fingierte Willenserklärungen wurden nun durch Zurechnungsmodelle ersetzt. Aus der stillschweigenden Bevollmächtigung wurde die **Rechtsscheinvollmacht**, aus dem fingierten Verzicht wurde die **Verwirkung**. Auch für die **culpa in contrahendo** löste man sich von der Umgehung durch eine Vertragskonstruktion und stützte sich in den 1920er Jahren auf Treu und Glauben in § 242 BGB.[66] Damit begann an die Seite des Vertrages ein vertragsähnliches Rechtsverhältnis zu treten. Bald versuchte die Rechtswissenschaft, dieses neue Institut begrifflich zu fassen und vom Vertrag abzugrenzen. Man sprach von einer „Rahmenbeziehung“, einem „Schuldverhältnis im weiteren Sinne“[67] oder einem „Rechtsverhältnis[ ] der Vertragsverhandlungen“.[68] Zwischen Vertrag und Delikt entstand ein neues Schuldverhältnis, eine „**Sonderverbindung**“, deren Geltung und deren Rechtsfolgen nicht dem BGB zu entnehmen waren, sondern einfach der „geltenden

63 Alfred Manigk, Irrtum und Auslegung, Berlin 1918, S. 273.

64 Alfred Manigk, Irrtum und Auslegung, Berlin 1918, S. 274.

65 Alfred Manigk, Irrtum und Auslegung, Berlin 1918, S. 150f., 274.

66 RGZ 107, S. 78 vom 28.11.1923.

67 Beides in Felix Herholz, Das Schuldverhältnis als konstante Rahmenbeziehung, in: AcP 130, 1929, S. 257f.

68 Heinrich Stoll, Haftung für das Verhalten während der Vertragsverhandlungen, in: LZ 1923, Sp. 544.

Rechtsordnung [...], [die] Rechtspflichten gegenüber dem Gegner schon vor Abschluß des Vertrages anerkennt".[69] Folge war eine immense **Lücke** im BGB, weil das an den Willen der Parteien anknüpfende Modell des Gesetzes nicht mehr griff und neu verhandelt werden musste, welche Regelungen des BGB für diese neuen Rechtsinstitute anwendbar waren und welche nicht.

Den weiteren Schritt, ein ganzes Rechtsgebiet aus dem Vertragsrecht des BGB auszugliedern, versuchte man im **Arbeitsrecht**. Bereits 1919 hatte Hugo Sinzheimer eine „Neuordnung des Arbeitsrechts" gefordert, was konkret vor allem eine eigene Kodifikation des Arbeitsrechts umfasste.[70] Es kam immerhin zu einem Entwurf eines Arbeitsvertragsgesetzes. Das Gesamtprojekt scheiterte jedoch 1923 aus Kostengründen. Parallel begann die Arbeitsrechtswissenschaft das Vertragsmodell des BGB für das Arbeitsrecht zu verlassen. Für das Kollektivarbeitsrecht lag das angesichts der breiten Sonderregelungen für dieses Gebiet nahe.[71] Aber auch für das Individualarbeitsrecht diskutierte man den Ausstieg aus dem willensbasierten Vertragsmodell. Das in Weimar verbreitete Schlagwort hieß **„Eingliederung"**. Schon die Bismarck'sche Sozialgesetzgebung hatte in den 1880er Jahren die Versicherungspflicht an die „Beschäftigung" des Arbeitnehmers, nicht an den Arbeitsvertrag geknüpft. Ausgehend von diesem „sozialrechtlichen Beschäftigungsverhältnis" übernahm eine Reihe wichtiger arbeitsrechtlicher Gesetze Weimars einen tätigkeits- und nicht vertragsbezogenen Arbeitnehmerbegriff. So formulierte § 11 des Betriebsrätegesetzes von 1920: „Arbeiter im Sinne dieses Gesetzes sind die im Dienste anderer gegen Entgelt [...] beschäftigten Personen". Die Weimarer Arbeitsrechtswissenschaft setzte hier an. Ein Vordenker war der Reichstagsabgeordnete und spätere Regierungsrat im Reichsarbeitsministerium Heinz Potthoff. Angesichts der vielfachen Eingriffe des Gesetzgebers und der Tarifvertragsparteien in die Inhaltsfreiheit der Vertragsparteien rückte Potthoff von der Vertragseinigung als Begründung des Arbeitsvertrages ab. 1922 sprach er von Arbeitsverhältnissen ohne Vertragsschluss.[72] Unter Anlehnung an das ältere Bild Otto von Gierkes, der den „germanischen" Arbeitsvertrag nicht durch gegensätzliche Interessen von Arbeiter und Arbeitgeber, sondern als eine Art Arbeitsgemeinschaft interpretiert hatte,[73] betonte Potthoff, dass das Individualarbeitsverhältnis kein schuldrechtliches, sondern ein

69 Heinrich Stoll, Haftung für das Verhalten während der Vertragsverhandlungen, in: LZ 1923, Sp. 543.

70 Hugo Sinzheimer, Die Neuordnung des Arbeitsrechts, in: JW 1919, S. 465 ff.

71 Vgl. S. 182 ff.

72 Heinz Potthoff, Beiträge zu Kritik und Reform, in: Arbeitsrecht 1922, Sp. 28 ff.

73 Otto v. Gierke, Deutsches Privatrecht, Bd. III: Schuldrecht, 1917, S. 593 ff.

„personenrechtliches Organisationsverhältnis" sei. Ausgehend von der Organisation der Arbeit im Großbetrieb entzog er die Betriebsorganisation der Individualvereinbarung und setzte auf die gesetzliche oder tarifvertragliche Schaffung einer Arbeitsverfassung:

> Hauptaufgabe des Arbeitsrechts ist daher nicht eine schuldrechtliche, sondern eine verfassungsrechtliche. Die Befreiung und Gleichberechtigung des Arbeitnehmers kann nicht in der persönlichen Gleichstellung aller im Betrieb Tätigen bestehen, sondern nur in der Sicherung einer angemessenen Mitwirkung aller an den Ordnungen, die festgelegt werden können, ohne die Verantwortlichkeit und Leistungsfähigkeit des Betriebsleiters zu beseitigen. Wie im Staate, so darf auch im Betrieb die Freiheit, d. h. hier die demokratische Verfassung, nicht zur Beeinträchtigung der Ordnung führen. Wie dort, so muss auch hier die Stärkung der Rechte eine engere Verbundenheit aller im Betriebe Tätigen untereinander und mit dem Ganzen herbeiführen.[74]

Zugunsten eines rationalen und leistungsfähigen Betriebsablaufs wurde der einzelne Arbeitnehmer den Gruppen- und Gesamtinteressen im Betrieb zugeschlagen. Aus Arbeitgebern und Arbeitnehmern wurde die **Betriebsgemeinschaft**. Für das Bestehen eines Arbeitsvertrages kam es daher nicht mehr auf den Vertragsschluss, sondern auf die Tätigkeit im Betrieb an. Was das konkret für den Arbeitnehmer bedeutet, wurde durch die im Betrieb geltende Arbeitsverfassung und durch soziale Verbundenheit der Betriebsangehörigen bestimmt, nicht durch individuelles Aushandeln.

Auch wenn viele Weimarer Autoren ähnliche Gedanken vertraten, setzte sich die Eingliederungstheorie in Weimar nicht durch. Der Dienstvertrag des BGB blieb als Ausgangspunkt des Individualarbeitsvertrages erhalten. Gleichwohl: Aufs Ganze betrachtet, begann auch das Arbeitsrecht Weimars das BGB zu verlassen und eigene Wege zwischen Vertrag und Delikt zu gehen.

Literatur: Hermann Krause, Schweigen im Rechtsverkehr, Marburg 1933; Enno Bommel, Die Entstehung der Verwirkungslehre in der Krise des Positivismus, Frankfurt a. M. 1992, S. 21 ff., 67 ff.; Peter Lambrecht, Die Lehre vom faktischen Vertragsverhältnis. Entstehung, Rezeption und Niedergang, Tübingen 1994; Tomasz Giaro, Culpa in contrahendo: Eine Geschichte der Wiederentdeckungen, in: Ulrich Falk u. Heinz Mohnhaupt (Hgg.), Das BGB und seine Richter, 2000, S. 113 ff.; Hans-Peter Haferkamp, Der Vertrag mit Schutzwirkung für Dritte nach der Schuldrechtsreform – ein Auslaufmodell?, in: Barbara Dauner-Lieb, Horst Konzen u. Karsten Schmidt (Hgg.), Das neue Schuldrecht

74 Heinz Potthoff, Arbeitsrecht – das Ringen um ein werdendes Recht, Leipzig 1928, S. 40.

in der Praxis, Köln 2003, S. 171 ff.; HKK/Vogenauer, §§ 133, 157, Tübingen 2003, Rn. 36 ff.; Martin Becker, Arbeitsvertrag und Arbeitsverhältnis während der Weimarer Republik und in der Zeit des Nationalsozialismus, Frankfurt a. M. 2005; Hans-Peter Haferkamp, „Methodenehrlichkeit"? – Die juristische Fiktion im Wandel der Zeiten, in: Klaus Peter Berger et al. (Hgg.), Zivil- und Wirtschaftsrecht im Europäischen und Globalen Kontext. Festschrift für Norbert Horn zum 70. Geburtstag, Berlin 2006, S. 1077 ff.; HKK/Rückert, § 611, Tübingen 2013, Rn. 230 ff.; Marie Louise Seelig, Heinz Potthoff (1875–1945) – Arbeitsrecht als volkswirtschaftliches und sozialpolitisches Gestaltungsinstrument, Berlin 2008; Hans-Peter Haferkamp, Der Kölner/Frankfurter Telegraphenfall, in: Ulrich Falk, Michele Luminati u. Mathias Schmoeckel (Hgg.), Fälle aus der Rechtsgeschichte, München 2008, S. 254 ff.; Sylvia Krings, Die Vorgeschichte des Vertrags mit Schutzwirkung zu Gunsten Dritter im Mietrecht, Tübingen 2012, S. 151 ff.; Martin Otto, „Die Materie war rechtlich schwierig". Das Arbeitsrecht der Weimarer Republik in Wissenschaft und Praxis am Beispiel des „Ruhreisenstreits", in: Martin Löhnig u. Mareike Preisner (Hgg.), Weimarer Zivilrechtswissenschaft, Tübingen 2014, S. 23 ff.; Mareike Preisner, Weimarer Schuldrechtswissenschaft. Der Begriff des Schuldverhältnisses, in: Martin Löhnig u. dies. (Hgg.), Weimarer Zivilrechtswissenschaft, Tübingen 2014, S. 1 ff.; Jan Thiessen, Von der (Linoleum-) Rolle. Die heimliche Anerkennung der culpa in contrahendo im Streit der Reichsgerichtsräte, in: Marietta Auer et al. (Hgg.), Privatrechtsdogmatik im 21. Jahrhundert. Festschrift für Claus-Wilhelm Canaris zum 80. Geburtstag, Berlin u. Boston 2017, S. 51 ff.

4.2.5 Krisendogmatik

4.2.5.1 Weiterdenken der Kriegsprobleme

In Weimar blieben viele Probleme des Krieges präsent oder wurden für die nun dominanten ökonomisch-sozialen Krisen weitergedacht. Die Rechtsprechung übernahm zunehmend selbstbewusst die Aufgabe, dem Gesetzgeber bei der Krisenbewältigung an die Seite zu treten. Im sog. Pachtinventarbeschluss betonte der 3. Senat 1922, dass angesichts der ungeahnten Umwälzungen der Kriegs- und Nachkriegszeit weder der Parteiwille noch das Gesetz genüge, um die Probleme zu lösen. Erstmals war die Rede von **Richterrecht**:

> Wenn überhaupt kein Wille der Parteien vorhanden war, tritt der Richter ein, die Machtvollkommenheit des Richters. Wenn das Gesetz versagt, tritt der Richter an die Stelle des Gesetzgebers für den einzelnen Fall. Hier ist häufig von einer Lücke der Gesetzgebung die Rede, aber das ist nicht zutreffend. Dem liegt die Anschauung zugrunde, als ob die ganze Fülle und der ganze Reichtum des Lebens in eine kodifizierte Gesetzgebung eingeschlossen wäre. Das ist unmöglich. Jeder Tag zeigt neue Gestaltungen des Rechts, die schöpferische Kraft des Lebens

> ist unendlich, und in allen solchen Fällen hat der Richter das Recht zu finden. Alle Gesetzgebung, auch das Bürgerliche Gesetzbuch, ist in Wirklichkeit Stückwerk. [...] Die Bestimmungen des Vertrags vom Jahre 1904 ruhen auf den damaligen Verhältnissen und Anschauungen. Kein Mensch, wenn er nicht ein Hellseher war, hätte die Ereignisse voraussehen können, die später eingetreten sind. [...] Deshalb muß dem Parteienrecht gegenüber das Richterrecht in Wirksamkeit treten. Dasselbe gilt vom Gesetzesrecht. Die gesetzgebenden Faktoren des Bürgerlichen Gesetzbuchs haben keine Ahnung von der Entwicklung der jetzigen Verhältnisse gehabt. Die Rechtsgrundlagen, die sie geschaffen haben, ruhen auf den damaligen Anschauungen.[75]

Das Reichsgericht bekannte sich zur richterlichen Rechtsschöpfung. Die ältere Forschung hat das als grundlegenden Wandel des richterlichen Selbstverständnisses gegenüber dem Gesetz gedeutet, also als einen „**neuen Richter in Weimar**“. Aktuellere Untersuchungen zeigen jedoch, dass es ratsam ist, zwischen solchen Richtermachtaussagen und dem konkreten Urteilsinhalt zu unterscheiden. Danach zeigt sich, dass nach 1918 richterliche Stellungnahmen zur wirtschaftlichen „Katastrophe“ und ihre Aufgabe hier zu helfen häufiger wurden. Die Ausnahmesituation wurde betont. Das Reichsgericht änderte den Ton und wendete sich stärker als früher dem „Leben“ und der ökonomisch-sozialen Wirklichkeit zu. Das war jedoch kein „Sieg des Freirechts“, sondern nur Urteilsrhetorik. Konkrete Urteilsanalysen weisen darauf hin, dass die Richter ihre gelegentlichen Ankündigungen von Richterrecht nicht einlösten. Auch der Pachtinventarbeschluss passt in dieses Muster. In der Sache nahm der 3. Senat hier eine teleologische Reduktion des fraglichen § 589 Abs. 3 BGB 1900 vor und füllte die so konstruierte Lücke dann in enger Argumentation am Gesetzeszweck. Das hatte er methodisch auch vor 1914 so getan. Es blieben die Techniken in Gebrauch, die bereits vor 1914 hinreichend Freiraum gewährt hatten: objektive und teleologische Gesetzesauslegung und die Orientierung am hypothetischen Parteiwillen. Weimar brachte also wohl nicht den „neuen Richter“, der nun offen politisch Gesetz und Vertrag korrigierte. Vielmehr kam es zu einer „**Krisenjudikatur**“: Dogmatische Lösungen, die zumeist bereits im Kaiserreich bereitgelegen, aber nur geringe Bedeutung gehabt hatten, trafen nun auf massenhafte Fälle, die mit dem, was die Vertragsparteien sich vorgestellt hatten, und dem, was der Gesetzgeber geplant hatte, fast nichts mehr zu tun hatten. Die Lösung dieser Fälle geschah mit dem überkommenen Methodenarsenal, nun aber extrem häufig. Krisenjudikatur wurde Alltagsjudikatur. In diesem Kontext setzten sich einige Krisenargumente durch, die bis heute existieren.

---

75 RG, in: JW 1922, S. 910 vom 26. 5. 1922.

Mit Kriegsende geriet die Lösung des Reichsgerichts, die vorübergehende **Leistungserschwerung** als Unmöglichkeit zu werten,[76] in Argumentationsnot. Nun waren die Waren wieder beschaffbar. Da jedoch die Produktion weiter stagnierte und die Handelswege erst langsam wieder geöffnet wurden, stiegen die Preise ganz erheblich. Hinzu kam, dass bereits im letzten Kriegsjahr ein Inflationsprozess eingesetzt hatte, der noch im Krieg zur Halbierung der Kaufkraft der Reichsmark geführt hatte. Damit verschob sich das Problem. Nun war nicht mehr die Leistungserbringung unmöglich, sondern es lag eine massive Störung der **Äquivalenz** zur Gegenleistung vor. Hier hatte das BGB eine klar abweisende Position, indem die Berücksichtigung eines „auffälligen Mißverhältnisse[s]" zwischen Leistung und Gegenleistung gem. § 138 Abs. 2 BGB 1900 nur dann zugelassen werden durfte, wenn eine Partei „unter Ausbeutung der Nothlage, des Leichtsinns oder der Unerfahrenheit" der anderen Partei gehandelt hatte. Dies hatte das Reichsgericht freilich bereits vor 1914 umgangen, indem man, insbesondere bei Krediten, beim mehr als dem doppelten des Marktüblichen vom auffälligen Missverhältnis auf die Sittenwidrigkeit des § 138 Abs. 1 BGB geschlossen hatte. Seit Kriegsbeginn war daneben immer wieder auf das alte Rechtsinstitut der **clausula rebus sic stantibus** hingewiesen worden.[77] Dieses im Mittelalter entwickelte Rechtsinstitut hatte in alle Verträge die stillschweigende Bedingung gleichbleibender Umstände hineingelesen. Dramatische Veränderungen der Vertragssituation hatten Verträge unwirksam gemacht. Die clausula-Lehre war im 19. Jahrhundert wegen der von ihr ausgehenden Rechtsunsicherheit langsam verdrängt worden. Mit seiner Lehre von der **Voraussetzung** hatte Bernhard Windscheid ein ähnliches Überdruckventil in der Ersten Kommission beantragt:

> Hat Jemand einem Anderen etwas geleistet unter der ausdrücklich oder stillschweigend erklärten Voraussetzung des Eintritts oder Nichteintritts einer Thatsache, so kann er das Geleistete von dem Empfänger zurückfordern, wenn die Voraussetzung sich nicht erfüllt.[78]

Die Sympathie, die Windscheid damit in der Ersten Kommission noch gefunden hatte, verflog in der Zweiten Kommission, der er nicht mehr angehörte. Nun fürchtete man, „daß die Praxis irrthümlicherweise dahin gelangen könne, die Einwirkung außerhalb

76 Vgl. oben S. 164 ff.

77 U. a. von Konrad Schneider, Vom Rechte in Kriegszeiten, in: DJZ 1914, Sp. 1035.

78 Horst Heinrich Jakobs u. Werner Schubert (Hgg.), Die Beratung des Bürgerlichen Gesetzbuchs in systematischer Zusammenstellung der unveröffentlichten Quellen. Recht der Schuldverhältnisse. §§ 652–853, Bd. 3, Berlin 1983, S. 799.

eines Vertrags liegenden Beweggrundes zu beachten",[79] also den letztlich kaum zu kanalisierenden Rückgriff auf alle möglichen Kontextveränderungen des Vertrags. Das BGB lehnte, wie auch bereits der CC 1806 und das ABGB 1811, eine clausula rebus sic stantibus ab und ließ sich auch auf Windscheids Voraussetzungslehre nicht ein.

Gegen Kriegsende nahm jedoch die Forderung immer mehr zu, ein Vertragsstörungsrecht anzuerkennen, das den dramatischen Wandel der Umfeldbedingungen berücksichtigen sollte.[80] Zunehmend setzte sich dabei der Gedanke der **Unzumutbarkeit** durch. Man sprach von **wirtschaftlicher Unmöglichkeit**. Gestützt auf eine ergänzende Vertragsauslegung gem. §§ 157, 242 BGB, wurde nun auch in Fällen extremer Preiserhöhungen und Lieferschwierigkeiten der Einwand der Unmöglichkeit gem. §§ 275, 323 BGB 1900 gewährt. Die zeitweise Eingrenzung der wirtschaftlichen Unmöglichkeit auf Fälle, in denen die Lieferpflicht den Ruin des Schuldners bedeutet hätte (sog. **Ruintheorie**[81]), gab die Rechtsprechung später auf.[82] Langsam veränderte sich unter dem Argument der Unzumutbarkeit die Zielrichtung der Rechtsprechung. Die Unmöglichkeitsvorschriften führten zu einem Entfallen der Leistungspflicht, bei anfänglicher Unmöglichkeit sogar zu einer Vertragsunwirksamkeit. In Fällen, in denen beide Vertragsparteien am Vertrag festhielten, ihn nur den ökonomischen Gegebenheiten anpassen wollten, veränderte das Gericht nun die Argumentation. Unter Berufung auf § 242 BGB gingen die Richter seit 1920 dazu über, eine „angemessene Schadensteilung" festzusetzen, „wenn anders nicht ein Treu und Glauben und jedem Gebote von Gerechtigkeit und Billigkeit hohnsprechender, einfach nicht zu ertragender Zustand geschaffen werden soll".[83] Mit dieser auf einen Totalausfall des Vertrages gestützten richterlichen Vertragsgestaltung war die Grenze dessen erreicht, was das Reichsgericht als Eingriff zuließ. Es blieb bei sehr wenigen Fällen. Legitimierend beriefen die Richter sich auf Treu und Glauben: „Die Erfüllung eines vor dem Kriege geschlossenen Vertrags [...] kann für die Zeit nach dem Kriege nicht mehr verlangt werden, wenn in den Verhältnissen, unter denen der Abschluß oder die Bestätigung des Vertrags erfolgt ist, eine von den Parteien nicht vorausgesehene und nicht voraussehbare Veränderung so

79 Protokolle der Kommission für die zweite Lesung des Bürgerlichen Gesetzbuchs, Bd. II, S. 690 f.

80 Besonders Carl Crome, Der Konzessionsvertrag und seine Ausführung im Kriege, in: AcP 115, 1917, S. 47 ff.; Paul Krückmann, Clausuls rebus sic stantibus, Kriegsklausel, Streikklausel, in: AcP 116, 1918, S. 157 ff.

81 RGZ 100, S. 138 vom 22. 10. 1920; ebenso noch RGZ 102, S. 273 vom 7. 6. 1921.

82 RGZ 103, S. 180 vom 29. 11. 1921.

83 Erstmals RGZ 100, S. 132 vom 21. 9. 1920.

wesentlicher Art eingetreten ist, daß die Leistung unter Umständen stattzufinden hätte, die dem, was die Beteiligten vernünftigerweise beabsichtigt haben, so wenig entspricht, daß der Erfüllungszwang mit der durch §§ 157, 242 BGB gebotenen Rücksichtnahme auf Treu und Glauben und die Verkehrssitte unvereinbar wäre".[84] Der Rückgriff auf die Verhaltenserwartung redlicher Parteien entsprach dem traditionellen Verständnis der bona fides, also dem gemeinrechtlichen Vorbild von Treu und Glauben. Gleichzeitig stand aber mit dem Argument der ungeahnten Umwälzung aller wirtschaftlichen Verhältnisse die bereits zu Kriegsbeginn in der Literatur geforderte clausula rebus sic stantibus wieder im Raum. Nun nahm in der Literatur die Forderung nach der Einführung einer clausula-Lehre immer stärker zu.[85] Nach anfänglich strikter Ablehnung[86] griff der 2. Zivilsenat auch hier aber nicht zu offener richterlicher Rechtsschöpfung. Er nutzte eine kurz zuvor von Windscheids Schwiegersohn Paul Oertmann modernisierte Form der clausula-Lehre, den „**Wegfall der Geschäftsgrundlage**".[87] Oertmann hatte diese definiert als „die bei Geschäftsschluß zutage tretende und vom etwaigen Gegner in ihrer Bedeutsamkeit erkannte und nicht beanstandete Vorstellung eines Beteiligten oder die gemeinsame Vorstellung der mehreren Beteiligten vom Sein oder vom Eintritt gewisser Umstände, auf deren Grundlage der Geschäftswille sich aufbaut".[88] Das Reichsgericht nutzte erneut eine ganz am Parteiwillen orientierten Lösung, also gerade nicht die bei der clausula-Lehre einfach objektiv unterstellte stillschweigende Bedingung gleichbleibender Umstände. Es blieb bei einer vorsichtigen, am hypothetischen Parteiwillen orientierten **richterlichen Vertragsanpassung**.[89] 1921, als dies geschah, ging es, drei Jahre nach Kriegsende, immer noch um die höchstrichterliche Entscheidung von Kriegsfällen. In den bald darauf hervortretenden Inflationskrisen stieg die neue Lehre von der Geschäftsgrundlage dann zum richterlichen Alltagsinstrument auf.

Literatur: Klaus Luig, Vertragsfreiheit und Äquivalenzprinzip im gemeinen Recht und im BGB. Bemerkungen zur Vorgeschichte des § 138 Abs. 2 BGB, in: Christoph Bergfeld u. a. (Hgg.), Aspekte europäischer Rechtsgeschichte. Festgabe für Helmut Coing zum 70. Geburtstag, Frankfurt a. M. 1982,

84 RGZ 99, S. 115 f. vom 19. 5. 1920.
85 Paul Krückmann, Clausula rebus sic stantibus, Kriegsklausel, Streikklausel, in: AcP 116, 1918, S. 157 ff.
86 RGZ 86, S. 397 vom 4. 5. 1915.
87 RGZ 103, S. 332 vom 3. 2. 1922.
88 Paul Oertmann, Die Geschäftsgrundlage. Ein neuer Rechtsbegriff, Leipzig u. Erlangen 1921, S. 37.
89 RGZ 103, S. 332 vom 3. 2. 1922.

S. 171 ff.; Michael Rummel, Die ‚clausula rebus sic stantibus'. Eine dogmengeschichtliche Untersuchung unter Berücksichtigung der Zeit von der Rezeption im 14. Jahrhundert bis zum jüngeren Usus Modernus in der ersten Hälfte des 18. Jahrhunderts, Baden Baden 1991; Reinhard Zimmermann, „Heard melodies are sweet, but those unheard are sweeter …". Condictio tacita, implied condition und die Fortbildung des europäischen Vertragsrechts, in: AcP 193, 1993, S. 121 ff., 134 ff.; Markus Klemmer, Gesetzesbindung und Richterfreiheit. Die Entscheidungen des Reichsgerichts in Zivilsachen während der Weimarer Republik und im späten Kaiserreich, Baden-Baden 1996; Jochen Emmert, Auf der Suche nach den Grenzen vertraglicher Leistungspflichten. Die Rechtsprechung des Reichsgerichts 1914–1923, Tübingen 2001; HKK/Haferkamp, § 242, Tübingen 2007, Rn. 37, 67 ff.; Tilman Repgen, Ein Schwert in Verwahrung. Die Auswirkung nachträglich veränderter Umstände im Schuldverhältnis, in: Nils Jansen u. Peter Oestmann (Hgg.), Rechtsgeschichte heute. Religion und Politik in der Geschichte des Rechts. Schlaglichter einer Ringvorlesung, Tübingen 2014, S. 95 ff.; Joachim Rückert, Richterrecht seit Weimar?, in: ders, Abschiede vom Unrecht. Zur Rechtsgeschichte nach 1945, Tübingen 2015, S. 113 ff.

4.2.5.2 Generalklauseln als dogmatische und rechtspolitische Herausforderung

4.2.5.2.1 Die Aufwertungsfrage

1923 befand sich die Inflation in Deutschland auf einem Höhepunkt. Hatten sich im November 1918 noch 29,2 Milliarden Mark im Umlauf befunden, so waren es 1923 479 Trillionen Mark. Kinder spielten auf zeitgenössischen Fotos mit Geldscheinbündeln wie mit Bauklötzen. Die Inflation vernichtete die Ersparnisse der Bevölkerung. Nun stand die Frage im Raum, wer bei einem entgeltlichen Vertrag die Folgen der Inflation tragen musste. Ursprünglich hatte das Reich den Wert der Papiermark an den Goldpreis geknüpft. 1914 hatte es diese Bindung aufgehoben. Nun schuldete der Geldschuldner den Nennwert in Papiermark. Die Vertragsparteien reagierten und vereinbarten einen an den Goldpreis gebundenen Kaufpreis. Damit wäre das Risiko einer Inflation durch den global gebundenen Goldpreis abgemildert gewesen. 1915 hatte der Gesetzgeber aber auch solche Vertragsklauseln für unwirksam erklärt. Nun war der Geldschuldner der große Gewinner. Im November 1923 war eine Goldmark 522 Milliarden Reichsmark in Papier wert. Indem der Geldschuldner nun den im Vertrag vereinbarten Nennwert zahlte, wurde der Gläubiger faktisch um seine Gegenleistung gebracht.

Das BGB gab auf diese Frage keine befriedigende Antwort. Den Verfassern hatte eine Inflation dieses Ausmaßes nicht vor Augen gestanden. Das BGB ging vom Grundsatz „Mark = Mark" aus. Hinzu kam, dass die Währungsgesetze gleichfalls einen Nominalismus annahmen, also einen Rückgriff auf den Zeitwert ausschlossen. Die Bevölkerung und die Wirtschaft erwarteten nun, dass der Gesetzgeber korrigierend eingreifen würde und eine Anpassung der Geldleistung an den Zeitwert vornehmen oder ein Recht zur Vertragsauflösung oder doch wenigstens eine befristete Rückzahlungssperre statuieren würde. Die Reichsregierung befand sich in einem Dilemma. Einerseits war die Inflation ein von ihr bewusst vorangetriebenes Mittel, um die Reichsfinanzen auf lange Sicht auszugleichen. So nutzte der Staat die Situation, um sich von seinen Reparationsforderungen zu befreien, und nicht zuletzt auch dazu, die vom Volk im Krieg gezeichneten Kriegsanleihen im wertlosen Nennwert zurückzuzahlen. Andererseits führte dies zur Verbitterung der Bevölkerung, die sich vom Staat betrogen sah.

Im Privatrecht verschob sich das Problem, denn hier war Nutznießer der Inflation ein privater Geldschuldner, nicht der Staat. Der Staat zögerte freilich mit einem Eingriff durch Aufwertung der Geldforderung zwischen Privaten, weil dies auch einen ähnlichen Eingriff gegenüber ihm selbst als Schuldner nahegelegt hätte. Er beließ es daher zunächst dabei, dass bei bestimmten Leistungen eine Aufwertung zwischen den Parteien vor einem Schiedsgericht ausgehandelt werden sollte.[90] Damit sah er sich intensiver Kritik ausgesetzt. Nun trat auch die Justiz auf den Plan. 1923 veröffentlichte der Richterverein am Reichsgericht einen „Gesetzentwurf nebst Begründung, betr. Ausgleichung der Folgen wirtschaftlicher Aenderungen, im besonderen der Veränderungen des Geldwertes“.[91] Danach war klar, dass jedenfalls führende Teile der deutschen Justiz auf Seiten der Aufwertungsbefürworter standen. Zeitgleich preschte das OLG Darmstadt vor und erklärte einen Darlehensvertrag gem. § 138 Abs. 2 BGB 1900 als „Schuldnerwucher“ für nichtig[92]. Das Reichsgericht, das ebenfalls ja bereits in einer längeren Tradition der Krisenintervention bei dramatisch veränderten Umständen stand, ging am 28. November 1923 mit seinem schnell berühmten Aufwertungsurteil erstmals einen anderen Weg. Die schon früher vom 3. Senat mit Blick auf Verträge vertretene „Machtvollkommenheit des Richters“[93] sprach sich nun gegen den Gesetzgeber aus. Damit bekam die Rechtsprechung verfassungsrechtliche Grundsatzbedeutung, da es um die Grundfesten des Rechtsstaates ging. Der nun beginnende Konflikt zwischen Judikative und Exekutive wurde bereits von Zeitgenossen als unerhörte Gehorsamsverweigerung empfunden. Dass dieser Konflikt so offen ausbrach, wurde vom 5. Senat dadurch herausgefordert, dass er seine Entscheidung für eine Hypothekenaufwertung

---

90 §§ 1 u. 2 der VO über die schiedsgerichtliche Erhöhung von Preisen bei der Lieferung von elektrischer Arbeit, Gas und Leitungswasser vom 1. 2. 1919, RGBl., S. 135.

91 DJZ 1923, Sp. 441 ff.

92 JW 1923, S. 459 f.

93 RGZ 104, S. 222 vom 24. 3. 1922.

auf einen Widerstreit zwischen den staatlichen Währungsgesetzen und dem Grundsatz von Treu und Glauben (§ 242 BGB) stützte:

> Die rechtliche Möglichkeit einer Aufwertung von Hypothekenforderungen ist nach dem geltenden deutschen Rechte, insbesondere nach § 242 BGB anzuerkennen. […] Nach § 242 BGB ist zu berücksichtigen, was Treu und Glauben mit Rücksicht auf die Verkehrssitte im einzelnen Falle erfordern. Diese erfordern billige Rücksichtnahme auf die Interessen beider Teile. Daraus folgt, daß nicht schlechthin der Grundsatz aufgestellt werden kann, daß allgemein jede Hypothekenforderung ohne weiteres aufgewertet werden müsse, oder daß bei allen die Aufwertung in gleichem Maße, etwa gar im Verhältnis der Papiermark zur Goldmark, stattzufinden habe.[94]

Damit beanspruchte der Senat das Recht zu einer auch später nicht irgendwie typologisierten „freien Aufwertung" aller Verträge anhand von Treu und Glauben, was zu einer Prozessflut führen musste. Das Gericht trat dem Gesetzgeber also offen entgegen, der sich infolge dessen nun unter Zugzwang sah. Als wenig später bekannt wurde, dass die Regierung darüber nachdachte, die richterliche Aufwertung gesetzlich zu verbieten, veröffentlichte der Vorstand des Richtervereins am Reichsgericht in der wichtigsten Fachzeitschrift, der „Juristischen Wochenschrift", eine „Kundgebung", welche die Reichsregierung vor einem solchen Schritt warnte:

> Nach Zeitungsnachrichten erwägt die Reichsregierung eine Maßnahme, durch die eine Aufwertung von Hypotheken (und wohl auch anderer Geldansprüche) verboten werden soll. Der unterzeichnete Vorstand des Richtervereins des Reichsgerichts würde glauben gegen seine Pflicht zu verstoßen, wenn er es unterließe, seine warnende Stimme hiergegen zu erheben. […] Wenn der höchste Gerichtshof des Reiches nach sorgfältiger Erwägung des Für und Wider zu einer solchen Entscheidung gelangt ist, so glaubt er von der Reichsregierung erwarten zu dürfen, daß die von ihm vertretene Auffassung nicht durch einen Machtspruch des Gesetzgebers umgestoßen wird. Gestützt ist die Entscheidung [sc. des Reichsgerichts] auf den großen Gedanken von Treu und Glauben […]. […] Dieser Gedanke von Treu und Glauben steht außerhalb des einzelnen Gesetzes, außerhalb einer einzelnen positivrechtlichen Bestimmung. Keine Rechtsordnung, die diesen Ehrennamen verdient, kann ohne jenen Grundsatz bestehen. Darum darf der Gesetzgeber nicht ein Ergebnis, das Treu und Glauben gebieterisch fordern, durch sein Machtwort vereiteln.[95]

---

94 RGZ 107, S. 87 vom 28. 11. 1923.

95 Richterverein des RG, in: JW 1924, S. 90.

In dieser Stellungnahme wurde § 242 BGB zu einer überpositiven Norm hochstilisiert, der auch der Gesetzgeber zu folgen habe. Mit „Machtspruch" verglichen die Autoren den republikanischen Gesetzgeber mit einem absolutistischen Herrscher, der sich über bestehendes Recht willkürlich hinwegsetzte. Die ganze Diktion stellte das Gewaltenteilungsmodell in Frage und wies der Judikative eine eigene Rechtsfindungskompetenz zu. Der Text wurde sofort als Revolutionsankündigung empfunden. Die frühesten Kritiker kamen freilich aus dem Reichsgericht selbst. Der siebenköpfige Vorstand des Richtervereins am Reichsgericht hatte den Text weder mit den Vereinsmitgliedern noch mit dem Gerichtspräsidium des Reichsgerichts abgestimmt.[96] Verfasser war mit Alois Zeiler ein Reichsgerichtsrat, der persönlich stark von den Inflationsentscheidungen der Regierung betroffen war. Auch der Vereinsvorsitzende Adolf Lobe war persönlich betroffener Aufwertungsvertreter. Bevor die Regierung einschreiten musste, distanzierte sich Gerichtspräsident Walter Simons vom Vereinsvorstand und stellte klar, dass das Gericht es ablehne, „eine verfassungsmäßig zustande gekommene Norm unter dem Gesichtspunkt des richtigen Rechts zu kritisieren und sich damit über den souveränen Gesetzgeber zu stellen".[97] Kurz darauf hob das Gericht in einer Entscheidung hervor:

> In dieser Hinsicht erhebt sich zunächst die Frage, ob und inwieweit die Gerichte überhaupt berechtigt und verpflichtet sind, die Rechtsgültigkeit eines an sich ordnungsgemäß verkündeten Reichsgesetzes nachzuprüfen. […] Die Reichsverfassung hat im Art. 102 den im § 1 GVG aufgestellten Grundsatz aufgenommen, daß die Richter unabhängig und nur dem Gesetz unterworfen seien. Diese letztere Bestimmung schließt nicht aus, daß einem Reichsgesetz oder einzelnen seiner Bestimmungen vom Richter die Gültigkeit insoweit aberkannt werden kann, als sie mit anderen, vom Richter zu beachtenden Vorschriften, die ihnen vorgehen, in Widerspruch stehen. Das ist der Fall, wenn ein Gesetz einem in der Reichsverfassung aufgestellten Rechtssatz widerspricht […]. Denn die Vorschriften der Reichsverfassung können nur durch ein ordnungsmäßig zustande gekommenes verfassungsänderndes Gesetz außer Kraft gesetzt werden. […] Aber auch wenn in der Regelung der Aufwertung eine unter den Begriff der Enteignung fallende Entziehung von Gläubigerrechten zu finden sein sollte, wären die im Abs. 2 des Art. 153 aufgestellten Erfordernisse für die Zulässigkeit der Enteignung erfüllt. Die gesetzliche Grundlage, die Abs. 2 Satz 1 für eine zulässige Enteignung erfordert, ist hier, wo die Enteignung unmittelbar durch ein Reichsgesetz geschieht, in dem Gesetz selbst enthalten.[98]

96 Hierzu Knut Wolfgang Nörr, Der Richter zwischen Gesetz und Wirklichkeit, Heidelberg 1996.
97 Walter Simons, Das Reichsgericht in Gegenwart und Zukunft, in: DJZ 1924, Sp. 243.
98 RGZ 111, S. 322 ff. vom 4. 11. 1925.

Im Anschluss daran hieß es noch deutlicher: „Der Gesetzgeber ist selbstherrlich und an keine anderen Schranken gebunden als diejenigen, die er sich selbst in der Verfassung oder in anderen Gesetzen gezogen hat".[99] Die Andeutungen, § 242 BGB zu einer Art „Übernorm" zu machen, blieben daher vereinzelt. Die Revolution fand nicht statt.

Dennoch zwang der vom Reichsgericht aufgebaute Druck den Gesetzgeber zum Handeln. Mit der Dritten Steuernotverordnung führte der Gesetzgeber 1924 feste, allerdings sehr niedrige, Aufwertungsgrundsätze ein. Hypotheken etwa wurden um 15 Prozent des Goldmarkbetrages aufgewertet. Öffentliche Anleihen wurden bis zur Erfüllung aller Reparationsverpflichtungen ausgesetzt. Dies wurde von den Betroffenen keineswegs als befriedigend empfunden, und es begann ein politischer Kampf um die Aufwertung, der durch die Nachbesserungen im Aufwertungsgesetz vom 16. Juli 1925[100] nicht beendet werden konnte. Erst infolge des mit Einführung der Rentenmark Ende 1924 einsetzenden Rückgangs der Inflation beruhigte sich die Lage langsam. Die Inflation sollte das Reichsgericht jedenfalls noch oft beschäftigen. Für die Jahre zwischen 1927 und 1931 zählte Reichsgerichtsrat Zeiler nahezu 2000 Urteile des Reichsgerichts zu Inflationsproblemen.[101]

Literatur: Oskar Mügel, Das gesamte Aufwertungsrecht, 5. Aufl. Berlin 1927; Knut Wolfgang Nörr, Zwischen den Mühlsteinen. Eine Privatrechtsgeschichte der Weimarer Republik, Tübingen 1988, § 10; Michael Rummel, Die ‚clausula rebus sic stantibus'. Eine dogmengeschichtliche Untersuchung unter Berücksichtigung der Zeit von der Rezeption im 14. Jahrhundert bis zum jüngeren Usus Modernus in der ersten Hälfte des 18. Jahrhunderts, Baden Baden 1991; Martin H. Geyer, Recht, Gerechtigkeit und Gesetze: Reichsgerichtsrat Zeiler und die Inflation, in: ZNR 16, 1994, S. 349 ff.; Markus Klemmer, Gesetzesbindung und Richterfreiheit. Die Entscheidungen des Reichsgerichts in Zivilsache in der Weimarer Republik und im späten Kaiserreich, Baden-Baden 1996; Knut Wolfgang Nörr, Der Richter zwischen Gesetz und Wirklichkeit. Die Reaktion des Reichsgerichts auf die Krisen von Weltkrieg und Inflation, und die Entfaltung eines neuen richterlichen Selbstverständnisses, Heidelberg 1996; Gerald D. Feldman, The Great Disorder. Politics, Economics and Society in the German Inflation, 1914–1924, New York u. Oxford 1997; Jochem Emmert, Auf der Suche nach den Grenzen vertraglicher Leistungspflichten. Die Rechtsprechung des Reichsgerichts 1914–1923, Tübingen 2001; Joachim Rückert, Richterrecht seit Weimar?, in: ders, Abschiede vom Unrecht. Zur Rechtsgeschichte nach 1945, Tübingen 2015, S. 113 ff.; Bernd Rüthers, Die unbegrenzte Auslegung. Zum Wandel der Privatrechtsordnung im Nationalsozialismus, 8. Aufl. Tübingen 2017, Kap. 2.

99 RGZ 118, S. 327 vom 4. 11. 1927.

100 Gesetz über die Aufwertung von Hypotheken und anderen Ansprüchen (Aufwertungsgesetz) vom 16. 7. 1925, RGBl. I, S. 117 ff.

101 Alois Zeiler, Meine Mitarbeit, o. J. (1938), S. 154.

4.2.5.2.2 Die „Flucht in die Generalklauseln"

In der heutigen Forschung erscheint Weimar oft als „Entdeckung der Freiräume, die das Gesetzbuch mit den Generalklauseln [...] eröffnete".[102] Auch dieses erneut auf den „neuen Richter in Weimar" verweisende Bild ist jedoch schief. Um die Bedeutung und Reichweite der Generalklauseln war bereits während der BGB-Entstehung gestritten worden. Dabei bestand Einigkeit darüber, dass Generalklauseln es dem Richter ermöglichen sollten, neues Recht zu entwickeln, ohne zu einem offenen Judizieren contra legem gezwungen zu sein. Auch wenn man im 19. Jahrhundert nicht von „Generalklauseln" als Sammelbegriff sprach,[103] war die bona fides bzw. war die schon lange synonym gebrauchte Paarformel Treu und Glauben als ein Argument anerkannt, mit dem man Ansprüchen die Ausübung versagen konnte, berechtigte Verhaltenserwartungen des Vertragspartners durchsetzen, Willenserklärungen aus Empfängersicht auslegen und die Verkehrssitte berücksichtigen konnte. Die enge antike Sicht, der zufolge Treu und Glauben nur bei bestimmten Vertragstypen vom Richter auch ohne erhobene Einrede berücksichtigt werden dürfe (sog. bonae fidei judicia), war längst aufgegeben. Damit galt Treu und Glauben als richterlicher Maßstab im gesamten Vertragsrecht und auch bei gesetzlichen Schuldverhältnissen. Was das inhaltlich bedeutete, blieb erstaunlich offen. Man verwies auf Vertrauen und Redlichkeit der Parteien, blickte besonders im Handelsrecht auf die geschäftliche Übung in solchen Fragen, ließ aber darüber hinaus keinen Zweifel daran, dass Treu und Glauben kein festbestimmter Maßstab sei. Man sprach von Billigkeit, Gerechtigkeit, Aequitas oder allgemeinem Rechtsbewusstsein, was konkret nichts anderes hieß als „freies richterliches Ermessen" mit Blick auf die „besonderen Umstände des Falles".[104] Das BGB traf also auf Richter, die es gewohnt waren, im Einzelfall mittels Treu und Glauben Gesetz und Vertrag korrigieren zu können. Dass man sich hiervon auch vom BGB nicht abhalten ließ, machte die bruchlose Weiterverwendung der Arglisteinrede (exceptio doli generalis) nach 1900 deutlich.[105]

Neu in Weimar war also nicht die Erkenntnis, insbesondere mit § 242 BGB über eine „königliche Regel"[106] zu verfügen, die der Richter als **Überdruckventil** nutzen

102 Dieter Schwab, Das BGB und seine Kritiker, ZNR 22, 2000, S. 336.

103 Als Sammelbezeichnung erst gebräuchlich seit den Debatten um § 1 UWG von 1895, HKK/Haferkamp, § 242, Tübingen 2007, Rn. 26.

104 Bernhard Windscheid, Lehrbuch des Pandektenrechts, Bd. 1, Düsseldorf 1862, § 46, Bd. 2, Düsseldorf 1862, § 389.

105 Vgl. oben S. 151 ff.

106 Justus Wilhelm Hedemann, Werden und Wachsen im Bürgerlichen Recht, Berlin 1913, S. 10, später oft benannt als „königliche Paragraphen".

konnte, wenn Vertrag und Gesetz keine befriedigende Lösung boten. Neu war das massenhafte Auftreten solcher Fälle. Dabei ging es im Kern um ein einziges Problem: die Aufwertung. Rechnet man dieses Problemfeld heraus, dann ergab eine Auszählung der ergiebigen Rechtsprechungssammlung „Soergel Rechtsprechung" relativ gleichbleibende jährliche Durchschnittszahlen von dort abgedruckten, nicht aufwertungsbezogenen Entscheidungen, die sich auf § 242 BGB stützten: 1901–1914: 52; 1914–1918: 66; 1919–1932: 66. War das Generalklauselproblem insofern vor allem ein Aufwertungsproblem, so versteckten sich in der Masse der Fälle gleichwohl dogmatische Verschiebungen. Das Reichsgericht nutzte nun Treu und Glauben nicht nur dazu, das Gleichgewicht zwischen Leistung und Gegenleistung wiederherzustellen. Auch andere Probleme, die man früher ohne Treu und Glauben gelöst hatte, wurden nun § 242 BGB unterworfen. Am prominentesten war dies bei der neu geschaffenen Rechtsfigur der **Verwirkung** der Fall. Die Inflation mit dem rapiden Geldverfall rückte die Frage in den Blick, ob vor der Verjährung bereits eine unbillig verspätete Geltendmachung eines Anspruches gesehen werden könne. Das Problem war alt und war im 19. Jahrhundert etwa vom Reichsoberhandelsgericht, wie oben gezeigt,[107] über die Fiktion eines stillschweigenden Verzichtvertrages gelöst worden. 1925[108] begann die Rechtsprechung stattdessen die „Verwirkung" als einen gesetzlichen Sonderfall des Anspruchsverlustes infolge vorwerfbaren Zeitablaufs aus § 242 BGB zu begründen. Unter dem Deckmantel von § 242 BGB fanden immer mehr neue dogmatische Lösungen Platz, die man früher noch mit Vertragsmodellen zu lösen versucht hatte.[109]

Die Literatur reagierte auf diese ansteigende Kasuistik zunächst mit gewohnten Techniken. Schon im 19. Jahrhundert hatte man auf Fallgruppenbildung gesetzt, um die bona fides vorhersehbarer zu machen. Für die Aufwertungsproblematik versuchte Oskar Mügel 1925 eine Aufspaltung in Einzelprobleme.[110] Für Treu und Glauben insgesamt unterschied Max Hamburger in seinem Handbuch zu „Treu und Glauben im Verkehr" 1930[111] die Verpflichtung zur Bewirkung der Leistung, Grenzen der Leistungspflicht und Treu und Glauben als Grundlage ergänzender Vertragshaftung. Wie im 19. Jahrhundert hoffte man darauf, dass sich Richter üblicherweise an Vorentscheidungen orientieren, und versuchte daher, durch die Analyse von Fallgruppen eine Redogmatisierung der Rechtsprechung und damit eine größere Vorhersehbarkeit zu erreichen.

---

107 Vgl. oben S. 184 ff.

108 RGZ 110, S. 127 ff. vom 27. 1. 1925.

109 Vgl. oben S. 184 ff.

110 Oskar Mügel, Das gesamte Aufwertungsrecht, Berlin 1925.

111 Max Hamburger, Treu und Glauben im Verkehr, Mannheim u. Berlin u. Leipzig 1930.

Daneben zeigten sich in der Literatur Tendenzen, Treu und Glauben neu zu verstehen. Es waren diese Tendenzen, die die dargelegte Resolution des Richtervereins aufgegriffen hatte. In der Literatur mehrten sich Stimmen, die begannen, Treu und Glauben mit **bestimmten Werten** zu verbinden. Solange niemand wusste, was Treu und Glauben war, versteckte sich hinter diesem Argument sozusagen legalisiertes freies Richterrecht. § 242 BGB war dann eine bloße Kompetenzzuweisung. Sobald Treu und Glauben jedoch ein philosophisch-politisches Programm bekam, wurde es zu einer zweiten korrigierenden Rechtsordnung. Aus Eingriffen zum Zwecke der Einzelfallgerechtigkeit wurde gezielte rechtliche Umwertung. Die dargelegte Suche vieler Weimarer Rechtswissenschaftler nach feststehenden Werten griff auch auf die Generalklauseln des BGB über. Walter Simons hatte das, was der Richterverein „Treu und Glauben" nannte, in seiner Stellungnahme mit „**richtige[m] Recht**" übersetzt.[112] „Richtiges Recht" verwies auf Rudolf Stammler, der früh[113] versucht hatte, „Treu und Glauben" inhaltlich zu präzisieren. Für ihn war eine Entscheidung nach Treu und Glauben orientiert am „idealen Blickpunkt reiner Gemeinschaft".[114] Für Stammler selbst blieb dies bloßer Wertbezug, er verneinte die Vorstellung eines Idealrechts, suchte aber doch in der „Gesetzmäßigkeit des sozialen Lebens"[115] nach Orientierung. Treu und Glauben wurden von Juristen jedenfalls zunehmend als Mittler zwischen dem positiven Recht und dem davon abweichenden Rechtsempfinden interpretiert. Max Rümelin bezeichnete Treu und Glauben 1921 als „in der Gemeinschaft lebendige Verhaltensregeln, die, unabhängig vom Machtbefehl des Staates, den Verkehr beherrschen, verankert in gemeinsamen Werturteilen".[116] Treu und Glauben wurden so verknüpft mit der Vorstellung einer gespaltenen Rechtsordnung, eines Widerstreits zwischen dem **gesetzten** und dem **empfundenen** Recht. Ernst Heymann meinte:[117] „Der dunkle Drang nach einer geläuterten Lehre zeigt sich in dem merkwürdigen Übermaße der Betonung von Treu und Glauben und guter Sitten in unserer Praxis. Ein unbewußter und erschütternder Ruf nach philosophischer tieferer Erkenntnis des Rechts und der Gerechtigkeit". Julius Binder wehrte sich 1925 dagegen, in der Billigkeit nur den Einzelfall, das „Reich von schlechthin Einmaligem und Singulären" zu sehen, anstatt eines

112 Walter Simons, Das Reichsgericht in Gegenwart und Zukunft, in: DJZ 1924, S. 243.

113 Rudolf Stammler, Die Lehre vom richtigen Rechte, Berlin 1902, S. 330.

114 Rudolf Stammler, Lehrbuch der Rechtsphilosophie, 3. Aufl. Berlin 1928, S. 332.

115 Vgl. nur Rudolf Stammler, Wirtschaft und Recht, Berlin 1924, S. 176.

116 Max Rümelin, Die Billigkeit im Recht, Tübingen 1921, S. 42.

117 Ernst Heymann, Rechtswissenschaft, in: Gustav Abb (Hg.), Aus fünfzig Jahren Deutscher Wissenschaft, Festschrift Friedrich Schmidt-Ott, Berlin 1930, S. 132.

„allgemeine[n] Prinzip[s]“ der „Vernünftigkeit“.[118] Er hob die Aufgabe der Billigkeit hervor, „Trägerin der neuen Ideen gegenüber dem starren Recht der in die Gegenwart herüberreichenden Vergangenheit“ zu sein und „gegen das strenge, als veraltet und unerträglich empfundene Recht“[119] anzukämpfen, und sprach vom „eigentliche[n] Lebensprinzip alles Rechts überhaupt“.[120]

Praktisch wirksam wurde diese Tendenz in Weimar nie. Die Justiz hatte besonders in der Aufwertung eine Risikoverteilung zwischen Vertragsparteien korrigiert, die den einen zum Gewinner und den anderen zum Verlierer der Inflation machte. Der Blick auf einen nicht verantwortbaren Wandel der ursprünglichen Risikoverteilung im Vertrag war eine klassisch privatrechtliche Einzelfallperspektive. Das Programm eines anderen Privatrechts oder eine andere übergreifend politische Perspektive, bei der Richter Generalklauseln gegen den Staat mobilisiert hätten, lag darin nicht – gerade weil die Resolution des Richtervereins nicht Ausdruck der Judikatur des Reichsgerichts war. Am Horizont zeichnete sich aber eine gefährliche Verschiebung ab, die – bereits kurz vor dem Zusammenbruch der Weimarer Republik – Justus Wilhelm Hedemann zu einer dramatischen Warnung verdichtete. 1933 erschien sein bereits 1932 gehaltener Vortrag: „Die **Flucht in die Generalklauseln**. Eine Gefahr für Staat und Recht“. Hedemann warnte zunächst vor den Gefahren für die Rationalität und Vorhersehbarkeit des Rechts, die von einer an der Billigkeit orientierten Einzelfalljudikatur ausgehe. Er konstatierte eine „Verweichlichung des Denkens“: „Die schwere Arbeit des Durchkonstruierens wird immer mehr ausgebogen“.[121] Dies führe zu großer Rechtsunsicherheit, da „[s]ubjektives Empfinden anstelle eines objektiven Maßstabes“[122] trete. Waren dies in Weimar altbekannte Klagen, so erwies sich Hedemanns Analyse im Folgenden als visionär, wenn er vor einer Verwendung von Generalklauseln zur Umsetzung klarer politischer Programme durch die Justiz unter dem Deckmantel des Gesetzes warnte. Mit dem Ausruf „Die Zeichen weisen auf Niedergang“,[123] blickte der deutschnational gesinnte Jenaer Professor dabei auf eine andere Staatsordnung, die er fürchtete: die Sowjetunion. Hier

118 Julius Binder, Philosophie des Rechts, Berlin 1925, S. 406.

119 Julius Binder, Philosophie des Rechts, Berlin 1925, S. 404, 407.

120 Julius Binder, Philosophie des Rechts, Berlin 1925, S. 404.

121 Justus Wilhelm Hedemann, Die Flucht in die Generalklauseln. Eine Gefahr für Recht und Staat, Tübingen 1933, S. 66.

122 Justus Wilhelm Hedemann, Die Flucht in die Generalklauseln. Eine Gefahr für Recht und Staat, Tübingen 1933, S. 68.

123 Justus Wilhelm Hedemann, Die Flucht in die Generalklauseln. Eine Gefahr für Recht und Staat, Tübingen 1933, S. 74.

sah Hedemann eine Entwicklung umgesetzt, die er für Weimar nur vorausahnte: den Wandel der Generalklauseln von einem inhaltlich durchaus machtbegrenzenden Maßstab zu einem bloßen Blankett, um politische Staatswillkür zu rechtfertigen:

> Alle Usurpatoren, Diktatoren, Eroberer der Weltgeschichte haben rasch genug das Verlangen gehabt und es meisterhaft verstanden, ihr Tun mit einer Zielformel wie „Staatswohl", „Sicherheit und Ordnung", „Gerechtigkeit" oder dergleichen in Verbindung zu bringen. Aber gerade das deckt, über die Zeiten und Völker hinweg, die äußerste Gefahr der Generalklauseln auf. Wo eine übergeordnete Macht Generalklauseln setzt und unabhängige Richter die Klauseln handhaben, bleiben die Klauseln trotz ihrer großen Beweglichkeit Maßstäbe. Wenn aber der Staat als oberste Macht selbst die Generalklausel für sein eigenes Verhalten setzt, fließt der Beweglichkeitsfaktor mit dem Machtfaktor in Eins zusammen, die Generalklausel hört auf Maßstab zu sein und wird zur einseitig und unkontrollierbar zu führenden Waffe.[124]

Hedemann hielt also daran fest, dass in Weimar die Generalklauseln durchaus im Geiste des Rechts und nicht der Macht von einer unabhängigen Justiz verwendet worden waren. Seine Angst war, dass dieser unabhängige „Richter ausgeschaltet wird" und über Generalklauseln letztlich der staatlichen Willkür unterworfen werde.

> Das heutige sowjetische Rußland hat ein Beispiel von geschichtlicher Bedeutung aufgestellt. Es wird hier bewußt Moral, Rechtsgefühl, Weltanschauung der im ‚Sowjetsystem' eingefangenen Kräfte als bestimmend für das Rechtsganze aufgestellt, und dieser Grundgedanke wird an verschiedenen Stellen in Form von Generalklauseln zum Ausdruck gebracht. An der Spitze des Zivilgesetzbuchs von 1922 steht der Satz: „Die bürgerlichen Rechte genießen Gesetzesschutz mit Ausnahme derjenigen Fälle, in denen sie im Widerspruch zu ihrer sozialwirtschaftlichen Bestimmung verwirklicht werden".[125]

Hedemann wies damit auf eine ganz neue Gefahr hin. Generalklauseln waren bisher in der Hand unabhängiger Richter ein Überdruckventil gewesen, das es ermöglicht hatte, im Einzelfall zu korrigieren. Wenn der Staat jedoch Blankettformeln in Gesetze einfügte und zugleich die richterliche Unabhängigkeit beseitigte, dann konnte der Staat dem Richter im Einzelfall Auslegungsvorgaben machen, die es gestatteten, die Funktion des

124 Justus Wilhelm Hedemann, Die Flucht in die Generalklauseln. Eine Gefahr für Recht und Staat, Tübingen 1933, S. 51 f.

125 Justus Wilhelm Hedemann, Die Flucht in die Generalklauseln. Eine Gefahr für Recht und Staat, Tübingen 1933, S. 72.

Gesetzes als Technik der Bindung des Staates an ex ante getroffene Entscheidungen auszuhebeln. Generalklauseln wurden dann zur Kaschierung von staatlicher Willkür:

> Wie wenn in einem Lande der Volkskörper in zwei Hälften zerrissen ist, Klassen, Stände, Religionen, Weltanschauungen, und die eine Hälfte den Satz aufstellt: Wir sind die Hüter der guten Sitten, ihr anderen wißt nichts davon?[126]

Hedemanns Warnung vor einer möglichen „Katastrophe der Rechtsordnung"[127] war mit Blick auf den Nationalsozialismus visionär.

Literatur: Heinz Mohnhaupt, Justus Wilhelm Hedemann als Rechtshistoriker und Zivilrechtler vor und während der Epoche des Nationalsozialismus, in: Dieter Simon u. Michael Stolleis (Hgg.), Rechtsgeschichte im Nationalsozialismus, Tübingen 1989, S. 107 ff.; Enno Bommel, Die Entstehung der Verwirkungslehre in der Krise des Positivismus, Frankfurt a. M. 1992; Christine Wegerich, Die Flucht in die Grenzenlosigkeit. Justus Wilhelm Hedemann (1878–1963), Tübingen 2004; HKK/Haferkamp, Tübingen 2007, § 242, Rn. 56–70; ders., Bona fides, Good Faith, Aequitas and Politics in 20th Century Germany, in: Boudewijn Sirks u. Ives Mausen (Hgg.), Aequitas. Equité, Montpellier 2015, S. 75 ff.

4.2.6 „Gesetzesdämmerung"?

Hedemann reagierte auf Tendenzen in der deutschen Rechtswissenschaft, die weit über die Generalklauseln hinausreichten. Rechtswissenschaftler begannen Widerstandspotential gegen den Gesetzgeber aufzubauen.

> Eine Fülle von Gesetzen ist seit 1914 über das deutsche Volk ausgeschüttet worden, die den Bedürfnissen des Lebens bisweilenwenig entsprechen und durch ihre bald erforderliche Änderung die Staatsautorität erschüttern. Immer wieder geänderte Befehle des Kapitäns rauben ihnen die Suggestivkraft, ohne die Führung und Geltung nicht möglich sind. [...] Die Stimmung gegenüber der staatlichen Gesetzgebung ist gereizt, die Lage ist zugespitzt. [...] Die Autorität des Staates, auf der Wirkung und Geltung des Rechts beruhen, wird durch eine Gesetzgebung untergraben, die dem Staatsbürger zuviel zumutet.[128]

126 Justus Wilhelm Hedemann, Die Flucht in die Generalklauseln. Eine Gefahr für Recht und Staat, Tübingen 1933, S. 72.

127 Justus Wilhelm Hedemann, Die Flucht in die Generalklauseln. Eine Gefahr für Recht und Staat, Tübingen 1933, S. 73.

128 Alfred Manigk, Wie stehen wir heute zum Naturrecht?, Berlin 1926, S. 1, 6 f.

In seiner Breslauer Rektoratsrede spiegelte Alfred Manigk ein Zeitempfinden, das viele Juristen teilten. Schon im Krieg hatte eine revolvierende Gesetzgebung, die doch die Probleme nie lösen konnte, das Vertrauen in den Gesetzgeber untergraben.[129] Nun sahen sich die oft der Monarchie noch nachtrauernden konservativen Juristen einem Parlament unterworfen, das von der SPD, einer Arbeiterpartei, die 1919/1920 und 1928–1930 den Reichskanzler stellte, entscheidend mitgeprägt wurde, also von einer Klasse der Gesellschaft, der sie misstrauten. Hinzu kamen ganz konkrete juristische Enttäuschungen. Die vielen einander oft aufhebenden Notverordnungen vermittelten den Eindruck, dass Gesetze hektisches Tagesgeschäft seien und nicht mehr Folge langfristiger und vorausschauender Planung. Vor allem der Umgang mit dem Aufwertungsproblem durch die Legislative hatte breite Kritik herausgefordert, weil offensichtlich war, dass der Staat vor allem deshalb so wenig eingriff, weil er selbst Nutznießer der Inflation war. Dies wirkte wie eine entschädigungslose Enteignung der Bürger zugunsten staatlicher Interessen. Manigk beklagte mit Blick auf das Aufwertungsgesetz:[130] „Selten ist ein großes Gesetz so stark abgelehnt worden, abgesehen natürlich von denen, die es gemacht haben".[131]

Viele konservative Juristen reagierten nun und machten gegen den Gesetzgeber mobil. Dies geschah freilich – wie um 1900, als man stattdessen die Methodenlehre ausgebaut hatte[132] – nur selten auf den in einer Demokratie vorgesehenen Wegen, also durch Wahl und politisches Engagement. Sie nutzten vielmehr erneut klassische innerjuristische Techniken, um die Regelungsmacht der Gesetze aufzuweichen. Ein bereits um die Jahrhundertwende aufgekommenes Mittel waren besonders offensive Spielarten der **objektiven Auslegung**,[133] die nun wieder vermehrt diskutiert wurden. Manigk verwies auf Hans Reichel, der im Umfeld der Freirechtsbewegung 1915 die Formel geprägt hatte:

> Der Richter ist kraft seines Amtes verpflichtet, von einer gesetzlichen Vorschrift bewusst abzuweichen dann, wenn jene Vorschrift mit dem sittlichen Empfinden der Allgemeinheit dergestalt im Widerspruch steht, dass durch Einhaltung derselben die Autorität von Recht und Gesetz erheblich ärger gefährdet sein würde als durch deren Ausserachtsetzung.[134]

---

129 Vgl. oben S. 162 f.

130 Vgl. oben S. 199.

131 Alfred Manigk, Wie stehen wir heute zum Naturrecht?, Berlin 1926, S. 5.

132 Vgl. oben S. 141 ff.

133 Vgl. oben S. 144 f.

134 Hans Reichel, Gesetz und Richterspruch, Zürich 1915, S. 142.

Gleichwohl erlebte Weimar auch in der Rechtswissenschaft nicht den späten Sieg der Freirechtsbewegung. Zentrale Anhänger des Freirechts gehörten nicht zum konservativen Lager, das hier neue Antworten suchte.[135] Gustav Radbruch war sogar Justizminister.

Kennzeichnend für konservative Juristen Weimars war vielmehr, dass man nicht die Empirie eines „freien Rechts", also wirklich gelebtes Recht, sondern **Philosophie** gegen den Gesetzgeber mobilisierte. Man behauptete, dass es jenseits der demokratisch legitimierten gesetzgeberischen Entscheidung Werte gebe, die im und gegen das Gesetz umzusetzen nun Aufgabe der Juristen sei. Juristen entwickelten Maßstäbe, an denen sie die Richtigkeit und Geltungskraft der Gesetze maßen. Weimar erlebte zu diesem Zwecke die Rückkehr alter neoidealistischer Positionen, die in der Rechtsphilosophie um 1900 kaum noch eine Rolle gespielt hatten. In seinen jährlichen Tübinger Kanzlerreden thematisierte Max Rümelin die alt-neuen Hoffnungsträger. Das „**Sittengesetz**" war 1918 Thema, 1920 sprach er über die „**Gerechtigkeit**", 1921 folgte die „**Billigkeit** im Recht", 1925 „**Rechtsgefühl und Rechtsbewußtsein**" und 1929 dann die „Bindende Kraft des **Gewohnheitsrechts**". Es kam zu spektakulären Wandlungen der philosophischen Grundüberzeugungen von Juristen. Julius Binder, der insbesondere durch seine Schüler (Karl Larenz, Martin Busse, Gerhard Dulckeit, Walter Schönfeld) bald eine bedeutende Wirkung auf das Zivilrecht entfalten sollte, wandte sich 1921 vom juristischen Positivismus ab, der ihm zuvor die einzig vertretbare philosophische Position gewesen war. 1915 hatte er sich noch primär für den „Mechanismus" des positiven Rechts interessiert.[136] Nun wandte er sich in mehreren Schritten dem Geschichtsidealismus Hegels zu und ging dazu über, durch eine weitgehend ideengeschichtliche Herleitung die Vernunft eines Rechtsinstitutes oder Rechtssatzes zu „begreifen" und dadurch Richtigkeitskriterien zu entwickeln. Rückblickend machte er durchaus deutlich, dass seine Wendung zum Neuhegelianismus Folge politischer Entwicklungen gewesen war:

> In einer Zeit der Erschütterung aller überlieferten Vorstellungen von Staat und Recht, wie sie unsere Niederlage im Weltkrieg und unserer Verurteilung und Selbstverneinung in Versailles nachfolgte, konnte sich der philosophierende Jurist nicht mit der Frage abfinden, welches die reinen Formen seien, in denen alles Denken von Recht sich bewege [...], sondern musste er sich den Rechtsinhalten zuwenden und fragen, wohin die Rechtlichkeit, und d. h. Verbindlichkeit dieser oder jener geschichtlich gegebenen, durch den Gesetzgeber

135 Dies gilt für Ernst Fuchs und Hermann Kantorowicz.

136 Julius Binder, Rechtsbegriff und Rechtsidee, Leipzig 1915, S. 221 f.

gewollten Rechtsinhalte, und schließlich allgemeiner: die Verbindlichkeit alles und jedes Rechts begründet sei.[137]

Binder wurde nun Teil einer größeren Gruppe von Autoren, die unter Rückgriff auch auf andere philosophische Vordenker (etwa die Phänomenologie (Edmund Husserl, Adolf Reinach) oder die Lebensphilosophie (Wilhelm Dilthey, Henri Bergson)) nun mit der richtig verstandenen „**Wirklichkeit**" gegen das Gesetz argumentierten. Dabei ging es im Kern um eine Rückkehr zu einem Wirklichkeitsverständnis, das man im um 1900 dominierenden Neukantianismus scharf kritisiert hatte. Die Wirklichkeit des Rechts enthielt in diesen neuen Zugriffen – wenn man die Wirklichkeit richtig zu lesen verstand – auch ihren Wert. Dazu musste man sich von der Äußerlichkeit des Rechts (dem Gesetz mit seinem Wortlaut und historischen Ziel) und der Empirie (Gewohnheiten, Vertragswirklichkeit) lösen und dem Geist des Rechts zuwenden. Diese Wirklichkeit war nicht mit der Empirie zu verwechseln, die noch die Freirechtler dem Gesetzgeber entgegengehalten hatten. Es ging nicht um Umfragen bei der Bevölkerung oder die Analyse der Vertragspraxis einer bestimmten Region. Hier wurden in einem Verfahren, das die Neukantianer um 1900 als Verstoß gegen den Trennungsgrundsatz zwischen dem Sein des positiven Rechts und dem Sollen einer Idealrechtsordnung abgelehnt hatten, Wirklichkeit und Wert objektiv-idealistisch verschmolzen. Dies hatte bei Binder bereits in seiner Rechtsphilosophie von 1925, die noch ein Übergangsphänomen war, unmittelbare Folgen für die Tätigkeit des Juristen. Methodisch musste ein Jurist stets den Bezug des positiven Rechts zu den von ihm gefundenen Werten der Zeit berücksichtigen und das Recht anpassen. Der Richter solle „die Rechtsnorm im Zusammenhang mit der **lebendigen Wirklichkeit**, mit den empirischen Verhältnissen und **Zweckideen** der unmittelbaren Gegenwart"[138] interpretieren. Richterliche Tätigkeit sei demnach „ihrem Wesen nach schöpferische Tätigkeit" und bezwecke die „Umgestaltung ihres Materials".[139] Eine Lücke liege vor, wenn „wir einen Rechtssatz oder eine Rechtseinrichtung vermissen, die durch das Rechtsganze oder durch die wirtschaftlichen und sittlichen Verhältnisse der Gesellschaft gefordert wird, die also da sein sollte".[140] Es überrascht daher auch nicht, dass Binder in seiner Rechtsphilosophie ein Privatrecht basierend auf seinem Konzept eines „Transpersonalismus" präsentierte, das weit über die Rechtslage in Weimar hinauswies. Das subjektive Recht sei „sozialer

137 Julius Binder, Philosophie und Staat, in: Die Tatwelt, 1935, S. 178 f.
138 Julius Binder, Philosophie des Rechts, 1925, S. 977.
139 Julius Binder, Philosophie des Rechts, 1925, S. 994.
140 Julius Binder, Philosophie des Rechts, 1925, S. 983.

Vertrauensakt" der „Gemeinschaft",[141] also „Amt", und seine Ausübung eine „soziale und damit sittliche Aufgabe".[142] Eigentum stand „im Dienste der Gemeinschaft",[143] und auch der Vertrag fußte auf dem „Boden der Gemeinschaft".[144] Das Individuum Binders ging in der Gemeinschaft auf.

Alternativ zu diesen Versuchen, dem Gesetz eine normativ aufgeladene Wirklichkeit entgegenzuhalten, standen die Versuche in Weimar, ein **Naturrecht** wiederzubeleben, welches man als überpositives Recht dem Gesetzgeber entgegensetzen konnte. Erich Kaufmann, dessen vielgelesene Kritik der neukantischen Rechtsphilosophie 1921 die Hinwendung zum Naturrecht maßgeblich vorantrieb, formulierte:

> Es handelt sich bei dem Begriff der Gerechtigkeit [...] um eine materielle Ordnung, die zu verwirklichen unsere Aufgabe ist [...]. Was das ist, läßt sich nicht definieren. Definieren läßt sich nur, was Gegenstand mittelbarer Erkenntnis ist. Das unmittelbar Erkannte ist als solches undefinierbar [...]. Alles das ist uns in unserem Gewissen gegeben. Das Gewissen ist aber nichts Subjektives und darf nicht psychologisch aufgelöst und relativiert werden; sondern es ist unmittelbar Gewißheit einer höheren objektiven Ordnung [...]. Diese Ordnung haben wir nicht geschaffen [...]. Wenn wir tun, was das Gewissen gebietet, tun wir etwas, was ein Höherer uns durch unser Gewissen sagt.[145]

Mit dieser Aussage war Kaufmann Teil des auf den Staatsrechtslehrertagungen der 1920er Jahre äußerst vehement geführten „**Methoden- und Richtungsstreits**" der Weimarer Staatsrechtslehre. Doch auch im Zivilrecht wurde Naturrecht diskutiert, wie bereits für Alfred Manigk eingangs gezeigt wurde. Hier war es weniger die Reichsverfassung, die eine Naturrechtsdiskussion auslöste, als die Aufwertungskrise. Manigk, der 1926 mit zwei Veröffentlichungen[146] darauf reagierte, war nicht der Einzige. Der anerkannte Zivilprozessualist James Goldschmidt hatte bereits 1924 in der überall gelesenen „Juristischen Wochenschrift" vor einer „**Gesetzesdämmerung**" gewarnt und dem Gesetz die Gerechtigkeit und Sittlichkeit als höherstehend entgegengehalten. Auch Rudolf Henle

141 Julius Binder, Philosophie des Rechts, 1925, S. 448.

142 Julius Binder, Philosophie des Rechts, 1925, S. 449.

143 Julius Binder, Philosophie des Rechts, 1925, S. 474.

144 Julius Binder, Philosophie des Rechts, 1925, S. 482.

145 Erich Kaufmann, Die Gleichheit vor dem Gesetz im Sinne des Art. 109 der Reichsverfassung, in: VVDStRL 3, 1927, S. 11.

146 Alfred Manigk, Wie stehen wir heute zum Naturrecht?, Berlin 1926; ders., Die Idee des Naturrechts, Sonderausgabe, Berlin 1926.

erklärte sittenwidrige[147] Gesetze für unwirksam, ging also wie Ernst Landsberg von einer „Wiederkehr des Naturrechts" aus.[148] Solche Überzeugungen waren bei Zivilrechtlern oft mehr Ausdruck unmittelbarer Enttäuschung über den Gesetzgeber als ein klares philosophisches Konzept. Die philosophisch meist fundierteren Staatsrechtler konnten sich auch für Naturrechtspositionen durchaus auf neuere Philosophen berufen, allen voran auf die materiale Wertethik von Max Scheler und Nicolai Hartmann. Diese Tendenzen einer zunehmenden Abwehrhaltung gegen das Gesetzgebungsmonopol des Staates spiegeln sicher das Empfinden vieler Juristen in der krisenhaften Weimarer Republik wider. Wenigen gelang es insbesondere angesichts der das Leben vieler Bürger unmittelbar betreffenden Enttäuschungen über die Aufwertungsgesetzgebung, so prinzipienfest zu bleiben, wie es Philipp Heck 1924 für die Interessenjurisprudenz verkündete:

> Gewiß wird der Gehorsam durch eine ethische Mißbilligung erschwert. Aber die Rechtsordnung kann nicht dispensieren, sie kann die Wirkung eines Gesetzes, die bei allen zugleich eintreten muß, nicht davon abhängig machen, daß alle Untertanen das Gesetz ethisch billigen. Wenn heute in der Stunde der Not die berufenen und verantwortlichen Männer drückende Maßregeln für notwendig halten, dann müssen sie des Gehorsams und der Unterstützung der Gerichte sicher sein, auch wenn die Maßregeln nicht den ethischen Idealen eines jeden genügen können.[149]

Insgesamt war die Frage den meisten Zivilrechtlern wohl auch zu grundsätzlich, um sich auf dieses Gebiet zu wagen. Die konkrete dogmatische Bewältigung der großen sozialen und wirtschaftlichen Umwälzungen dominierte das zivilrechtliche Fachgespräch in Weimar deutlich mehr als philosophische-politische Erörterungen.

Literatur: Michael Stolleis, Gemeinwohlformeln im Nationalsozialistischen Recht, Berlin 1974, 50 ff.; Oliver Lepsius, Die gegensatzaufhebende Begriffsbildung, München 1994, S. 219 ff., 254 ff., 271 ff.; Eckart Jakob, Grundzüge der Rechtsphilosophie Julius Binders, Baden-Baden 1996; Michael Stolleis, Geschichte des öffentlichen Rechts in Deutschland, Bd. 3: 1914–1945, München 1999, S. 153 ff.; Jan Schröder, Kollektivistische Theorien und Privatrecht in der Weimarer Republik am Beispiel der Vertragsfreiheit, 1994, Wiederabdruck in: Thomas Finkenauer, Claes Peterson u. Michael Stolleis (Hgg.), Jan Schröder. Rechtswissenschaft in der Neuzeit. Ausgewählte Aufsätze 1976–2009, Tübingen

147 Rudolf Henle, Lehrbuch des Bürgerlichen Rechts, Bd. 1: Allgemeiner Teil, Berlin 1926, S. 2.
148 Ernst Landsberg, Zur ewigen Wiederkehr des Naturrechts, in: ARWPh 18, 1924/25, S. 347 ff.
149 Philipp Heck, Das Urteil des Reichsgerichts vom 28. November 1923 über die Aufwertung von Hypotheken und die Grenzen der Richtermacht, in: AcP 122, 1924, S. 225.

2010, S. 599 ff.; ders., Gab es eine (Privat)Rechtstheorie der Weimarer Republik? in: Martin Löhnig u. Mareike Preisner (Hgg.), Weimarer Zivilrechtswissenschaft, Tübingen 2014, S. 151 ff.; Hans-Peter Haferkamp, Zur Methodengeschichte unter dem BGB in fünf Systemen, in: AcP 214, 2014, S. 67 ff.

4.3 Nationalsozialismus (1933–1945)

4.3.1 Privatrecht im Nationalsozialismus?

> Der Umsturz dieses Jahres ist echte Revolution; er änderte nicht nur die Staatsführung, sondern setzte auch an die Stelle der liberalistischen eine neue Staatsgesinnung. Diese fußt auf dem Pflicht- und Gemeinschaftsgedanken. Der Einzelne ist nicht um seiner selbst, sondern um seiner Stellung in der Gemeinschaft willen von Bedeutung. An die Stelle des Kampfes aller gegen alle tritt ein sinnvolles Zusammenarbeiten der einzelnen Glieder der Volksgesamtheit; an Stelle des Rechtes tritt die Pflicht in den Vordergrund. Das Volk steht über dem Einzelnen. Volk aber ist mehr als die zufällige Summe der Einzelnen eines Gebietes; es ist die durch ihre Rassezugehörigkeit innerlich verbundene Gesamtheit. ‚Gemeinnutz geht vor Eigennutz' ist der Kampfruf der neuen Staatsgesinnung.[150]

Juristische Vordenker des Nationalsozialismus, wie der junge Breslauer Professor Heinrich Lange, ließen 1933 keinen Zweifel daran, dass sie die Machtübernahme durch den Nationalsozialismus als Zeitenwende verstanden. Mit der von ihm betonten Abkehr von der „liberalistischen […] Staatsgesinnung“, mit der Unterwerfung des Individuums unter die „rassisch“ definierte Volksgemeinschaft stand u. a. die ganze Idee des Privatrechts in Frage. Hitler selbst war die Vorstellung eines Freiheitsraumes der Gesellschaft „ohne Staat“ völlig fremd. Seine Herrschaft war total. Und sie diente der Mobilisierung der Wirtschaftskraft für überindividuelle Zwecke. Seine Politik war von Anfang an auf einen Krieg ausgerichtet, der nicht nur die Niederlage des Ersten Weltkrieges wettmachen, sondern Deutschland in eine weltbeherrschende Stellung bringen sollte. Hieraus ergab sich die Position des Einzelnen. Oft benutzt wurde zeitgenössisch das Bild der Festung: Die einen stehen auf den Mauern und kämpfen, die anderen ermöglichen diesen Kampf durch Versorgung. Hitler war geprägt von einem Bild, mit dem die Oberste Heeresleitung ihre militärische Niederlage verschleiert und den zum Handeln gezwungenen Politikern in die Schuhe geschoben hatte: Die „Dolchstoß-

150 Heinrich Lange, Liberalismus. Nationalsozialismus und Bürgerliches Recht. Ein Vortrag, Tübingen 1933, S. 3.

legende" besagte, dass der Erste Weltkrieg nicht durch die kämpfende Truppe („Im Felde unbesiegt"), sondern durch den Zusammenbruch der Unterstützung durch die heimische Bevölkerung verloren worden sei. Von Anfang an war die Gesellschaft des Deutschen Reiches für Hitler also die kommende „**Heimatfront**" und musste demgegenüber als Kriegswirtschaft organisiert werden. Wenn gefordert wurde, anstatt von „Bürgerlichem Recht" von „Volksgenössischem Gemeinrecht"[151] zu sprechen, dann war dies also Ausdruck einer umfassenden Abkehr vom liberalen Denken, das das BGB geprägt hatte. An die Stelle von Einzelinteressen trat die Volksgemeinschaft. Dies bedeutete einerseits die Ausgrenzung der „Volksfremden", deren Diskriminierung, Vertreibung und Ermordung bereits 1933 begann. Andererseits musste das verbleibende, „rassereine" Volk zur Gemeinschaft werden.

Privatrecht als Idee war damit abgeschafft, Privatautonomie konnte nur Mittel des Staates sein, nicht Spielraum der Gesellschaft. An die Stelle des bürgerlichen Freiheitsraumes traten „Opfer und Einordnung".[152] Direkt 1933 geriet damit der Leitbegriff des Bürgerlichen Rechts, das **subjektive Recht** als „Angelpunkt der bürgerlichen Rechtsordnung",[153] ins Visier meist junger nationalsozialistischer Rechtswissenschaftler. Seit dem 19. Jahrhundert diskutierte man im Begriff des subjektiven Rechts Aufgabe und Grenzen des Privatrechts. Die ältere „**Willenstheorie**" hatte in der ersten Hälfte des 19. Jahrhunderts den Fokus darauf gelegt, dass der Staat einen privatrechtlichen Freiheitsraum erst noch schaffen müsse. Privatrecht war Raum für das Subjekt, seinem Willen Dinge (Eigentum, Vermögen) oder den Willen Anderer (Vertrag) zu unterwerfen. In der zweiten Jahrhunderthälfte war – auch vor dem Hintergrund der inzwischen weitgehend erreichten Eigentums- und Vertragsfreiheit – zunehmend die Bindung dieser Willensmacht an sinnvolle Interessen und Zwecke (Jhering 1865,[154] sog. **Interessentheorie**) oder – bereits im Umfeld der „sozialen Frage" – an soziale Rücksichtnahmepflichten (Gierke 1889)[155] herausgestellt worden. Verbreitet war die „**Kombinationstheorie**":

---

151 Justus Wilhelm Hedemann, Die Erneuerung des Bürgerlichen Rechts, in: Zur Erneuerung des Bürgerlichen Rechts, München 1938, S. 8.

152 Roland Freisler, Richter und Gesetz, hier zitiert nach Franz Schlegelberger u. Werner Vogels (Hgg.), BGB. Erläuterungswerk zum Bürgerlichen Gesetzbuch und zum neuen Volksrecht, Berlin 1939, Rn. 21.

153 Karl August Eckhardt, Recht oder Pflicht?, in: DRW 1, 1936, S. 7.

154 Rudolf von Jhering, Geist des Römischen Rechts auf den verschiedenen Stufen seiner Entwicklung, Bd. III 1, Leipzig 1865, § 60.

155 Otto Gierke, Die soziale Aufgabe des Privatrechts, Berlin 1889, S. 10.

> Das subjektive Recht ist begrifflich eine Macht, die dem Einzelnen durch die Rechtsordnung verliehen ist, seinem Zweck nach ein Mittel zur Befriedigung menschlicher Interessen.[156]

Nationalsozialisten begrüßten, dass damit schon lange die (vermeintlich) rücksichtslose Geltendmachung durch Gesetz oder Vertrag gewährter Ansprüche auf Kritik gestoßen war. Auf die Debatten um 1900 um „Rechtsmißbrauch" wurde oben bereits hingewiesen.[157] Nun sollte aus einer Gemeinwohlorientierung viel mehr, nämlich eine Unterwerfung der Privatautonomie unter die „Volksgemeinschaft" gemacht werden. Dieser gegenüber durften subjektive Privatrechte keinen Abwehranspruch gewähren. Nationalsozialistisch orientierte Professoren gingen nun daran, das subjektive Recht als Leitbegriff des Privatrechts abzuschaffen. Wolfgang Siebert betonte 1935:

> Der einzelne existiert für die Volksgemeinschaft und für ein die Volksgemeinschaft zur Grundlage nehmendes Recht nur, wenn und soweit er in dieser Gemeinschaft steht und wirkt; der einzelne ist Mensch nur in der Gemeinschaft, nur von der Gemeinschaft aus erhält er Leben, Aufgabe und Wirkungskraft. Für das Recht, auch für das bürgerliche Recht, folgt daraus, daß der einzelne Mensch nur so viel gelten kann, als er in der Gemeinschaft Wert ist.[158]

Siebert sprach von „Gliedpersönlichkeiten", für die entscheidend sei: „Ehre[,] [...] Pflicht, Verantwortung und Leistung".[159] Damit waren nicht nur bestimmte Bevölkerungsgruppen aus rassistischen oder politischen Gründen als Rechtsinhaber ausgeschlossen, weil sie für untauglich zur Volksgemeinschaft als „lebendige Gemeinschaft der durch Blut, Ehre und Geschichte, durch gemeinsames politisches, kulturelles und wirtschaftliches Wollen [zusammengefügte] Einheit der deutschen Volksgenossen"[160] erklärt wurden. Auch Zugehörige zur Volksgemeinschaft konnten nur Rechte haben, wenn dies der Volksgemeinschaft zuträglich war. Siebert erläuterte dies am „Erbhofbauern". Der Erbhofbauer sei zur Ernährung der Bevölkerung verpflichtet. Sein Hof sei daher kein Eigentum mit absoluter Verfügungsmacht, sondern „Eigen", das unter

156 Ludwig Enneccerus, Lehrbuch des Allgemeinen Teils, 6. Aufl. Marburg 1913, S. 153.

157 Vgl. oben S. 117ff.

158 Wolfgang Siebert, Die Volksgemeinschaft im bürgerlichen Recht, in: Hans Frank (Hg.), Nationalsozialistisches Handbuch für Recht und Gesetzgebung, München 1935, S. 961.

159 Wolfgang Siebert, Subjektives Recht, konkrete Berechtigung, Pflichtenordnung, in: DRW 1, 1936, S. 28.

160 Wolfgang Siebert, Subjektives Recht, konkrete Berechtigung, Pflichtenordnung, in: DRW 1, 1936, S. 27.

dem generellen Vorbehalt der Verwendung zugunsten der Volksgemeinschaft stand. In seiner Lehre von der Unzulässigkeit der Rechtsausübung folgerte Siebert daraus eine „Relativität des Rechtsinhalts“: Ob ein Subjekt ein Recht besaß, konnte nicht anhand äußerer Kriterien (Gesetz, Grundbuch, Vertrag), sondern musste im Moment der Rechtsausübung durch eine Abwägung mit den Interessen der Volksgemeinschaft bestimmt werden. Überschritt der Eigentümer seine Befugnisse, bedurfte es daher keiner Enteignung mehr, vielmehr war er in der unzulässigen Ausübung bereits nicht mehr Rechtsinhaber.

> Sobald aber das Privatrechtsverhältnis nach seinem Inhalt, nach seinen Wirkungen oder nach der Person der Beteiligten irgendwie unmittelbar das Gemeinwohl berührt, ergibt sich [...] gewissermaßen automatisch – die Notwendigkeit, bei der Interessenabwägung die Anforderungen des Gemeinschaftsgedankens entscheidend zur Geltung zu bringen.[161]

Folglich konnten Gerichte oder Behörden subjektive Rechte absprechen, obwohl Gesetz oder Vertrag diese Rechte zugesprochen hatten. Privatrecht stand unter freiem staatlichem Zugriff. Siebert resümierte:

> Was also vom individualistischen Standpunkt wesensfeindliche Beschränkung des Rechtsinhabers darstellte, wird vom Gemeinschaftsgedanken her wesensnotwendige Gestaltung des Rechtsinhalts. Damit ist **das bisherige „subjektive Recht“ überwunden**; an seine Stelle tritt in der Volksgemeinschaft die volksgenössische Berechtigung.[162]

Damit firmierte die Volksgemeinschaft als „Ausgangs- und Endpunkt, als Entstehungsursache und Ziel, als Wesensgrundlage und Kraftquelle“[163] des Privatrechts.

Ob man so weit gehen wollte wie Siebert, subjektive Privatrechte als Denkfigur des Privatrechts ganz abzuschaffen, blieb während des Nationalsozialismus umstritten. Sieberts Konzept ist aber gut geeignet, das grundsätzliche Denken des Nationalsozialismus über das Privatrecht zu umreißen: Subjektive Rechte hatten keinen Eigenwert, sondern wurden geduldet und auch neu eingesetzt, solange dies den Staatsinteressen entsprach. Abwehrrechte konnten sie jedoch nicht sein. Privatrecht war grundsätzlich

161 Wolfgang Siebert, Verwirkung und Unzulässigkeit der Rechtsausübung, Marburg 1934, S. 120.
162 Wolfgang Siebert, Vom Wesen des Rechtsmißbrauchs, in: Grundfragen der neuen Rechtswissenschaft, Berlin 1935, S. 201.
163 Wolfgang Siebert, Vom Wesen des Rechtsmißbrauchs, in: Grundfragen der neuen Rechtswissenschaft, Berlin 1935, S. 201.

unbegrenzter staatlicher Intervention ausgesetzt. Was also blieb vom Privatrecht, was blieb vom BGB?

Literatur: Peter Thoss, Das subjektive Recht in der gliedschaftlichen Bindung. Zum Verhältnis von Nationalsozialismus und Privatrecht, Frankfurt a.M. 1968; Michael Stolleis, Gemeinwohlformeln im nationalsozialistischen Recht, Berlin 1974, S. 76ff., 94ff.; Hans-Peter Haferkamp, Die heutige Rechtsmißbrauchslehre – Ergebnis nationalsozialistischen Rechtsdenkens?, Berlin 1995, S. 203ff.; Diethelm Klippel, Subjektives Recht und germanisch-deutscher Rechtsgedanke in der Zeit des Nationalsozialismus, in: Joachim Rückert u. Dietmar Willoweit (Hgg.), Die Deutsche Rechtsgeschichte in der NS-Zeit, ihre Vorgeschichte und ihre Nachwirkungen, Tübingen 1995, S. 31ff.; Wilhelm Wolf, Vom alten zum neuen Privatrecht. Das Konzept der normgestützten Kollektivierung in den zivilrechtlichen Arbeiten Heinrich Langes (1900–1977), Tübingen 1998; Bernd Rüthers, Die unbegrenzte Auslegung. Zum Wandel der Privatrechtsordnung im Nationalsozialismus, 5. Aufl. Heidelberg 2004, S. 336ff.; Thomas Ditt, „Stoßtruppfakultät Breslau". Rechtswissenschaft im „Grenzland Schlesien" 1933–1945, Tübingen 2011; Christina Wiener, Kieler Fakultät und ‚Kieler Schule'. Die Rechtslehrer an der Rechts- und Staatswissenschaftlichen Fakultät zu Kiel in der Zeit des Nationalsozialismus und ihre Entnazifizierung, Baden-Baden 2013.

4.3.2 Vertiefung: Folgenreiche Diskussionen um den nationalsozialistischen Vertragsbegriff

In den nun beginnenden Diskussionen wurden die **Leitbegriffe des Privatrechts** von der Rechtswissenschaft dem Pflichtgedanken unterworfen. Als besonders folgenreich erwiesen sich dabei die Debatten über den nationalsozialistischen Vertragsbegriff. Auch bei Verträgen konnte es in nationalsozialistischer Perspektive nicht darum gehen, lediglich formal die Übereinstimmung zweier Willenserklärungen zu prüfen. Verträge waren kein Freiheitsraum der Vertragspartner, sondern ein Mittel „zur näheren Ausgestaltung der Gemeinschaftsordnung zwischen Gemeinschaftsgliedern. Daraus folgt, dass jeder Vertrag, der sich mit der Gemeinschaftsordnung nicht vereinbaren lässt, nichtig sein muss: und zwar nicht nur bei Verstößen gegen die Gesetze, sondern bei jedem Verstoß gegen die Lebensordnung der Gemeinschaft".[164] Dies müsse, so Hans Dölle konsequent, staatsanwaltlicher Kontrolle unterworfen werden.[165] Auch

164 Gustav Klemens Schmelzeisen, Deutsches Recht. Einführung in die Rechtswissenschaft, Leipzig 1938, S. 255.

165 Hans Dölle, Das bürgerliche Recht im nationalsozialistischen deutschen Staat, in: Schmollers Jb. 57, 1933, S. 660f.

Verträge waren damit ein Mittel zur Ausgrenzung „Gemeinschaftsfremder". Deutlich wurden diese Auswirkungen etwa bei der Umstellung von einer subjektiven zu einer objektiven Geschäftsgrundlage.

> Die Bedeutsamkeit der fraglichen Umstände für das Vertragsverhältnis beruht nicht darauf, daß die Parteien sie sich vorgestellt haben, sondern darauf, daß sie die objektive Voraussetzung darstellen, unter der der Vertrag allein als sinnvoll, als ein brauchbares Gestaltungsmittel im Rahmen der gesamten Ordnung betrachtet werden kann. Wir müssen den Begriff der Geschäftsgrundlage daher objektiv verstehen; es sind darunter alle diejenigen Umstände und Verhältnisse zu verstehen, deren Vorhandensein oder Fortbestand beim Vertragsschluß [...] vorauszusetzen war – mögen die Parteien daran gedacht haben oder nicht – um den Vertrag überhaupt als sinnvoll, als eine brauchbare und den Grundsätzen der völkischen Ordnung angemessene Gestaltung erscheinen zu lassen.[166]

Konkret konnte das bedeuten:

> Es ist somit in jedem einzelnen Falle genau zu prüfen, ob es sich mit dem gesunden Volksempfinden noch vereinbaren läßt, daß ein deutsches Wirtschaftsunternehmen Pensionen an frühere jüdische Angestellte bzw. an deren Witwen und Waisen zahlt, oder ob nicht die Gelder zweckmäßigerweise zur Wehrhaftmachung des deutschen Volkes oder zur Bessergestaltung der Lebensbedingungen des deutschen Menschen verwendet werden können.[167]

Dass diese „völkische Ausrichtung" des Vertragsbegriffs nach 1945 weitergeführt wurde, war nicht zu erwarten. Wenn hier dennoch gerade der nationalsozialistische Vertragsbegriff mit Blick auf längerfristige Folgewirkungen vertieft werden soll, dann liegt das an anderen Facetten dieses NS-Leitbegriffs, die bis heute in unserem Privatrecht Spuren hinterlassen haben. Die privatrechtsfeindliche Stimmung dieser Jahre führte zur Überbetonung von Problemen, die seit Weimar virulent waren und nun in radikal einseitiger Weise gelöst wurden. Teile dieser Neuausrichtung wurden nie zurückgenommen und prägen seit der Schuldrechtsreform auch unser BGB.

Ausgangspunkt war das dichotomische, also zweigeteilte Haftungssystem des BGB:

- Der Vertrag ist der Ort der freien Rechtsgestaltung. Wofür gehaftet wurde, war Frage der vertraglichen Vereinbarung. Ansprüche bot nur der Vertrag. Dabei

166 Karl Larenz, Vertrag und Unrecht, Erster Teil: Vertrag und Vertragsbruch, Hamburg 1936, S. 164.

167 Wolfgang Riedel, Pensionsverträge mit Juden, in: DR 1939, S. 1230.

wurde das mit einberechnet, was sich aus Treu und Glauben (§§ 157, 242 BGB) als Vertragsinhalt ergab. Orientierungspunkt war dabei die Verkehrssitte, also das, was in Verträgen dieser Art üblicherweise vereinbart wurde. Die Haftung für Dritte im Vertrag war streng, § 278 BGB.

- Das Deliktsrecht setzte die Verhaltensanforderungen fest, die für alle Menschen gelten. Hier wurde aus Gesetz gehaftet. Das BGB hatte hier doppelt Zurückhaltung gezeigt. Das BGB schloss eine generelle deliktische Haftung für fahrlässig verursachte Vermögensschäden aus. Die zweite Kommission hatte sich gegen eine entsprechende Generalklausel nach französischem Vorbild entschieden,[168] weil man darin einen Konflikt mit dem Marktmodell des BGB sah: Der Anreiz zum Vertragsschluss resultierte doch gerade daraus, dass es erlaubt war, den anderen – etwa durch einen überhöhten Kaufpreis – zu schädigen. Daher sollten selbst vorsätzliche Schädigungen des Vermögens nur im Fall der Sittenwidrigkeit (§ 826 BGB) oder spezieller, insbesondere strafrechtlicher Schutzgesetze (§ 823 Abs. 2 BGB) zum Ersatz verpflichten. Ansonsten musste stets ein absolutes Recht verletzt sein. Nimmt man hinzu, dass § 831 Abs. 1 S. 2 BGB durch die Exkulpationsmöglichkeit eine im Vergleich zu § 278 BGB sehr schwache Haftung für Dritte vorgibt, ergab sich ein sehr unterschiedlich strenges Haftungsregime im BGB.

Dies wurde schon früh als problematisch empfunden. Kritisiert wurde zunächst vor allem die schwache Haftung für Dritte. Liefen bereits Vertragsverhandlungen oder betraf der Schaden eine Angehörige des Mieters, die zufällig nicht unterschrieben hatte, so schien es willkürlich dem Schädiger die Entlastung über § 831 Abs. 1 S. 2 BGB zu gestatten und § 278 BGB mangels Vertrags auszuschließen. Zwei Wege, das Problem zu lösen, boten sich an. Man konnte das Deliktsrecht durch die Rechtsprechung oder den Gesetzgeber korrigieren oder das Vertragsrecht außerhalb von Verträgen anwenden. Kennzeichnend für den deutschen Weg war, dass – anders als im übrigen Europa – das Deliktsrecht und insbesondere § 831 Abs. 1 S. 2 BGB unverändert blieben und stattdessen eine „dritte Spur des Haftungsrechts“ geschaffen wurde. Entscheidend hierfür war erstens, dass die Anbindung des Vertrags an den Willen der Parteien aufgegeben und ein „Schuldverhältnis“ geschaffen wurde, das andere Begründungswege zuließ und zugleich die Haftung nach Vertragsgrundsätzen ermöglichte. Zweitens wurden immer

168 § 704 E I: „Hat jemand durch eine aus Vorsatz oder Fahrlässigkeit begangene widerrechtliche Handlung [...] einem anderen einen Schaden zugefügt [...], so ist er dem anderen zum Ersatz des durch die Handlung verursachten Schadens verpflichtet“.

mehr Pflichten in Verträge hineingelesen, die nichts mit dem Willen der Parteien zu tun hatten, sondern allgemeine Verkehrspflichten waren, die eigentlich in das Deliktsrecht gehört hätten. Beide Entwicklungen, die heute seit 2001 in §§ 311 Abs. 2 und 3 und § 241 Abs. 2 BGB kodifiziert sind, waren bereits in Weimar angedacht worden.[169] Es war jedoch der Nationalsozialismus, währenddessen sich die Rechtswissenschaft und auch die Rechtspraxis nahezu flächendeckend diesen Ansätzen zuwandten und sie zugleich ausbauten. Hintergrund war eine neue, makroökonomische Perspektive, die sich, anders als es je den Gemeinwirtschaftskonzepten des Ersten Weltkrieges gelungen war, nun zur Grundlage des Vertragsdenkens aufschwang. Auch der Vertrag sollte seinen Beitrag leisten zu einer leistungsfähigen Kriegswirtschaft.

4.3.2.1 Vom Anspruch zur Pflicht

In dieser Perspektive stellte sich zunächst die Frage, inwieweit der Vertrag überhaupt das richtige Steuerungsinstrument einer solchen kommenden Kriegswirtschaft sein konnte. Denkbare Alternative war eine vom Staat organisierte Wirtschaft. Diesen Weg ging der Nationalsozialismus flächendeckend jedoch nie. Vor allem im Bereich des Warenverkehrsrechts maß man dem Vertrag weiterhin eine zentrale Bedeutung bei, da man im Vertrag das effizienteste Mittel der Güterverteilung sah:

> Im Hintergrunde der ganzen Entwicklung steht die Verdrängung der klassisch liberalen, übrigens schon seit dem Aufkommen des Massenumsatzes praktisch unbrauchbaren Vertragsfreiheit. An ihre Stelle tritt die durch volkswirtschaftliche Überlegungen über den Sinn des Warenverkehrskreislaufs bestätigte Einsicht, daß der Vertrag nur eines, wenn auch das wesentliche Mittel zur Bewirkung des sinnvollen Güterkreislaufs in der gesamtvölkischen Wirtschaft ist. Hier liegt der Kern der Einordnung des Einzelvertrages in den Gesamtplan der Volksordnung.[170]

Damit bekamen die Vertragspartner einen gemeinsamen volkswirtschaftlichen Auftrag:

> Das Schuldverhältnis ist für die Parteien ein Mittel zur Verfolgung und Befriedigung ihrer Interessen. Aber rechtswirksam ist es nur, weil der schuldrechtliche Vertrag als ein

---

169 Vgl. oben S. 184.

170 Franz Wieacker, Der Stand der Rechtserneuerung auf dem Gebiete des bürgerlichen Rechts, 1937, hier nach dem Nachdruck in: Christian Wollschläger (Hg.), Franz Wieacker. Zivilistische Schriften (1934–1942), Frankfurt a. M. 2000, S. 237.

> geeignetes Mittel anerkannt ist, um höheren Zwecken in der Gemeinschaft zu dienen. Das vertragliche Schuldverhältnis ist die Rechtsform der Güterbereitstellung und Güterverteilung, unentbehrlich um das Leben der Gemeinschaft zu ermöglichen und um Höchstleistungen zu erzielen.[171]

Folge dieses Perspektivwechsels war, dass sich nicht mehr zwei Vertragsschließende mit grundsätzlich gegensätzlichen Interessen gegenüberstehen sollten, sondern zwei Volksgenossen mit dem gemeinsamen Ziel, den Vertrag durchzuführen und die Waren an die Stelle zu bringen, wo sie am ehesten gebraucht würden. Dem Einzelnen war trotz vermeintlicher Vertragsfreiheit „sein Weg [...] mehr oder weniger genau vorgeschrieben, sein Handeln im wirtschaftlichen Leben, sei es als Erzeuger oder Händler, sei es als Verbraucher, wird ihm nicht freigestellt, sondern aufgegeben".[172]

> Der einzelne muß bei Verfolgung seiner eigenen Ziele in dem Gegner den Rechtsgenossen sehen; die Parteien begründen in dem Schuldverhältnis ein Vertrauensverhältnis, das sie gegenseitig zu gebührender Rücksichtnahme verpflichtet.[173]

Die Pflicht der Vertragsparteien, „zur Erreichung des Vertragszweckes gegenseitig vertrauensvoll zusammenzuwirken"[174] machte aus ihnen eine „enge [...] Rechtsgemeinschaft"[175] bzw. eine „Zweckgemeinschaft"[176].

Daraus ergab sich, dass die Leistungspflichten auf eine gemeinschaftliche „Verwirklichung des Leistungserfolges, damit der notwendige Güterumsatz stattfindet",[177]

---

171 Heinrich Stoll, Die Lehre von den Leistungsstörungen. Denkschrift des Ausschusses für Personen-, Vereins- und Schuldrecht, Tübingen 1936, S. 7.

172 Walter Schmidt-Rimpler, Vom System des bürgerlichen Handels- und Wirtschaftsrechts, in: Zur Erneuerung des Bürgerlichen Rechts, München 1938, S. 85 f.

173 Heinrich Stoll, Die Lehre von den Leistungsstörungen. Denkschrift des Ausschusses für Personen-, Vereins- und Schuldrecht, Tübingen 1936, S. 10.

174 Heinrich Stoll, Die Lehre von den Leistungsstörungen. Denkschrift des Ausschusses für Personen-, Vereins- und Schuldrecht, Tübingen 1936, S. 58.

175 Heinrich Stoll, Die Lehre von den Leistungsstörungen. Denkschrift des Ausschusses für Personen-, Vereins- und Schuldrecht, Tübingen 1936, S. 26.

176 Franz Wieacker, Der Stand der Rechtserneuerung auf dem Gebiete des bürgerlichen Rechts, 1937, hier nach dem Nachdruck in: Christian Wollschläger (Hg.), Franz Wieacker. Zivilistische Schriften (1934–1942), Frankfurt a. M. 2000, S. 238.

177 Heinrich Stoll, Die Lehre von den Leistungsstörungen. Denkschrift des Ausschusses für Personen-, Vereins- und Schuldrecht, Tübingen 1936, S. 8.

auszurichten waren. Die Erfüllung des Vertrags wurde vom Anspruch des Vertragspartners zur volkswirtschaftlichen Pflicht. Dies umfasste nicht nur verschärfte Leistungstreuepflichten, sondern auch erweiterte Nebenpflichten. Grundsätzlich war diese Idee nicht neu. Schon 1929 hatte Hugo Kreß in seinem Schuldrechtslehrbuch[178] dem Schuldner Rücksichtnahmepflichten auferlegt, die er aus dem Vertragsinhalt, aber auch einer ergänzenden Vertragsauslegung und zuletzt § 242 BGB gefolgert hatte. Orientierungspunkt blieben jedoch die Parteiinteressen, eine volkswirtschaftliche Indienstnahme des Vertrages fand sich bei Kreß nicht. Bezeichnender Weise sprach er daher auch von einem „Schutzanspruch", blieb also im alten Denken in Ansprüchen, nicht Pflichten verhaftet. Heinrich Stoll konstruierte nun eine gegenseitigen „Treuepflicht" der Vertragsparteien.

Mit Stolls Begründung der Schutzpflichten als Treuepflichten veränderte sich die Vertragsdogmatik nachhaltig. Hatten man zuvor von „Vertragsgegnern" gesprochen und deren vertraglich vereinbarte „Rechte" geprüft, so spricht man seitdem von „Vertragspartnern", deren „Pflichten" nun keineswegs nur dem Vertrag, sondern auch einem dem Vertrag unterlegten Pflichtenprogramm entnommen werden. Hatten Schutzpflichten bzw. Schutzansprüche, zuvor die Aufgabe gehabt, die Schwächen des Deliktsrechts auszugleichen und den Gläubiger vor einer Verletzung seines Integritätsinteresses zu schützen, so oblag es nun der Rechtsprechung, völlig frei Nebenpflichten des Gläubigers als „Treuepflichten" zu konstruieren. Die vertragliche Vereinbarung rückte in den Hintergrund. Diese Entwicklung wurde nach 1945 weitergeführt, zwar von nationalsozialistischer Terminologie befreit, aber weiterhin makroökonomisch begründet. Stichwort war nun die „soziale Funktion des Privatrechts", die bei Autoren wie Ludwig Raiser weiter gepflegt wurde. 1960 verdeutlichte Josef Esser den Blickrichtungswechsel, dem zufolge „nicht das Schuldverhältnis um der Ansprüche willen gedacht werden muß, sondern daß umgekehrt diese und die zugehörigen Gestaltungs- und Klagebefugnisse vom Gesetz und notfalls von der Rechtsprechung verliehen werden müssen, wenn und weil ein schutzwürdiges Pflichtenverhältnis vorhanden ist".[179] 1976 erschienen die weiter angewachsenen Schutzpflichten bereits kaum noch systematisierbar: „Allzu undurchsichtig ist das Dickicht der den Leistungsvorgang begleitenden Nebenpflichten wie der sonstigen Schutzpflichten, die von der Judikatur häufig adhoc und im nachhinein aufgestellt werden und ohne nähere Systematisierung nur in der gemeinsamen Zielrichtung verbunden sind, nach Möglichkeit

178 Hugo Kreß, Lehrbuch des Allgemeinen Schuldrechts, München 1929, S. 6 ff., 578 ff.
179 Josef Esser, Schuldrecht. Allgemeiner und Besonderer Teil, Karlsruhe 1960, S. 77.

eine schadensfreie Abwicklung des gesteigerten sozialen Kontakts zu gewährleisten."[180] Damit verwies Josef Esser auf ein bleibendes Kernproblem dieser Lösung. Schutzpflichten ergeben sich nicht aus dem Vertrag und sind auch nicht gesetzlich genauer spezifiziert. Sie werden daher, wenn keine dauerhafte Rechtsprechung existiert, ex post durch den Richter festgestellt. Verträge schaffen damit Pflichten, die den Vertragsparteien erst im späteren Streitfall erklärt werden. Das BGB hat diese Entwicklung 2002 nachvollzogen. Für das BGB von 1900 hatte das Schuldverhältnis die Aufgabe, dem Gläubiger Ansprüche zu verschaffen: „Kraft des Schuldverhältnisses ist der Gläubiger berechtigt, von dem Schuldner eine Leistung zu fordern" (§ 241 BGB 1900). Seit 2002 steht daneben die „Rücksicht auf die Rechte, Rechtsgüter und Interessen des anderen Teils" (§ 241 Abs. 2 2002) als gesetzlich nicht genauer gefasste Pflicht. Indem immer mehr Pflichten in den Vertrag hineinwuchsen und die Einigung der Vertragsparteien ergänzten, lag es nahe, das Vertragsmodell für die Begründung solcher Pflichten zu verlassen und jenseits des Deliktsrechts Schutzpflichten auch ohne Willenserklärungen anzunehmen. Auch für diese Tendenzen erwies sich der Nationalsozialismus als wichtiger Katalysator.

4.3.2.2 Von der Willensübereinstimmung zum sozialtypischen Verhalten

Bereits in Weimar hatte die Kritik daran zugenommen, die Probleme mit dem Deliktsrecht dadurch zu lösen, dass man Verträge fingierte. Schon damals hatte sich angedeutet, dass in der Abkehr von „Willensfiktionen", also in der Ablehnung eines Vertrages nach dem BGB eigentlich nur der Weg ins Deliktsrecht möglich war. Wollte man dies nicht, dann hatte das BGB keine Lösung. Die folglich naheliegende Behauptung einer Lücke öffnete das BGB für völlig neue Wege.[181] Die darin in Weimar noch oft gesehene Gefahr für die Rechtssicherheit wurde im Nationalsozialismus umgekehrt als Chance für Umwertung erkannt. Auch hier war Heinrich Stoll wichtiger Vorreiter. Da Stoll seine Rücksichtnahmepflichten vom Willen der Vertragsparteien unabhängig als gesetzliche Schutzpflichten verstand, war es nur ein kleiner Schritt, sie auch ohne Verträge anzuwenden. „Vertrauen" war dabei normativ gedacht, es ging nicht darum, ob der Geschädigte wirklich Vertrauen entgegengebracht hatte. Damit war ein freies Feld für Pflichtenprogramme für neu konstruierte Schuldverhältnisse eröffnet.

---

180 Josef Esser u. Eike Schmidt, Schuldrecht. Band 1 Allgemeiner Teil. Teilband 2, 5. Aufl., Heidelberg 1976, S. 105.

181 Vgl. oben S. 184ff.

> Während bis jetzt Pflichten des Gläubigers nur im Einzelfall (zum Beispiel beim Empfang der Zahlung oder bei der Einlösung eines Schecks) anerkannt wurden, werden jetzt allgemeine Gläubigerpflichten, insbesondere die sogenannte Schutzpflicht des Gläubigers, daraus hergeleitet: der Käufer muß die Proben pfleglich behandeln, Fabrikationsgeheimnisse des Verkäufers wahren, der Empfänger einer Zahlung Schaden des Schuldners verhüten. In dieser sogenannten Schutzpflicht gehen auch viele Fälle der bisher so genannten positiven Vertragsverletzung auf, insofern sie nicht auf Schlechtleistung oder Zuspätleistung beruhten. Da die Zweckgemeinschaft der Vertragsteile nicht mehr ausschließlich durch den Parteiwillen inhaltlich normiert ist, beginnt sie unter Umständen schon vor der Vertragsschließung und endet nicht notwendig mit der Vertragserfüllung.[182]

Grund für diese Ausweitung auf den vorvertraglichen Bereich sei eine Haftung für **enttäuschtes Vertrauen**. Haftungsbegründend seien nicht mehr nur Willenserklärungen oder unerlaubte Handlungen, sondern die „**Einwirkungsmöglichkeit auf den fremden Rechtskreis**".[183] Stoll war bewusst, dass damit eine schwer zu konturierende Erweiterung einer Haftung nach Vertragsgrundsätzen entstanden war. Er sah die Gefahren: „Jedoch ist eine gewisse Begrenzung der Schutzpflichten notwendig. Die Haftung darf nicht zu weit ausgedehnt werden."[184] Nach Stoll durfte der Beginn des Schutzpflichten begründenden Vertrauensverhältnisses „erst in dem Zeitpunkt angenommen werden, in dem die Parteien erkennbar vertragliche Beziehungen anbahnen".[185] Stolls Pflichtendenken blieb auf den willensbasierten Vertrag bezogen. Bald wurde diese Begrenzung jedoch aufgegeben und man begann, den Vertrag von der Willenseinigung ganz zu lösen. Damit wurde letztlich aus einem vertraglichen ein gesetzliches Schuldverhältnis. Die Schlüsselfrage war nun, wie ein solches gesetzliches Schuldverhältnis ohne Willenserklärungen entsteht. In seiner Lehre der „**außergesetzlichen Schutzpflichten aus sozialem Kontakt**" sollte nach Hans Dölle eine Haftung nach Vertragsgrundsätzen bereits immer dann einsetzen,

---

182 Franz Wieacker, Der Stand der Rechtserneuerung auf dem Gebiete des bürgerlichen Rechts, 1937, hier nach dem Nachdruck in: Christian Wollschläger (Hg.), Franz Wieacker. Zivilistische Schriften (1934–1942), Frankfurt a. M. 2000, S. 238.

183 Heinrich Stoll, Die Lehre von den Leistungsstörungen. Denkschrift des Ausschusses für Personen-, Vereins- und Schuldrecht, Tübingen 1936, S. 28.

184 Heinrich Stoll, Die Lehre von den Leistungsstörungen. Denkschrift des Ausschusses für Personen-, Vereins- und Schuldrecht, Tübingen 1936, S. 28.

185 Heinrich Stoll, Die Lehre von den Leistungsstörungen. Denkschrift des Ausschusses für Personen-, Vereins- und Schuldrecht, Tübingen 1936, S. 28.

wenn die Beteiligten einander „ein besonderes Vertrauen entgegengebracht haben, indem sie die eigenen Rechtsgüter bewusst – zur Erreichung des mit dem sozialen Kontakt verfolgten Zwecks dem Einfluss und damit der Obhut und Sorgfalt des anderen anvertrauen".[186] Damit waren Gefälligkeiten und andere Alltagssozialkontakte für vertragsähnliche Schutzpflichthaftungen geöffnet.

Mit dem Fortgang der staatlich gelenkten Wirtschaft lag es nahe, einen Schritt weiter zu gehen und das willensbasierte Vertragsmodell noch weiter an den Rand zu drängen. Dies war jenseits des Warenverkehrsrechts bereits weitverbreitet. So trat für Wolfgang Siebert, in Zuspitzung der Eingliederungstheorie Potthoffs,[187] an die Stelle des Arbeitsvertrages ein „personenrechtliches Gliedschaftsverhältnis des Beschäftigten innerhalb der konkreten Betriebsgemeinschaft", für dessen Entstehen keine Willenserklärungen, sondern die „Eingliederung in die Gemeinschaft" entscheidend seien.[188] Hermann Roquette stellte dem die Idee eines „tatsächlichen Mietverhältnisses" infolge der „Tatsache der Benutzung" an die Seite.[189] Was diese Vorschläge von den älteren Lösungen, die einen Vertragsschluss bei Problemfällen einfach fingierten, unterschied, war die Rechtsfolge. Die Kritiker des Vertrags rissen eine riesige Lücke im bisherigen Privatrecht auf, indem sie einen Begründungstatbestand konstruierten, den das BGB nicht kannte. Wie groß der so gewonnene Spielraum gegenüber dem BGB war, machte etwa Siebert deutlich,[190] wenn er für sein arbeitsrechtliches „Gliedschaftsverhältnis" nicht Geschäftsfähigkeit verlangte, sondern lediglich ein „Mindestmaß von Urteils- und Einsichtsfähigkeit".[191]

Als Abschluss dieser Entwicklung erschien 1941 „Über **faktische Vertragsverhältnisse**" von Günter Haupt. Haupt ging von dem bereits in Weimar intensiv diskutierten Befund aus, dass der frei ausgehandelte Vertrag in der Wirklichkeit zunehmend verschwinde:

186 Hans Dölle, Außergesetzliche Schutzpflichten, in: ZStW 103, 1943, S. 67 ff., S. 74 ff.

187 Vgl. oben S. 184 ff.

188 Wolfgang Siebert, Das Arbeitsverhältnis als personenrechtliches (sozialrechtliches) Rechtsverhältnis, in: DArbR 1935, S. 117.

189 Hermann Roquette, Rechtsgrundlagen der Wohnungsmiete, Leipzig 1936, S. 56; vgl. auch ders., Vertragsloses Mietverhältnis, in: DR 1939, S. 405.

190 So Wolfgang Siebert, Das Arbeitsverhältnis als personenrechtliches (sozialrechtliches) Rechtsverhältnis, in: DArbR 1935, S. 128 ff.

191 Wolfgang Siebert, Das Arbeitsverhältnis als personenrechtliches (sozialrechtliches) Rechtsverhältnis, in: DArbR 1935, S. 90.

> Die unseren Zivilgesetzen zugrunde liegende Vorstellung, das Zustandekommen eines Vertragsverhältnisses erfordere stets eine rechtsgeschäftliche Einigung, ist offenbar zu eng geworden [...]. Im modernen Rechtsverkehr und vor allem dort, wo die Notwendigkeit der massenhaften Bewältigung gleichartiger Leistungen zu einer typisierten Mechanisierung der Geschäftsabwicklung geführt hat, paßt dieses Vorstellungsbild jedoch häufig nicht mehr. Die Wirklichkeit ordnet darüber hinaus vielfach die Partner durch den Sachverhalt, durch das Leben, ihren Beruf, ihre Tätigkeit einander zu, mögen sie „wollen" oder nicht. [...] [Auch der Vertrag äußert schließlich] seine Wirkung unter Umständen sogar abweichend von den Vorstellungen und Absichten der Kontrahenten, deren Gestaltungsfreiheit ohne hin eine sachlich begrenzte ist.[192]

Hier klang die für den Nationalsozialismus typische Vorstellung durch, dass dem Leben irgendwie das Recht entwachse. Darauf wird noch einzugehen sein.[193] Das BGB war diesen neuen Entwicklungen jedenfalls, so Haupt, nicht mehr gewachsen, hatte sie nicht vorhergesehen und damit auch gar nicht geregelt. Das Problem durch traditionelle Vertragskonstruktionen zu beheben, die Willenserklärungen unterstellten oder fingierten, lehnte er scharf ab:

> Die Gerichte werden sich [...] in [...] Fällen, in denen ein stillschweigender Vertragsschluß angenommen wird, des fiktiven Charakters dieses Tatbestandes durchaus bewußt gewesen sein. Ihnen geht es bei solchen Begründungen ja nur darum, eine Basis für die Anwendung des Vertragsrechts zu finden [...]. Ihre Überzeugungskraft mag für die unterliegende Partei jedoch nicht selten gering sein, wenn sie aus den Gründen einen Tatbestand erfährt, der ihrer Vorstellung durchaus fern liegt. Man sollte deshalb den Richter aus der unwürdigen Rolle befreien, daß er den Sachverhalt verfälschen muß, um zutreffend entscheiden zu können.[194]

Hinter dem eigenartigen Schutz der richterlichen Wahrheitspflicht versteckte sich eine umfassende Emanzipation vom Vertragsrecht des BGB:

> Hier klafft die Lücke im System des Bürgerlichen Gesetzbuches. Man kann sie nicht dadurch negieren, daß man einfach den fehlenden Vertragstatbestand erdichtet. Vielmehr müssen wir [...] auch den Mut haben, die Dinge in ihrer Wirklichkeit zu sehen. Diese besteht aber darin, daß [...] Vertragsverhältnisse ohne Vertragsschluß anerkannt werden [...]. Das Element,

192 Günter Haupt, Über faktische Vertragsverhältnisse, Leipzig 1941, S. 28 f.
193 Zum konkreten Ordnungsdenken näher unten S. 235 f.
194 Günter Haupt, Über faktische Vertragsverhältnisse, Leipzig 1941, S. 8.

das diese Beziehungen zu einer vertraglichen erhebt, ist aber eben nicht eine rechtsgeschäftliche Einigung, sondern die objektiv verwirklichte Tatsache des besonderen sozialen Kontakts.[195]

Der moderne Massenvertrag war damit aus dem BGB ausgegliedert. Welche Wirkungen faktische Verträge hatten, war „jeweils nach den Tatumständen festzustellen".

Haupt unterschied **drei Fallgruppen**, von denen uns heute zwei noch durchaus vertraut sind. Bei den faktischen Vertragsverhältnissen „**kraft sozialen Kontakts**" ging es um Fälle, die sonst dem Deliktsrecht unterfallen würden. Dies betraf klassische Probleme wie die culpa in contrahendo und Gefälligkeitsverhältnisse, aber auch „defekte Dauerschuldverhältnisse". So würden Mieter und Vermieter ihre rechtliche Position behalten, auch wenn der Mietvertrag unwirksam sei. Bei den faktischen Vertragsverhältnissen „**kraft Einordnung in ein Gemeinschaftsverhältnis**" wurden fehlerhafte Arbeits- und Gesellschaftsverträge dem Bereicherungsrecht entzogen. Haupt kombinierte hier Sieberts Eingliederungstheorie mit einem Ausschluss der rückwirkenden Nichtigkeit in diesen Fällen, um Rückabwicklungsprobleme zu vermeiden. Die ideologische Kraft des Konzepts wurde aber vor allem in der dritten Fallgruppe wirksam, dem faktischen Vertrag kraft „**sozialer Leistungsverpflichtung**". Die Benennung bezog sich auf Massenverträge, bei denen der Anbieter, regelmäßig ein Unternehmen des Staates, einem Kontrahierungszwang ausgesetzt war. Die „Tatsache der Inanspruchnahme der Daseinsvorsorge" entzog diese Verträge dem Regelungsinstrumentarium des BGB. Im Straßenbahnfall, der seit Haupt bis heute diskutiert wird, kam der Vertragsschluss durch Besteigen der Straßenbahn zustande. Da es eines Willens nicht bedurfte, war auch der Schwarzfahrer Vertragspartner. Irrtumsanfechtung war ausgeschlossen, die Geschäftsfähigkeit nicht relevant. Den Inhalt dieses Vertrages bestimmte der Anbieter. Damit unterlag die Bestimmung des Vertragsinhalts in solchen Fällen freiem staatlichem Zugriff, sei es durch die staatliche Kontrolle privatwirtschaftlicher Allgemeiner Geschäftsbedingungen, sei es unmittelbar dann, wenn der Staat selbst die Leistung anbot. Haupt zählte konsequent allerlei Pflichten bei faktischen Verträgen auf, etwa Erhaltungspflichten sowie vor allem auch Anzeige- und Erkundigungspflichten. Aus der Vertragsfreiheit wurde staatliche Vertragsgestaltung.

Dies war angesichts der weitgehenden staatlichen Steuerung der Kriegswirtschaft ein 1941 vielen unmittelbar einleuchtendes Konzept. Zugleich passte es gut in die parallel laufenden Versuche,[196] das BGB durch ein Volksgesetzbuch zu ersetzen, da Haupt den Eindruck erweckte, dass das BGB auf die neue Wirklichkeit keinerlei Antwort hatte.

---

195 Günter Haupt, Über faktische Vertragsverhältnisse, Leipzig 1941, S. 11.

196 Hierzu unten S. 260 ff.

Die Risiken des Konzepts lagen nicht nur in der Gefahr, Parteien gegen ihren Willen in Verträge zu zwingen. Vielmehr war ein riesiges Regelungsvakuum geschaffen, das es ermöglichen sollte, mit allen möglichen Begründungen Vertragsbeziehungen und deren Folgen jenseits des BGB zuzuweisen. Füllen musste diese Lücke nun der Richter.

Die Probleme sollten sich nach 1945 zeigen. Ausgangspunkt war seit 1954 die **Hoferbenrechtsprechung** des 5. Zivilsenats des BGH. Immer wieder stand der Senat vor der Frage, ob Hoferbenbestimmungen entgegen §§ 7 Abs. 1 HöfeO 1947 und § 313 BGB 1900,[197] §§ 2226 Abs. 1, 125 BGB auch formlos erfolgen konnten. In einem Fall, in dem der Sohn des Eigentümers viele Jahre unter dem mündlichen Versprechen der Hofübergabe den Hof geführt hatte und dann enterbt wurde, nahmen die Richter 1954 einen wirksamen Hofübergabevertrag infolge der bäuerlichen Übung an:[198]

> Ist nach dem […] geltenden Höferecht die Übergabe des Hofes auch nicht erzwingbar, so stellt sie doch immerhin eine Standes- und Familienpflicht dar, die vor allem in bäuerlichen Kreisen als eine wirkliche Rechtspflicht aufgefaßt wird […]. Dies führt dazu, in dieser durch das eigene Verhalten des Hofeigentümers hervorgerufenen Bindung eine Bestimmung des Hoferben durch Rechtsgeschäft unter Lebenden zu erblicken, wie sie auch durch einen Übergabevertrag vorgenommen wird.

Der Senatsvorsitzende Friedrich Tasche, während des Nationalsozialismus Richter am OLG Celle, hatte bereits 1942 in Anlehnung an Haupt als Lösung solcher Fälle die „je nach Lage des einzelnen Falles zu beantwortende Frage, ob nach dem bisherigen Verhalten eines oder beider Vertragsteile und der infolgedessen eingetretenen tatsächlichen Entwickelung der Verhältnisse eine befriedigende Lösung, eine im Sinne des Gemeinschaftsgedankens befriedigende Ordnung und Abwickelung der Beziehungen der Beteiligten die Anwendung von Vertragsgrundsätzen erfordert oder nicht“[199] formuliert. Am 5. Februar 1957 benannte er als dogmatische Konstruktion für die Lösung eines vergleichbaren Falles dann erstmals den faktischen Vertrag Haupts.[200] Dies war freilich eine Fallgruppe, an die Haupt nicht gedacht hatte. Der Senat meinte jedoch:

197 § 313 1900 „[1] Ein Vertrag, durch den sich der eine Theil verpflichtet, das Eigenthum an einem Grundstücke zu übertragen, bedarf der gerichtlichen oder notariellen Beurkundung. [2] Ein ohne Beobachtung dieser Form geschlossener Vertrag wird seinem ganzen Inhalte nach gültig, wenn die Auflassung und die Eintragung in das Grundbuch erfolgen“.

198 BGHZ 12, S. 305 f. vom 16. 2. 1954.

199 Friedrich Tasche, Vertragsverhältnis nach nichtigem Vertragsschluß, in: JherJb 90, 1942, S. 123.

200 BGHZ 23, S. 249 ff. vom 5. 2. 1957.

> Die im Bauernstand seit langem verbreitete Übung, die Erbfolge in den Hof schon bei Lebzeiten bindend zu regeln, [...] legt eine Übertragung der Gedankengänge von den Erscheinungen des Massenverkehrs auf typische Vorgänge auf dem Gebiete des Höferechts nahe.[201]

Damit war klar, dass mit der Berufung auf „sozialtypisches Verhalten" eine fast uferlose Ausweitung des Vertragsrechts gerechtfertigt werden konnte, genau wie es das Billigkeitskonzept Tasches vorsah. War die Literatur angesichts der bis dato entschiedenen Fälle noch zumeist Haupts Vorschlag und dem BGH gefolgt, so geriet nun das Konzept des faktischen Vertrages in die Krise. Hierzu trug ein zweiter berühmter Fall bei, der „**Hamburger Parkplatzfall**" des BGH vom 14. Juli 1956, der die von Haupt diskutierten Schwarzfahrerfälle zuspitzte. Hier nutzte eine PKW-Fahrerin einen entgeltlichen Parkplatz und wies die Angestellten des Parkplatzbetreibers zugleich darauf hin, es handele sich um Gemeingebrauch und sie sei nicht bereit, ein Entgelt zu zahlen. Der BGH löste 1956 das Problem unter Berufung auf Haupts Lehre und nahm einen faktischen Vertrag infolge sozialtypischen Verhaltens an.[202] Mit diesem Urteil eskalierte der 5. Zivilsenat den Konflikt mit dem Vertragsrecht des BGB und unterwarf auch den expliziten Parteiwillen dem sozialtypischen Verhalten. Während Karl Larenz dem zustimmte und den Fall zum Schulfall seiner Lehre vom Vertragsschluss kraft sozialtypischen Verhaltens machte,[203] löste das Urteil in der sonstigen Literatur weitgehend Widerspruch aus. Im Anschluss an Franz Wieacker[204] setzte sich die Ansicht durch, dass es hier eines faktischen Vertrags nicht bedürfe, weil der Fall durch die gemeinrechtliche Parömie protestatio facto contraria non valet entschieden werden könne. Die Regel besagt, dass schlüssiges Verhalten einem Widerspruch dagegen vorgeht, wenn ansonsten das Verhalten unerlaubt wäre. Ob diese bis heute verbreitete Lösung zutreffend ist, wird stark bezweifelt, weil der darin liegende Vorrang des tatsächlichen Verhaltens gegenüber dem geäußerten Willen der negativen Vertragsfreiheit fundamental widerspricht. Bis heute erweisen sich die Fälle einer Inanspruchnahme einer Leistung ohne Vertragswillen als Herausforderungen der Privatrechtsdogmatik. Man nutzte das Instrumentarium der Rechtsgeschäftslehre, also etwa konkludente Willenserklärungen, Unbeachtlichkeit von Mentalreserva-

201 BGHZ 23, S. 261 vom 5.2.1957.

202 BGHZ 21, S. 334 vom 14.7.1956.

203 Karl Larenz, Die Begründung von Schuldverhältnissen durch sozialtypisches Verhalten, NJW 1956, S. 1897.

204 Franz Wieacker, Anm. zu BGH V ZR 2233/54 vom 14.7.1956, in: JZ 1957, S. 61 f.

tionen, normative und ergänzende Vertragsauslegung, und verwies ansonsten auf das Delikts- oder Bereicherungsrecht, da andernfalls die Konzeption des BGB-basierten Privatrechts verlassen würde. Vertragsschlüsse kraft „sozialtypischem Verhalten" werden seitdem nicht mehr angenommen.

In den 1950er Jahren brach die Lehre vom faktischen Vertrag zusammen. Man fürchtete vor allem ein unkontrolliertes Anwachsen „sozialtypischer Verpflichtungsgründe".[205] Heinrich Lehmann, der stets ein Kritiker Haupts gewesen war, nannte 1957 den „faktischen Vertrag" in der Hoferbenentscheidung bald überall zitiert eine „Verwilderung der Rechtsprechung" und „Knochenerweichung des Schuldrechts" mit der Wirkung einer „Atombombe zur Zerstörung juristischen gesetzestreuen Denkens".[206] Im gleichen Jahr sprach sich die Zivilrechtslehrervereinigung mit überwältigender Mehrheit gegen den „faktischen Vertrag" aus, den man nun als Gefahr für die Rechtsordnung einstufte.[207] In Haupts Argument „Das Leben selber ordnet zu" sah Josef Esser nun, 1958, „die Kapitulation normativen Rechtsdenkens vor dem politisch-sozialen Faktum".[208] Esser fürchtete eine „wissenschaftlich unkontrollierbare Vermengung von rechtlichen und ethischen Prinzipien und Wertmaßstäben"[209] und eine „Aufweichung dogmatischen Argumentierens".[210] Auch Wolfgang Siebert, während des Nationalsozialismus noch entscheidender Vordenker Haupts, wandte sich nun ab.[211] Einzig Karl Larenz hielt auch weiterhin an seiner Lehre vom Schuldverhältnis kraft sozialtypischen Verhaltens fest.[212]

Gleichwohl hinterließen die Diskussionen der 1930er und 1940er Jahre um den Vertrag doch nachhaltige Spuren im Schuldrecht. Die durch Stoll und Haupt bewirkte

205 Hermann Krause, Rezension zu Wolfgang Siebert, Faktische Vertragsverhältnisse, Karlsruhe 1958, in: BB 1959, S. 419.

206 Ludwig Enneccerus u. Heinrich Lehmann, Recht der Schuldverhältnisse, 15. Aufl. Tübingen 1958, hier nach dem Vorwort von Dez. 1957.

207 Vgl. Fritz Baur, Zivilrechtslehrertagung 1957, in: JZ 1957, S. 764.

208 Josef Esser, Gedanken zur Dogmatik der „faktischen Schuldverhältnisse", 1958, zitiert nach Wiederabdruck in: Peter Häberle u. Hans Leser (Hgg.), Wege der Rechtsgewinnung, 1990, 51ff., 56; anders noch ders., Rez. Haupt, Schmollers Jb 66, 1942, S. 230ff.

209 Josef Esser, Interpretation und Rechtsneubildung im Familienrecht, in: JZ 1953, S. 522.

210 Josef Esser, Zur Methodenlehre des Zivilrechts, 1959, hier nach Wiederabdruck in: Peter Häberle u. Hans Leser (Hgg.), Wege der Rechtsgewinnung. Ausgewählte Aufsätze, Tübingen 1990, S. 315.

211 Wolfgang Siebert, Faktische Vertragsverhältnisse, Karlsruhe 1958, S. 38.

212 Karl Larenz, Die Begründung von Schuldverhältnissen durch sozialtypisches Verhalten, in: NJW 1956, S. 1897ff.

Abkehr von Willenserklärungen als alleinigem Begründungsakt von Schutzpflichten wurde nach 1945 nie zurückgenommen. Aus ihr entwickelte sich die **„dritte Spur des Haftungsrechts“**, die Haftung nach Vertragsgrundsätzen aus „geschäftlichem Kontakt“ neben Vertrag und Delikt, deren Besonderheit vor allem darin deutlich wird, dass nahezu alle anderen europäischen Rechtsordnungen ein solches Rechtsinstitut nicht kennen und die Fälle vor allem über das Deliktsrecht lösen. Wichtig war besonders die Weiterentwicklung der Gedanken von Stoll durch Claus-Wilhelm Canaris.[213] Er baute die Schutzpflichtkonzeption von Stoll zu einem einheitlichen gesetzlichen Schuldverhältnis aus, das die Haftung für Schutzpflichtverletzungen vom vorvertraglichen bis in den nachvertraglichen Bereich umfasste. Schutzpflichten folgen in dieser Konzeption komplett aus geschäftlichem Kontakt, nicht aus zugesagter Haftung. Verbunden damit war eine Absage an die Ausweitung Dölles auf „soziale Kontakte“. Erst in den ersten Debatten um eine Schuldrechtsreform in den 1980er Jahren konnte sich diese Position gegen andere Konzepte, etwa den „organisierten Kontakt“ (Gunter Teubner) oder den „finalen Kontakt“ (Eduard Picker) oder eine „Selbstbindung ohne Vertrag“ (Johannes Köndgen) durchsetzen. Im Ergebnis bleibt jedenfalls die Haftungserweiterung. In § 241 Abs. 2 BGB 2002 findet sich nun die auf Stoll zurückgehende Lehre von den Schutzpflichtverletzungen, inkl. der hierfür begründenden „Möglichkeit zur Einwirkung auf seine Rechte, Rechtsgüter und Interessen“ (§ 311 Abs. 2 Nr. 2 BGB 2002). Schutzpflichten werden nun gem. § 311 Abs. 2 Nr. 3 BGB 2002 auf „ähnliche geschäftliche Kontakte“ gestützt.

Literatur: Spiros Simitis, Die faktischen Vertragsverhältnisse als Ausdruck der gewandelten sozialen Funktion der Rechtsinstitute des Privatrechts, Frankfurt a. M. 1957; Arndt Teichmann, Die protestatio facto contraria, in: Franz Wieacker u. Hans-Martin Pawlowski (Hgg.), Festschrift für Karl Michaelis zum 70. Geburtstag zum 21. Dezember 1970, Göttingen 1972, S. 294 ff.; Rainer Schröder, Zur Rechtsgeschäftslehre in nationalsozialistischer Zeit, in: Peter Salje (Hg.), Recht und Unrecht im Nationalsozialismus, Regensburg 1985, S. 8 ff.; Susanne Würthwein, Zur Schadensersatzpflicht wegen Vertragsverletzungen im Gemeinen Recht des 19. Jahrhunderts. Grundsätze des Leistungsstörungsrechts im Gemeinen Recht in ihrer Bedeutung für das BGB, Berlin 1990; Anke Sessler, Die Lehre von den Leistungsstörungen. Heinrich Stolls Bedeutung für die Entwicklung des allgemeinen Schuldrechts, Berlin 1994; Peter Lambrecht, Die Lehre vom faktischen Vertragsverhältnis, Tübingen 1994;

213 Claus-Wilhelm Canaris, Ansprüche wegen „positiver Vertragsverletzung und „Schutzwirkung für Dritte“ bei nichtigen Verträgen,“ in: JZ 1965, S. 475 ff.; zusammenfassend ders., Schutzgesetze-Verkehrspflichten-Schutzpflichten, in: ders. u. Uwe Diederichsen (Hgg.), Festschrift für Karl Larenz zum 80. Geburtstag, München 1983, S. 27 ff.

Reinhard Singer, Selbstbestimmung und Verkehrsschutz im Recht der Willenserklärungen, München 1995; Matthias Zirker, Vertrag und Geschäftsgrundlage in der Zeit des Nationalsozialismus, Würzburg 1996; Ralf Frassek, Von der „völkischen Lebensordnung" zum Recht. Die Umsetzung weltanschaulicher Programmatik in den schuldrechtlichen Schriften von Karl Larenz (1903–1993), Baden-Baden 1996; HKK/Dorn, § 241, Tübingen 2007, Rn. 78 ff., 95 ff.; HKK/Hofer, Vor § 241, Tübingen 2007, Rn. 30 f.; Birgit Schäfer, Methode und Zivilrecht bei Josef Esser (1910–1999), in: Joachim Rückert u. Ralf Seinecke (Hgg.), Methodik des Zivilrechts – von Savigny bis Teubner, 3. Aufl. Baden Baden 2017, S. 293 ff.; Jan Thiessen, Von der (Linoleum-)Rolle. Die heimliche Anerkennung der culpa in contrahendo im Streit der Reichsgerichtsräte, in: Marietta Auer et al. (Hgg.), Privatrechtsdogmatik im 21. Jahrhundert. Festschrift für Claus-Wilhelm Canaris zum 80. Geburtstag, Berlin 2017, S. 51 ff.; Gregor Bachmann u. Jan-Erik Schirmer, Leistungs- und Schutzpflichten in der Zivilrechtsdogmatik, in: Marietta Auer et al. (Hgg.), Privatrechtsdogmatik im 21. Jahrhundert. Festschrift für Claus-Wilhelm Canaris zum 80. Geburtstag, Berlin 2017, S. 371 ff.; Joachim Rückert, Berliner Schuldrecht – eine neue Epoche?, in: Thomas Duve u. Stefan Ruppert (Hgg.), Rechtswissenschaft in der Berliner Republik, Frankfurt a. M. 2018, S. 504 ff.

4.3.3 Umwertung des BGB

4.3.3.1 Wertungsjurisprudenz I

1933 standen Nationalsozialisten vor dem Problem, dass das neue Recht, das sie propagierten, nicht als Gesetz galt. Vielmehr brauchte der NS-Staat Zeit, um die Rechtsordnung seinen Forderungen entsprechend gesetzlich umzuregeln. Die Frage war nun, wie man den Konflikt zwischen „altem" Gesetzesrecht und „neuem" Rechtsdenken lösen konnte. Dies drängte vor allem mit Blick auf das BGB, dessen präzise Formulierungen den rassistischen und antiliberalen Forderungen der „völkischen Rechtserneuerung" sperrig entgegentraten.

In der Rechtswissenschaft begann in dem Versuch, der jetzt zur Umwertung berufenen Richterschaft Umwertungstechniken an die Hand zu geben, ein **Wettbewerb um die beste Umwertungsmethode**. Dabei teilten viele Rechtswissenschaftler von Anfang an eine Aversion gegen die den Juristen von führenden Nationalsozialisten zugeschriebene „formalistische" und „volksfremde" Gesetzesfixierung. In vielen Spielarten versuchte man, den Nationalsozialismus als politisches Programm mit einem diffusen Bezug zum Denken des „Volkes" und dem letztlich überhaupt rechtsfeindlichen „Führerprinzip" zu verschmelzen. Eine erste Antwort auf die dabei auftauchenden Probleme war die Prämisse der Einheit des Willens Hitlers mit dem Willen des Volkes. Rudolf Heß stellte 1934 klar: „Wenn Sie richten, mein Führer, dann richtet das deutsche Volk!“[214] Dahinter lauerte das schwierigere Problem, dass mit dieser Grundentscheidung zugleich die Vorstellung verabschiedet war, ein irgendwie feststehendes nationalsozialistisches Recht durch Rechtswissenschaft dingfest machen zu können. Versuche, ein „Naturrecht in der Gegenwart“ zu konstruieren,[215] blieben marginal und politisch gefährlich. Die Vorstellung, etwa im Parteiprogramm der NSDAP ein solches bindendes Recht zu besitzen, konnte sich nie durchsetzen und widersprach auch Hitlers eigener Ansicht, der sich feststehenden Regeln generell nicht unterwarf. Damit blieb der Rekurs auf ein irgendwie allem zugrunde liegendes „völkisches Recht“, das in der Wesenseinheit zwischen Volk und Führer zu erkennen war. Das gesamte geschriebene Recht und vor allem natürlich das „vorrevolutionäre Recht“ wie das BGB waren daran zu messen.

> Das Recht ist Ordnung des Gemeinschaftslebens. Es ist ebenso wie dieses nicht starr, sondern in ständigem Flusse. Die Normierung des Rechtes stellt darum nur den Versuch dar, geltendes Recht zu gliedern oder künftiges Recht zu schaffen [...]. Die Setzung der Norm im letzteren Falle aber macht sie noch nicht zum Recht. Darin liegt das Experiment der Normsetzung. Recht wird sie erst mit der Annahme durch die Gemeinschaft, ihr Aufgehen in der Lebensordnung.[216]

Die Rechtswissenschaft entwertete mit solchen Behauptungen nach 1933 massiv die Steuerungskraft des Gesetzes. Das nationalsozialistische Umwertungsdenken war radikal antiformal, die Abwehrfunktion des Gesetzes war gerade im Privatrecht obsolet:

> Die Durchführung des Pflicht- und Gemeinschaftsgedankens **zerstört die Form des Rechtes**. Der klare, scharf gegliederte, folgerichtige und starre Aufbau eines verstandesmäßigen Rechtssystems weicht dem fließenden, in sich übergreifenden, folgewidrig abbiegenden, vom Billigkeitsgefühl getragenen lebenden Organismus.[217]

Hinter diesem „Billigkeitsgefühl“ versteckten sich freilich für die vor allem vom Richter vorzunehmende Umwertung des BGB einige Schwierigkeiten: Sie sollten so entscheiden,

214 DR 1934, S. 427.
215 Hans-Helmut Dietze, Naturrecht in der Gegenwart, Bonn 1936.
216 Heinrich Lange, Liberalismus, Nationalsozialismus und Bürgerliches Recht, Tübingen 1933, S. 7.
217 Heinrich Lange, Liberalismus, Nationalsozialismus und Bürgerliches Recht, Tübingen 1933, S. 37.

wie ein irgendwie präexistentes völkisches Recht es verlangte. Dieses völkische Recht kam nur im Willen des „Führers" zum Vorschein, war aber irgendwie auch dann schon da, wenn er es noch nicht ausgesprochen hatte. Klar war damit, dass es nicht um „Richterrecht" gehen sollte, ein während des Nationalsozialismus unbeliebter Terminus. Der Richter durfte nicht seinem individuellen Rechtsgefühl folgen und schon gar nicht als politisches Subjekt urteilen, sondern als Medium des stets in Bewegung befindlichen **„völkischen Rechtsempfindens"**. Immer wieder wurde die „weltanschauliche Geschlossenheit"[218] des Volkswillens beschworen, die früher – im liberalen Meinungsstaat – gefehlt habe, aber nun – im totalitären Staat – existiere. Heinrich Lange rief daher 1936 den Wertungsjuristen als neues Ideal aus:

> Eins aber steht fest: Weder die zweckbestimmte Begriffs- noch die Interessenjurisprudenz noch die Freirechtsschule stellten der Rechtsfindung feste Wertmaßstäbe zur Verfügung [...]. Einen solchen festen Maßstab zu finden, bereitete freilich in der Vergangenheit erhebliche Schwierigkeiten. Die weltanschauliche Gleichgültigkeit des früheren Staates ließ jeden nach seiner Fasson selig werden, konnte fast alles verstehen und fast alles verzeihen [...]. Hier hat der Nationalsozialismus eine wesentliche Vereinheitlichung und damit Vereinfachung gebracht [...]. Gegenüber dem früheren weitgehend wertneutralen Staate [...] hat er klare und feste Grundwerte anerkannt und damit Grundwertungen geschaffen und ermöglicht. Volk, Rasse, Gemeinschaft, Treue und Ehre und die Grundforderung des Rechtes – Gemeinnutz geht vor Eigennutz – gestatten eine klare Wertfolge. [...] Die Interessenjurisprudenz [...] [ist] zur **Wertungsjurisprudenz** geworden.[219]

Mit „klarer Wertfolge" suggerierte Lange freilich eine Wertesicherheit, die nur für „Volk" und „Rasse" durch die insofern klaren ideologischen Vorgaben bestand. Für den im Zivilrecht gleichermaßen zentralen Begriff der „Gemeinschaft" bezweifelten die meisten Rechtswissenschaftler bereits, dass sich dieser jenseits des konkreten Falles klar festlegen lasse. Auch „Ehre" und „Treue" blieben in ihren Auswirkungen stets diffus. Zwei Blickrichtungen wurden dem Richter angeboten, um die gewünschten Werte zu finden.

Der erste Weg war das **Rechtsgefühl des Volkes**, welches irgendwie intuitiv mit dem Rechtsgefühl des Juristen und den Rechtsvorstellungen des Nationalsozialismus verschmolzen werden sollte. Im ersten Zugriff reaktivierte man also die alte Idee eines gemeinschaftlichen Volksgeistes, wofür bisweilen auch explizit an Savigny angeknüpft

218 Roland Freisler, Nationalsozialistisches Recht und Rechtsdenken, Berlin 1938, S. 70.
219 Heinrich Lange, Mittel und Ziel der Rechtsfindung im Zivilrecht, in: ZAkDR 1936, S. 924.

wurde. Karl August Eckhardt forderte 1936: „für uns ist Recht, was das deutsche Volk als Recht empfindet". Daraus folge für den Richter die Pflicht, vom Gesetz abzuweichen, wenn „seine Anwendung dem Empfinden des Volkes ‚ins Gesicht schlagen' würde, so daß […] ein Sturm der Entrüstung wegen dieses Urteils ausbrechen würde".[220] Wie war so etwas zu prognostizieren? Keineswegs war daran gedacht, die Bevölkerung um ihre Meinung zu fragen. Tat man dies,[221] so fand sich eine Meinungsvielfalt, die gerade dem widersprach, was man beständig postulierte, der Volksgemeinschaft als einheitlicher Wertegemeinschaft. Insofern wäre es naiv für einen Richter gewesen, seine Überzeugung davon, dass er so entscheide, wie das Volk entschieden hätte, als hinreichende Rechtfertigung anzusehen. Es ging nicht darum, seiner Überzeugung zu folgen, sondern im nationalsozialistischen Sinne „richtig" zu entscheiden, zwar nicht zwingend dem Gesetz, aber immer dem nationalsozialistischen „Recht" zu gehorchen. Unverhohlen schwang immer eine Drohung mit:

> Wahre Gemeinschaft erträgt es nicht, wenn ihr Wille in zersetzender Vielfältigkeit gebildet werden soll; sie verlangt vielmehr eine geschlossene Einheit […].[222]

Carl Schmitt stellte klar: Ein Richter, der sich als unabhängig dem Recht des Staates gegenübersehe, dessen Recht er zu sprechen habe, betreibe „Willkür, und zwar politische Willkür".[223]

In der Forschung wird in diesem Zusammenhang von „**Innensteuerung**"[224] als Gegenbegriff zur traditionellen „Außensteuerung" des Richters durch Gesetzgebung gesprochen. Gegenüber festen inhaltlichen Entscheidungsvorgaben setzte man in der Anfangszeit des Nationalsozialismus auf nationalsozialistische Richterpersönlichkeiten. Ein starker Fokus lag also auf der **Personalpolitik**. „Fremdvölkische" und politisch missliebige Richter wurden bereits durch das Gesetz zur Wiederherstellung des Berufsbeamtentums vom 7. April 1933 nebst Folgeregelungen aus der Justiz entfernt. Das Einstellungs- und Beförderungsverfahren wurde durchpolitisiert. Die

---

220 Karl August Eckardt, Richteramt, in: DRW 1, 1936, S. 130f.

221 So in der Umfrage des Bayerischen Rundfunks zu einem bestimmten Rechtsfall, Bericht von H. P. Danielcik, in: DR 1937, S. 201f.

222 Wolfgang Siebert, Die Volksgemeinschaft im bürgerlichen Recht, in: Hans Frank (Hg.), Nationalsozialistisches Handbuch für Recht und Gesetzgebung, München 1935, S. 961.

223 Carl Schmitt, Fünf Leitsätze für die Rechtspraxis, in: DR 1933, S. 201.

224 Zuerst Joachim Rückert, Das „gesunde Volksempfinden" – eine Erbschaft Savignys?, in: ZRG GA 103, 1986, S. 234.

Standesorganisationen wurden beseitigt und durch den Bund nationalsozialistischer deutscher Juristen (BNSDJ), ab 1936 durch den Nationalsozialistischen Rechtswahrerbund (NSRB) ersetzt. Junge, besonders linientreue Richter stiegen schnell auf. Die Juristenausbildung[225] wurde gleichermaßen nationalsozialistischen Vorgaben unterworfen – wie das Referendariat, in das man durch verpflichtende „Gemeinschaftslager" Stationen einbaute, die ein politisch-soldatisches Gemeinschaftsgefühl wecken und politische Abweichler aufdecken sollten. Neben die ordentliche Gerichtsbarkeit traten zunehmend Sondergerichte für politische Fälle, die mit besonders linientreuen Richtern besetzt und unter Beschneidung der Rechte der Parteien entschieden wurden. Man stellte sicher, dass die Rechtskraft unliebsamer Urteile durchbrochen werden konnte (ab 1939: außerordentlicher Einspruch, außerordentliche Wiederaufnahme, Nichtigkeitsbeschwerde).

Gleichwohl wäre es verkürzt, wenn man „Innensteuerung" so verstünde, dass der NS-Staat nun der neuen Richterschaft die Umwertung des alten Rechts vertrauensvoll übergab. Neben die Personalauswahl traten während des Nationalsozialismus immer vielfältiger werdende inhaltliche Vorgaben jenseits des Gesetzes. Der juristische Zeitschriftenmarkt wurde in wenigen offiziellen Zeitschriften, allen voran „Deutsches Recht" und „Deutsche Justiz" vereinigt, und die so zusammengeführte Leserschaft durch politische Leitartikel, veröffentlichte und besprochene Urteile und Artikel zu Einzelfragen mit dem versorgt, was dem „völkischen Rechtsempfinden" entsprechen sollte. Parallel dazu begann eine umfangreiche Urteilskritik durch Parteizeitungen wie dem „Völkischen Beobachter" oder dem „Schwarze(n) Corps" der SS.

Letztlich versteckte sich in dem vermeintlichen Machtzuwachs der Justiz durch den freien Rückgriff auf das „völkische Rechtsbewusstsein" eine Auslieferung an situative politische Feinsteuerung, was den Ausgang der Prozesse für die Parteien zunehmend schwer vorhersehbar machte.

Dies gilt gleichfalls für eine zweite dem Richter durch die Rechtswissenschaft angebotene Argumentationslinie. Hier verwies man den Richter nicht auf Werte, sondern vermeintlich gegenteilig auf die **Wirklichkeit**. Dies betonte das „**konkrete Ordnungsdenken**", das Carl Schmitt seit 1933 in einer Reihe von Veröffentlichungen in die Diskussion eingebracht hatte. In „Über die drei Arten des rechtswissenschaftlichen Denkens" von 1934 stellte er diese Art, das Recht zu denken, den traditionell juristischen Denkweisen, also dem „Normativismus" (Gesetzesdenken) und dem „Dezisionismus" (Entscheidungsdenken) als scheinbare Einsicht in die Wirklichkeit

225 Hierzu genauer unten S. 253.

des Rechts gegenüber. Recht bildete sich demnach in Lebenswirklichkeiten von selbst. Als Beispiele solcher sozialen Ordnungen nannte er Familienmitglieder, „Sippengenossen“, „Standesgenossen“, „Arbeitslagerkameraden“, Staatsbeamte, Kirchengeistliche und Soldaten. Soziale Gruppen lebten in eigenen Ordnungen. Damit wurde erneut ganz bewusst die neukantianische Trennung zwischen Sein und Sollen, Wirklichkeit und Wert überbrückt. Zugleich wurden – in typisch Schmitt'scher Manier – die Steuerungsfantasien von Juristen als scheinbar naiv entlarvt. Recht folgte dem Leben, nicht umgekehrt das Leben dem Recht. Recht, das die konkreten Ordnungen ignorierte, konnte bestenfalls zerstören.

> Die konkrete innere Ordnung, Disziplin und Ehre jeder Institution widersteht, solange die Institution andauert, jedem Versuch restloser Normierung und Regelung; sie stellt jeden Gesetzgeber und jeden, der das Gesetz anwendet, vor das Dilemma, entweder die mit der Institution gegebenen konkreten Rechtsbegriffe zu übernehmen und zu verwenden, oder aber die Institution zu zerstören.[226]

Für den Nationalsozialismus klang das verlockend, weil hier jemand endlich mit der Forderung nach lebensnahem, volkstümlichem Recht ernst zu machen schien. Die eigentliche Pointe des Ansatzes war jedoch eine andere. Erstens war diese Denkweise erneut eine klare Absage an jede Gleichheit als Ausgangspunkt des Rechts. Jede Ordnung entschied **konkret** darüber, wer welche Rechtsposition erhielt. **Abstrakte** Allgemeinbegriffe („Allgemeine Rechtsfähigkeit“, „Eigentum“, „Vertrag“) passten nicht in dieses Denken. Zweitens verloren Normen und Präjudizien ganz entscheidend an Bindungskraft. Das konkrete Ordnungsdenken war geeignet, insbesondere Normen aus der Zeit vor 1933, also auch das BGB, durch bloße „Wirklichkeitskorrekturen“ aus den Angeln zu heben.

> Für das konkrete Ordnungsdenken ist „Ordnung“ auch juristisch nicht in erster Linie Regel oder eine Summe von Regeln, sondern umgekehrt, die Regel nur ein Bestandteil und ein Mittel der Ordnung. […] Die Norm oder Regel schafft nicht die Ordnung; sie hat vielmehr nur auf dem Boden und im Rahmen einer gegebenen Ordnung eine gewisse regulierende Funktion mit einem relativ kleinen Maß in sich selbständigen, von der Lage der Sache unabhängigen Geltens.[227]

---

226 Carl Schmitt, Über die drei Arten des rechtswissenschaftlichen Denkens, Hamburg 1934, S. 17.
227 Carl Schmitt, Über die drei Arten des rechtswissenschaftlichen Denkens, Hamburg 1934, S. 11.

Schließlich war entscheidend, dass es Schmitt nicht um Empirie schlechthin, sondern um **werthaltige Wirklichkeit** ging. Sein Blick war nicht auf die Familie gerichtet, wie sie 1934 in Deutschland gelebt wurde. Es ging nicht um Demoskopie oder um Statistik. „Konkret" war die nationalsozialistische Idealfamilie. Konkretes Ordnungsdenken wollte das Leben nicht abbilden, es wollte das Leben verändern. Hinter dem Leben lauerte die Ideologie:

> Ueberall schafft der Nationalsozialismus eine andere Art Ordnung, von der Nationalsozialistischen Deutschen Arbeiterpartei angefangen bis zu den zahlreichen Ordnungen, die wir vor uns wachsen sehen: [...] Alle diese Ordnungen bringen ihr inneres Recht mit sich [...]. Unser Streben aber hat die Richtung des lebendigen Wachstums auf seiner Seite und unsere neue Ordnung kommt aus uns selbst.[228]

Schmitt relativierte somit alle Arten von Rechtsnormen und verwies den Juristen in eine Lebensschau, deren genaue Technik er bewusst unklar ließ. Schmitt legte damit das Instrumentarium bereit, um das Recht einfach „umzudenken"[229], ohne es formal abschaffen zu müssen.

Verbreitet wurden diese neuen Ansätze im Privatrecht von einer Gruppe junger Nationalsozialisten aus Kiel, die, eng an Carl Schmitt orientiert, als „Kieler Schule"[230] mit dem Anspruch auftraten, Vorreiter des völkischen Rechtsdenkens zu sein. Einflussreich war Karl Larenz, der in seiner, dem konkreten Ordnungsdenken stark verwandten Lehre vom „konkret-allgemeinen Begriff" die Idee zu einem Methodenprogramm ausbaute:

> Gemeinschaften wie Familie und Betrieb haben als Gliederungen der Volksgemeinschaft unmittelbare Bedeutung rechtlicher Ordnungen, deren Grundverfassung keiner gesetzlichen

228 Carl Schmitt, Nationalsozialistisches Rechtsdenken, in: DR 1934, S. 228.

229 Carl Schmitt, Nationalsozialistisches Rechtsdenken, in: DR 1934, S. 229.

230 In Kiel wurden bis 1935 nahezu alle Fakultätsmitglieder aus rassistischen oder politischen Gründen entlassen bzw. versetzt und geplant durch eine Gruppe junger, überzeugter Nationalsozialisten ersetzt, die bald als „Kieler Schule" gemeinsam mit dem Anspruch auftraten, die Speerspitze nationalsozialistischen Rechtsdenkens zu sein. Im Zivilrecht waren dies die Binder-Schüler Karl Larenz und Martin Busse aus Göttingen sowie Wolfgang Siebert aus Halle und Franz Wieacker aus Freiburg. Wichtiger Organisator war der Rechtshistoriker Karl-August Eckhardt, wichtiger Vordenker der Staatsrechtler Carl Schmitt in Berlin. Zeitweise stand der Gruppe Heinrich Lange in Breslau nahe. 1937/38 löste sich die „Kieler Schule" wieder auf, parallel zum Bedeutungsverlust, den die universitäre Rechtswissenschaft im Nationalsozialismus erfuhr.

> Bestätigung bedarf. Sie haben die Kraft, ihnen entgegenstehende abstrakt-generelle Gesetzesnormen insoweit zurückzudrängen, als ihre besondere Art und völkische Aufgabe das erfordert.[231]

Nicht zu verkennen ist, dass die vielfältigen Versuche der Literatur, Umwertungsmethoden mit rechtsphilosophischer Aufladung bereitzustellen, staatlicherseits Skepsis hervorriefen. Auch im Reichsjustizministerium zeigte man sich schnell ernüchtert und wollte spätestens 1939, parallel zum Anwachsen nationalsozialistischer Gesetzgebung, von weltanschaulicher richterlicher Rechtsfindung nicht mehr viel wissen. Schlegelberger, als Staatssekretär im Reichsjustizministerium eine zentrale Figur dieser Jahre, betonte, es sei stets aus dem geltenden Recht heraus das nationalsozialistische Recht zu entwickeln:

> Denn feststehender Grundsatz ist auch, dass die staatliche Ordnung genau zu beachten ist. Frühere Gesetze haben auch im Dritten Reich Gesetzeskraft, solange sie nicht geändert sind. Die Gerichte sind nicht befugt, den natsoz. Anschauungen über diejenigen Grenzen hinaus Geltung zu verschaffen, die die Gesetzgebung des nationalsozialistischen Staates sich selbst gezogen hat. Nach wie vor gilt die Bindung des Richters an das Gesetz. Eine Weiterentwicklung des Rechts im Sinne dieses Denkens liegt aber dem Gericht namentlich bei der Anwendung der so genannten Generalklauseln ob, wie sie § 138 und im Gebiete des Schuldverhältnisses § 242 darstellen.[232]

Damit rückt die in der Gerichtspraxis besonders relevante Generalklauselanwendung in den Blick.

Literatur: Hubert Rottleuthner, Substanzieller Dezisionismus – Zur Funktion der Rechtsphilosophie im Nationalsozialismus, in: ders. (Hg.), Recht, Rechtsphilosophie und Nationalsozialismus, ARSP Beiheft 18, Wiesbaden 1983, S. 20 ff.; Joachim Rückert, Das „gesunde Volksempfinden" – eine Erbschaft Savignys?, 1986, Wiederabdruck in ders., Unrecht durch Recht. Zur Rechtsgeschichte der NS-Zeit, Tübingen 2018, S. 40 ff.; Bernd Rüthers, Entartetes Recht. Rechtslehre und Kronjuristen im Dritten Reich, München 1988, S. 59 ff.; Oliver Lepsius, Die gegensatzaufhebende Begriffsbildung, München 1994, S. 203 ff.; Fabian Wittreck, Nationalsozialistische Rechtslehre und Naturrecht, Tübingen 2008, S. 19 ff.; Joachim Rückert, Die NS-Jurisprudenz und ihre methodischen Kontinuitäten, in: ders., Unrecht durch Recht, Tübingen 2018, S. 271 ff.; Jan Schröder, Recht als Wissenschaft, Bd. 2, 3. Aufl. 2020, S. 5–58.

231 Larenz, Gegenstand und Methode völkischen Rechtsdenkens, Berlin 1938, S. 11.

232 Franz Schlegelberger u. Werner Vogels, BGB. Erläuterungswerk zum Bürgerlichen Gesetzbuch und zum neuen Volksrecht, Berlin 1939, Vorbem. § 241 Rn. 6.

4.3.3.2 Politisierung der Generalklauseln

Kurz nach der Machtergreifung Hitlers nahm Heinrich Lange zu Hedemanns dargestellter[233] „Flucht in die Generalklauseln“ Stellung. Sein Blick war 1933 ein ganz anderer als der Hedemanns ein Jahr zuvor. Hedemann sei als „Dogmatiker“ noch in positivistischem Denken gefangen, in dem die „Berechenbarkeit, nicht die Gerechtigkeit herrscht“.[234] Langes Blick auf die Generalklauseln war viel positiver. Für ihn waren Generalklauseln „**Kuckuckseier im liberalistischen Rechtssystem**“,[235] sozusagen ein Trick innerhalb der positivistischen Illusion der Gesetzesbindung. Das „Experiment der Normsetzung“ werde erst „Recht“ in seiner „Handhabung“ durch den Richter. Der Satz von Treu und Glauben sei dabei „das Grundgesetz des Gemeinschaftslebens, das die Einzelnormen nur auszumünzen versuchen“.[236] Entscheidend für diese Konzeption war nun, dass Treu und Glauben die scheinbar paradoxe Durchbrechung des BGB mittels des BGB ermöglichte.[237] Auch Karl Larenz betonte gegen Hedemanns Pessimismus, die Generalklauseln erfüllten „während einer Übergangszeit die wichtige Aufgabe, dem neuen Geist auch ohne Änderung des Gesetzestextes Rechnung zu tragen“.[238] Dass Hedemanns Warnungen nicht mehr zeitgemäß waren, zeigte sich dann spätestens, als Carl Schmitt 1934 in seinem bereits erörterten Vortrag über die „Drei Arten des rechtswissenschaftlichen Denkens“ Langes Thesen aufgriff. Auch für Schmitt waren Generalklauseln wie Treu und Glauben Chance, nicht Risiko. Er sah hier ein Zeichen dafür, „in welchem Maße die Zeit des juristischen Positivismus zu Ende ist“. Hedemanns Warnungen vor einem Verlust der Rechtssicherheit waren für ihn noch „Standpunkt des bisherigen positivistischen Glaubens“. Schmitt sah gerade entgegengesetzt in den Generalklauseln ein „Zeichen der Überwindung“ und „eine neue juristische Denkweise“. Dabei sei entscheidend, dass Normen wie Treu und Glauben „nicht als bloßes Korrektiv des bisherigen Positivismus, sondern […] als das spezifische Mittel eines neuen Denktypus gehandhabt werden“ müssten. Was er damit meinte, machte er unmissverständlich deutlich:

233 Vgl. oben S. 200 f.

234 Heinrich Lange, Generalklauseln und neues Recht, in: JW 1933, S. 2858.

235 Heinrich Lange, Liberalismus, Nationalsozialismus und Bürgerliches Recht, Tübingen 1933, S. 5.

236 Heinrich Lange, Liberalismus, Nationalsozialismus und Bürgerliches Recht, Tübingen 1933, S. 7.

237 Heinrich Lange, Vom Gesetzesstaat zum Rechtsstaat, Tübingen 1934, S. 25.

238 Karl Larenz, Rez. Hedemann, Die Flucht in die Generalklauseln, in: ZHR 100, 1934, S. 381.

> Sobald Begriffe wie „Treu und Glauben" […] nicht auf die individualistische bürgerliche Verkehrsgesellschaft, sondern auf das Interesse des Volksganzen bezogen werden, ändert sich in der Tat das gesamte Recht, ohne daß ein einziges „positives" Gesetz geändert zu werden brauchte.[239]

Treu und Glauben wurde zum methodischen Vehikel für Carl Schmitts „konkretes Ordnungs- und Gestaltungsdenken".[240] Die Folgen für den Richter hatte Schmitt bereits 1933 in einem Beitrag in der „Juristischen Wochenschrift" klargestellt. Er betonte, dass durch Generalklauseln „die **Gebundenheit des Richters** nicht berührt" werde. Die Anwendung dieser Normen sei keinesfalls richterlicher Wertung überlassen, sondern es seien die „Grundsätze des Nationalsozialismus unmittelbar und ausschließlich maßgebend".[241] Über die Generalklauseln erhielten nun die bereits erwähnten[242] Visionen der völkischen Wertungseinheit Einzug in die BGB-Dogmatik. Karl Larenz hielt Hedemanns Angst vor dem unkontrollierbaren Richterkönig entgegen: Während der Richter früher in der „Zeit der weltanschaulichen Zerrissenheit durch jede entschiedene Stellungnahme einen Teil des Volkes gegen sich aufbrachte, kann er sich heute auf eine in den entscheidenden Grundlagen einheitliche Rechts- und Staatsauffassung des ganzen Volkes stützen. Die Gefahr der Willkür schwindet, je mehr sich die Anschauungen der Volksgemeinschaft festigen, die der Richter seinen eigenen Urteilen zu Grunde legt".[243]

Der totalitäre Staat (aner-)kannte keine Meinungsvielfalt. Was bei Larenz noch harmonisierend als Einheit zwischen Recht, Staat und Volk idealisiert worden war, legte Carl Schmitt mit Blick auf die Generalklauseln als politische Herrschaft offen:

> Herrschend, führend und maßgebend sind nicht Auffassungen und Anschauungen im allgemeinen, sondern die Anschauungen bestimmtgearteter Menschen. Im deutschen Staat der Gegenwart ist die nationalsozialistische Bewegung führend. Von ihren Grundsätzen aus muß daher bestimmt werden, was guten Sitten, Treu und Glauben […] sind.[244]

---

239 Carl Schmitt, Über die drei Arten des rechtswissenschaftlichen Denkens, 1934, hier nach 2. Aufl. Hamburg 1993, S. 49.

240 Carl Schmitt, Über die drei Arten des rechtswissenschaftlichen Denkens, 1934, hier nach 2. Aufl. Hamburg 1993, S. 48.

241 Carl Schmitt, Neue Leitsätze für die Rechtspraxis, JW 1933, S. 2793f.

242 Vgl. oben S. 230ff.

243 Karl Larenz, Rez. Hedemann, Flucht in die Generalklauseln, in: ZHR 100, 1934, S. 381.

244 Carl Schmitt, Neue Leitsätze für die Rechtspraxis, JW 1933, S. 2794.

Damit war man freilich genau bei der Warnung Hedemanns angekommen,[245] dass Begriffe wie Treu und Glauben im Falle ihrer Politisierung als Herrschaftsinstrument einer Bevölkerungsgruppe gegen eine andere eingesetzt werden könnten.

Endgültig hatte sich damit ein **neues Verständnis von Treu und Glauben** durchgesetzt. § 242 BGB verwies nun nicht mehr auf die richterliche Einzelfallgerechtigkeit. Indem die Vorschrift als Übernorm über die Normen des BGB gestellt und zugleich mit nationalsozialistischem Inhalt gefüllt wurde, entstand die Vorstellung einer zweiten, korrigierenden Rechtsordnung, die über den Richter als Medium in das BGB hineingelesen werden sollte. Treu und Glauben war vom Überdruckventil des Richterrechts zu einer politische Norm geworden, mittels derer der Staat das BGB umwerten konnte, ohne es zu ändern.

Literatur: Bernd Rüthers, Die Unbegrenzte Auslegung, Tübingen 1968, S. 224 ff.; Diemut Majer, „Fremdvölkische" im Dritten Reich, Boppard 1981; Rainer Schröder, Das BGB im Dritten Reich, in: Uwe Diederichsen u. Wolfgang Sellert (Hgg.), Das BGB im Wandel der Epochen. 10. Symposion der Kommission „Die Funktion des Gesetzes in Geschichte und Gegenwart", Göttingen 2002, S. 109 ff.; HKK/Haferkamp, § 138, Tübingen 2003, Rn. 24 ff.; HKK/Duve u. Haferkamp, § 242, Tübingen 2006, Rn. 73; Hans-Peter Haferkamp, Zur Methodengeschichte unter dem BGB in fünf Systemen, in: AcP 214, 2014, S. 60 ff.; Jan Schröder, Rechtswissenschaft in Diktaturen, München 2016, S. 21 ff.

4.3.3.3 Richterliche Umwertungen des BGB

Was hatten diese Theorieangebote für Auswirkungen in der Gerichtspraxis? Die zivilrechtliche Urteilspraxis im Nationalsozialismus ist inzwischen gut untersucht. Standen zunächst veröffentlichte Urteile im Fokus, sind inzwischen auch unveröffentlichte Urteilsreihen verschiedener Gerichte ausgewertet, sodass auch das „Normalurteil" rekonstruiert worden ist. Dabei hat sich wiederholt gezeigt, dass nur etwa 5–10 Prozent aller Zivilurteile mit nationalsozialistischen Argumenten begründet wurden. Hier setzte nach 1945 die Entlastungsstrategie beteiligter Richter an, die das Zivilrecht insbesondere gegenüber dem Strafrecht als die „unpolitische" Seite der NS-Rechtsprechung herausstellten. Eine solche Deutung geht jedoch fehl. Zivilrechtsklagen betrafen und betreffen oft politisch uninteressante Sachverhalte, etwa deliktische Fragen wie Verkehrsunfälle, oder sie dienen der Titulierung von Forderungen, die

245 Vgl. oben S. 204.

sonst verjähren würden. Privatrecht war also nur in wenigen Fällen politisch relevant, etwa dann, wenn es gem. § 839 BGB um eine Staatshaftung oder um Ansprüche jüdischer Kläger ging. Und genau in diesen Fällen versagt die Justiz fast durchweg den vom BGB vorgesehenen Schutz. Stattdessen erwies sich die Justiz gerade in den ersten Jahren nach 1933 als ein entscheidender Motor der Durchsetzung des BGB mit nationalsozialistischem Gedankengut. Nur zu oft griffen Richter dem Gesetzgeber in vorauseilendem Gehorsam vor. Dies gilt jedenfalls uneingeschränkt für das Ehe- und Familienrecht, etwas weniger für sonstige Bereiche des Bürgerlichen Rechts. Insofern stimmt das Bild von Bernd Rüthers, der die 5 Prozent von Zivilrechtsurteilen, in denen nationalsozialistisches Denken auch in das BGB hineingelesen wurde, als das „Arsen in der Suppe" bezeichnet hat. Dies kann nachfolgend nur an einigen Beispielen aufgezeigt werden.

Lange hat man dogmatisch vor allem einen Missbrauch der Generalklauseln des BGB für das Justizunrecht verantwortlich gemacht. Keineswegs waren die Eingriffe in das BGB aber auf Generalklauseln beschränkt. Genauso weitgehend nutzte man sonstige Beurteilungsspielräume. Auch wurden Gesetze des BGB für Begründungen herangezogen, die für jeden einsichtigen Juristen kaum methodisch vertretbar in dieser Norm gefunden werden konnten. Insofern ist weniger die Art des dogmatischen Arguments kennzeichnend für die Justiz im Nationalsozialismus als der eigenartige Versuch, Entscheidungen, die eindeutig das ältere Zivilrecht im nationalsozialistischen Sinne korrigierten, weiterhin als normale justizförmige Entscheidung und nicht als politischen Akt des Richters auszuflaggen.

Beispiel: Urteil des Amtsgerichts Berlin-Schöneberg, in: JW 1938, 3045

Gegenstand war ein Mietvertrag mit einer Jüdin, den ein gemeinnütziges Wohnungsunternehmen fristlos aufheben wollte. Angewandt wurde § 2 des fortgeltenden Mieterschutzgesetzes aus dem Jahr 1923.[246] Die Norm, ein Spezialgesetz zum BGB, lautete im hier interessierenden Teil:

> Der Vermieter kann auf Aufhebung des Mietverhältnisses klagen, wenn der Mieter [...] sich einer erheblichen Belästigung des Vermieters oder eines Hausbewohners schuldig macht [...].

246 RGBl. I, S. 353.

Zwei Dinge musste der Richter begründen: die „erhebliche Belästigung“ und das Verschulden der Mieterin, die freilich nichts anderes gemacht hatte, als in der Wohnung zu leben. Die Belästigung folge daraus, dass eine nationalsozialistische „Hausgemeinschaft“ mit der Jüdin als „Fremdkörper“ unmöglich sei. Das von der Norm geforderte „Verhalten“ der Mieterin liege bereits in dieser persönlichen Eigenschaft, „da ja das Tun und Lassen nur die Lebensäußerungen der Persönlichkeit sind“. Schließlich musste das Verhalten auch verschuldet sein. Auch diese Klippe übersprang der Richter leichtfüßig:

> Die Tatsache, daß der Mieter Jude ist, ist von ihm nicht im eigentlichen Sinne verschuldet. Im Sinne des § 2 MietSchG trifft ihn jedoch ein Verschulden. Er ist nicht nur ein Fremdkörper innerhalb der Gemeinschaft der deutschen Hausbewohner, ihm fehlt auch darüber hinaus die notwendige innere Einstellung zu einer Gemeinschaft mit Deutschen.

Juristisch konnte eine solche Argumentation wohl niemanden überzeugen. Hier lag ein offen rassistisches Urteil im Sinne der Nürnberger Rassegesetze vor. Umso überraschender betonte der Richter abschließend:

> Die von dem erkennenden Gericht vertretene Ansicht mag tatsächlich zu einer Lockerung des Mieterschutzes für jüdische Mieter führen. Diese Auswirkung wird nicht durch eine Entsch. außerhalb des geltenden Rechts herbeigeführt, sondern durch eine Auslegung des § 2 MietSchG. Zu einer Auslegung dieser Bestimmung ist das erkennende Gericht nicht nur berechtigt, sondern auch verpflichtet.

Das Urteil ist in mehrfacher Hinsicht für die Judikatur im Nationalsozialismus kennzeichnend. Zunächst einmal ist es ein Beispiel für die doch relative Macht legislativer Technik. Für alle Beteiligten dürfte klar gewesen sein, dass im Ergebnis die jüdische Mieterin nicht gewinnen sollte. Dem stand freilich der Wortlaut des Gesetzes sperrig entgegen, was den Richter zu juristisch wenig überzeugenden Argumenten zwang. Wie wenig juristisch überzeugend das war, zeigte ein Jahr später die Reaktion des Gesetzgebers, der das Mieterschutzgesetz zulasten jüdischer Mieter änderte.[247] Hier kann man also ein Beispiel für Jherings Aussage sehen, die juristische Form führe dazu, dass man sie „nur brechen, nicht biegen“ könne.[248] Das Gesetz zwang zu einer mehr oder weniger offenen politischen Korrektur, einer Entscheidung contra legem.

---

247 Gesetz über die Mietverhältnisse mit Juden vom 30.4.1939, RGBl. I 864.

248 Vgl. oben S. 123ff.

Typisch ist auf der anderen Seite, dass er dies nicht als offene Gesetzeskorrektur ausflaggen wollte, obwohl ihm das rein Politische seiner Argumentation ganz offenbar bewusst war. Der Versuch, rein politische Judikatur als höflich-unpolitische Richterpflicht darzustellen, spiegelte vielleicht die Angst wider, als Person in den Fokus des politischen Kampfes zu geraten. Vielleicht war es auch schlicht eine angelernte Rolle, der zufolge der Richter nur Diener des Gesetzes sei. Die Realität war eine andere. Wenn auch meist verdeckt durch juristische Methode, machte sich die Justiz während des Nationalsozialismus auch im Zivilrecht unmittelbar schuldig an der Verfolgung der Opfer des Nationalsozialismus. Dies geschah oft genug in vorauseilendem Gehorsam, dem erst später der Gesetzgeber die rechtliche Basis schuf. Dies zeigt der nachfolgende Überblick.

Massive Eingriffe fanden zunächst in die **Vertragsfreiheit** statt. Hier wurde oft § 138 Abs. 1 BGB angewendet, wenn es um Vertragsnichtigkeit ging, und § 242 BGB, wenn richterliche Vertragsgestaltung erreicht werden sollte. Bei § 138 band sich das Reichsgericht durch die genannte Entscheidung des Großen Senats 1936 in RGZ 150, 1 ‚offiziell' an das „gesunde Volksempfinden".[249] Damit hielten immer stärker nationalsozialistische Gemeinwohlformeln Einzug in den Begründungshaushalt der Judikatur, allen voran Punkt 24 des Parteiprogramms: „Gemeinnutz geht vor Eigennutz". Die Umsetzung dieses Grundsatzes im Rahmen des § 138 Abs. 1 BGB machte freilich nicht unbeträchtliche Schwierigkeiten. Als das Bayerische Oberste Landesgericht am 6. Juni 1934 die Sittenwidrigkeit einer Erbschaftsausschlagung verneinte, sah es sich zu einer eigenartigen Klarstellung genötigt: „Der Grundsatz, daß Gemeinnutz vor Eigennutz geht, verpflichtet die Staatsangehörigen nicht etwa dazu, ihre Vermögensverfügungen so zu treffen, daß daraus für den Staat ein möglichst hoher Steueranspruch erwächst."[250] Gegenüber vielfachen Forderungen in der Literatur nach einer Entformalisierung des Vertragsbegriffs und angesichts bisweilen überschießender Judikatur auf unterinstanzlicher Ebene neigten die Obergerichte eher zur Zurückhaltung im Eingriff mittels § 138 in bestehende Verträge. Grund war die zumeist unerwünscht strenge Folge der Vertragsnichtigkeit. Das Reichsarbeitsgericht berief sich 1935 auf § 138, um einem Sozialdemokraten, der im Juli 1933 nach Dachau verschleppt worden war, die vertraglich im Juni 1933 vereinbarte

249 Freilich nur nach langem Zögern, vgl. Jan Thiessen, Gute Sitten und „gesundes Volksempfinden". Vor-, Miss- und Nachklänge in und um RGZ 150, 1, in: Arndt Kiehnle, Bernd Mertens u. Gottfried Schiemann (Hgg.), Festschrift für Jan Schröder zum 70. Geburtstag, Tübingen 2013, S. 187 ff.

250 Abgedruckt in: Zeitschrift für Rechtspflege in Bayern 1934, 280 f.

Gehaltszusage abzusprechen. Der Kläger habe nach der Machtübernahme durch die NSDAP damit rechnen müssen, dass „Leute, die wie der Kl. in führender Stellung für die SPD tätig waren, hinweggefegt werden würden". Die Vereinbarung zeige hiernach ein „eigensüchtiges, dem Gedanken der Volksgemeinschaft widerstreitendes, unsittliches Verhalten".[251] Im Warenverkehrs- und Wirtschaftsrecht wurde das Sittenwidrigkeitsverdikt schon seit Beginn des Nationalsozialismus zu einem dogmatischen Anknüpfungspunkt für die richterliche **Vernichtung jüdischer Existenzen**. Besondere Bedeutung erlangten dabei § 826 BGB und § 1 UWG. Juden wurde die Führung von Firmenzusätzen wie „deutsch" und „national" untersagt, ebenso das Wiederkaufsrecht eines jüdischen Geschäftsmanns an seinen im März 1933 veräußerten Aktien,[252] ein Anzeigenvertrag eines Juden mit einer Tageszeitung,[253] ein Kaufvertrag über eine Milchkuh.[254] Reichsgerichtsrat Oegg meinte 1939 im Reichsgerichtsrätekommentar lapidar,[255] es könne den „deutschen Volksgenossen [...] nicht zugemutet werden, entgegen ihren Anschauungen in rechtliche Beziehung zu Juden zu treten". Was hier wie ein unproblematischer Verweis auf die negative Vertragsfreiheit klang, gewährte in Wahrheit das Recht, gegenüber einem jüdischen Vertragspartner sein Wort nicht halten zu müssen. Das LG Berlin ließ in einem am 13. Mai 1938 erlassenen Urteil für ein 1935 vereinbartes Konkurrenzverbot seiner Menschenverachtung freien Lauf:

> Die Bindung eines arischen Geschäftsmannes an die zum Schutze eines jüdischen Vertragsgegners vereinbarte Konkurrenzklausel widerspricht Treu und Glauben und der Verkehrssitte, wenn das Eintreten des Konkurrenzfalles allein auf Maßnahmen zur Entjudung des deutschen Wirtschaftslebens zurückzuführen ist.[256]

In solchen Entscheidungen schlug das „Prinzip der völkischen Ungleichheit"[257] voll durch.

---

251 RAG vom 18.5.1935, HRR 1935, Nr. 1232.

252 RG vom 24.1.1939, SeuffA 93, S. 225 ff.

253 AG Jena vom 14.9.1937, in: JW 1937, 3306.

254 Urteil eines nicht näher bezeichneten Amtgerichts vom 9.7.1938, abgedruckt bei Ilse Staff (Hg.), Justiz im Dritten Reich. Eine Dokumentation, Frankfurt a.M. 1978, S. 161 ff.

255 RGRK/Oegg, Bd. 1, 9. Aufl. 1939, Anm. 1 vor 241 BGB.

256 LG Berlin vom 13.5.1938 in: JW 1938, 2203 unter Verweis auf die §§ 242, 138.

257 Diemut Majer, „Fremdvölkische" im Dritten Reich, Boppard 1981, S. 688.

Im **Arbeitsrecht** wurden von den Arbeitsgerichten jüdischen Arbeitnehmern vertragliche Zusagen vorenthalten, die anderen Arbeitnehmern zustanden, etwa Feiertagslohn.[258] Im Zentrum standen aber Versorgungsansprüche, weiterlaufende Dienstbezüge und vertragliche Pensionszusagen. Jüdische Bezieher mussten sich nun vom Reichsgericht angesichts der „geläuterten Anschauungen über das, was Treu und Glauben erfordern", entgegenhalten lassen, „daß von denen, die bisher besonders hohe Vergütungen bezogen haben, ein größeres Opfer erwartet wird, namentlich wenn dies einem größeren Kreise von Volksgenossen zum Vorteil dient und zum Wiederaufbau der deutschen Wirtschaft beiträgt".[259] Nichtjüdische Abnehmer jüdischer Unternehmen konnten sich im Umfeld der „Arisierung" entgegen vertraglicher Zusagen von den Lehrverträgen mit Juden lösen. Zentrales Kriterium im Rahmen des § 242 BGB waren nun die „rassepolitischen Anschauungen des Nationalsozialismus" und die Frage, „welche schädlichen Folgen wirtschaftlicher Art die Einhaltung eines Dienstverhältnisses mit einem Nichtarier für den Dienstherrn haben kann".[260]

Ein Schwerpunkt der NS-Judikatur lag im **Familienrecht**. Auch hier galten Vertragszusagen bisweilen wenig. So erklärten die Gerichte Adoptionsverträge zwischen Juden und Nichtjuden zwecks Übertragung eines „arischen" Familiennamens[261] oder den Aussteueranspruch einer Nichtjüdin, die 1934 einen Juden geheiratet hatte,[262] für sittenwidrig. Mit Blick auf Abstammungsfragen schuf die Rechtsprechung in mehreren Problemfeldern die juristischen Verfolgungsgrundlagen, die dann durch die Gesetzgebung nur noch umgesetzt wurden. Dies betraf zunächst die Möglichkeit, bei „Mischehen" für den nichtjüdischen Ehegatten, sich ohne Unterhaltsverpflichtungen durch Anfechtung wegen Irrtums von der Ehe lösen zu können. Hierzu wurde zunächst die jüdische Abstammung als „persönliche Eigenschaft" i. S. d. § 1333 BGB 1900[263] interpretiert.[264]

258 RAG vom 24.7.1940, DR 1940, S. 1852 f.

259 RGZ 148, S. 94 vom 30.04.1935.

260 RAG vom 5.7.1939, DR 1939, S. 2041.

261 LG Berlin vom 25.9.1935, in: JW 1934, 442.

262 KG vom 11.11.1935, in: JW 1936, 280; vgl. § 1620 BGB 1900; ab 1938 (Ehegesetz) waren derartige Ehen verboten, vgl. § 4 EheG.

263 § 1333 BGB aF: Eine Ehe kann von dem Ehegatten angefochten werden, der sich bei der Eheschließung in der Person des anderen Ehegatten oder über solche persönlichen Eigenschaften des anderen Ehegatten geirrt hat, die ihn bei Kenntniß der Sachlage und bei verständiger Würdigung des Wesens der Ehe von der Eingehung der Ehe abgehalten haben würden.

264 RGZ 145, S. 1 ff. vom 12.7.1934.

Dabei stellte sich freilich das Problem, dass § 1339 BGB 1900[265] die Anfechtung nur sechs Monate nach Kenntnis der Eigenschaften zuließ, was meist schon längst abgelaufen war. Das Reichsgericht verlängerte nun die Frist, indem es nicht die Kenntnis, sondern die veränderte politische Bewertung dieser Kenntnis zum Fristbeginn machte, da vor Beginn der Rassegesetzgebung (Gesetz zur Wiederherstellung des Berufsbeamtentums vom am 7. April 1933) eine Klage keine Aussicht auf Erfolg gehabt habe (§ 203 BGB).[266] Nun war die Anfechtung auch sehr alter Ehen bis Oktober 1933 zulässig. Damit brach das RG mit einer durchlaufenden Rechtsprechung seit 1901, welche die wechselhafte Bewertung einer Eigenschaft durch das Umfeld nie zum Kriterium hatte werden lassen. Die Anfechtung war seit 1938 unter dem diese Rechtsprechung aufnehmenden § 37 EheG dann ohne Fristerfordernis weiter möglich. Eine ähnliche Fristproblematik stellte sich bei der Kindschaftsfeststellung. Gemäß § 1594 BGB 1938 war die Anfechtung der Ehelichkeit des Kindes nur binnen Jahresfrist nach Kenntnis von der Geburt gestattet. Das OLG Frankfurt und andere Instanzgerichte ließen stattdessen eine Anfechtung auch nach Fristablauf zu, wenn, wie bei Juden, die Abstammung für die „Volksgemeinschaft sowohl in rasse- als auch in erbbiologischer Beziehung von grundlegender und entscheidender Bedeutung" sei.[267] Dies führte 1938 zu einem Anfechtungsrecht des Staatsanwalts, wenn der Ehemann die Anfechtungsfrist versäumt hatte (§ 1595a BGB 1938). Für uneheliche Kinder schuf das RG eine Vaterschaftsfeststellungsklage über den Wortlaut von BGB und ZPO hinaus.[268]

Eingegriffen wurde auch in die **Testierfreiheit**. RGZ 150, S. 1 hatte hier bereits eine wichtige Ausweitung des § 138 Abs. 1 BGB gebracht, indem nun erstmals auch vor 1933 getroffene Verfügungen an den seit 1933 geltenden nationalsozialistischen Grundsätzen zu messen waren. Mit § 48 Abs. 2 des TestG von 1938 bekam § 138 eine Spezialvorschrift, der zufolge eine letztwillige Verfügung nichtig sein sollte, „soweit sie in einer gesundem Volksempfinden gröblich widersprechenden Weise gegen die Rücksichten verstößt, die ein verantwortungsbewußter Erblasser gegen Familie und Volksgemeinschaft zu nehmen hat". Durch den Zusatz „soweit" wurde – wie auch mit Blick auf das Zusammenspiel der §§ 138 und 139 BGB[269] diskutiert – die geltungserhaltende

265 § 1339 BGB aF: (1) Die Anfechtung kann nur binnen sechs Monaten erfolgen.
(2) Die Frist beginnt [...] mit dem Zeitpunkt, in welchem der Ehegatte den Irrthum oder die Täuschung entdeckt [...].

266 RGZ 145, S. 8 ff. vom 12.7.1934.

267 OLG Frankfurt a.M., JW 1936, S. 3482.

268 RGZ 163, 156 f. vom 18.3.1940.

269 Vgl. RGZ 131, S. 213 ff. vom 30.1.1931.

Reduktion gesetzlich verankert und damit die Flexibilität des Eingriffs zur Vertragsgestaltung gesteigert. Was inhaltlich mit der neuen Vorschrift zudem bezweckt wurde, stellte die amtliche Begründung heraus:

> Ein Rechtsgeschäft, das gegen die guten Sitten verstößt, ist nach § 138 BGB nichtig. § 48 Abs. 2 des Entwurfs sagt inhaltlich im Wesentlichen dasselbe; er drückt den Gedanken jedoch in einer Form aus, die der besonderen Sachlage bei Testamenten und Erbverträgen angepaßt ist. Die Vorschrift soll z. B. folgende Fälle erfassen: eine die Familie benachteiligende Zuwendung an eine Mätresse; die sachlich nicht gerechtfertigte Zuwendung von Familienschmuck, altem Tafelsilber, Familienerinnerungsstücken u. dgl. an Fremde; die Zuwendung von irgendwelchen Werten an eine staatsfeindliche Organisation; Einsetzung eines Juden zum Erben eines Ariers unter Übergehung naher arischer Verwandter.[270]

Alte und völlig neue Ziele liefen durchaus ineinander. Gustav Boehmer sah das wirklich Neue aber klar: In der „Erweiterung des Kreises der turpes personae" auf „Fremdrassige, Staatsfeinde, Ausgebürgerte, feindliche Ausländer".[271]

Literatur: Christian Heinz Daut, Untersuchungen über den Einfluß nationalsozialistischer Anschauungen auf die Rechtsprechung des Reichsgerichts bei der Anwendung einiger nationalsozialistischer Gesetze, Göttingen 1965, S. 17 ff.; Diemut Majer, „Fremdvölkische" im Dritten Reich, Boppard 1981; Rainer Schröder, „... aber im Zivilrecht sind die Richter standhaft geblieben!", Baden-Baden 1988; Jens-Uwe Petersen, Die Vorgeschichte und die Entstehung des Mieterschutzgesetzes von 1923 nebst der Anordnung für das Verfahren vor dem Mieteinigungsamt und der Beschwerdestelle, Frankfurt a. M. 1991; Klaus Hofmann, Die Verdrängung der Juden aus öffentlichem Dienst und selbständigen Berufen in Regensburg 1933–1939, Frankfurt a. M. 1993, S. 121 ff.; Jost Hausmann, Zivilgerichtsbarkeit, in: Ministerium der Justiz Rheinland-Pfalz (Hg.), Justiz im Dritten Reich, Teil 2, Frankfurt a. M. 1995, S. 1007 ff.; Jens Wanner, Die Sittenwidrigkeit der Rechtsgeschäfte im totalitären Staate, Ebelsbach 1996, S. 137 ff.; Mathias Schmoeckel, Der maßgebliche Zeitpunkt zur Bestimmung der Sittenwidrigkeit nach § 138 I BGB, in: AcP 197, 1997, S. 8 ff.; Christof Schiller, Das Oberlandesgericht Karlsruhe im Dritten Reich, Berlin 1997, S. 323 ff.; Klaus Bästlein et al., „Für Führer, Volk und Vaterland ...". Hamburger Justiz im Nationalsozialismus, Hamburg 2000; Philipp Hackländer, „Im Namen des Deutschen Volkes". Der allgemein-zivilrechtliche Prozeßalltag im Dritten Reich am Beispiel der Amtsgerichte Berlin und Spandau, Berlin 2001; Hans-Georg

---

270 Amtliche Begründung zum Testamentsgesetz, in: DJ 1938, 1254 ff, 1259.

271 Gustav Boehmer, Die „guten Sitten" im Zeichen nationalsozialistischer Familienpflicht, in: ZAkDR 1941, S. 73 f.

Hermann, Pro non scripta habere und § 2085 BGB, München 2001, S. 107ff.; Maria Mammeri-Latzel, Justizpraxis in Ehesachen im Dritten Reich, Berlin 2002; Martin Dreyer, Die zivilgerichtliche Rechtsprechung des Oberlandesgerichts Düsseldorf in der nationalsozialistischen Zeit, Göttingen 2004; Eva Schumann, Die Reichsgerichtsrechtsprechung in Familiensachen 1933–1945, in: Bernd-Rüdiger Kern u. Adrian Schmidt-Recla (Hgg.), 125 Jahre Reichsgericht, Berlin 2006, S. 171ff.; Hannes Ludyga, Das Oberlandesgericht München zwischen 1933 und 1945, Berlin 2012; Barbara Manthe, Richter in der nationalsozialistischen Kriegsgesellschaft, Tübingen 2013; Jan Thiessen, Gute Sitten und „gesundes Volksempfinden". Vor-, Miss- und Nachklänge in und um RGZ 150, 1, in: Arndt Kiehnle, Bernd Mertens u. Gottfried Schiemann (Hgg.), Festschrift für Jan Schröder zum 70. Geburtstag, Tübingen 2013, S. 187ff.; Georg D. Falk u. a., Willige Vollstrecker oder standhafte Richter? Die Rechtsprechung des Oberlandesgerichts Frankfurt am Main in Zivilsachen von 1933 bis 1945, Marburg 2020.

4.3.4 Sonderrecht

Lange hat die Forschung gegenüber der richterlichen Umwertung die Änderung der Rechtsordnung nach 1933 durch den Gesetzgeber stark unterschätzt.[272] Der nationalsozialistische Staat verließ sich keineswegs nur auf die Rechtsprechung. 1933 setzte sofort eine umfangreiche Gesetzgebungstätigkeit ein. Nahegelegen hätte es zunächst, nationalsozialistisches Recht in das BGB hineinzuschreiben. Änderungen des BGB fanden auch durchaus nennenswert statt. Waren zwischen 1900 und 1932 nur 38 Paragraphen des BGB erneuert worden, so wurden zwischen 1933 und 1945 immerhin 227 Paragraphen geändert, also knapp 10 Prozent der Normen des BGB. 86 Prozent der Eingriffe in den Wortlaut des BGB vor 1945 fanden also während des Nationalsozialismus statt. Die zahlenmäßig wichtigsten Änderungen brachten das Ehegesetz vom 6. Juli 1938[273] (86 Änderungen) und das Testamentsgesetz vom 31. Juli 1938[274] (47 Änderungen). In beiden Fällen handelte es sich vor allem um Aufhebungsbestimmungen, da beide Gesetze Teilbereiche des BGB spezialgesetzlich regelten.[275] Daneben stand die Verordnung zur Durchführung des Gesetzes über Rechte an eingetragenen Schiffen und Schiffsbauwerken

272 Vgl. noch Bernd Rüthers, Entartetes Recht, 1989, S. 18.: „Die wesentlichen gesetzgeberischen Eingriffe sind mit dem ‚Gesetz zur Ordnung der nationalen Arbeit' von 1934 sowie dem Ehegesetz und dem Testamentsgesetz von 1938 schnell aufgezählt".

273 RGBl. I 807 und RGBl. I 923.

274 RGBl. I 973.

275 Dazu sogleich S. 256.

vom 21. Dezember 1940[276] mit 45 Änderungen, mit dem u.a. Schiffshypotheken zugelassen wurden und das mit Änderungen noch heute gilt. Blickt man auf diese Überarbeitungen innerhalb des BGB, so zeigt sich, dass die großen Eingriffe in das BGB nicht durch Veränderungen seines Wortlautes erfolgten, sondern durch Sondergesetze. Weitet man den Blick auf Sondergesetze, die nicht direkt im BGB-Text Spuren hinterließen, so finden sich Eingriffe in den Geltungsbereich des BGB die viel weiter gingen. Zwei Wege griffen ineinander. Besonders im Wirtschaftsrecht dominierten Spezialnormen, also Sonderrecht im herkömmlichen Sinne. Auf dem Feld der Ausgrenzung „Gemeinschaftsfremder" nutzte man eine spezifisch nationalsozialistische Form des Sonderrechts.

Literatur: Gerhard Otte, Die zivilrechtliche Gesetzgebung im „Dritten Reich", in: NJW 1988, S. 2836ff.; Bernd Mertens, Rechtsetzung im Nationalsozialismus, Tübingen 2009, S. 6; Einzelheiten in: Tilman Repgen, Hans Schulte-Nölke u. Hans-Wolfgang Strätz (Hgg.), Staudinger. Kommmentar zum BGB, BGB-Synopse 1896–2005, Berlin 2006, S. XIX ff.

4.3.4.1 Spezialnormen

Den entscheidenden Geltungsverlust erlitt das BGB durch **Spezialnormen**. Dies ist zugleich das erste Verständnis von „Sonderrecht", welches hier thematisiert ist. Schon in den ersten Jahren nach 1933 ging die Zahl der Gesetze, Verordnungen und anderen administrativen Eingriffe in den Geltungsbereich des BGB in die Zehntausende. Generell lässt sich sagen, dass fast immer, wenn der NS-Staat das Privatrecht für seine Ziele beeinflussen wollte, Spezialnormen der Weg waren. Dabei war charakteristisch, dass die klassische Normenhierarchie aufgelöst wurde. Die Weimarer Verfassung wurde in ihrer Geltung de facto ausgesetzt und verlor die Eigenschaft höherrangigen Rechts, was man äußerlich daran erkennen konnte, dass in der offiziellen Gesetzessammlung, dem seit 1935 als Loseblattsammlung erscheinenden „Schönfelder", als Nr. 1 der Gesetzeszählung nicht die WRV, sondern das Parteiprogramm der NSDAP erschien. Verwischt wurde zunehmend der Vorbehalt des Gesetzes und damit der Unterschied zwischen Gesetz und Verordnung. Die Normsetzung verlagerte sich vom Parlament über die Reichskanzlei auf einzelne Minister und Beauftragte, die dann vor allem im Krieg situativ und oft nicht miteinander koordiniert in ehemalige Gebiete des Privatrechts durch massenhafte Verordnungen und Einzelfallregelungen

276 RGBl. I 1609.

hineinregierten. Unklar schwebte über allem ein „Führer"-Vorbehalt, der jederzeitige Durchbrechungen rechtfertigen konnte. Die Einzelheiten dieser Eingriffe sind bis heute nur teilweise erforscht.

Auswirkungen hatte diese diffuse Intervention vor allem im **Wirtschaftsrecht**. Dies bedeutete nur im Ausnahmefall Verstaatlichung und Kollektivierung. Eigentum und Vertrag blieben Schlüsselkategorien der NS-Wirtschaftspolitik. Ein festes Wirtschaftsrechtskonzept hatte der NS-Staat aber nicht, nur ein Ziel, nämlich den Aufbau einer leistungsfähigen Kriegswirtschaft. Dies wurde durch ein vielfältiges Lenkungsinstrumentarium erreicht, bei dem neben staatlichem Zwang durch Recht auch die Beeinflussung der öffentlichen Meinung, Subventionen, individuelle Vereinbarungen und offener Rechtsbruch zur Anwendung kamen. Dies wird in der Forschung teilweise als institutionelles „Chaos" thematisiert. Die Masse des weit jenseits des BGB hier steuernden Rechts ist kaum zu überblicken. Inhaltlich mischten sich dabei Marktsteuerungstechniken, die man seit dem Ersten Weltkrieg erprobt hatte, mit älteren Reformprojekten und genuin nationalsozialistischen Eingriffen in den Regelungsgehalt des BGB. Das Feld der Intervention war denkbar weit. Es ging um die Kontingentierung wichtiger Rohstoffe, die Planung und Lenkung des Arbeitseinsatzes, die Steuerung der Lohn- und Preispolitik, die Steuerung der Investitionen und des Verbrauchs und, im Zuge der sog. „Arisierung", um die entschädigungslose Enteignung von Juden und die wirtschaftliche Umverteilung ihres Vermögens. Die Eingriffe umfassten den Aus- und Umbau großer Gebiete des Wirtschaftsrechts wie das **Patentrecht**, das **Unternehmens- und Kapitalmarktrecht**, das **Kartellrecht**, das **Energiewirtschaftsrecht** und die **Nahrungsmittel**- und **Rohstoffbewirtschaftung**. Ein gewichtiges Teilgebiet war die **landwirtschaftliche Produktion**. Der 1933 gegründete Reichsnährstand reglementierte die Markt- und Preisverhältnisse für die ländliche Produktion. Er regelte die Einfuhren, erfasste die Produktion, organisierte die Verteilung der Agrarprodukte und bestimmte die Preise. Im Krieg kontrollierte der Reichsnährstand etwa 25 Prozent der deutschen Wirtschaftsleistung und 40 Prozent der Arbeitskräfte. Hier spielte das BGB nur noch eine Auffangrolle für unwichtige Nebenfragen. Besonders weitgehend waren die Eingriffe im **Arbeitsrecht**, das dem BGB nahezu komplett ausgegliedert und völlig neu geordnet wurde. Mit dem Gesetz zur Ordnung der nationalen Arbeit (AOG) vom 20. Januar 1934 führte der Gesetzgeber in den Betrieben ein faschistisch-korporatistisches Modell der „Betriebsgemeinschaft" ein, in dem die Mitspracherechte der Arbeitnehmer („Gefolgschaft") gegenüber dem Weisungsrecht des „Betriebsführers" massiv eingeschränkt waren. Die Gewerkschaften wurden zerschlagen und gingen in der stark von der NSDAP durchsetzten Deutschen Arbeitsfront (DAF) auf, deren vorgelagerte „Rechtsberatungsstellen“ die Arbeitsgerichtsbarkeit marginalisierten und den Streitentscheid durch Erziehung und Schlichtung zu ersetzen suchten. Die Arbeitnehmerfreizügigkeit wurde zunehmend ausgehöhlt. Bereits seit dem „Vierjahresplan“ 1936 steuerte das Arbeitsrecht dann auf eine gelenkte Kriegswirtschaft mit Arbeitskräftebewirtschaftung zu. Auch das **Siedlungsrecht** wurde zunehmend den Regelungsbereichen des BGB entzogen. Überall sichtbare Eingriffe in den Markt stellten die Preisfestsetzungen für **Grundnahrungsmittel**, insbesondere für Brot dar. Verwaltungsrecht überrollte das BGB.

Literatur: Dieter Gosewinkel, Wirtschaftskontrolle und Recht in der nationalsozialistischen Diktatur, Frankfurt a. M. 2005; Johannes Bähr u. Ralf Banken (Hgg.), Wirtschaftssteuerung durch Recht im Nationalsozialismus, Frankfurt a. M. 2006; Bernd Mertens, Rechtsetzung im Nationalsozialismus, Tübingen 2009, S. 26 ff.

4.3.4.2 Ungleichheit als Rechtsprinzip

Neben diese Intervention durch Spezialnormen trat eine Eingriffstechnik, die offen das Kodifikationsmodell des BGB angriff. Damit bekam „Sonderrecht“ eine zweite, spezifisch nationalsozialistische Bedeutung. Sonderrecht meinte hier die Auflösung der Gleichheit als Privatrechtsanker (§ 1 BGB) und die Erhebung von **Ungleichheit zum Rechtsprinzip**. Sonderrecht bezweckte damit einerseits die Diskriminierung „Fremdvölkischer“, wie man zeitgenössisch diejenigen nannte, die nicht „deutschen oder artverwandten Blutes waren“. Von einer „Fremdengesetzgebung“ für Juden hatte schon Punkt 5 des Parteiprogramms von 1920 gesprochen. Hitler selbst war von dieser Vorstellung überzeugt:

> Es kommt nicht darauf an, die Ungleichheit der Menschen zu beseitigen, sondern im Gegenteil sie zu vertiefen und wie in allen großen Kulturen, sie durch unübersteigbare Schranken zum Gesetz zu machen. Es gibt kein gleiches Recht für alle [...]. Nie werde ich daher anderen Völkern das gleiche Recht wie dem deutschen zuerkennen. Unsere Aufgabe ist es, die anderen Völker uns zu unterwerfen. Das deutsche Volk ist berufen, der Welt die neue Herrenschicht zu geben.[277]

277 Hermann Rauschning, Gespräche mit Hitler, Zürich 1950, S. 44.

Auch im Zivilrecht ging der nationalsozialistische Gesetzgeber seit 1933 konsequent daran, die Rechtsstellung „Fremdvölkischer" und insbesondere von Juden im Sinne der Nürnberger Gesetze (also rassistisch über ihre Abstammung, nicht religiös über ihre Konfession definiert) durch Sonderrecht dramatisch zu verschlechtern. Schwerpunkte fanden sich im **Familienrecht**. Das sog. Blutschutzgesetz[278] verbot 1935 sog. Rassemischehen bzw. erklärte sie, wenn auch nicht rückwirkend, für nichtig. Das Ehegesetz erleichterte 1938 zudem die Scheidung solcher Ehen.[279] Im **Erbrecht** wurde die Erbeinsetzung von Juden zulasten der gesetzlichen Erben als Verstoß gegen die „Rücksichten [...], die ein verantwortungsbewußter Erblasser gegen Familie und Volksgemeinschaft zu nehmen hat" (§ 48 Abs. 2 TestG), für unwirksam erklärt.[280] 1941 verloren im Ausland lebende Juden ihre Erbfähigkeit.[281] Im **Mietrecht** konnten Juden seit 1939 jederzeit aus ihrer Wohnung geworfen werden.[282] In den meisten Fällen waren diese gesetzgeberischen Maßnahmen Nachvollzug einer Gerichtspraxis, die bereits viel früher zur systematischen Diskriminierung insbesondere von Juden im Privatrecht übergegangen war. Dies wurde bereits gezeigt.[283]

Verwirklicht wurde dieses Prinzip auch in den **besetzten Gebieten**. In den „Ostgebieten" wandten die Gerichte und Behörden zunächst „sinngemäß" deutsches Recht an, was – da eine Gleichbehandlung von Besatzern und Besetzten nicht vorgesehen war – beliebiges Abweichen zulasten der Einheimischen rechtfertigte. 1941 wurde durch Verordnung klargestellt, dass eine Abweichung vom deutschen Recht zulasten der „Fremdvölkischen" zwingend sei, indem man für die „Auslegung und Anwendung des in den eingegliederten Ostgebieten geltenden Rechts ist" auf die besonderen Erfordernisse verwies, „die sich aus der Eingliederung der Ostgebiete in das Deutsche Reich ergeben."[284] Seit 1940 ging man zugleich dazu über, diskriminierendes Sonderrecht für „Fremdvölkische", also die Masse der besetzten Bevölkerung, zu schaffen und das deutsche Recht immer stärker auf Deutsche und „Deutschblütige" in den besetzten Gebieten zu beschränken.

---

278 Gesetz zum Schutze des deutschen Blutes und der deutschen Ehre vom 15.9.1935 (RGBl. I 1146).

279 RGBl. I, 807.

280 Vgl. oben S. 246.

281 Erste Verordnung zum Reichsbürgergesetz vom 25.11.1941, RGBl. I 722.

282 Gesetz über Mietverhältnisse mit Juden vom 30.4.1939 RGBl. I 864.

283 Vgl. oben S. 240 ff.

284 § 4 I der Verordnung über die Einführung des Bürgerlichen Rechts in den eingegliederten Ostgebieten vom 15.9.1941, RGBl. I, 597 ff.

Die Idee, dass Ungleichheit das Privatrecht bestimme, hatte aber auch Auswirkungen innerhalb der „Volksgemeinschaft“. Hier machte das **„konkrete Ordnungsdenken“** als Gesetzgebungstechnik Karriere.[285] Kennzeichnend war, dass die „Kieler Schule“[286] bereits 1935 eine neue **Studienordnung** entwarf, die den alten Aufbau des BGB zerschlagen und an seine Stelle Lebensordnungen lehren sollte. Grundforderung war, dass Privatrecht nicht mehr nur als ein „Geflecht von Beziehungen unter Personen“, die subjektive Rechte hätten, verstanden werden dürfe, sondern „von den wesensbestimmenden Unterschieden der Rasse, des Volkstums, des Berufs“ ausgehen müsse.[287] Die neue Studienordnung sollte die Aufgabe so lösen, „daß sie in das erste Semester [...] eine Vorlesung über die ‚Familie‘ stellt, in der diese als eine eigentümliche Lebensordnung, die auf dem Blutzusammenhang und dem Gemeinschaftsgedanken beruht, dargestellt wird. Diese Vorlesung nimmt auch das Recht der Persönlichkeit in sich auf. Dabei wird nicht wie bisher in der Vorlesung über den allgemeinen Teil von der abstrakten Person, dem Menschen überhaupt, sondern von der Persönlichkeit ausgegangen, die durch ihre Geburt ihrem Volke und weiterhin einer bestimmten Familie angehört und damit von vorneherein Gemeinschaftsglied ist“.[288]

Weitere Vorlesungen sollten anstelle der Bücher des BGB betreffen: **„Vertrag und Unrecht“**, **„Boden, Ware, Geld“**, **„Recht der Arbeit“**, **„Familienerbe“**. Zerschlagen wurden die abstrakten Leitbegriffe, an deren Stelle nun „konkrete“ Begriffe treten sollten, deren Inhalt je nach politisch-ökonomischem Kontext zu bestimmen war. Nichts sollte für alle gelten. Dies galt etwa für den Eigentumsbegriff des BGB. Franz Wieacker meinte 1935, es gebe keine Eigentümer mehr, sondern nur noch Bauern, Betriebsführer, Gefolgsmänner, Angestellte und Kaufleute. Und so sei etwa „das Eigentum des Kaufmanns an der Ware nicht mehr Ausdruck endgültiger Zuteilung, sondern Mittel des rechtlichen Gütertransports“.[289] Eigentum war je nach Kontext zu beurteilender Dienst am Volk: „Eigentum ist also die Zugehörigkeit der Sache zur Person, deren

285 Vgl. oben S. 235.

286 Vgl. oben S. 235.

287 (Damals unveröffentlichte) Kieler Stellungnahme zur neuen Studienordnung, 1938, abgedruckt bei Ralf Frassek, Weltanschaulich begründete Reformbestrebungen für das juristische Studium in den 30er und 40er Jahren, in: ZRG GA 111, 1994, S. 586 ff.

288 Kieler Stellungnahme, 1938, bei: Ralf Frassek, Weltanschaulich begründete Reformbestrebungen für das juristische Studium in den 30er und 40er Jahren, in: ZRG GA 111, 1994, S. 586 ff.

289 Franz Wieacker, Wandlungen der Eigentumsverfassung, Hamburg 1935, S. 36.

die Person zu sachgerechtem Handeln in der Volksordnung und deren die Sache zur Erfüllung ihrer Funktion in der Volksordnung bedarf".[290]

Zum Ideal eines solchen aus einer konkreten Ordnung erwachsenen Sonderrechts wurde schon früh das **Reichserbhofgesetz** vom 29. September 1933 erhoben.[291] Hierdurch wurden etwa 35 Prozent der landwirtschaftlichen Güter infolge ihrer Größe zu „Erbhöfen". Als gesonderte konkrete Ordnung wurde dieser Bereich der besonders leistungsfähigen Landwirtschaft an das Ziel der „Gesunderhaltung von Volk und Staat" (Vorspruch) ausgerichtet, was konkret massive rasse- und ernährungspolitische Eingriffe in die subjektiven Rechte der Eigentümer und die Rechte der gesetzlichen Erben bedeutete. Im Zentrum stand der „Bauer", der „arischer" Abstammung sein musste und bei Pflichtverstößen seine Rechte verlieren konnte („Abmeierung" gem. § 15 Abs. 2 REG). Seine Eigentumsrechte waren stark eingeschränkt: Der Hof war unveräußerbar und unteilbar und durfte nicht überschuldet werden. Der Erbhof ging auf den „Anerben" über, gesetzliche Miterben hatten nur Ansprüche auf das sonstige Vermögen der Bauern und auf Berufsausbildung und Ausstattung. Der Hof wurde damit von der frei gestaltbaren Lebensgrundlage einer Familie zum Leistungsbetrieb im Auftrag des Volkes. Besonderheiten zeigte auch das Verfahren. Das Erbhofrecht wurde den ordentlichen Gerichten entzogen und einer Sondergerichtsbarkeit, den sog. „Anerbenbehörden" zugewiesen. Hier zeigte sich besonders, dass diese Eingriffe nicht einfach als gesetzlicher Zwang auftraten, sondern sich gleichermaßen vom bäuerlichen Leben geprägt wie dasselbe prägend gaben. Daraus folgte, dass „Bauernrichter" als Beisitzer fungierten und die „Kreisbauernschaft" nahezu durchweg über Gutachten an den Verfahren beteiligt wurde. Konsequenz war auch § 56 REG: „Entstehen bei Anwendung dieses Gesetzes Zweifel, so hat der Richter so zu entscheiden, wie es dem in den Einleitungsworten dargelegten Zweck des Gesetzes entspricht". Damit war der traditionell lückenfüllenden Aufgabe des BGB für den Bereich des REG eine Absage erteilt. Die Richter wurden mit allgemeinen Zielen abgespeist und dann auf ihre Lebensschau verwiesen. Das war nicht einfach, wie die Verfahrensbeschreibung von Franz Wieacker verdeutlicht:

> Wenn wir Recht nicht als Regelung, sondern als Ausdruck der völkischen Grundgesetzlichkeiten selbst ansehen, so ist die richtige Erfassung der gegenständlichen Ordnungslagen, in denen sich diese Gesetzlichkeiten ereignen, die notwendige Voraussetzung unseres Rechtsdenkens. [...] Freilich nur eine Voraussetzung. Eine zufällige völkische Wirklichkeit

290 Franz Wieacker, Wandlungen der Eigentumsverfassung, Hamburg 1935, S. 25.
291 RGBl. I 685.

> kann auch Grundgesetzlichkeiten des deutschen Lebens widersprechen und muß durch Gesetz und andere Führungsakte umgeschaffen werden [...]. Der Rückgriff auf völkische Grundsachverhalte erschöpft sich dabei nicht in einer soziologischen oder naturalistischen Bestandaufnahme der Rechtstatsachen. Es sollen vielmehr die Einheiten aufgefunden werden, in denen das völkische Leben gegenwärtig und sichtbar und in denen es schon vor der Normierung durch positive Regel Recht und Sein zugleich ist. Daß die gegenständliche Ordnung selbst über ihre bloße Zuständlichkeit auf ein inneres Maß hinweist, das schon Recht ist, wird nirgends deutlicher als beim Erbhof, dessen untere Grenze, die Ackernahrung, nicht durch technische Normierung geschaffen ist, sondern auf einem lebensgesetzlichen Sachverhalt beruht.[292]

In der Rechtsprechungswirklichkeit führte diese richterliche Deutungsunsicherheit offenbar dazu, dass weniger das Gesetz streng angewandt als „Rücksicht auf lokale Belange der Bauern genommen wurde. Vor allem in Fragen der Vererbung, die zu nachhaltiger Kritik unter den Bauern geführt hatten, wurde in der Mehrzahl der Fälle in ihrem Sinne entschieden, um einer Mißstimmung unter der bäuerlichen Bevölkerung vorzubeugen. Die ideologischen Vorgaben des Gesetzes spielten in der Praxis dagegen eine untergeordnete Rolle".[293]

Mit diesem Konzept musste der Gedanke der **Kodifikation** in Konflikt treten. Konsequent sprach sich Carl Schmitt schon früh gegen Kodifikationen als für die Gegenwart unbrauchbar aus.[294] Die große Zahl der Sonderrechte schien ihm Recht zu geben. Schon 1936 resümierte Hermann Krause:

> Die gegenwärtige Lage der deutschen Rechtswissenschaft ist durch den Wegfall der bisherigen zentralen Stellung des BGB. gekennzeichnet.[295]

1937 schien der Sieg des konkreten Ordnungsdenkens über das BGB endgültig gekommen, als der zuständige Staatssekretär im Reichsjustizministerium Franz Schlegelberger 1937 den **„Abschied vom BGB"** verkündete und sich dafür auf die Zustimmung Adolf Hitlers berief. Nun wollte man die „Klammern lösen, mit denen das BGB die in ihm behandelten ungleichen Rechtsgebiete umspannt" und an deren Stelle „einzelne, der

---

292 Franz Wieacker, Eigentum und Eigen, in: DR 1935, S. 496f.

293 Daniela Münkel, Bäuerliche Interessen versus NS-Ideologie, in: VjZ 1996, 555.

294 Carl Schmitt, Kodifikation oder Novelle? Über die Aufgabe und Methode der heutigen Gesetzgebung, in: DJZ 1935, Sp. 920f.

295 Hermann Krause, Rechtseinheit und ständisches Recht, in: DRW 1936, S. 300.

Verschiedenheit der Lebensgüter entsprechende Gesetze" erlassen.[296] Als Ideal dieser Lösung erschienen 1938 mit dem **Ehegesetz**[297] und dem **Testamentsgesetz**[298] erneut zwei Sondergesetze, die das BGB für ihren Geltungsbereich verdrängten.

Das **EheG** nahm bereits über Verweise in § 4 auf das Blutschutzgesetz und über § 5 auf das Erbgesundheitsgesetz, beide aus dem Jahr 1935, eine rassistische Perspektive in sich auf. Es erklärte in § 20 EheG Ehen mit oder unter „Erbkranken" und „Rassemischehen"[299] für nichtig und gestattete dem Staatsanwalt eine Nichtigkeitsklage (§ 29). Neu gefasst wurden durch das EheG vor allem Vorschriften über die Eheschließung und die Ehescheidung, in denen seit langem diskutierte Reformen, etwa die Einführung des Zerrüttungsprinzips als Scheidungsgrund neben dem alten Verschuldensprinzip, mit bevölkerungspolitischen Zielen unterlegt wurden. Letzteres zeigten etwa die Scheidungsgründe „Geisteskrankheit" (§ 51 EheG) oder „Unfruchtbarkeit" (§ 53 EheG) überdeutlich.

Das **TestG** war vor allem gegen die strengen Formvorschriften im Testamentsrecht gerichtet, die vor allem beim handschriftlichen Testament häufig wegen kleiner Verstöße Nichtigkeit erzwangen. Die erbrechtlichen Formvorschriften waren daher seit langem in der Diskussion. Die dann seit 1935 im Reichsjustizministerium konkret laufenden Reformbemühungen wurden dadurch beschleunigt, dass Hitler Anfang 1938 erfuhr, dass mangels eigenhändig geschriebener Ortsangabe auch sein eigenes Testament unter Nichtigkeitsverdacht gem. § 2231 BGB 1900[300] gestanden habe.[301] Im Kern lieferten die Änderungen des TestG daher Formerleichterungen, die bis heute Geltung behalten haben (§§ 2229 ff. BGB 1938). Auch hier fanden sich jedoch genuin nationalsozialistische Ziele eingefügt: In dem bereits erwähnten § 48 Abs. 2 TestG wurde eine letztwillige Verfügung für nichtig erklärt, „soweit sie in einer gesundem Volksempfinden gröblich widersprechenden Weise gegen die Rücksichten verstößt, die ein verantwortungsbewußter Erblasser gegen Familie und Volksgemeinschaft zu nehmen hat". Dies umfasste nach der Gesetzesbegründung auch die „Zuwendung von

296 Franz Schlegelberger, Abschied vom BGB, Berlin 1937, S. 26.

297 Vom 1.8.1938, RGBl. I 807 und RGBl. I 923. EheG. vom 06.07.1938.

298 Vom 31.7.1938, RGBl. I 973.

299 Vgl. bereits S. 246 f.

300 § 2231. Ein Testament kann in ordentlicher Form errichtet werden: […]
2. durch eine von dem Erblasser unter Angabe des Ortes und Tages eigenhändig geschriebene und unterschriebene Erklärung.

301 Hitlers wirklichem Testament vom 2. Mai 1938 hatte er jedoch mit der Hand eine Ortsangabe hinzugefügt; zu dieser legendenumwobenen Geschichte Lothar Gruchmann, Die Entstehung des Testamentsgesetzes vom 31. Juli 1938: Nationalsozialistische „Rechtserneuerung" und Reformkontinuität, in: ZNR 7, 1985, S. 55 f.

irgendwelchen Werten an eine staatsfeindliche Organisation“ und die „Einsetzung eines Juden zum Erben eines Ariers unter Übergehung naher arischer Verwandter“.[302]

Zunehmend schien es nun so, als würde das BGB sukzessiv durch Sonderrecht aufgehoben werden. Dazu kam es im Ergebnis freilich nie, was auch an den fast zeitgleich einsetzenden Debatten um ein „Volksgesetzbuch“ lag. Überblickt man die verwirklichten Eingriffsfelder, so wurde das BGB während des Nationalsozialismus gleichwohl in ideologisch uninteressante Restbereiche gedrängt. Die massiven Eingriffe des Nationalsozialismus durch Sonderrecht in das Privatrecht zerstörten insbesondere jede politische Abwehrfunktion des BGB, für das nur noch ein weitgehend unpolitisches **Restprivatrecht** blieb.

Literatur: Diemut Majer, „Fremdvölkische“ im Dritten Reich, Boppard 1981; Lothar Gruchmann, Die Entstehung des Testamentsgesetzes vom 31. Juli 1938: Nationalsozialistische „Rechtserneuerung“ und Reformkontinuität, in: ZNR 7, 1985, S. 53 ff.; Gerhard Otte, Die zivilrechtliche Gesetzgebung im „Dritten Reich“, in: NJW 1988, S. 2836 ff.; Rolf Puppo, Die wirtschaftsrechtliche Gesetzgebung im Dritten Reich, 2. Aufl. Konstanz 1989; Lothar Gruchmann, Das Ehegesetz vom 6. Juli 1938. Entstehung und Beurteilung, in: ZNR 11, 1989, 74 ff.; Jürgen Weitzel, Sonderprivatrecht aus konkretem Ordnungsdenken: Reichserbhofgesetz und allgemeines Privatrecht 1933–1945, in: ZNR 1992, S. 55 ff.; Martin Tarrab-Maslaton, Rechtliche Strukturen der Diskriminierung der Juden im Dritten Reich, Berlin 1993; Ralf Frassek, Weltanschaulich begründete Reformbestrebungen für das juristische Studium in den 30er und 40er Jahren, in: ZRG GA 111, 1994, S. 564 ff.; Andreas Rethmeier, „Nürnberger Rassegesetze“ und Entrechtung der Juden im Zivilrecht, Frankfurt a. M. 1995; Joseph Walk (Hg.), Das Sonderrecht für die Juden im NS-Staat, 2. Aufl. Heidelberg 1996; Daniela Münkel, Bäuerliche Interessen versus NS-Ideologie, VjZ 1996, 555 ff.; Ralf Frassek, Juristenausbildung im Nationalsozialismus, in: Kritische Justiz 37, 2004, S. 85 ff.; Bernd Mertens, Rechtsetzung im Nationalsozialismus, Tübingen 2009; HKK/Ludyga, §§ 1564–1568b, Tübingen 2018; Rn. 52 ff.

4.3.4.3 Neue Gesetzestechnik: Generalklauseln, Auslegungsvorschriften und Missbrauchsvorbehalte

Die Forschung hat lange betont, dass bestehende **Generalklauseln** genutzt wurden, um das überkommene Recht umzuwerten. Neuere Untersuchungen heben daneben hervor, dass Generalklauseln auch in nationalsozialistischen Gesetzen eine oft und bewusst eingesetzte Regelungstechnik waren. Die Skepsis gegenüber der als zu starr

302 Gesetzesbegründung abgedruckt in DJ 1938, S. 1259.

und politisch behindernd empfundenen exakten, vorhersehbaren Regelung schlug sich in einer Fülle von eingeschobenen Vorschriften nieder, die den Richter auf unbestimmte Rechtsbegriffe verwiesen und damit auch flexibler Feinsteuerung unterwarfen. Die Anerbenanordnung des Erblassers konnte korrigiert werden, wenn sie „nach den besonderen Umständen des Falles zu einer als ungerecht und unbillig anzusehenden schweren Härte führen sollte“.[303] Eine letztwillige Verfügung war nichtig, „soweit sie in einer gesundem Volksempfinden gröblich widersprechenden Weise gegen die Rücksichten verstößt, die ein verantwortungsbewußter Erblasser gegen Familie und Volksgemeinschaft zu nehmen hat“,[304] die Vergabe von Siedlungsgebieten konnte vom Staat gegen den Willen der Eigentümer gelenkt werden, wenn das „allgemeine Interesse“ oder das „Wohl der Siedler“ dies erfordere,[305] landwirtschaftliche Gebiete konnten neu eingeteilt werden, wenn dies „dem gemeinen Wohle und dem gegeneinander abzuwägenden Vorteil aller Teilnehmer entspricht“.[306]

In diesen Kontext gehören auch Bestimmungen, die Gesetze einem nationalsozialistischen **Auslegungsregime** unterwarfen. Einig war man sich, dass dies für alle Gesetze bereits aus einer analogen Anwendung von § 1 Abs. 1 Steueranpassungsgesetz vom 16. Oktober 1934[307] folge: „Die Steuergesetze sind nach nationalsozialistischer Weltanschauung auszulegen“. Abs. 2 erläuterte: „Dabei sind die Volksanschauung, der Zweck und die wirtschaftliche Bedeutung der Steuergesetze und die Entwicklung der Verhältnisse zu berücksichtigen.“ Das Reichserbhofgesetz führte dabei die Regelungstechnik ein, dass dem Gesetz allgemeine Zielbestimmungen vorangestellt wurden, die nicht als Gesetze angewendet, sondern als Auslegungsziel für alle Vorschriften genutzt werden sollten. § 56 REG bestimmte: „Entstehen bei Anwendung dieses Gesetzes Zweifel, so hat der Richter so zu entscheiden, wie es dem in den Einleitungsworten dargelegten Zweck des Gesetzes entspricht“.

Typisch für nationalsozialistische Gesetzgebung war zuletzt die stete Betonung, dass subjektive Rechte nicht missbraucht werden dürften. Die beständige Bekämpfung des „**Rechtsmissbrauchs**“ war geradezu klassischer Ausdruck der Öffnung subjektiver Individualrechtspositionen für staatliche Eingriffe.[308] Dies zeigte sich bereits in

303 § 54 ReichserbhofsVO, RGBl. 1936 I, 1069.

304 § 48 II TestG 1938, vgl. oben S. 246.

305 § 1 I des Gesetzes über die Aufschließung von Wohnsiedlungsgebieten vom 22.9.1933, RGBl. I, 659.

306 § 48 der Reichsumlegungsordnung vom 16.6.1937, RGBl. I 629.

307 RGBl. I, 925.

308 Vgl. oben S. 117f.

der zunehmend beliebten Benennung von Gesetzen als Vollstreckungsmißbrauchsgesetz[309], Gesetz gegen Mißbrauch des bargeldlosen Zahlungsverkehrs[310] oder das Gesetz zur Verhütung von Mißbräuchen auf dem Gebiete der Rechtsberatung[311]. Aber auch konkrete Missbrauchsklauseln fanden sich immer wieder, etwa die Entziehung der Erbhofeigenschaft, „wenn die Veräußerung sich als eine unlautere Machenschaft oder als ein Versuch zur mißbräuchlichen Beanspruchung des im § 38 des Gesetzes vorgesehenen Vollstreckungsschutzes darstellt".[312] Ausdruck dieser Tendenz waren die 1941 konzipierten „Grundregeln für das Volksgesetzbuch des Grossdeutschen Reiches"[313]: Sie waren in drei große Abschnitte unterteilt, von denen der gesamte zweite Abschnitt („Rechtsmißbrauch und Grenzen der Rechtsausübung") diesem Thema gewidmet war. Die Punkte 18 und 19 formulierten den Grundsatz:

> 18. Jedermann hat in Erfüllung seiner Pflichten und in Ausübung seiner Rechte Treu und Glauben und die guten Sitten (die anerkannten Grundsätze des völkischen Zusammenlebens) zu beachten. Er soll den berechtigten Belangen des am Rechtsverhältnis beteiligten Volksgenossen gebührend Rechnung tragen und überall das Wohl der Gemeinschaft dem eigenen Nutzen voransetzen.
>
> 19. Rechtsmißbrauch findet keinen Rechtsschutz. Mißbräuchlich ist jede Rechtsausübung, die gegen Treu und Glauben und die guten Sitten (die anerkannten Grundsätze des völkischen Zusammenlebens) verstößt.

Damit ist bereits das nun folgende Thema berührt: das Volksgesetzbuch.

Literatur: Michael Stolleis, Gemeinwohlformeln im nationalsozialistischen Recht, Berlin 1974, S. 87 ff.; Gerhard Otte, Die zivilrechtliche Gesetzgebung im „Dritten Reich", NJW 1988, S. 2838 ff.; Hans-Peter Haferkamp, Die heutige Rechtsmißbrauchslehre – Ergebnis nationalsozialistischen Rechtsdenkens?, Berlin 1995; Bernd Mertens, Rechtsetzung im Nationalsozialismus, Tübingen 2009, S. 98 ff.; Susanne Karoline Paas, Das bewegliche System. Zur Karriere einer juristischen Denkfigur, Tübingen 2021, S. 120 ff.

---

309 Gesetz zur Verhütung mißbräuchlicher Ausnutzung von Vollstreckungsmöglichkeiten vom 13.12.1934, RGBl. I, 1234.

310 Vom 3.7.1934, RGBl. I, 593.

311 Das spätere „RechtsberatungsG" vom 13.12.1935, RGBl. I, 1478.

312 § 39 III ErbhofrechtsVO, RGBl. 1936 I, S. 1069.

313 Abdruck bei Werner Schubert (Hg.), Volksgesetzbuch. Teilentwürfe, Arbeitsberichte und sonstige Materialien, Berlin 1988, S. 45 ff.

4.3.5 Das Projekt eines Volksgesetzbuches

Als 1937 Franz Schlegelberger, wie gezeigt,[314] den „Abschied vom BGB" verkündete, schien nicht nur das Schicksal des BGB besiegelt, sondern auch der Gedanke einer Zivilrechtskodifikation, den man nach 1933, teils auch in Form einer Novelle des BGB, immer wieder diskutiert, aber nie vorangetrieben hatte. Während also das Reichsjustizministerium, mit Hitler auf seiner Seite, die Gesetzesreform in Sondergesetzen für einzelne Lebensordnungen bereits betrieb, startete **Hans Frank**, zu diesem Zeitpunkt Reichskommissar für die Gleichschaltung der Justiz in den Ländern und die Erneuerung der Rechtsordnung, mit einer programmatischen Rede vor der **Akademie für Deutsches Recht**(AkDR) am 13. Mai 1939 für das Reichsjustizministerium überraschend das Projekt eines einheitlichen Volksgesetzbuches. Frank hatte die Akademie 1933 gegründet und als zentralen Thinktank für Gesetzesreformen konzipiert. Bald hatte ihm das Reichsjustizministerium diesen Rang jedoch wieder abgelaufen und so war das Projekt eines Volksgesetzbuches auch ein Versuch, die erhoffte Macht der Akademie über das Ministerium nun doch noch zu erringen. In der AkDR waren überwiegend Professoren versammelt und unter diesen hatte sich nach der Rede Schlegelbergers vor allem bei denen Kritik formiert, die keine Anhänger des der „Kieler Schule" zugeschriebenen konkreten Ordnungsdenkens waren. Hier hielt man am Gedanken einer Neukodifikation fest. Hintergrund war auch der 1938 erfolgte **„Anschluss" Österreichs**. In diesem Fall der Verschiebung der Landesgrenzen war das später in den besetzten Gebieten verwirklichte Konzept der scharfen Trennung zwischen dem Recht für Teile der Volksgemeinschaft und für „Fremdvölkische" nicht denkbar. Vielmehr war klar, dass zwischen dem „Altreich" und der neu hinzugekommenen „Ostmark" möglichst weitgehend Rechtseinheit anzustreben war. Zunächst war es die Strategie des Reichsjustizministeriums, den beschlossenen Weg der Sondergesetze dabei nicht zu verlassen. In Österreich wurde 1938 zunächst das Reichserbhofgesetz (REG) von 1934 eingeführt. Die dann 1938 verabschiedeten TestG und EheG waren bereits für beide Landesteile ausgewiesen. Damit ergab sich für viele verbleibende Rechtsfragen jedoch eine Konkurrenz zwischen dem BGB und dem seit 1811 in Österreich geltenden Allgemeinen Bürgerlichen Gesetzbuch **ABGB**. In der Akademie wurde angesichts dieser Probleme nun intensiv über eine weitergehende Rechtsvereinheitlichung debattiert. Der aus der Sicht der deutschen Professoren selbstverständlich erscheinende Weg, in Österreich auch das BGB einzuführen, fand seitens österreichischer Juristen jedoch klugen

314 Vgl. oben S. 255.

Widerspruch. Sie hielten den Kollegen die breite innerdeutsche Kritik am BGB als „individualistisch", „liberalistisch" und „formalistisch" entgegen und warben für das ABGB, das diese Kritik weit weniger treffe und für die Ziele eines nationalsozialistischen Privatrechts deutlich besser geeignet sei. Die damit im Raum stehende Möglichkeit, „Großdeutschland" komplett österreichischem Recht zu unterwerfen, hätte die deutschen Juristen an ein Gesetz gebunden, das sie nicht beherrschten, was eine Vorherrschaft der österreichischen Kollegen befürchten ließ. Andererseits war das BGB nun kaum noch haltbar. Dies führte dazu, dass bereits seit 1938 in der Akademie an Plänen für eine neue Kodifikation gearbeitet wurde. Nachdem das Ministerium – wohl gegen den Widerstand Hitlers – auf die neue Idee einschwenkte, begannen noch 1939 die Arbeiten an einem „**Volksgesetzbuch**". Zunächst unter dem Vorsitz Heinrich Langes, dann Justus Wilhelm Hedemanns begann 1939 die Erarbeitung von Teilentwürfen. Zuständig hierfür waren stets im Wandel des konkreten Zuschnitts befindliche Ausschüsse mit Unterausschüssen für Teilfragen, u. a. für Allgemeines Vertragsrecht, Schadensersatzrecht, Schuldrecht, Recht der Tätigkeit für andere, Fahrnisrecht, Bodenrecht, Hypotheken- und Grundschuldrecht, Eheliches Güterrecht und Erbrecht. Orientierungspunkt war der geplante Aufbau des Volksgesetzbuches: 1) Der Volksgenosse; 2) Familienrecht; 3) Erbrecht; 4) Personen-, Vereins- und Schuldrecht (Schuld- und Haftungsordnung); 5) Sachenrecht (Eigentumsordnung); 6) Recht der Vereinigungen. Schon der Aufbau machte deutlich, wie stark man an den Reformüberlegungen der ersten Jahre festhielt: Es gab keinen Allgemeinen Teil, den Schlegelberger als „Sammelplatz für blutlose Begriffe" bezeichnet hatte.[315] Die dargelegte Vorstellung, dass Ungleichheit Ausgangspunkt sein müsse, stand allem im Weg, was übergreifend für das gesamte Zivilrecht gelten sollte. Die damit auch in die Kodifikation getragene Idee, dass „Lebensordnungen" als Orientierungspunkte zu gelten hätten, machte der Aufbau besonders dadurch deutlich, dass er vom Personenrecht, nicht vom Vermögensrecht ausging, also die je nach Lebensbereich abgestufte persönliche Rechtsstellung zum Ausgangspunkt machte. Intensiv diskutiert wurde über Franks Forderung, es müsse sich um ein für jeden Volksgenossen lesbares Gesetzbuch handeln. Es bestand schnell Einigkeit darüber, dass die mit diesem Ziel einhergehende volkstümliche Sprache notwendig juristisch unpräzise sei. Hedemann und Lange fürchteten, dass das Gesetz dem professionellen Rechtsanwender so keine klaren Vorgaben bieten könne und damit seine Steuerungskraft verfehle. Der Hauptausschuss/Zentralausschuss unter Vorsitz Hedemanns entwickelte ein gesetzestechnisches Konzept, das einen Kompromiss bieten

315 Franz Schlegelberger, Abschied vom BGB, Berlin 1937, S. 21.

sollte: Anstelle eines Allgemeinen Teils sollten sog. **„Grundregeln“** dem Gesetz vorangestellt werden. Während die sonstigen Arbeiten meist kein Veröffentlichungsstadium erreichten, waren es diese Texte des Hauptausschusses, die in der Öffentlichkeit das Bild des Volksgesetzbuches prägten.[316] Diese Grundregeln sollten einerseits dem einfachen „Volksgenossen“ die Leitideen erklären und andererseits dem Rechtsanwender Wertungsrichtlinien für den Umgang mit dem Gesetz bieten. Hier fanden sich denn auch zentrale Grundsätze nationalsozialistischen Rechtsdenkens versammelt[317], allen voran Grundsatz 1 und 2: „1. Oberstes Gesetz ist das Wohl des deutschen Volkes“; „2. Deutsches Blut, deutsche Ehre und Erbgesundheit sind rein zu halten und zu wahren. Sie sind die Grundlagen des deutschen Volkrechts“.

Gerade die Arbeit am Volksgesetzbuch offenbarte aber zugleich ein erstaunliches **Beharrungsvermögen des Bürgerlichen Rechts.** Mit Blick auf die behandelten Themenfelder sah sich die Akademie bald dem Vorwurf ausgesetzt, sie denke noch in den alten Kategorien und könne sich auch von der Begrifflichkeit des BGB nicht lösen. Die in den Diskussionen um die „Einheit von Recht und Pflicht“ deutlich werdende Prämisse, dass man zwischen Staat und Gesellschaft, zwischen Öffentlichem Recht und Privatrecht nicht trennen dürfe, wurde während der Arbeiten am Gesetz immer mehr zurückgedrängt. Angesichts der fast uferlosen staatlichen Intervention in das Bürgerliche Recht sah man sich außerstande, auch das Öffentliche Recht mitzukodifizieren. Lange formulierte als Kompromissformel: „soviel Privatrecht als möglich und soviel öffentliches Recht als notwendig“.[318] Überhaupt stand das Projekt vor dem Problem, den Umfang zu begrenzen. Man hielt daran fest, das Arbeitsrecht in die Kodifikation zu integrieren. Da man zunächst auch Handels- und Gesellschaftsrecht als „Unter-

316 Justus Wilhelm Hedemann, Das Volksgesetzbuch der Deutschen, 1941; ders., Arbeit am Volksgesetzbuch, 1941; ders., Heinrich Lehmann u. Wolfgang Siebert (Hgg.), Grundregeln und Buch I. Entwurf und Erläuterungen, 1942; ders., Das Volksgesetzbuch als Fundament des Großdeutschen Rechtslebens, 1942; Heinrich Lehmann, Vom Werden des Volksgesetzbuches, 1942; Justus Wilhelm Hedemann, Wert der Entwürfe, 1943; Heinrich Lehmann, Der Entwurf des I. Buches des künftigen Volksgesetzbuches im Vergleich mit neueren Kodifikationen, 1944; alle Texte leicht greifbar in Werner Schubert (Hg.), Volksgesetzbuch. Teilentwürfe, Arbeitsberichte und sonstige Materialien, Berlin 1988, S. 445 ff.; wichtig daneben Heinrich Lange, Wesen und Gestalt des Volksgesetzbuchs, in: Zeitschrift für die gesamte Staatswissenschaft 103, 1943, S. 208 ff.

317 Abdruck bei Werner Schubert (Hg.), Volksgesetzbuch. Teilentwürfe, Arbeitsberichte und sonstige Materialien, Berlin 1988, S. 45 f.

318 Heinrich Lange, Wesen und Gestalt des Volksgesetzbuchs, in: Zeitschrift für die gesamte Staatswissenschaft 103, 1943, S. 234.

nehmensrecht" integrieren wollte, drohte bald eine fünfstellige Paragraphenzahl. 1942 wurde der Plan, das Unternehmensrecht zu integrieren, dann aufgegeben. Je länger die Kodifikationsarbeiten dauerten, desto mehr verpuffte der Anfangsoptimismus, mit leichter Hand ein nationalsozialistisches Gesetzbuch formulieren zu können.

1942 übernahm nach dem Sturz Hans Franks **Otto Georg Thierack** als neuer Reichsjustizminister auch die Leitung der Akademie. Thierack stellte die Arbeiten am Volksgesetzbuch wegen der von ihm geplanten Justizreform[319] zurück. Bis Sommer 1944 fanden noch vereinzelte Sitzungen statt, dann legte Hedemann das Projekt eines Volksgesetzbuches kriegsbedingt still. Konkrete Auswirkungen hatte die Arbeit am Volksgesetzbuch damit nicht. Gleichwohl sind insbesondere die inzwischen veröffentlichten Teilentwürfe in der neueren Forschung immer stärker in den Blick geraten. Hier mischten sich nationalsozialistische Konzepte mit lange vorgedachten Reformüberlegungen, von denen vieles dann später in der Bundesrepublik wieder auftauchte. Dies lag maßgeblich daran, dass zu keinem anderen Zeitpunkt im 20. Jahrhundert die fast komplette deutsche Rechtswissenschaft an einem alles erfassenden Reformkonzept ähnlich intensiv arbeitete wie in der Akademie. Diese Arbeit prägte das Denken der Beteiligten. Nahezu alle daran mitwirkenden Professoren behielten nach 1945 ihre Positionen und bestimmten damit die Rechtswissenschaft der Bundesrepublik (und Österreichs). Die Akademiedebatten sind also auch Schlüsseltexte, um die Privatrechtsentwicklung nach 1945 zu verstehen.

Literatur: Hans-Rainer Pichinot, Die Akademie für Deutsches Recht, Dissertation Kiel 1981; Hans Hattenhauer, Das NS-Volksgesetzbuch, in: Arno Buschmann et. al. (Hgg.), Festschrift für Rudolf Gmür zum 70. Geburtstag, Bielefeld 1983, S. 255 ff.; Dennis Le-Roy Anderson, The Academy for German Law, 1933–1944. London 1982; Werner Schubert (Hg.), Volksgesetzbuch. Teilentwürfe, Arbeitsberichte und sonstige Materialien, Berlin 1988; Christian Schudnagies, Hans Frank. Aufstieg und Fall des NS-Juristen und Generalgouverneurs, Frankfurt a. M. 1989; Gert Brüggemeier, Oberstes Gesetz ist das Wohl des deutschen Volkes. Das Projekt des „Volksgesetzbuches", in: JZ 1990, S. 24 ff.; Bernd Mertens, Rechtsetzung im Nationalsozialismus, Tübingen 2009, S. 120 ff., 125 ff.; Hans-Peter Haferkamp, „Österreichisches", „Deutsches" und „Nationalsozialistisches" in der Rechtsprechung des Reichsgerichts zum ABGB zwischen 1939 und 1945, in: Barbara Dölemeyer u. Heinz Mohnhaupt (Hgg.), 200 Jahre ABGB (1811–2011). Die österreichische Kodifikation im internationalen Kontext, Frankfurt a. M. 2012, S. 159 ff.; Susanne Karoline Paas, Das bewegliche System. Zur Karriere einer juristischen Denkfigur, Tübingen 2021, S. 120 ff.

319 Hierzu näher unten S. 266 f.

4.3.6 Das BGB im Zweiten Weltkrieg

Der Zweite Weltkrieg brachte, mehr noch als der erste Weltkrieg, einen extremen Rückgang der Zivilprozesse und damit auch der steuernden Wirkung des BGB. Dies folgte teilweise aus Entwicklungen, die bereits vor 1939 eingesetzt hatten. Der NS-Staat bevorzugte gegenüber dem Zivilprozess vorgelagerte **Beratungslösungen** und interne **Schlichtungsverfahren**. Mit der Beratung ging zumeist die Konfliktvermeidung einher. Die Deutsche Arbeitsfront (DAF) betrieb (wie die NSDAP) eine umfangreiche Rechtsberatung. Der Reichsnährstand nutzte eigene Markt- und Lieferschiedsgerichte. In der Rüstungswirtschaft, die mit etwa 80 Prozent der Gesamtausgaben des Reiches finanziert wurde, waren zwischen den Unternehmen und den Reichsorganisationen Schiedsklauseln üblich. Auch die neu organisierten Standesorganisationen entzogen dem ordentlichen Rechtsweg viele Fälle, wenn etwa die Innungen und Handwerkskammern Inkassofälle in „Einziehungsstellen" selbst entschieden. Auch hier dienten Beratungsstellen der Innungen und Kreishandwerkerschaften der Schlichtung und Prozessvermeidung. Gleiches galt für die Rechtsberatung durch die Industrie- und Handelskammern, die Organisationen der gewerblichen Wirtschaft wie etwa die „Wirtschaftsgruppe Einzelhandel" und im Wohnungswesen die Mietervereine und Haus- und Grundbesitzervereine. Die von den Nationalsozialisten forcierte Rechtsberatung erwies sich einerseits als ein Mittel nationalsozialistischer Rechtspolitik jenseits des Gesetzes und andererseits als ein Vehikel zur Interessendurchsetzung der Verbände. Zu der Geltung des BGB in diesen Feldern führte das kaum. Noch eine Stufe weiter gingen dann die vielen Konfliktentscheidungen durch die Verwaltung in den komplett dem Öffentlichen Recht übergebenen Gebieten des BGB, wie etwa dem Preisrecht, der Arbeitskräftebewirtschaftung oder Verteilung landwirtschaftlicher Erzeugnisse.

Mit Ausbruch des Krieges trat eine Reihe von **kriegstypischen Prozessbeschränkungen** hinzu. Die Gerichte konnten ab 1939[320] und hatten ab 1943[321] Verfahren ruhen zu lassen, die sie nicht als kriegswichtig einstuften. Der Einfluss von Zeit auf das Recht wurde gestoppt. Forderungen wurden gehemmt. Verjährungsfristen wurden im Kriegsverlauf verlängert. Die Geltendmachung einer Wiedereinsetzung in den vorigen Stand

320 Verordnung über Maßnahmen auf dem Gebiete des bürgerlichen Streitverfahrens, der Zwangsvollstreckung, des Konkurses und des bürgerlichen Rechts vom 1. 9. 1939 (Schutzverordnung), RGBl. I, 1656.

321 Verordnung über Kriegsmaßnahmen auf dem Gebiet der bürgerlichen Rechtspflege vom 12. 5. 1943 (Kriegsmaßnahmenverordnung), RGBl. I, 290.

(§ 233 ZPO) wurde erleichtert. Das verringerte den Druck, Forderungen gerichtlich titulieren zu lassen. Durch Erhöhung der Streitwertgrenzen und andere Maßnahmen wurde zudem der Instanzenzug immer mehr eingeschränkt. Die Richterzahl wurde beim Landgericht durch Stärkung des Einzelrichters reduziert. Schon zu Kriegsbeginn ging der Geschäftsanfall der Zivilgerichte um bis zu zwei Drittel zurück. Im Kriegsverlauf gelang es so, nahezu die Hälfte des Justizpersonals für den Kriegseinsatz freizustellen. Die verbleibenden Bereiche zivilprozessualer Streitigkeiten wurden im Kriegsverlauf immer kleiner. Preise für Güter wurden vom Reichskommissar für die Preisbildung und Löhne vom Reichstreuhänder der Arbeit festgesetzt. Seit 1936 herrschte zudem ein allgemeiner Preisstopp. Die Frage der Äquivalenz zwischen Leistung und Gegenleistung wurde den Parteien entzogen und landete bei Verwaltungsbehörden. Die realen Probleme verlagerten sich so auf einen offiziell negierten Schwarzmarkt, dessen Preiswirklichkeit einzuklagen nicht möglich war. 1939 wurde zudem die richterliche Vertragshilfe eingeführt.[322] Sie erlaubte auf Antrag in Gewerbe, Miete und Pacht den Amtsrichtern frei und formlos richterliche Eingriffe in bestehende Verträge. So konnten sie die Fälligkeit anpassen, Teilzahlungsmöglichkeiten oder Stundung gewähren und die teilweise oder vollständige Aufhebung des Vertrags anordnen. Auch eine Entschädigung konnten sie nach Billigkeit zusprechen. Damit war aus dem streitigen Verfahren faktisch ein Verwaltungsverfahren geworden. Das Rechtsinstitut des Wegfalls der Geschäftsgrundlage spielte vor diesem Hintergrund im Zweiten Weltkrieg kaum eine Rolle. Auch Kriegsschäden konnten nicht mehr über § 839 Abs. 1 BGB gegen das Reich geltend gemacht werden, sondern waren über das Kriegsschädenrecht dem Öffentlichen Recht zugewiesen.

Für das BGB waren das Rahmenbedingungen, die seine Regelungskraft in einen Nischenbereich zurückdrängten. Das Privatrecht im Krieg und die Bedeutung des BGB hierfür waren auf kleine Randbereiche zurückgestutzt. Eine Pionierstudie von Dominik Thompson zu zivilrechtlichen Urteilen des LG Bonn im Krieg hat daher auch kaum noch vertragsrechtliche, sondern **primär deliktische Streitigkeiten** gezeigt, die den Gerichtsalltag prägten. Die in Verdunkelungszeiten besonders relevanten Verkehrsunfälle betrafen überwiegend Wehrmachtsfahrzeuge, da andere Fahrzeuge kaum noch zugelassen waren. Die Richter zeigten eine bemerkenswerte Neigung zur Bejahung einer Amtshaftung der Wehrmacht gem. §§ 839 Abs. 1 BGB, 131 WRV, was ein seltenes Beispiel dafür war, dass in besonderen Konstellationen die Zivilgerichtsbarkeit bei ungenügenden außergerichtlichen Zugeständnissen der Wehrmacht an

322 Verordnung über die Vertragshilfe des Richters aus Anlaß des Krieges (Vertragshilfeverordnung) vom 30.11.1939, RGBl. I, 2329.

die Opfer durchaus eine Rechtsschutzfunktion wahrnahm. Für diese auf den ersten Blick kontraintuitive Rechtsprechung spielte eine Rolle, dass die Fahrer selbst durch das Deutsche Beamtengesetz 1937 und die Wehrmachtspraxis vor einem Rückgriff bei leichter Fahrlässigkeit geschützt waren. Einiges spricht dafür, dass die Richter hier eine eigenständige Politik der Befriedung der „Heimatfront" betrieben, da die Bevölkerung die Auswirkungen des Krieges im Reich selbst zunehmend als Folge einer hoffnungslosen Kriegslage wahrnahm. In diesen Kontext gehört auch die auffallende Tatsache, dass zeitgleich die Schmerzensgeldsummen stark anstiegen. Die Richter nutzten die hier gem. § 287 ZPO bestehende Flexibilität, um Schwarzmarktprobleme abzumildern. War etwa der Reifen eines Fahrrades beschädigt, konnte ein solcher angesichts der Gummiknappheit nur auf dem Schwarzmarkt beschafft werden. Der „offizielle" Preis, der für den Geldersatz anzusetzen war, deckte oft nur den Bruchteil der hier geforderten Preise. Schmerzensgeld übernahm daher teilweise eine Kompensationsfunktion.

1942 begann mit der von Hitlers letzter Rede vor dem Reichstag ausgehenden Justizschelte, später zur „**Justizkrise**" hochstilisiert, nochmals eine Debatte um den nationalsozialistischen Idealrichter. Hitler hatte die Justiz offen angegriffen und sich das Recht bestätigen lassen, Urteile einzuziehen und Richter aus ihren Ämtern zu entfernen, da „Deutschland leben muß, ganz gleich, wie immer formale Auffassungen der Justiz dem widersprechen mögen".[323] Wieder erlebte die Justiz antiformale Angriffe durch die Politik. Reichsjustizminister Thierack hob hervor:

> Rechtsprechen bedeutet keine Übung eines geschulten Verstandes, sondern das Ordnen von Lebensvorgängen im Volke. Ich will keine Richter sehen, deren Kunst sich darin erschöpft, das gesetzte Recht auf den ihnen unterbreiteten Sachverhalt mehr oder weniger scharfsinnig auszulegen.[324]

Nochmals wurde die direkte Richtersteuerung durch sog. „Richterbriefe", Gerichtsreisen in die Gaue, verschärfte Berichtspflichten, Weisungen und Tagungen intensiviert. Man rief 1943 nach mehr **Laienbeteiligung** durch sog. „Friedensrichter" aus dem Volk und plante eine allgemeine Schöffenzuständigkeit für alle geringfügigen Störungen des Haus- und Nachbarfriedens, Streitigkeiten wegen Viehmängeln und anderen Sachen, die der Amtsrichter wegen ihrer Geringfügigkeit, Einfachheit

323 Verhandlungen des Reichstages, Bd. 460, Stenographische Berichte 1939–1942, 8. Sitzung, Sonntag, den 26.4.1942.

324 Otto Georg Thierack, Antrittserlaß, in: DJ 1942, S. 550.

und rein örtlichen Bedeutung dem Schöffenrichter zuwies. Diese Schöffen sollten aufgrund des „gesunden Volksempfindens" judizieren, nicht streng an das Gesetz gebunden sein und primär ihrem „gesunden Menschenverstand" folgen. Gesucht wurden „besonders geachtete" Menschen, die durch das Reichsjustizministerium für fünf Jahre bestellt werden sollten. Neben diese beabsichtigte Entprofessionalisierung eines Teils der Rechtsprechung trat der Plan, die Justiz noch stärker politisch zu vereinnahmen. Das Reichsjustizministerium plante zu diesem Zweck 1943 den Aufbau eines „**Richterkorps**". Dieser „gesellschaftliche Zusammenschluß" der Richter sollte umfassen: die „Einwirkung erzieherischer Art auch hinsichtlich des Privatlebens, Ausbildung durch die Partei auf Ordensburgen, die Ableistung des Militärdienstes, eigene Ehrengerichtsbarkeit, Sicherung der wirtschaftlichen Stellung, Einführung einer Amtstracht (Uniform außerhalb der Sitzungen)".[325] All dies blieb jedoch bloßes Projekt. Der Untergang des „Tausendjährigen Reiches" stand bevor. Zwei Rechtsordnungen sollte das BGB nun noch begleiten: die Bundesrepublik, die nachfolgend mit den Besatzungsjahren verbunden wird, und die nun zunächst behandelte Deutsche Demokratische Republik.

Literatur: Hubert Rottleuthner, Verfahrensflut und Verfahrensebbe. Ein Plädoyer für die langfristige Betrachtung gerichtlicher Gezeiten, ZRP 1985, S. 117 ff.; Markus Albert Diehl, Von der Marktwirtschaft zur nationalsozialistischen Kriegswirtschaft. Die Transformation der deutschen Wirtschaftsordnung 1933–1945, Stuttgart 2005; Daniela Kahn, Die Steuerung der Wirtschaft durch Recht im nationalsozialistischen Deutschland. Das Beispiel der Reichsgruppe Industrie, Frankfurt a. M. 2006; Simone Rücker, Rechtsberatung. Das Rechtsberatungswesen von 1919–1945 und die Entstehung des Rechtsberatungsmissbrauchsgesetzes von 1935, Tübingen 2007; Sarah Schädler, „Justizkrise" und „Justizreform" im Nationalsozialismus, Tübingen 2009; Matthias Herbers, Organisationen im Krieg. Die Justizverwaltung im Oberlandesgerichtsbezirk Köln 1939–1945, Tübingen 2012; Dominik Thompson, Krieg ohne Schaden. Vertragsstreitigkeiten und Haftpflichtprozesse im Kontext von Kriegswirtschaft und Amtshaftungskonjunktur ausgehend von der Rechtsprechung des Landgerichts Bonn während des Zweiten Weltkrieges (1939–1945), Tübingen 2015.

325 Zusammenfassung der Einschätzung der Lage durch den Chefpräsidenten vom 15.4.1943; Bundesarchiv, abgedruckt bei Sarah Schädler, „Justizkrise" und „Justizreform" im Nationalsozialismus, Tübingen 2009, S. 238.

4.4 DDR (1949–1989)

4.4.1 Privatrecht im Sozialismus?

Sozialismus ist ein antikapitalistisches Projekt. Ausgangspunkt des Marxismus-Leninismus, also der ihm zugrunde liegenden Theorie war – in sehr groben Zügen – die Kritik an „Klassengegensätzen“, die angeblich zwingend aus der kapitalistischen Wirtschaftsform erwüchsen. Indem die herrschende Klasse die Produktionsmittel, also die Arbeits- und Betriebsmittel, die zur Produktion von Gütern notwendig sind, in ihr Eigentum überführt habe, sei die Arbeiterklasse dazu gezwungen, ihre Arbeitsleistung zu verkaufen. Folge sei die Ausbeutung der nichtbesitzenden Arbeiterklasse durch die besitzende Klasse der Kapitalisten. Sozialismus verstand sich als Reaktion, indem durch eine Revolution die Arbeiterklasse die Produktionsmittel übernahm und – im Bund mit den anderen „Werktätigen“ – den Zwischenschritt der Diktatur des Proletariats, also den Sozialismus durchsetzte. Ziel waren „Bedingungen, unter denen niemand etwas geben kann außer seiner Arbeit und [...] nichts in das Eigentum des Einzelnen übergehen kann außer individuellen Konsumtionsmitteln“.[326]

Sozialismus wurde also stets von der Herrschaft über die Produktionsmittel her gedacht, dies war die „Basis“ der Gesellschaft, deren Veränderung nach den Gesetzmäßigkeiten des „historischen Materialismus“ entscheidend war für Verwirklichung der sonst bloßen Utopie einer Gesellschaft, in der Klassengegensätze beseitigt waren und alle Menschen die Früchte der gemeinsamen Nutzung der Produktionsmittel genossen und konfliktfrei lebten (Kommunismus).

Marx hatte den Sozialismus mit einer Revolution, also der gewaltsamen und gesetzlosen Umgestaltung der Gesellschaft, beginnen lassen wollen. Recht sah er als bloßen Willen der herrschenden Klasse der Kapitalisten an, also nur als Erzeugnis der diese Herrschaft tragenden Produktions- und Eigentumsverhältnisse. Recht war bloßes „Überbauphänomen“ und folge, da das Sein das Bewusstsein bestimme, den ökonomischen Veränderungen auf der „Basis“ nach. Lenin und vor allem Stalin bauten demgegenüber Recht als ein Instrument der herrschenden Arbeiterklasse in ihrer Aufgabe, die Gesellschaft zu verändern, systematisch aus. Recht diente der herrschenden Arbeiterklasse, vertreten durch die Partei, dazu, den Sozialismus voranzubringen, es war ein Hebel, ein Mittel des Kampfes.

326 Richard Stüber u. Richard Mand, Thesen zum Thema „Sozialistischer Staat, gesellschaftliche Organisationen, Persönlichkeit“, in: Akademie für Staats- und Rechtswissenschaft der DDR (Hg.), Sozialistischer Staat, gesellschaftliche Organisationen, Persönlichkeit, Potsdam-Babelsberg 1976, S. 12f.

Schon im Ansatzpunkt war das privatrechtsfeindlich gedacht, weil die ganze Vorstellung einer Trennung von Staat und Gesellschaft hier keinen Platz fand: „Die Gesellschaft wird verstaatlicht".[327] Eine Autonomie des Rechts, sei es in Form privatautonomer Setzung durch Verträge, sei es in der Statuierung subjektiver Rechte auch gegen den Staat, widersprach der Idee des Sozialismus im Kern.

> Das Individuum wird eins mit der gesellschaftlichen Entwicklung, und seine persönlichen Energien entfalten sich in der Richtung der Entwicklung der Gesellschaft. Für die sozialistische Gesellschaft gilt es also nicht, den einzelnen vom Staat abzugrenzen. Die Grundlage des Staatsrechts kann nicht die Konstituierung in Individualrechten gegenüber dem Staat sein. [...] Schon der Versuch, über das Verhältnis von Staat und Recht nachzudenken, sieht beide als getrennte Größen und ist daher sinnlos, antimarxistisch, antiwissenschaftlich.[328]

Zivilrechtliche Freiheitsräume des Individuums passten nicht in eine Gesellschaftsform, die egoistische Individualinteressen überwinden wollte. Die „sozialistische Persönlichkeit" wurde von ihrer Mitarbeit am Aufbau des Sozialismus her bestimmt, an dessen Wertschöpfung sie partizipieren, dessen Lebensweise sie nach dem Vorbild der Arbeiterklasse annehmen sollte. Vor diesem Staat musste das Volk nicht geschützt werden, denn es war sein Staat. Verwaltungsrechtsschutz wurde daher in den 1950er Jahren abgeschafft und – trotz immer wieder aufkommender Diskussionen – bis 1988 nicht mehr eingeführt. Subjektive Rechte verschwanden in der Teilhabe am Kollektiv. Fiel der Ausdruck „subjektives Recht" dennoch, dann sofort mit klärender Einschränkung: „Die Wahrnehmung der subjektiven Rechte kann keine Privatsache sein, sondern bedeutet Verwirklichung der individuellen und gesellschaftlichen Interessen".[329]

Die DDR war eine Erziehungsdiktatur. Es ging um den „neuen Menschen". Rechtskonflikte zwischen Bürgern, das Kerngebiet des Privatrechts, standen im Verdacht, Zeichen eines „falschen Bewusstseins" zu sein, da man ja auf eine konfliktfreie Gesellschaft hinarbeitete. DDR-Richter sollten Konflikte unter Bürgern daher nicht einfach juristisch entscheiden, sondern beseitigen. Die Durchsetzung von Ansprüchen sollte durch die beiderseits eingesehene Auflösung des Konflikts ersetzt werden. „Kritik und Selbstkritik" der Streitenden war auch im Zivilprozess Teil des Konfliktmanagements. Abweichende Privatmeinungen widersprachen dem Deutungsmonopol der Partei und

---

327 Rosemarie Will, Die Eigentumsordnung der DDR, in: Gerd Bender u. Ulrich Falk (Hgg.), Recht im Sozialismus, Bd. 1: Enteignung, Frankfurt a. M. 1999, S. 119.

328 Karl Polak, Die Dialektik in der Staatslehre, 3. Aufl. 1965, S. 394.

329 Joachim Göhring u. Martin Posch, Zivilrecht, Lehrbuch Teil 1 und 2, Berlin 1981, Teil 1, S. 76.

waren politisch gefährlich. Das Individuum sollte in der sozialistischen Gesellschaft derer, die eine gemeinsame Wertschöpfung miteinander teilten, aufgehen. Eine Welt des Privatrechts, die „positivistisch" durch präzise formulierte Gesetze und „formalistisch" durch stabilisierende Dogmatik dem Bürger Vorhersehbarkeit und Rechtssicherheit bieten wollte, um geschützt gegen staatliche Willkür am freien Markt teilzunehmen, war aus dieser Sicht durch und durch kapitalistisch. Bereits Marx hatte daher gerade das Privatrecht als Kern des Übels identifiziert.

Die drei Grundfreiheiten des Privatrechts mit ihrem Projekt der eigenverantwortlichen und erlaubt-egoistischen Lebensgestaltung jenseits staatlicher Zielvorgaben standen geradezu paradigmatisch für die Fehler des Kapitalismus, denen es entgegenzutreten galt.

Die **Vertragsfreiheit** widersprach der Forderung, den von allen gemeinsam erzeugten Mehrwert auch allen Menschen gleichmäßig zukommen zu lassen. Verträge dienten nach dieser Sichtweise im Kapitalismus dazu, Privateigentum und Vermögen aufzuhäufen (zu „akkumulieren") und damit die Ungleichheit zu erhöhen, gegen die man gerade anging. Der Sozialismus wollte die Gütererzeugung und Güterverteilung durch staatliche Pläne, nicht durch Individualverträge steuern (Planwirtschaft). Gab der Staat Raum für Verträge unter Bürgern, dann verband er das oft mit dem Erfordernis staatlicher Genehmigung. Ein Beispiel ist der Wohnungsmietvertrag.

Die **Eigentumsfreiheit** trat in Konflikt mit der Forderung des Sozialismus, dass Individualeigentum nur an Gegenständen des individuellen Konsums zulässig sei. Die Abschaffung des Privateigentums an Produktionsmitteln war die Ausgangsprämisse aller Überlegungen von Marx gewesen. Grundeigentum, Handwerk und Industrie mussten enteignet und zu „Volkseigentum" gemacht werden.

Die **Testierfreiheit** schließlich führte ebenfalls zur Akkumulation von Privateigentum bei Einzelnen, weswegen Testamente im Sozialismus möglichst unterbunden werden mussten.

Drei Grundtendenzen bestimmten stattdessen das sozialistische Recht: **Volkseigentum** statt Individualeigentum, **Plan** statt Vertrag, **Kollektiv** statt Individuum.

Soweit die Theorie, die so geschlossen in der DDR freilich nie galt. Bei genauerer Betrachtung erweist sich die DDR als ständig neuen politischen Kurswechseln ausgesetzt, die erst in den 1980er Jahren nachließen. Gleichwohl: Dieser harmonisierende Einstieg in die sozialistische Denkwelt macht hinreichend deutlich, wie eigenartig es war, dass das BGB in der DDR bis zum 1. Januar 1976 weitergalt. Keine Rechtsordnung stand der Ideenwelt des BGB im Zeitraum seiner Geltung ablehnender gegenüber als die der DDR. Von Anfang an dachte man in der DDR über die Abschaffung des BGB nach. Schon 1952 wurde erstmals eine Kommission gegründet, die an einem neuen Zivilgesetzbuch arbeitete. Offen bezeichnete man hier das BGB als „Hemmnis für die Entwicklung des sozialistischen Rechts der DDR" und damit für die Verwirklichung des „Aufbaus des Sozialismus",[330] den man auf der 2. Parteikonferenz der SED gerade ausgerufen hatte. Das BGB blieb abgelehntes Produkt des Klassenfeindes. Dies zeigte sich nicht zuletzt darin, dass es immer wieder schwierig war, überhaupt ein Exemplar des Gesetzestexts zu bekommen. Erst 1956 und dann nochmals 1965 erschienen amtliche Drucke des BGB, nachdem „einige private Ausgaben vergriffen [gewesen] waren".[331] Lehrbücher zum BGB erschienen nie, sondern nur Lehrbücher des sozialistischen Zivilrechts, in denen das BGB nur zurückzudrängendes Teilgebiet war. DDR-Kommentarliteratur zum BGB gab es nicht.

Dass es dennoch bis 1975 dauerte, bis das Zivilgesetzbuch der DDR von der Volkskammer verabschiedet wurde (zur Geschichte des ZGB nachfolgend 4.4.4), lag zunächst an der politischen Dynamik im von sowjetischen und ostdeutschen Parteitagsbeschlüssen hin- und hergerissenen Rechtsdenken in der DDR. Die eben dargelegten Grundsätze des Sozialismus brachen sich auch immer wieder an der politischen, ökonomischen und sozialen Wirklichkeit. Dies führte dazu, dass auch das Zivilrecht sich in einem stetigen Veränderungsprozess befand, der keineswegs linear auf seine Abschaffung hinlief, sondern immer wieder auch Felder schuf, in denen das Zivilrecht des BGB Raum fand. Dennoch wurden kontinuierlich politisch entscheidende Materien der Geltung des BGB entzogen (nachfolgend 4.4.2). Die Fortgeltung des BGB im verbleibenden „Restzivilrecht" rechtfertigte man in dieser Zeit damit, dass es durch den Wandel der Staatsform einen „neuen Inhalt" bekommen habe, was durch seine „abstrakten Formulierungen" erleichtert werde.[332] (zur Anwendung des BGB nachfolgend 4.4.3) Im Ergebnis gelang es so auch der Rechtsprechung, ein Gesetzbuch erstaunlich problemlos zu verwenden, dessen Ziele man ablehnte.

Literatur: Uwe-Jens Heuer, Rechtsverständnis in der DDR, in: ders. (Hg.), Die Rechtsordnung der DDR, Baden-Baden 1995, S. 42 ff.; Karl A. Mollnau, Sozialistische Gesetzlichkeit in der DDR – Theoretische Grundlagen und Praxis, in: Gerd Bender u. Ulrich Falk (Hgg.), Recht im Sozialismus,

330 Gliederung und Richtlinien für die Ausarbeitung des Entwurfs eines Zivilgesetzbuches, Arbeitspapier dieser Kommission, abgedruckt in: Jörn Eckert u. Hans Hattenhauer (Hgg.), Das Zivilgesetzbuch der DDR vom 19. Juni 1975, Goldbach 1995, S. 243.

331 Bürgerliches Gesetzbuch mit wichtigen Nebengesetzen, 1956, hier nach geringfügig verändertem Nachdruck Berlin 1965, Vorwort zur 1. Ausgabe.

332 Autorenkollektiv, Das Zivilrecht der Deutschen Demokratischen Republik. Allgemeiner Teil, Berlin 1955, S. 103.

Bd. 3: Sozialistische Gesetzlichkeit, Frankfurt a.M. 1999, S. 59ff.; Nils Reichhelm, Die marxistisch-leninistische Staats- und Rechtstheorie Karl Polaks, Frankfurt a.M. 2003; Michael Stolleis, Sozialistische Gesetzlichkeit. Staats- und Verwaltungsrechtswissenschaft in der DDR, München 2009, S. 28ff.; Adrian Schmidt-Recla, Ausgangspunkte einer DDR-Rechtsgeschichte: Sozialistisches Recht, sozialistisches Rechtsverhältnis, sozialistische Person, sozialistische Gesetzlichkeit, in: ders. u. Achim Seiffert (Hgg.), Das Recht der DDR als Forschungsgegenstand der Rechtsgeschichte, Köln 2022, S. 116ff.

4.4.2 „Restzivilrecht"

Als in der Sowjetischen Besatzungszone (SBZ) 1945 damit begonnen wurde, auf deutschem Boden einen sozialistischen Staat nach sowjetischem Vorbild zu errichten, kam es sofort zu grundlegenden Eingriffen in das Wirtschaftssystem. Erstes Angriffsziel war die umfassende Reduzierung des **Privateigentums**.

Enteignet wurden weite Teile der **Industrie**. Dies erfolgte 1945 zunächst unter dem Aspekt der Bestrafung der Kriegsverbrecher, indem man weite Teile der Industrie der Kriegswirtschaft zuordnete und dann entschädigungslos enteignete. Bald erfolgte die Ausweitung auf Bergbau und Bodenschätze sowie die Energiewirtschaft. 1949 war damit die gesamte Schwerindustrie verstaatlicht. Parallel wurden seit 1945 **Banken** und **Versicherungen** enteignet. Damit war auch die Geldwirtschaft in staatlicher Hand. Der gesamte Bereich der staatlichen Wirtschaft wurde nun einem Plansystem unterworfen, das die Produktion und Verteilung der Güter festlegte. Die DDR trieb diesen Verstaatlichungsprozess immer weiter voran. Enteignet wurde auf Basis von steuerrechtlichen, wirtschafts- oder zivilrechtlichen Grundlagen, aber auch mit Hilfe von ökonomischem, strafrechtlichem und sozialem Druck. 1972 wurden die letzten privaten Großbetriebe über Zwangsverkäufe in Volkseigentum überführt. Damit sank der verbleibende Anteil des privaten Sektors von 14 Prozent im Jahr 1968 auf 3,5 Prozent. Beispiele waren kleinere Einzelhandelsgeschäfte und Gaststätten.

Enteignet wurden auch große Teile des ländlichen Grundeigentums. Im Herbst 1945 begann die „**Bodenreform**". Unter dem Slogan „Junkerland in Bauernhand" wurden Großgrundbesitzer, die Ländereien über 100 Hektar besaßen, entschädigungslos enteignet. Gleiches betraf ehemalige aktive Mitglieder der NSDAP. Die frei gewordenen etwa 35 Prozent der Nutzfläche der SBZ wurden zu zwei Dritteln an landwirtschaftlich meist unerfahrene „Neubauern" verteilt und zu einem Drittel in volkseigene Güter überführt. Da die meist zu kleinen Güter sich kaum rentabel bewirtschaften ließen, aber auch infolge der in der Sowjetunion seit 1948 laufenden Kollektivierung, wurden ab 1952 die Neubauern und die verbliebenen Altbauern, oft gegen ihren Willen, in

Landwirtschaftliche Produktionsgenossenschaften (LPGs) eingegliedert, sodass Mitte der 1950er Jahre die Landwirtschaft weitgehend kollektiviert war.

Auch jenseits des Bereichs der Produktion ging man zunehmend gegen Privateigentum vor. Grundstückseigentümer ohne Produktionsbezug, insbesondere private Vermieter und Hoteliers, wurden entweder mit ausgreifenden Enteignungsbestimmungen gegen minimale Entschädigungen enteignet oder ökonomisch zu Verkäufen gezwungen, indem man die Miethöhe auf Vorkriegsniveau festschrieb und die Erhaltungslast beim Eigentümer beließ, um die dann überschuldeten Grundstücke in Volkseigentum zu überführen. Bis zum Mauerfall blieb aber ein Restbereich privater Vermietung bestehen.

Die Verfassung von 1968 regelte erstmals die so entstandene neue Eigentumsordnung. Sie unterschied (Art. 10) **sozialistisches Eigentum** (gesamtgesellschaftliches Volkseigentum, Eigentum gesellschaftlicher Organisationen und genossenschaftliches Gemeineigentum) und persönliches Eigentum. **Persönliches Eigentum** hatte die Funktion „der Befriedigung der materiellen und kulturellen Bedürfnisse der Bürger“ (Art. 11), es konnte also nicht an Produktionsmitteln, sondern nur an Gebrauchsgütern entstehen. Persönliches Eigentum gewährte das Recht, Gebrauchsgüter „in Übereinstimmung mit den Interessen der jeweils herrschenden Klasse“ zu „besitzen, nutzen und über sie zu verfügen“.[333] Dies betraf neben Gütern des persönlichen Bedarfs auch Nutzungsrechte an Wohnungen. Diese Art des persönlichen Eigentums war als Kategorie 1954 für den Bau von Arbeiterwohnungen eingeführt worden, was zur Trennung zwischen dem Grundstück, das stets Volkseigentum bleiben musste, und einem persönlichen Wohneigentum führte, das die Nutzung gestattete. Verfügungsfreiheit über das Nutzungsrecht war damit freilich nicht automatisch verbunden, sondern stets mit gesellschaftlichen Vorgaben verknüpft.[334]

Das **„private Eigentum“** war demnach weder sozialistisches noch persönliches Eigentum, sondern das noch existierende Eigentum an Produktionsmitteln. Es wurde konsequent von der Verfassung nur negativ geregelt, nämlich als Verbot, Privateigentum an bestimmten Wirtschaftsgütern zu erlangen (Art. 12).

Damit passte der Eigentumsbegriff des BGB nur noch für persönliches Eigentum an Gebrauchsgütern. Hinzu kamen Reste des Eigentums an Produktionsmitteln. Da

333 Autorenkollektiv, Das Zivilrecht der Deutschen demokratischen Republik, Sachenrecht, Berlin 1956, S. 15.

334 Im Rechtsbewusstsein der Bevölkerung blieb persönliches Eigentum gleichwohl die höchstgeachtete und auch vor Gericht zäh verteidigte Eigentumsform, vgl. die Beispiele aus der Judikatur bei Inga Markovits, Gerechtigkeit in Lüritz, München 2006, S. 51 ff.

freilich nur das Eigentum an Produktionsmitteln auch begrifflich darunter gefasst wurde, wurde Privateigentum in der Rechtswissenschaft nun das „Menetekel schlechthin“.[335] Der Begriff galt seit 1975 als nicht mehr gebräuchlich, sodass das ZGB auf ihn verzichtete. Gleichwohl existierten in der DDR Bereiche des Privateigentums an Produktionsmitteln fort. Dies betraf insbesondere kleine Handwerker und Gewerbetreibende, aber auch die verbleibenden Bereiche des privaten Grundeigentums. Die gesamten sonstigen Rechte an fremdem Eigentum, also weite Teile des Sachenrechts, konnten die sozialistische Wirklichkeit demgegenüber nicht mehr abbilden. Im Lehrbuch von 1956 wurde die Konsequenz gezogen und die gesamten Rechte an Sachen im BGB verworfen: „De lege ferenda ist das System der Sachenrechte zu beseitigen“.[336] Was bis dahin geschehen sollte, skizzierte das zeitgleich verfasste Vorwort zur BGB-Gesetzesausgabe: Zwar sei der Wortlaut der §§ 903 ff. BGB nicht geändert worden, doch „hat das Eigentumsrecht in der Deutschen Demokratischen Republik einen qualitativ anderen Inhalt als es zur Zeit des Inkrafttretens des BGB hatte. Die von dem demokratischen Staat [sc. der DDR] sanktionierte Weitergeltung des Gesetzes zwingt dazu, gerade dort, wo der Wortlaut unverändert geblieben ist, sehr gründlich den neuen Rechtsinhalt zu ermitteln“.[337]

Massive Beschneidungen seiner Wirksamkeit erhielt auch der **Vertrag**. Dies betraf vor allem die Beziehung zwischen den Betrieben. Nachdem die Mangelwirtschaft in der SBZ im Wesentlichen zu einem staatlichen Verteilungssystem geführt hatte, begann mit dem Fünfjahresplan des Jahres 1951 die Neuorganisation der inzwischen weitgehend volkseigenen Wirtschaft. Gegen die zunächst dominierenden Pläne einer zentral geleiteten Staatswirtschaft setzte sich das sog. Vertragssystem durch. Die volkseigenen Betriebe wurden mit einer eigenen Rechtsfähigkeit versehen und 1951 das Allgemeine Vertragssystem in der volkseigenen und ihr gleichgestellten Wirtschaft eingeführt.[338] Betriebe mussten nun alle Vereinbarungen über Lieferungen und andere Leistungen durch Verträge treffen. Hierfür war freilich wenig Vertragsfreiheit gegeben. Entscheidend

335 Johannes Klinkert, Das persönliche Eigentumsrecht des ZGB, in: Jörn Eckert u. Hans Hattenhauer (Hgg.), Das Zivilgesetzbuch der DDR vom 19. Juni 1975, Goldbach 1995, S. 127.

336 Autorenkollektiv, Das Zivilrecht der Deutschen Demokratischen Republik. Sachenrecht, Berlin 1956, S. VI.

337 Bürgerliches Gesetzbuch mit wichtigen Nebengesetzen, 1956, hier nach geringfügig verändertem Nachdruck Berlin 1965, Vorwort zur 1. Ausgabe, S. 7. Zur hier durchscheinenden „Form-Inhalt-These“ unten S. 281.

338 Verordnung über die Einführung des Allgemeinen Vertragssystems in der volkseigenen und ihr gleichgestellten Wirtschaft vom 6. 12. 1951, GBl. S. 1141.

war vielmehr ein staatlicher Plan, der zum Abschluss verpflichtete und abweichende Vereinbarungen unwirksam machte. Ein Mustervertrag legte die Bedingungen fest, Einzelfragen, etwa Abnahmepflicht, Liefer- und Zahlungsbedingungen, Pflicht zur Mängelanzeige, waren gesondert normiert. Streitigkeiten zwischen den Vertragspartnern waren dem ordentlichen Gerichtsweg entzogen und dem sog. Staatlichen Vertragsgericht zugeordnet. Dieses war eine dem Ministerrat unterstellte Verwaltungsbehörde. Hier ging es nicht um Anspruchsdurchsetzung, sondern um Wirtschaftsorganisation. Die Vertragsparteien waren zur „kameradschaftlichen Zusammenarbeit" verpflichtet. Das Vertragsgericht konnte Fälle an sich ziehen, es herrschte die Offizialmaxime, die Mitarbeiter waren weisungsgebunden, und Rechtsmittel waren nur sehr eingeschränkt möglich. Wenn für nicht geregelte Fragen gleichwohl BGB und auch HGB formal weiter anwendbar bleiben sollten, dann passte das von der ganzen Denkwelt nicht zu einem letztlich nur oberflächlich vertragsgesteuerten, in Wirklichkeit bürokratisch-planwirtschaftlichen Wirtschaftssystem. Das Vertragsgericht zeigte daher auch deutlich Zurückhaltung darin, das BGB als Entscheidungsgrundlage heranzuziehen. Das 1957 ergehende Gesetz über das Allgemeine Vertragssystem[339] war formell zwar noch immer eine **lex specialis** zum BGB, brach aber „den Bereich der wirtschaftlichen Vertragsbeziehungen im Grunde aus dem Zivilrecht heraus".[340] Es begann eine lang andauernde Debatte darum, inwiefern das Wirtschaftsrecht noch Teil des Zivilrechts sein könne. Das BGB passte nicht für Vertragsbeziehungen von der Planwirtschaft unterworfenen Betrieben, die „weder über den Gegenstand ihrer Geschäfte noch über Preise entscheiden, die also weder hinsichtlich des ‚ob' noch des ‚wie' Vertragsfreiheit genossen".[341] Das Gesetz über das Vertragssystem in der sozialistischen Wirtschaft von 1965 beließ dem BGB noch eine subsidiäre Geltung, die Idee eines einheitlichen Zivilrechts wurde dann aber spätestens mit dem VII. Parteitag 1967 aufgegeben.

Ein Bereich, in dem die DDR Modernisierungsvorsprünge erzielen konnte, war das **Familienrecht**. Während man in der Bundesrepublik nur zögerlich begann, die gescheiterten Modernisierungsdebatten der Weimarer Republik wieder aufzugreifen, bewirkte das Frauen- und Familienbild des Sozialismus bereits in der jungen DDR deutliche Veränderungen. Das aus der Sowjetunion übernommene Familienleitbild

339 Gesetz vom 21.12.1957 über das Allgemeine Vertragssystem in der sozialistischen Wirtschaft, GBl. I, S. 627ff.

340 Gerhard Pflicke u. Erika Süß, Wirtschaftsrecht, in: Uwe Jens Heuer (Hg.), Die Rechtsordnung der DDR. Anspruch und Wirklichkeit, Baden-Baden 1995, S. 440.

341 Joachim Göhring u. Axel Dost, Zivilrecht, in: Uwe Jens Heuer (Hg.), Die Rechtsordnung der DDR. Anspruch und Wirklichkeit, Baden-Baden 1995, S. 481f.

setzte klar auf die Berufstätigkeit der Frauen und Mütter und deren umfassende Gleichberechtigung in der Ehe. Anders als das Grundgesetz hob die Verfassung der DDR von 1949 alle Vorschriften auf (Art. 144), die der ehelichen (Art. 30) oder staatsbürgerlichen (Art. 7) Gleichstellung von Mann und Frau widersprachen oder nichteheliche Kinder gegenüber ehelichen benachteiligten. Damit waren weite Teile des Familienrechts des BGB sofort unanwendbar geworden. Seitdem begann zunächst die Rechtsprechung, neue Grundsätze zu entwickeln. Mit dem Mutter-und-Kinderschutzgesetz von 1950[342] wurde die Gleichberechtigung der Frau in der Ehe dann gesetzgeberisch durchgeführt. Alle ehelichen Fragen mussten gemeinsam entschieden werden. Der Ehemann verlor das Recht, über die Berufsausbildung, die Berufswahl und die Fortbildung der Frau zu entscheiden. Die Mutter erhielt ein eigenes Sorgerecht. Flankierend begann eine umfangreiche Frauenförderung, etwa durch Kinderbetreuungsplätze, die helfen sollte, Beruf und Familie zu vereinbaren. Nichteheliche Kinder waren von nun an mit dem Vater automatisch verwandt und hatten die gleichen Unterhaltsansprüche wie eheliche Kinder. Bis 1976 wurde schrittweise auch die erbrechtliche Position des unehelichen Kindes der des ehelichen angepasst. 1955 wurde das Zerrüttungsprinzip eingeführt und auch damit Forderungen der Weimarer Debatte umgesetzt.[343] Mit dem 1965 erlassenen Familiengesetzbuch wurde dann endgültig das Familienrecht des BGB durch eine eigene Teilkodifikation ersetzt. In der Bundesrepublik wurden diese – durch das Grundgesetz ja erwünschten, aber nicht erzwungenen[344] – Veränderungen in Ehe und Familie insbesondere durch die, nach älteren Vorläufern, ab 1949 gegründeten Institute für Ostrecht, etwa in West-Berlin, Köln, München oder Hamburg, intensiv beobachtet. Hier übte der Systemwettbewerb zwischen Ost und West auch auf den Westen Druck aus, sodass manche anstehenden Änderungen in der Bundesrepublik spätestens durch den Angleichungsdruck der Wiedervereinigung erfolgten.

Im **Arbeitsrecht** zeigte sich der Konflikt mit dem BGB früh und deutlich. In sozialistischer Perspektive diente die Arbeit der Selbstverwirklichung der Werktätigen. Konkurrenz und Markt wurden als Quelle der Ausbeutung abgelehnt. Es gab bereits in der Verfassung von 1949 ein Recht auf Arbeit (Art. 15), Druck am Arbeitsplatz sollte vermieden werden („Akkord ist Mord"), Urlaub und Versorgung im Krankheitsfall wurden zugesagt (Art. 16), Kündigungen waren nahezu ausgeschlossen, Gewerkschaften wurden staatlich eingegliedert, die Tarifautonomie war spätestens 1953 beseitigt,

342 Gesetz über den Mutter- und Kinderschutz und die Rechte der Frau von 27.9.1950, GBl. S. 1037.

343 VO über die Eheschließung und Ehescheidung vom 24.11.1955, GBl. I S. 849.

344 Dazu sogleich S. 334ff.

ein Streikrecht gab es nicht (trotz Art. 16 Abs. 2). Bereits 1950 wurde ein Gesetz der Arbeit erlassen, das weitgehend an die Stelle des BGB trat. Die Arbeitsgerichtsbarkeit wurde 1953 verselbständigt und auf unterster Ebene sog. Konfliktkommissionen eingeführt, deren Mitglieder von der Belegschaft aus dem Kollegenkreis gewählt wurden. Noch bevor das Gesetzbuch der Arbeit von 1961 und dann das Arbeitsgesetzbuch von 1977 das Arbeitsrecht endgültig als eigenständige Materie festigten, war das BGB aus dem Arbeitsrecht verdrängt worden.

Agrarrecht und Bodenrecht, Arbeitsrecht, Familienrecht und Wirtschaftsrecht waren dem BGB damit entzogen. Auch viele kleinere Bereiche des BGB spielten in der Rechtswirklichkeit der DDR keine Rolle, etwa der Maklervertrag, die Gemeinschaft, die Leibrente oder der Erbschaftskauf. Damit fragt sich, welche Regelungsbereiche dem BGB in der Rechtswirklichkeit noch verblieben. Seit der Abspaltung des Wirtschaftsrechts sprach man abschätzig von einem „**Recht der Reste**“[345] oder einem „**Feierabendrecht**“[346].

Ein Blick in die **Zivilprozesswirklichkeit**[347] unter dem BGB vermittelt einen Eindruck, was damit gemeint war. Ein Kernbereich waren Versorgungsbeziehungen zwischen Staat und Bürger. Privatbetriebe verschwanden seit den 1950er Jahren zunehmend aus dem Prozessgeschehen. Zunächst spielte Zivilrecht bei der Versorgung der Bevölkerung durch den Staat eine untergeordnete Rolle. Die meisten Verbrauchsgüter wurden bis weit in die 1950er Jahre staatlich verteilt, konnten also nicht ausgewählt werden. Lebensmittelkarten wurden erst 1958 abgeschafft. Erst langsam gewann der Vertrag als Mittel der Güterverteilung an Boden. Was zunächst fehlte, waren Klagen der Bürger gegen den Staat. Dies lag einerseits daran, dass die DDR keinen Verwaltungsrechtsschutz und auch keine Staatshaftung gewährte. Aber natürlich kamen Klagen der Bürger gegen den Staat bei Leistungsstörungen in Betracht. Auch solche Klagen blieben aber bis in die 1970er Jahre selten. Ein Grund hierfür und für die im Vergleich zur Bundesrepublik viel geringere Zivilprozessrate in der DDR waren funktionale Äquivalente. Ein Teil der Rechtsprobleme des Bürgers mit staatlichen Stellen wurde über **Eingaben** gelöst, also über Petitionen an die Entscheidungsträger oder auch an die Staatsratsvorsitzenden. Die Eingabenkultur der DDR ist noch unzureichend erforscht. Bisherige Untersuchungen deuten darauf hin, dass in bestimmten Rechtsfeldern, etwa

---

345 Horst Kellner, Probleme des Gegenstandes des sozialistischen Zivilrechts, in: NJ 1974, S. 201.

346 Joachim Göhring u. Martin Posch, Grundfragen des sozialistischen Zivilrechts, 1. Aufl. Berlin (Ost) 1977, S. 65 Fn. 26.

347 Rainer Schröder, Zivilrechtskultur der DDR. Bd. 4: Vom Inkasso zum Feierabendprozess. Der DDR-Zivilprozess, Berlin 2008.

im Mietrecht, durchaus eine signifikante Chance der Rechtsdurchsetzung bestand. Weitere Konflikte wurden der Justiz dadurch entzogen, dass **richterliche Rechtsauskünfte** viele Prozesse im Vorfeld vermieden. Die hier zugrunde liegende Tendenz der Streitvermeidung durch Schlichtung durchzog das DDR-Zivilrecht in vielen anderen Bereichen. Dies umfasst die Wirksamkeit der **gesellschaftlichen Gerichte**. Im Arbeitsrecht wurde das Gros der Fälle geringerer Bedeutung durch „Konfliktkommissionen", die mit Betriebsangehörigen besetzt waren, entschieden. 1988 erledigten etwa 28.000 Konfliktkommissionen mit etwa 70.000 Verfahren pro Jahr knapp 90 Prozent des gesamten Arbeitsrechts. Auch normale Zivilrechtskonflikte unter Betriebsangehörigen mit einem Streitwert bis 1000 Mark wurden hier entschieden.

Im Wohnumfeld waren „Schiedskommissionen" tätig, in denen durch das Kreisgericht angeleitete Schöffen Konflikte außergerichtlich regelten. 1988 entschieden über 5000 Schiedskommissionen unter Mitbewohnern etwa 8 Prozent aller Zivilrechtsfälle.

Erst mit dem Übergang zu Erich Honecker und der Einführung des ZGB 1976 nahmen Klagen der Bürger gegen sozialistische Betriebe und Institutionen insbesondere wegen Gewährleistungsfragen zu.[348] Den Hauptteil der Zivilprozesse bestimmten jedoch Klagen staatlicher Betriebe gegen Bürger sowie Klagen zwischen Bürgern.

Staatliche Betriebe nutzten den Zivilprozess als Inkassovoraussetzung, also um Forderungen zu titulieren. In Wellen gingen insbesondere staatliche Wohnungsunternehmen und Energieversorger gegen säumige Schuldner vor. Das Ziel der Kündigung und, in Mietfragen, der Räumung scheiterte dabei zumeist an der fehlenden Vollstreckbarkeit angesichts der sozialen Grundrechte der Bürger, insbesondere des Rechts auf eine Wohnung. Man klagte daher zunehmend auf künftigen Mietzins, wenn weitere Zahlungsverzögerungen zu befürchten waren. Damit konnte man zunächst bis zu zwei Jahre Mietzins im Voraus geltend machen. Daneben gab es Zahlungskampagnen der regionalen Gas-, Wasser- und Elektrizitätsversorger. Ein drittes Problemfeld stellte die Nichtzahlung bei Teilzahlungskrediten dar. Hier klagten zunächst vor allem Banken, später dann die Konsumgenossenschaften, die ab 1956 selbst als Kreditgeber auftraten. Klagegegenstand war dann auch die Herausgabe der unter Eigentumsvorbehalt stehenden Kaufgegenstände, vor allem von Möbeln, Heizöfen oder Elektrogeräten. In diesen Prozessen des Staates gegen die Bürger fiel auf, dass es nicht nur um das verhandelte Geld ging, sondern auch um Erziehung zu mehr Zahlungsmoral. Daher fanden sich organisierte Klagekampagnen. Diese verringerten sich jedoch seit Ende der 1960er Jahre vermehrt. Die Inkassoverfahren nahmen vor den Zivilgerichten seit den 1970er

---

348 Vgl. unten S. 287 ff.

Jahren langsam ab und nun dominierte das „Feierabendrecht" der Bürger untereinander. Ein Drittel dieser Klagen betraf überwiegend Zahlungsklagen privater Vermieter. In 20 Prozent ging es um deliktischen Schadensersatz und in 12 Prozent um Herausgabe von Gegenständen, ein typisches Problemfeld in Mangelgesellschaften. In den verbleibenden Fällen klagten Bürger primär gegeneinander aus Kaufvertrag (in vielen Fällen ging es um KfZ), Dienstleistungsvertrag (überwiegend wurde die Vergütung eingeklagt) oder privatem Darlehen. Hier war also das primäre Einsatzfeld des BGB.

Literatur: Klaus Westen, Zivilrecht im Systemvergleich, Berlin (West) 1984; Axel Dost, Arbeitsrecht, in: Uwe Jens Heuer (Hg.), Die Rechtsordnung der DDR. Anspruch und Wirklichkeit, Baden-Baden 1995, S. 95 ff.; Gerhard Pflicke u. Erika Süß, Wirtschaftsrecht, in: Uwe Jens Heuer (Hg.), Die Rechtsordnung der DDR. Anspruch und Wirklichkeit, Baden-Baden 1995, S. 427 ff.; Joachim Göhring u. Axel Dost, Zivilrecht, in: Uwe Jens Heuer (Hg.), Die Rechtsordnung der DDR. Anspruch und Wirklichkeit, Baden-Baden 1995, S. 475 ff.; Anita Grandke, Familienrecht, in: Uwe Jens Heuer (Hg.), Die Rechtsordnung der DDR. Anspruch und Wirklichkeit, Baden-Baden 1995, S. 173 ff.; Johannes Klinkert, Das persönliche Eigentumsrecht des ZGB, in: Jörn Eckert u. Hans Hattenhauer (Hgg.), Das Zivilgesetzbuch der DDR vom 19. Juni 1975, Goldbach 1995, S. 127 ff.; Guido Harder, Das verliehene Nutzungsrecht. Herausbildung und Entwicklung eines Rechtsinstituts des DDR-Bodenrechts, Berlin 1998; Rosemarie Will, Die Eigentumsordnung der DDR, in: Gerd Bender u. Ulrich Falk, Recht im Sozialismus, Bd. 1: Enteignung, Frankfurt a. M. 1999, S. 117 ff.; Marcus Mollnau, Die Bodenrechtsentwicklung in der SBZ/DDR anhand der Akten des Zentralen Parteiarchivs der SED, Berlin 2001; Hans-Andreas Schönfeldt, Vom Schiedsmann zur Schiedskommission. Normdurchsetzung durch territoriale gesellschaftliche Gerichte in der DDR, Frankfurt a. M. 2002; Thorsten Reich, Die Erforschung der objektiven Wahrheit. Zivilprozessualer Wandel in der DDR, Berlin 2004; Rainer Schröder, Zivilrechtskultur der DDR. Bd. 4: Vom Inkasso zum Feierabendprozess. Der DDR-Zivilprozess, Berlin 2008; Felix Muhl, „Volkseigentum ist unantastbar". Das Volkseigentumsschutzgesetz der DDR und der Bestimmtheitsgrundsatz, Berlin 2011; Bernhard Klose, Das Verblassen eines Makels. Das Nichtehelichenrecht der DDR als Teil der gesamtdeutschen Entwicklung, Frankfurt a. M. 2013; Frank Bösch, Geteilt und verbunden. Perspektiven auf die deutsche Geschichte seit den 1970er Jahren, in: ders. (Hg.), Geteilte Geschichte, Bonn 2015, S. 7 ff.; Raphaela Etzold, Gleichberechtigung in erster Instanz. Deutsche Scheidungsurteile der 1950er Jahre im Ost-/West-Vergleich, Tübingen 2019.

4.4.3 Umwertung des BGB

Hatte die Sowjetische Militäradministration bis 1949 primär über Verordnungen eine Mangelwirtschaft als staatliches Verteilungssystem organisiert, warf die langsame ökonomische Stabilisierung in der jungen DDR zunehmend die Frage auf, wie mit dem in seinem potenziellen Anwendungsbereich insbesondere im wieder freier werdenden Vertragsrecht und beim persönlichen und Privateigentum langsam wachsenden BGB umzugehen sei.

Drängend stellte sich das Problem dem **Obersten Gericht**, das am 24. März 1950 seine Rechtsprechungstätigkeit aufnahm. Es war gezielt mit besonders parteinahen Juristinnen und Juristen besetzt worden und übernahm als „Anleitungsorgan" eine weit über das frühere Reichsgericht hinausreichende Steuerungsaufgabe. Es hatte gegenüber den Untergerichten eine Richtlinienkompetenz, gab Materialien zur Anleitung der Rechtsprechung heraus und konnte als Kassationsgericht deren Entscheidungen auch ohne ein von den Parteien eingelegtes Rechtsmittel an sich ziehen und ändern. Hinzu kamen die Kontrolle der Untergerichte über „Wochenmeldungen", Aktenanforderungen, Inspektionen, aber auch Tagungen oder Aussprachen. Das Oberste Gericht sollte also eine flächendeckende Justizsteuerung sicherstellen und zugleich auch durch individuelle Anleitung auf die Richter erzieherisch wirken. Ihr zur Seite stand die Generalstaatsanwaltschaft als „Hüterin der sozialistischen Gesetzlichkeit", mit einer eigenen Kassationsbefugnis und dem Recht zur Teilnahme an mündlichen Verhandlungen im Zivilrecht. Hier lagen die prozessualen Schlüsselpositionen für die Frage, wie man das BGB im Sozialismus verwenden sollte.

Die Bedeutung des Obersten Gerichts resultierte auch daraus, dass man viel weitergehender als zuvor in der Geschichte des BGB gegen die Beharrungskräfte der alten Juristenelite bei Systemwechseln vorgegangen war. Bereits in der SBZ war ein nahezu kompletter **Austausch der Justiz** vorgenommen worden. Konsequent für einen Staat, der eine Diktatur der Arbeiterklasse umsetzen wollte, schloss man die weitgehend dem Bürgertum entstammende Justiz als Machtfaktor aus. Unter formaler Anknüpfung an die Mitgliedschaft in NS-Organisationen wurden bis 1948 etwa 80 Prozent der Richter und Staatsanwälte entlassen. Das verbliebene Justizpersonal erlebte 1950 bis 1952 nochmals eine Säuberungswelle. Zugleich baute man neben der Universitätsausbildung, die man zunächst weiterlaufen ließ, aber als Rekrutierungsreservoir bis 1952 kaum mehr nutzte, eine am sowjetischen Vorbild ausgerichtete sozialistische **Juristenausbildung** auf. Kennzeichnend dafür war das „kollektive" sozialistische Studium. Man arbeitete in Seminaren und Kolloquien, also in Kleingruppen statt Großvorlesungen mit zunehmend hoher politischer Durchdringung, lernte in Arbeitsgruppen und wohnte gemeinsam im Internat und in Wohngemeinschaften. Über ein umfassendes Stipendiensystem wurde versucht, möglichst viele „Kader" aus der Arbeiterschaft zu gewinnen. Man sprach von „Volksrichtern". Damit hoffte man die Grundlage gelegt zu haben für den „neuen Juristen", der mit den bürgerlichen Traditionen brach. An die Stelle sollte der Jurist als Funktionär der Partei treten, der viel stärker dynamisch in die Umsetzung der

Beschlüsse der Partei eingebunden werden sollte als der unabhängige Gesetzesanwender des bürgerlichen Rechtsstaates. Bernhard Graefrath formulierte 1951 dieses Ideal:

> Die antifaschistisch-demokratische Ordnung verlangt einen anderen Juristen als der kapitalistische Staat. Der Jurist, der in unserem Staat eine Funktion einnimmt, muß sich jederzeit bewußt sein, daß er die Interessen der Werktätigen wahrnimmt und die antifaschistisch-demokratische Ordnung vor ihren Feinden zu schützen hat. Das Jurastudium muß deshalb dem Studenten völlige Klarheit über den Staat und seine Aufgaben in den verschiedenen Perioden der menschlichen Gesellschaft geben. Es muß das Recht als den zum Gesetz erhobenen Willen der herrschenden Klasse lehren und erkennen lassen; es muß den Studenten zu einem entschlossenen Verteidiger der antifaschistisch-demokratischen Republik, zu einem Kämpfer für den Frieden erziehen.[349]

Was das für die Gesetzesanwendung konkret bedeuten sollte, wurde nun mit Blick auf die sozialistischen Vorbilder intensiv diskutiert. Die Unklarheit darüber zeigte sich auch in den frühen Urteilen des Obersten Gerichts zum BGB, in denen noch ganz traditionell mit der Kommentarliteratur Weimars, mit den Materialien zum BGB und der Reichsgerichtsjudikatur gearbeitet wurde. Hilde Benjamin, zu diesem Zeitpunkt stellvertretende Präsidentin des Obersten Gerichts, läutete 1950 in einem Grundsatzreferat die Linie ein, auf die das Oberste Gericht nun einschwenkte, die sog. **„Form-Inhalt-These“**.[350] Da der Staat den Inhalt seiner Rechtsordnung als bloßes Überbauphänomen durch seine gesellschaftliche Entwicklung bestimme, sei mit dem Wechsel der Staatsordnung dieser neue Inhalt automatisch in die Form der alten Gesetze eingerückt. Aufgabe der richterlichen Rechtsfeststellung war es demnach, durch die Form des alten Gesetzes hindurch die neuen Inhalte zu ermitteln. Diese neuen Inhalte konnten nicht in juristischen Eigengesetzlichkeiten oder einer feststehenden Gerechtigkeitsidee gefunden werden. Entscheidend war das Verständnis der „gesellschaftlichen Erscheinungen“. Da das Deutungsmonopol für den gesellschaftlichen Entwicklungsstand im Rahmen der Gesetze des „historischen Materialismus“ der Partei oblag, bedeutete dies nicht nur eine Auseinandersetzung mit der schillernden Vielfalt der „Normativakte“, mit der die Partei und ihre Exekutive den Staat steuerten, also mit Anordnungen, Beschlüssen und Durchführungsbestimmungen des

349 Bernhard Graefrath, Das juristische Studium nach dem neuen Studienplan, in: NJ 1951, S. 291.

350 Hilde Benjamin, Grundsätzliches zur Methode und zum Inhalt der Rechtsprechung. Grundsatzreferat vor der ersten Arbeitstagung des Obersten Gerichts mit den Oberlandesgerichtspräsidenten im März 1951, in: NJ 1951, S. 150 ff.

Staatsrats, des Ministerrats und anderer rechtsetzungsbefugter Leiter zentraler Staatsorgane. Orientierungspunkte waren auch die großen Reden auf den Parteitagen und aktuelle Erkenntnisse der Politökonomie.

Was blieb in diesem Kontext von dem klassischen Instrumentarium des Rechtsanwenders? Benjamin stellte klar: Die Judikatur des Reichsgerichts und die Ansichten der Literatur vor 1945 konnten Entscheidungen nicht mehr begründen. Die zunächst angedachten Generalklauseln waren Scheinargumente der bürgerlichen Rechtstradition und verschwanden langsam aus dem Begründungsarsenal des Obersten Gerichts. Dogmatisch-logische Argumente sahen sich dem Vorwurf des wirklichkeitsfernen „Formalismus" ausgesetzt, auch der **„Rechtsdogmatik wurde der Garaus gemacht"**.[351] Dies bewirkte im Jahr 1958 vor allem die sog. Babelsberger Konferenz, auf der Walter Ulbricht, flankiert durch seinen juristischen Berater Karl Polak, der Rechtswissenschaft vorwarf, in der alten, bürgerlichen Rechtswelt zu verharren. Auch infolge der dort gegen einzelne Rechtswissenschaftler ausgesprochenen Sanktionen erlosch die Diskussion über die klassischen Methodenargumente wie etwa die Auslegungskanones. Die 1957 abgeschlossene unveröffentlichte Dissertation zu Auslegungsfragen von Traute Schönrath wurde nicht mehr öffentlich diskutiert.[352] In der juristischen Ausbildung der DDR spielte juristische Methodenlehre danach keine Rolle mehr. Eine gewisse Ausnahme stellte nur die historische Auslegung dar, die besonders geeignet erschien, um den Wandel des Rechts im Historischen Materialismus zu verdeutlichen. Hans Nathan, einer der führenden Zivilrechtler dieser Zeit, nutzte 1960 diese Methode, um für das Abzahlungsgesetz von 1894 durch Studien der Materialien nachzuweisen, dass dieses Gesetz gerade nicht der Arbeiterklasse habe dienen wollen, sondern den Interessen der Kaufmannschaft.[353] Damit ging es freilich gerade nicht im Sinne einer subjektiven Auslegung darum, den Willen des damaligen Gesetzgebers zu fördern, sondern umgekehrt darum, ein bürgerliches Gesetz für nicht mehr anwendbar zu erklären.

Nun war der Richter auf das verwiesen, was in unterschiedlichen Benennungen höchst flexibel als „demokratische" oder **„sozialistische Gesetzlichkeit"** firmierte.

---

351 Karl Mollnau, Sozialistische Gesetzlichkeit in der DDR – Theoretische Grundlagen und Praxis, in: Gerd Bender u. Ulrich Falk (Hgg.), Recht im Sozialismus. Analysen zur Normdurchsetzung in osteuropäischen Nachkriegsgesellschaften (1944/45–1989), Bd. 3: Sozialistische Gesetzlichkeit, Frankfurt a. M. 1999, S. 68 f.

352 Traute Schönrath, Die Methoden für die Auslegung der Rechtsnormen der Deutschen Demokratischen Republik, Diss. masch. Leipzig 1957.

353 Hans Nathan, Teilzahlungskauf und Rechtspositivismus, in: NJ 1960, S. 335 ff.

Mit „Gesetzlichkeit“ trat an die Stelle des bloßen Gesetzes die Abhängigkeit seines Inhalts von den durch die Partei erkennbaren Auswirkungen der Gesetzmäßigkeiten des Historischen Materialismus. Konsequent forderte Hilde Benjamin eine neue richterliche Praxis der **„offensiven Begründung“**. Das BGB blieb nur insoweit und mit dem Inhalt anwendbar, als dieser dem Stand der Gesellschaft entsprach. Das Oberste Gericht führte nun in einer Reihe von Leitentscheidungen vor, dass nicht traditionell juristische, sondern politökonomische Argumente diese Entscheidungen tragen mussten. So begründet, war es ganz unproblematisch, eine Norm des BGB offen abzulehnen. Andererseits war etwa das in § 48 EheG 1938 eingeführte Zerrüttungsprinzip, welches von den Nationalsozialisten aus bevölkerungspolitischen Gründen statuiert wurde, problemlos mit neuen Zielen zu füllen und anzuwenden: „Die Arbeitsfreude, das ständige Streben zur weiteren persönlichen Entwicklung, auch die Freude an der Familie [...] diese Ziele können aber in einer zerrütteten Ehe nicht erreicht werden“.[354] Diese politisierende Begründung war angesichts der politischen Dynamik gerade in der Anfangszeit der DDR nicht ungefährlich und wurde auch nicht jedem Richter zugetraut. Schon Benjamin hatte vor „Verflachung und Vulgarisierung“ gewarnt und betont: „Wenn vor den unteren Gerichten in erster Linie die Aufgabe steht, den Tatbestand einwandfrei und nach allen Richtungen zu erforschen und festzustellen, dann steht vor uns, den oberen Gerichten, die Aufgabe der rechtlichen Meisterung der aufgeworfenen Fragen.“[355] 1953 ließ das Oberste Gericht daher auch keinen Zweifel daran, dass Untergerichte nicht befugt waren, das BGB abzulehnen. Als ein Bezirksgericht das Hypothekenrecht des BGB durch „mißbräuchliche Anwendung von Begriffen der politischen Ökonomie“ ablehnte, nannte das Oberste Gericht dies eine „Gesetzesumgehung“ und betonte:

> Das Bürgerliche Gesetzbuch gehört zu den vor dem 8. Mai 1945 erlassen Gesetzen, die von unserem Staat sanktioniert sind. In ihm ist das Hypothekenrecht geregelt. Der Wortlaut der Bestimmungen des BGB hat in unserem neuen Staat entsprechenden neuen Inhalt erhalten. Das bedeutet, daß diese Bestimmungen bei unverändertem Wortlaut mit dem unserer Ordnung entsprechenden Inhalt angewendet werden, nicht aber, dass diese Gesetze nunmehr entgegen ihrem Wortlaut oder überhaupt nicht angewendet werden dürfen.[356]

---

354 OGZ 1, S. 72 ff. = NJ 1951, S. 222 ff., vom 1.12.1950.

355 Hilde Benjamin vor der ersten Arbeitstagung des Obersten Gerichts mit den Oberlandesgerichtspräsidenten im März 1951, in: NJ 1951, S. 156.

356 OG vom 20.8.1953, in: NJ 1953, S. 655.

Die Gebiete, in denen die Judikatur des Obersten Gerichts zu dieser offenen politischen Gesetzesuminterpretation oder auch Ablehnung griff, stimmen mit den Gebieten überein, in denen das sozialistische Rechtskonzept die großen Reibungsflächen mit dem liberalen Zivilrecht hatte. Oft ging die Rechtsprechung voran und später wurde das BGB dann durch Sondergesetze verdrängt. Ein Beispiel bietet eine vielzitierte Entscheidung des OLG Gera vom 24. November 1948, mit dem das 1951 gesetzlich eingeführte Vertragssystem vorbereitet wurde:[357]

> Das Lieferverhältnis, das durch die Anweisung einer Planstelle zwischen Lieferer und Empfänger einer Ware geschaffen wird, ist eine Rechtsfigur eigener Art. [...] Das Lieferverhältnis ist als wirtschaftliche Einheit zu erfassen. Es darf nicht in öffentlich rechtliche und privatrechtliche Bestandteile aufgespalten werden und in die Regeln eines Vertragstyps des Bürgerlichen Gesetzbuchs hineingezwängt werden.

Das zentrale Konfliktfeld mit dem BGB war das **Volkseigentum**. Dessen „Unantastbarkeit" erzwang eine ganze Reihe von Korrekturen des BGB. Volkseigentum konnte nicht von der Zwangsvollstreckung erfasst werden:

> Es würde eine untragbare Gefährdung des Volkseigentums und seiner gesellschaftlichen Funktion, die wichtigste tragende Stütze unserer Plan gebundenen Volkswirtschaft zu bilden, bedeuten, wollte man allgemein privaten Gläubigern beliebige Zugriffe auf volkseigene Gegenstände im Wege der Zwangsvollstreckung gestatten."[358]

Daraus ergab sich auch, „daß die einseitig erklärte Aufrechnung einer privaten Forderung gegen eine volkseigene Forderung nicht stattfinden kann, selbst wenn beide sich gegenüber stehenden Forderungen ihrem Wesen nach gleichartig und fällig sind".[359] Gutgläubiger Erwerb von Volkseigentum war ausgeschlossen:

> Das staatliche sozialistische Eigentum (Volkseigentum) ist die entscheidende ökonomische Grundlage der Arbeiter- und Bauern-Macht in der Deutschen Demokratischen Republik. Es ist zugleich die Eigentumsform, die entscheidend auf den Charakter aller gesellschaftlichen und rechtlichen Verhältnisse in unserem Staat und damit auf die planmäßige, proportionale Entwicklung unserer Volkswirtschaft einwirkt. Die von unserem Staat als fortgeltend

357 NJ 1949, S. 116, vom 15.9.1948.
358 OG vom 16.11.1954, OGZ 3, S. 228.
359 OG vom 16.11.1954, OGZ 3, S. 228.

> sanktionierten Bestimmungen des deutschen Zivilrechts können also insoweit nicht angewendet werden, als sie diese Entwicklung stören oder beeinträchtigen würden. Das gilt auch für die Anwendung der in den §§ 932–936 BGB enthaltenen Vorschriften über den Eigentumserwerb in gutem Glauben.[360]

Für die darin liegende höchstrichterliche **Gesetzesablehnung** fand das Oberste Gericht 1958 die dann fortan geltende Sprachregelung: „Alte Rechtsnormen, die dem Grundsatz der Unantastbarkeit des Volkseigentums zuwiderlaufen, sind für den Bereich des Volkseigentums nicht sanktioniert worden".[361] Im Ergebnis wurde das BGB also nicht nur durch Sonderrechte verdrängt, sondern durch offen politische Um- und Weginterpretation seiner eigenständigen Steuerungswirkung beraubt. Die sonst genutzten Argumente, wie die Lücke, die teleologische Auslegung oder die Generalklauseln, hatten dabei keinen Legitimationswert mehr, da es ganz unproblematisch war, **contra legem** zu entscheiden, wenn dies politisch notwendig war. Die DDR brach also mit den innerjuristischen Legitimationsstrategien, die es den Richtern noch im Nationalsozialismus erlaubt hatten, ihre gegen das BGB getroffenen Entscheidungen höflich-unpolitisch und justizförmig als lediglich fachliche Arbeit erscheinen zu lassen. Das BGB war in der DDR eine leere Hülle, in die beliebig wandelnde politische Vorgaben hineingedrückt wurden. Heinz Such betonte bereits 1958:

> Es ist ein Irrtum, zu glauben, dass das alte überkommene BGB und die dazugehörige Nebengesetze ein Band der Einheit der Deutschen in Ost und West seien. Eine solche Vorstellung läuft darauf hinaus, das Recht von den wirklichen gesellschaftlichen, politischen, wirtschaftlichen und ideologischen Verhältnissen zu lösen, sie läuft auf die Negierung der Existenz zweier Staaten in Deutschland mit ihrem prinzipiell verschiedenen Recht hinaus.[362]

Dies bedeutet nicht, dass nicht in vielen Fällen insbesondere Untergerichte weiterhin normal „juristisch" ihre Entscheidung begründeten. Im Konflikt zwischen BGB und Parteidoktrin wurde dieser Weg aber verwehrt. Das BGB war damit jedenfalls für das Oberste Gericht ein politisches Werkzeug, kein Stoppzeichen. Die Folgen waren weitreichend. Hans-Andreas Schönfeldt, der die richterlichen Eingriffe in das BGB bisher am genauesten untersucht hat, kommt zu dem Ergebnis: „Zahlreiche traditionelle Rechtsinstitute wurden, auch wenn der Gesetzestext formell – wie im DDR-BGB –

360 OG vom 8.10.1957, in: NJ 1957, S. 777.
361 OG vom 15.4.1958, in: NJ 1958, S. 577.
362 Heinz Such, StuR 1958, S. 1097.

über Jahrzehnte weiter in Kraft blieb, entweder in ihrem Inhalt entsprechend den herrschenden Ordnungsvorstellungen uminterpretiert oder aber de facto obsolet – zu weitgehend totem Recht“.[363]

Literatur: Inga Markovits, Sozialistisches und Bürgerliches Zivilrechtsdenken in der DDR, Berlin 1969, S. 34 ff.; Heide M. Pfarr, Auslegungstheorie und Auslegungspraxis im Zivil- und Arbeitsrecht der DDR, Berlin 1972; Jörn Eckert (Hg.), Die Babelsberger Konferenz vom 2./3. April 1958, Baden-Baden 1993; Hubert Rottleuthner (Hg.), Steuerung der Justiz in der DDR. Einflußnahme auf Richter, Staatsanwälte und Rechtsanwälte, Köln 1994; Heike Amos, Justizverwaltung in der SBZ/DDR. Personalpolitik 1945 bis Anfang der 50er Jahre, Köln 1996; Hermann Wentker (Hg.), Volksrichter in der SBZ/DDR 1945–1952. Eine Dokumentation, München 1997; Marietta Liwinska, Die juristische Ausbildung in der DDR im Spannungsfeld von Parteilichkeit und Fachlichkeit, Berlin 1997; Heinz Mohnhaupt u. Hans-Andreas Schönfeldt (Hgg.), Normdurchsetzung in Osteuropäischen Nachkriegsgesellschaften, Bd. 1: Sowjetische Besatzungszone in Deutschland – Deutsche Demokratische Republik (1945–1960), Frankfurt a. M. 1997, S. 88 ff., 291 ff., 417 ff.; Gerd Bender u. Ulrich Falk (Hgg.), Recht im Sozialismus. Analysen zur Normdurchsetzung in Osteuropäischen Nachkriegsgesellschaften, Bd. 3: Sozialistische Gesetzlichkeit, Frankfurt a. M. 1999; Hans-Peter Haferkamp, Begründungsverhalten des Reichsgerichts zwischen 1933 und 1945 in Zivilsachen verglichen mit Entscheidungen des Obersten Gerichts der DDR vor 1958, in: Rainer Schröder (Hg.), Zivilrechtskultur der DDR, Bd. 2, Berlin 2000, S. 15 ff.; Horst Schröder u. Dieter Simon (Hgg.), Rechtswissenschaft in Deutschland 1945 bis 1952, Frankfurt a. M. 2001; Nils Reichhelm, Die marxistisch-leninistische Staats- und Rechtstheorie Karl Polaks, Frankfurt a. M., 2003; Inga Markovits, Gerechtigkeit in Lüritz, München 2006; Verena Knauf, Die Zivilentscheidungen des Obersten Gerichts der DDR von 1950–1958. Veröffentlichungspraxis und Begründungskultur, Berlin 2007; Michael Stolleis, Sozialistische Gesetzlichkeit. Staats- und Verwaltungsrechtswissenschaft in der DDR, München 2009, S. 28 ff., 43 ff.; Inga Markovits, Diener zweier Herren. DDR-Juristen zwischen Macht und Recht, Berlin 2020; Hans-Peter Haferkamp, Juristenausbildung in der DDR, in: Adrian Schmidt-Recla u. Achim Seifert (Hgg.), Das Recht der DDR als Forschungsgegenstand der Rechtsgeschichte, Jenaer Schriften zum DDR-Recht 1, Köln 2022.

363 Hans-Andreas Schönfeldt, Entwicklung von Gesetzgebung und Rechtsprechung, in: Heinz Mohnhaupt u. Hans-Andreas Schönfeldt (Hgg.), Recht im Sozialismus. Normdurchsetzung in Osteuropäischen Nachkriegsgesellschaften (1944/45–1989), Bd. 1: Sowjetische Besatzungszone in Deutschland – Deutsche Demokratische Republik (1945–1960), Frankfurt a. M. 1997, S. 124.

4.4.4 Das ZGB der DDR

Am 1. Januar 1976 trat das am 19. Juni 1975 von der Volkskammer verabschiedete Zivilgesetzbuch der DDR (ZGB) in Kraft. Damit verlor das BGB endgültig seine Geltung. Dass es so lange dauerte, bis das ZGB an die Stelle des BGB trat, lag, wie gezeigt, nicht daran, dass man mit dem BGB zufrieden gewesen wäre. Seit 1952 hatte es immer wieder Versuche gegeben, eine sozialistische Zivilrechtskodifikation zu schaffen. Der lange sehr schnelle Wechsel der politischen Rahmenbedingungen in der DDR vereitelte jedoch immer wieder den Abschluss der Arbeiten. Die 1952 im Zuge des „Aufbaus des Sozialismus" eingesetzte Kommission stellte ihre Arbeit bereits 1953 wieder ein, weil nach Stalins Tod und im Umfeld der Proteste des 17. Juni in der Parteiführung ein Machtkampf ausbrach. Der nun ausgerufene „Neue Kurs" wurde erst 1958 durch die Stabilisierung der Macht Ulbrichts beendet. 1958, nach der Babelsberger Konferenz auch in anderem rechtspolitischem Fahrwasser, begannen die Arbeiten daher erneut. Diesmal entstanden bis 1963 umfangreiche Vorarbeiten, die jedoch wieder unterbrochen wurden, weil mit dem „Neuen ökonomischen System der Planung und Leitung der Volkswirtschaft" eine erneute Kurskorrektur erfolgt war. Die 1963 eingesetzte neue Kommission eines neuen ZGB und einer neuen ZPO erarbeitete 1965 einen Gesetzesentwurf, der bis 1970 weiter diskutiert wurde und dann als gescheitert galt. Mit dem Wechsel von Ulbricht zu Honecker begann 1971 die letzte Etappe der Vorgeschichte des ZGB. Die bis dahin immer wieder vor allem mit Blick auf das Wirtschaftsrecht kontrovers diskutierte Frage, was der Inhalt einer Zivilrechtskodifikation sein solle, war inzwischen dadurch entschärft, dass 1961 das Arbeitsgesetzbuch und 1965 das Familiengesetzbuch sowie das Vertragsgesetz in Kraft getreten waren. Nun setzte sich die „kleine Lösung" durch, der zufolge ein ZGB auf die Rechtsbeziehungen beschränkt wurde, „die von den Bürgern zur Befriedigung ihrer materiellen und kulturellen Bedürfnisse mit Betrieben sowie untereinander eingegangen werden", wie es in § 1 Abs. 2 ZGB dann hieß. Damit war das ZGB für das „Restzivilrecht" zuständig, wie es oben skizziert wurde.[364]

Während das BGB als Anleitung für den Rechtsanwender, als Text für Fachleute konzipiert und formuliert worden war, trat das ZGB mit dem Anspruch auf, ein auch vom Bürger nutzbares Gesetzbuch zu sein. Während der Erste Entwurf des BGB 1888 schriftlich der Fachöffentlichkeit übergeben worden war, startete die DDR eine Veranstaltungsreihe, um die Öffentlichkeit mit dem kommenden ZGB vertraut zu machen.

364 Vgl. S. 272 ff.

Zwischen November 1974 und März 1975 kamen auf 8500 Diskussionsveranstaltungen über 260.000 „Werktätige" mit dem Entwurf in Kontakt und steuerten über 4000 Hinweise bei, aus denen sich 360 Änderungsvorschläge ergaben.

Folge dieses Anspruchs war auch, dass dem ZGB eine lange Präambel und in den §§ 1–16 ZGB Zielbestimmungen vorangestellt wurden, die in betont einfacher Sprache dem Richter Auslegungsmaximen geben sollten, aber eben auch für den Bürger das Zivilrechtskonzept der frühen Honecker-Jahre erläuterten.

Das Menschenbild des ZGB unterschied sich grundlegend vom freien Marktteilnehmer des BGB. Regelungsziel des ZGB sei „der sozialistische Mensch, der in Übereinstimmung mit der Gesellschaft lebend, das sozialistische Eigentum schützt, mehrt und nutzt, seine Rechte verantwortungsbewußt nutzt und mit Betrieben und anderen Bürgern vertrauensvoll zusammenwirkt".[365] Im Zivilrechtsbegriff des ZGB wurden zwei sehr unterschiedliche Rechtsverhältnisse verklammert: das Versorgungsverhältnis zwischen Bürgern und Betrieben und das Austauschverhältnis der Bürger untereinander. Die von Honecker ausgegebene „weitere Erhöhung des materiellen und kulturellen Lebensniveaus des Volkes" in § 1 Abs. 1 ZGB bestimmte die Rechtsbeziehung zwischen Betrieben und Bürgern. Mit der Zuweisung dieser Rechtsbeziehung an das Zivilrecht hatte sich die DDR gegen eine Verteilungswirtschaft entschieden. Damit konnten die Bürger beschließen, welche Güter und Dienstleistungen sie in Anspruch nehmen wollten, wobei dies im Regelfall wegen vorformulierter Verträge und Preisbindungen nur Abschluss-, aber nicht Inhaltsfreiheit umfasste. Da die Betriebe nicht der bloßen Gewinnmaximierung folgen durften, sondern der Pflicht, „solche Waren bereitzustellen und Leistungen zu erbringen, die eine planmäßige Versorgung der Bevölkerung gewährleisten" (§ 19 Abs. 2 ZGB, Kontrahierungszwang §§ 12 Abs. 2, 138 Abs. 1 ZGB), hatten sie mit den Bürgern „vertrauensvoll zusammenzuwirken" (§ 14 ZGB). Hieraus resultierte etwa die Pflicht der „Leiter oder [...] Mitarbeiter der Verkaufseinrichtung, [...] den Käufer bei Geltendmachung seiner Garantieansprüche zu beraten" (§ 158 Abs. 1 ZGB). Dem Bürger standen, verglichen mit dem zeitgleichen Zivilrecht der Bundesrepublik, ausgesprochen weitreichende Verbraucherschutzrechte bei Kauf-, Miet- und „Dienstleistungsverträgen" zu. So waren etwa, anders als zeitgleich im BGB, die Garantie-, also in heutiger Terminologie, die Gewährleistungsansprüche des Käufers nicht abdingbar (§ 148 Abs. 3 ZGB), Möbel waren im Regelfall kostenlos zu liefern (§ 140 Abs. 1 ZGB), Verzugsansprüche setzten kein Verschulden voraus (§ 85 ZGB). Auch Schadensersatz verlangte – anders als bei Bürgern (§ 333

365 Joachim Göhring u. Axel Dost, Zivilrecht, in: Uwe-Jens Heuer (Hg.), Die Rechtsordnung der DDR, Baden-Baden 1995, S. 496.

Abs. 1 ZGB) – bei Betrieben kein Verschulden, sondern lediglich, dass der Betrieb den Schaden „trotz Ausnutzung aller ihm durch die sozialistischen Produktionsverhältnisse gegebenen Möglichkeiten nicht abwenden konnte“ (§ 334 ZGB). Es gab feste Nachbesserungsfristen: 8 Tage für Rasierapparate und Reglerbügeleisen; 10 Tage für TV-Geräte, Kühlschränke, Wäscheschleudern, Waschmaschinen, Fahrräder, Küchenmaschinen; 18 Tage für Radios, Radiorecorder; 21 Tage für Kraftfahrzeuge und Uhren.[366]

Aus der Versorgungsfunktion folgte andererseits, dass nicht durchweg der freie Markt darüber entscheiden sollte, wer welche Güter bekam. Nicht immer war daher Geld Voraussetzung für die Zuteilung knapper Güter. Das sozialistische „Leistungsprinzip“ setzte neben die Geldwirtschaft das Prinzip: „Jeder nach seiner Fähigkeit, jedem nach seiner Leistung“ (§ 3 ZGB). Auswirkungen hatte das vor allem in Nutzungsbeziehungen. So unterlag jede Grundstücks- und Wohnungsnutzung einem staatlichen Genehmigungsvorbehalt (§§ 99, 285 ZGB). Aber auch beim ärztlichen Behandlungsvertrag gab es staatliche Zuweisungsentscheidungen.

Im Verhältnis der Bürger untereinander sollte das Zivilrecht nicht einfach nur Freiraum für ein „Feierabendrecht“ bieten. Zivilrechtsverhältnisse zwischen Bürgern hatten die Aufgabe, materielle und kulturelle Bedürfnisse zu befriedigen (§ 1 Abs. 2 ZGB) und zur Förderung sozialistischer Gemeinschaftsbeziehungen (§ 2 ZGB) beizutragen. Durch ihre Tätigkeit auf dem Gebiet des Zivilrechts sollten die Bürger mitwirken „bei der Erhaltung, dem Um- und Ausbau und der Modernisierung von Wohnraum, der Verbesserung der Handelstätigkeit und der Versorgung mit Konsumgütern und Dienstleistungen[,] […] der Ausnutzung aller Möglichkeiten zur Erholung und Freizeitgestaltung sowie dem sozialistischen Gemeinschaftsleben im Wohngebiet“ (§ 9 ZGB). Mit Rechten waren daher auch stets Pflichten gegenüber der sozialistischen Gemeinschaft verbunden („Einheit von Recht und Pflicht“, vgl. § 6 Abs. 1 ZGB). Beispiel für die daraus gezogenen Folgerungen war der Wohnungstauschvertrag, der Bürger dazu aufforderte, „zur Erschließung von Wohnraumreserven“ (§ 126 ZGB) ihre Wohnungen zu tauschen und etwa als Einzelmieter aus einer größeren in eine kleinere Wohnung zu ziehen, um einer Familie mehr Wohnraum zu ermöglichen. Eine Folge dieser Funktionsbestimmung des Zivilrechts unter Bürgern war auch, dass immer dann, wenn der Bürger als Verkäufer, Vermieter oder Dienstleister tätig war, er den gleichen oder doch ähnlichen Pflichten ausgesetzt war wie die Betriebe, ohne dass es darauf angekommen wäre, ob er gewerblich agierte. Verbraucherschutz herrschte sozusagen auch unter Verbrauchern.

---

366 § 3 der 1. Durchführungsverordnung zum ZGB.

Was bewirkte der Wandel vom BGB zum ZGB in der Praxis? Auch in Anbetracht des auf ein Restzivilrecht reduzierten Regelungsbereichs fiel das ZGB mit 480 Paragraphen auffallend knapp aus. Mit der möglichst einfachen und laienverständlichen Sprache ging oft fehlende juristische Präzision einher. In vielen Fällen blieb dem Richter viel Spielraum für eine situative Entscheidung, was dem sozialistischen Rechtsverständnis durchaus entgegenkam. Die daraus resultierende Unsicherheit verdeutlicht die Anekdote eines Ost-Berliner Richters am Kreisgericht, auf dessen Richtertisch mit dem „Palandt" der Kommentar des Klassenfeindes als Hilfsmittel der Lückenfüllung stand.

In der Rechtswirklichkeit nutzten die Gerichte daher offenbar das ZGB, um politische Gestaltungs- und Erziehungsaufgaben zu verfolgen. Dies deuten erste Auswertuen der Praxis der Zivilgerichte unter dem ZGB an.[367] Die Gerichte waren angehalten, mittels des ZGB die Wirtschafts- und Sozialpolitik der Parteiführung umzusetzen und die Bürger dabei zur Mitwirkung zu bewegen. Was das bedeutete, zeigt ein Einblick in die Mietrechtsstreitigkeiten, die Ende der 1970er Jahre etwa ein Drittel aller Zivilklagen betrafen. Dabei ging es um zwei Problemfelder, die schon unter dem BGB Aufmerksamkeit gefunden hatten: Mietrückstände und Instandhaltungsfragen. Auch in den 1970er und 1980er Jahren bestand das Problem fort, dass viele Bürger angesichts der durch den massiven Mieterschutz fast ausgeschlossenen Gefahr einer Räumungsklage dazu übergingen, den Mietzins ganz oder teilweise nicht zu entrichten. Die Gerichte waren nun angehalten, den finanziellen Verlust der staatlichen Wohnungswirtschaft einzutreiben, aber auch, das mangelnde sozialistische Bewusstsein der Bürger zu bekämpfen, die ja offenbar nicht verstanden hatten, dass sie selbst Eigentümer des Volkseigentums waren. Die Gerichte konnten nun Zahlungsaufforderungen gegen die Mieter beantragen. Dabei war es ihnen gestattet, die Rückstände auch nicht nur mit den üblichen 4 Prozent Verzugszinsen (§ 86 Abs. 3 ZGB), sondern auch mit einer Verzugsgebühr von weiteren 10 Prozent (§ 102 Abs. 2 ZGB) zu belasten. War anzunehmen, dass auch künftig Mietzinsen nicht gezahlt würden, verurteilten die Gerichte die säumigen Mieter zur Zahlung von zwei bis fünf Jahren künftigen Mietzinses, um die gewollte erzieherische Wirkung durchzusetzen.[368]

367 Jörn Eckert, Das ZGB der DDR in der Rechtsprechung, in: ders. u. Hans Hattenhauer (Hgg.), Das Zivilgesetzbuch der DDR vom 19. Juni 1975, Goldbach 1995, S. 208 ff.

368 Diese Klagen waren in den 1960er Jahren auf Initiative des OG anerkannt und zunächst auf zwei Jahre beschränkt worden, vgl. Ben Balkowski, Der Zivilprozeß in der DDR von 1945 bis 1975 zwischen bürgerlicher Rechtstradition und Sozialismus, Hamburg 2000, S. 434 f.; vgl. oben S. 278.

Komplexer waren die erzieherischen Vorgaben bei Instandhaltungsklagen zu erreichen. Die Gerichte versuchten angesichts des schlechten Bauzustands vieler staatlicher Wohnungen eine Zusammenarbeit zwischen Mieter und Vermieter bei der Instandhaltung zu erreichen. Ein Mittel waren Mietermitwirkungsverträge gem. § 115 ZGB, in denen sich der Mieter zur selbständigen Durchführung von Kleinreparaturen und der schonenden Behandlung des Wohnraumes verpflichtete. Instandhaltungsansprüche scheiterten freilich in der Praxis zunehmend an den Problemen der DDR-Mangelwirtschaft, die weder Handwerker noch Baumaterial bereitstellen konnte. Wenn man in der offiziellen DDR-Literatur die Zunahme an Zivilprozessen nach Inkrafttreten des ZGB als Beweis dafür feierte, dass der Bürger mehr Zutrauen zum sozialistischen Staat gewonnen habe, so stand auf der anderen Seite eine weiterhin steigende Schattenwirtschaft der Bürger untereinander. Staatliche Preisvorgaben und Lohnfestsetzungen ließen es für viele DDR-Bürger sinnvoller erscheinen, Kauf- oder Dienstleistungsverpflichtungen „schwarz" abzuschließen, um dem Verkäufer den realen Wert, dem Käufer den sicheren Zugang zur Leistung zu ermöglichen. Das Zivilrecht des ZGB blieb somit nur ein Ausschnitt aus der Versorgungswirklichkeit des real existierenden Sozialismus. Daneben existierte weiterhin eine inoffizielle Austauschwelt, die dem Gesellschaftsbild des BGB durchaus entsprach.

Literatur: Klaus Westen (Hg.), Das neue Zivilrecht der DDR nach dem Zivilgesetzbuch von 1975, Berlin (West) 1977; ders. u. Joachim Schleider, Zivilrecht im Systemvergleich. Das Zivilrecht der Deutschen Demokratischen Republik und der Bundesrepublik Deutschland, Berlin 1984; Jörn Eckert u. Hans Hattenhauer, Das Zivilgesetzbuch der DDR vom 19. Juni 1975, Goldbach 1995; Joachim Göhring u. Axel Dost, Zivilrecht, in: Uwe-Jens Heuer (Hg.), Die Rechtsordnung der DDR, Baden-Baden 1995, S. 484 ff.; Marcus Mollnau, Die Bodenrechtsentwicklung in der SBZ/DDR anhand der Akten des Zentralen Parteiarchivs der SED, Berlin 1999, S. 186 ff., 264 ff., 272 ff.; Marcus Flinder, Die Entstehungsgeschichte des Zivilgesetzbuches der DDR, Frankfurt a. M. 1999; Ulrike Seifert, Gesundheit staatlich verordnet. Das Arzt-Patienten-Verhältnis im Spiegel sozialistischen Zivilrechtsdenkens, Berlin 2009.

4.5 Besatzungszeit und Bundesrepublik Deutschland (1945–2002)

4.5.1 Entnazifizierung des Zivilrechts?

4.5.1.1 Judikatur und Oberster Gerichtshof für die Britische Zone

Bereits während des Krieges hatten die Alliierten darüber diskutiert, wie man nach dem Sieg über Deutschland mit nationalsozialistischen Gesetzen umgehen wollte. Das zunächst 1944 nur für die General Eisenhower unterstehenden eroberten Gebiete umgesetzte Konzept[369] trat durch das **Kontrollratsgesetz Nr. 1** (KRG) zur „Aufhebung von Nazi-Gesetzen" vom 20. September 1945 für das gesamte besiegte Deutschland in Kraft, also auch für die SBZ. Die Alliierten hoben darin nur solche Gesetze auf, die offenbar und ausschließlich nationalsozialistischen Zielen gedient hatten, also etwa die Nürnberger Rassegesetze. Dieser Katalog wurde bis 1948 durch etwa zwanzig Folgegesetze des Kontrollrats erweitert. Nun war auch das Zivilrecht unmittelbar betroffen. Aufgehoben wurden insbesondere Teile des EheG von 1938, § 48 Abs. 2 TestG mit seinem Hinweis auf das „gesunde Volksempfinden", die ErbregelungsVO vom 4. Oktober 1944, die es dem Richter erlaubt hatte, eine Erbfolge festzusetzen, das Gesetz zur Ordnung der nationalen Arbeit und das Reichserbhofgesetz. An deren Stelle traten Neureglungen, die oft nicht vom Kontrollrat, der alle Besatzungszonen vertrat, sondern von den einzelnen Besatzungszonen ausgingen. Ein Beispiel bietet die Höfeordnung für die Britische Zone vom 20. Februar 1947, die viele Übereinstimmungen mit dem Reichserbhofgesetz zeigte. Waren damit auch einige zentrale NS-Gesetze aufgehoben, so blieben doch die meisten Zivilrechtsgesetze der NS-Zeit in Kraft. Dies betraf auch Abschnitte im BGB, die ganz offenbar aus rassistischen Motiven vom NS-Gesetzgeber eingefügt worden waren, wie das 1938 eingearbeitete staatsanwaltschaftliche Recht der Anfechtung der Ehelichkeit eines Kindes in § 1595a BGB 1938.

Für den Umgang mit solchen Normen gaben die Alliierten im KRG Nr. 1 immerhin allgemeine **Anwendungs- und Auslegungsregeln** vor. Untersagt waren Gesetzesanwendungen, die eine Partei entweder wegen einer NS-Mitgliedschaft bevorteilten oder wegen ihrer „Rasse", Staatsangehörigkeit, ihres Glaubens oder ihrer Gegnerschaft zum Nationalsozialismus benachteiligten (Art. II). Verboten war die Anwendung oder Auslegung gleich welcher Gesetze „nach nationalsozialistischen Lehren"; NS-Recht-

369 Amtsblatt der Militärregierung-Deutschland Nr. 1, 1944, hg. vom Obersten Befehlshaber der alliierten Streitkräfte.

sprechung und NS-Literatur durften nicht mehr herangezogen werden, was auch den Rückgriff auf die vielen Gesetzen vorangestellten Präambeln ausschloss. In Anlehnung an die angloamerikanische „plain meaning rule" durfte nur der „klare Sinn des Wortlauts" entscheiden (Art. III).

Dies war der Rahmen, in dem die Justiz die ihr vorliegenden Fälle vor Gründung der Bundesrepublik nach dem BGB entscheiden musste. In der justiziellen Praxis tauchten Fragen des Umgangs mit der NS-Vergangenheit zunächst vor allem mit Bezug zu unmittelbaren **Kriegsfolgen** auf. Viele Güter, etwa Material für den Krieg, wollten die Gläubiger nicht mehr abnehmen und bezahlen. Die dramatische Geldentwertung führte, wie bereits in Weimar, zu extremen Benachteiligungen der Sachschuldner. Auch auf den allgegenwärtigen Warenmangel hatte das BGB keine überzeugende Antwort, da Schadensersatz in Geld leerlief, weil die staatlich festgesetzten Preise massiv von den realen Schwarzmarktpreisen abwichen. Vor diesem Hintergrund begannen die Gerichte, oft ohne Kenntnis der Entscheidungen anderer Gerichte, eigenständig Krisenlösungen zu entwickeln. Vorbilder hierfür gab es nur begrenzt. Für die Inflationsproblematik lag es nahe, an die Aufwertungsrechtsprechung Weimars anzuknüpfen, was in der Rechtsprechung auch teilweise geschah. Dies widersprach jedoch den Zielen der Militärregierung, die auf eine Währungsreform hinausliefen. Am 1. Juli 1947 verbot MRVO Nr. 92, bald „Mark=Mark-Gesetz" genannt, jeden Eingriff der Richter in den Nennwert des Vertrages und schloss dabei ausdrücklich einen richterlichen Rückgriff auf die „Bestimmungen der §§ 157, 242 und 607 des Bürgerlichen Gesetzbuches" aus.[370] In vielen anderen Fällen fehlten ähnlich klare Vorgaben. Die **Situation der Richter** war schwierig. Oft waren Gerichtsbibliotheken verbrannt, sodass kein hinreichender Zugang zu Literatur gewährleistet war. Aber auch wenn dies gewährleistet war, war es problematisch, sich juristisch zu orientieren. Literatur und Judikatur aus der NS-Zeit durften nach KRG Nr. 1 nicht verwendet werden. Die Nachkriegsliteratur war lückenhaft und schwer beschaffbar. Nicht einmal die Rechtslage war leicht feststellbar. An die Stelle des Reichsgesetzblattes waren 36 verschiedene Verkündungsblätter getreten. Selbst aktuelle Textausgaben des BGB fehlten oft. Schließlich war mit der Schließung des Reichsgerichts 1945 durch die Alliierten eine vereinheitlichende oberste Instanz weggebrochen.[371] Nun waren die Oberlandesgerichtsbezirke eigenständige Justizeinheiten.

---

370 Amtsblatt der Militärregierung Deutschland Nr. 20, S. 567.

371 Im August 1945 wurden die nicht geflohenen 39 Richter, also knapp ein Drittel des Gesamtpersonals, in Leipzig verhaftet. 35 von ihnen starben in sowjetischer Lagerhaft.

Vor diesem Hintergrund entwickelte sich, ganz gegen die Ziele des KRG Nr. 1, eine zunehmend **unberechenbare Billigkeitsjudikatur**. Schon vor 1945 hatte insbesondere in christlichen Widerstandskreisen eine Debatte um „Naturrecht" begonnen.[372] Zwischen 1945 und 1947 nutzten Gerichte vereinzelt naturrechtliche Argumentationen, um NS-Gesetze für unwirksam zu erklären und so eine Rückwirkung zu erreichen. Dies betraf im Zivilrecht oft Fragen des Umgangs mit Arisierungsgesetzen. Das AG Wiesbaden betonte schon 1945: „Die Gesetze, die das Eigentum der Juden dem Staat für verfallen erklären, stehen mit Naturrecht in Widerspruch und waren schon zur Zeit ihres Erlasses nichtig".[373] Von Anfang an zeigte sich die Judikatur jedoch uneinheitlich. Während das Berliner Kammergericht die Kollektivdrohung gegenüber Juden anerkannte und Grundstücksverkäufe für „unsittlich" erklärte[374] bzw. als Drohung im Sinne des § 123 Abs. 1 BGB anerkannte,[375] verneinte das OLG Hamburg die Kausalität einer solchen Zwangslage für eine Erbschaftsausschlagung.[376] Keineswegs waren die Folgen naturrechtlicher Argumentationen für die ehemals verfolgten Kläger durchweg positiv. Das LAG Mannheim erklärte Zwangsarbeit unter der SS für „unstreitig sittenwidrig" und versagte damit den Opfern vertragliche Ansprüche.[377] Auch der „Gemeinschaftsgedanke" schlug beim OLG Hamburg immer noch durch, wenn es die Frage der Gesamtnichtigkeit in § 139 BGB noch 1949 danach beurteilte, ob ein Interesse der Allgemeinheit an der Aufrechterhaltung des Rechtsgeschäfts bestehe.[378] Vor allem aber gelang es nicht, einheitliche Grundsätze zu stabilisieren. Das OLG Frankfurt versagte unter Berufung auf § 242 BGB die Geltendmachung eines dinglichen Wohnrechts gegenüber einem Mieter, da dieser die zerbombten Räume instandgesetzt hatte.[379] Demgegenüber las das OLG Stuttgart aus § 242 BGB, dass der Mieter ein massives Bauwerk abreißen müsse, wenn der Eigentümer dies verlange, obwohl damit eine „Verschleuderung des Materials und der Arbeitskraft" stattfinde.[380] Geradezu ein Massenproblem stellte die äußerst uneinheitlich entschiedene Frage der Ausweitung der Naturalrestitution dar. Trotz § 251 Abs. 1 BGB verweigerte eine Reihe von Gerichten dem Schädiger den

---

372 Hierzu noch näher unten S. 313ff.

373 AG Wiesbaden vom 13.11.1945, in: SJZ 1945, S. 36f.

374 KRG vom 19.12.1946, in: SJZ 1946, S. 257.

375 KRGvom 10.6.1949, JR 1949, S. 383.

376 OLG Hamburg vom 12.6.1947, MDR 1947, S. 253.

377 LAG Mannheim vom 26.4.1947, in: SJZ 1947, S. 516.

378 OLG Hamburg vom 23.6.1949, HEZ 1, S. 283ff.

379 OLG FfM vom 14.10.1947, SJZ 1948, S. 385ff.

380 OLG Stuttgart vom 22.10.1947, HEZ 1, S. 264f.

Schadensersatz in Geld, um den Beschaffungsschwierigkeiten Rechnung zu tragen. In einer bunten Einzelfalljudikatur wurde der Schädiger stattdessen zur Herausgabe und teilweise sogar zur Beschaffung gleichartiger oder ähnlicher Gegenstände verurteilt.

Als besonders problematisch erwies sich der Umgang mit solchen Normen des BGB, die trotz dezidiert nationalsozialistischer Zielsetzung nicht aufgehoben worden waren. Besonders intensiv diskutiert wurde dies im Familienrecht. Im Zentrum einer Fülle von Publikationen und richterlichen Urteilen stand das staatsanwaltschaftliche Anfechtungsrecht des **§ 1595a BGB 1938**.[381] Hier war den Gerichten klar, dass man diese Norm auf einer neuen Wertungsgrundlage interpretieren musste, über deren konkreten Inhalt freilich keinerlei Klarheit herrschte. Auf den ersten Blick lag es eigentlich auf der Hand, diese Vorschrift nicht weiter anzuwenden. Einziger Zweck der Vorschrift war es schließlich gewesen, dem Staat über den Staatsanwalt die Möglichkeit zu verschaffen, die „rassische" Abstammung von Kindern gegen den Willen der Eltern zu überprüfen.[382] Obwohl dieses Ziel offenbar nicht weitergelten konnte, kam es zu einer „von Landgerichtsbezirk zu Landgerichtsbezirk unterschiedliche(n) Praxis, die von einer nahezu vollständigen Ablehnung bis zur Fortführung der ausgedehnten Anfechtungspraxis aus der Zeit vor 1945 reichte".[383] Nachdem der Kontrollrat nicht eingegriffen hatte, ergaben sich Abstimmungsversuche innerhalb der einzelnen Besatzungszonen. Hintergrund waren die schwierigen Familienverhältnisse der Nachkriegszeit. Die Anfechtung konnte im Kindesinteresse liegen, wenn etwa der eheliche Vater im Krieg vermisst und der biologische Vater bereit war, die Mutter zu heiraten, und das Kind dann in die Familien eingegliedert werden sollte. Problematisch waren dagegen Versuche von Verwandten, die Ehelichkeit eines Kindes zu beseitigen, um die Erbfolge zu verändern. Die Möglichkeit der Staatsanwaltschaft, unter Behauptung eines öffentlichen Interesses in solchen Fällen zu intervenieren, blieb auch in

381 „Hat der Mann die Ehelichkeit eines Kindes nicht innerhalb eines Jahres seit der Geburt des Kindes angefochten oder ist er gestorben oder ist sein Aufenthalt unbekannt, so kann der Staatsanwalt die Ehelichkeit anfechten, wenn er dies im öffentlichen Interesse oder im Interesse des Kindes für geboten erachtet", RGBl. 1938 I, S. 380 ff.

382 Eigentlich stand es dem Vater nur zu, die Ehelichkeit innerhalb eines Jahres nach Kenntnis von der Geburt die Ehelichkeit anzufechten (§ 1594 BGB 1900). Dies war in § 1594 BGB von 1938 jedoch ausgeweitet worden. Nun war nicht die Kenntnis von der Geburt Fristbeginn, sondern von „Umständen, die für die Unehelichkeit des Kindes sprechen". Damit war es dem Ehemann der Mutter möglich, die Ehelichkeit eines bereits älteren Kindes etwa mit dem Argument anzufechten, es sehe immer „jüdischer" aus.

383 Martin Löhnig, Die Justiz als Gesetzgeber. Zur Anwendung nationalsozialistischen Rechts in der Nachkriegszeit, Regenstauf 2010, S. 138.

den Fällen fragwürdig, in denen dies geschah, um eine öffentlich-rechtliche Unterhaltspflicht zu beseitigen, weil dies zumeist nicht im Kindesinteresse war. Auch wenn Einigkeit darüber bestand, dass die Norm nicht im NS-Sinne, sondern im Sinne des Nachkriegskontextes verstanden werden müsse, kam es daher nie zu einer zonenübergreifenden gemeinsamen Anwendungspraxis. Während die Gerichte die Norm in der Amerikanischen und Britischen Zone in vielen, allerdings sehr disparaten Fällen weiterverwendeten, blieb die Justiz in der Französischen Zone äußerst zurückhaltend.

Immer deutlicher wurde, dass die Rechtseinheit sich langsam lockerte. Wie im Fall des § 1595a BGB 1938 die Generalstaatsanwaltschaften, so waren es dabei die Oberlandesgerichte, die das Recht ihres Bezirkes weitgehend eigenständig prägten. Der Ruf nach einem Nachfolger des Reichsgerichts wurde lauter. Nachdem die aufkommenden Pläne sich zerschlagen hatten, durch ein zonenübergreifendes Höchstgericht die Rechtseinheit zu gewährleisten, nahm in der Britischen Zone, die mit acht OLG-Bezirken besonders unter der Problematik litt,[384] am 29. Mai 1948 ein Gericht seine Tätigkeit auf, das mit dem Ziel gegründet worden war, auf alle Besatzungszonen durch sein Vorbild rechtsvereinheitlichend zu wirken: Der **Oberste Gerichtshof für die Britische Zone (OGH)**.[385] Er tagte im Gebäude des Oberlandesgerichts Köln. Anders als in der Sowjetisch Besetzten Zone, die, wie gezeigt,[386] fast alle NS-belasteten Richter entließ, war in den anderen Zonen das alte Justizpersonal weitgehend übernommen worden. Mit dem OGH versuchte man nun einen anderen Weg. Obwohl das Reichsgericht in einigen Punkten ausdrücklich Vorbild sein sollte, lehnte die Militärregierung die Übernahme von ehemaligen Reichsgerichtsräten in den OGH ab und akzeptierte auch sonst nur politisch unbelastete Juristen. Präsident wurde mit Ernst Wolff ein ehemals führender Rechtsanwalt in Berlin, der als verfolgter Jude nach England geflohen war. Im Zivilrecht war der OGH vor allem Revisionsinstanz über Endurteile der Oberlandesgerichte in der Britischen Zone. Der OGH wurde so schnell zum prägenden Gericht für die hier interessierende Frage des Umgangs mit der NS-Vergangenheit im Privatrecht. In seiner diesbezüglichen Rechtsprechung war der OGH generell um klare juristische Begründung und politische Transparenz bemüht. Er vermied den Rückgriff auf die Motive des Gesetzgebers und schob stattdessen den Wortlaut der Norm in den Vordergrund. Hier suchte er die notwendige Interpretationsfreiheit.

---

384 Also die Oberlandesgerichte Köln, Düsseldorf, Hamm, Braunschweig, Oldenburg, Celle, Hamburg und Kiel/Schleswig.

385 Das zonenübergreifend zeitgleich gegründete Deutsche Obergericht für das Vereinigte Wirtschaftsgebiet hatte keine Zuständigkeit im Bürgerlichen Recht.

386 Vgl. oben S. 279 ff.

Unbestimmten Rechtsbegriffen und Generalklauseln begegneten die Richter mit deutlicher Zurückhaltung. Dies galt auch für den Wegfall der Geschäftsgrundlage, den der OGH nur zuließ, wenn ein Festhalten am Vertrag „schlechthin unzumutbar“[387] sei. So betonte er, dass sich die „Auswirkungen des Luftkrieges“ durch den Wegfall der Geschäftsgrundlage kaum befriedigend lösen ließen.[388] Auch die vom Reichsgericht entwickelte Formel, gem. § 125 S. 1 BGB formnichtige Rechtsgeschäfte seien gleichwohl wirksam, wenn die Nichtigkeit nach den Beziehungen der Parteien und den gesamten Umständen gegen § 242 BGB verstoße, schränkte der OGH ein und schuf die bis heute gebräuchliche Formel, die Formnichtigkeit müsse zu einem „schlechthin untragbaren Ergebnis“ führen.[389] Deutlich wurde der Versuch des OGH, die Aufweichung des BGB durch den Generalklauselgebrauch im Nationalsozialismus wieder zu begrenzen. Konsequent für diese Tendenz zur Gesetzestreue finden sich auch bewusste Normdurchbrechungen, etwa unter Berufung auf überpositives Recht, in der Zivilrechtsjudikatur des OGH nicht.

Für den Umgang mit NS-Gesetzen unterwarf sich der OGH nicht einfach den Vorgaben des KRG Nr. 1. Literatur aus der NS-Zeit verwendete er durchweg, stets aber mit der Prüfung, ob damit nationalsozialistisches Rechtsdenken transportiert worden sei. Für den Umgang mit NS-Gesetzen im BGB nutzte er verbleibende Spielräume. Für die staatsanwaltschaftliche Ehelichkeitsanfechtung des § 1595a BGB 1938 ließ er keinen Zweifel daran, dass die Norm 1938 aus rassistischen Gründen in das BGB eingefügt worden war. Eine Anwendung der Norm nach 1945 sei dadurch aber nicht ausgeschlossen, da sie sich „unschwer in einer den heutigen Auffassungen entsprechenden Weise“[390] auslegen lasse. Als Beispiel nannte er den Fall, dass ein Kind unzweifelhaft unehelich geboren sei, der Vater sein Anfechtungsrecht infolge Kriegsgefangenschaft aber nicht fristgemäß hatte ausüben können. Hier liege die Anfechtung durch den Staatsanwalt auch heute im öffentlichen Interesse. Eine ähnliche Bindungswirkung gestand der OGH Präjudizien des RG, dem er tendenziell durchaus folgte, jedoch nicht zu. In einer Reihe von Urteilen wich der OGH von der Rechtsprechung des RG ab, wenn er befand, dass diese Urteile „von nationalsozialistischer Weltanschauung nicht unberührt geblieben“[391] seien. Besonders in der nach 1945 intensiv diskutierten Frage, ob die vom Reichsgericht entwickelte „Klage auf Feststellung der blutmäßigen

387 OGH vom 15.7.1948, OGHZ 1, S. 68.
388 OGH vom 18.11.1948, OGHZ 1, S. 267.
389 OGH vom 7.10.1948, OGHZ 1, S. 217 ff.
390 OGH vom 11.4.1949, OGHZ 2, S. 35.
391 OGH vom 26.11.1948, OGHZ 1, S. 319.

Abstammung“ weiter anwendbar sei, distanzierte sich der OGH sehr deutlich und erklärte die sog. Abstammungsklage wegen ihrer nationalsozialistischen Zielsetzung für unzulässig.

Immer dann, wenn keine rassistischen Bezüge vorlagen, fanden sich beim OGH dagegen auch fragwürdige Kontinuitäten zur Rechtsprechung des Reichsgerichts aus der NS-Zeit. So hielt der OGH an der vom Reichsgericht verschärften Rechtsprechung zu „Mätressentestamenten“ fest. Schon vor 1933 hatte das Reichsgericht in ständiger Rechtsprechung angenommen, dass ein Testament sittenwidrig sei, wenn es zugunsten einer Geliebten gemacht wurde und den Zweck hatte, diese zu sexueller Hingabe zu Lebzeiten des Testators zu bewegen (später zum Merksatz verdichtet: „Hergabe für Hingabe“). Unter § 48 Abs. 2 TestG von 1938 hatte das Reichsgericht diese Rechtsprechung entscheidend verschärft. Bei der Prüfung, ob das Testament dem „gesunden Volksempfinden gröblich widerspricht“ (§ 48 Abs. 2 TestG) hatte es eine Argumentation übernommen, die kurz zuvor das OLG München entwickelt hatte. Demnach sei kraft „allgemeiner Lebenserfahrung“ davon auszugehen, dass Testamente an die Geliebte im Regelfall der Abgeltung sexueller Hingabe geschuldet seien, sodass die klagende Ehefrau dies nicht ausdrücklich beweisen müsse.[392] Diese Beweislastumkehr in einer stets kaum beweisbaren Frage führte dazu, dass Testamente an eine Geliebte nun ganz regelmäßig sittenwidrig waren. Obwohl § 48 Abs. 2 TestG vom Kontrollrat aufgehoben worden war, führte der OGH diese Rechtsprechung nun unter § 138 Abs. 1 BGB fort und formulierte:

> Leben Personen im Konkubinat, so gewährt der männliche Partner im allgemeinen Geschenke für den Geschlechtsverkehr. Daran ändert der Umstand nichts, dass der weibliche Teil Hausarbeiten verrichtet. Zumeist ist für den Mann eben die geschlechtliche Hingabe bestimmend. Was aber für Geschenke gilt, muss entsprechend für letztwillige Verfügungen an die Geliebte gelten. Zutreffend geht das Berufungsgericht von diesen Erfahrungstatsachen aus.[393]

Es ist kein Zufall, dass gerade das rigide Ehe- und Familienbild des Nationalsozialismus, jenseits der rein bevölkerungspolitisch motivierten Entscheidungen, auch beim OGH Anerkennung fand. Auch in der Folgezeit tat sich die Richterschaft schwer, das Familienrecht von den Spuren des Nationalsozialismus zu befreien. Alles in allem blieb der OGH aber ein besonderes Gericht, mehr als ein bloßer Mittler zwischen dem Reichsgericht und dem Bundesgerichtshof. Stärker noch als das Bundesverfassungs-

392 OLG München, Höchstrichterliche Rechtsprechung (HRR) 13, 1937, Nr. 495.

393 OGH vom 15.10.1948, OGHZ 1, S. 251.

gericht und in krassem Gegensatz zur ordentlichen Justiz der jungen Bundesrepublik war es das einzige Nachkriegsgericht, das bei seiner Gründung ohne NS-Belastung seiner Richter auskam. Viel deutlicher als der spätere Bundesgerichtshof war es um eine klare Abgrenzung zum Nationalsozialismus bemüht. Kurz bevor der BGH am 8. Oktober 1950 seine Tätigkeit aufnahm, war die Tätigkeit des OGH am 20. September 1950 beendet worden. Immerhin elf seiner Richter wurden an den BGH übernommen. Zum Präsidenten ernannte man jedoch nicht Ernst Wolff, sondern Hermann Weinkauff. Diese Entscheidung sollte Auswirkungen haben.

Literatur: Albrecht Langner, Der Gedanke des Naturrechts seit Weimar und in der Rechtsprechung der Bundesrepublik, Bonn 1959; Eleonore Linsmayer, Naturrecht in der deutschen Rechtsprechung der Nachkriegszeit, Dissertation München 1963; Joachim Reinhold Wenzlau, Wiederaufbau der Justiz in Nordwestdeutschland, 1945–1949, Königstein/Taunus 1979; Reinhard Zimmermann, Der oberste Gerichtshof für die Britische Zone und die Fortbildung des Bürgerlichen Rechts, in: ZNR 3, 1981, S. 158 ff.; Michael Stolleis, Rechtsordnung und Justizpolitik 1945–1949, in: Norbert Horn (Hg.), Europäisches Rechtsdenken in Geschichte und Gegenwart. Festschrift für Helmut Coing zum 70. Geburtstag, Bd. 1, München 1982, S. 383 ff.; Hermann Dilcher, Bürgerliches Recht in den Westzonen 1945–1949. Ein Beitrag zur Privatrechtsgeschichte der Nachkriegszeit, in: Dieter Schwab, Dieter Giesen u. Joseph Listl (Hgg.), Staat, Kirche, Wissenschaft in einer pluralistischen Gesellschaft. Festschrift für Paul Mikat zum 65. Geburtstag, Berlin 1989, S. 221 ff.; Mathias Etzel, Die Aufhebung von nationalsozialistischen Gesetzen durch den Alliierten Kontrollrat (1945–1948), Tübingen 1992; Ulrich Falk, Zur Sittenwidrigkeit von Testamenten. Grundlinien der Rechtsprechung im 19. und 20. Jahrhundert, in: ders. u. Heinz Mohnhaupt (Hgg.), Das BGB und seine Richter. Zur Reaktion der Rechtsprechung auf die Kodifikation des deutschen Privatrechts (1896–1914), Frankfurt a. M. 2000, S. 451 ff.; Tim Kannewurf, Die Höfeordnung vom 24. April 1947, Frankfurt a. M. 2004; Martin Löhnig, Die Justiz als Gesetzgeber. Zur Anwendung nationalsozialistischen Rechts in der Nachkriegszeit, Regenstauf 2010; ders., Zwischenzeit. Rechtsgeschichte der Besatzungsjahre, Regenstauf 2011; Dieter Schwab, Naturrecht als Norm nach dem Zusammenbruch des „Dritten Reiches“, in: Martin Löhnig (Hg.), Zwischenzeit. Rechtsgeschichte der Besatzungsjahre, Regenstauf 2011, S. 227 ff.; Martin Griess, „Im Namen des Rechts“. Der Oberste Gerichtshof für die Britische Zone als Höchstgericht in Zivilsachen zwischen Tradition und Neuordnung, Tübingen 2015; Martin Löhnig, Neue Zeiten – Altes Recht. Die Anwendung von NS-Gesetzen durch deutsche Gerichte nach 1945, Berlin 2017; Kristina Busam, Kriegsfolgenbewältigung in der Rechtsprechung. Der Umgang mit kriegsbedingt veränderten Umständen in der Zivilrechtsjudikatur des Landgerichts Bonn nach dem Zweiten Weltkrieg, Tübingen 2017; Juliane Ohlenroth, Der Oberste Gerichtshof für die Britische Zone und die Aufarbeitung von NS-Unrecht, Tübingen 2020; Jan Schröder, Recht als Wissenschaft, Bd. 2, 3. Aufl. 2020, S. 121 ff.

4.5.1.2 Versöhnung mit dem BGB? – Die Privatrechtswissenschaft und das Erbe der NS-Zeit

Nach der Kapitulation am 8. Mai wurden die Universitäten geschlossen. Bereits im Verlauf des Jahres 1945 begann man jedoch mit dem Wiederaufbau und bald wurden die ersten Universitäten für die vielen, meist aus der Wehrmacht zurückkehrenden Studierenden geöffnet. Einige NS-belastete Zivilrechtsprofessoren wurden entlassen, so etwa Wolfgang Siebert, Heinrich Lange, Hermann Krause und kurzzeitig auch Hans Carl Nipperdey. Spätestens nachdem der Bundestag 1951 nahezu allen Beamten der NS-Zeit mit dem „G 131“[394] einen Wiedereinstellungsanspruch eingeräumt hatte, gelang es dann fast allen Professoren, wieder eine Professur an einer Hochschule zu erhalten. Von den Professoren, die nach 1933 ihre Position infolge der NS-Verfolgung verloren hatten, kehrten einige, aber insgesamt wenige zurück, für das Zivilrecht etwa Andreas Bertalan Schwarz oder Fritz Pringsheim. Die gegenüber dem Nationalsozialismus oft noch zurückhaltendere ältere Generation der Zivilrechtsprofessoren waren, wie etwa Heinrich Siber, Alfred Manigk oder Ernst Heymann, inzwischen emeritiert oder bereits gestorben. Die Privatrechtswissenschaftler, die nun begannen, über die „Wiedergesundung“ des Privatrechts zu diskutieren, waren damit ganz überwiegend aktiver Teil der Debatten über ein nationalsozialistisches Privatrecht gewesen. Sie hatten zumeist an der Akademie für Deutsches Recht mitgearbeitet und waren an den Vorarbeiten für ein NS-Volksgesetzbuch beteiligt gewesen.[395] Die Zeichen deuteten auf **Kontinuität.**

Wie in der Rechtswissenschaft insgesamt, so war auch im Zivilrecht die Nachkriegszeit durchaus von Debatten um die Frage geprägt, wie das hatte passieren können. Während sich viele in die Illusion zurückzogen, das Zivilrecht sei anders als das Öffentliche Recht und das Strafrecht ein weitgehend unproblematisches Rechtsgebiet gewesen, legten andere klar offen, dass auch im Zivilrecht einschneidende Veränderungen während des Nationalsozialismus zu verarbeiten waren.

> Vernichtet wurde jede Freiheit des Einzelnen und jede genossenschaftliche Freiheit. Das Leben Geisteskranker und der Körper Erbkranker waren nicht mehr voll geschützte Persönlichkeitswerte. Geleugnet wurde die grundsätzliche Anerkennung erworbener Rechte. Staatliche

394 Gesetz zur Regelung der Rechtsverhältnisse der unter Artikel 131 des Grundgesetzes fallenden Personen vom 1. 4. 1951, BGBl. I S. 307.

395 Dies gilt für Karl Larenz, Wolfgang Siebert, Franz Wieacker, Alfred Hueck, Heinrich Lange, Josef Esser, Wolfgang Hefermehl, Gustav Boehmer, Gerhard Luther und Hans Carl Nipperdey.

Wirtschaftsführung und Lenkung wurden übertrieben zugespitzt, die Gewerbefreiheit wurde vernichtet. Das Rasseprinzip verseuchte auch das Privatrecht und das Wirtschaftsleben.[396]

Gustav Radbruch, ehemaliger Justizminister in Weimar und politisch völlig unbelastet, bestimmte mit einer Reihe von Texten das frühe Nachkriegsklima. 1947 rief er zu einer „Erneuerung des Rechts" auf. Er zählte die konkreten Forderungen auf, die aus der Vergangenheit zu ziehen seien. Radbruch nannte die Wiederherstellung der Achtung vor dem Gesetz und Rechtssicherheit, Wiederherstellung des Rechtsstaates, der Demokratie und eines guten Wahlrechts sowie die Unabhängigkeit des Richters als Kernforderungen, aber auch eine Rückkehr zu einem sozialen Privatrecht, bei dem der „Wert des individualistischen Privatrechts" gegenüber dem nationalsozialistischen „Du bist nichts, dein Volk ist alles" von Neuem betont werden müsse.[397] An „öffentlich-rechtlichen Modifikationen der rechtsformalen Gleichheit, der juristischen Eigentums- und Vertragsfreiheit, kurz des individualistischen Privatrechts, welche dazu dienen, den Machtunterschied zwischen den wirtschaftlich Schwachen und den wirtschaftlich Mächtigen"[398] auszugleichen, wollte er festhalten und damit auch an der Ausgliederung des Arbeits- und Wirtschaftsrechts aus dem allgemeinen Privatrecht. Daneben dürfe man jedoch den „individualistischen Geist, die Selbstständigkeit des Einzelnen und das Eigenrecht der Familie, nicht völlig verabschieden. Unser altes, braves, glanzlos nüchternes, ehrlich individualistisches BGB ist uns angesichts des verlogenen Phrasenschwalls nationalsozialistischer Gesetzespräambeln noch schätzbarer geworden und wird neben dem neuzeitlichen Arbeits- und Wirtschaftsrecht uns wohl auch in der Zukunft noch lange erhalten bleiben".[399]

Ausdrücklich schloss sich Radbruch den Forderungen an, die Walter Hallstein in seiner 1946 gehaltenen Frankfurter Eröffnungsrede für eine „**Wiederherstellung des Privatrechts**" erhoben hatte. Hallstein, der noch 1942 eine „Sozialisierung des Privatrechts" durchaus begrüßt hatte,[400] trat nun dafür ein, der „Persönlichkeit des Menschen"

396 Julius v. Gierke, Die Einheit des Rechts, in: ZHR 1948 (111), S. 44 f.

397 Gustav Radbruch, Die Erneuerung des Rechts, 1947, zitiert nach Werner Maihofer (Hg.), Naturrecht oder Rechtspositivismus, Darmstadt 1962, S. 4.

398 Gustav Radbruch, Die Erneuerung des Rechts, 1947, zitiert nach Werner Maihofer (Hg.), Naturrecht oder Rechtspositivismus, Darmstadt 1962, S. 4.

399 Gustav Radbruch, Die Erneuerung des Rechts, 1947, zitiert nach Werner Maihofer (Hg.), Naturrecht oder Rechtspositivismus, Darmstadt 1962, S. 5.

400 Walter Hallstein, Die Sozialisierung des Privatrechts, in: Zeitschrift für die gesamte Staatswissenschaft 102, 1942, S. 530 ff.

wieder einen „ursprünglichen Eigenwert" zuzuerkennen, also Privatrecht zu erneuern, „denn das Privatrecht ist der Ausdruck der Persönlichkeit als Rechtsinstitution: die Person anerkennen heißt rechtlich, ihr eine Sphäre eigener Verantwortung zuweisen".[401] In Annäherung an ordoliberale Konzepte bestimmte Hallstein die Aufgabe des Staates als Ermöglichung einer freien Wettbewerbsverfassung und machte die freie Persönlichkeit zum Vertreter der Allgemeininteressen, was Sozialbindung durchaus einschloss. Staatliche Eingriffe durften diese Freiheit nicht aufheben und so sah er in der massiven Ausweitung der Staatsintervention im Nationalsozialismus einen „Mißbrauch der so verstärkten Staatsmacht, der in der Geschichte wenig Beispiele hat".[402] Zugleich betonte er den feste Grenzen zerstörenden Einfluss neuer richterlicher Eingriffsmechanismen, wie der Rechtsmissbrauchslehre, bei der „Entindividualisierung des Privatrechts" und warnte vor einem „unexakten Denken in Sammelbegriffen".[403] Das klang gut für das BGB.

Mit diesem Plädoyer für eine bewusste Rückkehr zu einer liberalen Vertrags- und Eigentumsfreiheit, die nur zu begrenzen war, wenn Ungleichsgewichtslagen ausgeglichen oder der Markt stabilisiert werden sollte, bildeten Radbruch und Hallstein freilich eine kleine Minderheit in der Nachkriegsdebatte. Die Rekonstituierung eines staatlich geschützten Freiheitsraumes passte schlecht in die von staatlicher Verteilung einerseits und ungeregeltem Schwarzmarkt andererseits geprägte Mangelwirtschaft der Nachkriegsjahre. Sie widersprach aber auch dem Glauben an den starken Staat einerseits und das flexible Richterrecht andererseits, den viele Privatrechtler aus dem Nationalsozialismus mitgenommen hatten. Die ganz überwiegende Gruppe der Nachkriegsautoren präferierte daher auch weiterhin die staatlich-steuernde **Sozialisierung des Privatrechts** und richterliche Feinsteuerung. Privatrecht blieb eher Gefahr als Chance für das Individuum. Bei diesen Autoren dominierte die „moderne, rationalisierte, entpersönlichte Massenwelt" das Bild, in der der „Einzelne nicht als Mensch, sondern nur als Arbeitnehmer des Großbetriebs, als Aktionär oder sonstiges, auswechselbares Vereinsmitglied, als Mieter in der großstädtischen Mietskaserne, als beliebiger Abnehmer von Massenware auftritt".[404] Weiterhin sollte der Staat nicht nur den Markt ermöglichen, sondern die Wirtschaft steuern. Orientierungspunkt vieler ähnlich denkender Privatrechtler und zugleich ihre Antwort auf den Nationalsozialismus war nicht primär die individuelle Freiheit der Marktgesellschaft, sondern die staatlich

401 Walter Hallstein, Wiederherstellung des Privatrechts, in: SJZ 1946, S. 3.
402 Walter Hallstein, Wiederherstellung des Privatrechts, in: SJZ 1946, S. 2.
403 Walter Hallstein, Wiederherstellung des Privatrechts, in: SJZ 1946, S. 26.
404 Ludwig Raiser, Der Gleichheitsgrundsatz im Privatrecht, in: ZHR 1948 (111), S. 91f.

organisierte soziale Gerechtigkeit. Und hier sah man sich durchaus noch eins mit vielen Entwicklungen im Nationalsozialismus. „Gemeinnutz geht vor Eigennutz" blieb ein im Kern zutreffender Gedanke:

> Das gemeine Wohl geht privaten Sonderinteressen vor. Das gilt selbstverständlich auch heute. Der Satz ist nur vom Nationalsozialismus missbraucht und entwertet worden. Er hat eine soziale Werteordnung zum Inhalt.[405]

Die Jubiläen der 50-jährigen Ausfertigung des BGB durch den Reichstag 1946 und des **50-jährigen Inkrafttretens des BGB** 1950 boten Anlass, den künftigen Umgang mit dem ja weitergeltenden BGB zu diskutieren. Eine „Rückkehr" zum BGB oder gar eine „Versöhnung" mit ihm fand dabei ganz überwiegend nicht statt. Es dominierte weiterhin die Erzählung vom im Ausgangspunkt „unsozialen" BGB, das keine Antworten auf die tatsächlichen Machtungleichgewichte habe geben können und durch die „Vermassung" der Gesellschaft seit Weimar seine Prämissen weitgehend eingebüßt habe. Für viele fasste Hans Georg Isele 1948 zusammen: „Für den rückschauenden Blick erweist sich das Bürgerliche Gesetzbuch eher als Schlußakkord des 19., denn als Ouvertüre des 20. Jahrhunderts".[406] Demgegenüber waren die Überlegungen während der Debatten um ein NS-Volksgesetzbuch weiterhin positiv konnotiert. Man hielt die damaligen Ergebnisse für „fachlich gemäßigt"[407] und weiterhin „brauchbar"[408] und brachte gegen das BGB die damals entwickelte Gesetzestechnik vor: „Die Sachlichkeit seiner Formulierungen kennt keine Wärme, weder Lob noch Tadel, keinen Vorspruch, keine anschaulichen Beispiele. Es besteht nur aus nüchternen Normen."[409]

Dahinter stand ein weitverbreitetes **Bekenntnis zum rechtsgestaltenden Richter**, das man ebenfalls aus der NS-Zeit hinübergerettet hatte. Insbesondere Generalklauseln sollten weiter eingesetzt werden, um „in viel stärkerem Maße als bisher den sozialen Belangen gegenüber dem egoistischen Parteiinteresse zum Sieg zu verhelfen".[410]

---

405 Wolfgang Schilling, Die Rechtsprechung der Oberlandesgerichte in Zivilsachen. Ein Rückblick, in: SJZ 1948, Sp. 89.
406 Hellmut Georg Isele, Ein halbes Jahrhundert Bürgerliches Gesetzbuch, in: AcP 150, 1949, S. 3.
407 Hellmut Georg Isele, Ein halbes Jahrhundert Bürgerliches Gesetzbuch, in: AcP 150, 1949, S. 20.
408 Walter Mallmann, 50 Jahre BGB, in: Deutsche Rechts-Zeitschrift 1946, S. 52.
409 Hellmut Georg Isele, Ein halbes Jahrhundert Bürgerliches Gesetzbuch, in: AcP 150, 1949, S. 8.
410 Walter Koehler, Die Generalklauseln im Neuaufbau des deutschen Bürgerlichen Rechts, in: SJZ 1946, S. 168.

Während man mit dem Rassismus, jedenfalls nach außen hin, klar brach, beherrschte die privatrechtsfeindliche Grundstimmung der NS-Jahre weiterhin das Gespräch. Gerade im Privatrecht unterblieb die von Radbruch und Hallstein eingeforderte Grundsatzdebatte und man beließ es überwiegend bei eher diffusen Sozialisierungsforderungen und der steten Betonung, das Gemeinwohl gehe jedem privaten Wohl vor. Wie konkret dieser Gemeinwohlvorrang auszugestalten sei, welche ökonomisch-sozialen Felder des Privatrechts nun staatlicher Planung anheimfallen sollten, wurde bis in die 1970er Jahre im Privatrecht kaum diskutiert. Eine Ausnahme bildeten die seit 1952 laufenden Debatten um ein Kartellgesetz, die dann 1957 in das Gesetz gegen Wettbewerbsbeschränkungen einmündeten. Hier setzten sich ordoliberale, wettbewerbsschützende Positionen durch, was zu einem Kartellverbot mit Erlaubnisvorbehalt führte. Die intensive Debatte über die richtige Wirtschaftsverfassung, die in den 1950er Jahren geführt wurde, ging dagegen stark von Nationalökonomen und Verfassungsrechtlern aus. Nur wenige Autoren des Zivilrechts ließen sich, wie Hallstein oder auch Hans Carl Nipperdey, auf diesen Weg ein. Im Übrigen blieb man vage und knüpfte stillschweigend an Gedanken an, die bereits während des Nationalsozialismus prägend gewesen waren.

Der fehlende Wille, mit weiten Teilen des Privatrechts im Nationalsozialismus zu brechen, zeigte sich bereits darin, dass man eine Fortgeltung von Normen aus dem Nationalsozialismus ganz weitgehend begrüßte. Maren Bedau fand in ihrer Zeitschriftenanalyse der Jahre 1945 bis 1948 unter Zivilrechtlern eine „dominante Argumentationskette im Umgang mit NS-Normen“:

> In einem ersten Schritt wurden nationalsozialistische Motive und historische Zielsetzungen der in Frage stehenden Bestimmung für irrelevant erklärt. Der nächste Schritt bestand darin, aus den NS-Novellen den „sachlich gerechtfertigten“ Kern herauszuschälen und die zurückliegende Diskriminierungspraxis als Mißbrauch einer im übrigen nicht zu beanstandenden Norm zu entschuldigen. Unter dem Motto „altes Recht für neue Ziele“ prüften Rechtsprechung und Schrifttum anschließend, ob die Norm unter den geänderten Rahmenbedingungen noch zu „brauchbaren“ bzw. „vernünftigen“ Ergebnissen führen konnte, was in der Regel mehrheitlich bejaht wurde. Abgerundet wurde die Argumentation häufig mit einem Verweis auf Verbindungslinien zu alten, aus der Zeit vor 1933 stammenden Reformideen sowie auf Parallelregelungen in ausländischen Rechtsordnungen. Damit konnte das in Frage stehende nationalsozialistische Gesetz als Ergebnis einer normalen Rechtsentwicklung beschrieben und der Anspruch auf Weitergeltung untermauert werden. Als „ultima ratio“ rechtfertigen zeitgenössische Autoren schließlich verbleibende Eingriffe in Privatrechtspositionen mit der

in den ersten Nachkriegsjahren bedrückenden Notsituation, die einschneidende Maßnahmen erfordere.[411]

Wie weit diese Betonung des „Brauchbaren“ gehen konnte, zeigt ein Blick in die Kommentierungen zu § 242 BGB. Für den Bewertungsmaßstab von § 242 BGB hatte Friesecke in der 3. Auflage des heute als „Grüneberg“ bekannten „Palandt“ 1940 ausgeführt:

> Was Inhalt des Grundsatzes ist, bestimmt sich in erster Linie nicht nach den Auffassungen der beteiligten „Vertragsgenossen“[,] [...] sondern nach den geltenden Wertvorstellungen der Volksgemeinschaft (und insbesondere der in Frage kommenden Untergemeinschaft), die heute einheitlich ausgerichtet sind. Danach ist Inhalt des Grundsatzes: Durchdringung von Recht und Pflicht mit dem Gedanken der Verbundenheit der Vertragsgenossen unter sich (Treuegedanke im engeren Sinne), aber auch ihrer Verbundenheit mit der Volksgemeinschaft vgl. RG 160, 268, und mit der jeweiligen engeren („konkreten“: Höhn, Rechtsgemeinschaft oder konkrete Gemeinschaft, DR 35, 233 ff.) Lebensgemeinschaft (Gemeinschaftsgedanke), vgl. RGZ 150, 199. Denn auch die Anspruchsausübung ist Gemeinschaftsaufgabe [...]. Maß: die herrschende, nunmehr die natsoz. Weltanschauung.[412]

Als Danckelmann, der bereits vor 1945 im „Palandt“ mitgearbeitet hatte, die Kommentierung des inzwischen verstorbenen Friesecke zu § 242 BGB übernahm, wurde sehr deutlich, wie viele Privatrechtler nun mit diesen Überlegungen der NS-Zeit umgingen:

> Was Inhalt des Grundsatzes ist, bestimmt sich in erster Linie nicht nach den Auffassungen der beteiligten Vertragspartner, sondern nach den geltenden Wertvorstellungen der Allgemeinheit oder des betreffenden Verkehrskreises. Danach ist Inhalt des Grundsatzes: Durchdringung von Recht und Pflicht mit dem Gedanken der Verbundenheit der Vertragspartner unter sich (Treuegedanke im engeren Sinn), aber auch ihrer Verbundenheit mit der Allgemeinheit und mit der jeweiligen engeren („konkreten“) Lebensgemeinschaft. (wenn RG 155, 152; 160, 268; 170, 262 von Gemeinschaftsgedanken und Volksgemeinschaft sprechen, so ist zwar die Terminologie natsoz. beeinflusst, der Sache nach ist aber dem Gedanken zuzustimmen). [...] Maß: Die jeweils herrschende [...] allgemeine Anschauung.[413]

---

411 Maren Bedau, Entnazifizierung des Zivilrechts. Die Fortgeltung von NS-Zivilrechtsnormen im Spiegel juristischer Zeitschriften aus den Jahren 1945 bis 1949, Berlin 2004, S. 365 f.

412 Palandt/Friesecke, 3. Aufl. 1940, § 242 1).

413 Palandt/Danckelmann, 9. Aufl. 1951, § 242 1).

Aus der Volksgemeinschaft wurde die Allgemeinheit, aus der konkreten Lebensordnung die engere Lebensgemeinschaft, wobei man mit „konkret“ das Konzept der konkreten Ordnung weiter transportierte, freilich den Aufsatz des SS-Mannes Reinhard Höhn nicht mehr hinzufügte. Treu und Glauben blieb Hilfsmittel, um die Interessen der „Allgemeinheit“ gegen den Willen der Vertragsparteien in Stellung zu bringen. Damit blieb vor allem die **antiliberale** Ausrichtung des Privatrechts ganz weitgehend erhalten.

Literatur: Christian Joerges, Die Wissenschaft vom Privatrecht und der Nationalstaat, in: Dieter Simon (Hg.), Rechtswissenschaft in der Bonner Republik. Studien zur Wissenschaftsgeschichte der Jurisprudenz, Frankfurt a. M. 1994, S. 311 ff.; Joachim Rückert, Abbau und Aufbau der Rechtswissenschaft nach 1945, in: NJW 1995, S. 1251 ff.; Norbert Frei, Vergangenheitspolitik. Die Anfänge der Bundesrepublik und die NS-Vergangenheit, 2. Aufl. München 1997; Knut Wolfgang Nörr, Die Leiden des Privatrechts. Kartelle in Deutschland von der Holzstoffkartellentscheidung zum Gesetz gegen Wettbewerbsbeschränkungen, Tübingen 1997; Joachim Rückert, Zu Kontinuitäten und Diskontinuitäten in der juristischen Methodendiskussion nach 1945, in: Karl Acham, Knut Wolfgang Nörr u. Bertram Schefold (Hgg.), Erkenntnisgewinne, Erkenntnisverluste. Kontinuitäten und Diskontinuitäten in den Wirtschafts-, Rechts- und Sozialwissenschaften zwischen den 20er und 50er Jahren, Stuttgart 1998, S. 113 ff.; Maren Bedau, Entnazifizierung des Zivilrechts. Die Fortgeltung von NS-Zivilrechtsnormen im Spiegel juristischer Zeitschriften aus den Jahren 1945 bis 1949, Berlin 2004; Ilka Kauhausen, Nach der „Stunde Null“. Prinzipiendiskussionen im Privatrecht nach 1945, Tübingen 2007; HKK/Hofer, Vor § 241. Das Prinzip Vertragsfreiheit, Tübingen 2007, S. 32 ff.; Hans-Peter Haferkamp, Zur Methodengeschichte unter dem BGB in fünf Systemen, in: AcP 214, 2014, S. 895 ff.

4.5.1.3 Wertungsjurisprudenz II

Nicht nur der vor 1945 so dominante Antiliberalismus blieb erhalten. Auch der **Antipositivismus** war nach 1945 weiterhin geradezu allgegenwärtig. Seine Stoßrichtung war zunächst mit einer Debatte verknüpft, die vor allem im Strafrecht und im Völkerrecht intensiv geführt wurde. In Auseinandersetzung mit der Frage, ob es NS-Tätern untersagt sei, sich auf die durch NS-Gesetze abgesicherte Legalität ihres damaligen Tuns zu berufen, ob eine Bestrafung nach 1945 also eine Durchbrechung des Rückwirkungsverbotes erfordere, hatte Gustav Radbruch sein Konzept des „gesetzlichen Unrechts“ entwickelt. In diesem Kontext war ein Satz gefallen, der im Gegensatz zu Radbruchs ganz konkretem Plädoyer für Demokratie, Rechtsstaat, Unabhängigkeit der Justiz und Wiederherstellung eines im Kern liberalen Privatrechts, die kaum Resonanz fanden, bald in aller Munde war: „[D]er Positivismus hat […] mit seiner Überzeugung ‚Gesetz ist Gesetz‘ den deutschen Juristenstand wehrlos gemacht gegen Gesetze willkürlichen und verbrecherischen Inhalts".[414] Das Bild war offenbar eine grobe Verzerrung der Vergangenheit,[415] noch dazu eine Selbstanklage Radbruchs, dessen Eintreten als Positivist für den Gesetzgeber Weimars doch gerade eine demokratische, nicht totalitäre Position gewesen war. Das Argument wurde nun von den Juristen, die im Gegensatz zu Radbruch den Nationalsozialismus mitgetragen und stabilisiert hatten, dankbar aufgegriffen und zu einer umfassenden Entlastungsstrategie ausgebaut. Schuld war damit die **anerzogene Gesetzestreue**, Unrecht war vom Gesetzgeber, nicht von den Richtern und Verwaltungsbeamten verursacht worden.

Indem damit auch das BGB der NS-Zeit in den Blick kam, wurde die Kritik am Gesetzespositivismus umstandslos zur Kritik der Gegenwart. Gegenüber der sprachlichen und systematischen Präzision des BGB konnte man nun die Kritik, die schon vor 1945 allgegenwärtig gewesen war, als Lernen aus dem Nationalsozialismus präsentieren, denn, so Ludwig Raiser, „in den vergangenen Jahrzehnten deutscher Rechtsgeschichte haben wir auch erfahren, daß der Weg des Juristen, der keine anderen als diese Tugenden kennt, geradewegs in die Hölle führt. Ihr entrinnt nur, wer hinter dem Gesetz das Recht als das Höhere sieht und ehrt und von dort her alle bloße Gesetzesweisheit zu deuten, zu erwärmen und zu begrenzen versteht".[416] Klar war nun, dass Juristen Werte umzusetzen hatten. Vor einer Flucht in die „stille Bucht der Rechtsdogmatik"[417] warnte Raiser konsequent.

Spätestens ab 1949 wurde deutlich, dass es in diesen Debatten nicht nur darum ging, den fehlenden Widerstand der Juristen vor 1945 zu legitimieren und NS-Gesetzen andererseits die Rechtfertigung infolge des Rückwirkungsverbotes zu entziehen. Der Kampf gegen „Gesetzespositivismus" wurde umstandslos auf den neuen Kontext von Demokratie und Rechtsstaat übertragen und auch Gesetze der Bundesrepublik und

414 Gustav Radbruch, Gesetzliches Unrecht und übergesetzliches Recht, 1946, hier nach Arthur Kaufmann (Hg.), Gustav Radbruch Gesamtausgabe, Bd. 1, Karlsruhe 1987, S. 88.

415 Das Bild war in mehrfacher Hinsicht falsch. Schon seit Weimar war (Gesetzes-)Positivismus die keineswegs herrschende Einstellung der Juristen gewesen. Im Nationalsozialismus war Positivismus geradezu verfemt. Die Juristen während des Nationalsozialismus hatten zudem auch keineswegs gesetzespositivistisch agiert. Gesetze aus der Zeit vor 1933 hatte man oft bis in das inhaltliche Gegenteil des ursprünglich Gewollten uminterpretiert. Die Rechtswissenschaft hatte überall neue und eigenständige dogmatische Konstruktionen entwickelt, um NS-Denken umzusetzen. Und schließlich war es geradezu ein Kennzeichen auch von nach 1933 erlassenen Gesetzen, dass auch sie nicht textsklavisch-positivistisch, sondern gezielt politisch angewendet werden sollten.

416 Ludwig Raiser, 50 Jahre Bürgerliches Gesetzbuch, in: Göttinger Universitätszeitung 1946, S. 13.

417 Ludwig Raiser, Der Gleichheitsgrundsatz im Privatrecht, in: ZHR 1948 (111), S. 75.

das BGB wurden dem Werteparadigma unterworfen. Gestützt wurde diese Argumentation durch die **historische Erzählung** vom Scheitern des Positivismus. Wirkungsreich erzählte insbesondere Franz Wieacker seit den 1950er Jahren die Privatrechtsgeschichte als doppelte Krise: Die im Mittelalter einsetzende Verwissenschaftlichung des Rechts habe seit dem Vernunftrecht immer stärker die formale Seite des Rechts gegenüber der materialen, gerechtigkeitsorientierten Seite des Rechts in den Vordergrund geschoben. Im 19. Jahrhundert habe dann der „rechtswissenschaftliche Positivismus", das rein formallogisch-begriffliche Arbeiten, die Oberhand gewonnen und die Gerechtigkeitsanforderungen und Lebensnähe allen Rechts aus dem Blick verloren. Nun gehe es „um Rückwege zur materialen Gerechtigkeit"[418] bzw., wie es dann in einem einflussreichen Vortrag aus dem Jahr 1953 mit Blick auf den Umgang mit den BGB hieß, um „eine materiale Ethik sozialer Verantwortung".[419]

Kurzzeitig sah es nun so aus, als bedeutete dies auch im Zivilrecht den Übergang zu naturrechtlichen Konzepten als dem Gesetz übergeordneter Rechtsquelle für den Richter. Schon vor 1949 verlor das **christliche Naturrecht** jedoch seine rechtspolitische Überzeugungskraft.[420] Es spielte vor allem über den noch darzustellenden ersten Präsidenten des Bundesgerichtshofes Hermann Weinkauff, noch bis 1960 eine stets abnehmende Rolle in der Rechtsprechung. Die breite Kritik daran in weiten Teilen der Privatrechtswissenschaft zeigte schnell, dass der Naturrechtsoptimismus der frühen Nachkriegsjahre im Zivilrecht schnell verebbt war. Was jedoch bis weit in die 1970er Jahre blieb, war eine fast flächendeckende Ablehnung eines gesetzespositivistischen Rechtsbegriffs. Überall warnte man weiter vor Positivismus, sei es in der Form bloßer Dogmatik, sei es in der zu strengen Bindung an das Gesetz.

Im Zivilrecht bedeutete dies jedoch nicht, den Richter zu offenem Gesetzesungehorsam aufzurufen. Fast einhellig sollte der Richter Werte im Rahmen der Gesetzesanwendung verwirklichen. Die so verstandene **Wertungsjurisprudenz** formierte sich in den 1950er Jahren neu. Ihr Ziel war nun eine „Rechtsauslegung im wertgebundenen Recht",[421] bei der die Gesetzesanwendung immer mit einer Wertorientierung des

418 Franz Wieacker, Privatrechtsgeschichte der Neuzeit, 1. Aufl. Göttingen 1952, § 30.

419 Franz Wieacker, Das Sozialmodell der klassischen Privatrechtsgesetzgeber und die Entwicklung der modernen Gesellschaft, Karlsruhe 1953, S. 18.

420 Dies gilt trotz der noch darzustellenden „Naturrechtsrenaissance" des BGH zwischen 1950 und 1960, vgl. unten S. 313 ff.

421 Heinrich Kronstein, Rechtsauslegung im wertgebundenen Recht, Frankfurter Antrittsvorlesung 1957, in: ders., Recht und wirtschaftliche Macht. Ausgewählte Schriften, Karlsruhe 1962, S. 62 ff.; zur Wertungsjurisprudenz nach 1933 oben S. 230 ff.

Richters verknüpft war. Harry Westermann verlangte bei der richterlichen Gesetzesanwendung in diesem Sinne immer auch die Gründung „auf eine tiefere Schicht, die die Norm vom nackten Machtanspruch abhebt, das ist die Bezugnahme auf die Gerechtigkeitsidee, die – so sehr sie sich auch einer nur formellen Begriffsbestimmung entzieht – als einer der höchsten Werte menschlichen Seins seit je gegolten hat".[422] Die Rechtswissenschaft blieb damit auf der Suche nach Wertmaßstäben für den Richter, die es rechtfertigten, die Gesetzesbindung offener zu gestalten.

Zur Legitimation griff man zunächst auf die **materiale Wertphilosophie** von Max Scheler[423] und Nicolai Hartmann[424] zurück. Im Zivilrecht war es vor allem Helmut Coing, der hier ansetzte. In „unserem sittlichen Bewusstsein sind uns bestimmte geistige Sachverhalte gegeben, Gerechtigkeit, Wahrhaftigkeit, Treue; wir nennen sie Werte. Sie bilden einen eigenen Bereich des idealen Seins [...]. Die Werte sind keine bloßen Bewußtseinserscheinungen; sie sind unabhängig von einem sie auffassenden Bewußtsein". Entscheidend sei dabei, „sich über den Gehalt des eigenen Fühlens klar zu werden",[425] es handele sich eben um ein „nicht weiter ableitbares Phänomen der **menschlichen Vernunft**".[426]

Im Verlauf der 1950er Jahre sah sich diese Vorstellung jedoch immer stärker Kritik ausgesetzt. Zunächst betraf dies die Annahme einer unwandelbaren Werteordnung, und so sprach Erich Fechner 1956 von einem geschichtlich-wandelbaren „Naturrecht mit werdendem Inhalt, an dem der Mensch entscheidenden Anteil hat".[427] Damit verschob sich die Perspektive von einer Werteordnung als überpositives Sollen zur Aufforderung, im **Sein** nach Sinn zu suchen. Auf eine etwa durch Umfragen feststellbare Wertempfindung in der Bevölkerung sollte das freilich nicht hinauslaufen:

> Auch die allgemeine Meinung, der consensus omnium, ist kein sicheres Kennzeichen; er kann in die Irre gehen. Man braucht in dieser Hinsicht gar nicht auf die soziologische Erfahrungstatsache zu verweisen, dass gerade die Masse der Menschen häufig höheren Werteinsichten nicht zu folgen vermag.[428]

---

422 Harry Westermann, Wesen und Grenzen der richterlichen Streitentscheidung im Zivilrecht, Münster 1955, S. 15 f.

423 Insb. Max Scheler, Der Formalismus in der Ethik und die Materiale Wertethik, Halle 1916.

424 Insb. Nicolai Hartmann, Ethik, Berlin 1926.

425 Helmut Coing, Grundzüge der Rechtsphilosophie, 1. Aufl. Berlin 1950, S. 106.

426 Staudinger/Coing, 11. Aufl. Berlin 1954, § 138, S. 792.

427 Erich Fechner, Rechtsphilosophie. Soziologie und Metaphysik des Rechts, Tübingen 1956, S. 261.

428 Helmut Coing, Grundzüge der Rechtsphilosophie, 1. Aufl. Berlin 1950, S. 107.

Hans Welzel, der alle Naturrechtslehren als „ideologisch" angriff,[429] brachte stattdessen **„sachlogische Gesetzlichkeiten"**, die dem Richter einen „jeder Willkür entzogenen Halt"[430] gäben, als Lösung ins Spiel. Dem folgten viele. Helmut Coing[431] etwa nutzte eine ontologische Fundierung des Rechts in der Rechtswirklichkeit nun ebenso wie Karl Larenz, der davon sprach, es gebe „in den (menschlichen) Lebensverhältnissen als solchen schon angelegten und ausgedrückten Sinn".[432] Noch 1979 skizzierte er solche der Rechtswirklichkeit abgeschaute Grundprinzipien des Rechts: Selbstbindung, Vertrauenshaftung, Äquivalenz. Solche Prinzipien müssten „erlebt", „angeschaut" oder „vernommen" werden,[433] eben als Folge der „Rechtsidee",[434] die „übereinstimmende Bewertungen und daher Bewertungsmaßstäben" für die Richter biete.[435] Die „Natur der Sache" blieb wie die Behauptung, etwas sei „sachlogisch" oder entspreche „praktischen Bedürfnissen", ein pseudosoziologisches Wirklichkeitsargument, in dem die antipositivistische Einstellung der Zivilrechtswissenschaft bis in die Gegenwart oft unreflektiert fortlebt.

Kennzeichnend für diese ganzen Versuche, dem Richter eine Wertungsgrundlage zu geben, an der er das Gesetz messen konnte, war, dass diese Wertegrundlage kaum je konkret ausbuchstabiert wurde. Man beließ es überwiegend bei sehr allgemeinen Grundsätzen wie Selbstbindung, Vertrauen oder Gleichheit. Nur im Rahmen der Generalklauseln formulierte Coing klare Handlungsanweisungen: „Niemand darf sich verpflichten, einen Treubruch gegenüber Dritten zu begehen. [...] Niemand darf sich seiner Freiheit entäußern. ... Niemand kann sich der Willkür eines anderen ausliefern. [...] Niemand darf darauf ausgehen, die wirtschaftliche Existenz eines anderen zu vernichten".[436] Dahinter standen freilich auch hier bereits Rechtsprechungstraditionen zu § 138 Abs. 1 BGB und nicht ausformulierte Naturrechtssätze.

In den 1960er Jahren kam der Glaube daran, dass es hinreichend sicher erkennbare außergesetzliche Rechtsgrundsätze gebe, die den Richter auch ohne Gesetz binden würden, langsam in die Krise. Der Antipositivismus blieb, aber was trat an seine Stelle?

---

429 Hans Welzel, Naturrecht und materiale Gerechtigkeit, 4. Aufl. Göttingen 1962, S. 243.

430 Hans Welzel, Naturrecht und Rechtspositivismus, hier zitiert nach Nachdruck, in: Werner Maihofer (Hg.), Naturrecht oder Rechtspositivismus?, Darmstadt 1962, S. 337.

431 Helmut Coing, Grundzüge der Rechtsphilosophie, 1. Aufl. Berlin 1950, S. 92 f.

432 Karl Larenz, Methodenlehre der Rechtswissenschaft, 1. Aufl. Berlin 1960, S. 309.

433 Karl Larenz, Richtiges Recht. Grundzüge einer Rechtsethik, München 1979, S. 176.

434 Karl Larenz, Zur Beurteilung des Naturrechts, 1947, hier zitiert nach Nachdruck in: Werner Maihofer (Hg.), Naturrecht oder Rechtspositivismus?, Darmstadt 1962, S. 30 f.

435 Karl Larenz, Methodenlehre der Rechtswissenschaft, 1. Aufl. Berlin 1960, S. 127.

436 Staudinger/Coing, § 138, 11. Aufl. Berlin 1954, S. 795.

Langsam ließ man sich auf **Richterrecht** ein. Wichtigster Motor dieser Entwicklung war zunächst Josef Esser. Während des Nationalsozialismus hatte auch Esser von totalitärer Werteeinheit geschwärmt: Der frühere Positivismus habe eine „rechtskritische Wertung der zu ordnenden Lebensverhältnisse" deshalb nicht leisten können, weil er dazu mangels einer „fruchtbaren weltanschaulichen Basis unfähig war".[437] Heute, also 1940, gebe es stattdessen ein „höchstes materielles Rechtsgebot und einen daraus folgenden Wertmaßstab",[438] wie ihn „das völkische Rechtsdenken anerkannt" habe.[439] Nach 1945 wurde Esser jedoch zunehmend nachdenklich. Bereits 1949 entlarvte er das einheitliche Rechtsbewusstsein der Richter als ideologische Fiktion: Das Vertrauen auf „das einheitliche Rechtsbewußtsein des Richterstandes" sei zwar theoretisch die vollkommenere Lösung. Praktisch bedeute es aber eine „starke Belastungsprobe des Richtertums, die zu seiner ‚weltanschaulichen' Erziehung verleitet".[440] Esser verzichtete auf Wertegewissheit. 1953 forderte er dazu auf, den Schritt in ein Richterrechtssystem offen zu wagen und die Vermengung mit ethischen Maßstäben aufzugeben.[441] Nach einem Forschungsaufenthalt in Amerika veröffentlichte er 1956 „Grundsatz und Norm in der richterlichen Fortbildung des Privatrechts".[442] Esser verarbeitete amerikanische Einflüsse zu einer eigenen Theorie. Prinzipien fand der Richter nach Esser in Auseinandersetzung mit Sachverhalt, Norm und gesellschaftlicher Wirklichkeit, kasuistisch, am Fall. Entscheidend war nicht mehr der Wahrheitsanspruch der Philosophie, sondern die institutionelle Wirksamkeit und Konsensfähigkeit im innerjuristischen Gespräch. Methodisch ging es nun um die Frage, inwieweit Richterrecht rationale Strukturen und Denktraditionen ausbilden und damit ein Rechtssystem als Diskurssystem stabilisieren könne. 1970 führte er diese Überlegungen in „Vorverständnis und Methodenwahl"[443] fort und schob die individuellen Vorprägungen des Richters in den Vordergrund.

---

437 Josef Esser, Wert und Bedeutung der Rechtsfiktion. Kritisches zur Technik der Gesetzgebung und zur bisherigen Dogmatik des Privatrechts, Frankfurt a. M. 1940, S. 132.

438 Josef Esser, Wert und Bedeutung der Rechtsfiktion. Kritisches zur Technik der Gesetzgebung und zur bisherigen Dogmatik des Privatrechts, Frankfurt a. M. 1940, S. 135.

439 Josef Esser, Wert und Bedeutung der Rechtsfiktion. Kritisches zur Technik der Gesetzgebung und zur bisherigen Dogmatik des Privatrechts, Frankfurt a. M. 1940, S. 28.

440 Josef Esser, Einführung in die Grundbegriffe des Rechtes und des Staates. Eine Einführung in die Rechtswissenschaft und die Rechtsphilosophie, Wien 1949, S. 133.

441 Josef Esser, Interpretation und Rechtsneubildung im Familienrecht, in: JZ 1953, 521 ff.

442 Josef Esser, Grundsatz und Norm in der richterlichen Fortbildung des Privatrechts, Tübingen 1956.

443 Josef Esser, Vorverständnis und Methodenwahl in der Rechtsfindung. Rationalitätsgarantien der richterlichen Entscheidungspraxis, Frankfurt a. M. 1970.

Der Glaube an ein einheitliches Rechtsbewusstsein, an eine Natur der Sache, an feste christliche Leitwerte entsprach nicht mehr der multikulturellen Struktur moderner Gesellschaften, deren „wachsende Selbstständigkeit richterlicher Rechtsanwendung im modernen Sozialstaat, mit seiner zunehmenden Gesellschaftsgestaltung mit den Mitteln einer Grundsatzgesetzgebung mit weiträumigen Generalklauseln und unbestimmten Rechtsbegriffen“[444] auch Franz Wieacker 1967 konstatierte.

Die Schärfe, mit der die verbleibenden, noch in Werteorientierungen verharrenden Zivilrechtswissenschaftler bis in die 1990er Jahre Esser gleichwohl als Vorkämpfer für einen „Rechtsprechungspositivismus ohne Legitimationskriterien“[445] verketzerten, machte deutlich, dass Esser einen wunden Punkt getroffen hatte. Seit den 1930er Jahren hatte die Wertungsjurisprudenz systematisch dogmatische Strukturen abgebaut, um dem Richter die Möglichkeit zu erleichtern, das völkische Gemeinschaftsdenken, das Gewissen des Christen, den Geist der Rechtsordnung, die Natur der Sache, die Bedürfnisse des Lebens wertend und abwägend auch gegen das BGB umzusetzen. Wenn in diesen Freiraum nun der Richter als Subjekt trat, dann kaschierte die ganze Materialisierungsfassade lediglich freies Richterrecht. Wenn, so Larenz noch 1991, die „Wendung zur Wertungsjurisprudenz [...] ihre volle Bedeutung erst dadurch [sc. gewinnt], daß sie bei den meisten Autoren mit der Anerkennung ‚übergesetzlicher‘ oder ‚vorpositiver‘ Werte oder Wertungsmaßstäbe verbunden ist“,[446] dann stand man bei freiem Richterrecht vor einem „Scherbenhaufen“.[447]

Literatur: Monika Frommel, Die Rezeption der Hermeneutik bei Karl Larenz und Josef Esser, Ebelsbach 1981, S. 83 ff., 207 ff.; Ulfrid Neumann, Rechtsphilosophie in Deutschland seit 1945, in: Dieter Simon (Hg.), Rechtswissenschaft in der Bonner Republik, Frankfurt a. M. 1994, S. 145 ff.; Joachim Rückert, Abbau und Aufbau der Rechtswissenschaft nach 1945, in: NJW 1995, S. 1251 ff.; ders., Zu Kontinuitäten und Diskontinuitäten in der juristischen Methodendiskussion nach 1945, in: Karl Acham, Knut Wolfgang Nörr u. Bertram Schefold (Hgg.), Erkenntnisgewinne, Erkenntnisverluste. Kontinuitäten und Diskontinuitäten in den Wirtschafts-, Rechts- und Sozialwissenschaften zwischen den 20er und 50er Jahren, Stuttgart 1998, S. 113 ff.; Eckardt Buchholz-Schuster, Rechtsphilosophische Legitimation der Rechtspraxis nach Systemwechseln. Eine Untersuchung zur Funktion von „Juristenphilosophie“, Berlin 1998; Heinz Mohnhaupt, Zur „Neugründung“ des Naturrechts nach 1945: Helmut Coings „Die obersten Grundsätze des Rechts“ (1947), in: Horst Schröder u. Dieter Simon

444 Franz Wieacker, Privatrechtsgeschichte der Neuzeit, 2. Aufl. Göttingen 1967, S. 604.
445 Franz Bydlinski, Juristische Methodenlehre, 2. Aufl. Berlin 1991, 23 f.
446 Karl Larenz, Methodenlehre der Rechtswissenschaft, 6. Aufl. Berlin 1991, S. 122.
447 Karl Larenz, Methodenlehre der Rechtswissenschaft, 6. Aufl. Berlin 1991, S. 121.

(Hgg.), Rechtsgeschichtswissenschaft in Deutschland 1945–1952, Frankfurt a. M. 2001, S. 97 ff.; Maren Bedau, Entnazifizierung des Zivilrechts. Die Fortgeltung von NS-Zivilrechtsnormen im Spiegel juristischer Zeitschriften aus den Jahren 1945 bis 1949, Berlin 2004; Ilka Kauhausen, Nach der „Stunde Null". Prinzipiendiskussionen im Privatrecht nach 1945, Tübingen 2007; Johannes Köndgen, Josef Esser – Grenzgänger zwischen Dogmatik und Methodologie, in: Stefan Grundmann u. Karl Riesenhuber (Hgg.), Deutschsprachige Zivilrechtslehrer des 20. Jahrhunderts in Berichten ihrer Schüler, Bd. 1, 2007, 103 ff.; Stefan Vogel, Josef Esser – Brückenbauer zwischen Theorie und Praxis, Berlin 2009; Hans-Peter Haferkamp, Positivismen als Ordnungsbegriffe einer Privatrechtsgeschichte des 19. Jahrhunderts, in: Okko Behrends u. Eva Schumann (Hgg.), Franz Wieacker – Historiker des modernen Privatrechts, Göttingen 2010, S. 181 ff.; Lena Foljanty, Recht oder Gesetz. Juristische Identität und Autorität in den Naturrechtsdebatten der Nachkriegszeit, Tübingen 2013; Hans-Peter Haferkamp, Zur Methodengeschichte unter dem BGB in fünf Systemen, in: AcP 214, 2014, S. 895 ff.; ders., Richter, Gesetz und juristische Methode in der Wertungsjurisprudenz, in: ZfPW 2016, S. 319 ff.; Joachim Rückert, Die Schlachtrufe im Methodenkampf – ein historischer Überblick, in: Joachim Rückert u. Ralf Seinecke (Hgg.), Methodik des Zivilrechts – von Savigny bis Teubner, 3. Aufl. Baden-Baden 2017, S. 541 ff.

4.5.2 Die „Naturrechtsrenaissance" des Bundesgerichtshofes

Auf Initiative von Bundesjustizminister Thomas Dehler sprach sich Konrad Adenauer für den mit Dehler befreundeten **Hermann Weinkauff** als ersten Präsidenten des am 1. Oktober 1950 seine Tätigkeit aufnehmenden Bundesgerichtshofes aus. Er entschied gegen Ernst Wolff, den ehemaligen Präsidenten des OGH. Mit Weinkauff wurde ein Präsident berufen, der, anders als Wolff, ein bekennender Verfechter eines christlichen Naturrechts war und bis zu seinem Ausscheiden im Jahr 1960 blieb. Die zehn Jahre seiner Präsidentschaft werden oft als „Naturrechtsrenaissance des Bundesgerichtshofes" zusammengefasst. Das Bild ist schief, da es weder eine flächendeckende Akzeptanz naturrechtlicher Gedanken innerhalb der Richterschaft des höchsten deutschen Zivilgerichts gab, noch eine umfassende Verwendung dieser Argumente in richterlichen Entscheidungen. Besonders der 1. Zivilsenat, dem Weinkauff vorsaß, fällte jedoch einige Entscheidungen, die schon zeitgenössisch als naturrechtlich eingestuft wurden. Die immer stärkere Kritik an dieser Judikatur trug maßgeblich dazu bei, das Naturrecht als Orientierungspunkt des Rechtsanwenders in der Bundesrepublik zu diskreditieren.

Weinkauff machte bereits bei Antritt seines Amtes deutlich, dass er beabsichtige, seinem Glauben an ein christliches Naturrecht in der Rechtsprechung Wirkung zu verschaffen.

> Es wäre eine schöne, wenn auch sehr schwere Aufgabe für den Bundesgerichtshof, sich auf die metaphysische Grundlage des Rechts zurück zu besinnen und im Verein mit den übrigen hohen Gerichten, mit der Wissenschaft und mit den kulturtragenden Kräften im Volk in besonnener Kühnheit den Versuch zu machen, diejenigen wenigen, inhaltlich erfüllten, aus sich selbst heraus geltenden, allgemeinen Rechtssätze wieder zu erarbeiten, die jedem positiven Recht bindend vorausliegen und die jedermann, auch den Gesetzgeber verpflichten.[448]

Worum es ging, hatte Weinkauff bereits 1947 umrissen:

> Man wird davon ausgehen können, dass es ein christliches Menschenbild im biblischen Verständnis gibt, daß der Mensch nach Gottes Ebenbild angelegt, mit der Schöpfung gefallen, durch Christus zur Versöhnung bestellt und auch in diesem Äon zu einem Leben in der Ordnung der Liebe bestimmt ist. Daraus müssen sich die Sätze ableiten lassen, die für das gesellschaftliche, das rechtliche, das staatliche und das politische Leben in den Grundfragen gelten […]. Es gelten göttliche Gebote auch für den menschlichen Gesetzgeber und zwar ganz konkret, so daß dann, wenn der menschliche Gesetzgeber von diesen Geboten abweicht, sein Gesetz nicht gilt.[449]

Für die Arbeit mit solchen Geboten verwies er den Richter auf einen intuitiven Zugriff auf Vernunft und Gewissen:

> Eine solche übergeordnete Rechtsordnung gibt es in der Tat. Sie läßt sich nicht formallogisch beweisen aber jeder unverbildete Mensch kann sie, wenn er nur unbefangen den Antrieben seiner Vernunft und seines Gewissens folgt, mit großer intuitiver Sicherheit in ihren Grundzügen ergreifen.[450]

Als „unverbildeter Mensch“ war der Richter freilich gerade nicht im Blick von Weinkauff, vielmehr resultierte sein Optimismus, dass Richterrecht etwas dem Menschen Aufgegebenes umsetze, der Richter also gebunden und nicht frei sei, aus der großen „intuitiven Sicherheit“ eines „rechtlich gesinnten und erfahrenen

448 Hermann Weinkauff, Ansprache zur Eröffnung des Bundesgerichtshofes, in: NJW 1950, S. 816.

449 Hermann Weinkauff, Die gegenwärtige Lage der Justiz, 1947, in: Johann Schütz (Hg.), Justitia kehrt zurück. Der Aufbau einer rechtsstaatlichen Justiz nach dem Zusammenbruch 1945, Bamberg 1987, S. 162.

450 Hermann Weinkauff, Die Militäropposition gegen Hitler und das Widerstandsrecht, in: Die Vollmacht des Gewissens, Europäische Publikationen e. V., München 1956, S. 13.

Beurteilers".[451] Die Richterschaft des BGH sollte **Avantgarde einer Ethisierung der Gesellschaft** sein. Dies war freilich eine bereits Anfang der 1950er Jahre in der Defensive befindliche Position. Breitere Zustimmung löste einzig Weinkauffs selbstbewusstes antipositivistisches Bekenntnis zum Richterrecht aus: Recht entstehe „auf natürlich Weise durch Richterspruch", nicht durch die „unumschränkte Vorherrschaft des geschriebenen Gesetzes".[452] Dass sein weitergehendes Konzept der Ehtisierung nicht mehr Widerstand evozierte, lag auch daran, dass Weinkauff feststehende Sätze des Naturrechts nur auf sehr hoher Abstraktionsebene formulierte:

> Der Gleichheitssatz, die Grundrechte, das Widerstandsrecht und gewisse grundlegende und vorgegebene Ordnungsprinzipien für die Ordnung der Familie, des Volkes, des Staates, der Kirchen und der Völkerwelt.[453]

Was folgte daraus für die Rechtsprechung des BGH? Im Zivilrecht und mit Blick auf das BGB finden sich naturrechtliche Überlegungen vor allem im Familienrecht. Ein einheitliches Vorgehen oder gar ein gemeinsames Bekenntnis zu einem Naturrechtskonzept konnte sich dabei nie durchsetzen. Dies wurde bereits 1953 in den aufsehenerregenden Debatten um die **Gleichheit von Mann und Frau** deutlich. Im Kontext einer Richtervorlage gem. Art. 100 GG vor das BVerfG legte der 1. Zivilsenat des BGH unter Vorsitz Weinkauffs ein Gutachten vor, in dem Weinkauff sein Eheverständnis formulierte:

> Die Familie ist nach der Schöpfungsordnung eine streng ihrer eigenen Ordnung folgende Einheit [...]. Innerhalb der strengen Einheit der Familie sind Stellung und Aufgabe von Mann und Frau durchaus verschieden. Der Mann zeugt die Kinder; die Frau empfängt, gebiert und nährt sie und zieht die Unmündigen auf. Der Mann sichert, vorwiegend nach außen gewandt, Bestand, Entwicklung und Zukunft der Familie; er vertritt sie nach außen; in diesem Sinne ist er ihr Haupt. Die Frau widmet sich, vorwiegend nach Innen gewandt, der inneren Ordnung und dem inneren Aufbau der Familie. An dieser fundamentalen Verschiedenheit kann das Recht nicht doktrinär vorübergehen, wenn es nach der Gleichberechtigung der Geschlechter in der Ordnung der Familie fragt.[454]

---

451 Hermann Weinkauff, Der Naturrechtsgedanke in der Rechtsprechung des Bundesgerichtshofes, NJW 1960, S. 1690.

452 Hermann Weinkauff, Ansprache zur Eröffnung des Bundesgerichtshofes, in: NJW 1950, S. 816.

453 Hermann Weinkauff, Ansprache bei der Gründung der Internationales Juristen-Kommission am 29.4.1955, in: Bulletin der Internationalen Juristen-Kommission Nr. 1–14 (1954–1962), S. 18.

454 Gutachten des 1. Zivilsenates vom 6.10.1952, BGHZ 11, (Anhang) S. 65.

Im Ergebnis schloss sich die Mehrheit des 1. Zivilsenats diesen Ansichten Weinkauffs freilich gerade nicht an und stellte die Ausgestaltung der Gleichheit der Eheleute in die Disposition des Gesetzgebers. Dem folgte das BVerfG.[455] Noch bevor das Gleichberechtigungsgesetz 1958 die Diskussion beendete, entschied der BGH 1956, dass das Letztentscheidungsrecht des Ehemannes und Vaters verfassungswidrig sei und daher bei unüberwindlichen Meinungsverschiedenheiten der Ehegatten das Vormundschaftsgericht entscheiden müsse.[456] Während im Strafrecht der rigiden Rechtsprechung zur Kuppelei (§ 180 StGB), die auch Verlobtenbeischlaf als Unzucht wertete,[457] durchaus ein Ehebild zugrunde lag, wie es Weinkauff vertrat, blieb der unmittelbare Einfluss naturrechtlicher Vorstellungen auch im Familienrecht überschaubar.

Die stärksten Einflüsse zeigten sich im **Scheidungsrecht**, bei dem der 4. Zivilsenat weitgehende Übereinstimmung mit den Überzeugungen Weinkauffs zeigte. Weiterhin galt hier das vom EheG 1938 übernommene **Zerrüttungsprinzip**. Nach § 48 Abs. 2 des vom Kontrollrat eingeführten EheG von 1946 war eine zerrüttete Ehe weiterhin grundsätzlich zu scheiden. Dagegen hatte sich schon bei Untergerichten unter Rückgriff auf ein christlich unterfüttertes Verständnis der Ehe als unauflösliche Lebensgemeinschaft Widerstand gezeigt. Vehikel war § 48 Abs. 2 S. 2 EheG 1946: Widersprach ein Ehegatte der Scheidung, so war dieser Widerspruch unbeachtlich, wenn die Aufrechterhaltung der Ehe „bei richtiger Würdigung des Wesens der Ehe und des gesamten Verhaltens beider Ehegatten sittlich nicht gerechtfertigt ist" (§ 48 Abs. 2 S. 2 EheG 1946). Diese von § 55 EheG 1938 übernommene Formulierung wurde nun vom BGH, ganz anders als vom Reichsgericht, äußerst eng interpretiert. Indem sich der BGH einerseits von den beim Reichsgericht auftauchenden[458] „Erwägungen [...] bevölkerungs- und rassepolitischer Natur"[459] distanzierte, baute er Weinkauffs Ansicht, dem Menschen sei es durch die Schöpfungsordnung aufgegeben, „in unauflöslicher Einehe" zu leben,[460] zu einem faktischen Scheidungsverbot jedenfalls für den Fall aus, dass ein Ehegatte widersprach und Kinder aus der Ehe hervorgegangen waren.

Zwar ging der 4. Zivilsenat nicht so weit, das in § 48 Abs. 2 S. 2 EheG 1946 vorgesehene Scheidung einer Ehe trotz Widerspruch eines Ehegatten mit dem OLG Celle

455 BVerfGE 2, S. 225 ff. vom 18.12.1953.
456 BGHZ 20, S. 313 ff. vom 2.5.1956.
457 BGHSt 6, S. 46 ff. vom 17.02.1954.
458 Etwa RGZ 164, S. 158 vom 17.6.1940.
459 BGHZ 1, S. 91 vom 22.1.1951.
460 Hermann Weinkauff, Das Naturrecht in evangelischer Sicht, 1952, hier zitiert nach Nachdruck in: Werner Maihofer (Hg.), Naturrecht oder Rechtspositivismus?, Darmstadt 1962, S. 216.

als Verstoß „gegen die objektive sittliche Ordnung" für naturrechtswidrig zu erklären. Im Ergebnis führte der Widerspruch aber nahezu durchweg zum Erfolg, sodass bei Widerspruch eines Ehegatten in den 1950er Jahren nur in 4 Prozent der Fälle eine zerrüttete Ehe geschieden wurde.[461] Der BGH setzte so das Leitbild der „Versorgungsehe" durch. Waren neben der Ehefrau noch Kinder zu versorgen und hatte die Ehefrau sich nichts zuschulden kommen lassen, wurde ihr Widerspruch gegen die Scheidung zumeist für beachtlich erklärt. Dahinter stand das Leitbild der Hausfrauenehe, bei der die Kindererziehung und Haushaltsführung der Frau oblag, deren Nichterwerbstätigkeit lebenslanger finanzieller Sicherung bedurfte. In einigen Urteilsgründen ließen die Richter ihrer persönlichen Werteordnung dabei freien Lauf. Ein schnell berüchtigtes Beispiel bildete eine Entscheidung des 4. Zivilsenats aus dem Jahr 1959, in dem die Richter darüber räsonierten, ob der Widerspruch der Ehefrau deshalb unbeachtlich sei, weil sie 17 Jahre älter war als ihr Mann.[462] Dies führte zu ausgreifenden Erörterungen des „Wesens der Ehe", bei dem die Richter ihren Alltagstheorien weit jenseits christlicher Vorgaben ungehemmt freien Lauf ließen:

> Bei der Ehe zwischen wesentlich ungleichaltrigen Ehepartnern besteht freilich die Möglichkeit, daß der erheblich jüngere Partner (in aller Regel der Mann) bei der Eingehung der Ehe, auch wenn er sich dabei in freier Entscheidung an den wesentlich älteren Partner bindet, doch die Schwere der damit von ihm übernommenen sittlichen Verpflichtung einerseits und das Maß seiner sittlichen Kräfte andererseits verkennt. Dann wird sich oft, noch ehe es zu einer tragfähigen persönlichen Gemeinschaft der Ehegatten gekommen ist, herausstellen, daß die Anforderungen, die die Verwirklichung der Lebensgemeinschaft mit diesem Ehegatten an ihn stellt, seine sittlichen Kräfte bei weitem übersteigen. Das kann insbesondere dann der Fall sein, wenn der jüngere Mann infolge seiner unverschuldeten Fehlentwicklung und Fehlleitung seiner seelischen Kräfte durch ein Leben, das in seiner Jugend der Geborgenheit in mütterlicher Liebe und Fürsorge entbehrte, sich in ungewöhnlich starkem Maße zu einer gerade erheblich älteren Frau, in der er die – so lange entbehrte und vermißte – Mutter sucht und gefunden hat, hingezogen fühlt und infolgedessen nicht in der Lage ist, das Fehlsame und Unnatürliche seiner Partnerwahl und die Gefahr zu erkennen, daß diese Frau ihm beim späteren Reifen seiner Männlichkeit nicht die Lebensgefährtin und Geschlechtspartnerin zu sein vermag, nach der seine Natur verlangt. In einem solchen Fall kann der Widerspruch des bekl. Ehegatten gegen die von dem jüngeren Ehegatten erstrebte Scheidung unbeachtlich sein.

461 Dieter Giesen, Einzelfallgerechtigkeit als Problem. Zur Entwicklung des Scheidungs- und Scheidungsfolgenrechts in Deutschland, in: FamRZ 1984, S. 1191.

462 BGH vom 18.12.1959, in: Ehe und Familie 7, 1960, S. 130.

Der dem Senat vorsitzende, Weinkauff kongenial verpflichtete Richter August Raske, sah sich daraufhin dem Vorwurf ausgesetzt, „die Grenzen zwischen Recht und Sittlichkeit außer Acht gelassen“ zu haben.[463] Seine Antwort gibt erneut Einblicke in die hier geteilte Wertewelt. Er warnte vor „sinn- und wertzerstörenden Kräften“, die überall am Werk seien,[464] vor „Ehebrecher[n] und Ehedeserteuren“ und dem in der Presse gefeierten ständigen Partnerwechsel, wie er „bei manchen Filmstars üblich ist“.[465] Raske flüchtete sich in ein „für das sittliche Leben der menschlichen Gemeinschaften maßgebende[s] allgemeine[s] Ordnungs-, Form- und Funktionsprinzip“.[466] Dies trete als das „All-Einende in der Vielfalt der Momente“ erst langsam in Erscheinung und sei stets „in seinem Wesen und Wollen noch nicht rein erkannt und anerkannt“. Damit sah sich der Senat als Träger der Werteordnung in der Pflicht, die „der staatlichen Macht stets übergeordnete“ objektive sittliche Ordnung der „lebendigen Wirklichkeit“ intuitiv-anschauend zu entnehmen. Im Bewusstsein, sich im Besitz der Wahrheit zu wissen, grenzte er sich von demjenigen ab, dem es „an der nötigen Fähigkeit oder Bereitschaft zur Einsicht fehlt“.[467]

Geradezu lächerlich machte sich der 4. Zivilsenat schließlich am 2. November 1966.[468] Der Ehemann beantragte die Scheidung infolge bestehender Zerrüttung, die beklagte Ehefrau widersprach. Als Grund führte der Mann an, die Zerrüttung der Ehe sei aus der Einstellung der Beklagten zum ehelichen Verkehr entstanden.

> Sie habe ihm erklärt, sie empfinde nichts beim Geschlechtsverkehr und sei im Stande, dabei Zeitung zu lesen; er möge sich selbst befriedigen. Der eheliche Verkehr sei eine reine Schweinerei; sie gebe ihm lieber Geld fürs Bordell. Sie wolle auch nicht mit einem dicken Bauch herumlaufen, mit Kindern wüsste sie gar nichts anzufangen.

Daraufhin statuierte der BGH über die in § 1353 BGB 1938 geregelte Pflicht zum ehelichen Verkehr hinaus eine Pflicht zu vorgespielter Lust, um eine Zerrüttung zu verhindern:

> Die Frau genügt ihren ehelichen Pflichten nicht schon damit, dass sie die Beiwohnung teilnahmslos geschehen lässt. Wenn es ihr infolge ihrer Veranlagung oder aus anderen Gründen,

463 August Raske, Entscheidungen auf Grund des § 48 des Ehegesetzes, in: DRiZ 1960, S. 322.
464 August Raske, Entscheidungen auf Grund des § 48 des Ehegesetzes, in: DRiZ 1960, S. 322.
465 August Raske, Entscheidungen auf Grund des § 48 des Ehegesetzes, in: DRiZ 1960, S. 322.
466 August Raske, Entscheidungen auf Grund des § 48 des Ehegesetzes, in: DRiZ 1960, S. 323.
467 August Raske, Entscheidungen auf Grund des § 48 des Ehegesetzes, in: DRiZ 1960, S. 323.
468 NJW 1967, S. 1078.

> zu denen die Unwissenheit der Eheleute gehören kann, versagt bleibt, im ehelichen Verkehr Befriedigung zu finden, so fordert die Ehe doch von ihr eine Gewährung in ehelicher Zuneigung und Opferbereitschaft und verbietet es, Gleichgültigkeit zur Schau zu tragen. Denn erfahrungsgemäß vermag sich der Partner, der im ehelichen Verkehr seine natürliche und legitime Befriedigung sucht, auf die Dauer kaum jemals mit der bloßen Triebstillung zu begnügen, ohne davon berührt zu werden, was der andere dabei empfindet.[469]

Im Umfeld der 1968-Debatten wurde der BGH mit solchen Aufrufen zu einer „authentisch gespielten Glückslüge" zum Gespött.[470] Selbst Wolfgang Lauterbach, vormals Senatspräsident am OLG Hamburg, konnte in solchen Bekenntnissen nichts als „kirchliche Ideologie" erkennen, hinter der sich „persönliche Auslegungswünsche" verstecken würden,[471] die mit dem BGB und Art. 6 GG nicht vereinbar seien. Schon in den 1950er Jahren war die Kritik an einem „allzu vereinfachten Begriff des Naturrechts"[472] lauter geworden, die in der Rechtsprechung des BGH nichts als eine „wissenschaftlich unkontrollierbare Vermengung von rechtlichen und ethischen Prinzipien und Wertmaßstäben"[473] fand. Letztlich war bereits 1960 Weinkauffs Versuch gescheitert, über den BGH seinem christlichen Naturrecht zur Durchsetzung zu verhelfen. Wenn er bei seinem Ausscheiden von „zahlreichen Entscheidungen, die ein übergesetzliches Recht anerkennen"[474] schwärmte, die er teilweise gewagt zu einem Gesamtbild komponierte, so machte er doch auch aus seiner Enttäuschung über das Scheitern seines Gesamtplanes von 1950 keinen Hehl. Er klagte über das „Unvermögen unseres Volkes und unserer Juristen, den naturrechtlichen Gedanken zu erfassen", über „Wissenschaftsaberglaube und mangelndes Wertgefühl". Seine Forderung nach einer „Änderung des Rechtsunterrichts" und einer „Änderung der Richterauslese" war auch ein Eingeständnis, dass sein christliches Naturrecht nie zur herrschenden Auffassung beim BGH gelangt war.

---

469 BGH NJW 1967, S. 1079.

470 Vgl. noch Peter Derleder, Das Jahrhundert des deutschen Familienrechts, in: KJ 2000, S. 15: „Das Zitat wäre es wert, eine hermeneutische Studie darüber vorzulegen, wie sich die patriarchalische Empathie auf eine emotionale Aura der Triebstillung für den Mann konzentriert, während die Frau ihre Emotionalität in der Synthese eines dauerhaften Opfers mit einer möglichst authentisch gespielten Glückslüge entfalten soll."

471 Palandt/Lauterbach, 25. Aufl. 1966, Überblick 1 vor § 1297, 1).

472 Franz Wieacker, Zur rechtstheoretischen Präzisierung des § 242 BGB, Tübingen 1956, S, 10f.

473 Josef Esser, Interpretation und Rechtsneubildung im Familienrecht, in: JZ 1953, S. 522 mit Fn. 10.

474 Hermann Weinkauff, Der Naturrechtsgedanke in der Rechtsprechung des Bundesgerichtshofes, in: NJW 1960, S. 1691.

Mit dem Ausscheiden Weinkauffs und der ersten Generation der BGH-Richter verschwand daher naturrechtliches Denken aus der Rechtsprechung. Sucht man nach etwas hiervon Geprägtem, das weiterhin Bestand hat, so findet man es nicht im Familienrecht, sondern am ehesten im Allgemeinen Persönlichkeitsrecht.

Literatur: Albrecht Langner, Der Gedanke des Naturrechts seit Weimar und in der Rechtsprechung der Bundesrepublik, Bonn 1959; Eleonore Linsmayer, Das Naturrecht in der deutschen Rechtsprechung der Nachkriegszeit, Dissertation München 1963; Arthur Kaufmann, Die Naturrechtsrenaissance der Nachkriegsjahre – und was daraus geworden ist, in: Michael Stolleis (Hg.), Die Bedeutung der Wörter. Studien zur europäischen Rechtsgeschichte. Festschrift für Sten Gagnér zum 70. Geburtstag, München 1991, S. 105 ff.; Kristian Kühl, Kontinuitäten und Diskontinuitäten im Naturrechtsdenken des 20. Jahrhunderts, in: Karl Acham, Knut Wolfgang Nörr u. Bertram Schefold (Hgg.), Erkenntnisgewinne, Erkenntnisverluste. Kontinuitäten und Diskontinuitäten in den Wirtschafts-, Rechts- und Sozialwissenschaften zwischen den 20er und den 50er Jahren, Stuttgart 1994, S. 621 ff.; Heike Vaupel, Die Familienrechtsreform in den fünfziger Jahren im Zeichen widerstreitender Weltanschauungen, Baden-Baden 1999; Peter Derleder, Das Jahrhundert des deutschen Familienrechts, in: KJ 2000, S. 1 ff.; Klaus-Detlev Godau-Schüttke, Der Bundesgerichtshof, Berlin 2005; Christine Franzius, Bonner Grundgesetz und Familienrecht. Die Diskussion um die Gleichberechtigung von Mann und Frau in der westdeutschen Zivilrechtslehre der Nachkriegszeit (1945–1957), Frankfurt a. M. 2005; Ilka Kauhausen, Nach der „Stunde Null". Prinzipiendiskussionen im Privatrecht nach 1945, Tübingen 2007; Daniel Herbe, Hermann Weinkauff (1894–1981). Der erste Präsident des Bundesgerichtshofes, Tübingen 2008; Julia Bommer, Ein Gesetz – zwei Rechtsprechungen? Die Zerrüttungsscheidung bei RG und BGH 1938–1961, Frankfurt a. M. 2008; Dieter Schwab, Naturrecht als Norm nach dem Zusammenbruch des „Dritten Reiches", in: Martin Löhnig (Hg.), Zwischenzeit. Rechtsgeschichte der Besatzungsjahre, Regenstauf 2011, S. 227 ff.; Gerhard Otte, Die Naturrechtsrechtsprechung der Nachkriegszeit, in: Kristian Kühl und Gerhard Seher (Hgg.), Rom, Recht, Religion. Symposion für Udo Ebert zum 70. Geburtstag, Tübingen 2011, S. 189 ff.; Lena Foljanty, Recht oder Gesetz. Juristische Identität und Autorität in den Naturrechtsdebatten der Nachkriegszeit, Tübingen 2013; HKK/Schumann, §§ 1353–1362, Tübingen 2018, Rn. 12 ff.; HKK/Ludyga, §§ 1534–1568b, Tübingen 2018, Rn. 59; Jan Schröder, Recht als Wissenschaft, Bd. 2, 3. Aufl. 2020, S. 128 ff.

4.5.3 Vertiefung: Das Allgemeine Persönlichkeitsrecht

In den vergangenen 20 Jahren sah sich wohl ein jeder von uns wiederholt vor das Problem der Persönlichkeit, vor die Frage ihrer Wertung und Achtung im menschlichen Zusammenleben gestellt. Der eine von uns wurde durch die Allmacht eines totalitären Staates aus seiner Lebensarbeit herausgerissen und erfuhr so den Konflikt zwischen persönlicher

> Aufgabe und den Forderungen der Gemeinschaft. Der andere fühlte sich in den Gefahren des Krieges dazu getrieben, über Sinn und Wert seines Daseins nachzudenken. Wieder ein anderer wurde mit vielen Leidensgenossen in einem Lager auf engstem Raum zusammengepfercht, eine Nummer in einer Masse, und lernte hier den Wert der Individualität, den Wert innerer Größe und Charakterhaltung schätzen. Alle aber sahen wir uns ohnmächtig einer ständigen Existenzbedrohung gegenüber, alle fühlten wir uns als Objekt im Strom der Ereignisse, als Werkzeug in den Händen anderer und entbehrten bitter die Freiheit, unser Leben nach eigenem Plan zu führen und zu gestalten. In diesen ‚Grenzsituationen' des Daseins, in denen wir uns auf unser Ich zurückgeworfen fühlten, vertiefte sich das Wissen um den Wert der Persönlichkeit, um ihre besondere, einmalige Aufgabe, um ihre Verantwortung vor dem eigenen Gewissen.[475]

Die 1953 erschienene Monografie von Heinrich Hubmann begann mit einem Erklärungsversuch für das Phänomen, dass nach 1945 die Naturrechtsdiskussionen immer wieder ein weiterreichendes Recht der Persönlichkeit einforderten. Gemeint war damit, wie gezeigt, nicht ein Eintreten für eine starke Ausweitung der Handlungsmöglichkeiten des Individuums. Gegenüber der Privatautonomie und dem freien Markt überwog weiterhin die Skepsis. Was stärker anerkannt wurde, war die „Achtung, die dem Persönlichkeitswert gebührt": Die Person als ein „selbständige(s) und selbstmächtiges Geisteswesen[s]" verwirkliche, so Hubmann, in „ständiger Selbstentfaltung Werte, die erworbenen Werte sucht sie zu erhalten und so realisiert sie jenes originelle Menschenbild in sich, dass ihr einen einmaligen Eigenwert verleiht. Diesem Wertstreben und diesen erworben Werten gebührt unbedingt Achtung von Seiten der Mitmenschen und Schutz gegen Störungen und Verletzungen".[476]

Der zivilrechtliche Schutz der Persönlichkeit war durchaus nicht neu. Bereits im Kaiserreich waren solche Bestandteile der Person geschützt worden, denen man eine wirtschaftliche Verwertbarkeit attestierte. Hierunter fielen die Kreditwürdigkeit (§ 824 BGB) und der Name der Person (§ 12 BGB) im BGB. In Sondergesetzen wurden Erfindungen durch Patente, daneben Markenzeichen und das Urheberrecht geschützt. Das Recht am eigenen Bild wurde über die §§ 22 ff. KunstUrhG von 1907[477] erfasst, wobei die Rechtsprechung in Weimar dazu überging, den Schutz auch auf Bühnendarstellungen von Schauspielern und das gesprochene Wort auszudehnen.

---

475 Heinrich Hubmann, Das Persönlichkeitsrecht, Münster 1953, S. 1.

476 Heinrich Hubmann, Das Persönlichkeitsrecht, Münster 1953, S. 119 f.

477 Gesetz betreffend das Urheberrecht an Werken der bildenden Künste und der Photographie vom 09. Januar 1907, RGBl. S. 7.

Das wichtigste Persönlichkeitsrecht, das nicht als kommerzialisiert angesehen wurde, war dagegen die Ehre. Anders als es der Intention des BGB-Gesetzgebers entsprochen hatte, hielt die Rechtsprechung bis 1918 daran fest, dass § 823 Abs. 1 BGB die Ehre nicht schütze. Damit schied ein Schadensersatz bei fahrlässigen Ehrverletzungen aus. § 823 Abs. 2 BGB i. V. m. §§ 185ff. StGB gewährte Schadensersatz bei vorsätzlichen Beleidigungen; § 826 BGB auch, wenn eine Ehrverletzung vorlag, die man als vorsätzliche sittenwidrige Schädigung begreifen konnte. Da freilich ein Schaden eintreten musste, blieben nur solche Ehrverletzungen ersatzfähig, die kommerzielle Folgen nach sich zogen, was konkret oft schwer nachweisbar war. Der Umweg über ein Schmerzensgeld wurde abgelehnt, weil gem. § 847 BGB 1900[478] ein Schmerzensgeld bei Ehrverletzungen ausgeschlossen war. Waren Geldansprüche des Verletzten daher auch schwierig, so entwickelte die Judikatur doch bereits vor 1914 immerhin einen quasi-negatorischen Unterlassungsanspruch analog §§ 12, 862, 1004 BGB, der auch auf nur fahrlässige Ehrverletzungen angewendet wurde.

Der Schutz der Ehre blieb damit eingeschränkt. Dies war in der wilhelminischen Gesellschaft des Kaiserreichs weniger als Problem empfunden worden, da man die Ehre traditionell als außerrechtlichen Bereich begriff, der durch soziale Sanktionen, im Extremfall durch ein Duell, geregelt wurde. Diese sozialen Mechanismen waren jedoch auf die traditionelle Lebensweise des Adels und des hieran ausgerichteten „verjunkerten" Bürgertums zugeschnitten. In der Weimarer Republik verloren diese Lebensformen ihre Leitbildfunktion und der Druck nach einer umfassenden Verrechtlichung des Ehrenschutzes nahm zu.

Damit verlagerte sich die Perspektive. Hatte man zunächst die Person primär in ihrer wirtschaftlichen Betätigungsfreiheit geschützt, so wurde das Persönlichkeitsrecht nun stärker als geschütztes Recht zur eigenverantwortlichen Lebensführung wahrgenommen. In Weimar tauchten Forderungen nach einem Schutz auch nichtkommerzialisierbare Ehrverletzungen zunehmend auf. Zuletzt am 2. Februar 1933 lehnte das Reichsgericht eine solche Ausweitung jedoch ab.[479]

---

478 § 847. (1) Im Falle der Verletzung des Körpers oder der Gesundheit sowie im Falle der Freiheitsentziehung kann der Verletzte auch wegen des Schadens, der nicht Vermögensschaden ist, eine billige Entschädigung in Geld verlangen. [...] (2) Ein gleicher Anspruch steht einer Frauensperson zu, gegen die ein Verbrechen oder Vergehen wider die Sittlichkeit begangen oder die durch Hinterlist, durch Drohung oder unter Mißbrauch eines Abhängigkeitsverhältnisses zur Gestattung der außerehelichen Beiwohnung bestimmt wird.

479 HRR 1933, Nr. 1319.

Nach 1945 wurde der Persönlichkeitsschutz geradezu zum Sinnbild der Reaktion auf die Entwicklungen im Nationalsozialismus, wie die eingangs genannten Äußerungen Hubmanns zeigten. 1954 nahm der Bundesgerichtshof die breiten Forderungen in der Literatur auf und leitete aus Artt. 1 Abs. 1 i. V. m. Art. 2 Abs. 1 des Grundgesetzes erstmals ein allgemeines Persönlichkeitsrecht ab, das er als „sonstiges Recht" von § 823 Abs. 1 BGB erfasst sah.[480] In einer Reihe von nachfolgenden Entscheidungen rückte er damit von einer über 50 Jahre konstanten Rechtsprechung ab. Auch fahrlässige Persönlichkeitsverletzungen waren nun ausgleichspflichtig. Zugleich formulierte der BGH dieses Persönlichkeitsrecht betont ideell: Das Allgemeine Persönlichkeitsrecht sei „das Recht des einzelnen auf Achtung seiner Menschenwürde und Entfaltung seiner individuellen Persönlichkeit, das sich nicht nur gegen den Staat und seine Organe richtet, sondern auch im Privatrechtsverkehr gegenüber jedermann gilt".[481] Das Allgemeine Persönlichkeitsrecht wurde als Menschenrecht und damit auch gegen den Staat formuliert. Damit verließ der BGH die bisherige primär ökonomische Perspektive und schützte das Recht „der grundsätzlich nur freien und eigenverantwortlichen Selbstbestimmung des einzelnen".[482]

Dies trug unverkennbar die Handschrift Weinkauffs, der dem hier maßgebenden Ersten Zivilsenat vorsaß. Weinkauff war seit 1947 vehement für ein Allgemeines Persönlichkeitsrecht eingetreten, das er daraus ableitete, dass der Mensch nach Gottes Ebenbild geschaffen und daher, als Person, zur freien und eigenständigen Befolgung von Gottes Wille berufen sei. Dies bedinge die Anerkennung seiner Würde und eines für Menschen unantastbaren Freiheitsraumes.[483] Für ihn war die „menschliche Personenhaftigkeit und den sie umgebenden unantastbaren Rechts- und Freiheitskreis" das „zentrale Grundrecht und überhaupt ein zentrales Element der naturrechtlichen Ordnung".[484]

Das Persönlichkeitsrecht wurde vom BGH als Reaktion auf die Zerstörung individueller Entfaltungsräume, die zu nutzen in Weinkauffs christlicher Perspektive ein unabdingbarer Zugangsweg zu Gott war, im Folgenden offensiv gegen alle Versuche einer Kommerzialisierung der Persönlichkeit gewendet. Im Zentrum des Schutzgedankens

480 BGHZ 13, S. 334 ff. („Schacht" bzw. „Leserbrief") vom 25.05.1954.

481 BGHZ 24, S. 76 vom 4.2.1957.

482 BGHZ 26, S. 349 vom 14.2.1958.

483 Vgl. Hermann Weinkauff, Das Naturrecht in evangelischer Sicht, 1952, hier zitiert nach Nachdruck, in: Werner Maihofer (Hg.), Naturrecht oder Rechtspositivismus?, Darmstadt 1962, S. 215.

484 Hermann Weinkauff, Der Naturrechtsgedanke in der Rechtsprechung des Bundesgerichtshofes, in: NJW 1960, S. 1693.

stand ganz ideell die Freiheit der Person. Dies verdeutlichte der 1958 entschiedene „Herrenreiter-Fall“,[485] in dem der BGH den sich gerade hier anbietenden Weg der Kommerzialisierung vermied. Im „Herrenreiter-Fall“ ging es um einen Turnierreiter, den ein Foto beim Sprung über ein Hindernis zeigte. Dieses Foto war ohne seinen Willen als Werbung für ein Potenzmittel verwendet worden. Dem Kläger ging es hier um eine Wiederherstellung seiner Ehre, an einer Lizenzgebühr war er nicht interessiert. Der Erste Senat griff die kurz zuvor von ihm entwickelte Idee eines Schmerzensgeldes als „Genugtuung“ auf und erweiterte sie auf Persönlichkeitsrechtsverletzungen. Er griff bewusst nicht auf die hypothetische Vermögenslage durch, die bestünde, wenn der Kläger dieses Bild verkauft hätte, sondern betonte die in dieser Werbung liegende Demütigung, die durch einen Schadensersatz nicht ausgeglichen werden könne. Damit schied ein Schaden aus und es blieb nur der Weg über ein Schmerzensgeld. Dies war angesichts der Gesetzeslage, wie gezeigt, eigentlich ausgeschlossen. § 847 BGB 1900 gestattete Schmerzensgeld nur bei Verletzungen des Körpers, der Gesundheit oder der Freiheit, und § 253 BGB 1900 stellte klar, dass andere Schmerzensgeldansprüche als die im Gesetz ausdrücklich angesprochenen ausgeschlossen seien. Der BGH sah sich hierdurch nicht an einer Rechtsfortbildung gehindert, sondern ging in der Folgezeit den methodisch fragwürdigen Weg einer analogen Ausweitung von § 847 BGB und wurde in dieser Rechtsprechung vom Bundesverfassungsgericht unterstützt. Mit dieser Hinwendung vom Schadensersatz zum Schmerzensgeld begab sich der BGH auf ein dogmatisch kaum eingeengtes Feld. Immer stärker wurde der Persönlichkeitsschutz nun auch nach dem Tod des Betroffenen ausgeweitet (sog. postmortales Persönlichkeitsrecht).

Was hat diese Entwicklung nun mit dem Naturrechtsdenken des BGH zu tun?

Die Anerkennung eines Allgemeinen Persönlichkeitsrechts war auf den ersten Blick bloßer Nachvollzug einer gewandelten Umwelt. Die Bundesrepublik suchte nach 1949 die Annäherung an westliche Rechtsordnungen. In Frankreich war über die Generalklauseln der Artt. 1382, 1383 CC bereits ein umfassender deliktischer Schutz des auch ideellen Persönlichkeitsrechts erreicht. Auch Amerika und England taugten als Vorbild für einen weitreichenden Schutz der Persönlichkeit. Vor allem wurde aber die Schweiz als Vorbild benannt, das in Artt. 28 ff. ZGB und 49 OR die Verletzung der Persönlichkeit in generalklauselartiger Weite regelte.

Für eine Ausweitung des Persönlichkeitsrechtsschutzes auch auf ideelle Bereiche sprach auch die zunehmend als gefährlich wahrgenommene technische Entwicklung.

---

485 BGHZ 26, S. 349 ff. vom 14.2.1958.

Es ging um verbesserte Abhörtechnik, um Lügendetektoren und die Fortschritte der biologischen Wissenschaften. Man warnte zudem vor dem vermehrt aggressiveren Auftreten der Werbebranche und der Boulevardpresse, die an einer Verwertung individueller Privatsphären interessiert waren.

Gleichwohl war der vom BGH geprägte Weg dezidiert naturrechtlich grundiert. Eher verdeckt wird dies von der positivrechtlichen Begründung mittels Artt. 1 Abs. 1 und 2 Abs. 1 GG. Scheinbar vollzog der BGH hier nur die Rechtslage nach, die sich durch das Grundgesetz mit Artt. 1 und 2 GG im Jahr 1949 ergeben hatte. Das GG enthielt jedoch kein explizit formuliertes Allgemeines Persönlichkeitsrecht. Zudem war 1954 noch keineswegs geklärt, welche Auswirkungen das Grundgesetz zwischen Privaten haben sollte. Die Weimarer Reichsverfassung etwa war im Zusammenhang mit Persönlichkeitsschutz vor 1933 von der Rechtsprechung nicht genutzt worden. Es war der BGH, der entschied, hier die Verfassung heranzuziehen, und dahinter stand ein spezifisches Verfassungsverständnis: Grundrechte galten für Weinkauff nicht einfach als positives Gesetz, sondern infolge ihrer naturrechtlichen Grundierung (was bei NS-Taten ihre Rückwirkung zur Folge hatte). Für ihn war klar, es gebe Verfassungsnormen, „die ohne weiteres übergesetzlichen, ja verfassungsmäßigen Rang haben und die die Verfassung in diesem ihrem Rang nicht schafft, sondern nur anerkennt".[486] Damit bestand die Möglichkeit „verfassungswidrigen Verfassungsrechts".[487] Wenn also der 3. Zivilsenat des BGH 1951 meinte, Art. 131 S. 3 GG könne schon deswegen nicht gegen die Grundrechte des GG verstoßen, weil er selbst eine Verfassungsnorm sei,[488] dann entgegnete Weinkauff: „Das ist ein Schulbeispiel positivistischen Rechtsdenkens, überdies auch ein Schulbeispiel für Begriffsjurisprudenz".[489] Es war also keine Reaktion auf das Grundgesetz, die nach Weinkauff die Anerkennung des Allgemeinen Persönlichkeitsrechts bewirkte. Es war Naturrecht, welches den im Grundgesetz nur anerkannten Gedanken trug. Diese betont ethische Fundierung des Gedankens zeigte sich auch in der Ausweitung des Schmerzensgeldanspruchs. Der Weg über eine „Genugtuung" als Schmerzensgeld erlaubte es, die „Ehre" nicht der Kommerzialisierung anheimzugeben, sondern als ethischen Wert, der aus der Menschenwürde folgt, zu erhalten. In dieser Verweigerung gegenüber einem „Verkauf der Ehre" lagen die

486 Gutachten des 1. Zivilsenates vom 6.10.1952, BGHZ 11 (Anhang), 1953, S. 40f.

487 So das Thema des von Weinkauff weitgehend verfassten Gutachtens vom 6.10.1952, in BGHZ 11, 1953, S. 34ff.

488 BGHZ 1, S. 274ff. vom 15.03.1951.

489 Hermann Weinkauff, Der Naturrechtsgedanke in der Rechtsprechung des Bundesgerichtshofes, in: NJW 1960, S. 1691.

ethischen Gründe für diesen dogmatischen Weg. Lediglich im Ergebnis wurde der zunehmenden Kommerzialisierung auch der Ehre in der Rechtswirklichkeit Rechnung getragen. Der BGH machte nicht das Ausmaß der individuellen Kränkung zum Ausgangspunkt für die Höhe der zugesprochenen Summe, sondern die Beeinträchtigung der Erwerbschancen am Markt. So bekam ein Rechtsanwalt für ein verunglimpfendes Foto höheres Schmerzensgeld als ein Seemann.

Lag im Naturrechtspathos also stets eine klare und symbolträchtige Distanzierung des Bundesgerichtshofes vom Nationalsozialismus, so zeigte die Judikatur zugleich die politische Ambivalenz der Auseinandersetzung des BGH mit dem Nationalsozialismus. Schon in der ersten Entscheidung, in der der BGH ein Allgemeines Persönlichkeitsrecht anerkannte, ging es 1954 darum, den ehemaligen Reichswirtschaftsminister und Reichsbankpräsidenten Hjalmar Schacht vor der „Welt am Sonntag" zu schützen, die ihn mit seiner nationalsozialistischen Vergangenheit konfrontiert hatte.[490] In einer Reihe nachfolgender Entscheidungen entwickelte der BGH enge Grenzen einer öffentlichen Konfrontation mit der eigenen NS-Vergangenheit. 1959 schützte er einen „Alten Herren" einer Studentenverbindung, der in einem öffentlichen Brief vertreten hatte, dass „die Verbrennungsöfen der KZ zum Fotografieren von den Amerikanern errichtete Attrappen" gewesen seien und die „ebenfalls fotografierten Leichenhügel aus Dresden stammen"[491] vor dem vom „Spiegel" erhobenen Vorwurf, „er bagatellisiere nationalsozialistische Verbrechen und stehe den Gedankengängen des Nationalsozialismus noch heute nahe", während er doch nur „das Maß dieser Verbrechen" bestritten habe.[492] 1966 entwickelte der BGH ein „Recht auf Anonymität" zugunsten eines Arztes, der einen Kollegen vor dem Volksgerichtshof denunziert hatte und in einem Fernsehbericht ohne seine Zustimmung vor seinem Wohnhaus gefilmt worden war.[493] In der berühmten „Mephisto-Entscheidung" vom 20. März 1968[494] erweiterte der BGH das Allgemeine Persönlichkeitsrecht über den Tod hinaus, um im Ergebnis Gustav Gründgens vor dem Vorwurf Klaus Manns zu schützen, sich aus Ehrgeiz und Opportunismus dem Nationalsozialismus angeschlossen zu haben. In all diesen Fällen war der BGH erkennbar darum bemüht, herauszustellen, dass er keineswegs die Konfrontation bestimmter Personen mit ihrem Verhalten im Nationalsozialismus untersagen wollte. Vielmehr ging es um die Erzwingung hoher Anforderungen an den Wahrheitsgehalt derartiger

490 BGHZ 13, S. 334 ff. vom 25. 4. 1954.

491 BGHZ 31, S. 308 vom 22. 12. 1959.

492 BGHZ 31, S. 311 vom 22. 12. 1959.

493 BGH, in: JZ 1967, S. 317 ff. vom 19. 6. 1966.

494 BGHZ 50, S. 134 ff. vom 20. 3. 1968.

Vorhaltungen. Dies richtete sich maßgeblich gegen die Presse und die Literatur, die in den 1960er Jahren zunehmend den Schweigekonsens der Nachkriegszeit verließen und das Verhalten von Personen der Zeitgeschichte im Nationalsozialismus angriffen. So schützte der BGH 1965 einen ehemaligen Reichstagsabgeordneten der NSDAP, der in einem Artikel unter der Überschrift „Mörder unter uns“ genannt worden war, und begründete dies damit, es sei nicht erwähnt worden, dass der Kläger bereits 1934 in Gestapo-Haft gekommen und danach nicht mehr politisch tätig gewesen sei.[495] Diese „Defensivfunktion“[496] des Allgemeinen Persönlichkeitsrechts war nicht ohne Bezug zum eigenen Verhalten der Richter im Nationalsozialismus. 1956 waren 79 Prozent der BGH-Richter bereits in der NS-Justiz tätig gewesen.[497] Zunehmend rückte diese NS-Belastung in den Blick der öffentlichen Aufmerksamkeit. Seit 1957 veröffentlichte die DDR immer mehr Namen von bundesdeutschen Richtern mit NS-Vergangenheit („Gestern Hitlers Blutrichter – Heute Bonner Justiz-Elite“). Aufsehen erregte auch die von Studenten 1959 initiierte Wanderausstellung „Ungesühnte Nazijustiz“. Parallel zur strafrechtlichen Strategie des BGH, über das von ihm entwickelte sog. Richterprivileg eine strafrechtliche Ahndung von NS-Richtern wegen Rechtsbeugung faktisch auszuschließen, hatte auch das Allgemeine Persönlichkeitsrecht eine Schutzfunktion gegenüber NS-Belasteten. Eine dritte Strategie ging nicht auf: Hermann Weinkauff leitete zwischen 1960 und 1970 beim Münchener Institut für Zeitgeschichte ein großes Forschungsprojekt zur Rolle der Justiz im Nationalsozialismus. Sein Resümee war, dass die Juristen auf das gesetzliche Unrecht des nationalsozialistischen Regimes vor allem deshalb nicht vorbereitet gewesen seien, weil sie gesetzestreu („rechtspositivistisch“) erzogen gewesen seien. Schuld waren damit der Gesetzgeber und die Juristenausbildung in Weimar – nicht die Richter selbst. 1968 geriet Weinkauff, der am Reichsgericht gearbeitet hatte, mit der Veröffentlichung dieser Deutung schnell selbst in die öffentliche Kritik. Im gleichen Jahr erschien die Münsteraner Habilitation zur „Unbegrenzte[n] Auslegung“ von Bernd Rüthers, die detailreich nachwies, wie proaktiv gerade die Justiz dem nationalsozialistischen Regime zugearbeitet hatte. Auch der schnelle Zusammenbruch dieser Positivismuslegende stand für den Abschied vom Glauben an die politische Kraft eines Naturrechts.

---

495 BGH NJW 1965, S. 2395 ff. vom 12. 10. 1965.

496 So Stefan Gottwald, Das Allgemeine Persönlichkeitsrecht. Ein zeitgeschichtliches Erklärungsmodell, Berlin 1996, S. 78 ff.

497 Zahlen nach Manfred Görtemaker u. Christoph Safferling, Die Akte Rosenburg. Das Bundesministerium der Justiz und die NS-Zeit, München 2016, S. 270.

Literatur: Diethelm Klippel, Historische Wurzeln und Funktionen von Immaterial- und Persönlichkeitsrechten im 19. Jahrhundert, in: ZNR 1982, S. 132 ff.; Stefan Gottwald, Das Allgemeine Persönlichkeitsrecht. Ein zeitgeschichtliches Erklärungsmodell, Berlin 1996; Horst Ehmann, Das Allgemeine Persönlichkeitsrecht — Zur Transformation unmoralischer in unerlaubte Handlungen – in: 50 Jahre Bundesgerichtshof. Festgabe aus der Wissenschaft, München 2000, S. 613 ff.; Diethelm Klippel u. Gudrun Lies-Benachib, Der Schutz von Persönlichkeitsrechten um 1900, in: Ulrich Falk u. Heinz Mohnhaupt (Hgg.), Das BGB und seine Richter, Frankfurt a. M. 2000, S. 343 ff.; Daniel Herbe, Hermann Weinkauff (1894–1981). Der erste Präsident des Bundesgerichtshofes, Tübingen 2008, S. 273 ff.; Werner Schubert u. Hans-Peter Glöckner, Vom Reichsgericht zum Bundesgerichtshof, in: NJW 2000, S. 2971 ff.; HKK/Schiemann, §§ 823–830, 840, 842–853, Tübingen 2013, Rn. 119 ff.; Manfred Görtemaker u. Christoph Safferling, Die Akte Rosenburg. Das Bundesministerium der Justiz und die NS-Zeit, München 2016, S. 269 ff.; Bernd Rüthers, Die unbegrenzte Auslegung. Zum Wandel der Privatrechtsordnung im Nationalsozialismus, 8. Aufl. Tübingen 2017; Arnd Koch, Der „Huppenkothen-Prozess". Die Ermordung der Widerstandskämpfer um Pastor Dietrich Bonhoeffer vor den Schranken der Augsburger Justiz, in: ders. u. Herbert Veh (Hgg.), Vor 70 Jahren – Stunde Null für die Justiz? Augsburger Justiz und das NS-Unrecht, Baden-Baden 2017, S. 131 ff.; Alexander Hoeppel, NS-Justiz und Rechtsbeugung. Die strafrechtliche Ahndung deutscher Justizverbrechen nach 1945, Tübingen 2019; Juliane Ohlenroth, Der Oberste Gerichtshof für die Britische Zone und die Aufarbeitung von NS-Unrecht, Tübingen 2020, S. 181 ff.

4.5.4 Verfassungsprivatrecht

Am 15. Januar 1958 erging das „**Lüth-Urteil**" des BVerfG. Damit trat die Geschichte der Konstitutionalisierung des Privatrechts, die in Weimar in Ansätzen steckengeblieben war,[498] in eine neue Phase. Ausgangspunkt war die bereits angedeutete,[499] in den 1950er Jahren vehement geführte Debatte um die Frage, ob aus Art. 3 Abs. 2 GG eine arbeitsrechtliche Gleichbehandlungspflicht von Frau und Mann folge. Gegen Hans Carl Nipperdeys These von einer unmittelbaren **Drittwirkung der Grundrechte** sprach sich Alfred Hueck aus, der §§ 138 und 826 BGB als Mittler zwischen beiden Normordnungen vorschlug,[500] was bei Zivilrechtlern viel Zustimmung fand.[501]

498 Vgl. oben S. 167 ff.

499 Vgl. oben S. 315 f.

500 Alfred Hueck, Die Bedeutung des Art. 3 des Bonner Grundgesetzes für die Lohn- und Arbeitsbedingungen der Frauen, 1951, S. 27.

501 In der Diskussion nach Huecks Referat auf der Zivilrechtslehrertagung 1951 setzte sich gegen Nipperdey die Ansicht durch, „daß die Grundrechte auf privatrechtliche Rechtsgeschäfte keine

Von staatsrechtlicher Seite knüpfte hieran[502] vor allem **Günter Dürig** an, der in den 1950er Jahren die Theorie von der mittelbaren Drittwirkung entwickelte.[503] Dürigs Idee, die Generalklauseln als Mittler zur Verfassung zu nutzen, war auch Reaktion auf die Naturrechtstendenzen in der Rechtsprechung. Die in Weimar ja beim Reichsgericht angeklungene, aber letztlich nie durchgeführte[504] Idee, **§ 242 BGB** zu einer „Kontrollnorm"[505] des Richters gegenüber dem Gesetzgeber zu machen, war nach 1945 immer wieder vertreten worden. Die Paarformel Treu und Glauben blieb ein Maßstab, der nicht nur auf richterliche Einzelfallwertung verwies, sondern „rechtsethische Durchbrüche durch das Gesetzesrecht" ermöglichen sollte.[506] Noch vor Gründung der Bundesrepublik waren es erneut Aufwertungsprobleme, welche die Diskussion um die „olympische Frage" vorantrieben: „Wo ist die Grenze der Sittlichkeit, an der ein deutscher Gerichtshof auch höchsten politischen Mächten Einhalt gebieten muß?"[507] Nachdem einige Gerichte wegen der Geldentwertung die Pflicht der Geldgläubiger, Zahlungen zum Nennwert entgegenzunehmen, unter Berufung auf Treu und Glauben verneinten,[508] erließ die britische Militärregierung als „höchste politische Macht", wie bereits angesprochen,[509] 1947 eine Verordnung, in der nicht nur den Gerichten eine Aufwertung untersagt, sondern ausdrücklich auch ausgeschlossen wurde, diese Verordnung unter Berufung auf die „§§ 157, 242 oder 607 des Bürgerlichen Gesetzbuches und der Bestimmungen irgendeines anderen deutschen Gesetzes" zu durchbrechen.[510] Dennoch hielt der Präsident des

unmittelbare Anwendung finden, was nicht ausschließt, sie bei einer Wertung nach §§ 138, 242, 826 BGB heranzuziehen", Bericht in JZ 1951, S. 734.

502 Vgl. erstmals unter Bezugnahme auf Hueck Günter Dürig, in: JR 1952, S. 262 Anm. 50.

503 Früh in: Dürig, Verfassung und Verwaltung im Wohlfahrtsstaat, in: JZ 1953, S. 193; ders., Das Eigentum als Menschenrecht, in: ZgS 109, 1953, S. 341; dann vor allem ders., Grundrechte und Zivilrechtsprechung, in: Theodor Maunz (Hg.), Vom Bonner Grundgesetz zur gesamtdeutschen Verfassung: Festschrift zum 75. Geburtstag von Hans Nawiasky, München 1956, S. 157 ff.

504 Vgl. oben S. 167 ff.

505 Jan Schröder, Recht als Wissenschaft, 3. Aufl. 2020, Bd. 1, S. 320.

506 Franz Wieacker, Zur rechtstheoretischen Präzisierung des § 242 BGB, Tübingen 1956, S. 36.

507 Justus Wilhelm Hedemann, Spruchpraxis des obersten Gerichtshofes für die Britische Zone, in: JR 1950, S. 131.

508 LG Kleve, MDR 1947, S. 18 vom 31. 1. 1947; OLG Kiel, MDR 1947, S. 15 vom 17. 12. 1946; LG Bonn, MDR 1947, S. 53 vom 4. 12. 1946.

509 Vgl. oben S. 294 f.

510 Vgl. hierzu bereits oben S. 306 ff.

Landgerichts Aschaffenburg Koch daran fest, dass man Treu und Glauben nicht ausschließen dürfe: § 242 BGB sei „mehr als positives Recht", nämlich „unabdingbare Forderung des allgemeinen Sittengesetzes und als solche präeminent gegenüber jeder sonstigen positivrechtlichen Norm". Koch verstieg sich dazu, „einem Gesetz der Militärregierung" die „Gültigkeit" abzusprechen, weil es „gegen Treu und Glauben verstößt" bzw. „obwohl ordnungsmäßig erlassen, mit dem allgemeinen Sittengesetz nicht übereinstimmt".[511] Auch Teile der Rechtswissenschaft hielten an einer Bedeutung von Treu und Glauben als Ausdruck einer „Herrschaft der Rechtsethik"[512] fest. Helmut Coing etwa betonte die Fortgeltung von § 242, denn trotz des Gesetzes sei „der Richter noch nicht von seiner allgemeinen Verpflichtung auf die Gerechtigkeit entbunden".[513] Heinrich Vollmer hob hervor:

> Der Rechtssatz von Treu und Glauben ist also dem Rechte immanent und daher unabdingbar. Richter wie Gesetzgeber stehen unter der Idee des Rechts. Der Grundsatz von Treu und Glauben im Rechtsverkehr ist eine anders ausgedrückte Anweisung an alle, gerecht zu sein, eine Anweisung, die dem Amt des Richters und dem Recht als solchen denkgesetzlich innewohnt. Man kann daher den Grundsatz von Treu und Glauben nicht ausschliessen, ohne das Recht als solches zu verneinen.[514]

Dürigs Konzept, dem bald der Name „mittelbare Drittwirkung" gegeben wurde,[515] war insofern auch der Versuch, das wilde Werten der Rechtsprechung unter dem Deckmantel von § 242 BGB zu domestizieren. Während Zivilrechtler wie Josef Esser in solchen Urteilen eine „wissenschaftlich unkontrollierbare Vermengung von rechtlichen und ethischen Prinzipien und Wertmaßstäben" beklagten,[516] hatte der Staatsrechtler Herbert Krüger bereits 1949 klarer eine **Umgehung der Verfassung** kritisiert.[517] Die

511 Fritz Koch, Mark = Mark?, in: NJW 1947, 171.

512 Franz Scholz, Formnichtigkeit und Arglisteinrede, in: NJW 1950, S. 81.

513 Helmut Coing u. Otto Veit, Mark gleich Mark, in: SJZ 1948, S. 132.

514 Heinrich Vollmer, Die Einwirkung der Verordnung Nr. 92 der Britischen Militärregierung betr. „Änderung des Gesetzes Nr. 51 der Militärregierung (Währung)" und des „Erstes Gesetz zur Änderung des Gesetzes Nr. 51 der Militärregierung" der Amerikanischen Militärregierung auf bestehende Geldschulden insbesondere auf durch Goldklausel gesicherte Forderungen, Dissertation 1947, S. 88.

515 Terminus nach Hans Peter Ipsen, in: Franz Neumann, Hans Carl Nipperdey u. Ulrich Scheuner (Hgg.), Die Grundrechte, Bd. 2, Berlin 1954, S. 143.

516 Josef Esser, Interpretation und Rechtsneubildung im Familienrecht, in: JZ 1953, 521.

517 Herbert Krüger, Die Verfassungen in der Zivilrechtsprechung, in: NJW 1949, 163 ff.

Tendenz der Rechtsprechung, „sich auf sich selbst zurückzuziehen", sei unzulässig. Sich „an den geltenden Wertvorstellungen zu orientieren"[518] bedeutete, „nicht zuletzt die Verfassungen zu befragen":[519]

> Für das Zivilrecht ist die Verfassung die vornehmste Quelle, aus der es seine wertausfüllungsbedürftigen Begriffe und Generalklauseln auszufüllen hat.

Die Idee war neu. Die Bindung der Generalklauseln an die Verfassung wurde in Weimar vom Reichsgericht in wenigen Fällen diskutiert.[520] Eine klare Theorie der mittelbaren oder unmittelbaren „Drittwirkung" oder gar eine generelle Unterordnung des Privatrechts unter die Verfassung fehlte vor 1945 jedoch.[521] Dürig versuchte also, Verfassungsordnung und Privatrechtsordnung zur „Einheit des Gesamtrechts in der Rechtsmoral"[522] zu verschmelzen. Dem folgte das BVerfG und stellte im Lüth-Urteil klar:[523]

> Das Grundgesetz, das keine wertneutrale Ordnung sein will, hat in seinem Grundrechtsabschnitt auch eine objektive Wertordnung aufgerichtet. Keine bürgerlich-rechtliche Vorschrift darf im Widerspruch zum Wertsystem des Grundgesetzes stehen, jede muß in seinem Geiste ausgelegt werden.

Mit der Nutzung gerade der Generalklauseln adressierte Dürig das Problem, dass Grundrechte als Abwehrrechte gegen den Staat eigentlich nicht auf Rechtsverhältnisse zwischen Privaten zugeschnitten waren. Wenn er in diesem Zusammenhang die Generalklauseln „**Einbruchstellen** der Grundrechte in das Zivilrecht"[524] nannte,

---

518 Herbert Krüger, Die Verfassungen in der Zivilrechtsprechung, in: NJW 1949, 165.

519 Herbert Krüger, Die Verfassungen in der Zivilrechtsprechung, in: NJW 1949, 166.

520 RG, in: JW 1926, S. 980 f. vom 15. 1. 1926 mit kritischer Anm. Molitors (Art. 153 und 155 WRV werden für die Auslegung von §§ 242, 138, 226, 826 BGB herangezogen); RGZ 128, S. 95 vom 24. 3. 1930 (§ 138 BGB verlange, dass „diese Grundrechte im menschlichen Verkehr geachtet werden").

521 Vgl. oben S. 168 f.

522 Günter Dürig, Grundrechte und Zivilrechtsprechung, in: Theodor Maunz (Hg.), Vom Bonner Grundgesetz zur gesamtdeutschen Verfassung: Festschrift zum 75. Geburtstag von Hans Nawiasky, München 1956, S. 177.

523 BVerfG 7, S. 198 ff. vom 15. 1. 1958 (Lüth): Leitsätze (Auszug).

524 Günter Dürig, Art. Freizügigkeit, in: Franz Neumann, Hans Carl Nipperdey u. Ulrich Scheuner (Hgg.), Die Grundrechte, Bd. 2, Berlin 1954, S. 525.

klang das freilich fatal nach Heinrich Lange[525], der 1933 von „Einbruchstellen, durch die das neue Rechtsdenken das alte überflutet“ gesprochen hatte.[526] Unverkennbar war dies eine „methodische Reprise der Umwertungen von 1933“,[527] da man auch damals Generalklauseln genutzt hatte, um eine „legale“ Umwertung des BGB zu vereinfachen. Indem nun die „objektive Wertordnung“ des Grundgesetzes an die Stelle der nach 1945 zunächst philosophisch frei konstruierten Gerechtigkeitskonzepte trat, war der zeitgenössische Gewinn an Rechtsstaatlichkeit gleichwohl nicht zu verkennen. Treu und Glauben sollten nun gerade durch das Grundgesetz domestiziert werden. Gleiche Methoden bewirkten 1933 und 1958 also ganz unterschiedliche Rechtskonzepte. Über die Generalklauseln begann das Gericht nun, aus den Grundrechten als Abwehrrechten gegen den Staat einen „gesamtgesellschaftlichen Verhaltenskanon“[528] durchzusetzen.

Damit verschob sich die Gesamttektonik des Rechts erheblich. Im Kompetenzstreit zwischen dem BGH und dem BVerfG, der im Streit um das Beamtenurteil des BVerfG von 1953 eskaliert war,[529] hatte das BVerfG die Oberhand behalten. Der BGH gab nun den Rückgriff auf überpositives Recht langsam auf und unterwarf sich der Verfassung. Das Selbstbewusstsein, mit dem er sich im Gefolge des späten Reichsgerichts dazu bekannte, Richterrecht zu setzen, nahm er durchaus nicht zurück.[530] Bis heute sieht sich das Gericht als Rechtsproduzent und stellt sein Richterrecht dem Gesetzesrecht gleich.[531] Gleichwohl kommen die politischen Schlüsselentscheidungen inzwischen zunehmend vom **BVerfG**, das in der Zivilrechtswissenschaft daher skeptisch als „**oberstes Zivilgericht**“[532] wahrgenommen wird. In der Folge zog sich die Zivilrechtswissenschaft aus den politischen Leitfragen des Zivilrechts langsam zurück und überließ dies dem Staatsrecht. Nur wenige und nicht zufällig eher unbelastete Professoren wie Walter Hallstein, Ludwig Raiser, Franz Böhm oder Werner Flume wollten bis in die 1960er Jahre weiterhin über eine zeitgemäße Privatrechtskonzeption diskutieren. Demgegenüber vermied die Mehrzahl der nun ganz unpolitisch

525 Heinrich Lange, Generalklauseln und neues Recht, in: JW 1933, S. 2859.

526 Vgl. oben S. 238 f.

527 Michael Stolleis, Geschichte des Öffentlichen Rechts, Bd. 3, München 1999, S. 218.

528 Michael Stolleis, Geschichte des Öffentlichen Rechts, Bd. 3, München 1999, S. 227.

529 BVerfGE 3, S. 58 ff. vom 17.12.1953; hiergegen BGHZ 13, S. 299 vom 20.5.1954 mit der Verweigerung, dem BVerfG zu folgen, dagegen wiederum BVerfG 6, S. 167 ff.

530 Vgl. nur BGH NJW 2014, S. 2568 vom 25.2.2014.

531 So explizit BGHZ 121, S. 18 vom 10.12.1992.

532 Uwe Diederichsen, Das Bundesverfassungsgericht als oberstes Zivilgericht – ein Lehrstück der juristischen Methodenlehre, in: AcP 198 (1998), S. 171 ff.

erscheinenden[533] Zivilrechtsprofessoren prinzipielle Diskussionen. Die gleichwohl meist undiskutiert fortlebende antiliberale Grundstimmung[534] wurde bereits dargestellt. Die noch nach 1945 so lebendigen rechtspolitischen Debatten im Privatrecht wurden erst wieder in den 1970er Jahren lebhafter, als eine neue Professorengeneration mit politischem Programm antrat.

Literatur: Dieter Vogt, Die Drittwirkung der Grundrechte und Grundrechtsbestimmungen des Bonner Grundgesetzes, Münster 1960; Joachim Rückert, Abbau und Aufbau der Rechtswissenschaft nach 1945, in: NJW 1995, S. 1251 ff.; Knut Wolfgang Nörr, Die Leiden des Privatrechts. Kartelle in Deutschland von der Holzstoffkartellentscheidung zum Gesetz gegen Wettbewerbsbeschränkungen, Tübingen 1997; Christoph Gusy, Die Weimarer Reichsverfassung, Tübingen 1997; Joachim Rückert, Zu Kontinuitäten und Diskontinuitäten in der juristischen Methodendiskussion nach 1945, in: Karl Acham, Knut Wolfgang Nörr u. Bertram Schefold (Hgg.), Erkenntnisgewinne, Erkenntnisverluste. Kontinuitäten und Diskontinuitäten in den Wirtschafts-, Rechts- und Sozialwissenschaften zwischen den 20er und 50er Jahren, Stuttgart 1998, S. 113 ff.; Gunnar Folke Schuppert u. Christian Bumke (Hgg.), Die Konstitutionalisierung der Rechtsordnung, 2000; Matthias Ruffert, Vorrang der Verfassung und Eigenständigkeit des Privatrechts, 2001; Maren Bedau, Entnazifizierung des Zivilrechts. Die Fortgeltung von NS-Zivilrechtsnormen im Spiegel juristischer Zeitschriften aus den Jahren 1945 bis 1949, Berlin 2004; Thomas Henne u. Arne Riedlinger (Hgg.), Das Lüth-Urteil aus (rechts-)historischer Sicht, 2005; Christine Franzius, Bonner Grundgesetz und Familienrecht, Frankfurt a. M. 2005; Ilka Kauhausen, Nach der „Stunde Null". Prinzipiendiskussionen im Privatrecht nach 1945, Tübingen 2007; Jan Thiessen, Statt eines Diskussionsberichts, in: Stefan Grundmann u. Karl Riesenhuber (Hgg.), Deutschsprachige Zivilrechtslehrer des 20. Jahrhunderts in Berichten ihrer Schüler, Bd. 2, Berlin 2010, S. 407 ff.; Hasso Hofmann, Rechtsphilosophie nach 1945. Zur Geistesgeschichte der Bundesrepublik Deutschland, Berlin 2012, S. 21 ff.; Lena Foljanty, Recht oder Gesetz. Juristische Identität und Autorität in den Naturrechtsdebatten der Nachkriegszeit, Tübingen 2013; Hans-Peter Haferkamp, Zur Methodengeschichte unter dem BGB in fünf Systemen, in: AcP 214, 2014, S. 895 ff.; Nils Jansen, Recht und Gesellschaftliche Differenzierung, Tübingen 2019, S. 282 ff.

533 So erschienen etwa Alfred Hueck, Wolfgang Hefermehl und Walter Schmidt-Rimpler ihren Schülern als dezidiert unpolitisch, vgl. die Auswertung bei Jan Thiessen, Statt eines Diskussionsberichts, in: Stefan Grundmann u. Karl Riesenhuber (Hgg.), Deutschsprachige Zivilrechtslehrer des 20. Jahrhunderts in Berichten ihrer Schüler, Bd. 2, Berlin 2010, S. 287 Fn. 430.

534 Vgl. oben S. 300 ff.

4.5.5 Das neue Familienrecht

Schon die Weimarer Reichsverfassung hatte den Grundsatz der Gleichbehandlung von Mann und Frau statuiert (Art. 119 Abs. 1 S. 2 WRV). Bemühungen, dies im BGB zu verankern, waren freilich gescheitert.[535] 1949 galt noch immer das patriarchalische Familienmodell des BGB von 1900. Dem Ehemann stand weiterhin die Entscheidung „in allen das gemeinschaftliche Leben bestimmenden Angelegenheiten zu" (§ 1354 S. 1 BGB 1900). Er bestimmte den Wohnsitz (§ 1354 S. 2 BGB 1900), sein Nachname war Ehename (§ 1355 BGB 1900), die Frau war zur Mitarbeit im Haushalt und Geschäft des Mannes verpflichtet (§ 1356 BGB 1900), zugunsten des Mannes galt eine Eigentumsvermutung (§ 1362 BGB 1900), er war Inhaber der elterlichen Gewalt, die Frau hatte nur die „Nebensorge" (§§ 1627, 1628 BGB 1900), was insbesondere bedeutete, dass der Mann das Letztentscheidungsrecht in Erziehungsfragen („Stichentscheid") hatte (§ 1634 S. 2 BGB 1900).

1949 machte es das Grundgesetz in Art. 3 Abs. 2 GG dem Staat erneut zur Aufgabe, bestehende Ungleichbehandlungen von Mann und Frau zu beseitigen. Die fehlende Umsetzung dieser Forderung in Weimar klar vor Augen, bestimmte Art. 117 GG, dass das „dem Art. 3 Abs. 2 entgegenstehende Recht" nicht länger in Kraft bleibe als bis zum 31. März 1953. In den nun beginnenden öffentlichen Debatten zeigten sich massive Widerstände innerhalb der Kirchen, aber auch der CDU/CSU gegen eine Umsetzung dieses Verfassungsauftrages. Man mobilisierte Art. 6 GG als vermeintliche Verbürgung des traditionellen Familienmodells, Art. 4 GG, indem man das patriarchalische Familienmodell als Ausfluss des Christentums ausgab, oder berief sich, wie gezeigt, auf überpositives Recht.[536] Erst im Oktober 1952 legte die konservative Bundesregierung einen Regierungsentwurf für ein Gleichberechtigungsgesetz vor, der u. a. am Widerstand der SPD scheiterte. Damit stellte sich ab dem 1. April 1953 die rechtshistorisch völlig neue Frage, ob Teile des BGB wegen Verstreichens der Frist verfassungswidrig waren. Das OLG Frankfurt legte die Frage daher am 22. April 1953[537] gem. Art. 100 GG dem BVerfG vor und vertrat dabei die Ansicht, bei Art. 117 GG handele es sich um „verfassungswidriges Verfassungsrecht", weil die nun eingetretene Situation die Gerichte dazu zwinge, gegen höherrangige Verfassungsgrundsätze der Rechtssicherheit und der Gewaltenteilung zu verstoßen und eigenständig in „politisch-weltanschaulichen" Fragen Recht zu setzen. Wie der BGH,

535 Vgl. oben S. 170 ff.

536 Vgl. oben S. 315 f.

537 OLG Frankfurt vom 22. 4. 1953, in: NJW 1953, S. 746.

der hierzu gutachterliche Stellung nahm,[538] lehnte auch das BVerfG[539] diese Lösung ab und erklärte Art. 117 GG für verfassungsgemäß.

Damit war klar, dass die Gerichte über die weitere Anwendbarkeit weiter Teile des Eherechts entscheiden mussten. Es kam zu einer Phase der „Gleichberechtigung judge made",[540] die typische Züge von Richterrecht offenbarte. Während in der naheliegenden Frage des **Alleinentscheidungsrechts des Ehemannes** (§ 1354 BGB 1900) die Mehrheit von Anfang an davon ausging, dass dieses Vorrecht verfassungswidrig sei, entschieden das LG Köln unter Berufung „auf die natürliche Ordnung"[541] und das LG Duisburg unter Berufung auf „den rechtsetzenden Gemeinwillen unseres Volkes, in dessen Vorstellung auch im Bereich von Ehe und Familie eine Letztverantwortung und Letztentscheidung gefordert wird",[542] gegenteilig. Da der BGH eine klare Positionierung vermied, blieb die Frage des § 1354 BGB 1900 letztlich im Fluss, auch wenn die überwiegende Zahl der Gerichte § 1354 BGB 1900, insbesondere mit Blick auf die Wohnsitzwahl, für unanwendbar erklärte. Bei der Frage der **Haushaltsführung und Mitarbeitspflicht** (§ 1356 BGB 1900) hielt der BGH an einer Pflicht der Ehefrau zur Haushaltsführung fest, da dies dem „natürlichen Wirkungsbereich" der Ehefrau entspreche.[543] Eine Mitarbeitspflicht, auch im Geschäft des Ehemannes, lehnte er wegen Verstoßes gegen Art. 3 Abs. 2 GG dagegen ab, um freilich zugleich eine solche als Folge der gegenseitigen Beistandspflicht des § 1353 BGB 1938 für möglich zu erklären.[544] Blieb damit das Bild der Hausfrauenehe letztlich unangetastet, zeigte sich die Rechtsprechung mit Blick auf die ehelichen Kinder progressiver. Einheitlich wurde die Inhaberschaft der ehelichen Gewalt durch den Ehemann und die bloße Nebensorge durch die Ehefrau (§§ 1627, 1628 BGB 1900) als verfassungswidrig angesehen und den Eltern entgegen § 1630 Abs. 1 BGB 1900 die gemeinschaftliche Vertretung zugewiesen. Gegen starke Literaturmeinungen und den Gesetzesentwurf von 1952 verwarf der BGH auch das **Letztentscheidungsrecht** des Vaters (§ 1634 S. 2 BGB 1900) in Erziehungsfragen und erklärte bei erheblichen Meinungsverschiedenheiten der Ehegatten das Vormundschaftsgericht für zuständig.[545]

---

538 BGHZ 11, Anhang, S. 34 ff.; zu diesem Gutachten bereits oben S. 315 f.

539 BVerfGE 3, S. 225 ff. vom 18. Dezember 1953.

540 Konrad Zweigert, Gleichberechtigung judge made, in: JZ 1953, S. 248 ff.

541 LG Köln vom 14. 4. 1954, in: FamRZ 1954, S. 119.

542 LG Duisburg vom 29. 4. 1954, in: FamRZ 1954, S. 202 f.

543 BGH vom 2. 11. 1955, in: FamRZ 1956, S. 50.

544 BGH vom 16. 12. 1953, in: FamRZ 1954, S. 81.

545 BGHZ 20, S. 313 ff. vom 2. 5. 1956.

Parallel begannen hochkontroverse, innerparlamentarische und öffentliche politische Debatten um ein Gleichberechtigungsgesetz, bei denen das Entscheidungsrecht des Ehemannes in der Ehe ein von allen Seiten politisiertes Schlüsselthema bildete. In der CDU/CSU-geführten Regierung blieben konservative Positionen sehr präsent, insbesondere behielt die katholische Kirche als Gegnerin einer Reform überhaupt starken Einfluss, während die oppositionelle SPD viel stärker für weibliche Rechte eintrat. Das am 1. Juli 1958 in Kraft tretende **Gleichberechtigungsgesetz** blieb daher auch in einigen Punkten hinter dem erreichten Stand der Rechtsprechung zurück. Um den konservativen Positionen entgegenzukommen, entschied sich der Gesetzgeber gegen eine formale Gleichstellung von Mann und Frau in der Ehe und begnügte sich damit, die Position der Frau aufzuwerten. Weiterhin dominierte das Bild der „Funktionsverschiedenheit" von Mann und Frau. Sie hatte weiterhin den Haushalt zu führen, nun jedoch „in eigener Verantwortung" (§ 1356 Abs. 1 S. 1 BGB 1958). Dem männlichen Ehenamen dürfe sie ihren „Mädchennamen" mit Bindestrich voranstellen (§ 1355 BGB 1958). Sie war zur eigenen Erwerbstätigkeit nun berechtigt, aber nur soweit dies mit den Pflichten in Ehe und Familie vereinbar war (§ 1356 Abs. 1 S. 2 BGB 1958). Nicht angetastet wurde das Leitbild der Hausfrauenehe auch durch die Reform der umstrittenen Schlüsselgewalt. Auch die Neufassung des § 1357 BGB 1958 war nicht geschlechterneutral formuliert und damit weiterhin Ausdruck der abgestuften Position der Frau gegenüber dem Mann, obwohl weite Teile der Judikatur nach 1953 dies als verfassungswidrig eingestuft hatten. Die Ehefrau konnte nun lediglich nicht mehr nur „Geschäfte des Mannes", sondern „Geschäfte der ehelichen Gemeinschaft" innerhalb ihres häuslichen Wirkungskreises besorgen; ein Recht, das der Ehemann nur noch ausnahmsweise beschränken durfte. Im Gegenzug haftete die Frau subsidiär selbst. Immerhin fiel das Entscheidungsrecht des Ehemannes in ehelichen Fragen.

Neue, für die Ehefrau deutlich günstigere Wege, fanden sich vor allem im **Güterrecht**. Während die familienrechtlichen Diskussionen nach 1945 ansonsten keine spürbaren Impulse durch das ja vor allem rasse- und bevölkerungspolitisch motivierte Familienrecht im Nationalsozialismus erhielt, nahm man hier Überlegungen wieder auf, die im Güterrechtsausschuss der Akademie für Deutsches Recht während der Vorarbeiten zu einem Volksgesetzbuch geführt worden waren. Der diesen Ausschuss leitende Gustav Boehmer war nach 1950 maßgeblich an den Reformdiskussionen beteiligt und speiste die älteren Überlegungen ein. Kennzeichnend waren zunächst die Abkehr vom älteren Prinzip des Individualunterhalts der Ehegatten gegeneinander und die Einführung des „Familienunterhalts". Unterhaltsrechtlicher Orientierungspunkt war nun der Unterhaltsbedarf der Familie, für den beizutragen beiden Ehegatten gleichermaßen auferlegt wurde (§ 1360 S. 1 BGB 1958). Damit ging die Anerkennung der Haushaltsführung und Kindererziehung („Familienarbeit") als gleichwertig gegenüber der Erwerbsarbeit einher. Güterrechtlich galt nun zugleich das Prinzip der Gütertrennung mit Zugewinnausgleich, wodurch der Ehemann sein Recht verlor, das gemeinsame Vermögen zu nutzen und zu verwalten (§ 1363 BGB 1900). Bei Aufhebung des Güterstandes kam es zu einem hälftigen Ausgleichsanspruch dessen, der weniger Zugewinn erzielt hatte (§§ 1372 ff. BGB 1958), alternativ zu einem pauschalen erbrechtlichen Zugewinnausgleich (§ 1371 BGB 1958).

Kaum Verbesserungen brachte das Gleichberechtigungsgesetz mit Blick auf die elterliche Sorge. Zwar galt nun die gemeinsame Sorge durch beide Ehegatten, der Vater behielt jedoch im Regelfall das alleinige Vertretungsrecht (§ 1629 Abs. 1 BGB 1958) und auch der so umstrittene „Stichentscheid" des Mannes in Erziehungsfragen blieb in Kraft (§ 1628 BGB 1958).

Besonders dieser letzte Punkt zeigte, wie restaurativ auch gegenüber der Rechtsprechung, die den „Stichentscheid" nahezu einhellig für verfassungswidrig erklärt hatte, das Gleichberechtigungsgesetz von 1958 war. Bereits während der Gesetzgebungsdebatten war daher wiederholt davor gewarnt worden, dass das BVerfG den „Stichentscheid" für verfassungswidrig erklären könnte. Genau dies geschah: Schon am 29. Juli 1959 befand das BVerfG das Letztentscheidungsrecht des Vaters und sein Alleinvertretungsrecht für das Kind für verfassungswidrig. Der Gesetzgeber reagierte 20 Jahre nicht. Bevor 1976, mit dem 1. Eherechtsreformgesetz, das Urteil umgesetzt wurde, wurden §§ 1628 und 1629 BGB 1959 weiter abgedruckt, versehen mit einem Sternchenzusatz, der auf das Urteil des BVerfG verwies. Erst infolge des Stimmungswandels Ende der 1960er Jahre und des Aufstiegs der SPD nahmen in den 1970er Jahren die Reformen wieder Fahrt auf. Das BVerfG blieb dabei treibende Kraft. Das zeigte sich besonders im Namensrecht. 1978 kippte das BVerfG § 1355 BGB 1958,[546] worauf es der Gesetzgeber 1979 erstmals ermöglichte, auch den Geburtsnamen der Frau zum Ehenamen zu wählen.[547] Die im **1. EherechtsreformgG** vorgesehene Lösung, bei fehlender Einigung den Mannesnamen als Ehenamen anzunehmen („Subsidiaritätslösung"), wurde 1991 für verfassungswidrig erklärt.[548] Damit fiel das Prinzip der Namenseinheit, was den Gesetzgeber 1994 zum **FamiliennamensrechtsG** zwang.[549] Es blieb eine Sollvorschrift mit der Aufforderung, einen gemeinsamen Ehenamen zu wählen. Zuletzt erklärte das

546 BVerfGE 48, S. 327 vom 31.5.1978.

547 Gesetz über die Änderung des Ehenamens vom 27.3.1979, BGBl. I S. 401.

548 BVerfGE 84, S. 9 ff. vom 5.3.1991.

549 BGBl. I, S. 2054.

BVerfG die Beschränkung des Wahlrechts auf den Geburtsnamen für verfassungswidrig, erklärte also auch die Wahl später erworbener Namen als Ehenamen für zulässig.[550]

Ähnlich zögerlich entwickelte sich die Reform des Kindschaftsrechts. Art. 6 Abs. 5 GG hatte bereits 1949 gefordert, den nichtehelichen Kindern „die gleichen Bedingungen für ihre leibliche und seelische Entwicklung und ihre Stellung in der Gesellschaft zu schaffen wie den ehelichen Kindern". Auch hier mahnte das BVerfG schon 1958 Anpassungen des BGB an.[551] Da hier, anders als bei Art. 117 GG, keine Frist gesetzt war, unternahm der Gesetzgeber erst etwas, als das BVerfG 1969 ein Ultimatum setzte.[552] Mit dem **Nichtehelichengesetz**[553] begann 1969 erneut zögerlich die Gleichstellung unehelicher Kinder, die in der DDR zeitgleich bereits viel weiter fortgeschritten war.[554] § 1589 Abs. 2 BGB 1900 entfiel, wonach erstmals eine Verwandtschaft zwischen dem Vater und seinem unehelichen Kind bestand. Auch dem nichtehelichen Kind stand nun Regelunterhalt zu (§ 1615 BGB 1969). Das Vormundschaftsgericht musste der Mutter bereits seit 1961[555] die elterliche Sorge übertragen, wenn dies dem Wohle des Kindes nicht widersprach (§ 1707 BGB 1961[556]). Der leibliche Vater bedurfte hierzu der Legitimation durch nachfolgende Ehe mit der Mutter (§ 1719 BGB 1961), der Ehelicherklärung des Kindes (§§ 1723 ff. BGB 1969) oder der Adoption. Ein Umgangsrecht konnte der Vater gegen den Willen der Mutter nur durchsetzen, wenn dies „dem Wohle des Kindes" diente (§ 1711 I 2 BGB 1969). Dass dieses Gesetz von einer Gleichstellung ehelicher und unehelicher Kinder somit noch weit entfernt war, zeigte sich vor allem im Erbrecht: Hier war das nichteheliche Kind zwar dem Vater gegenüber erbberechtigt. Neben ehelichen Kindern hatte es jedoch nur einen schuldrechtlichen,

550 BVerfGE 109, S. 267 ff., vom 18. 2. 2004; umgesetzt durch das Gesetz zur Änderung des Ehe- und Lebenspartnerschaftsnamensrecht vom 6. 2. 2005, BGBl. I, S. 203.

551 BVerfGE 8, S. 210 vom 23. 10. 1958.

552 BVerfGE 80, S. 87 f. vom 29. 1. 1969.

553 Gesetz über die rechtliche Stellung nichtehelicher Kinder vom 19. 8. 1969, BGBl. I S. 1243.

554 Vgl. oben S. 275 f.

555 Gesetz zur Vereinheitlichung und Änderung familienrechtlicher Vorschriften (Familienrechtsänderungsgesetz) vom 11. 8. 1961, BGBl. I, S. 1221.

556 § 1706 BGB (gültig bis 1970): (1) Das uneheliche Kind erhält den Familiennamen der Mutter. (II) [1] Führt die Mutter in Folge ihrer Verheirathung einen anderen Namen, so erhält das Kind den Familiennamen, den die Mutter vor der Verheirathung geführt hat. [2] Der Ehemann der Mutter kann durch Erklärung gegenüber der zuständigen Behörde dem Kinde mit Einwilligung des Kindes und der Mutter seinen Namen ertheilen; die Erklärung des Ehemanns sowie die Einwilligungserklärungen des Kindes und der Mutter sind in öffentlich beglaubigter Form abzugeben.

auf Geld gerichteten Erbersatzanspruch, also keine Teilhabe am gegenständlichen Nachlass (§ 1934a BGB 1970). Erst 1997/1998 gelang eine vollkommene rechtliche Gleichstellung unehelicher und ehelicher Kinder.[557]

Literatur: Heike Vaupel, Die Familienrechtsreform in den fünfziger Jahren im Zeichen widerstreitender Weltanschauungen, Baden-Baden 1999; Peter Derleder, Das Jahrhundert des deutschen Familienrechts, in: KJ 2000, S. 1 ff.; Matthias Ruffert, Vorrang der Verfassung und Eigenständigkeit des Privatrechts, Tübingen 2001; Christine Franzius, Bonner Grundgesetz und Familienrecht. Die Diskussion um die Gleichberechtigung von Mann und Frau in der westdeutschen Zivilrechtslehre der Nachkriegszeit (1945–1957), Frankfurt a. M. 2005; Julia Bommer, Ein Gesetz – zwei Rechtsprechungen? Die Zerrüttungsscheidung bei RG und BGH 1938–1961, Frankfurt a. M. 2008; HKK/Schumann, §§ 1353–1362, Tübingen 2018; Dieter Schwab, Entwicklungen im Familienrecht vor und nach 1945, 2013, hier nach ders., Recht und Familie im Flug der Zeit. Ausgewählte Abhandlungen und Essays, Bielefeld 2020, S. 261 ff.

4.5.6 Herausforderungen durch die Sozialwissenschaften

Ende der 1960er Jahre änderte sich die Stimmung in der Rechtswissenschaft radikal. 1968 erschien das insbesondere bei Studierenden schnell Kultstatus genießende Lehrbuch Rudolf Wiethölters über „Rechtswissenschaft".[558] An die Stelle des traditionellen Gesprächs über Dogmatik und Methode trat eine politische Analyse der juristischen Tätigkeit. Juristen erschienen in diesem Bild als naiv, aber politisch gefährlich:

> Juristen durchschauen weder ihre Eigenwelt noch ihre Umwelt. Sie wissen buchstäblich nicht, was sie tun.[559]

Überall Illusionen: Das Recht sei kein System, weil ein einheitliches Wertesystem nicht existiere. Juristische Dogmatik verschleiere den im Kern **politischen Entscheidungsvorgang.** Juristische Methode lenke die Entscheidung gleichfalls nicht, sondern trage nur eine politikkaschierende Begründung. Insbesondere Richter seien keineswegs

---

557 Gesetz zur Reform des Kindschaftsrechts vom 4.12.1997, BGBl. I, S. 2942; Gesetz zur Vereinheitlichung des Unterhalts minderjähriger Kinder vom 6.4. 1998, BGBl. I, S. 666.

558 Rudolf Wiethölter, Rechtswissenschaft, Frankfurt a. M. 1968. Dem zugrunde lag das sog. Funkkolleg, welches seit 1967 im Hessischen Rundfunk, also im Radio, lief.

559 Rudolf Wiethölter, Anforderungen an den Juristen heute, in: Erziehung zum Establishment, Juristenausbildung aus kritischer Sicht, Karlsruhe 1969, S. 3.

Rechtsanwender, sondern stets Rechtsetzer. Da dies jedoch nicht als politisch kommuniziert werde, verstecke sich im juristischen Begründungsvorgang Klassenjustiz, ein Gegensatz zwischen einer konservativ-restaurativen Richterschaft und einer liberal-egalitären Gesellschaft. Das Menschenbild des Privatrechts, das privatautonom handelnde Subjekt, sei wirklichkeitsfremd. Das sei kein Zufall, weil die Rechtswissenschaft über keinerlei wissenschaftliche Kompetenz und **Methode der Wirklichkeitserfassung** verfüge.

Juristische Tätigkeit wurde zur demokratisch nicht abgesicherten Machtausübung. Wiethölters Folgerung war umfassend: An die Stelle der bisherigen Rechtswissenschaft müsse eine wirklichkeitsnahe, politische und gesellschaftlich rückgebundene neue Rechtswissenschaft treten.

Bei Wiethölter mischten sich Einflüsse der Frankfurter Schule (besonders Herbert Marcuses und Jürgen Habermas') mit einer marxistisch grundierten Abwendung von einer Autonomie des Rechts und einer politisch „linken" Positionierung, die dem Aufbruchsdenken dieser Jahre entsprach. Mit seinen Reformforderungen war er dabei nicht allein.

Zeitgleich gab es intensive Debatten um eine **Reform der Juristenausbildung**, die von ganz ähnlichen Gedanken getragen waren. Zwei Forderungen wurden erhoben: die Verbindung von Praxis und Theorie im Studium und die Einbindung der Sozialwissenschaften. In vielem knüpfte die Debatte dabei bisweilen unbewusst an Diskussionen vor 1914 zum Verhältnis der Rechtswissenschaft zur Soziologie und zur „Gesetzgebungskunst" an.[560] Was nun freilich hinzukam, war ein politisches, auf eine soziale Reform gerichtetes Programm. Ziel war es, den Juristen vom Rechtsanwender zum „Sozialingenieur" (Max Weber) zu verändern:

> Für die ihm zufallende soziale Gestaltungsaufgabe wird der heutige Jurist weder im Studium noch im Vorbereitungsdienst hinreichend vorbereitet. Rechtswissenschaft und Rechtspraxis haben sich noch kaum eingestanden, dass ihre Aufgabe nicht mehr auf der Basis eines vorwissenschaftlichen, nur in Lebenserfahrung fundierten sogenannten gesunden Menschenverstandes zu lösen ist, sondern nur mittels gesellschaftstheoretisch angeleiteter kritischer Reflexion in Zusammenarbeit mit den empirischen Sozial- und Humanwissenschaftlern. Die Folge ist, dass der über die sozialen Bedingungen und Zusammenhänge seines Tuns nicht aufgeklärte und zur Zusammenarbeit mit den Sozialwissenschaftlern nicht befähigte Jurist vor der Aufgabe der Anpassung des Rechts an den sozialen Wandel versagt.[561]

---

560 Vgl. oben S. 136 ff.

561 Zur Reform der Juristenausbildung: Memorandum des Loccumer Arbeitskreises für die Juristenausbildung vom 8. 10. 1969, in: Loccumer Arbeitskreis (Hg.), Neue Juristenausbildung, Neuwied/Berlin 1970, S. 12.

Nachdem auch der 48. Deutsche Juristentag in Mainz 1970 sich für Reformen ausgesprochen hatte, wurde 1971 die sog. „Experimentierklausel" in das Deutsche Richtergesetz (DRiG) eingefügt,[562] die den Umstieg auf eine einstufige Juristenausbildung ermöglichte, was an den Universitäten Augsburg, Bremen, Bielefeld, Konstanz, der TH Hannover, Hamburg, Trier und Bayreuth umgesetzt wurde. Im Einzelnen unterschiedlich wurden nun die praktischen und die theoretischen Studienzeiten enger verzahnt und die Nähe zu den **Sozialwissenschaften** gesucht. Das Spektrum reichte dabei von der bloßen verstärkten Einbindung von Praktika und lockerer interdisziplinärer Zusammenarbeit mit Sozialwissenschaften als „Hilfswissenschaften" bis zu Versuchen, auch die Praxis mit den der Reform zugrunde liegenden Kritikpunkten zu konfrontieren und an den Fakultäten eine „Soziologisierung der Jurisprudenz" durchzusetzen.

Dieses Klima führte in der Privatrechtswissenschaft zu erheblicher Verunsicherung. 1971 debattierte die Zivilrechtslehrervereinigung auf ihrer Tagung über die Möglichkeiten und Grenzen dogmatischen Denkens im Zivilrecht. Josef Esser sprach sich durchaus für die entlastende und haltgebende Funktion systematisch-begrifflichen Argumentierens aus, mahnte aber ihren Praxisbezug und die Reflexion der zugrunde liegenden Werturteile an. Sein aus der allgemeinen Hermeneutikdiskussion in die Debatte eingeführter Begriff des die richterliche Entscheidung mitprägenden „Vorverständnisses" sorgte für viele Unklarheiten. Es bestand Einigkeit darüber, dass nicht die dogmatische Begründung eines Urteils, sondern die ihr vorgelagerte Wahl des dogmatischen Weges stärker in den Blick geraten müsse. Aber was bestimmte diese Wahl? Karl Larenz fragte,[563] ob mit „Vorverständnis" individuelle, subjektive Vorprägungen („kraft Erziehung, Tradition und Umwelt") gemeint seien oder die angelernten, in der Dogmatik nur gespeicherten „jahrtausendealten Gerechtigkeitserfahrungen" oder schließlich „schlechte Dogmatik", die man sich bewusst machen müsse, um Irrwege über Bord zu werfen. Ging es um juristische oder soziale Vorverständnisse? Essers Antwort, es drehe sich um „den alten hermeneutischen Begriff des Gerechtigkeitsvorverständnisses, des politisch-sozialen Verständnisses", klärte das für viele kaum.

Spiros Simitis stellte am Beispiel der „Massenverträge" die Frage des Wirklichkeitsbezuges von Dogmatik ins Zentrum seines Referats. Er stellte nüchtern fest, dass die klassische Dogmatik bei Verträgen am Bankschalter, beim Charterflug oder in der Bundesbahn, beim Ratenkauf im Warenhaus oder der Nutzung eines Parkhauses

562 Gesetz zur Änderung des DRiG vom 10.9.1971, BGBl. I S. 1557.

563 Die folgenden Zitate von Larenz und Esser bei Hein Kötz, Diskussionen zu den Referaten Esser, Simitis und Pleyer, in: AcP 172, (1972), S. 175.

deshalb in die Krise geraten müsse, weil der Gesetzgeber hier immer noch kontrafaktisch von Vertragsfreiheit ausgehe: „Dogmatik stabilisiert, sie problematisiert nicht".[564] In der Folge fand er hilflose, dogmatisch kaum brauchbare Berufungen auf „‚Gegebenheiten des Lebens', ‚Interessen der Wirtschaft', ‚Rechtsgefühl' und ‚Gerechtigkeitssinn'", mittels derer die Richter versuchten, „gekünstelte und lebensfremde"[565] Ergebnisse zu vermeiden. Dogmatik werde wirklichkeitsfremd: „Wer ‚dogmatisch' argumentiert, sieht sich permanent dem Verdacht ausgesetzt, an der gesellschaftlichen Realität vorbeizuoperieren".[566] Hier auf den Gesetzgeber zu warten, sei sinnlos: „Der Gesetzgeber reagiert nicht, weil er einfach nicht mehr in der Lage ist, zu reagieren". Die zwangsweise „kreative Rolle der Judikatur"[567] erfordere, Recht als „ständige, niemals abgeschlossene Reaktion auf die gesellschaftliche Wirklichkeit" zu begreifen.[568] Die somit zwangsweise „offene Dogmatik"[569] verlange, dass der Rechtsanwender die Ausgangslage und Zielvorstellung seiner Entscheidung offen kommuniziere. Erneut trat also das „Vorverständnis" des Richters in den Blick.[570] Die Kalkulierbarkeit der richterlichen Entscheidung für die Rechtsunterworfenen verlange zudem, dass sich richterliche Wirklichkeitsbehauptungen der empirischen Überprüfung unterzögen. Die Dogmatik sollte sich also dem „sozialwissenschaftlichen Arsenal gegenüber öffnen".[571] Simitis forderte die Juristen auf, sich für die sozialwissenschaftliche Wirklichkeitserfassung zu öffnen. Dies umfasste einerseits die „empirische" Soziologie, die mit Auszählungen, Umfragen und statistischen Auswertungen Daten bereitstellte. Andererseits ging es um „verstehende" Soziologie, die mit Theorie und Modellen versuchte, diese

564 Spiros Simitis, Die Bedeutung von System und Dogmatik – dargestellt an rechtsgeschäftlichen Problemen des Massenverkehrs, in: AcP 172 (1972), S. 132 f.

565 Spiros Simitis, Die Bedeutung von System und Dogmatik – dargestellt an rechtsgeschäftlichen Problemen des Massenverkehrs, in: AcP 172 (1972), S. 135.

566 Spiros Simitis, Die Bedeutung von System und Dogmatik – dargestellt an rechtsgeschäftlichen Problemen des Massenverkehrs, in: AcP 172 (1972), S. 135.

567 Beide Zitate bei Spiros Simitis, Die Bedeutung von System und Dogmatik – dargestellt an rechtsgeschäftlichen Problemen des Massenverkehrs, in: AcP 172 (1972), S. 141.

568 Spiros Simitis, Die Bedeutung von System und Dogmatik – dargestellt an rechtsgeschäftlichen Problemen des Massenverkehrs, in: AcP 172 (1972), S. 142 f.

569 Spiros Simitis, Die Bedeutung von System und Dogmatik – dargestellt an rechtsgeschäftlichen Problemen des Massenverkehrs, in: AcP 172 (1972), S. 144.

570 Spiros Simitis, Die Bedeutung von System und Dogmatik – dargestellt an rechtsgeschäftlichen Problemen des Massenverkehrs, in: AcP 172 (1972), S. 146.

571 Spiros Simitis, Die Bedeutung von System und Dogmatik – dargestellt an rechtsgeschäftlichen Problemen des Massenverkehrs, in: AcP 172 (1972), S. 148.

Zusammenhänge zu erklären. Damit berührte er entscheidende Forderungen dieser Jahre. Juristen wurden als naiv ironisiert:

> Der Richter stellt sich vor, was ein Durchschnittsbürger (seiner Vorstellung nach!) denkt, und entscheidet danach.[572]

Auch Josef Esser geriet früh selbst in dieser Perspektive in die Kritik. Er hatte 1956 auf haltgebende, richterlich festzulegende Standards wie etwa den „des ordentlichen Kaufmanns"[573] verwiesen. Um diese zu erkennen, genügte ihm „die Verantwortung des Richters, sich davon zu überzeugen, dass seine Maßstäbe in der Tat einen ausreichenden Anerkennungsrahmen finden".[574] Hans Ryffel wies nun 1974 darauf hin, es sei widersprüchlich, dies zu fordern, empirische Erhebungen aber nicht in Betracht zu ziehen.[575] Mit Blick auf die im Privatrecht hier besonders relevanten Generalklauseln, die auf gesellschaftliche Standards verwiesen, rückte also die Demoskopie als Partner der Jurisprudenz in den Blick, die sich freilich von Juristen in ihrer „eigentümlichen Verachtung [...] für Methodenfragen und Forschungstechnik" keine Fragen diktieren lassen wollte.[576] Im nun ausbrechenden Streit über den Nutzen soziologischer Wirklichkeitsanalysen, wurde von den einen darauf verwiesen, dass man nicht von „allgemeinen Rechtsüberzeugungen" sprechen könne, „ohne diese Allgemeinheit auch nur einmal auf den empirischen Prüfstand zu stellen",[577] während die Gegenseite stoisch das „plebiszitäre Missverständnis"[578] betonte, „in demoskopisch ermittelten Mehrheitsmeinungen eine für den Richter verbindliche Entscheidungsgrundlage finden zu wollen".[579]

572 Gerhard Struck, Rechtswissenschaft und Soziologie, in: Dieter Grimm (Hg.), Rechtswissenschaft und Nachbarwissenschaften, Bd. 1, Frankfurt a. M. 1973, S. 26.

573 Josef Esser, Grundsatz und Norm, Tübingen 1956, S. 97.

574 Josef Esser, Werte und Wertewandel in der Gesetzesanwendung des Zivilrechts, in: ders. u. Erwin Stein (Hgg.), Werte und Wertewandel in der Gesetzesanwendung, Frankfurt a. M. 1966, S. 25 f.

575 Hans Ryffel, Rechtssoziologie, Neuwied 1974, S. 212, Fn. 155.

576 Elisabeth Noelle-Neumann, Demoskopie und Rechtspraxis in: Winfried Hassemer, Wolfgang Hoffmann-Riem u. Manfred Weiss (Hgg.), Generalklauseln als Gegenstand der Sozialwissenschaften, Baden-Baden 1978, S. 37.

577 AK/Damm, § 138, 1987, Rn. 58.

578 Gunter Teubner, Standards und Direktiven in Generalklauseln, Frankfurt a. M. 1971, S. 112.

579 Staudinger/Sack, § 138, 12. Aufl. 2003, Rn. 47.

Früh bereits zeigten sich die Folgen dieser Veränderungen in neuen Lehrbüchern. Die seit 1969 erscheinende „Einführung in das Privatrecht" von Thilo Ramm schilderte Privatrecht in seiner „historisch-politischen Bedingtheit" (Vorwort), präsentierte Dogmatik also tief eingebettet in rechtshistorische, ökonomische und politische Zusammenhänge. Das Zauberwort hieß nun „Kontext". Mit seinem Konzept des „Verfassungspatriotismus" versuchte er, Privatrecht als Konfliktfeld zwischen Gleichheit, Freiheit, Wettbewerb und Sozialstaatsprinzip zu erläutern, was linken Kritikern nicht weit genug ging, aber gleichwohl dem Privatrecht dezidiert seine politische Dimension zurückgab. Auf dem Höhepunkt der Reformdebatten erschien 1974 der „Zivilrechtliche Grundkurs" von Eike Schmidt, der schon auf die einstufige Juristenausbildung zugeschnitten war. Hier dominierte die Forderung nach einer „Wirklichkeitsverpflichtung der Dogmatik" durch eine Einbindung der Sozialwissenschaften noch stärker. Ein Beispiel bietet die Feststellung der **Fahrlässigkeit** in § 276 BGB 1900:

> Wenn der juristische Begriff der Fahrlässigkeit konkretisiert werden soll, so genügt es nicht, einfach die gesetzliche Definition in § 276 Abs. 1 Satz 2 BGB anzuführen oder ihn schlicht durch andere Synonyme wie „Nachlässigkeit", „Fehlverhalten" und so weiter zu ersetzen. Sprachliche Konturen gewinnt er erst, wenn man ihn von dem ihn konstituierenden Konzept alternativen Handelns her angeht. Auf diese Weise lässt sich der Verständnisrahmen schaffen, innerhalb dessen verschiedene, dem Täter je mögliche Aktivitäten miteinander verglichen werden. Gewisse scheiden als „keinesfalls zu beanstanden" aus, desgleichen andere als „fraglos sorgfaltswidrig"; die verbleibenden unterliegen der weiteren Kontrolle. Jetzt beginnt die Datensammlung. Auf welche Verfahren trifft man allgemein in diesem Verkehrskreis? Welche Vorkehrungen (d. h. oft auch: welche materiellen Mittel) sind einzusetzen, um das von der Fahrlässigkeitsvorschrift gemeinte Interesse oder Gut zu schützen? Sind diese Schutzressourcen typischerweise vorhanden? Erst nach Beantwortung dieser Fragen kann auf die dogmatische Festlegung zugesteuert werden, die jedoch noch von der Überlegung abhängt, welche generellen Folgen das Ja oder Nein zur Fahrlässigkeit in diesem oder vergleichbaren Fällen haben wird. Werden etwa Existenzen vernichtet (z. B. desjenigen, dem bei einem Warentest ein singuläres Versehen unterlaufen ist), Freiheitsräume beschnitten (etwa beim publizistischen Meinungsstreit), neue Entwicklungen tangiert (bspw. eine alternative Medizin), gar ökologische Umstellungen betroffen (Exemplum: weg von der Salzstreuung) u. a. m.? Liegen auch dazu die einholbaren Daten vor, besteht bei weitestmöglicher Berücksichtigung der natürlichen gegenläufigen Interessen die Chance für einen fairen Interpretationskompromiß.[580]

580 Eike Schmidt u. Gert Brüggemeier, Zivilrechtlicher Grundkurs, 3. Aufl. Frankfurt a. M. 1989, S. 29 f.

Das Beispiel macht deutlich, was mit der Forderung nach dem richterlichen Sozialingenieur verbunden war. Löste man – mit dem steten Hinweis auf die Illusion einer solchen Vorstellung – den Richter von Gesetz und Dogmatik, so betrieb er offen Rechtspolitik und veränderte die Gesellschaft weit über das hinaus, was der Gesetzgeber bezweckte. Zudem rückten auch die Sozialwissenschaften, deren Mitarbeit vehement eingefordert wurde, von der beobachtenden in die mitentscheidende Perspektive ein. Damit stellten sich zusätzliche Legitimationsfragen. Durften Sozialwissenschaftler Rechtsfälle mitentscheiden?

> Damit ist das eigentliche Problem umrissen: Wenn zwar der Justiz die Entscheidungshoheit im Einzelfall verbleibt, dessen (sc. vom Sozialwissenschaftler eingebrachte) [...] Resultate jedoch – wie inzwischen bekannt – ganz wesentlich vom aus justizfremden Quellen gespeisten Textverständnis abhängen, so stellt sich die Frage nach der demokratischen Legitimation dieser Beteiligung im Rechtsprechungsprozeß schärfer noch als bezüglich der ja überwiegend auch nicht gewählten Richterschaft. [...] Möglicherweise liegt darin ein begrüßenswerter, von den Einflüssen der Tagespolitik freizuhaltender „Gesellschaftsvorbehalt" von Wissenschaft. Stabilisiert werden könnte eine solche Tendenz jedoch erst dadurch, daß das gesamte Interessenspektrum der Gesellschaft auf der Wissenschaftsszene gewährleistet wird. Hier sind u. a. Aspekte des Zugangs zum Forschungsbetrieb (Wie gelangt man etwa auf einen Lehrstuhl?) und der Forschungsförderung (welcher Geldgeber z. B. steckt hinter welchem Forschungsvorhaben?) angesprochen. [...] Daß einschlägige Aufklärung angezeigt ist, dürfte angesichts des faktischen Einflusses auf die hoheitliche Gewaltausübung kaum bestreitbar sein.[581]

Bei Schmidt wurde deutlich, dass eine solche Reform nicht nur eine neue Ausbildung, sondern auch einen kompletten Umbau des Justizsystems erforderte, eine Demokratisierung der Rechtsprechung. Letztlich wurde es dem Richter zur Aufgabe gemacht, sozialwissenschaftlich angeleitet das empirische Rechtsempfinden der Bevölkerung umzusetzen.[582] Die darin liegende Forderung, den Juristengeist aus dem Volksgeist zu vertreiben, stieß bei vielen Juristen auf Ablehnung. Als Rüdiger Lautmann 1971 optimistisch die „Soziologie vor den Toren der Jurisprudenz"[583] verortete, hatte er sich getäuscht. Dazu trug bei, dass Niklas Luhmann, dessen Aufstieg zu einem führenden

---

581 Eike Schmidt u. Gert Brüggemeier, Zivilrechtlicher Grundkurs, 3. Aufl. Frankfurt a. M. 1989, S. 31.

582 Wolfgang Birke, Richterliche Rechtsanwendung und gesellschaftliche Auffassungen, Köln 1968.

583 Rüdiger Lautmann, Die Soziologie vor den Toren der Jurisprudenz, Stuttgart 1971.

Soziologen und Rechtssoziologen in diesen Jahren begann, diesen Hoffnungen schon 1974 ein „Cannae“[584] vorhersagte und vor einer „unreflektierten Soziologisierung der Rechtsanwendung warnte“.[585] Luhmann, Jurist und Soziologe, hielt an juristischer Dogmatik mit ihrer „Konsistenzkontrolle im Hinblick auf die Entscheidung anderer Fälle“[586] fest und beharrte damit auf der eigenen Systemrationalität des Rechts, die gesellschaftliche und politische Entwicklungen in sich aufnehmen müsse, anstatt sich externen Entscheidern auszuliefern. Juristen reagierten schon deshalb häufig ablehnend, weil sie eine Entmachtung fürchteten. Eine fruchtbare Zusammenarbeit zwischen Rechtswissenschaft und Sozialwissenschaften konnte sich daher nie flächendeckend durchsetzen. Dies gilt besonders für das Zivilrecht, das auf eine offen politische Diskussion des Faches überhaupt nach 1945 zurückhaltend reagierte.[587] Viele Zivilrechtsprofessoren beharrten weiterhin auf einer „Wertungsjurisprudenz“, deren philosophische Stützpfeiler längst weggebrochen waren, und nahmen an den Reformdebatten kaum teil.[588] Sie verpassten damit auch den mit den Reformen verbundenen Theorieschub in der Rechtswissenschaft. Themen wie Juristische Argumentationstheorie, Juristische Logik, Juristische Hermeneutik oder auch richterliche Entscheidungstheorien wurden maßgeblich im Verwaltungs-, Verfassungs- und Strafrecht sowie der Rechtssoziologie entwickelt. Auch Sprachphilosophie, prozedurale Gerechtigkeitstheorien, analytische Rechtstheorie, aber auch Richtersoziologie forderten seit langem dazu auf, das Verhältnis des Richters zum Gesetz völlig neu zu denken. Das Zivilrecht nahm das kaum wahr und zog sich aus dem Wissenschaftsgespräch zurück. Während etwa das Verwaltungsrecht in den „neuen Verwaltungswissenschaften“ ein zunehmend autonom-wissenschaftliches Selbstverständnis ausbildete, suchten die Zivilrechtler immer stärker die Annäherung an die Rechtspraxis, indem sie eng mit Rechtsanwälten zusammenarbeiteten oder als Berater der Wirtschaft oder des Gesetzgebers tätig wurden und sich von den Grundlagenfächern abkoppelten. Dies zeigt das Scheitern des einzigen Versuchs, die neuen Entwicklungen in der Literaturgattung

584 Bei Cannae vernichtete der karthagische Heerführer Hannibal 216 v. Chr. in Apulien ein zahlenmäßig überlegenes Heer der Römer. „Cannae“ war daher in der antiken Literatur Synonym für eine vernichtende Niederlage.

585 Niklas Luhmann, Rechtssystem und Rechtsdogmatik, Köln 1974, S. 10f.

586 Niklas Luhmann, Rechtssystem und Rechtsdogmatik, Köln 1974, S. 19.

587 Vgl. oben S. 328ff.

588 Gralf-Peter Calliess, Die Zukunft der Privatautonomie. Zur neueren Entwicklung eines gemeineuropäischen Rechtsprinzips, in: Brigitta Jud u. Thomas Bachner (Hgg.), Jahrbuch Junger Zivilrechtswissenschaftler, 2000, S. 87.

zu verankern, der sich das Zivilrecht immer stärker zugewandt hatte: dem Gesetzeskommentar. Seit 1980 gab Rudolf Wassermann, neben Wiethölter eine zweite Leitfigur der Reform, den „Alternativkommentar zum Bürgerlichen Gesetzbuch" (AK) heraus, der die „soziale Funktion zentraler Privatrechtsinstitute"[589] zur Grundlage dogmatischer Erörterungen machen wollte. Die Kommentierungen zielten darauf ab, dem Rechtsanwender[590]

- „die sozialen, wirtschaftlichen und politischen Prämissen der rechtlichen Regelungen bewusst zu machen
- die sich in der Rechtsetzung, Rechtsanwendung und Rechtswissenschaft durchsetzenden sozialen, wirtschaftlichen und politischen Interessen aufzuzeigen
- die Interpretations-, Handlungs-, und Entscheidungsräume, die das geltende Recht dem Rechtsanwender eröffnet, zu benennen
- begründete Alternativen zu den gängigen Rechtsmeinungen herauszuarbeiten und dem Rechtsanwender anzubieten, wo dies die Sachlage erfordert und der Erkenntnisstand gestattet".

Es ging darum, insbesondere die Rechtsprechung aus ihrer unreflektierten Präjudizienwelt und ihren richterlichen Alltagstheorien herauszulocken und dabei politologische und vor allem ökonomische Rahmendaten etwa durch Marktanalysen zu liefern. Mit der Forderung, „die Konsequenzen aus dem erreichten Stand der gesellschaftlichen, technischen und wirtschaftlichen Entwicklung zu ziehen", der steten Betonung des „Sozialstaatsgebots" und der Angst vor einer richterlichen „Unterwanderung der Reformgesetze" verpflichtet der Alternativkommentar seine Autoren freilich auch auf ein sozialpolitisches Reformprogramm, das gegen „herrschende Meinungen" in der Justiz gerichtet war.[591] Wie erste Auswertungen zeigen, verhallte der Versuch des Richters Wassermann, Teile der Justiz damit auf seine Seite zu ziehen, ungehört. Weder die Rechtsprechung noch die Literatur nahm von dem Werk nennenswert Notiz. Der Alternativkommentar blieb eine heute kaum noch beachtete Randerscheinung in der Kommentarlandschaft, ein Monument des Scheiterns einer Annäherung an die Sozialwissenschaften. Als 1984 die letzten einstufigen Ausbildungsmodelle beendet wurden, war damit auch die Zeit der Interdisziplinarität im Zivilrecht weitgehend vorbei. Der letzte deutsche rechtssoziologische Lehrstuhl, an dem an der Freien Universität Berlin empirische Rechtssoziologie im Zivilrecht

---

589 Vorwort zum AK BGB, Bd. I: AT, Neuwied 1987, S. XVII.
590 Geleitwort zu AK BGB, Bd. III: Besonderes Schuldrecht, Neuwied 1979, S. VIII.
591 Geleitwort zu AK BGB, Bd. III: Besonderes Schuldrecht, Neuwied 1979, S. VIII f.

betrieben wurde, wurde 2012 umgewidmet. Lediglich die ökonomische Analyse, die seit den 1970er Jahren aus den USA importiert worden war, konnte sich als externer Blick auf das Zivilrecht prominent behaupten.

Innerhalb des BGB haben diese Jahre vor allem im Familienrecht Spuren hinterlassen. Ein Beispiel ist die Berücksichtigung des Kindeswohls bei der Sorge- und Umgangsrechtsentscheidung. Hier waren lange juristische Kriterien, wie die Scheidungsschuld, als entscheidungstragend genutzt worden. Praktisch keine Verwendung fanden noch in den 1960er Jahren psychologische Gutachten, die auf das individuelle Kindeswohl abstellten. In den 1970er Jahren führte intensive Kritik aus der Literatur zu einem deutlich verstärkten Gespräch zwischen Psychologen und Juristen, wobei sich in der konkreten Einbindung als Sachverständige im Prozess auch die Schwierigkeiten des interdisziplinären Gesprächs zeigten. Juristen fürchteten insbesondere den zeitlichen Aufwand und die Verschiedenheit der Perspektiven, die es oft erschwerte, die Sicht der Psychologen juristisch nutzbar zu machen. So neigten die Juristen dazu, feste Altersstufen für die Berücksichtigung des Kindeswillens zu entwickeln, während Psychologen auch dem Willen sehr kleiner Kinder große Bedeutung beimessen wollten. Als 1976 das Verschuldensprinzip abgeschafft wurde und nur noch die Zerrüttung Scheidungsgrund war,[592] gingen die Gerichte zu Einzelfallprüfungen über, bei denen sie zunehmend kindes- und jugendpsychologische Erkenntnisse miteinbezogen und die Kinder anhörten. Mit dem Gesetz zur Neuregelung des Rechts elterlicher Sorge[593] wurden die Kinderrechte 1979 dann gestärkt und die Gerichte gem. §§ 1634, 1671 Abs. 1 und 2 BGB 1980 zur Berücksichtigung des individuellen Kindeswohls verpflichtet. Dabei war gem. § 50b des Gesetzes über die Angelegenheiten der freiwilligen Gerichtsbarkeit (FGG) das Kind persönlich anzuhören. Bei der gesetzgeberischen Entscheidung wurden neben psychologischen auch soziologische Erkenntnisse umfassend berücksichtigt.

Literatur: Dieter Grimm (Hg.), Rechtswissenschaft und Nachbarwissenschaft, Bd. 1, Frankfurt a. M. 1973, S. 13 ff.; Hans Ryffel, Rechtssoziologie, Neuwied 1974; Klaus Lüderssen (Hg.), Generalklauseln als Gegenstand der Sozialwissenschaften, Baden-Baden 1978; Dieter Simon, Zäsuren im Rechtsdenken, in: Martin Broszat (Hg.), Essays zur Periodisierung der deutschen Nachkriegsgeschichte, München 1990, S. 160 ff.; Alfred Rinken, Einführung in das juristische Studium, 2. Aufl. München 1991; Ulfried Neumann, Rechtsphilosophie in Deutschland seit 1945, in: Dieter Simon (Hg.), Rechtswissenschaft

592 § 1565 Abs. 1 BGB, Erstes Gesetz zur Reform des Ehe- und Familienrechts, BGBl. I 1976, S. 1423.

593 Gesetz zur Neuregelung der elterlichen Sorge, BGBl. I 1979, S. 1061.

in der Bonner Republik, Frankfurt a. M. 1994, S. 174 ff.; Alfred Büllesbach, Rechtswissenschaft und Sozialwissenschaft, in: Arthur Kaufmann et al. (Hgg.), Einführung in die Rechtsphilosophie und Rechtstheorie der Gegenwart, 7. Aufl. Heidelberg 2004, S. 401 ff.; Eric Hilgendorf, Die Renaissance der Rechtstheorie zwischen 1965 und 1985, Würzburg 2005, insb. S. 47 ff.; Lena Foljanty, Recht oder Gesetz, Tübingen 2012, S. 349 ff.; Joachim Rückert, Profile der Jurisprudenz in Hannover seit 1974, in: Wulf A. Kaal et al. (Hgg.), Festschrift zu Ehren von Christian Kirchner, Tübingen 2014, S. 218 ff.; ders., Schlachtrufe im Methodenkampf – ein historischer Überblick, in: ders. u. Ralf Seinecke (Hgg.), Methodik des Zivilrechts – von Savigny bis Teubner, 3. Aufl. Baden-Baden 2017, S. 606 ff.; Michael Rohls, Methode und Zivilrecht bei Rudolf Wiethölter (geb. 1929), in: ebda., S. 343 ff.; Frank Laudenklos, Methode und Zivilrecht in der ökonomischen Analyse des Rechts, in: ebda., S. 471 ff.; Michael Grünberger u. Nils Jansen, Privatrechtstheorie heute, Tübingen 2017; Martin Löhnig, Alternative Legal Publicism? Four Legal Publications from the Long 1970s and Their Reception in Legal Studies and Legal Practice, Journal of Social History and the History of Social Movements 60, 2018, S. 5 ff.; Jan-Robert Schmidt, Will das Kind sein Wohl? Eine Untersuchung über Kindeswille und Kindeswohl im Sorge- und Umgangsrecht nach Scheidungen 1946 bis 2016, Tübingen 2020; Hans-Bernd Schäfer, Art. Ökonomische Analyse der Rechts, in: Staatslexikon, 8. Aufl. Freiburg 2020, Sp. 443 ff.

4.5.7 Verbraucherrecht

Verbraucher, also Personen, denen Waren oder Dienstleistungen zur privaten Verwendung geliefert werden,[594] werden schon sehr lange geschützt. Schon in den **Policeyordnungen** fanden sich vielfache Eingriffe in den freien Markt, die auch Konsumentenschutz waren. Die landwirtschaftliche und industrielle Produktion wurde reguliert, Waren auf Gesundheitsgefährdungen kontrolliert, die Ausbildungsqualität durch Zulassungsbeschränkungen bei vielen Berufen überwacht, Preise niedrig festgesetzt, Monopole und Kartelle untersagt, Maße und Gewichte vereinheitlicht, die Warenverteilung festgesetzt. Ja, selbst Luxusverbote könnte man mit dem damit bezweckten Schutz vor Verarmung als „Verbraucherschutz“ bezeichnen. Gleichwohl begegnet die neuere Forschung solchen langen Traditionslinien mit Skepsis. Der Schutz des Verbrauchers war im neuzeitlichen Staat nur Folge, nicht der eigentliche Zweck dieser Regelungen. Vielmehr organisierte hier ein Staat seine Wirtschaft und Verwaltung. Der Staat als „Maschine“ wurde durchdacht und reguliert, die „objektive Ordnung“ konstruiert, nicht jedoch eine Bevölkerungsgruppe durch subjektive Rechte gegen andere Marktteilnehmer besonders geschützt. Die Policeyordnungen

594 So die weite Definition von Eike von Hippel, Verbraucherschutz, Tübingen 1974, S. 3.

verfolgten eine Perspektive, die wir heute dem Öffentlichen Recht zuweisen. Dies galt im 19. Jahrhundert auch für das an diese Perspektive anschließende Gewerberecht. Seit der **Gewerbeordnung** des Norddeutschen Bundes vom 21. Juni 1869[595] ging man mit vielen Novellen gegen das Hausierergewerbe und den Versandhandel vor. Dabei schützte man wiederum auch Verbraucher etwa vor den Gefahren von Haustürgeschäften. Eigentliches Ziel war aber das Verbot unerwünschter Verhaltensweisen, wie es heutigem Ordnungsrecht entspricht. Beim Versandhandel ging es ebenfalls um den Schutz der Wirtschaft, hier des Einzelhandels, vor Konkurrenz. Auch das sich um 1900 etablierende Wettbewerbsrecht schützte primär den Markt, nicht den Verbraucher. Wenn also § 3 des Gesetzes gegen den unlauteren Wettbewerb (UWG) von 1896 vor einer Irreführung des Kunden schützte, dann war nicht dieser, sondern der Wettbewerb primäres Schutzziel.

Parallel hierzu rückte gleichwohl der Endverbraucher als Schutzsubjekt langsam in den Blick. Im Gefolge der Krisenjahre nach dem Gründerkrach wurde zunächst der Geldkredit ein Thema. Der Verein für Socialpolitik hatte sich zwischen 1886 und 1888 mit dem „Wucher auf dem Lande“ befasst und eine Zunahme ausbeuterischer Kreditvergaben beklagt. Mit dem auf Geldkredite zugeschnittene **Wuchergesetz** von 1880 wurde der wucherische Kreditvertrag nicht nur strafrechtlich verfolgt, sondern auch zivilrechtlich für nichtig erklärt und dem Kreditnehmer ein verzinslicher Rückzahlungsanspruch gewährt. Der Gesetzgeber hatte einen engen, materiellen Wucherbegriff gewählt, der den Wucher von der „Ausbeutung der Nothlage, des Leichtsinns oder der Unerfahrenheit eines anderen“[596] abhängig machte. Bereits 1890 ging jedoch das Reichsgericht dazu über, aus der Höhe des Zinssatzes auf die Ausbeutung der Notlage zu schließen und dem Kläger so den Beweis zu erleichtern. Schon bevor das BGB in § 138 Abs. 2 1896 den Wucherbegriff des Wuchergesetzes übernahm, zeichnete sich dabei die heutige Lösung ab, Verträge für unwirksam zu erklären, wenn der Zinssatz über dem Doppelten des Marküblichen lag. Dieser effektive Schutz des Kreditnehmers war zunächst deswegen kein Verbraucherschutz, weil auch der kaufmännische Verkehr betroffen war, also auch Kaufleute geschützt wurden. Mit der Novelle des Wuchergesetzes von 1893 wurde jedoch erstmals der kaufmännische Verkehr gegenüber Nichtkaufleuten gezielt benachteiligt. Das im Reichstag hart umkämpfte Gesetz statuierte in Art. 4 nur gegenüber Nichtkaufleuten eine jährliche Rechnungslegungspflicht und drohte für Zuwiderhandlungen neben strafrechtlichen Sanktionen den Verlust des Zinsanspruchs des Darlehensgebers für das betreffende Jahr an. Der Gesetzgeber

595 Bundesgesetzblatt des Norddeutschen Bundes, 1869, S. 245.

596 RGBl. 1880, S. 109.

reagierte damit auf Klagen insbesondere der ländlichen Bevölkerung, denen durch zögerliche Abrechnungen seitens der gewerblichen Kreditgeber gezielt der Überblick über den Umfang der Verpflichtungen erschwert wurde.

Mit dem **Abzahlungsgesetz** (AbzG) vom 16. Mai 1894[597] legte der Reichsgesetzgeber dann den Grundstein für die Behandlung des modernen **Verbraucherkreditvertrages**. Das Gesetz reagierte auf Veränderungen des Marktes. Insbesondere im Klein- und Kleinstgewerbe – etwa in der Heimarbeit –, aber auch durch die steigenden Kosten in den dichtgedrängten Städten waren immer mehr Verbraucher gezwungen, kreditfinanziert Waren zu erwerben. Dabei hatte sich die Praxis des Abzahlungskaufes eingebürgert, bei dem der Käufer den Kaufpreis und Zinsen an den Verkäufer über einen langen Zeitraum abzahlte. Um 1890 wurde die Hälfte der produzierten Nähmaschinen, Kleinmaschinen, Kinderwagen und Möbel auf diese Weise verkauft. Das darauf reagierende Abzahlungsgesetz griff vor allem in Vertragsabreden ein. Untersagt waren etwa Verfallsabreden, die bei Nichtzahlung den Gesamtbetrag sofort fällig stellten, oder Vertragsstrafen. Ein Widerrufsrecht gab es noch nicht. Personell waren gem. § 8 AbzG eingetragene Kaufleute vom Schutz des Gesetzes ausgenommen, weshalb bis heute das Gesetz oft als erstes Verbraucherschutzgesetz angesehen wird. Dabei muss aber bedacht werden, dass auch hier weniger der Schutz des Verbrauchers Regelungsziel war als dessen Erziehung zu einem mündigen Marktteilnehmer, den man von unnötigen Erwerbungen abhalten wollte. Eine wirtschaftspolitische Tendenz wurde auch durch die Interessenverbände der Gewerbetreibenden eingebracht, die diese Geschäftsform als unliebsame Konkurrenz bekämpften.

Entgegen späterer Einschätzungen, welche die Jahre vor 1900 als eine Zeit naiven Glaubens an die Selbstheilungskräfte des Marktes beschrieben, war Zeitgenossen völlig klar, dass die staatliche **Intervention in die Vertragsfreiheit** hier **notwendig** sei. Der eigentlich dezidiert privatrechtsliberal denkende nationalliberale Abgeordnete Ludwig Enneccerus stellte in den Reichstagsberatungen zum AbzG klar: „Aber wo eine wirkliche Vertragsfreiheit fehlt, wo die eine der Parteien – das ist hier der Abzahlungskäufer – durch ihre wirtschaftliche Lage genötigt ist, sich auf die Bedingungen der anderen einzulassen, kann dieser Grundsatz [sc. der Vertragsfreiheit] nicht unverändert zur Anwendung kommen".[598]

Mit dem AbzG verbunden, war die oben bereits aufgeworfene[599] Frage, ob man derartige **Schutzgesetze in das BGB einfügen** solle. In der Zweiten Kommission

597 RGBl. 1894, S. 450.

598 1. Lesung des Regierungsentwurfes, Reichstagsverhandlungen, Bd. 34, S. 870.

599 Vgl. oben S. 112 ff.

sprach man sich 1891 auch deswegen dagegen aus, weil man darauf vertraute, mit einem Sondergesetz schneller in den Markt intervenieren zu können als bei einem Zuwarten auf den Erlass des BGB.[600] Dahinter stand auch die dargestellte Überzeugung der Kommissionsmitglieder, dass „soziale Neuerungen" der Spezialgesetzgebung überlassen werden sollten.[601] Dass man hier gleichwohl zu Kompromissen bereit war, zeigte der 1896 dann beschlossene § 343 BGB, der es den Gerichten erlaubte, „unverhältnißmäßig hoch" vereinbarte Vertragsstrafen und Schadenspauschalen „auf einen angemessenen Betrag" herabzusetzen.

In der Folgezeit rückten Themen des Schutzes von Bürgern als Endverbraucher zunächst an den Rand der Debatte. Die in der ersten Hälfte des 20. Jahrhunderts ubiquitären Diskussionen um ein „**soziales Privatrecht**" konzentrierten sich ganz überwiegend auf den Schutz bestimmter, unterprivilegierter Schichten. Dies gilt für das **Arbeitsrecht** als Arbeitnehmerschutzrecht und das **Mietrecht**, das vor allem die prekären urbanen Wohnverhältnisse der ärmeren Schichten im Hinterhaus, nicht die „Beletage" der Besserverdienenden im Blick hatte. Die Kritik an **Allgemeinen Geschäftsbedingungen** wurde bis in die 1970er Jahre demgegenüber nicht als Schutz des schwächeren Bürgers vor der Marktmacht des Unternehmers formuliert. Zunächst hatte das RG den Gedanken des § 138 Abs. 1 BGB herangezogen und Sittenwidrigkeit von AGBs unter dem Vorwurf des Monopols angenommen.[602] Leitender Gesichtspunkt war demnach der **Schutz des freien Wettbewerbs**, also der Privatautonomie und des Marktes. Als Ludwig Raiser 1935 den Terminus Allgemeine Geschäftsbedingungen etablierte, hatte auch er nicht den Schutz des Schwächeren im Blick. Raiser kritisierte, durchaus zeittypisch im Sinne des Nationalsozialismus, dass die Vertragsfreiheit der falsche Ausgangspunkt einer AGB-Kontrolle sei. AGB sollten an „übergeordneten Gemeinschaftsinteressen"[603] gemessen werden, was vor allem bedeutete, dispositives Recht als staatliches Leitbild stärker zum Prüfungsmaßstab zu machen. Ihm ging es also um eine **wirtschaftliche Steuerung des Marktes**. Der BGH entwickelte seit 1956 eine dritte Perspektive. Er verschob die Kontrolle von § 138 Abs. 1 BGB auf § 242 BGB.[604] Damit rückte der Gedanke einer **Gerechtigkeitskontrolle**[605] des Vertragsinhalts in den Vordergrund. Wirksam sollten nur Bedingungen sein, mit denen

---

600 Protokolle, Bd. 1, S. 475 (Sitzung vom 25. 11. 1891).

601 Oben S. 112 ff.

602 Vgl. bereits S. 179 ff.

603 Ludwig Raiser, Das Recht der Allgemeinen Geschäftsbedingungen, Hamburg 1935, S. 293.

604 Erstmals in BGH NJW 1956, S. 908 ff. vom 13. 3. 1956.

605 So ausdrücklich in BGH DB 1969, S. 746 vom 30. 4. 1969.

der ihnen ausgesetzte Vertragspartner „billiger- und gerechterweise" rechnen müsse.[606] Dass dabei nicht Verbraucherschutz Motor war, zeigt bereits die Tatsache, dass die Sachverhalte ganz überwiegend im beiderseitigen Handelsverkehr spielten. Weiterhin stand daher Wirtschaftspolitik im Vordergrund. Dies änderte sich erst in den 1970er Jahren. Seitdem war Verbraucherschutz nicht nur beherrschendes Thema der Debatten um Allgemeine Geschäftsbedingungen, sondern immer stärker Motor einer weitgehenden Neuausrichtung des Privatrechtsmodells insgesamt.

Als Ausgangspunkt dieser Entwicklung wird zumeist die **Verbraucherbotschaft John F. Kennedys vom 15. März 1962** genannt.[607] Die USA waren zu diesem Zeitpunkt Vorreiter in der Entwicklung einer „Konsumgesellschaft". Der Staat sah sich volkswirtschaftlich als Gewährleister dieser Konsumbedürfnisse und nahm daher auch deren Schattenseiten in den Blick, die etwa darin bestanden, dass die von einer immer wirksameren Werbebranche betriebene Verführung zum Konsum besonders ärmere Familien durch eine Vielzahl von Abzahlungsgeschäften in wirtschaftliche Abhängigkeit und Verarmung trieb. Kennedy machte den Schutz des Konsumenten zu einem Leitthema der amerikanischen Politik. Indem er betonte, „consumers, by definition, include us all", begründete er, der damit alle Wählerschichten zu mobilisieren suchte, das moderne, schichtenunabhängige Verbraucherschutzmodell. Um jeden als Verbraucher agierenden Amerikaner vor den Auswüchsen der unternehmerischen Marktmacht zu schützen, nannte er vier Grundrechte des Verbrauchers:

1) „**the right to safety**", also den Schutz vor gefährlichen Gütern;
2) „**the right to be informed**" mit der Forderung, den Konsumenten vor irreführender Werbung und Information zu schützen und ihn durch Vermittlung aller wichtigen Fakten zu einer informierten Entscheidung zu befähigen;
3) „**the right to choose**" mit der Sicherstellung funktionierender Konkurrenz und, wenn dies bestimmte Märkte nicht zuließen, mit der staatlichen Gewährleistung hinreichender Qualität und fairer Preise und
4) „**the right to be heard**" durch die Regierung und das Parlament.

Kennedys Rede hatte weltweit Wirkung. Um etwa zehn Jahre zeitversetzt begann auch Deutschland, verschiedene verbraucherpolitische Programme zu verabschieden. Obwohl wenig später die Europäische Wirtschaftsgemeinschaft, die heutige EU, eigene verbraucherpolitische Ziele auf den Weg brachte, blieb der Verbraucherschutz bis in die 1980er Jahre Tätigkeitsfeld der Mitgliedstaaten. Dies umfasste, nah an Kennedys

606 BGHZ 33, S. 219 vom 29.9.1960.
607 Abgedruckt in Eike von Hippel, Verbraucherschutz, 3. Aufl. 1986, S. 281 ff.

Programm, Rechte des Verbrauchers auf den Schutz seiner Gesundheit und Sicherheit, Schutz seiner wirtschaftlichen Interessen, Recht auf Wiedergutmachung erlittenen Schadens, Recht auf Unterrichtung und Bildung sowie ein Recht auf Vertretung. Seit Mitte der 1980er Jahre wurde Verbraucherschutz dann primär durch Gemeinschaftsrecht verwirklicht.

In der ersten, mitgliedstaatlich dominierten Phase startete die Bundesregierung 1971 verschiedene Gesetzgebungsvorhaben, die 1976 zum sog. AGB-Gesetz (AGBG) und zum Fernunterrichtsgesetz[608], 1979 dann zum neuen Reisevertragsrecht der §§ 651 a–l[609] führten.

Ein erster Schritt in Richtung des von Kennedy geforderten „right to choose" war das 1974, nach langer hochkontroverser Diskussion für den engen Bereich des Abzahlungsgesetzes eingeführte **Widerrufsrecht** (§ 1 b AbzG 1974), dessen etwa in Frankreich seit 1972 bestehende Erweiterung auf Haustürgeschäfte dann lange abgewehrt wurde. Im Zentrum der Debatte stand jedoch der Umgang mit **Allgemeinen Geschäftsbedingungen**. Die Kontrolle von AGB wurde nun von den älteren wettbewerbsorientierten Konzepten abgekoppelt und der Schutz des Schwächeren und die „Wiederherstellung der Vertragsgerechtigkeit"[610] rückten in den Vordergrund. Kennzeichnend war der Vorschlag der Arbeitsgruppe beim Bundesministerium für Justiz für eine Generalklausel:[611]

> Allgemeine Geschäftsbedingungen sind nur wirksam, wenn sie unter Berücksichtigung des gesamten Vertragsinhalts die beiderseitigen Interessen angemessen ausgleichen.

Letztlich setzte sich eine so weitreichende, deutlich über die bisherige Rechtsprechung hinausreichende Lösung nicht durch. Im AGBG 1976 wurde im Wesentlichen die bisherige Rechtsprechung des BGH kasuistisch übernommen. Dabei blieb Treu und Glauben Ausgangspunkt der richterlichen Inhaltskontrolle. Dem dispositiven Recht wurde eine Orientierungsfunktion beigemessen. Auch Klauseln im kaufmännischen

608 BGBl. 1976 I, S. 2525.

609 BGBl. 1979 I, S. 509.

610 Vorschläge zur Verbesserung des Schutzes der Verbraucher gegenüber Allgemeinen Geschäftsbedingungen. Erster Teilbericht der Arbeitsgruppe beim Bundesministerium der Justiz, Bonn 1974, S. 37.

611 Vorschläge zur Verbesserung des Schutzes der Verbraucher gegenüber Allgemeinen Geschäftsbedingungen. Erster Teilbericht der Arbeitsgruppe beim Bundesministerium der Justiz, Bonn 1974, § 6 I.

Verkehr wurden grundsätzlich erfasst, lediglich die weitgehend der heutigen §§ 308 und 309 BGB entsprechenden Einzelfallaufzählungen und die strengere Einbeziehungsregel des § 2 AGBG blieben gem. § 24 AGBG Nichtkaufleuten vorbehalten.[612] Nichtkaufleute wurden daher besonders dadurch geschützt, dass die von der älteren Rechtsprechung als ausreichend erachtete „stillschweigende Unterwerfung" durch schlüssiges Verhalten des Verbrauchers für eine Einbeziehung nicht mehr genügte. Erstmals wurde auch Kennedys „right to be heard" umgesetzt, indem Verbraucherschutzverbände eine eigenständige Klagebefugnis erhielten (§ 13 AGBG 1976). Damit verbunden, war eine Absage an das etwa in Skandinavien verbreitete Modell einer staatlichen Kontrolle von AGB durch „Ombudsleute".

Parallel fand eine intensive Debatte um den Verbraucherbegriff statt. Einigkeit bestand darüber, dass man von der älteren Sicht abgehen wollte, der zufolge nur bestimmte Bevölkerungsschichten besonderen Schutzes bedurften. Mit Kennedy war nun jeder Bürger als Verbraucher potenziell schutzwürdig. Umstritten war jedoch, woran die Verbrauchereigenschaft festzumachen war. Das AGBG grenzte 1976 negativ ab und schloss „**Kaufleute**, juristische Personen des öffentlichen Rechts und öffentlich-rechtliche Sondervermögen" in Teilfragen aus (so § 24 AGBG 1976). Freiberufler etwa waren vom Schutz erfasst. Teilweise wurde auf die Eigenschaft als „**Endverbraucher**" bzw. „letzter Verbraucher" abgestellt, so §§ 6a und 6b UWG a. F., sodass in einer Kette von Verbrauchern nur der letzte geschützt war. In der Rechtswissenschaft befürworteten einige ein **rollenspezifisches Verbraucherschutzmodell**. Entscheidend war demnach, dass der Verbraucher hier „zur persönlichen Bedarfsbefriedigung im weitesten Sinne"[613] tätig wurde. Dem trat ein **situationsbezogenes Verbraucherschutzmodell** entgegen, das neben die Privatheit des Geschäfts die besondere Gefährdungssituation in bestimmten Vertragssituationen in den Vordergrund rückte. Beiden gemein war der Übergang von der konkret nachgewiesenen zur typisiert unterstellten Schutzbedürftigkeit des Bürgers als Verbraucher gegenüber dem Unternehmer, sodass auch der spezialisierte Anwalt für Verbraucherrecht beim Internetkauf deswegen geschützt wurde, weil diese Vertriebsform ihn benachteiligte. Für die §§ 13 und 14 BGB maßgeblich wurde dann der auf europäischer Ebene in einer Reihe von Richtlinien entwickelte europäische Verbraucherbegriff, den der deutsche Gesetzgeber 1996 in die

612 Was der BGH in der Folgezeit dadurch einebnete, dass er den Klauselkatalogen auch im kaufmännischen Verkehr „Indizwirkung" für eine Nichtigkeit zusprach, vgl. zuletzt BGH NJW 2008, S. 1148.

613 Norbert Reich, Zivilrechtstheorie, Sozialwissenschaften und Verbraucherschutz, in: ZRP 1974, S. 194.

Neufassung des AGBG übernahm (§§ 24, 24a AGBG 1996) und im Jahr 2000 in das BGB integrierte.[614]

Seit den 1980er Jahren verlagerte sich die Normsetzung auf die **europäische** Ebene. 1985 wurden mit der Produkthaftungs-[615] und der Haustürwiderrufsrichtlinie[616] erste Rechtsetzungsakte erlassen, denen bald viele weitere folgten. Mit dem Vertrag von Maastricht bekam die EU 1992 in Art. 169 des Vertrages über die Arbeitsweise der Europäischen Union (AEUV) die primärrechtliche Zuständigkeit im Bereich der Verbraucherpolitik. Zeitgleich änderte sich zunehmend die wirtschaftspolitische Perspektive auf den Verbraucher. Hatten die 1970er Jahre vor allem „Marktversagen" in den Vordergrund gerückt und den Verbraucher gegen die Übermacht des Unternehmers schützen wollen, so gewannen nun liberale Positionen wieder an Boden. „Verbraucherschutz" geriet in den Ruf staatlicher Bevormundung. Nun sollte der „mündige Verbraucher" durch „Verbraucherrecht" Instrumente an die Hand bekommen, die es ihm ermöglichen sollten, gleichberechtigt als Marktteilnehmer agieren zu können. Als Motor dieser Entwicklung agierte der Europäische Gerichtshof.[617] Der EuGH unterwarf in seiner Rechtsprechung den nationalen Verbraucherschutz der europäischen Warenverkehrsfreiheit, was nationale Alleingänge zunehmend erschwerte. Mit den nun in schneller Folge verabschiedeten Richtlinien arbeitete der europäische Gesetzgeber ein Programm ab, das er seit den 1970er Jahren geplant hatte. Nachdem eine geplante große Reform des Lauterkeitsrechts nach dem Vorbild des deutschen UWG am Widerstand des Vereinigten Königsreichs scheiterte, wurden mit der Haustürwiderrufs-Richtlinie,[618] der Timesharing-Richtlinie[619] und der Fernabsatz-Richtlinie[620] Geschäftspraktiken reguliert, die für den Verbraucher besondere Gefahren boten. Schlüsseltechnik waren hier Widerrufsrechte. Mit der Unterlassungsklagen-Richtlinie[621] sicherte der europäische Gesetzgeber Verbraucherverbänden Klagerechte. Mit der Richtlinie über unlautere Vertragsbedingungen kam es 1993 zu einer europäischen

614 Erstmalige Verwendung der heutigen Definition in Art. 6 I-III des Gesetzes über Fernabsatzverträge und andere Fragen des Verbraucherrechts sowie zur Umstellung auf Euro vom 27. Juni 2000, BGBl. I, S. 897.

615 Richtlinie 87/374/EWG.

616 Richtlinie 85/577/EWG.

617 Grundlegend EuGH vom 20. 2. 1979, Rs. 120/78: Cassis-de-Dijon.

618 Vgl. soeben.

619 Richtlinie 2008/122/EG.

620 Richtlinie 97/7/EG.

621 Richtlinie 2009/22/EG.

Regelung des AGB-Rechts, die stark am deutschen Modell orientiert war. Die Richtlinie galt nur für Verbraucherverträge und brachte dem Verbraucher die Vergünstigungen, die heute in § 310 Abs. 3 BGB kodifiziert sind.

Seit 2000 rückte der Wortlaut des BGB zunehmend in den Blick des Verbraucherrechts. Mit dem Fernabsatzgesetz wurden neben dem **Verbraucher- und Unternehmerbegriff** in den §§ 13, 14 BGB 2000 die Ausübung und die Rechtsfolgen des **Widerrufs** in § 361a BGB 2000 eingefügt. Den größten Einschnitt in das nationale Vertragsrecht brachte aber die Verbrauchsgüter-Richtlinie aus dem Jahr 1999.[622] Wenig später wurden, mit Ausnahme der Produkthaftung, alle externen Verbrauchergesetze der EU, also VerbrKrG, HausTWG, FernabsatzG und TzWohnrechtG in das BGB überführt. Nochmals begann die Debatte darum, was die Folge einer derartigen Integration des Verbraucherrechts in das BGB sei. Diese war bereits in den 1980er Jahren diskutiert worden.

War Verbraucherrecht Sonderprivatrecht und als solches ein Fremdkörper im auf Rechtsgleichheit basierenden Privatrecht, oder war es Ausdruck eines gewandelten Privatrechtsbegriffs? Die noch im Jahr 2001 vorgebrachte Warnung, mit einer Integration des Verbraucherschutzes in das BGB den liberalen Geist der Kodifikation zu zerstören, war freilich ein kaum noch überzeugendes Rückzugsgefecht. Mit dem Eingriff des vorrangigen EU-Gesetzgebers war klar, dass das liberale BGB nicht mehr in der Lage war, die Rechtswirklichkeit abzubilden. Die mit dem Verbraucherschutz verbundene Zunahme des zwingenden Rechts war nur ein weiterer Eingriff in die Vertragsfreiheit, die in vielen anderen Bereichen bereits seit 1914 immer mehr Freiheitsräume hatte aufgeben müssen. Auch das um 1900 angesichts einer Reichsverfassung ohne Grundrechtsteil relevante Argument des BGB als Symbol der gleichen bürgerlichen Freiheit, das nicht durch die Integration von Schutzgesetzen für bestimmte Bevölkerungsgruppen verwässert werden dürfe, hatte seit Verlagerung des Schutzes der Privatautonomie in den Grundrechtsteil der Verfassung seine Wucht verloren. Als entscheidendes Argument für die Integration erwies sich zudem der situations- und nicht rollenbezogene Verbraucherbegriff: Indem jeder Mensch in bestimmten Situationen zum Verbraucher werden konnte, lief die Warnung vor einem „Rückfall in Standesdenken"[623] durch Ausbildung von BGB-Abschnitten, die nur für bestimmte Bevölkerungsteile galten, ins Leere. Integration oder Nichtintegration war damit eine eher pragmatisch zu beantwortende Frage.

---

622 Richtlinie 1999/44/EG.

623 Hans Hattenhauer, Person, in: Grundbegriffe des Bürgerlichen Rechts, 2. Aufl. München 2000, S. 23.

Zwei Modelle konkurrierten mit der BGB-Integration: die bereits von der Zweiten Kommission präferierte Lösung über **Sondergesetze** und die in Österreich, Frankreich, Korea und Japan verwirklichte **Verbraucherrechtskodifikation**. Für eine Integration sprachen letztlich pragmatische Argumente: Aufwertung der praktischen Bedeutung der Kodifikation, Übersichtlichkeit, Beibehaltung der Idee eines Gesamtsystems und einheitlicher, aber modifizierter Privatrechtsbegriff. Nachteile waren freilich auch unübersehbar. Mit der Integration des EU-Rechts in das BGB wurde dieses der revolvierenden EU-Gesetzgebung unterworfen und damit zur „Dauerbaustelle" (Reinhard Zimmermann), was die fast jährlichen Gesetzesänderungen im BGB seitdem eindrucksvoll zeigen. Ein weiteres Problem war methodischer Art: Mit der Integration der EU-Richtlinien in das BGB unterlag dieses einem gespaltenen Auslegungsregime: Das alte Recht war national und grundrechtskonform auszulegen, das EU-Recht richtlinienkonform. Da die EU-basierten Normen sich als solche nicht äußerlich zu erkennen geben, bedarf der Interpret des BGB seitdem vertiefter Kenntnisse der Normengeschichte, um das BGB überhaupt ordnungsgemäß anwenden zu können.

2006 brachte das **Allgemeine Gleichbehandlungsgesetz** (AGG) als erneute Folge einer EU-Richtlinie nochmals einen massiven Eingriff in die Tektonik des überkommenen Privatrechtssystems. Das AGG ist nicht auf den Verbraucherbegriff des § 13 BGB bezogen, de facto gleichwohl Verbraucherschutz. Es geht um Eingriffe in die Vertragsabschlussfreiheit, wenn ansonsten eine **Diskriminierung** wegen der „ethnischen Herkunft, des Geschlechts, der Religion, oder Weltanschauung, einer Behinderung, des Alters oder der sexuellen Identität" (§ 1 AGG) die Folge wäre. Geschützt werden Arbeitnehmer (§§ 6 ff AGG), Versicherungsnehmer und Teilnehmer am Massenverkehr (§ 19 Abs. 1 AGG), etwa Käufer im Einzelhandel, also Gruppen, die typischerweise auch Verbraucher sind. Nochmals spitzte sich damit für die deutsche Dogmatik ein Problem zu. Neben dem nationalen Gesetzgeber griff der europäische Gesetzgeber immer stärker in die Vertragsfreiheit ein. Anders als die frühen nationalen Interventionsgesetze, die als Ausnahme zur Regel in das dogmatische Privatrechtssystem integrierbar waren, mehrten sich Eingriffe, die auf das deutsche Privatrechtsdenken nicht abgestimmt waren. Mit dem AGG kamen Regelungsziele in das Privatrecht, die für eine vom frei-gleichen Privatrechtssubjekt denkende Dogmatik kaum mehr integrierbar waren. An die Stelle der Gleichheit der Marktteilnehmer rückten Verbraucher und Unternehmer, Diskriminierende und Diskriminierte in den Vordergrund. Die Vertragsfreiheit wurde in so kleine Restgebiete verdrängt, dass Privatautonomie von der Regel zur Ausnahme zu werden drohte, sodass die traditionelle Trennung in Privatrecht (Gesellschaft) und Öffentliches Recht (Staat) vor der Auflösung stand.

Literatur: Eike von Hippel, Verbraucherschutz, Tübingen 1974; Norbert Reich, Zivilrechtstheorie, Sozialwissenschaften und Verbraucherschutz, in: ZRP 1974, S. 187 ff.; Hans-Peter Benöhr, Konsumentenschutz vor 80 Jahren. Zur Entstehung des Abzahlungsgesetzes vom 16. Mai 1894, in: ZHR 138, 1974, S. 492 ff.; Herbert Klauss u. Ludwig Ose, Kommentar zum AbzG, Berlin 1979; Klaus Luig, Vertragsfreiheit und Äquivalenzprinzip im gemeinen Recht und im BGB. Bemerkungen zur Vorgeschichte des § 138 Abs. 2 BGB, in: Christoph Bergfeld u. a. (Hgg.), Aspekte europäischer Rechtsgeschichte, Festgabe für Helmut Coing zum 70. Geburtstag, Frankfurt a. M. 1982, S. 171 ff.; Barbara Dauner-Lieb, Verbraucherschutz durch Ausbildung eines Sonderprivatrechts für Verbraucher. Systemkonforme Weiterentwicklung oder Schrittmacher der Systemveränderung?, Köln 1983; Werner Schubert, Das Abzahlungsgesetz von 1894 als Beispiel für das Verhältnis von Sozialpolitik und Privatrecht in der Regierungszeit des Reichskanzlers von Caprivi, in: ZRG GA 102, 1985, S. 130 ff.; Norbert Reich, Europäisches Verbraucherrecht: Eine problemorientierte Einführung in das europäische Wirtschaftsrecht, 3. Aufl. Baden-Baden 1996; Andrea-Sabine Jacobi, Ludwig Enneccerus 1843–1928. Rechtswissenschaftler und nationalliberaler Parlamentarier. Eine politische Biographie, Hamburg 1999; Rolf Geyer, Der Gedanke des Verbraucherschutzes im Reichsrecht des Kaiserreichs und der Weimarer Republik (1871–1933), Frankfurt a. M. 2001; Thomas Duve, Verbraucherschutzrecht und Kodifikationsgedanke, in: Jura 2002, S. 793 ff.; HKK/Duve, §§ 1–14, Tübingen 2003, Rn. 66 ff.; HKK/Haferkamp, § 138, Tübingen 2003, Rn. 12 ff.; Stefan Stolte, Versandhandel und Verbraucherschutz. Entstehung und Genese in rechtshistorischer Perspektive, Köln 2005; Gudrun Lies-Benachib, Mondreise und Schnäppchen. Eine juristische Zeitgeschichte des Rabattgesetzes, in: Louis Pahlow (Hg.), Die zeitliche Dimension des Rechts. Historische Rechtsforschung und geschichtliche Rechtswissenschaft, Paderborn 2005, S. 272 ff.; HKK/Schmoeckel, Vor 312 ff. und §§ 312–312 f., Tübingen 2007, HKK/Hofer, §§ 305–310 (I), Tübingen 2007; Hans-Christoph Grigoleit, Anforderung des Privatrechts an die Rechtstheorie, in: Mathias Jestaedt u. Oliver Lepsius (Hgg.), Rechtswissenschaftstheorie, Tübingen 2008, S. 51 ff.; Mareike Preisner, Verbraucherschutz, in: Martin Löhnig, Mareike Preisner u. Thomas Schlemmer (Hgg.), Reform und Revolte. Eine Rechtsgeschichte der 1960er und 1970er Jahre, Tübingen 2012, S. 171 ff.; Bernd Kannowski u. Martin Schmidt-Kessel (Hgg.), Geschichte des Verbraucherrechts, Jena 2017; Gerhard Wagner, Zivilrechtswissenschaft heute. Zwischen Orakeldeutung und Maschinenraum, in: Horst Dreier (Hg.), Rechtswissenschaft als Beruf, Tübingen 2018, S. 98 ff., 136 ff.

4.5.8 Die Schuldrechtsreform 2002

Bis zum Erlass der Verbrauchsgüterrichtlinie im Jahr 1999 war das BGB in vier von fünf Büchern noch immer kaum verändert worden.[624] Das BGB war vor 2000 nur 180 Mal in seinem Wortlaut geändert worden. Bis 1918 hatte es nur drei Gesetze gegeben, die das BGB modifiziert hatten, bis 1933 weitere 15, bis 1945 weitere 17. Der Wandel durch Gesetzgebung hatte im Arbeits- und Mietrecht und später dann im Verbraucherrecht außerhalb der Kodifikation in Sondergesetzen stattgefunden. Das galt auch für die wichtigsten Eingriffe in das Erb- und Familienrecht durch den Nationalsozialismus, die, wie das TestG und das EheG von 1938, nur über die Aufhebung entgegenstehender Vorschriften das BGB veränderten. Erst die dargestellten großen Familienrechtsreformen in der Bundesrepublik hatten erstmals ein ganzes Buch des BGB völlig umgestaltet. Sonst präsentierte sich das BGB besonders in den ersten drei Büchern noch immer weitgehend unverändert. Die Vorstellung der Zweiten Kommission, den sozialen Wandel vor allem über Sondergesetze zu steuern, um dem BGB seine Zentralstellung zu erhalten, hatte freilich schon lange Risse bekommen. Spätestens seitdem die deutsche Rechtswissenschaft in den 1990er Jahren den immer stärkeren Einfluss der Europäischen Gemeinschaften bzw. seit 1992 dann der EU wahrnahm, begann die Funktion des BGB als eigentlicher Kern des Privatrechts zu verblassen. Die zentrale Bedeutung, die dem BGB weiterhin in der Ausbildung beigemessen wurde, konnte nicht darüber hinwegtäuschen, dass die juristische „Musik" zunehmend außerhalb der Kodifikation spielte. Die Diskussion um „Decodification" griff daher auch in Deutschland um sich.

Der Bereich, in dem der Druck auf eine Modernisierung besonders groß war, war das Schuldrecht. Infolge des frühzeitigen Todes des hierfür zuständigen Mitglieds der Ersten Kommission, Franz von Kübel, hatte im Schuldrecht von Anfang an ein durchkomponiertes Gesamtkonzept gefehlt. Die daraufhin beschlossene Kombination von Kübels Entwürfen mit dem Dresdner Entwurf eines Obligationsrechts von 1866 hatte nie zur befriedigenden Diskussionsgrundlage getaugt. Nach 1900 hatte vor allem die Rechtsprechung daher viele Rechtsinstitute beibehalten, die das BGB eigentlich hatte abschaffen wollen. Parallel hatte das Reichsgericht früh vor allem die Generalklauseln genutzt, um das BGB gezielt zu verändern. Die Rechtswissenschaft hatte dies durch den Ausbau einer neuen, über die Gesetzesnormen gelegten Dogmatik unterstützt.

---

624 Die folgende Auswertung entnehme ich Joachim Rückert, „Zehn Jahre" neues Schuldrecht – Generalbericht und Würdigung, in: Thomas Duve u. Stefan Ruppert (Hgg.), Rechtswissenschaft in der Berliner Republik, Frankfurt a. M. 2018, S. 506.

Während des Nationalsozialismus waren in der Akademie für Deutsches Recht dann viele Bereiche des Schuldrechts grundlegend neu gedacht worden; eine Kritik, die auch nach 1945 in vielen Köpfen präsent geblieben war. Immer mehr Gebiete des Schuldrechts hatten sich inzwischen durch Uminterpretation oder Umgehung vom Gesetz entfernt. Das Schuldrecht des BGB drohte von der Rechtswirklichkeit verdrängt zu werden. Ein **Kernpunkt der Kritik** war seit langem die als viel zu schwach empfundene **Haftung für Dritte** in § 831 BGB. Da der Gesetzgeber nicht eingriff und das Deliktsrecht korrigierte, hatte sich eine ganze Reihe teilweise konkurrierender Ausweitungen der Haftung gem. § 278 BGB ergeben. Das **willensbasierte Vertragsrecht** war, wie gezeigt,[625] fortdauernder Kritik ausgesetzt. Die von der Rechtsprechung seit 1902 übernommene **culpa in contrahendo** hatte ein Schuldverhältnis im vorvertraglichen Bereich konstruiert, das im Laufe des Jahrhunderts immer stärker ausgebaut worden war. Parallel hatte das Reichsgericht Nichtvertragspartner über den **Vertrag mit Schutzwirkung zugunsten Dritter** seit 1917 in den Schutzbereich des Vertrages miteinbezogen. Damit war auch die Nichthaftung für fahrlässig verursachte primäre Vermögensschäden im Deliktsrecht umgangen worden. Einerseits konkurrierte in der Folgezeit auch nach dem Abschied vom faktischen Vertrag eine Fülle von Konzepten für eine „Selbstbindung ohne Vertrag".[626] Andererseits wurde seit den 1970er Jahren über das Konzept der Vertrauenshaftung von Claus-Wilhelm Canaris[627] eine umfassende „**dritte Spur des Haftungsrechts**" zwischen Vertrag und Delikt entwickelt. Das gesamte Leistungsstörungsrecht galt zudem als viel zu kompliziert und schlecht abgestimmt. Das **Schadensrecht** mit seiner unklaren Gemengelage zwischen Verschuldens- und Gefährdungshaftung blieb seit 1900 ein Dauerthema. Einhellig kritisiert wurde die restriktive Haftung für immaterielle Schäden in den §§ 847, 253 BGB 1900, die eine überall anstehende Ausweitung nicht zuließ, was den BGH dazu führte, § 253 BGB faktisch außer Kraft zu setzen. Im Deliktsrecht hielt die Diskussion um die Ausweitung „sonstiger" Rechte unvermittelt an. Eine Fülle **neuartiger Vertragstypen**, wie etwa der ärztliche Behandlungsvertrag oder das Leasing, mussten bewältigt werden. Die **Sachmängelgewährleistung** im Kauf- und Werkvertragsrecht galt als veraltet und wurde bereits lange durch die Vertragspraxis umgangen. Die Bereicherungsrechtsdogmatik hatte den Wortlaut des BGB inzwischen völlig uminterpretiert und arbeitete mit Grundprinzipien, die mit der Konzeption von 1900 kaum noch etwas zu tun hatten. Gleichwohl wurde das schlecht abgestimmte Nebeneinander der **Rückforderungsregime** in

625 Vgl. oben S. 184 ff., 221 ff.

626 Johannes Köndgen, Selbstbindung ohne Vertrag, Tübingen 1983.

627 Claus Wilhelm Canaris, Die Vertrauenshaftung im deutschen Privatrecht, München 1971.

den §§ 346 ff. und 812 ff. BGB seit langem kritisiert. Schließlich galt das Verjährungsrecht als zu kompliziert und einzelfallorientiert.

Bereits **1978** hatte das Bundesjustizministerium daher eine große Reform des Schuldrechts in Angriff genommen. Drei Ziele wurden dabei benannt: 1) Zunächst sollten Sondergesetze ins BGB integriert werden, genannt wurden das AGBG und das AbzG. 2) Neue Vertragstypen sollten integriert werden, etwa der Arztvertrag oder der private Bankvertrag. 3) Das Schuldrecht sollte komplett überarbeitet werden. Dies umfasste neben dem seit langem vom BGB nicht mehr abgebildeten Bereicherungs- und Deliktsrecht vor allem das Leistungsstörungsrecht, die Gewährleistung im Kauf- und Werkvertrag und die Verjährung. Vorbild wurde hier schnell das 1980 beschlossene einheitliche UN-Kaufrecht, das CISG, das freilich erst seit 1989 in Deutschland anwendbar war. Das BMJ beauftragte zunächst Gutachter, deren Beiträge 1981 und 1983 über nahezu alle eben genannten Felder in drei Bänden veröffentlicht wurden.[628] 1984 wurde dann eine Kommission zur Überarbeitung des Schuldrechts ins Leben gerufen, deren Arbeitsfeld jedoch nun beschränkt wurde auf das Leistungsstörungsrecht, die Mängelgewährleistung bei Kauf und Werkvertrag sowie das Verjährungsrecht. Ihr Abschlussbericht[629] aus dem Jahr 1992 wurde auf dem 60. Deutschen Juristentag 1994 im Kern zustimmend diskutiert.[630] Er enthielt bereits entscheidende Neuausrichtungen, die dann 2001 umgesetzt wurden: Der Entwurf orientierte sich an den Ansprüchen des Gläubigers: Erfüllung, Vertragsaufhebung und Schadensersatz, bei dem erstmals die Pflichtverletzung als Einheitstatbestand konstruiert wurde, der die frühere Sonderstellung der Positiven Vertragsverletzung beseitigte, also Haupt- und Nebenpflichten gleichermaßen umfasste. Die Vertragsauflösung wurde vom Verschuldenserfordernis befreit, erhielt jedoch, abweichend vom CISG, im Regelfall die zusätzliche Voraussetzung der Nachfrist. Der Vorschlag für ein neues Verjährungsrecht verzichtete auf eine Regelverjährung und differenzierte nun zwischen gesetzlichen und vertraglichen Ansprüchen.

Trotz der überwiegenden Zustimmung, die diesen Vorschlägen entgegengebracht wurde, kam es zunächst nicht zur geplanten Reform. Vor diesem Hintergrund war es ein „**Paukenschlag**",[631] als im September **2000** das BMJ einen 630-seitigen **Diskussionsentwurf eines Schuldrechtsmodernisierungsgesetzes** vorlegte, der viele der 1992

628 Bundesminister der Justiz (Hg.), Gutachten und Vorschläge zur Überarbeitung des Schuldrechts, Bd. 1, Köln 1981, Bd. 2, Köln 1981, Bd. 3, Köln 1983.

629 Bundesminister der Justiz (Hg.), Abschlußbericht der Kommission zur Überarbeitung des Schuldrechts, Köln 1992.

630 Verhandlungen des 60. Deutschen Juristentages, Bd. II 1, München 1994, K 103.

631 HKK/Zimmermann, Vor § 1, Tübingen 2003, Rn. 29.

vorgebrachten Änderungsvorschläge aufnahm. Im Ministerium hatte man sich entschlossen, die Notwendigkeit, die Verbrauchsgüterrichtlinie der EU umzusetzen, mit einer großen Reform zu verbinden. Daraus ergab sich zunächst einmal ein massiver **Zeitdruck**, da die Umsetzungsfrist bis zum 1. Januar 2002 lief. Hinzu kam bei dieser Lösung, dass das Ministerium entschlossen war, die von der EU durch die Verbrauchsgüterrichtlinie erzwungene Einfügung von Verbraucherschutzvorschriften in das Kaufrecht dazu zu nutzen, auch die seit Beginn der Reformdebatten im Jahr 1978 massiv angewachsenen sonstigen Verbraucherschutzvorschriften weitgehend in das BGB zu integrieren. Der schnell organisierte breite **Widerstand der Rechtswissenschaft** gegen den Diskussionsentwurf überraschte auch das Ministerium. Nach zwölf im Kern ablehnenden Grundsatzreferaten von Zivilrechtslehrern auf einer Tagung in Regensburg im November 2000 setzte das Ministerium zwei Arbeitsgruppen ein, die nach nur zwei Monaten Arbeitsmöglichkeit Verbesserungsvorschläge vorlegten. Wichtig war besonders die Kommission zur Überarbeitung des Leistungsstörungsrechts, die unter maßgeblicher Beteiligung von Claus-Wilhelm Canaris, der zunächst ein scharfer Gegner des Diskussionsentwurfs gewesen war, den Entwurf überarbeitete und wieder stärker dem alten BGB annäherte. Auf einer hochkontroversen weiteren rechtswissenschaftlichen Tagung Ende März 2001 in Berlin wurde auch der auf dieser Grundlage überarbeitete Entwurf umfassend kritisiert. Als Ergebnis erklärten 250 Zivilrechtslehrer öffentlich die Ablehnung des Entwurfs in der vorliegenden Form. Das Ministerium griff viele Kritikpunkte auf und legte am 9. Mai 2001 einen Regierungsentwurf vor, der dann aus Zeitdruck parallel im Bundesrat und im Bundestag debattiert und nochmals geändert wurde. Der Bundestag stimmte im Oktober, der Bundesrat im November zu. Am 1. Januar 2002 trat das Gesetz in Kraft, auf das insbesondere die anwaltliche Praxis, die das Gesetz in der Kautelarjurisprudenz nun unmittelbar berücksichtigen musste, nahezu unvorbereitet war.

Die geradezu durchgepeitschte Reform führte schon infolge des Zeitdrucks zu eigenartigen Problemen. Kaum möglich ist etwa eine saubere **historische Auslegung** der neuen Normen. Veröffentlicht sind lediglich die Diskussionsentwürfe, die politischen Debatten im Bundestag, die Stellungnahmen des Bundesrates und der Bundesregierung.[632] Einigkeit besteht jedoch darüber, dass die wohl wichtigste Quelle die von der Politik eingesetzten Expertenkommissionen sind. Auch angesichts des hohen Zeitdrucks existieren über diese Kommissiondebatten jedoch keine offiziellen Protokolle, was nach 2002 dazu führte, dass Kommissionsmitgliedern unterstellt wurde, Ansichten als solche der Kommission auszugeben, die sich in der Kommission jedoch

632 Claus-Wilhelm Canaris, Schuldrechtsmodernisierung 2002. Materialien, Texte, Dokumente, München 2002.

nicht hatten durchsetzen können. Das so geschürte Misstrauen führte nach 2002 zu einer „oral history", für die man mit einzelnen Kommissionsmitgliedern Mittagessen ging, um mehr über das gesetzgeberische Konzept zu erfahren.

Kaum diskutiert wurde auch eine weitere Besonderheit. Das BGB von 1900 hatte Abschnittsüberschriften, jedoch keine **Überschriften** über den einzelnen Normen. Diese wurden später vor allem vom Beck Verlag eingeführt und waren damit in keinem Fall Teil der Gesetzesauslegung. So wurde immer wieder auf den gesetzlichen Widerspruch hingewiesen, dass die Überschrift über Buch 2 „Recht der Schuldverhältnisse" einen weiten und die Überschrift über Abschnitt 4 „Erlöschen der Schuldverhältnisse" einen engen, auf den Anspruch begrenzten Begriff des Schuldverhältnisses verwende. Demgegenüber war es untersagt, die Überschrift des § 362 BGB „Erlöschen durch Leistung" etwa als gesetzgeberische Absage an die Vertragstheorie der Erfüllung zu lesen. Nachdem durch das FernabsatzG im Jahr 2000 ohne Diskussion einzelne amtliche Überschriften eingefügt worden waren, wurde in Art. 2 Abs. 2 des Schuldrechtsmodernisierungsgesetzes lapidar festgestellt: „Die Vorschriften des Bürgerlichen Gesetzbuchs erhalten die Überschriften, die sich aus der Inhaltsübersicht in der Anlage zu dieser Vorschrift ergeben".

Teilweise wurden darin weitreichende Folgerungen gesehen. Dem BVerfG, das die Teile des BGB, die älter waren als 1949, als vorkonstitutionell behandelte und damit generell der verfassungskonformen Auslegung zuwies, wurde nun entgegengehalten:

> [W]enn aber der Gesetzgeber nunmehr jeder einzelnen Vorschrift des BGB eine Überschrift zugewiesen hat, die Bestandteil des Gesetzestextes ist, so hat er sich dabei auch mit dem Inhalt der Vorschrift auseinandersetzen müssen, denn andernfalls ließe sich nicht beurteilen, ob die Überschrift zu dem einzelnen Paragraphen passt. Damit hat der Gesetzgeber aber sämtliche Bestimmungen des BGB inhaltlich bestätigt und sie somit in seinen gesetzgeberischen Willen aufgenommen.[633]

Damit wurde das gesamte BGB sozusagen neu verabschiedet und war nicht mehr vorkonstitutionell. Ob der Gesetzgeber hier wirklich das gesamte BGB noch einmal durchdacht hatte, darf man jedoch bezweifeln. Bei Durchsicht fällt auf, „dass die Verfasser des Entwurfs sich weitgehend an den Überschriften der Beck'schen Textausgaben orientiert haben".[634] Damit wäre der Beck Verlag zum Gesetzgeber mutiert

633 Dieter Leipold, Gibt es noch vorkonstitutionelle Vorschriften im BGB?, in: NJW 2003, S. 2659.

634 Thomas Rüfner, Amtliche Überschriften für das BGB, in: ZRP 2001, S. 12, dort auch Zusammenstellung der im Text gleich angesprochenen Mängel des Entwurfs, die in der Endfassung dann noch beseitigt wurden.

und eine historische Auslegung müsste versuchen, die Motive der Überschriftenverfasser zu rekonstruieren. Hinzu kamen im Entwurf des Schuldrechtsmodernisierungsgesetzes in den Fällen, in denen der Gesetzgeber neue Überschriften wählte, teilweise absurde Mängel, die wohl auch dem Zeitdruck geschuldet waren. Klar ist jedenfalls, dass seit 2002 Gesetzesüberschriften auch Gegenstand der Gesetzesauslegung sein müssen.

Inhaltlich hatte die Reform, neben der bereits dargestellten Integration von Verbraucherrecht, vier Schwerpunkte:

Grundlegend umgestaltet wurde 1) das **allgemeine Leistungsstörungsrecht**. Ziel der Schuldrechtsreform war zunächst, die zentrale Position der Unmöglichkeit zu beseitigen und die richterrechtlich entwickelte, in der Praxis viel wichtigere Positive Forderungsverletzung (PFV) zum Ausgangspunkt einer umfassenden Haftung für Pflichtverletzungen zu machen. Mit Blick auf die Sachmängelgewährleistung bedeutete dies vor allem, die wegen der unterschiedlichen Verjährung hochumstrittene Unterscheidung zwischen Mängelschäden (§ 463 BGB 1900, kurze Verjährung) und **Mangelfolgeschäden** (PFV, evtl. lange Verjährung) zu beseitigen. Dabei griff man zunächst auf den Lösungsvorschlag der alten Schuldrechtskommission von 1992 zurück. Im weiteren Verlauf der Debatte wurde die **Unmöglichkeit** jedoch wieder als besondere Leistungsstörung eingeführt (§§ 275 Abs. 1, 326 BGB 2002) und über die neuen Fallgruppen der qualitativen, der wirtschaftlichen (§ 275 Abs. 2 BGB 2002) und der persönlichen (§ 275 Abs. 3 BGB 2002) Unmöglichkeit erheblich ausgeweitet. Die faktische Unmöglichkeit, die man früher auch unter § 275 Abs. 1 BGB erfasst hatte, sollte jedoch – ohne dass dies dem Wortlaut sicher zu entnehmen wäre – nicht unter § 275 Abs. 2 BGB 2002 fallen, sondern weiter unter § 275 Abs. 1 BGB. Die §§ 306,[635] 307[636] BGB 1900, die eine Nichtigkeit des auf eine anfänglich unmögliche Leistung gerichteten Vertrages und eine verschuldensunabhängige Haftung auf Ersatz des Vertrauensschadens festlegten, wurden gestrichen. Gleichwohl wurde auch die Kategorie der anfänglichen Unmöglichkeit nicht, wie zunächst geplant, mit der nachträglichen Unmöglichkeit verschmolzen. Zwar stimmen nun in § 311a Abs. 1 S. 1 BGB 2002 die Rechtsfolgen überein (Schadensersatz statt der Leistung, Aufwendungsersatz), die

---

635 § 306. (1900–2002) Ein auf eine unmögliche Leistung gerichteter Vertrag ist nichtig.

636 § 307. (1900–2002) (1) [1] Wer bei der Schließung eines Vertrags, der auf eine unmögliche Leistung gerichtet ist, die Unmöglichkeit der Leistung kennt oder kennen muß, ist zum Ersatze des Schadens verpflichtet, den der andere Theil dadurch erleidet, daß er auf die Gültigkeit des Vertrags vertraut, jedoch nicht über den Betrag des Interesses hinaus, welches der andere Theil an der Gültigkeit des Vertrags hat.

Beibehaltung des Verschuldensprinzips zwingt aber zur besonderen Form des Vertretenmüssens als Kenntnis oder Kennenmüssen. Der zentrale Begriff der **Pflichtverletzung** wurde, anders noch als in § 323 DiskE, nur noch beim Schadensersatz gem. § 280 Abs. 1 BGB 2002, nicht mehr jedoch beim Rücktritt gem. §§ 323–326 BGB 2002 verwendet. Auch die Nebenleistungspflichten und die Schutzpflichten wurden aus dem Einheitstatbestand wieder ausgegliedert (§§ 282, 324 BGB 2002). Auch hier bekam die Unmöglichkeit Sonderregeln (§§ 283, 326 BGB 2002). Die Überarbeitung des auf dem Entwurf von 1992 basierenden ministerialen Entwurfs durch die Kommission für Leistungsstörungen mit Claus-Wilhelm Canaris führte also in vielen Punkten zu einer Rückwendung zum alten BGB und insbesondere zu einer nochmaligen Aufwertung der Unmöglichkeit, die man zunächst hatte abschaffen wollen.

Völlig umgestaltet wurde das bisher unübersichtlich geregelte **Rücktrittsfolgenrecht**. Die Rechtsfolgen, also Rückgewähr, Schadensersatz, Wertersatz und Herausgabe von Nutzungen und Verwendungen wurden nun gemeinsam in den neuen §§ 346 ff. BGB 2002 geregelt. Wichtigste Neuerung war dabei, dass der in den früheren §§ 351 ff. BGB 1900[637] geregelte Ausschluss des Rücktrittsrechts bei Verschulden des Rücktrittsberechtigten gestrichen wurde und die darin liegenden Wertungsfragen nun über Wertersatz gem. §§ 346 Abs. 2 und Abs. 3 BGB 2002 erfasst wurden.

2) Einen Bruch mit dem alten BGB stellte die Integration der **Gewährleistung** im Kauf- und Werkvertrag in das Allgemeine Schuldrecht in den §§ 280, 281, 323 BGB 2002 dar. Entscheidend hierfür ist die in § 433 Abs. 1 S. 2 BGB 2002 neu aufgenommene Hauptpflicht der mangelfreien Leistung, die bei Mängeln als Pflichtverletzung bzw. als Leistungserbringung „nicht wie geschuldet" dann (über die Verweisnorm des § 437 BGB 2002) direkt zu Schadensersatz gem. §§ 280 Abs. 1, 281 BGB 2002 und als „nicht vertragsgemäße" Leistung zum Rücktrittsrecht gem. § 323 BGB 2002 führt. Damit verschwanden die speziellen Rechtsbehelfe der Sachmängelgewährleistung, die Wandlung als Vorläufer des heutigen Rücktritts und der Schadensersatz (§§ 463, 635 BGB 1900). Durch die Integration der Mängelgewährleistung in das Allgemeine Schuldrecht stand die dort statuierte Unterscheidung in Schadensersatz neben (§ 280 Abs. 1 BGB 2002) und statt der Leistung (§§ 280 Abs. 1, Abs. 2, 281 Abs. 1 BGB 2002) bereit und so lebte auch eine weitere Unterscheidung wieder auf, die man durch die Reform hatte abschaffen wollen: Mangelschäden wurden von §§ 280 Abs. 1, Abs. 3, 281 BGB 2002 erfasst, und der wiederbelebte Mangelfolgeschaden fiel nach der

637 § 351. (1900–2002) [1] Der Rücktritt ist ausgeschlossen, wenn der Berechtigte eine wesentliche Verschlechterung, den Untergang oder die anderweitige Unmöglichkeit der Herausgabe des empfangenen Gegenstandes verschuldet hat.

Bundestagsdrucksache unter § 280 Abs. 1 BGB 2002.[638] Daraus ergaben sich schnell weitere schwierige Abgrenzungsprobleme: Die ältere Rechtsprechung hatte den durch die Mangelhaftigkeit verursachten Betriebsausfallschaden als Mangelschaden eingestuft und problemlos über §§ 463, 635 BGB 1900 ersetzt. Würde man nun den Mangelschaden unter § 281 BGB 2002 fassen, dann wäre ein Betriebsausfallschaden etwa während der Reparatur nicht ersetzbar, weil die Nachfrist noch nicht abgelaufen war. So lag es nun nahe, den Betriebsausfallschaden über §§ 280 Abs. 1, 2, 286 BGB 2002 als Verzögerungsschaden zu erfassen und damit an die Mahnung zu binden, während der Gesetzgeber Betriebsausfallschäden umstandslos § 280 Abs. 1 BGB 2002 zuordnete.[639]

3) Ein Teil der Abgrenzungsprobleme wurde jedoch dadurch entschärft, dass man die **Verjährung** im BGB umfassend vereinfachte und reformierte. Die alte Regelverjährung von 30 Jahren (§ 195 BGB 1900) wurde als zu lang empfunden und durch eine 3-jährige Regelverjährung (§ 195 BGB 2002) ersetzt. Die Fülle der Sonderregelungen, etwa für Gastwirte oder Tagelöhner (§ 196 Abs. 1 Nr. 1 bis 17 BGB 1900) wurde reduziert und durch eine 10-jährige Verjährung von Rechten an Grundstücken (§ 196 BGB 2002) und sechs Sonderfälle einer 30-jährigen Verjährung ersetzt. Einen Systemwechsel vom objektiven zum subjektiven System, das zuvor nur im Deliktsrecht gegolten hatte (§ 852 BGB 1900), stellte der Verjährungsbeginn dar: Startete die Verjährung regelmäßig bisher mit der Entstehung des Anspruchs (§ 198 BGB 1900, der nun auch das Deliktsrecht regelt), so stellte das Gesetz nun zusätzlich auf die Kenntnis bzw. grob fahrlässige Unkenntnis des Anspruchsstellers von den den Anspruch begründenden Umständen und der Person des Anspruchstellers ab (§ 199 Abs. 1 BGB 2002), was regelmäßig zu einer deutlich längeren, dann auf 10 oder 30 Jahre begrenzten (§ 199 Abs. 2, 3 BGB 2002) Verjährung führt. Verlängert wurden daneben vor allem die **Gewährleistungsfristen** im Kauf- und Werkvertragsrecht von sechs Monaten (§§ 477 Abs. 1 S. 1 und 638 Abs. 1 S. 1 BGB 1900) auf regelmäßig zwei Jahre (§§ 438 Abs. 1 Nr. 3, 634a Abs. 1 Nr. 1 BGB 2002), beginnend mit Ablieferung bzw. Abnahme. Neu eingeführt wurde die Möglichkeit, die Verjährungsfrist bis auf eine Höchstdauer von 30 Jahren vertraglich zu verlängern (§ 202 Abs. 2 BGB 2002), was zuvor ausgeschlossen gewesen war (§ 225 S. 1 BGB 1900). Früh Kritik fand die Neuregelung deswegen, weil die beabsichtigte Vereinfachung nicht konsequent durchgeführt wurde. Schon die Entwurfsverfasser verwiesen auf etwa 80 Sonderregelungen in Nebengesetzen.[640] Hinzu kam, dass auch innerhalb des BGB der Verjährungsbeginn für Dreijahresfristen nicht

638 BT-Drs. 14/6040, S. 84f.

639 BT-Drs. 14/6040, S. 225.

640 BT-Drs. 14/6040, S. 89ff.

vereinheitlicht wurde, so beginnt die Verjährung bei Pflichtteilsansprüchen weiterhin mit dem Erbfall, § 2332 Abs. 1 BGB.

4) Ein Problemkomplex mit besonderen Schwierigkeiten war die **Integration von Richterrecht** in das BGB. Dies betraf außerhalb des Verbraucherschutzes vor allem die Pflichtverletzung, jetzt § 280 BGB 2002, die culpa in contrahendo, jetzt §§ 311 Abs. 2 und 3 BGB 2002, die wirtschaftliche und persönliche Unmöglichkeit (§§ 275 Abs. 2 und 3 BGB 2002), den Wegfall der Geschäftsgrundlage (§ 313 BGB 2002) und die Kündigung aus wichtigem Grund (§ 314 BGB 2002). Sieht man von § 280 BGB 2002 ab, so springt die äußerste Unbestimmtheit dieser Regelungen ins Auge. Anders als im AGB-Recht, wo in den §§ 308 und 309 BGB 2002 detaillierte Einzelfälle (die bereits im ABGB 1976 weitgehend geregelt waren) kodifiziert wurden, entschloss sich der Gesetzgeber 2002, weitgehend „inhaltsleere Normhülsen"[641] zu kodifizieren. Für die culpa in contrahendo war zunächst als § 305 Abs. 1 S. 2 BGB DiskE geplant: „Ein Schuldverhältnis mit Pflichten nach § 241 Abs. 2 BGB-DiskE kann bereits durch Anbahnung eines Vertrages entstehen". Damit lehnte man den Vorschlag von Dieter Medicus in der ersten Schuldrechtsreform ab, gezielt Fallgruppen zu kodifizieren. Der Gesetzgeber wollte mit der Norm weder ein Abweichen von der bisherigen Rechtslage noch eine Festlegung, die eine künftige Fortentwicklung behindert hätte. Die Kommission Leistungsstörungsrecht fasste § 311 Abs. 2 BGB 2002 dann etwas konkreter. Immerhin wurde mit „ähnliche geschäftliche Kontakte" ein Prinzip formuliert, das etwa den in älteren Arbeiten oft als ausreichend erachteten „sozialen Kontakt" klar einschränkte. Gleichwohl war nicht zu verkennen, dass der Gesetzgeber hier eine Norm erließ, die nicht das Ziel hatte, den Rechtsanwender nennenswert zu binden. Als Grund für dieses für eine Legislative eigenartige Vorgehen nannte man das begrenzte Ziel, dass die „Grundsätze dieses Rechtsinstituts […] auch im Bürgerlichen Gesetzbuch als der zentralen deutschen Zivilrechtskodifikation ihren textlichen Ausdruck finden"[642] sollten. Dass damit das BGB eine Art Lehrbuchersatz zu werden drohte, machte die Rechtfertigung durch Claus-Wilhelm Canaris deutlich, dem zufolge „der Ausländer und der Student […] eine Grundlage im Text des BGB finden sollte".[643] Dass selbst dies misslang, machten bald die Debatten darum deutlich, ob der Vertrag mit Schutzwirkung zugunsten Dritter nun in § 311 Abs. 3 S. 1 BGB 2002 „kodifiziert" sei oder weiterhin an § 328 BGB analog oder § 242 BGB angebunden bleiben müsse. Besondere Probleme

641 Barbara Dauner-Lieb, Kodifikation von Richterrecht, in: Wolfgang Ernst u. Reinhard Zimmermann (Hg.), Zivilrechtswissenschaft und Schuldrechtsreform, Tübingen 2001, S. 327.

642 BT-Drs. 14/6040, S. 162.

643 Claus-Wilhelm Canaris, Die Reform des Rechts der Leistungsstörungen, in: JZ 2001, S. 519.

bereiteten in diesem Kontext die nun überall auftauchenden Vorschriften, in denen der Rechtsanwender zu einer **Abwägung** aufgefordert wurde. So verlangt § 314 BGB 2002 eine „Abwägung der beiderseitigen Interessen“, § 275 Abs. 2 BGB 2002, dass die Leistung „einen Aufwand erfordert, der unter Beachtung des Inhalts des Schuldverhältnisses und der Gebote von Treu und Glauben in einem groben Missverhältnis zu dem Leistungsinteresse des Gläubigers steht“, § 275 Abs. 3 BGB 2002 bei einer persönlichen Leistung, dass deren Erbringung dem Schuldner „unter Abwägung des seiner Leistung entgegenstehenden Hindernisses mit dem Leistungsinteresse des Gläubigers nicht zugemutet werden kann“, oder § 281 Abs. 2 BGB 2002 (ähnlich § 323 Abs. 2 Nr. 3 BGB 2002), dass „besondere Umstände vorliegen, die unter Abwägung der beiderseitigen Interessen die sofortige Geltendmachung des Schadensersatzanspruchs rechtfertigen“. Derartige Abwägungsvorschriften waren dem BGB von 1900 weitgehend unbekannt. Seltene Fälle sind der spät eingefügte § 343 BGB mit der Herabsetzung der „unverhältnismäßig“ hohen Vertragsstrafe oder § 254 Abs. 1 BGB für die Bemessung des Mitverschuldens. Damit vollzog der Gesetzgeber 2002 methodische Entwicklungen nach, die dem BGB-Gesetzgeber 1900 noch fremd gewesen waren. „Interessenabwägung“ als neue juristische Methode war nach 1900 vor allem von Juristen propagiert worden, die unter neukantianischem Einfluss dem Freirecht oder der Interessenjurisprudenz nahestanden. Die Forderung passte sich ein in die hier geforderte Abkehr vom Subsumtionsdenken hin zu einer wertbeziehenden Gesetzesinterpretation. Karriere machte der Begriff auch seit den 1930er Jahren in der „Wertungsjurisprudenz“, die den Richter zum Werten aufforderte.[644] Gleichwohl neigte weder das Reichsgericht noch der frühe BGH dazu, Interessen- oder Güterabwägung zu betreiben. Es war vielmehr das BVerfG, das seit den 1950er Jahren Abwägung zur zentralen richterlichen Methode ausbaute. Hier griff man auf eigene staatsrechtliche Traditionen zurück, insbesondere auf Rudolf Smend, der bereits in Weimar gegen „leere begriffliche Formaljurisprudenz“ gewettert hatte. Auslegung sei eine Frage von „Abwägungsverhältnissen“, bei denen der Interpret in einer geisteswissenschaftlichen Methode „Wertkonstellationsfragen“ zu erfassen habe.[645] Seit der „**Lüth**-Entscheidung“[646] hatte das BVerfG die Grundrechte der Verfassung als Ausdruck einer Werteordnung verstanden, deren einzelne Werte untereinander in einem Spannungsverhältnis stehen, das nur durch eine Wert- und Interessenabwägung im Einzelfall aufgelöst werden kann. Hatte dies im Staatsrecht

644 Vgl. zu diesen Zusammenhängen oben S. 230 ff.

645 Rudolf Smend, Mitbericht, in: Karl Rothenbücher (Hg.), Das Recht der freien Meinungsäußerung, Berlin 1928, S. 51 ff.

646 BVerfGE 7, S. 198 ff., vgl. oben S. 328 ff.

in der Folgezeit zur Erarbeitung einer Abwägungsmethodik geführt, war das Zivilrecht auch 2002 auf Abwägung als Methode des Zivilrichters nicht vorbereitet. Als das BVerfG 2001 aus dem Benachteiligungsgebot des Art. 3 Abs. 3 S. 2 GG folgerte, der Zivilrichter müsse auch im Mietrecht und bei Rückgriff auf § 242 BGB die gegenseitigen Pflichten durch eine umfassende Interessenabwägung feststellen, kritisierte dies Hans-Martin Pawlowski gerade aus methodischer Perspektive. Durch die Übertragung der staatsrechtlichen Abwägungsmethode in das Zivilrecht werde die „Freiheitsgarantie des Grundgesetzes" verletzt, weil die gerade im Zivilrecht entscheidende Handlungsfreiheit den Staat dazu anhalte, die Pflichten des Bürgers vorab zu bestimmen. Dramatisch warnte er, es gehe darum, „ob unsere Rechtsordnung weiterhin wie die übrigen europäischen Rechtsordnungen auf dem Prinzip der Normativität aufbaut oder ob wir zu der Kadijustiz zurückkehren, wie sie das Rechtsdenken der außereuropäischen Kulturen bis heute bestimmt hat".[647] Nüchterner wird man feststellen müssen, dass die Hofierung der Abwägung in der Schuldrechtsreform 2002 eine Reihe von Regeln geschaffen hat, die nicht nur in ihrem Anwendungsergebnis weitgehend unvorhersehbar sind, sondern für die das Zivilrecht bis heute auch keine konsentierte Anwendungsmethode bereithält.

Literatur: Reinhard Zimmermann, Schuldrechtsmodernisierung?, in: Wolfgang Ernst u. Reinhard Zimmermann (Hgg.), Zivilrechtswissenschaft und Schuldrechtsreform, Tübingen 2001, S. 1 ff.; Thomas Rüfner, Amtliche Überschriften für das BGB, in: ZRP 2001, S. 12 f.; Claus-Wilhelm Canaris, Die Reform des Rechts der Leistungsstörungen, in: JZ 2001, S. 499 ff.; ders. (Hg.), Schuldrechtsmodernisierung 2002. Materialien, Texte, Dokumente, München 2002; Rainer Schröder u. Jan Thiessen, Von Windscheid zu Beckenbauer – die Schuldrechtsreform im deutschen Bundestag, JZ 2002, 325–329; Heinz-Peter Mansel u. Christine Budzikiewicz, Das neue Verjährungsrecht, Bonn 2002; Barbara Dauner-Lieb, Thomas Heidel, Manfred Lepa u. Gerhard Ring (Hgg.), Das neue Schuldrecht in der anwaltlichen Praxis, Bonn 2002; Hans-Martin Pawlowski, Verfassungsrechtliche Vorgaben für die Auslegung des § 242 BGB, in: JZ 2002, S. 627 ff.; Barbara Dauner-Lieb, Horst Konzen u. Karsten Schmidt (Hgg.), Das neue Schuldrecht in der Praxis. Akzente – Brennpunkte – Ausblick, Köln 2003; Dieter Leipold, Gibt es noch vorkonstitutionelle Vorschriften im BGB?, in: NJW 2003, S. 2657 ff.; Barbara Dauner-Lieb, Ein Jahr Schuldrechtsreform – Eine Zwischenbilanz, ZGS 2003, S. 10 ff.; HKK/Zimmermann, vor § 1, Tübingen 2003, Rn. 29 ff.; Joachim Rückert, Leistungsstörungen und Juristenideologien heute und gestern – ein problemgeschichtlicher Beitrag zum Privatrecht in Europa, in: Jürgen Taeger u. Andreas Wiebe (Hgg.), Informatik – Wirtschaft – Recht. Regulierung in der

647 Hans-Martin Pawlowski, Verfassungsrechtliche Vorgaben für die Auslegung des § 242 BGB?, in: JZ 2002, S. 633.

Wissensgesellschaft, Festschrift für Wolfgang Kilian zum 65. Geburtstag, Baden-Baden 2004, S. 705 ff.; Egon Lorenz, Stephan Lorenz u. Peter Reiff (Hgg.), Karlsruher Forum 2005: Schuldrechtsmodernisierung – Erfahrungen seit dem 1. Januar 2002, Karlsruhe 2005; Barbara Dauner-Lieb, Viereinhalb Jahre Gesetz zur Modernisierung des Schuldrechts. Das neue Schuldrecht und der BGH – eine Zwischenbilanz, AnwBl, Nr. 7, 2006, S. 430; Joachim Rückert, Abwägung – die juristische Karriere eines unjuristischen Begriffs oder: Normenstrenge und Abwägung im Funktionswandel, in: Nils Jansen u. Peter Oestmann (Hgg.), Gewohnheit. Gebot. Gesetz, Tübingen 2011, S. 181 ff.; Markus Artz, Beate Gsell u. Stephan Lorenz (Hgg.), Zehn Jahre Schuldrechtsmodernisierung, Tübingen, 2014; Thomas Duve u. Stefan Ruppert (Hgg.), Rechtswissenschaft in der Berliner Republik, Frankfurt a. M. 2018 (Beiträge von Joachim Rückert, Lena Foljanty, Ralf Seinecke und Thomas Piersson).

5 100 Jahre Bürgerliches Gesetzbuch

Am Anfang dieses Buches stand ein auffallender Befund. Das Bürgerliche Gesetzbuch von 1900 wird meist als eine Kodifikation mit einem klaren sozialpolitischen, nämlich liberalen bzw. „unsozialen" Profil eingestuft. Andererseits galt das BGB im Kaiserreich, in Weimar, während des Nationalsozialismus, in der DDR und in der Bundesrepublik, also in höchst unterschiedlichen Rechts- und Gesellschaftsordnungen. Wie ist ein solches Phänomen zu erklären?

Die erste Antwort führt zum **Gesetzgeber** und lautet: Es galt gar nicht. Bis heute wird oft unterschätzt, wie stark die gesetzgeberischen Eingriffe in das BGB im 20. Jahrhundert waren. Das BGB galt durchweg nur in den Bereichen weiter, in denen man das auch politisch wollte. Dass sein Wortlaut so lange unverändert blieb, darf darüber nicht hinwegtäuschen.

Die Geschichte des BGB im 20. Jahrhundert ist also die Geschichte seiner Entmachtung. Diese geschah einerseits durch gesetzgeberische Regulierung. Durch eine Fülle vorrangiger Sondergesetze griff die Legislative in die Privatautonomie ein. Diese im Kaiserreich beginnende Entwicklung erreichte im Ersten Weltkrieg einen ersten Höhepunkt. Privatrecht wurde an die Kriegswirtschaft angepasst und staatlicher Nutzung unterworfen. Diese für den Ausnahmezustand geschaffenen Instrumente wurden in der Weimarer Republik nur teilweise wieder zurückgenommen. In vielen Bereichen blieb die Vertragsfreiheit durch eine Fülle zwingenden Rechts bis hin zu Kontrahierungszwang und Preisfestsetzung eingeschränkt und auch das Eigentum unterlag etwa im Miet- oder Siedlungsrecht mannigfachen staatlichen Begrenzungen. Neben diese gesetzgeberischen Eingriffe, also Regulierung, trat regulierte Selbstregulierung. Der Staat überließ viele Bereiche gesellschaftlichen Selbstorganisationen, etwa Verbänden, Gewerkschaften oder Berufsgenossenschaften, griff aber durch Aufsichts- oder Genehmigungsbefugnisse, staatliche Beteiligungen oder Anreizsysteme in die Selbstorganisation ein. Ein Beispiel sind die Mieteinigungsämter in der Weimarer Republik, die einerseits Mietstreitigkeiten weitgehend richterlicher Kontrolle entzogen und der Selbstorganisation der Mietparteien übergaben, gleichwohl über Aufbau und Organisation des Verfahrens einen starken Mieterschutz erreichten. Im Nationalsozialismus wurden diese Selbstregulierungsräume durch die Unterwerfung aller innergesellschaftlichen Organisationen unter den Primat der Einheitspartei stark zurückgenommen. Anders als lange vermutet, blieb aber auch hier vom Regelungsbereich des BGB nicht viel. Es war also keineswegs die „unbegrenzte Auslegung" durch die Justiz, welche die Haupteingriffe in das BGB bewirkte. Zwar wurden nur wenige direkte Eingriffe in den Wortlaut des BGB vorgenommen. Im Arbeits-, im Familien-, im Testaments- und im Landwirtschaftsrecht wurden jedoch Sondergesetze geschaffen, die dem BGB vorgingen. Hinzu kam eine explosionsartige Vermehrung von Verwaltungsrecht, das teilweise auf dem Verordnungswege, teilweise aber auch durch Einzelmaßnahmen weite Teile der Lebenswirklichkeit der Bürger ohne das BGB regelte. Die DDR ging einen ähnlichen Weg. Alle politisch für den Sozialismus relevanten Bereiche wurden durch Sonderrecht seit den 1950er Jahren dem BGB entzogen. Ähnlich wie im Nationalsozialismus betraf dies vorrangig das Arbeitsrecht, das Familienrecht, das Bodenrecht und das Wirtschaftsrecht. Auch in der DDR existierten viele andere „Normativakte", die jederzeit dem BGB vorgehen konnten. Das BGB wurde in der DDR letztlich auf ein Gesetzbuch für das „Feierabendrecht" reduziert, in dem die Bürger ihre individuellen Konsumbedürfnisse befriedigen durften und privaten Handel trieben. Auch in der DDR blieb das BGB in seinem Wortlaut gleichwohl weitgehend unangetastet. Die großen Eingriffe in den Text des BGB brachte erst die Bundesrepublik. Dies betrifft zunächst das Familienrecht, welches in mehreren Reformschritten völlig umgebaut wurde. Unter dem Druck der EU wanderte dann der Verbraucherschutz in das BGB, was in der Schuldrechtsreform dazu genutzt wurde, viele andere Bereiche, die zuvor in Sondergesetzen geregelt waren, etwa das AGB-Recht, Verbraucherkredite und Teile des Mietrechts, in das BGB zu integrieren. In diesen Bereichen gibt das BGB nun erneut das geltende Recht wieder. Besonders im Verbraucherrecht und im AGG erfolgte dies jedoch um den Preis, dass die am frei-gleichen Privatrechtssubjekt und der Privatautonomie ausgerichtete Systematik des BGB zerschlagen wurde. Spätestens seitdem ist auch der Privatrechtsbegriff in Bewegung gekommen. Privatautonomie ist nicht primär Selbstzweck, sondern gesamtgesellschaftlichen Zwecken unterworfen. Privatrecht wird zunehmend zu einem Sonderfeld staatlicher Regulierung. Was der Gesetzgeber dagegen nicht versuchte, war, die Techniken flexiblen Richterrechts, die von der Rechtsprechung seit 1900 zumeist unter Rückgriff auf § 242 BGB entwickelt worden waren, rückzubinden. Überall beließ er der Rechtsprechung den alten Spielraum und kodifizierte höchstens die überkommenen Fallgruppen. Beispiele sind §§ 307 Abs. 1 S. 1, 311 Abs. 2 Nr. 3, 313, 314, 275 Abs. 2 und 3, 439 Abs. 3 (jetzt 4) BGB. Indem in modernen Gesetzen generell unbestimmte Rechtsbegriffe und Abwägungstechniken zunehmen, wird der Steuerungsanspruch der Kodifikation schwächer und die Rechtsprechung rückt in den Blick.

Wie ging die **Rechtsprechung** mit diesem BGB um? Lange wurde die Geschichte einer schrittweisen Emanzipation erzählt: Im Kaiserreich habe die Judikatur „gesetzespositivistisch", also gesetzestreu agiert, in Weimar habe man die Generalklauseln als Mittel der Rechtsfortbildung entdeckt und in Anlehnung an das Freirecht den Weg zu offenem Richterrecht überschritten. Im Nationalsozialismus sei diese so begründete „unbegrenzte Auslegung" dann Träger des Unrechts gegen das BGB gewesen. Neuere Forschungen haben dieses Bild überzeugend korrigiert. Bereits im Kaiserreich nutzten die Richter die seit Savigny übliche exegetische Freiheit und reicherten sie durch zeitgenössische Argumente an: Neben die freie Arbeit mit den gesetzgeberischen Begriffen und die alte „logische" Auslegung, die eine Argumentation mit der ratio legis ermöglichte, also die Zweckmäßigkeit der Norm und dahinterstehende Prinzipien nutzbar machte, gaben die Lückenfüllung durch Analogie und Natur der Sache bis zum freien Durchgriff auf die „Rechtsordnung" schon lange hinreichend Spiel. Historische Auslegung, die potenziell hätte binden können, wurde demgegenüber von Anfang an abgelehnt. Neben diese traditionellen Techniken der Fortbildung durch den Gesetzestext hindurch traten um 1900 mit der objektiven und der teleologischen Auslegung Argumente, die gezielt zu dem Zweck in der Literatur entwickelt worden waren, dem Richter unter dem BGB Bewegungsspielraum herbeizuargumentieren. Auch die Generalklauseln waren seit langem als Überdruckventil anerkannt. Die antike bona fides, die im BGB in den §§ 157, 242 BGB ja nur kodifiziert worden war, erlaubte es bereits im Jus Commune fraglos, richterlich unterstellte Verhaltenserwartungen der Parteien in Verträge hineinzulesen oder richterlich anzuordnen. Die guten Sitten waren bereits vor 1900 ein entscheidendes Instrument der Rechtsprechung, um wirtschaftliche Fehlentwicklungen wie Monopole, Arbeitskämpfe, Kartelle und unlauteren Wettbewerb zu bekämpfen. Bisherige Untersuchungen der Urteilspraxis des Reichsgerichts zeigen, dass es den Richtern mit diesem Methodenarsenal problemlos gelang, Lösungen im BGB zu verankern, die im Gesetzgebungsverfahren teilweise explizit abgelehnt worden waren. Es war folglich auch nicht die Weimarer Justiz, die diese längst vorhandenen Spielräume entdecken musste. Auch in Weimar dominierten vielmehr noch die alten Techniken der variablen Gesetzesauslegung und der Orientierung am hypothetischen Parteiwillen, mittels derer nun etwa der Leistungsbegriff modifiziert, vertraglicher Drittschutz begründet oder der Wegfall der Geschäftsgrundlage etabliert wurden. Daneben gerieten die Generalklauseln stärker in den Fokus. Dies war jedoch keineswegs Folge eines anderen Verständnisses etwa von Treu und Glauben, sondern der krisenbedingten Tatsache, dass etwa im Bereich der Inflation § 242 BGB in bestimmten Konstellationen ein Massenargument wurde. Der neue, nämlich offen politische Richter trat im Zivilrecht erst im Nationalsozialismus auf den Plan, als die alte Generalklauselkonzeption verlassen wurde. An die Stelle des inhaltlich unbestimmten Maßstabes von Treu und Glauben oder der guten Sitten, der letztlich richterliche Einzelfallgerechtigkeit im Interesse der Vertragsparteien ermöglichte, trat eine zweite überpositive Rechtsordnung, an die die Richter über §§ 242, 138 BGB und andere ehemals unbestimmte Rechtsbegriffe nun gebunden waren. Unter diesem Deckmantel judizierten die Richter im Rahmen eines politischen Programms gegen das BGB, indem sie es anwendeten. Dieses politische Selbstverständnis der Richter blieb nach 1945, nun als „naturrechtlich" apostrophiert, besonders bei einigen Senaten des BGH bis etwa 1960 virulent. Erst mit der „Lüth-Entscheidung" verlor der BGH 1958 dieses selbstgeschaffene Recht, selbst gefundene politische Werte gegen das BGB in Stellung bringen zu dürfen. Das BVerfG nutzte nun die im Nationalsozialismus vorgedachte Theorie der mittelbaren Drittwirkung, um die Generalklauseln weiter als „Einbruchstellen" für politische Korrekturen des BGB verwenden zu können. Zudem rückte mit dem BVerfG die Technik der Abwägung der konfligierenden Interessen und Güter, die insbesondere Rudolf Smend in den 1920er Jahren gegen „formallogische" Subsumtionstechnik ins Spiel gebracht hatte, in den Vordergrund. Auch im Zivilrecht wurde nun immer häufiger mittels einer „Güterabwägung", einer „Interessenabwägung" oder einer „Gesamtabwägung" freie richterliche Würdigung an die Stelle der Gesetzesanwendung gesetzt.

Wird man also davon ausgehen können, dass zu keinem Zeitpunkt die Richter so gebunden wurden, dass das BGB ihnen Fesseln angelegt hätte, so hatte sich doch die richterliche Argumentation verändert. Flaggten die Richter vor 1933 ihre Eingriffe in das BGB überwiegend höflich-unpolitisch als Gesetzesanwendung oder Vertragsauslegung aus, gingen sie nach 1933 immer stärker dazu über, das Gesetz und den Vertrag offen politisch zu korrigieren. Dieses Recht ist inzwischen formal beim BVerfG und dem EuGH gebündelt. Damit existieren zwei Gerichte, die mehr oder minder offen jenseits der Gewaltenteilung rechtsetzend tätig sind. Auch der BGH hielt aber an der späten Judikatur des RG insofern fest, als auch er bis heute seine Rechtsprechung als Rechtsetzung begreift und neben das Gesetz stellt. Einen „Subsumtionsautomaten" gab es nie, den bekennenden „Richterkönig" gibt es erst seit 1933.

Bei all dem darf man freilich nie so weit gehen, als wäre das BGB in den Händen der Richter ein beliebiger Text gewesen. Eine begrenzte Bindung entsprang aus dem Gesetz und der dies stabilisierenden Dogmatik fraglos im gesamten 20. Jahrhundert. Diskutiert wird aktuell, ob auch unter Bedingungen extremen Umwertungsdrucks eine relative Bindung an das BGB und die dies umgebende dogmatische Struktur existierte. Für die DDR und den Nationalsozialismus hat jüngst Inga Markovits die These aufgestellt, dass sich auch in diesen beiden Systemen Richter primär als „Juristen" verstanden und darauf abgezielt hätten, „ihr juristisches Handwerkszeug" weiter sorgfältig anzuwenden.[1] Sind Juristen also schon deshalb ein Störfaktor der Diktatur, weil sie immer technisch-juristisch und damit willkürbegrenzend arbeiten? Weil Juristen eben Juristen sind? Gab es in den Diktaturen des 20. Jahrhunderts also doch Restbereiche der „Form als Zwillingsschwester der Freiheit"? Die bisherigen Untersuchungen der Gerichtspraxis im Nationalsozialismus tragen eine solche Vermutung nicht. Sie stützen eher die These, dass die Richter „politische" Fälle durchweg als solche identifizierten und ihre Argumentationsstrategie daran ausrichteten. Jüdische Parteien gewannen demnach zumeist nur dann den Prozess, wenn dies im Staatssinne war, etwa dann, wenn die Richter im Zuge der „Arisierung" jüdisches Vermögen vor dem Zugriff der Gläubiger schützen wollten, um es dem ausplündernden Staat zu erhalten. Ob in weniger exponierten Fällen richterliche Subsumtion und Dogmatik, sozusagen in kleiner Flamme, Richtern ermöglichte, die Parteien gegen staatliche Willkür zu schützen, bleibt eine schwierige Frage, die noch zu wenig untersucht ist. Bisherige Rechtsprechungsanalysen sprechen jedenfalls dagegen, hier eine richterliche Strategie, also mehr als Einzelfälle, zu sehen. Insgesamt dominierten Anpassung und auch vorauseilender Gehorsam. Zu weit geht Hans Schlosser, wenn er mit Blick auf den Nationalsozialismus resümiert:

> Widerstand gegen das Regime konnte schon durch eine korrekte Anwendung der Norm des noch fortgeltenden bürgerlichen Rechts geleistet werden. Eine Vielzahl von Richtern, Anwälten und Notaren hat auf diese vielleicht unspektakuläre, deshalb aber nicht minder gefährliche Weise der Perversion des Rechts entgegengewirkt.[2]

Nachweise für einen solchen „richterlichen Widerstand durch Gesetzespositivismus" hat die bisherige Forschung nicht erbracht. Es wäre auch eine eigenartige Umkehrung der alten Entlastungsthese der Richterschaft nach 1945: Dann hätte „der Positivismus" die Richter nicht „wehrlos", sondern „wehrhaft" gemacht.

---

1 Inga Markovits, Diener zweier Herren. DDR-Juristen zwischen Recht und Macht, Berlin 2020, S. 216; hierzu meine Rezension, die in Rg 29, 2021, S. 239 ff. erschienen ist.

2 Hans Schlosser, Zivilrecht für 100 Jahre. Das janusköpfige Bürgerliche Gesetzbuch, in: ders. (Hg.), Bürgerliches Gesetzbuch 1896–1996. Ringvorlesung an der Juristischen Fakultät der Universität Augsburg, Karlsruhe 1997, S. 30.

Und die **Rechtswissenschaft**? Unstreitig war das BGB ihr Produkt. Es war geprägt vom Denken der Pandektenwissenschaft. Um 1800 war es hier zu einem Aufbruch gekommen. Das Ziel hieß Wissenschaft, und dies bedeutete zunächst einmal Autonomie gegenüber der Gerichtspraxis, die noch im 18. Jahrhundert den Alltag der Professoren geprägt hatte. Autonomie bedeutete nicht, dass man die Rechtspraxis missachtete. Es war jedoch die Rechtswissenschaft, die diesem Stoff, also auch richterlichen Urteilen, die Regeln der wissenschaftlichen Verarbeitung aufzwang. Am Anfang stand eine Ausbildungsreform, die einen wissenschaftlich denkenden Juristenstand schuf, der dann die Richterpositionen besetzen und so eine Verwissenschaftlichung der Praxis erreichen sollte. Das Wissenschaftskonzept distanzierte sich von alten Vernunftrechtsüberlegungen und setzte an einem Untersuchungsgegenstand an, der nicht einfach rational, durch menschliche Planungen, sondern ungesteuert, naturwüchsig entstand: das Recht als Produkt des Volksgeistes. Es entwickelte sich ein Denken zwischen Notwendigkeit und Freiheit. Das Recht war immer in Bewegung, nicht vorhersagbar, nie statisch, in seiner Entwicklung zum „Guten“ oder „Bösen“ frei. Es war andererseits menschengemacht, unterlag menschlichen Denkgesetzen und war durchdrungen von einem einheitlichen Rechtsgefühl. Es war notwendig, einheitlich, ein System. Rechtswissenschaftler rationalisierten eine zersplitterte, teils widersprüchliche, inkohärente Rechtswirklichkeit, indem sie das darin gleichwohl versteckte System „begreifen“ wollten. In intensiven Debatten verarbeitete die Pandektenwissenschaft das „heutige römische Recht“ zum Pandektensystem, indem sie aus dem antiken Fallrechtsdiskurs in den Digesten (weniger aus anderen Teilen des Corpus Juris Civilis) und den seit dem Mittelalter gewachsenen herrschenden Ansichten der Rechtswissenschaftler hierzu (communis opinio doctorum) sowie dem Gerichtsgebrauch (usus fori) positive Rechtssätze herausinterpretierte und durch eine Reihe dogmatischer Mittlerargumente mit dem an der menschlichen Freiheit aller orientierten Rechtsbegriff verknüpfte. Und so war das BGB konstruiert. § 1 BGB statuierte die Allgemeine Rechtsfähigkeit als Ausgangspunkt. §§ 305 und 903 BGB 1900 gaben mit der Vertragsfreiheit, der Eigentumsfreiheit die Leitprinzipien, auf die die gesamte Dogmatik der Einzelfragen bezogen war, geordnet im Allgemeinen Teil nach dem alten Institutionensystem, als Kodifikation insgesamt nach dem Pandektensystem.

Als die Kodifikation am 1. Januar 1900 in Kraft trat, sah es so aus, als wäre damit die Pandektenwissenschaft an ihr Ende gekommen. An die Stelle einer höchst dynamischen Debatte, in der nicht einmal die Grundbegriffe des Privatrechts unumstritten waren, schien mit der staatlichen Festsetzung ein starres Korsett zu treten. Eine Wissenschaft, die ihren Gegenstand immer als dynamisch, frei-beweglich, geschichtlich behandelt hatte, begehrte hiergegen jedoch auf. Sie hatte Dogmatik nie als „Begriffsjurisprudenz" verstanden, die mit einer „ewigen" Welt der feststehenden Begriffe eigentlich ganz zufrieden hätte sein können. Dogmatik war unendliche Annäherung an die sich wandelnde Wirklichkeit des positiven Rechts, sozusagen der Schuss auf den laufenden Keiler. Und so wurde auch das BGB schnell zum „Durchgangspunkt" (Heinrich Lehmann). Die Rechtswissenschaft neigte daher nie dazu, sich allzu genau mit den Motiven des historischen Gesetzgebers zu beschäftigen, und begann sofort nach 1900, über das BGB wie zu Zeiten der Pandektenwissenschaft eine neue dogmatische Struktur zu legen. Bis tief in die Weimarer Republik blieb die Zivilrechtswissenschaft dogmatisch, daran interessiert, den sozialen Wandel durch neue Begriffe und dogmatische Konstruktionen in der neuen BGB-Dogmatik zu verankern. Die Privatrechtswissenschaft verwissenschaftlichte das BGB noch lange im alten Stil.

Es war der Nationalsozialismus, der diese Traditionen zerstörte. Die stabilisierende Funktion, die Dogmatik immer für das Privatrecht angestrebt hatte, wurde nun als politischer Störfaktor klar benannt. Die Rechtswissenschaft unterwarf sich direkter politischer Steuerung und gab ihre Arbeit an der Eigenlogik des Rechts auf. Entscheiden sollte nun der Richter, nicht gebunden an die enge Welt des BGB und die sie umgebende Dogmatik, sondern an extralegale politische Vorgaben. Generalklauseln wurden nun als Brücke propagiert, um zur Geltung von dem BGB fremden Werten zu gelangen, ohne in das Loch der offenen Entscheidung contra legem zu fallen. Die Dogmatik des BGB war zu einem politischen Fremdkörper geworden. Die nach 1945 schnell in ihre Ämter zurückkehrenden Professoren waren weiterhin tief von diesem Denken geprägt. Bis in die 1960er Jahre blieb ihr Denken privatrechtspolitisch antiliberal und methodisch antipositivistisch. Die „Knochenerweichung" (Heinrich Lehmann) des BGB wurde weitergeführt. Man setzte gegen das „erstarrte doktrinäre System mit seiner Begriffslogik" auf „rechtsethische Problemerörterung und Grundsatzbildung".[3] Die hierzu notwendigen Werte fand man nur kurz im „Gewissen", dann bald irgendwie zwischen Wert und Wirklichkeit „in sachlogischen Gesetzlichkeiten" oder durch phänomenologische Lebensschau des Juristen auf die „Wirklichkeit, in der er lebt und sich einrichtet, als etwas Reales, das ihn unmittelbar angeht".[4] Nur solange die Rechtswissenschaft so behauptete, dem Richter „außer- und übergesetzliche Werte und Wertungsmaßstäbe" bereitstellen zu können, „an denen er sich dann orientieren kann und soll",[5] blieb der alte Anspruch, der Rechtspraxis durch Rechtswissenschaft

3 Josef Esser, Grundsatz und Norm in der richterlichen Fortbildung des Privatrechts, Tübingen 1956, S. 6.

4 Karl Larenz, Richtiges Recht. Grundzüge einer Rechtsethik, München 1979, S. 176.

5 Karl Larenz, Methodenlehre der Rechtswissenschaft, 6. Aufl. München 1991, S. 120.

Orientierung geben zu können, aufrecht erhalten. Als Karl Larenz 1991 für den Fall der Aufgabe dieses Anspruchs vor einem „Scherbenhaufen" warnte, bei dem an die Stelle der „normativen Rechtswissenschaft, die prüfe, wie er [sc. der Richter] entscheiden soll",[6] eine bloße Tatsachenwissenschaft trete, die nur nachvollziehe, was Richter täten, war genau das wohl schon passiert. War Dogmatik schon lange als Richtigkeitsprobe in der Krise, so fielen nun auch rechtswissenschaftliche Wertbehauptungen als kaschierte Politik eines Juristenstandes der Rechtskritik zum Opfer. Die Folge war, dass die meisten Privatrechtswissenschaftler ihren Autonomieanspruch aufgaben und Teil der Rechtspraxis zu werden versuchten. Werte entnahm man nun dem BVerfG oder den europäischen Vorgaben und gliederte sich in die Rechtsunterworfenen ein. Konsequent wurde das Gerichtsurteil zur Richtigkeitsprobe:

> Die Rechtsprechung wird in diesem Sinne zu einer Schiedsinstanz über die Qualität rechtswissenschaftlicher Forschung, sie erfüllt eine dem naturwissenschaftlichen Experiment vergleichbare Falsifikationsfunktion.[7]

Deutlicher könnte die Abkehr vom Wissenschaftsanspruch des 19. Jahrhunderts kaum sein. Hatte Jhering 1856 doch ganz entgegengesetzt betont, ein richtig konstruierter Rechtssatz existiere, „weil er nicht nicht existieren kann", und zwar auch dann, „wenn er nie auf eine […] praktische Verwertung hoffen" könne.[8]

Diese Entwicklung führte zu einer schnellen Entdifferenzierung. In den meisten Teilen des Privatrechts ist es heute schwer, Kriterien zu benennen, nach denen sich die schriftstellerische Tätigkeit von Professoren von der von Rechtsanwälten unterscheidet. Inzwischen schreiben Professoren, Rechtsanwälte und Richter in den gleichen Medien, mit der gleichen Methode und der gleichen Orientierung an der oberstgerichtlichen Rechtsprechung. Die Zeitschriften werden von Professoren und Rechtsanwälten gemeinsam herausgegeben, Fachtagungen sehen beide Berufsgruppen gemeinsam im Auditorium oder auf dem Podium. Die typisch rechtswissenschaftlichen Diskurstechniken sind aus der Rechtswissenschaft weitgehend verschwunden. Es wird im Zivilrecht kaum noch rezensiert. Das ehemalige privatrechtswissenschaftliche Leitorgan, das „Archiv für die civilistische Praxis", gegründet 1818, dient im Wesentlichen nur noch Habilitanden für Qualifikationstexte. An die Stelle umfassender, früher bisweilen

6 Karl Larenz, Methodenlehre der Rechtswissenschaft, 6. Aufl. München 1991, S. 121, vgl. bereits oben S. 306 ff.

7 Alexander Hellgardt, Regulierung und Privatrecht, Tübingen 2016, S. 392.

8 Rudolf von Jhering, Unsere Aufgabe, in: JherJb 1, 1857, S. 18.

mehrhundertseitiger Aufsätze sind kurze, oft tagespolitisch motivierte Beiträge getreten. Die meisten Zivilrechtsprofessoren schreiben nach ihrer Habilitation kein wissenschaftliches Buch mehr. Leitmedium ist heute der Gesetzeskommentar, der noch in der ersten Hälfte des 20. Jahrhunderts von Professoren als Praktikerliteratur gemieden wurde. Auch die Zeit der „großen Lehrbücher" scheint konsequent vorbei. Mit den Lehrbüchern zum Schuldrecht von Karl Larenz (seit 1936), Josef Esser (seit 1949) und dem Lehrbuch zum Allgemeinen Teil von Werner Flume (1960) verschwinden inzwischen die wohl letzten Lehrbücher, die ein dezidiert rechts- und wirtschaftspolitisches Gesamtkonzept hatten. Moderne Lehrbücher zielen weitgehend darauf ab, Studenten den Examensstoff zu vermitteln, als Ort des rechtswissenschaftlichen Gesprächs werden sie kaum noch wahrgenommen. Zivilrechtsprofessoren suchen nicht mehr das autonom rechtswissenschaftliche Gespräch, sondern beraten die Gesetzgebung und versuchen, die Rechtsprechung zu beeinflussen.

Auch das BGB ist der Privatrechtswissenschaft damit fremd geworden. Nur noch selten sind Professoren hier spezialisiert. Man begegnet dem BGB mit Distanz oder Desinteresse. Während man in Frankreich 2004 das 200-jährige Bestehen des Code civil euphorisch und mit einer voluminösen Festschrift und einem großen Festakt feierte, wurde in Deutschland das 100-jährige Bestehen des BGB in den Jahren 1996 bzw. 2000 staatlicherseits nicht gewürdigt und nur von wenigen wissenschaftlichen Beiträgen begleitet, die nüchtern die Geschichte des BGB analysierten. Gleichzeitig gab im Jahr 2000 die Rechtswissenschaft eine vierbändige Festschrift zum 50-jährigen Bestehen des Bundesgerichtshofes heraus. Hier lag der Fokus.

Aktuell mehren sich die Stimmen, die dafür plädieren, die Orientierung an der traditionellen Dogmatik auch deshalb aufzugeben, weil dies ein Sonderweg in der EU sei, der Deutschland isoliere. Man fordert, zu einer übergreifenden Prinzipienjurisprudenz zurückzukehren, wie man sie im 19. Jahrhundert zu finden glaubt, plausibler aber wohl in der US-amerikanischen Rechtswissenschaft findet.[9] Aufgabe des Juristen bliebe es dann, „Einzelfälle unmittelbar Grundregeln und Grundprinzipien zuzuordnen und ihre Lösung an ihnen zu messen".[10] Das BGB mit seinem Bekenntnis zu einem begrifflich-dogmatischem Bindungsideal wäre ein Fremdkörper für eine solche Rechtswissenschaft. Privatrecht wäre im Kern richterliches Fallrecht.

---

9 So Gerhard Wagner, Zivilrechtswissenschaft heute. Zwischen Orakeldeutung und Maschinenraum, in: Horst Dreier (Hg.), Rechtswissenschaft als Beruf, Tübingen 2018, S. 177 ff.

10 Rolf Stürner, Die Zivilrechtswissenschaft und ihre Methodik – zu rechtsanwendungsbezogen und zu wenig grundlagenorientiert?, in: AcP 214, 2014, S. 41.

Daneben lassen sich jedoch auch Stimmen ausfindig machen, die für das BGB günstiger sein könnten. Kennzeichnend hierfür ist die Suche nach einer eigenständigen Position der universitären Rechtswissenschaft innerhalb des juristischen Fachgesprächs. Betont wird etwa die eigentümliche Bedeutung der universitären Lehre für eine Rechtswissenschaft, die den Anspruch erheben muss, Studierenden das Recht als eine Einheit zu präsentieren. Daher habe die Rechtswissenschaft als Rechtsdogmatik einen „spezifischen Ort: die juristische Fakultät".[11] Dogmatik wird wieder enger mit dem professoralen Arbeitsfeld verbunden und ihr eine eigenständige Mittlerposition („dreistufiges Modell"[12]) zwischen dem Gesetz und dem richterlichen Urteil eingeräumt, in der Judikatur keine Richtigkeitsprobe sein kann, sondern die systematische Ausrichtung des Privatrechts an einem auf Gleichheit gebauten Rechtsbegriff. Auch wenn diese Vorschläge den Versuch einer Verwirklichung bestimmter Lösungen in der Rechtspraxis weiterhin betonen, so belassen sie doch schon über die Ausbildungsorientierung dem BGB eine Schlüsselposition im Privatrechtsdiskurs. Dies gilt auch für die Bestrebungen, eine geschichtliche bzw. historisch-vergleichende Rechtswissenschaft, wie sie auch die Basis des BGB war, weiterzuführen.[13]

Auch andere Wege scheinen dem BGB momentan günstig. Wiederentdeckt wird, dass jenseits inzwischen vertriebener Gespenster („Begriffsjurisprudenz") das 19. Jahrhundert mit seiner Systemorientierung auf einen ähnlichen Rechtsquellenpluralismus reagierte, wie er heute mit den vielen konkurrierenden nationalen und supranationalen Rechtsquellen oft beklagt wird. Rechtsdogmatik, wie sie damals gepflegt wurde, wird wieder als „Muster" einer Vermittlung zwischen Theorie und Praxis genannt, da hier „in Äquidistanz zum positiven Recht und seinen politisch-realwissenschaftlichen Grundbedingungen normativ dünne und gerade deshalb zeitlose leistungsfähige Ordnungsbegriffe" entwickelt worden seien, „die das Privatrecht bis heute strukturieren und seine zeitgemäße Fortschreibung ermöglichen".[14] Wird hier der Weg in die

11 Wolfgang Ernst, Gelehrtes Recht. Die Jurisprudenz aus der Sicht des Zivilrechtslehrers, in: Christoph Engels u. Wolfgang Schön (Hgg.), Das Proprium der Rechtswissenschaft, Tübingen 2017, S. 8.

12 Thomas Lobinger, Perspektiven der Privatrechtsdogmatik am Beispiel des allgemeinen Gleichbehandlungsrechts, in: AcP 216, 2016, S. 63 ff.

13 Martin Josef Schermaier, „Dem Deutschen thut das Studium der Römer noth …". Geschichtliche Rechtswissenschaft als Therapie für den Patienten BGB?, in: JZ 2006, S. 330 ff.; Reinhard Zimmermann, Europa und das römische Recht, in: AcP 202, 2002, S. 243 ff.

14 Marietta Auer, Selbstreflexion der Privatrechtswissenschaft. Formation, Herausforderungen, Perspektiven, in: Eric Hilgendorf u. Helmuth Schulze-Fielitz (Hgg.), Selbstreflexion der Rechtswissenschaft, 2. Aufl. Tübingen 2021, S. 323.

Denkwelt des BGB wieder geöffnet, so gilt Gleiches für Bestrebungen, die Rechtsdogmatik wieder vom Gängelband der Rechtspraxis zu lösen. Im Plädoyer für eine „praxisentlastete und in diesem Sinne theoretische, zukunftsorientierte Rechtsdogmatik“,[15] die ohne Begrenzung durch das nationale Recht neue Forschungsfragen und Perspektiven auf Recht erproben, also erkenntnis-, nicht anwendungsorientiert arbeiten will, kann Rechtswissenschaft eine ähnlich eigenständige Sicht auch gegenüber dem Gesetz entwickeln, wie es für die Pandektenwissenschaft so kennzeichnend war. Das Vertrauen der BGB-Verfasser in die eigene Leistungskraft der universitären Rechtswissenschaft wäre dann wieder berechtigter. Begleitet werden diese Entwicklungen von einem Wiederaufleben einer ideengeschichtlich argumentierenden Privatrechtstheorie. Es mehren sich in jüngerer Zeit historisch-theoretische Analysen, die den Übergang vom liberalen, subjektbasierten Privatrechtskonzept des 19. Jahrhunderts zu einem Verständnis des Privatrechts als Regulierungsrecht attestieren. Das BGB bleibt ein Fixpunkt auch in diesen Deutungen. Die Beschäftigung der Privatrechtswissenschaft mit dem BGB, mit seinem Konzept und seiner Geschichte ist noch nicht beendet.

Literatur: Ralf Frassek, Von der „völkischen Lebensordnung“ zum Recht: die Umsetzung weltanschaulicher Programmatik in den schuldrechtlichen Schriften von Karl Larenz (1903–1993), Baden-Baden 1996; Markus Klemmer, Gesetzesbindung und Richterfreiheit. Die Entscheidungen des Reichsgerichts in Zivilsachen während der Weimarer Republik und im späten Kaiserreich, Baden-Baden 1996; Sibylle Hofer, Haarspalten, Wortklauben, Silbenstechen? – 100 Jahre Lehrbücher zum BGB: Eine Lebensbilanz, in: JuS 1999, S. 112 ff.; Ulrich Falk u. Heinz Mohnhaupt, Das BGB und seine Richter, Frankfurt a. M. 2000; Sibylle Hofer, Freiheit ohne Grenzen? Privatrechtstheoretische Diskussionen im 19. Jahrhundert, Tübingen 2001; Martin Josef Schermaier, „Dem Deutschen thut das Studium der Römer noth …“. Geschichtliche Rechtswissenschaft als Therapie für den Patienten BGB?, in: JZ 2006, S. 330 ff.; Dietmar Willoweit, Juristische Literatur des 20. Jahrhunderts, in: ders. (Hg.), Rechtswissenschaft und Rechtsliteratur im 20. Jahrhundert, München 2007, S. 3 ff.; Ilka Kauhausen, Nach der „Stunde Null“. Prinzipiendiskussionen im Privatrecht nach 1945, Tübingen 2007, S. 91 ff., 228 ff.; Joachim Rückert, Abwägung – die juristische Karriere eines unjuristischen Begriffs oder: Normenstrenge und Abwägung im Funktionswandel, in: Nils Jansen u. Peter Oestmann (Hgg.), Gewohnheit. Gebot. Gesetz, Tübingen 2011, S. 181 ff.; Hans-Peter Haferkamp, Zur Methodengeschichte unter dem BGB in fünf Systemen, in: AcP 214, 2014, S. 60 ff.; Rolf Stürner, Die Zivilrechtswissenschaft und ihre Methodik – zu rechtsanwendungsbezogen und zu wenig grundlagenorientiert?, in: AcP 214, 2014, S. 7 ff.; Marietta Auer, Der privatrechtliche Diskurs der Moderne, Tübingen 2014; Christoph

15 So Nils Jansen, Recht und gesellschaftliche Differenzierung, Tübingen 2019, S. 323.

Schönberger, Der „German Approach“, Tübingen 2015; Marietta Auer, Eigentum, Familie, Erbrecht. Drei Lehrstücke zur Bedeutung der Rechtsphilosophie im Privatrecht, in: AcP 216, 2016, S. 239 ff.; David Kästle-Lamparter, Welt der Kommentare, Tübingen 2016, S. 246 ff.; Christian Bumke, Rechtsdogmatik, Tübingen 2016; Hans-Peter Haferkamp, Richter, Gesetz und juristische Methode in der Wertungsjurisprudenz, in: ZfPW 2016, S. 319 ff.; Thomas Lobinger, Perspektiven der Privatrechtsdogmatik am Beispiel des allgemeinen Gleichbehandlungsrechts, in: AcP 216, 2016, S. 28 ff.; Wolfgang Ernst, Gelehrtes Recht. Die Jurisprudenz aus der Sicht des Zivilrechtslehrers, in: Christoph Engels u. Wolfgang Schön (Hgg.), Das Proprium der Rechtswissenschaft, Tübingen 2017, S. 3 ff.; Michael Grünberger u. Nils Jansen, Privatrechtstheorie heute, Tübingen 2017; Gerhard Wagner, Zivilrechtswissenschaft heute. Zwischen Orakeldeutung und Maschinenraum, in: Horst Dreier (Hg.), Rechtswissenschaft als Beruf, Tübingen 2018, S. 67 ff.; Nils Jansen, Recht und gesellschaftliche Differenzierung, Tübingen 2019, S. 279 ff.; Inga Markovits, Diener zweier Herren. DDR-Juristen zwischen Macht und Recht, Berlin 2020; Susanne Paas, Das bewegliche System. Zur Karriere einer juristischen Denkfigur, Tübingen 2021, S. 1 ff.; Marietta Auer, Selbstreflexion der Privatrechtswissenschaft. Formation, Herausforderungen, Perspektiven, in: Eric Hilgendorf u. Helmuth Schulze-Fielitz (Hgg.), Selbstreflexion der Rechtswissenschaft, 2. Aufl. Tübingen 2021, S. 301 ff.; Hans-Peter Haferkamp, Zur Zukunft der zivilrechtswissenschaftlichen Lehre, in: JZ 2021, S. 1050 ff.

Abkürzungsverzeichnis

a. a. O.	am angegebenen Ort
ABGB	Allgemeines bürgerliches Gesetzbuch (Österreich 1811)
Abs.	Absatz
AbzG	Abzahlungsgesetz vom 16.04.1894
AcP	Archiv für die civilistische Praxis
ADHGB	Allgemeines Deutsches Handelsgesetzbuch (1861)
AEUV	Vertrag über die Arbeitsweise der Europäischen Union
AG	Amtsgericht
a. F.	alte Fassung
AGB	Allgemeine Geschäftsbedingungen
AGBG	Gesetz zur Regelung des Rechts der Allgemeinen Geschäftsbedingungen vom 9.12.1976 (i. d. F. der Bekanntmachung vom 29.6.2000)
AGG	Allgemeines Gleichbehandlungsgesetz
AK	Alternativkommentar zum BGB
AkDR	Akademie für Deutsches Recht
ALR	Allgemeines Landrecht für die Preußischen Staaten (1794)
a. M.	am Main
Anm.	Anmerkung
AOG	Gesetz zur Ordnung der nationalen Arbeit vom 20.1.1934
ArchBürgR	Archiv für bürgerliches Recht
ARSP	Archiv für Rechts- und Sozialphilosophie
Art(t)	Artikel
ARWPh	Archiv für Rechts- und Wirtschaftsphilosophie
AT	Allgemeiner Teil (des BGB)
Aufl.	Auflage
BB	Betriebsberater, Zeitschrift für Recht und Wirtschaft
Bd./Bde.	Band/Bände

BGB	Bürgerliches Gesetzbuch
BGBl	Bundesgesetzblatt
BGH	Bundesgerichtshof
BGHSt	Entscheidungssammlung des Bundesgerichtshofes in Strafsachen
BGHZ	Entscheidungssammlung des Bundesgerichtshofes in Zivilsachen
BMJ	Bundesministerium der Justiz
BNSDJ	Bund nationalsozialistischer deutscher Juristen
BT-Drs.	Bundestagsdrucksache
BVerfG	Bundesverfassungsgericht
BVerfGE	Entscheidungen des Bundesverfassungsgerichts
bzw.	beziehungsweise
CC	Code civil (Frankreich 1804)
CDU	Christlich Demokratische Union Deutschlands
Cic	Culpa in contrahendo
CISG	United Nations Convention on Contracts for the International Sale of Goods (Wiener UN-Übereinkommen der Vereinten Nationen über Verträge über den internationalen Warenkauf vom 11.4.1980)
CPO	Civilprozeßordnung vom 30.1.1877
CSU	Christlich-Soziale Union in Bayern
d.h.	das heißt
d.i.	das ist (entspricht: das heißt)
DAF	Deutsche Arbeitsfront
DArbR	Deutsches Arbeitsrecht (Zeitschrift von 1933–1944)
DB	Der Betrieb. Wochenschrift für Betriebswirtschaft, Steuerrecht, Wirtschaftsrecht, Arbeitsrecht
DDR	Deutsche Demokratische Republik
DE	Dresdner Entwurf eines allgemeinen deutschen Gesetzes über Schuldverhältnisse, Dresden 1866
ders.	derselbe/derselben
DiskE	Diskussionsentwurf eines Schuldrechtsmodernisierungsgesetzes vom 4.8.2000
DJ	Deutsche Justiz
DJT	Deutscher Juristentag
DJZ	Deutsche Juristenzeitung

DR	Deutsches Recht (Zeitschrift 1931–1945 Zentralorgan des Nationalsozialistischen Rechtswahrerbundes; zum 1. April 1939 vereinigt mit JW (Juristischer Wochenschrift) vereinigt, Ausgaben der DR 1939–1942: A, Wochenausgabe, B, Monatsausgabe u. „Wiener Ausgabe"
DRiG	Deutsches Richtergesetz
DRiZ	Deutsche Richterzeitung
DRW	Deutsche Rechtswissenschaft: Vierteljahresschrift der Akademie für Deutsches Recht
E I	Entwurf eines Bürgerlichen Gesetzbuchs für das Deutsche Reich. Erste Lesung, 1888
E II	Entwurf eines Bürgerlichen Gesetzbuchs für das Deutsche Reich. Nach den Beschlüssen der Redaktionskommission. Zweite Lesung, 1894, 1895
EGBGB	Einführungsgesetz zum Bürgerlichen Gesetzbuch vom 18.8.1896
EheG 1938	Gesetz zur Vereinheitlichung des Rechts der Eheschließung und der Ehescheidung vom 6.7.1938
EheG 1946	Ehegesetz des Kontrollrates vom 20.2.1946
Eherechtsreform G	Eherechtsreformgesetz
Entw.	Entwurf
et al.	et alii (lat.: und andere)
etc.	etcetera
EU	Europäische Union
EuGH	Europäischer Gerichtshof
EWG	Europäische Wirtschaftsgemeinschaft
f./ff.	folgende/fortfolgende
Familiennamensrechts G	Gesetz zur Neuordnung des Familiennamenrechts vom 16.12.1993
FamR	Familienrecht
FamRZ	Zeitschrift für das gesamte Familienrecht
FernabsatzG	Fernabsatzgesetz vom 27.6.2000
FGG	Gesetz über die Angelegenheiten der freiwilligen Gerichtsbarkeiten vom 20.5.1898
Fn.	Fußnote
Fr.	Francs
GBl.	Gesetzblatt
GewO	Gewerbeordnung vom 21.6.1869

GG	Grundgesetz für die Bundesrepublik Deutschland vom 23.5.1949
GmbH	Gesellschaft mit beschränkter Haftung
Gruchot	Beiträge zur Erläuterung des deutschen Recht, hg. von Julius Albert Gruchot u.a.
GVG	Gerichtsverfassungsgesetz vom 27.1.1877
HausTWG	Haustürwiderrufsgesetz vom 1.5.1986
HEZ	Höchstrichterliche Entscheidungen. Sammlung von Entscheidungen der Oberlandesgerichte und der Obersten Gerichte in Zivilsachen (1.1948–3.1950)
hg.	herausgegeben
Hg./Hgg.	Herausgeber
HGB	Handelsgesetzbuch vom 10.5.1897
HKK	Historisch-kritischer Kommentar zum BGB, hg. v. Mathias Schmoeckel, Joachim Rückert, Reinhold Zimmermann
HöfeO	Höfeordnung vom 24.4.1947
HRG	Handwörterbuch zur deutschen Rechtsgeschichte
HRR	Höchstrichterliche Rechtsprechung
HS.	Halbsatz
i. Br.	im Breisgau
i. S. d	im Sinne des/der
i. V. m.	in Verbindung mit
insb.	insbesondere
Inst.	Institutiones Iustiniani (Teil des Corpus iuris civilis)
JherJb	Jherings Jahrbücher für die Dogmatik des heutigen bürgerlichen Rechts
JR	Juristische Rundschau
JW	Juristische Wochenschrift
JZ	Juristenzeitung
Kap.	Kapitel
KFZ	Kraftfahrzeug
KG	Kammergericht Berlin
KGR	Kontrollratsgesetz
KJ	Kritische Justiz
KritVj	Kritische Vierteljahresschrift für Gesetzgebung und Rechtswissenschaft
KunstUrhG	Gesetz betreffend das Urheberrecht an Werken der bildenden Künsten und der Photographie (Kunsturhebergesetz) v. 9.1.1907
KZ	Konzentrationslager

LAG	Landesarbeitsgericht
LG	Landgericht
LPG	Landwirtschaftliche Produktionsgenossenschaft
LZ	Leipziger Zeitschrift für Deutsches Recht
MDR	Monatsschrift für Deutsches Recht (Zeitschrift)
MietSchG	Mieterschutzgesetz vom 1.6.1923
MinBl	Ministerialblatt
MüKo	Münchener Kommentar zum Bürgerlichen Gesetzbuch, hg. v. Kurt Rebmann u. a.
Mugdan	Die gesammten Materialien zum Bürgerlichen Gesetzbuch für das Deutsche Reich, hg. v. Benno Mugdan
MRVO	Militärregierungsverordnung
m. w. N.	mit weiteren Nachweisen
n. Chr.	nach Christi Geburt
NJ	Neue Justiz (Zeitschrift seit 1947)
NJW	Neue Juristische Wochenschrift
Nr.	Nummer
NS	Nationalsozialismus/nationalsozialistisch
NSDAP	Nationalsozialistische Deutsche Arbeiterpartei
NSRB	Nationalsozialistischer Rechtswahrerbund
o. J.	ohne Jahresangabe
OAG	Oberappellationsgericht
OG	Oberstes Gericht (DDR)
OGH	Oberster Gerichtshof für die Britische Zone
OGHZ	Rechtsprechung des Obersten Gerichtshofes für die Britische Zone auf dem Gebiete des Zivilrechts
OGZ	Entscheidungen des Obersten Gerichts der Deutschen Demokratischen Republik. Entscheidungen in Zivilsachen (Bd. 1.1951–16.1983)
OLG	Oberlandesgericht
OR	Obligationenrecht
PFV	Positive Forderungsverletzung
PKW	Personenkraftwagen
pr.	principium (lat.): Anfang
RAG	Reichsarbeitsgericht

REG	Reichserbhofgesetz vom 29.9.1933
Rez.	Rezension
RG	Reichsgericht
RGBl.	Reichsgesetzblatt
RGRK	Das Bürgerliche Gesetzbuch mit besonderer Berücksichtigung der Rechtsprechung des Reichsgerichts, Kommentar hg. von Mitgliedern des Bundesgerichtshofs
RGZ	Entscheidungssammlung des Reichsgerichts in Zivilsachen
RJ	Rechtshistorisches Journal
RJA	Reichsjustizamt
Rn.	Randnummer
ROHG	Reichsoberhandelsgericht
ROHGE	Entscheidungssammlung des Reichsoberhandelsgerichts
S.	Satz/Seite (hier Unterscheidung Fußnote und Fließtext)
SBZ	Sowjetische Besatzungszone
sc.	scilicet (lat.: das heißt, nämlich)
Schmollers Jb	Jahrbuch für Gesetzgebung, Verwaltung und Volkswirtschaft im Deutschen Reich, hrsg. von Gustav v. Schmoller
SchR-AT	Schuldrecht Allgemeiner Teil
SchR-BT	Schuldrecht Besonderer Teil
SED	Sozialistische Einheitspartei Deutschlands
SeuffA	J.A. Seufferts Archiv für Entscheidungen der obersten Gerichte in den deutschen Staaten
SJZ	Süddeutsche Juristenzeitung
sog.	sogenannter/sogenannte/sogenanntes
Sp.	Spalte
SPD	Sozialdemokratische Partei Deutschlands
SS	Schutzstaffel
St.	Sankt
StGB	Strafgesetzbuch vom 1.1.1872
StuR	Staat und Recht (Zeitschrift)
StVG	Straßenverkehrsgesetz vom 1.6.1909
TestG	Testamentsgesetz vom 31.7.1938
TH	Technische Hochschule

TzWohnrechtG	Gesetz über die Veräußerung von Teilzeitnutzungsrechten an Wohngebäuden (Teilzeit- Wohnrechtegesetz) vom 20.12.1996
u.	und
u.a.	unter anderen/unter anderem
u.a.m.	und anderes mehr
u.dgl.	und dergleichen
UN	United Nations/Vereinte Nationen
USA	Vereinigte Staaten von Amerika, (engl.): United States of America
USPD	Unabhängige Sozialdemokratische Partei Deutschlands
usw.	und so weiter
UWG	Gesetz gegen den unlauteren Wettbewerb vom 1.7.1896
VBlBrZ	Verordnungsblatt für die Britische Zone
VerbrKrG	Verbraucherkreditgesetz vom 29.6.2000 (Bekanntmachung)
vgl.	vergleiche
VjZ	Vierteljahreshefte für Zeitgeschichte
VO	Verordnung
VVDStRL	Veröffentlichungen der Vereinigung der Deutschen Staatsrechtslehrer
WohnungsG	Wohnungsgesetz vom 8.3.1946
WRV	Verfassung des Deutschen Reiches vom 11.8.1919 (Weimarer Reichsverfassung)
ZAkDR	Zeitschrift der Akademie für Deutsches Recht
z.B.	zum Beispiel
ZEuP	Zeitschrift für Europäisches Privatrecht
ZGB	Zivilgesetzbuch der DDR vom 19.6.1975
ZGB (Schweiz)	Zivilgesetzbuch (Schweiz 1907)
ZGS	Zeitschrift für das gesamte Schuldrecht
ZHR	Zeitschrift für das gesamte Handels- und Wirtschaftsrecht
Ziff.	Ziffer
ZNR	Zeitschrift für Neuere Rechtsgeschichte
ZPO	Zivilprozessordnung vom 30.1.1877
ZRG GA	Zeitschrift für Rechtsgeschichte – Germanistische Abteilung
ZRG RA	Zeitschrift für Rechtsgeschichte – Romanistische Abteilung
ZRP	Zeitschrift für Rechtspolitik
ZStW	Zeitschrift für die gesamte Strafrechtswissenschaft

Register

Personenregister

Aufgeführt werden in diesem Register nur Personen, die im Haupttext erwähnt werden, Erwähnungen in Fußnoten oder den Literaturverzeichnissen wurden nicht mit einbezogen.

T

U

V

W

Z

Sachregister

M

N

O

P

Paragraphenregister

Paragraphen des BGB ohne weitere Angabe einer Jahreszahl gelten seit 1900 unverändert. Paragraphen mit dem Zusatz 1900 wurden später geändert und im Text in ihrer ursprünglichen Fassung von 1900 behandelt. Solche Paragraphen, die im BGB nach 1900 geändert wurden, werden mit dem Jahr des Inkrafttretens der Änderung aufgeführt.

Allgemeines Deutsches Handelsgesetzbuch (1861)

Gesetz zur Regelung des Rechts der Allgemeinen Geschäftsbedingungen (1976)

Bürgerliches Gesetzbuch vom 18.8.1896 (ursprüngliche Fassung, nicht geändert)

Bürgerliches Gesetzbuch (Normen vom 18.8.1896, später geändert)

Bürgerliches Gesetzbuch (mit Änderungen von 1938)

Bürgerliches Gesetzbuch (mit Änderungen von 1958)